**Constitutions of the World
from the late 18th Century
to the Middle of the 19th Century**

**Verfassungen der Welt
vom späten 18. Jahrhundert
bis Mitte des 19. Jahrhunderts**

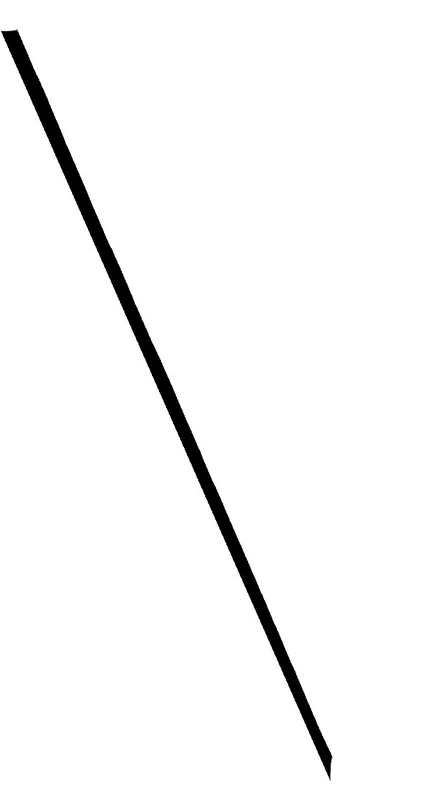

Constitutions of the World from the late 18th Century to the Middle of the 19th Century

Sources on the Rise of Modern Constitutionalism

Editor in Chief
Horst Dippel

America: Volume 9

Verfassungen der Welt vom späten 18. Jahrhundert bis Mitte des 19. Jahrhunderts

Quellen zur Herausbildung des modernen Konstitutionalismus

Herausgegeben von
Horst Dippel

Amerika: Band 9

De Gruyter

Documentos Constitucionales de México 1814–1849

Parte III: Querétaro – Zacatecas

Editado por
Sebastian Dorsch

En cooperación con
Miriam Leitner

Constitutional Documents of Mexico 1814–1849

Part III: Querétaro – Zacatecas

Edited by
Sebastian Dorsch

In cooperation with
Miriam Leitner

De Gruyter

ISBN 978-3-11-029855-0
e-ISBN 978-3-11-029870-3

Library of Congress Cataloging-in-Publication Data
A CIP catalog record for this book has been applied for at the Library of Congress.

Bibliographic information published by the Deutsche Nationalibliothek
The Deutsche Nationalbibliothek lists this publication
in the Deutsche Nationalbibliografie; detailed bibliographic data
are available in the internet at http://dnb.dnb.de.

Typesetting: Mathias Wündisch, Leipzig
Printing: Hubert & Co. GmbH & Co. KG, Göttingen
♾ Printed on acid-free paper
Printed in Germany

www.degruyter.com

Índice - Contents

Proyecto de constitución del estado de Querétaro (1824)

Proyecto de Constitucion[1]

EN EL NOMBRE DE DIOS todopoderoso, autor de la sociedad, y por quien los legisladores decretan lo justo.

El congreso constituyente del Estado libre de Querétaro, deseando corresponder á la confianza de los pueblos sus comitentes, asegurarles en el goce de sus derechos naturales y civiles, y promover su engrandecimiento y prosperidad por medio de leyes fundamentales, decreta la siguiente Constitucion política para el gobierno y administracion interior del Estado.

TITULO I

Del Estado de Querétaro, de su soberanía y del modo de ejercerla

Seccion Primera

ART. 1. El Estado de Querétaro es la reunion de todos los queretanos avecindados conforme á las leyes, en el territorio del mismo.

ART. 2. El Estado de Querétaro es independiente de los demás Estados-unidos Mexicanos, y de cualquiera otra nacion, es libre y es soberano en todo lo relativo á su gobierno interior.

ART. 3. El Estado delega á sus representantes en el soberano congreso general de los Estados-unidos Mexicanos, la facultad necesaria para el desempeño de las augustas funciones que les prescribe la Constitucion federal.

Seccion Segunda

ART. 4. El Estado ejerce su soberanía:

Primero: Eligiendo directa ó indirectamente sus representantes en el soberano congreso general de los Estados-unidos Mexicanos.

Segundo: Nombrando directa ó indirectamente sus representantes en su congreso particular.

Tercero: Eligiendo del mismo modo los depositarios de los supremos poderes ejecutivo y judicial del propio Estado.

Cuarto: Nombrando por medio de su congreso, senadores para el general de los Estados-unidos Mexicanos.

Quinto: Sufragando para la eleccion del presidente y vice-presidente de ellos, por medio de sus representantes.

Sesto: Sufragando tambien del mismo modo en la eleccion de individuos para la suprema corte de justicia de los Estados-unidos Mexicanos.

Séptimo: Dictándose esclusivamente leyes para su gobierno interior por medio de sus representantes, nombrados al efecto, y reunidos en congreso.

TITULO II

Del territorio del Estado y de su division

Seccion Primera

ART. 5. El territorio del Estado se compone por ahora del que han comprendido los partidos de la capital, S. Juan del Rio y Cadereyta.

Seccion Segunda

ART. 6. El territorio del Estado se dividirá para lo succesivo en cinco distritos, que serán:

Querétaro, que comprenderá las municipalidades de su Capital, S. Pedro de la Cañada, Sta. Rosa, S. Francisco Galileo y Huimilpan.

San Juan del Rio, que comprenderá las municipalidades de su Capital, Tequisquiapan y Sta. Maria Amealco.

San Pedro Toliman, que comprenderá las municipalidades de su Capital, S. Miguel Toliman y S. Francisco Tolimanejo.

Cadereyta, que comprenderá las municipalidades de su Capital, Real del Doctor y Sta. Maria Peñamillera.

Jalpan, que comprenderá las municipalidades de su Capital, S. José de los Amoles, S. Pedro Escanela, Landa, Arroyoseco y nuestra Señora de Guadalupe Aguacatlán.

ART. 7. Esta division del territorio podrá ampliarla el congreso segun lo ecsija la conveniencia de los pueblos, ó bien por su incremento, ó por el arreglo que definitivamente haga el soberano congreso general, de los límites de los estados.

TITULO III

De los habitantes del Estado, de sus derechos y obligaciones

Seccion Primera

ART. 8. Ningun habitante del Estado será esclavo. Una ley determinará el modo de efectuar esta disposicion respecto de los que haya en el Estado.

Seccion Segunda

ART. 9. Todos los hombres que habiten en territorio del Estado, aun en clase de transeuntes, están bajo el amparo y proteccion de las leyes; y el Estado les garantiza sus naturales é imprescriptibles derechos:

Primero: El de libertad para imprimir y publicar sus ideas conforme al reglamento, y hacer todo aquello que no pueda ofender los derechos de otro.

Segundo: El de seguridad, por el que cada individuo debe ser amparado por la sociedad en la conservacion de su persona, derechos y propiedades.

Tercero: El de propiedad que consiste en gozar y disponer libremente de sus bienes.

Cuarto: El de igualdad para ser regidos, gobernados y juzgados por una misma ley, sin otra distincion que la del tribunal que deba conocer.

ART. 10. Los queretanos avecindados en el territorio del Estado gozan tambien el derecho de peticion reducido:

Primero: A proponer proyectos de ley ó decreto.

Segundo: A presentar sus reflecsiones sobre los que estén admitidos.

Tercero: A solicitar se amplíen, reformen, aclaren ó deroguen leyes ó decretos vigentes.

Cuarto: A impetrar dispensa de ley, y cualquiera gracia, cuya concesion sea propia del poder legislativo.

Quinto: A producir quejas por infraccion de Constitucion ó notoria inobservancia de las leyes por el gobernador ó ministros del supremo tribunal de justicia del Estado en negocios de sus respectivas atribuciones.

ART. 11. En todos los casos espresados se podrá hacer el ocurso directamente al Congreso, y siempre se hará por escrito.

ART. 12. La enumeracion de algunos derechos de los queretanos en esta Constitucion no tiene por objeto negarles los demás que por derecho público les competan.

Seccion Tercera

ART. 13. Todos los habitantes en territorio del Estado, aun en clase de transeuntes, están obligados á obedecer las leyes que rijan en él; á respetar las autoridades establecidas, y á contribuir al sostén y defensa del mismo Estado, del modo que aquellas prescriban.

TITULO IV

De los queretanos y ciudadanos queretanos

Seccion Primera

ART. 14. Son queretanos:

Primero: Todos los hombres nacidos en el territorio del Estado.

Segundo: Los que habiendo nacido en cuialquiera otro lugar de la Federacion Mexicana se avecinden en el Estado.

Tercero: Los estrangeros que hayan obtenido del congreso carta de naturaleza, y los que sin ella tengan cinco años de vecindad. Una ley fijará el modo de adquirirla, como tambien los méritos por que se concede la naturalizacion.

Seccion Segunda

ART. 15. Son ciudadanos queretanos:

Primero: Todos los hombres nacidos de padres mexicanos en el territorio del Estado, y que estén en él avecindados.

Segundo: Los ciudadanos de los demás Estados-unidos Mexicanos luego que se avecinden en este.

Tercero: Los nacidos de padres mexicanos en pais estrangero, si la residencia de estos en él hubiere sido por causa de la república, ó con licencia del supremo gobierno de ella, ó del de algun Estado, y establecieren en este su vecindad.

Cuarto: Los estrangeros actualmente avecindados en el Estado.

Quinto: Los nacidos de padres estrangeros en cualquier lugar del territorio de la Federacion Mexicana, si se avecindaren en el Estado y tuvieren las demás circunstancias que prescriban las leyes.

Sesto: Los estrangeros naturalizados en el Estado, que tengan dos años de vecindad despues de su naturalizacion.

Séptimo: Los estrangeros que en lo succesivo obtengan carta de ciudadanía.

ART. 16. Esta carta se concederá por el congreso á los estrangeros naturalizados en el Estado:

Primero: Porque contraigan matrimonio con mexicana.

Segundo: Porque despues de naturalizados hayan hecho algun servicio distinguido en favor de la Nacion ó del Estado.

ART. 17. No se concederá por el congreso carta de ciudadanía, ni de naturaleza á los estrangeros, á quienes por defectos personales se las haya negado el soberano congreso general de los Estados-unidos Mexicanos; pero si la negativa hubiere sido motivada por falta de méritos, podrán gozar de una y otra conforme á los artículos anteriores de este título.

ART. 18. Los derechos de ciudadanía se pierden solamente:

Primero: Por adquirir naturaleza en pais estrangero.

Segundo: Por admitir empleo ó condecoracion de gobierno estrangero, sin consentimiento del congreso del Estado.

Tercero: Por sentencia ejecutoriada en que se impongan penas aflictivas ó infamantes.

Cuarto: Por haber residido cinco años consecutivos fuera del territorio de la Federacion Mexicana, sin comision del gobierno general de ella ó del de el Estado, ó sin licencia del de este.

ART. 19. Ningun individuo que haya perdido los derechos de ciudadanía puede recobrarlos, sino por rehabilitacion del congreso.

ART. 20. El ejercicio de los mismos derechos se suspende solamente:

Primero: Por incapacidad física ó moral, notoria ó declarada por autoridad competente, prévios los requisitos y solemnidades que dispongan las leyes.

Segundo: Por no haber cumplido diez y ocho años de edad.

Tercero: Por haber renunciado este derecho sujetándose á obediencia del prelado en cualquiera órden de regulares.

Cuarto: Por el estado de deudor fallido, si no se hubiere declarado no haber habido crímen en la quiebra.

Quinto: Por el estado de deudor á los caudales públicos, con plazo cumplido, y habiendo precedido requerimiento para el pago.

Sesto: Por no tener domicilio, empleo, oficio, ó modo de vivir conocido.

Séptimo: Por hallarse procesado criminalmente.

Octavo: Por ingratitud de los hijos acia sus padres, legalmente calificada.

Noveno: Por la separacion del casado de su legítima consorte sin las formalidades de derecho.

Décimo: Por ebriedad consuetudinaria.

Undécimo: Por el estado de sirviente doméstico.

Duodécimo: Por no saber leer ni escribir; pero esta disposicion no tendrá efecto sino hasta el año de 1845.

ART. 21. Solamente los ciudadanos que esten en el ejercicio de sus derechos pueden obtener los empleos y cargos del Estado, y sufragar para estos en los casos y modo señalados por la ley.

ART. 22. No se comprende en el artículo anterior la obtencion de los empleos facultativos.

TITULO V

De la religion del Estado, forma de su gobierno, y division de poderes

Seccion Primera

ART. 23. La religion del Estado, es, y será perpetuamente la católica, apostólica, romana. El Estado la protege por leyes justas y prohibe el ejercicio de cualquiera otra.

Seccion Segunda

ART. 24. El gobierno del Estado es republicano, representativo, popular, federal.

ART. 25. Ningun empleo, cargo, condecoracion ó privilegio del Estado será hereditario, y el último será por tiempo limitado.

Seccion Tercera

ART. 26. El supremo poder del Estado se divide para su ejercicio en legislativo, ejecutivo y judicial.

ART. 27. En ningun caso se podrán reunir varios de estos poderes en una persona ó corporacion.

ART. 28. Tampoco podrá depositarse jamás el poder legislativo en una persona.

TITULO VI

Del poder legislativo

Seccion Primera

Del congreso

Art. 29. El poder legislativo del Estado se deposita en un congreso compuesto de diputados electos segun esta Constitucion.

Art. 30. Las resoluciones del congreso no podrán tener otro carácter que el de ley ó decreto.

Seccion Segunda

De las atribuciones del congreso

Art. 31. Las atribuciones del congreso son:

Primera: Decretar las leyes para la administracion y gobierno interior del Estado en todos sus ramos.

Segunda: Interpretar, aclarar, reformar, derogar ó abolir las establecidas.

Tercera: Calificar las elecciones y calidades de los diputados, para admitirlos ó no en su seno.

Cuarta: declarar la subsistencia ó nulidad de las demàs elecciones populares, si sobre ellas hubiere reclamo en el término que señale la ley, escepto las en que se nombren diputados para el congreso general.

Quinta: Declarar si son ó no legítimas, las ecepciones que se aleguen para no admitir los cargos de nombramiento popular, que han de ejercerse en el Estado.

Sesta: Nombrar senadores para el congreso general de los Estados-unidos Mexicanos: sufragar para la eleccion del presidente y vice-presidente de ellos, y para los individuos de la suprema corte de justicia, con arreglo á lo prevenido en la Constitucion federal.

Séptima: Conceder cartas de naturaleza y de ciudadania á los estrangeros.

Octava: Autorizar por tiempo limitado al gobierno con facultades estraordinarias, siempre que lo ecsija el bien general del Estado, ó para resistir alguna invacion de enemigos esteriores, ó para restablecer el órden y tranquilidad interior.

Novena: Declarar en los casos que ocurran, si ha ó no lugar á la formacion de causa á los diputados, al gobernador, al vice-gobernador, al secretario del despacho de gobierno, á los individuos de la junta consultiva, y á los del supremo tribunal de justicia.

Décima: Hacer efectiva la responsabilidad de los funcionarios espresados en la atribucion anterior, y disponer se ecsija á los demás empleados, cuando haya lugar á ella.

Undécima: Conceder indultos generales ó particulares por delitos cuyo conocimiento corresponda esclusivamente á los tribunales del Estado.

Duodécima: Crear tribunales inferiores al supremo de justicia, con arreglo á esta Constitucion.

Décima-tercia: Decretar la creacion, ó supresion de plazas en las oficinas de los tribunales; el número de subalternos de ellos, y el de oficios públicos.

Décima-cuarta: Aprobar las ordenanzas municipales de los pueblos, y los reglamentos generales para la polícia, y sanidad del Estado.

Décima-quinta: Fijar anualmente los gastos de la administracion pública en todos sus ramos.

Décima-sesta: Decretar las contribuciones necesarias para cubrirlos; y el método de recaudarlas.

Décima-séptima: Aprobar el repartimiento de ellas entre los distritos.

Décima-octava: Ecsaminar y aprobar las cuentas de recaudacion, é inversion de todos los caudales del Estado en los diversos ramos de su administracion.

Décima-nona: Sistemar la administracion de las rentas del Estado.

Vigésima: Conceder premios ò recompensas, á los que en favor de él hayan hecho distinguidos servicios.

Vigésima-prima: Decretar honores públicos á la memoria de los ciudadanos benémeritos en grado heroico, de la Nacion ó del Estado.

Vigésima-segunda: Aprobar la distribucion entre los distritos, del cupo de hombres que corresponda al Estado para el servicio en la milicia activa y reemplazos del ejército permanente.

Vigésima-tercia: Dar leyes para promover la ilustracion y prosperidad del Estado.

Vigésima-cuarta: Aprobar los arbitrios para obras públicas de beneficencia, utilidad comun ó recreo.

Vigésima-quinta: Decretar el plan de enseñanza pública para todo el Estado.

Vigésima-sesta: Protejer la libertad política de la imprenta.

Vigésima-séptima: Recibir juramentos á los individuos que previene la Constitucion, y en adelante dispusieren las leyes.

Vigésima-octava: Finalmente, ejercer todas las funciones legislativas en lo que no contrarien á la Acta constitutiva, á la Constitucion federal, ó á las leyes generales.

Seccion Tercera

De los diputados

ART. 32. Ningun vecino del Estado podrá escusarse de admitir el nombramiento de diputado.

ART. 33. Los diputados serán inviolables por sus opiniones manifestadas en el ejercicio de su encargo, y jamas podrán ser reconvenidos por ellas.

ART. 34. Los diputados durante su mision no podrán ser demandados civilmente, sino por responsabilidad pecuniaria, para cuya satisfaccion podrán ser ejecutados.

ART. 35. Para declarar si ha ó no lugar á la formacion de causa en las criminales, que se intenten contra los diputados, se constituirá el congreso en gran jurado compuesto á lo menos de las tres cuartas partes del total de ellos.

ART. 36. No habrá lugar á la formacion de causa cuando no voten por la afirmativa dos tercias partes del número de diputados presentes, y en tal caso jamas podrá tomarse el asunto en consideracion por ningun tribunal.

ART. 37. Si se declarare por el congreso haber lugar á la formacion de causa á algun diputado, quedará este suspenso de su encargo y á disposicion del tribunal competente.

ART. 38. Los diputados durante su mision y mientras que permanezca de gobernador el que lo fue al tiempo de ella, no podrán obtener empleo alguno de nombramiento del gobierno, á no ser que les corresponda por escala.

ART. 39. A los diputados se les asistirá con dietas que se pagarán por la tesoreria general del Estado.

ART. 40. El señalamiento de dietas se hará por una ley particular que podrá variar el congreso respecto solo de los succesivos diputados.

Seccion Cuarta

De la base para la eleccion de diputados

ART. 41. La base para la eleccion de diputados será la poblacion.

ART. 42. En ningun caso será el número de estos menos de trece, ni mas de veinte y uno.

ART. 43. Por cada quince mil personas de cualquiera secso y edad se nombrará un diputado.

Art. 44. Esta base subsistirá mientras la poblacion no baje de ciento noventa y cinco mil personas, ni esceda de trescientas quince mil. En el primer caso se reducirá de modo que resulten trece diputados; y en el segundo se aumentará hasta que solamente produzca veinte y uno.

Art. 45. Si de la poblacion total del Estado, dividida por la base señalada en el artículo 43 resultare una fraccion que esceda ó llegue á la mitad de dicha base, se nombrará otro diputado.

Art. 46. Cada seis años se hará un censo general del Estado al que se arreglarán las succesivas elecciones.

Art. 47. El primer congreso constitucional dictará las leyes convenientes para que comience á tener efecto lo dispuesto en el artículo anterior.

Art. 48. Por ahora se nombrarán para el primer congreso constitucional trece diputados.

Seccion Quinta

De la eleccion de diputados

Art. 49. Los diputados serán nombrados por los distritos.

Art. 50. La eleccion será popular é indirecta, mediantes juntas primarias y secundarias que celebrarán en los términos que prevenga una ley particular, que tambien prescribirá las calidades de los electores.

Art. 51. La eleccion se verificará cada dos años el segundo domingo del mes de julio.

Art. 52. Cada distrito nombrará los diputados que le correspondan por su poblacion, segun la base prefijada.

Art. 53. Si resultare una fraccion que esceda ó llegue á la mitad de dicha base, nombrará otro diputado.

Art. 54. Como el número de estos no deba esceder de veinte y uno, alternarán los distritos en el uso de la facultad que se les concede en el artículo anterior, siempre que por las fracciones resulte mayor número de diputados, despues de aumentada la base, como previene el 44. Tambien alternarán los distritos en el nombramiento de diputados, si por las fracciones resultare menor número de estos del que corresponda á la poblacion total.

Art. 55. Cada distrito nombrará tambien el número de diputados suplentes que le corresponda á razon de uno por cada tres propietarios, ó por una fraccion que llegue á dos. Los distritos que tuvieren menos de tres diputados, elegirán sin embargo un suplente.

Art. 56. El nombramiento de diputado propietario prefiere al de suplente.

Art. 57. Si un mismo ciudadano fuere nombrado diputado por varios distritos, subsistirá el nombramiento:

Primero: Por el distrito de su residencia.

Segundo: Por el de su naturaleza.

Tercero: Por el en que haya reunido mayor número de votos, y en caso de empate por el que decida la suerte.

Art. 58. Para ser diputado se requiere ser ciudadano en el ejercicio de sus derechos, mayor de veinte y cinco años y con cinco de vecindad en el Estado, no interrumpida antes de la eleccion.

Art. 59. La vecindad en los estrangeros para ser diputados será la de ocho años, y tendrán la circunstancia de estar casados con mexicanas y las demás que prevengan las leyes.

Art. 60. Están impedidos para ser diputados:

Primero: Los empleados de la federacion.

Segundo: Los individuos del ejército permanente y de la milicia activa, no comprehendiéndose los retirados aunque gocen fuero.

Tercero: Los gobernadores del Estado.

Cuarto: El secretario del despacho de gobierno y los oficiales de su secretaria.

Quinto: Los demás funcionarios y empleados del Estado, cuyas plazas tengan señalada dotacion, aunque no la disfruten.

Sesto: Los que ejerzan jurisdiccion eclesiástica que se estienda á todo el Estado.

Séptimo: Los vicarios foraneos, jueces eclesiásticos y curas, por los distritos en que ejerzan su encargo ó ministerio.

ART. 61. Para ser diputado suplente se requieren las mismas circunstancias que paya los propietarios.

ART. 62. Respecto de los diputados suplentes se observará lo prevenido en el artículo 57.

ART. 63. Los diputados suplentes serán llamados para desempeñar las funciones de los propietarios:

Primero: Por insubsistencia de los nombramientos de estos.

Segundo: Por su destitucion ó muerte.

Tercero: Por impedimento fisico ó moral, calificado por el congreso ó por la diputacion permanente.

Seccion Sesta

De la reunion ordinaria del congreso y de su duracion

ART. 64. El congreso se reunirá todos los años el dia 17 de agosto en la capital ó en el lugar que anticipadamente se señale por una ley particular.

ART. 65. Las sesiones del congreso serán diarias, menos los domingos, dias festivos de primera clase, y los que aunque no sean festivos, sean de gran solemnidad.

ART. 66. Sin causa grave, calificada á pluralidad absoluta del número total de diputados, no podrán suspenderse por mas de dos dias continuos las sesiones del congreso.

ART. 67. Tampoco podrá trasladarse este de la capital á otra parte del territorio del Estado, sin que previamente se califique la necesidad, ó la conveniencia de la traslacion, por voto unánime de las dos terceras partes del número total de diputados.

ART. 68. El congreso cerrará anualmente sus sesiones el dia 16 de noviembre; mas podrá prorogarlas por otros treinta dias útiles:

Primero: Si lo juzgare necesario por resolucion de las dos terceras partes del número de los diputados presentes.

Segundo: Si fuere invitado al efecto por el gobernador del Estado, en cuyo caso bastará para la resolucion de conformidad, la pluralidad absoluta de los diputados presentes.

ART. 69. Ocho dias antes de cerrar el congreso sus sesiones ordinarias, nombrará una diputacion compuesta de cinco individuos de su seno, que se denominará diputacion permanente del congreso. En el mismo dia elegirá tambien dos suplentes para esta diputacion, y comunicará al gobernador uno y otro nombramiento para que disponga se publiquen y circulen.

Seccion Septima

De la diputacion permanente del congreso

ART. 70. Al dia siguiente de haber cerrado el congreso sus sesiones ordinarias, se reunirán los individuos nombrados para la diputacion permanente, y elegirán de entre ellos mismos un presidente y dos secretarios que durarán todo el tiempo de la diputacion.

ART. 71. Inmediatamente declarará ésta quedar instalada, y lo participará al gobernador del Estado, como tambien el nombramiento de presidente y secretarios, para que publique uno y otro.

ART. 72. La diputacion permanente del congreso durará hasta la siguiente reunion ordinaria de éste.

ART. 73. Las facultades de la diputacion serán:

Primera: Velar sobre la observancia de la Constitucion y de las leyes, y dar cuenta al congreso en su prócsima reunion ordinaria, de las infracciones que haya notado.

Segunda: Conceder licencia temporal á los diputados, con arreglo á la ley del gobierno interior del congreso, para que salgan fuera de la capital ó del lugar en que se hayan celebrado las últimas sesiones.

Tercera: Convocar al congreso señalando lugar y dia para su reunion estraordinaria en los casos siguientes: Primero. Si se verifica invasion enemiga en cualquiera parte de la República. Segundo. Si se perturbare notablemente la tranquilidad pública del Estado, de modo que á juicio de la diputacion ecsija la reunion del congreso. Tercero. Si en virtud de diferencias entre algunos estados se hiciere uso de la fuerza. Cuarto. Si lo ecsigiere el cumplimiento de alguna ley ó decreto del soberano congreso general de la Federacion Mexicana, ó el de alguna órden del presidente de la República. Quinto. Si el gobernador del Estado invitare al efecto á la misma diputacion. Sesto. Si esta calificare ser necesario que el congreso ecsija ejecutivamente la responsabilidad á algun funcionario público conforme á la atribucion 10, artículo 31.

Cuarta: Circular la convocatoria por medio del presidente, si despues de tercero dia de comunicada al gobernador para el efecto, no lo hubiese este verificado.

Quinta: Llamar á los diputados suplentes en lugar de los propietarios que fallecieren, ó se imposibilitaren notoriamente; y si tambien aquellos hubieren fallecido ó estuvieren imposibilitados para cubrir la falta de estos, comunicar las correspondientes órdenes al distrito á que pertenezcan, para que proceda á nueva eleccion.

Sesta: Desempeñar las funciones que le señale la ley del gobierno interior del congreso sobre la renovacion periodica de sus individuos.

Seccion Octava

De la reunion estraordinaria del congreso

ART. 74. Las sesiones del congreso estraordinariamente reunido, se abrirán y cerrarán con las mismas solemnidades que las ordinarias.

ART. 75. El congreso no deliberará en aquellas sobre otro objeto que aquel para que fue convocado.

ART. 76. La reunion estraordinaria del congreso no impedirá las elecciones para la renovacion periódica de sus individuos.

ART. 77. Si llegado el tiempo de las sesiones ordinarias el congreso se hallare reunido en estraordinarias, cesarán estas, y el asunto que las motivó se seguirá tratando en aquellas.

Seccion Novena

De la formacion de las leyes y de su sancion

ART. 78. La iniciativa de las leyes es propia, pero no esclusiva de los diputados.

ART. 79. El derecho que por el artículo 10 se declara á los ciudadanos queretanos lo gozarán tambien todos los tribunales y autoridades del Estado, observando lo prevenido en el artículo 11.

ART. 80. Presentado un proyecto de ley se leerá en tres sesiones con intervalo de un dia para la segunda y tercera lectura.

ART. 81. Para admitir á discusion cualquier proyecto de ley, concluida su lectura, bastará que vote por la afirmativa la tercera parte del número total de diputados.

ART. 82. Admitido á discusion el proyecto, se mandará publicar y circular por el gobernador, á fin de que las corporaciones ó los ciudadanos puedan hacer uso del derecho de peticion dentro del término que decretará el congreso.

ART. 83. Pasado este término procederá el congreso á la discusion.

ART. 84. El modo y forma de las discusiones del congreso se prescribirán en la ley de su gobierno interior.

ART. 85. Ningun proyecto de ley se discutirá si no se hallaren presentes las dos terceras partes del número total de diputados.

ART. 86. Para que un proyecto de ley puesto á discusion se tenga por aprobado, ó desechado en el todo ó en parte, es necesaria resolucion á pluralidad absoluta de todos los diputados.

ART. 87. Desechado algun proyecto de ley ó declarado por el congreso que no ha lugar á que se vote sobre él en su totalidad ó en alguno de sus artículos, no se podrá proponer otra vez en la parte desechada, ó no admitida á votacion, sino hasta la siguiente reunion ordinaria del congreso.

ART. 88. La derogacion, reforma, ó abolicion de las leyes, se hará con las mismas formalidades y por los mismos trámites que su establecimiento.

ART. 89. Para la interpretacion ó aclaracion de las leyes, será bastante que el congreso oiga las comisiones del ramo á que corresponda.

ART. 90. Si el bien general del Estado ecsigiere la sancion de alguna ley, y las circunstancias no dieren lugar á observar lo prevenido en los artículos precedentes de esta seccion, el congreso la sancionará provisionalmente y nadie podrá escusarse de su cumplimiento.

ART. 91. Aprobado algun proyecto de ley se estenderá en forma, y se comunicará al gobernador, para que disponga se publique y circule en todo el Estado.

Seccion Decima

De la publicacion de las leyes

ART. 92. Luego que el gobernador reciba alguna ley sancionada por el congreso, dispondrá que se publique y circule, á menos que juzgue conveniente hacer algunas reflecsiones al congreso sobre lo que ella prevenga.

ART. 93. En este caso oirá el dictamen de la junta consultiva, y dentro de diez dias espondrá por escrito las observaciones que le ocurran.

ART. 94. Si no lo verificase en el término señalado en el artículo anterior, se entenderá que nada tuvo que oponer para la ejecucion de la ley, é inmediatamente mandará publicarla y circularla bajo responsabilidad.

ART. 95. Si el congreso cerrare sus sesiones antes de que se cumpla el término espresado, tendrá efecto lo prevenido en el artículo antecedente, si al tercero dia de la inmediata reunion ordinaria de aquel, no hubiere el gobernador dirigídole sus reflecsiones.

ART. 96. Presentadas estas en tiempo hábil volverá el congreso á discutir el proyecto, pudiendo asistir á la discusion y hablar en ella el orador que nombre el gobierno.

ART. 97. Podrán ser nombrados al efecto el secretario del despacho y los individuos de la junta consultiva, escepto el vice-gobernador.

Art. 98. Si las reflecsiones del gobernador consistieren en que la ley se opone á otra general, ó á algun artículo de la Constitucion federativa, y ecsaminadas por el congreso, las calificare infundadas, consultará al general de la federacion la inteligencia de la ley á que se refiere el gobernador, y con presencia de la resolucion aprobará nuevamente, ó desechará el proyecto.

Art. 99. Aprobado de nuevo el proyecto se devolverá la ley al gobernador, y este dispondrá sin recurso su promulgacion y circulacion.

Art. 100. El gobernador publicará las leyes por esta fórmula: El gobernador del Estado de Querétaro á todos sus habitantes, sabed: Que el congreso del mismo Estado ha decretado lo que sigue: (aqui el testo literal de la ley) Por tanto, mando se imprima, publique, circule y se cumpla en todas sus partes.

Art. 101. El gobernador circulará por sí las leyes autorizadas por el secretario del despacho, sin cuyo requisito no serán publicadas.

Art. 102. Las leyes comenzarán á causar todo su efecto en cualquier lugar del territorio del Estado, desde el tercero dia de publicada en la respectiva municipalidad.

Apendice a este Titulo

De la eleccion de los diputados para el congreso general de los Estados-unidos Mexicanos

Art. 103. La eleccion de diputados que han de concurrir por este Estado en la cámara de representantes del congreso general de los Estados-unidos Mexicanos, se verificará con arreglo á la ley del Estado de 16 de agosto del año de 1824.

TITULO VII

Del poder ejecutivo

Seccion Primera

Art. 104. El poder ejecutivo se depositará en un individuo nombrado popularmente, que se denominará gobernador del Estado.

Art. 105. Habrá tambien un vice-gobernador nombrado en la misma forma, en quien recaerán todas las facultades y prerogativas del gobernador, en caso de imposibilidad fisica ó moral de éste, ó de su destitucion ó muerte.

Seccion Segunda

De las calidades que se requieren para ser gobernador ó vice-gobernador

Art. 106. Para ser gobernador ó vice-gobernador se requiere ser ciudadano en el ejercicio de sus derechos, nacido en alguno de los Estados-unidos Mexicanos, de edad de treinta años cumplidos, y con cinco de vecindad en el Estado, no interrumpida antes de la eleccion.

Art. 107. El gobernador no podrá ser reelecto sino hasta el año cuarto de haber cesado en sus funciones.

Art. 108. Ni los eclesiásticos, ni los empleados de la Federacion pueden ser gobernadores, ni vice-gobernadores.

Art. 109. El desempeño de estos empleos es preferente á cualquiera otro del Estado.

Seccion Tercera

De la eleccion de gobernador y vice-gobernador

ART. 110. La eleccion de gobernador y vice-gobernador se hará por las juntas electorales de distrito, acto continuo del nombramiento de diputados.

ART. 111. Cada junta nombrará dos individuos de uno en uno y á pluralidad absoluta de votos de los electores presentes; y el presidente de aquella remitirá á la diputacion permanente del congreso copia autorizada de la acta de la eleccion.

ART. 112. La diputacion permanente presentará al congreso el dia de su reunion ordinaria las copias de las actas, y despues de haberse leido se pasarán á una comision compuesta de un diputado de cada distrito, la que revisará aquellos documentos é informará dentro de tercero dia lo que le ocurriese sobre ellos, su contenido y circunstancias de los postulados.

ART. 113. En la sesion inmediata procederá el congreso á calificar las elecciones y la enumeracion de los sufragios.

ART. 114. El que reuniere la mayoria absoluta de votos, computada por el número de distritos y no por el de electores de ellos, será gobernador.

ART. 115. Si dos tuvieren dicha mayoría, será el gobernador el que haya reunido mas votos, y el otro quedará de vice-gobernador. En caso de empate en la misma mayoría, elegirá el congreso uno de los dos para gobernador, y el otro quedará de vice-gobernador.

ART. 116. Si ninguno hubiere reunido la mayoría absoluta de votos, elegirá el congreso al gobernador y vice-gobernador, sufragando los diputados en cada eleccion por uno de los dos que tuvieren mayor número de votos.

ART. 117. Cuando mas de dos individuos tuvieren la mayoría respectiva é igualdad de votos, el congreso elegirá de entre ellos el gobernador y vice-gobernador, procediendo primero á la eleccion de aquel.

ART. 118. Si uno hubiere reunido la mayoria respectiva; y dos ó mas le siguieren en ella, entrará aquel á competir para gobernador, con el que elija el congreso de entre estos. Lo mismo se observará si uno tuviere la mayoría respectiva, y todos los restantes número igual de votos.

ART. 119. Si el que tuviere la mayoria respectiva reuniere la tercera parte ó mas del número total de los votos, y los que le compitan no escedieren de la cuarta, no podrá dejar de ser electo aquel, para uno de los encargos de gobernador ó vice-gobernador.

ART. 120. En todas las votaciones que haga el congreso, ya sean relativas á calificar las elecciones hechas por los distritos, ya para designar el gobernador, si resultare empate, se repetirá por una sola vez la votacion, y si volviere á resultar empatada decidirá la suerte.

ART. 121. Las votaciones del congreso en todos los casos comprehendidos en esta seccion, se harán por distritos, teniendo la representacion de cada uno, un solo voto.

ART. 122. No procederá el congreso á deliberar sobre los objetos indicados en el artículo 123 sin la concurrencia de mas de la mitad del número total de los individuos que lo compongan, y sin que estén presentes diputados de las tres cuartas partes de los distritos.

ART. 123. El congreso observará la ley de su gobierno interior en todo lo que no prevengan los precedentes artículos.

Seccion Cuarta

De la duracion del gobernador y vice-gobernador y del modo de llenar sus faltas

ART. 124. El gobernador y vice-gobernador tomarán posesion de sus respectivos empleos el dia 25 de agosto, y serán reemplazados precisamente igual dia cada cuatro años.

ART. 125. Si por cualquier motivo el gobernador electo no estuviere pronto á entrar en el ejercicio de sus funciones el dia señalado en el artículo anterior, entrará á ejercerlas el vice-gobernador nuevamente nombrado.

ART. 126. Si tampoco este se hallare pronto al efecto, cesarán sin embargo el gobernador y vice-gobernador antiguos, y se depositará interinamente el poder ejecutivo del Estado, en un individuo que nombrará el congreso á pluralidad absoluta de votos, de entre los vocales de la junta consultiva de gobierno que se hallen en ejercicio, y de los que novisímamente hubieren sido electos para ella.

ART. 127. Lo prevenido en el artículo anterior se observará tambien cuando el gobernador y vice-gobernador estuvieren impedidos temporalmente para ejercer sus funciones. Si el impedimento acacciere durante el receso del congreso, ejercerá las facultades de este la diputacion permanente.

ART. 128. En caso de impedimento perpetuo ó muerte del gobernador y vice-gobernador, se cubrirá provisionalmente la falta del primero en los términos prevenidos en los dos artículos anteriores: y el congreso ó la diputacion permanente dispondrá que los electores de distrito que nombraron los diputados que estén en ejercicio, procedan á elegir gobernador y vice-gobernador para el tiempo que falte. Si solo el encargo de vice-gobernador resultare vacante se proverá tambien por nueva eleccion.

ART. 129. Las elecciones hachas en virtud del artículo precedente, no embarazarán las periódicas que deben hacerse cada cuatro años.

ART. 130. Respecto de los individuos que fueren nombrados para gobernador ó vice-gobernador en los casos del artículo 128, se observará lo prevenido en el artículo 107.

Seccion Quinta

Del juramento que deben otorgar

ART. 131. El gobernador y vice-gobernador al tomar posesion prestarán juramento ante el congreso, y en su receso ante la diputacion permanente bajo la fórmula que sigue: "Yo N nombrado gobernador (ó vice-gobernador) del Estado de Querétaro, juro por Dios y por los santos evangelios que ejerceré fielmente el encargo que me ha confiado, y que guardaré y haré guardar su Constitucion política y leyes; como tambien la Acta constitutiva, la Constitucion federal de los Estados-unidos Mexicanos y las leyes generales de la Federacion."

Seccion Sesta

De las prerogativas que gozarán

ART. 132. El gobernador podrá por una sola vez suspender la publicacion de las leyes que no sean constitucionales y de los decretos, y hacer al congreso las reflecsiones oportunas con arreglo al artículo 93.

ART. 133. Solo ante el congreso podrán ser acusados el gobernador y vice-gobernador durante su encargo, cualquiera que sea el delito que hayan cometido en el propio tiempo.

ART. 134. Dentro de los seis primeros meses de haber cesado en sus funciones el gobernador y el vice-gobernador, podrán ser acusados ante el congreso por cualquier delito que hayan cometido en el desempeño de su encargo. Pasado el término referido no podrán ser acusados por delitos de responsabilidad en el ejercicio de sus funciones.

Seccion Septima

De las atribuciones del gobernador

ART. 135. Primera: Cuidar de la observancia de la Constitucion federal y de la del Estado; y publicar, circular y hacer guardar las leyes generales y las de éste, espidiendo cuando sea necesario, reglamentos ó decretos para su mejor ejecucion.

Segunda: Proteger la libertad individual de los habitantes del Estado.

Tercera: Cuidar del órden y tranquilidad pública en lo interior del Estado y de su seguridad esterior.

Cuarta: Hacer salir del territorio del Estado á los estrangeros que no estuvieren en él naturalizados, si lo estimare necesario para llenar los objetos de la atribucion anterior.

Quinta: Nombrar y remover libremente al secretario del despacho.

Sesta: Cuidar de que se administre pronta, cumplida, é imparcialmente justicia.

Séptima: Nombrar á propuesta en terna de la junta consultiva, los magistrados de los tribunales de segunda y tercera instancia, jueces de letras y demás empleados del Estado, que no sean de nombramiento popular.

Octava: Devolver hasta por segunda vez á la junta consultiva las propuestas que esta haga, si no las estimare arregladas.

Novena: Suspender, oida la junta consultiva, hasta por tres meses y aun con la rebaja de la mitad del sueldo, á los empleados del Estado que sean del nombramiento del mismo gobernador; pero si se estimare necesario que se les forme causa, pasará los antecedentes á tribunal competente.

Décima: Ejercer el patronato en los términos que designe una ley particular.

Undécima: Presentar anualmente al congreso para su aprobacion, el presupuesto de los gastos del Estado.

Duodécima: Cuidar de la recaudacion de las rentas de él, sin alterar el método establecido, ó que establezca el congreso.

Décima-tercia: Decretar la inversion de los caudales públicos del Estado, con arreglo á los presupuestos aprobados por el congreso.

Décima-cuarta: Disponer de la milicia nacional del Estado, conforme convenga á la seguridad de éste.

Décima-quinta: Pedir la prorogacion de las sesiones del congrego con arreglo al artículo 68.

Décima-sesta: Invitar á la diputacion permanente para que acuerde convocar al congreso á reunion estraordinaria.

Seccion Octava

De las restricciones del gobernador

ART. 136. No podrá el gobernador publicar, circular, ni ejecutar ninguna órden ó decreto del presidente de los Estados-unidos Mexicanos, aunque venga autorizada del respectivo secretario del despacho, si fuere contraria á cualquier artículo de la Constitucion del Estado; mas no siéndolo no podrá dejar de publicarla, ni de remitir al congreso, ó á la diputacion permanente, copia de ella y de las leyes generales, luego que las reciba.

ART. 137. Tampoco podrá el gobernador reunir toda la milicia nacional, ni mandarla en persona sin consentimiento del congreso ó de la diputacion permanente.

ART. 138. Ni en su persona, ni en ningun funcionario público en ejercicio de cualquiera de los tres poderes, podrá reunir el mando militar.

ART. 139. No podrá decretar la prision de ninguna persona ni privarla de su libertad; mas cuando lo ecsijan el bien y seguridad del Estado podrá mandar arrestar con obligacion, bajo de responsabilidad, de poner al arrestado dentro de cuarenta y ocho horas á disposicion de tribunal ó juez competente, con esposicion de lo que haya motivado el arresto.

ART. 140. No podrá el gobernador ocupar la propiedad de ningun particular ó corporacion, ni turbarle en la posesion, uso ó aprovechamiento de ella; pero si en algun caso por conocida utilidad pública del Estado fuere necesario tomar la propiedad de algun individuo ò corporacion, podrá hacerlo con dictamen espresamente afirmativo de la junta consultiva, y previa la indemnizacion que se hará á la parte interesada á juicio de hombres buenos, elegidos uno por ella y otro por el gobierno.

ART. 141. No podrá el gobernador impedir las elecciones populares, ni el que surtan ellas sus efectos.

ART. 142. No podrá el gobernador y lo mismo el vice-gobernador, salir del territorio del Estado durante su encargo, ni en el término espresado en el artículo 134 sin que preceda permiso del congreso.

ART. 143. Las órdenes que espidiere el gobernador contra lo que se dispone en los artículos 138, 140 y 141, no serán obedecidas aunque estén autorizadas por el secretario del despacho.

Seccion Novena

De la responsabilidad del gobernador

ART. 144. El gobernador y el vice-gobernador en su caso, serán responsables por todos los actos de su administracion.

ART. 145. La responsabilidad del gobernador será personal; pero en los casos en que proceda por dictamen de la junta consultiva, ó instruccion del secretario del despacho, se hará estensiva á éste ó á aquella, y se disminuirá la responsabilidad.

ART. 146. Si fuere tanta la arduidad de algun asunto que despues de oido el dictámen de la junta consultiva, todavia dudase el gobernador lo que deba disponer, y quisiese cubrir su responsabilidad, podrá consultar al congreso la resolucion.

Seccion Decima

De la junta consultiva

ART. 147. Para el mayor acierto del gobernador en el ejercicio de sus atribuciones, habrá una junta con la que podrá aquel consultar en los negocios que lo estime conveniente.

ART. 148. Esta junta que se denominará, junta consultiva de gobierno, se compondrá de cinco individuos nombrados popularmente.

ART. 149. El vice-gobernador será presidente de ella, y solo tendrá voto en caso de empate.

ART. 150. En el reglamento interior de la junta se designara el individuo que haya de sustituir en las faltas de su presidente.

ART. 151. La eleccion de los individuos de la junta consultiva se hará por las juntas electorales de distrito al dia siguiente en que verifiquen la de diputados; y se observará respecto de aquella todo lo prevenido para la del gobernador en la seccion tercera de este título.

ART. 152. Para ser individuo de la junta consultiva se requiere ser ciudadano en el ejercicio de sus derechos, de notoria adhesion al sistema de gobierno, mayor de treinta años, y con cinco años de vecindad en el Estado, no interrumpida antes de la eleccion.

ART. 153. Solo uno de los individuos de la junta podrá ser eclesiástico.

ART. 154. Los empleados de la Federacion, los del Estado que tengan asignacion de sueldo, los individuos del ejército permanente y los de la milicia activa no pueden ser miembros de la junta consultiva.

ART. 155. Los individuos de esta se renovarán por mitad cada dos años, saliendo en el primer bienio el menor número, y las personas que designe la suerte.

ART. 156. Las vacantes que ocurran, se llenarán por las juntas electorales que hayan nombrado los diputados que estén en ejercicio, y el subrogante durará el tiempo del subrogado.

ART. 157. Ningun individuo de la junta podrá ser reelecto sino hasta el año cuarto de haber cesado en sus funciones.

ART. 158. La junta nombrará un secretario de entre sus mismos individuos.

ART. 159. Las atribuciones de la junta consultiva serán:

Primera: Dar dictámen motivado y por escrito al gobernador en todos los negocios en que se lo pida.

Segunda: Proponer en terna conforme á las leyes, sugetos aptos y beneméritos para los empleos públicos del Estado, de nombramiento del gobierno segun la atribucion séptima del artículo 135.

Tercera: Usar de las facultades que en asuntos de patronato le concedan las leyes.

Cuarta: Presentar al gobernador proyectos de reforma ó variacion sobre cualquiera de los ramos de la administracion pública del Estado.

ART. 160. La junta consultiva será responsable de todos los actos relativos al ejercicio de sus atribuciones.

ART. 161. Por una ley particular se decretará el reglamento para el gobierno interior de la junta.

Seccion Undecima

Del secretario del despacho de gobierno

ART. 162. Para el despacho de los negocios de gobierno del Estado habrá un secretario.

ART. 163. Para ser secretario del despacho se requieren las mismas circunstancias que para ser individuo de la junta consultiva, y á mas ser nacido en algun lugar del territorio de la Federacion Mexicana.

ART. 164. Todos los decretos, reglamentos y órdenes del gobernador deberán ir firmados por el secretario del despacho, sin cuyo requisito no serán obedecidos.

ART. 165. El secretario del despacho será responsable de todas las providencias del gobernador que autorice con su firma:

Primero: Cuando contengan alguna disposicion contra esta Constitucion ó leyes del Estado, ó contra la Constitucion federal de los Estados-unidos Mexicanos, Acta constitutiva ó leyes generales de la federacion, ú órdenes del presidente de ésta que no se opongan manifiestamente á dichas constituciones ó leyes.

Segundo: Cuando la providencia del gobernador emane de instruccion ó informe del mismo secretario; en cuyo caso se agravará la responsabilidad de éste.

ART. 166. El secretario del despacho dará cuenta al congreso al tercero dia de la reunion ordinaria de éste, del estado en que se hallen todos los ramos de la administracion pública, presentando al efecto una memoria formada por él mismo, y en la que se comprehenderá tambien la opinion del gobierno sobre las reformas ó variaciones que estime convenientes en cada uno de aquellos ramos.

ART. 167. Por una ley particular se decretará el reglamento de la secretaria del despacho de gobierno.

TITULO VIII

Del poder judicial

Seccion Primera

ART. 168. El poder judicial del Estado reside esclusivamente en los tribunales y juzgados que establece esta Constitucion.

ART. 169. Ni el congreso, ni el poder ejecutivo del Estado podrán avocarse el conocimiento de los negocios pendientes en los tribunales, ni mandar abrir los juicios fenecidos. Una ley arreglará el modo como hayan de tener efecto la facultad décima que en el artículo 31 se designa al congreso, y la sesta que el artículo 135 señala entre las atribuciones del poder ejecutivo del Estado.

Seccion Segunda

De los tribunales y juzgados

ART. 170. Para la administracion de justicia en el Estado, habrá un tribunal que se denominará supremo de justicia; tribunales de tercera y segunda instancia, juzgados de letras para la primera, jurados para las causas criminales, y jueces de paz. Una ley designará el número de tribunales de tercera y segunda instancia que deba haber, y el territorio de su respectiva jurisdiccion.

ART. 171. Los tribunales no podrán ejercer otras funciones que las de juzgar y hacer que se ejecute lo juzgado.

ART. 172. Tampoco podrán suspender la ejecucion de las leyes, ni hacer reglamentos para la administracion de justicia.

ART. 173. Los individuos de la suprema corte de justicia, los magistrados y demás funcionarios de nombramiento del gobierno, serán perpetuos, y solo con arreglo á las leyes podrán ser removidos de sus destinos, ó promovidos á otros.

Seccion Tercera

Del supremo tribunal de justicia

ART. 174. El supremo tribunal de justicia se compondrá de tres ministros y un fiscal, nombrados popularmente.

ART. 175. Para ser individuo del supremo tribunal de justicia, se requiere ser letrado, ciudadano en el ejercicio de sus derechos, nacido en el territorio de la República Mexicana, de edad de treinta y cinco años cumplidos, y con cinco de vecindad en el Estado, no interrumpida legalmente antes de la eleccion.

ART. 176. Hasta 1.° de enero de 1835 no comenzará á tener efecto el artículo anterior en cuanto á la vecindad que requiere.

ART. 177. Los eclesiásticos y los empleados de la Federacion en cualquier ramo, no podrán ser individuos del supremo tribunal de justicia.

ART. 178. La eleccion de estos se hará en un mismo dia por las juntas electorales de distrito en los términos prevenidos para la de los individuos de la junta consultiva de gobierno, con distincion del que elijan para fiscal; y se observará además lo dispuesto en los artículos desde 111 hasta el 123.

ART. 179. Cuando el congreso haya de elegir uno ó varios ministros y el fiscal, y alguno de los postulados por los distritos reuniere la mayoria respectiva de votos para uno y otro destino, entrará á competir primero para ministro, y no resultando electo, competirá despues para fiscal.

ART. 180. El nombramiento de ministro es preferente al de fiscal, y ambos á cualquier otro, menos los designados en el artículo 109.

ART. 181. La designacion que haga el congreso de fiscal, se verificará de entre los individuos que hayan obtenido votos para este destino.

ART. 182. Si á virtud de lo prevenido en el artículo 179 no quedare para la eleccion de fiscal mas que un individuo de los que obtuvieron votos para dicho destino, ó varios individuos, pero con menos de la cuarta parte de sufragios, entrará á competir el que resulte con mas votos para fiscal, con el que los tenga para ministro.

ART. 183. Las vacantes que se verifiquen serán provistas por las juntas electorales de distrito, conforme en todo á lo dispuesto en esta seccion y prévio aviso del gobernador del Estado.

ART. 184. Las atribuciones del supremo tribunal de justicia son:

Primera: Conocer de las demandas civiles y criminales contra los diputados, indicadas en los artículos 34 y 35, prévia la declaracion prevenida en el artículo ultimamente citado.

Segunda: De las causas que se intenten contra el gobernador ó vice-gobernador, secretario del despacho, individuos de la junta consultiva del gobierno; bien sea por la responsabilidad anecsa á sus respectivos destinos, por delitos comunes ó por demandas civiles; pero en el primer caso precederá la declaracion de que trata el artículo 31, atribucion. 9.ª

Tercera: De las demandas civiles y criminales contra los magistrados de los tribunales de tercera y segunda instancia, y de los juicios sobre responsabilidad de estos, por el ejercicio de sus funciones.

Cuarta: Conocer en tercera instancia de los negocios que tengan principio en el tribunal de segunda y admitan aquel grado.

Quinta: Conocer de los recursos de nulidad que se interpongan contra las sentencias ejecutorias de los tribunales de tercera y segunda instancia; pero solo para el preciso efecto de mandar reponer el proceso; y tanto cuando haya lugar á la reposicion de este, como cuando no deba haberla, lo devolverá. En el primer, caso hará efectiva la responsabilidad del tribunal contra quien se entabló el ocurso.

Sesta: Conocer de los recursos de proteccion y de fuerza, que se interpongan contra los tribunales, ó autoridades eclesiásticas.

Séptima: Conocer de los asuntos contenciosos, relativos al patronato del Estado.

Octava: Dirimir las diferencias que se susciten sobre pactos ó negociaciones que se celebren por el gobierno del Estado ó sus agentes.

Novena: Ecsaminar las listas de los negocios civiles y criminales que hayan fenecido, y de los que estén pendientes en los tribunales de tercera y segunda instancia, para promover la pronta administracion de justicia, con cuyo objeto pasará copia de ellas al gobernador del Estado.

ART. 185. Tendrá ademas conocimiento el supremo tribunal de justicia, de aquellos negocios que en lo succesivo le señale las leyes.

ART. 186. Cuando el supremo tribunal de justicia haya de ejercer las facultades 1ª, 2ª, 3ª y 8ª espresadas en el artículo 184 se formará en tres salas, compuesta cada una de un ministro designado por suerte, y de conjueces, nombrados por las partes. El fiscal actuará en todas las salas, que se denominarán respectivamente de primera, segunda y tercera instancia; y una ley señalará el número de conjueces para cada instancia, y determinará cuando sea ejecutoria la sentencia en cada una de ellas.

ART. 187. Las leyes prescribirán tambien el modo, forma y grados en que deba conocer el supremo tribunal de justicia en los demas casos indicados en esta seccion.

ART. 188. Para juzgar á los ministros y fiscal del supremo tribunal de justicia en los negocios civiles y criminales que contra ellos se promuevan, nombrará el congreso dentro de los ocho primeros dias de la renovacion periódica de sus individuos, doce ciudadanos de edad de treinta y cinco años cumplidos, vecinos del Estado, y que no sean eclesiásticos ni empleados de la Federacion ó del Estado.

ART. 189. De estos doce individuos nombrará el congreso uno para fiscal, y de los restantes se formarán tres salas conforme disponga una ley la que determinará tambien cuando sea ejecutoria la sentencia de cada sala.

Seccion Cuarta

Del tribunal de tercera instancia

ART. 190. El tribunal de tercera instancia se compondrá de un magistrado, nombrado por el gobierno, y de conjueces, cuyo número determinará una ley, nombrados por ambas partes.

ART. 191. Habrá tambien un fiscal.

ART. 192. Para ser magistrado del tribunal de tercera instancia se requieren las mismas circunstancias, que para ministros del supremo tribunal de justicia; observandose tambien lo prevenido respecto de estos en los artículos 176 y 177.

ART. 193. Las facultades de dicho tribunal son:

Primera: conocer en tercera instancia de los negocios civiles en que haya lugara á ella, y tengan principio en los juzgados de letras.

Segunda: Conocer en segunda instancia de los negocios civiles en que el tribunal de esta denominacion conozca en primera.

Tercera: Usar de las facultades que por la Constitucion y las leyes se concedan en las causas criminales al tribunal de segunda instancia, cuando conozca este en primera.

ART. 194. Una ley determinará cuando sea ejecutoria la sentencia de este tribunal.

ART. 195. El magistrado pasará cada mes al supremo tribunal de justicia; lista de los negocios civiles y criminales que hubiere terminado el de tercera instancia, y de los que se hallen pendientes.

ART. 196. Tambien pasará al supremo tribunal de justicia copia de la lista que hubiere recibido del de segunda instancia, de los negocios civiles y criminales que haya este fenecido, y de los que tengan pendientes; haciendo sobre estos las observaciones que le parezcan.

Seccion Quinta

Del tribunal de segunda instancia

ART. 197. El tribunal de segunda instancia se compondrá dé tres magistrados y un fiscal, nombrados por el gobierno.

ART. 198. El fiscal actuará tambien en el tribunal de tercera instancia.

ART. 199. Respecto de los magistrados y fiscal del tribunal de segunda instancia se observará lo prevenido en el 192.

ART. 200. Las atribuciones de este tribunal son:

Primera: Conocer en segunda instancia con arreglo á las leyes, de todos los negocios civiles y criminales de que conozcan en primera los jueces de letras.

Segunda: Conocer en primera instancia de todas las demandas civiles y criminales que se promuevan contra los jueces de letras, y en los de responsabilidad de estos por el ejercicio de sus funciones.

Tercera: Conocer en primera instancia de los asuntos contenciosos en que sean partes los ayuntamientos, y en los juicios de responsabilidad de sus individuos por el desempeño de sus cargos.

Cuarta: conocer de los recursos de nulidad de las sentencias ejecutorias de los jueces de letras; mas para solo el efecto de mandar reponer el proceso, si hubiere lugar á su reposicion, devolviendole en todos casos.

Quinta: Pasar cada mes al magistrado del tribunal de tercera instancia lista de los negocios civiles y criminales que hubiere concluido, y de los que queden pendientes.

Sesta: Ecsaminar las listas de los negocios fenecidos y pendientes en los juzgados de letras; y hacer reclamos y conminaciones por las demoras que advierta en la secuela de los procesos.

ART. 201. Las leyes determinarán las demas atribuciones que convengan á este tribunal, y cuando sean ejecutorias sus sentencias.

Seccion Sesta

De los juzgados de letras

ART. 202. En todos los distritos en que se divida el territorio del Estado, habrá juez de letras.

ART. 203. Una ley designará el número de jueces de letras que deba haber en cada distrito segun su poblacion.

ART. 204. Para ser juez de letras se requiere ser abogado, ciudadano en el ejercicio de sus derechos, de edad de treinta años cumplidos, y con tres de vecindad en el Estado; pero esta última circunstancia solo será indispensable en la época que espresa el 176.

ART. 205. Las facultades de los jueces de letras son:

Primera: Conocer en primera instancia en todos los negocios civiles, que por la Constitucion ó las leyes no se cometan á otros tribunales ó jueces.

Segunda: Conocer en las causas criminales con arreglo á las leyes.

Tercera: Conocer sin apelacion en negocios civiles en que escediendo el interes de la demanda de la cantidad de cien pesos no pase de quinientos.

Seccion Septima

De los jurados

ART. 206. En todos los pueblos en donde haya establecidos ó se establezcan ayuntamientos, habrá jurados.

ART. 207. Las leyes determinarán el número de jurados que deba haber en cada pueblo, y el modo y épocas de celebrar los juris.

ART. 208. Los jurados serán nombrados anualmente por los ayuntamientos al tercero dia de la renovacion periódica de los individuos; pero si el congreso estimare conveniente que haya jurados en las cabeceras de los distritos para celebrar los segundos juris, no seran unos mismos individuos los jurados de la municipalidad y los del distrito. Estos últimos serán nombrados cada dos años por las juntas secundarias en el mismo dia que nombren los individuos de la junta consultiva.

ART. 209. El empleo de jurado será carga concegíl de que nadie podrá escusarse.

ART. 210. Para ser jurado se requiere ser ciudadano en el ejercicio de sus derechos, de edad de treinta años cumplidos y con dos de vecindad en la municipalidad en que sea electo.

Art. 211. No podrán ser jurados los eclesiásticos, los empleados de la federacion, ni los del Estado.

Art. 212. Las atribuciones de los jurados son:

Primera: Declarar si ha ó no lugar á que el juicio criminal sumario se eleve á plenario.

Segunda: Declarar si en el juicio plenario está ó no probado quien haya sido el autor ó ejecutor del crimen que motivó la formacion del proceso.

Tercera: Calificar la naturaleza del delito, y la de la complicidad si la hubiere.

Art. 213. El congreso cuando lo estime conveniente, estenderá el juicio por jurados á los negocios civiles.

Seccion Octava

De los jueces de paz

Art. 214. En los todos pueblos del Estado habrá jueces de paz. Serán nombrados por los electores de los ayuntamientos en el dia de la eleccion de individuos para la renovacion de aquellos.

Art. 215. En los pueblos en que no haya ayuntamiento seran nombrados los jueces de paz directamente por los vecinos.

Art. 216. Las leyes designarán el número de jueces de paz que deba haber en cada pueblo con arreglo á su poblacion.

Art. 217. Para ser juez de paz se requiere ser ciudadano en el ejercicio de sus derechos, de edad de veinte y cinco años cumplidos y con cuatro de vecindad en el pueblo en que fuere elegido.

Art. 218. Respecto de los jueces de paz se observará lo prevenido en los artículos 209, y 211.

Art. 219. Las atribuciones de los jueces de paz son:

Primera: Conocer esclusivamente en los juicios de conciliacion.

Segunda: Conocer del mismo modo y sin apelacion, ni otro recurso en negocios civiles por cantidad que no pase de cien pesos.

Tercera: Conocer en la propia forma en asuntos criminales sobre injurias y delitos leves.

Cuarta: Conocer á prevencion con los jueces de letras en caucas criminales hasta el estado que dispongan las leyes.

Quinta: Conocer á prevencion con cualquiera tribunal sobre desistimientos, transaciones ó convenios que celebren las partes litigantes, bien sean en negocios civiles de cualquiera cuantía, ó sobre injurias graves.

Art. 220. Las leyes determinarán las demás atribuciones de los jueces de paz, y las formalidades con que han de proceder en el ejercicio de todas.

Art. 221. Los jueces de paz desempeñarán sus funciones bajo responsabilidad, mediante un juicio de residencia en la forma que dispongan las leyes.

Seccion Novena

De la administracion de justicia en general

Art. 222. La justicia se administrará á nombre del Estado.

Art. 223. Los actos, registros y procedimientos de los jueces y demas autoridades de los otros Estados, territorios y lugar de la residencia de los supremos poderes de la federacion, tendrán entera fe y crédito en el Estado, si estuvieren arreglados á las leyes generales.

Art. 224. Ningun habitante del Estado podrá ser juzgado por comision, sino por tribunales establecidos con arreglo á la Constitucion.

Art. 225. Tampoco será sentenciada ninguna persona en el Estado, sino á virtud de leyes presistentes á la acusacion ó demanda, y despues de haber sido oida ó legalmente citada.

ART. 226. Las leyes que han regido en el gobierno anterior, que no se opongan á la Constitucion, y que no estén derogadas, continuarán observandose hasta la sancion de los codigos civil y criminal del Estado, o de la particular derogacion de ellas.

ART. 227. El orden y formalidades de los procesos civiles y criminales serán determinados por las leyes uniformes en todos los tribunales; y ni el congreso podrá dispensarlas en ningun caso, cualesquiera que sean las circunstancias.

ART. 228. Toda falta de observancia de las leyes, de que trata el artículo anterior, hace responsables personalmente á los tribunales y jueces que la cometan.

ART. 229. El cohecho, el soborno, y la prevaricacion de unos y otros funcionarios, produce accion popular contra ellos.

ART. 230. Ningun magistrado o juez podrá conocer en varias instancias sobre un mismo negocio.

ART. 231. Los eclesiásticos y los militares residentes en el Estado continuarán sujetos á las autoridades á que lo están respectivamente en la actualidad; pero en los casos en que no haya disposicion terminante en el derecho canonico, ú ordenanza general, serán juzgados con arreglo á las leyes del Estado.

ART. 232. No se podrá entablar pleito alguno en lo civil, ni en lo criminal sobre injurias, sin que por parte del actor se haga constar, que legalmente intentó primero el medio de la conciliacion.

ART. 233. En ningun negocio cualquiera que sea su naturaleza y entidad, y el estado del juicio, podrá privarse á los habitantes en el territorio queretáno del derecho de terminar sus diferencias por medio de jueces árbitros nombrados por las partes.

ART. 234. En ningun juicio podrá decretarse embargo de bienes, sino por responsabilidad pecuniaria, y en proporcion á la cantidad á que esta pueda estenderse.

ART. 235. A ninguno se tomará juramento en causa propia.

ART. 236. El Estado conservará el derecho de juzgar con arreglo á las leyes los delitos cometidos en su territorio.

ART. 237. Ningun delincuente tendrá asilo en el Estado.

Seccion Decima

De la administracion de justicia en lo civil

ART. 238. En ningun negocio cualquiera que sea su cuantía, podrá haber mas que tres instancias y tres sentencias definitivas pronunciadas una en cada instancia.

ART. 239. Podrá sin embargo interponerse en los tribunales designados en la Constitucion el recurso de nulidad de sentencia ejecutoria.

Seccion Undecima

De la administracion de justicia en lo criminal

ART. 240. Ningun habitante del Estado podrá ser preso sin que se verifiquen estos requisitos.

Primero: Mandamiento de prision firmado por autoridad competente.

Segundo: Que el mandamiento esprese los motivos de la prision.

Tercero: que se notifique al reo, y se le entregue copia de él.

Cuarto: Que igual copia se entregue al alcalde firmada de la autoridad que decretó la prision.

ART. 241. Al mandamiento de que trata el artículo anterior deberá preceder informacion sumaria del hecho.

ART. 242. Solo por delito que merezca ser castigado con pena corporal se decretará prision.

ART. 243. En fraganti todo delincuente puede ser arrestado, y todos pueden prenderle y conducirle á la presencia del juez para que se proceda á lo prevenido en los artículos anteriores.

ART. 244. Nadie podrá ser detenido sin que haya semiplena prueba ó indicios de que es delincuente.

ART. 245. Para que alguno sea detenido deberá haber órden por escrito de la autoridad competente.

ART. 246. Ninguno será detenido solamente por indicios mas de cuarenta y ocho horas. Pasado este término sin que se haya decretado la prision del detenido, se pondrá este en libertad por el que estuviere encargado de su custodia.

ART. 247. Las casas de los ciudadanos serán siempre un asilo inviolable, y ninguno podrá allanarlas, sino en los casos determinados por la ley, con mandamiento por escrito de autoridad competente, bajo su responsabilidad y con espresion terminante del objeto de la pesquisa.

ART. 248. Si con motivo del allanamiento de la casa de cualquier habitante del Estado fuere descubierto algun delito ó delincuente diverso del que era objeto de la pesquisa, se reputará como no descubierto; y ni el juez, si asiste al cateo, podrá por entonces tomar providencia alguna, ni los concurrentes convertirse en acusadores.

ART. 249. Todos los habitantes del Estado están obligados á obedecer los mandamientos de que tratan los artículos 240, 245 y 247, reservando á salvo sus derechos. Cualquiera resistencia será delito grave.

ART. 250. En ningun caso podrá imponerse la pena de confiscacion de bienes.

ART. 251. Si las penas que impusieren las leyes que en el artículo 226 se declaran vigentes, fueren demasiado graves y desproporcionadas, ó pugnaren con el sistema actual de gobierno, deberán los tribunales y jueces antes de pronunciar el fallo, consultar la conmutacion de ellas, ocurriendo al congreso por conducto del supremo tribunal de justicia, el que informará en el caso.

ART. 252. Las penas tendrán todo su efecto en sola la persona del delincuente, cualquiera que sea el delito que haya cometido.

ART. 253. Queda prohibido para siempre el uso de toda clase de tormento.

ART. 254. Todo tratamiento que agrave la pena determinada por ley es un delito.

ART. 255. Ningun alcalde podrá recibir en clase de preso ó detenido á ninguna persona, sin que se le entregue la órden respectiva firmada por autoridad competente.

ART. 256. Tampoco podrá mantener incomunicado á ningun preso sin órden por escrito de la autoridad que decretó la prision, ni por mas tiempo que por el preciso término de setenta y dos horas.

ART. 257. Dentro de las cuarenta y ocho primeras del arresto, se tomará declaracion al tratado como reo, y se le instruirá de quien sea su acusador si lo hubiere, y de los testigos que depusieron contra él en la informacion sumaria.

ART. 258. Solo en los casos de resistencia á los mandamientos de que tratan los artículos 240, 245 y 247, ó cuando fundadamente se tema la fuga del reo, podrá usarse de la fuerza necesaria para hacer efectiva la disposicion que aquellos contengan.

ART. 259. Son reos de atentado contra la libertad individual:

Primero: Los que sin poder legal arrestan ó mandan arrestar á cualquiera persona.

Segundo: Los que no teniendo dicho poder abusan de él en alguno de estos modos: ó arrestando ó mandando arrestar, ó continuando en arresto á cualquiera persona fuera de los casos determinados por las leyes; ó contra las formas que ellas prescriban; ó en lugares que no estén notoria y legalmente conocidos por cárceles.

Tercero: Los alcaldes que contravengan á los artículos 246, 255 y 256.

ART. 260. Nadie sufrirá por un delito dos penas.

ART. 261. Todas las autoridades en su caso estarán obligadas á espedir órdenes, compulsorios, ó escitatorios para que comparezcan á deponer los individuos que como testigos citen los reos en su favor.

TITULO IX

Del gobierno político de los distritos

Seccion Unica

ART. 262. El gobierno político de los distritos residirá en un individuo que se denominará prefecto, y será nombrado por el gobernador del Estado.

ART. 263. En cada distrito habrá un prefecto.

ART. 264. En los pueblos en que sus particulares circunstancias lo ecsijan á juicio del gobernador habrá un sub-prefecto.

ART. 265. Los prefectos serán independientes entre sí, y todos estarán sujetos al gobernador del Estado.

ART. 266. Los sub-prefectos lo estarán al prefecto del respectivo distrito, en los términos que dispongan las leyes.

ART. 267. Para ser prefecto ó subprefecto se requiere ser ciudadano en el ejercicio de sus derechos, con la instruccion necesaria á juicio del gobierno, de edad de treinta años cumplidos, y cinco de vecindad en el Estado; mas esta última circunstancia podrá dispensarse hasta el año de 1830 si lo ecsigiere la utilidad y conveniencia pública.

ART. 268. El nombramiento de prefecto ó sub-prefecto subsistirá por cinco años; yero podrán ser reelectos ó promovidos á otro destino los primeros; y á otra municipalidad ó prefectura los segundos.

ART. 269. Las atribuciones de los prefectos serán:

Primera: Publicar y circular á todas las municipalidades del respectivo distrito las leyes y decretos que al efecto les comunique el gobernador.

Segunda: Cuidar de la observancia y cumplimiento de la Acta constitutiva, de la Constitucion federal, de la del Estado, de las leyes de éste y de las generales de la Federacion.

Tercera: Cuidar de que se celebren en el distrito las juntas populares indicadas en la Constitucion.

Cuarta: Cuidar de la conservacion del órden público y tranquilidad del distrito.

Quinta: Cuidar de que se establezcan ayuntamientos donde deba haberlos segun la Constitucion, y de que en las épocas señaladas en ella se renueven los individuos que los compongan.

Sesta: Cuidar de que se establezcan escuelas de primeras letras con arreglo á la Constitucion.

Séptima: Velar sobre que se recauden é inviertan fielmente las rentas del Estado y las municipales, y proceder en caso de omision ó mala versacion con arreglo á lo que dispongan las leyes.

ART. 270. Las demás atribuciones economico-políticas que convengan a los prefectos, las designarán las leyes.

ART. 271. Los prefectos son responsables por el ejercicio de sus atribuciones.

ART. 272. Los sub-prefectos tendrán respectivamente en la municipalidad las mismas facultades y responsabilidades que los prefectos.

TITULO X

Del gobierno economico-político de los pueblos

Seccion Unica

ART. 273. Para el gobierno economico-político de los pueblos, habrá ayuntamiento compuesto de jueces de paz, de regidores y procuradores síndicos. Una ley designará el número de individuos de cada clase que deba componerlos.

ART. 274. Habrá ayuntamiento en todos los pueblos que actualmente le tienen; en todos los que convenga que le haya; y no podrá dejar de haberlos en los que por sí, ó con su comarca lleguen á dos mil personas.

ART. 275. Los pueblos que no se hallen en el caso del artículo anterior, pero que puedan unirse con ventaja á otro ú otros y formar una municipalidad, la formarán de facto, y se establecerá en ella ayuntamiento.

ART. 276. Los pueblos en quienes no puedan tener lugar las disposiciones que preceden continuarán unidos á la municipalidad á que lo están actualmente.

ART. 277. Las leyes señalarán el territorio de cada municipalidad.

ART. 278. Los individuos que compongan los ayuntamientos se renovarán anualmente en esta forma los jueces de paz en su totalidad los regidores por mitad, y lo mismo los procuradores síndicos donde hubiere varios: donde solo haya uno, se mudará cada año.

ART. 279. Para la eleccion de estos individuos se celebrarán juntas populares en el primer domingo del mes de diciembre compuestas de los ciudadanos de cada municipalidad, quienes nombrarán el número de electores que señalará una ley.

ART. 280. El tercer domingo del mismo mes se reunirán los electores que fueren nombrados en las juntas populares, y elegirán á pluralidad absoluta de votos, los individuos del ayuntamiento que deberán entrar en ejercicio de sus respectivos cargos el dia 1.° del siguiente mes de enero.

ART. 281. Respecto de los regidores y procuradores síndicos se observará lo prevenido en los artículos 217 y 218 sobre los jueces de paz.

ART. 282. El que hubiere ejercido cualquiera de los cargos referidos en el artículo 273 no podrá volver á ser elegido para ninguno de ellos, sino hasta el año segundo de haber cesado en sus funciones.

ART. 283. Habrá un secretario en cada ayuntamiento elegido por este á pluralidad absoluta de votos, y dotado de los fondos municipales.

Las atribuciones de los ayuntamientos serán:

Primera: Formar las ordenanzas municipales para su gobierno interior.

Segunda: Nombrar los jurados el dia señalado por la Constitucion.

Tercera: Cuidar de la policia de salubridad y comodidad, y acordar multas que no pasen de doscientos reales, contra los infractores de los bandos de policia y buen gobierno.

Cuarta: Ausiliar á los jueces de paz cuando estos lo requieran para la conservacion del órden público, y para la seguridad de las personas y bienes de los vecinos.

Quinta: Formar anualmente el presupuesto de los gastos municipales, y proponer arbitrios para cubrirlos.

Sesta: Cuidar de la recaudacion de los productos de los arbitrios aprobados y de los demás fondos municipales, y disponer la inversion de ellos conforme á las leyes y reglamentos.

Séptima: Nombrar bajo de su responsabilidad depositario de dichos fondos.

Octava: Cuidar de los establecimientos de educacion que se paguen de las rentas municipales, y promover se erijan los que dispone la Constitucion.

Novena: Cuidar con arreglo á las leyes de los establecimientos públicos de beneficencia y casas de correccion, aunque no sean dotados de los fondos municipales.

Décima: Cuidar de la construccion de los caminos de travesia, calzadas, puentes y cárceles.

Undécima: Promover la industria, la agricultura, el comercio y cuanto estimen útil y benéfico á los pueblos.

ART. 284. Los ayuntamientos desempeñarán sus atribuciones bajo la inspeccion de los prefectos, á quienes rendirán anualmente cuenta documentada de los caudales de los fondos de propios y arbitrios que hayan administrado.

ART. 285. Todos los individuos del ayuntamiento serán responsables por el ejercicio de sus respectivas funciones mediante un juicio de residencia en los términos que dispongan las leyes.

ART. 286. Si durante el receso del congreso se ofrecieren obras urgentes de utilidad comun, ó algun otro gasto estraordinario, propondrán los ayuntamientos al gobernador del Estado arbitrios para cubrirlos, y este podrá aprobarlos provisionalmente con consentimiento de la diputacion permanente hasta la resolucion del congreso.

TITULO XI

De la hacienda pública del Estado

Seccion Primera

De las contribuciones

ART. 287. La hacienda pública del Estado, se formará de las contribuciones directas ó indirectas que hagan los individuos que lo componen.

ART. 288. Las contribuciones públicas jamás tendrán el carácter de estorsiones con que el gobierno oprima á sus subditos, sino el de donacion necesaria que estos hacen para la subsistencia de la sociedad y beneficio particular suyo; de consiguiente no solo serán proporcionadas á los haberes ó riqueza personal sino equitativas.

ART. 289. Las contribuciones que se establezcan serán las necesarias para satisfacer el cupo que se señale al Estado para los gastos generales de la Federacion, y cubrir los suyos particulares.

ART. 290. El gobernador del Estado formará anualmente el presupuesto de dichos gastos conforme á la facultad 11 del artículo 135.

ART. 291. Solo el congreso podrá decretar contribuciones cualquiera que sea su naturaleza y entidad.

Seccion Segunda

De la tesoreria general del Estado

ART. 292. Para el manejo é inversion de los caudales del Estado habrá en su capital una tesoreria.

ART. 293. En ella entrarán fisica, ó virtualmente todos los productos de las rentas del Estado.

ART. 294. El manejo de la hacienda pública estará siempre independiente de toda autoridad, que aquella á quien está encomendada por la Constitucion.

ART. 295. Ningun pago hará el tesorero sino en virtud de órden del gobernador del Estado; refrendada por el secretario del despacho, y conforme al presupuesto aprobado por el congreso.

ART. 296. Si á alguna órden espedida por el gobernador con la solomnidad espresada en el artículo que antecede, faltase el requisito de conformidad con el presupuesto aprobado por el congreso, se lo manifestará asi el tesorero: pero si el gobernador repitiere la órden con las mismas formalidades hará aquel el pago.

ART. 297. El tesorero rendirá anualmente cuenta general documentada de los ingresos y egresos de caudales en la tesoreria.

ART. 298. El tesorero no solo es responsable de ellos, sino de todos los actos de su manejo. Una ley arreglará la organizacion de la tesoreria y su gobierno interior.

ART. 299. Si conviniere el establecimiento de alguna tesoreria subalterna podrá decretarlo el congreso.

Seccion Tercera

De la contaduria general del Estado

ART. 300. Para el ecsamen y glosa de las cuentas de los caudales públicos del Estado de todos los ramos habrá una contaduria general.

ART. 301. Dentro de los meses de enero y febrero de todos los años se pasarán á dicha oficina las cuentas generales de la tesoreria, las de recaudacion y administracion de las rentas del Estado, y las de propios y arbitrios para gastos municipales respectivas al año anterior.

ART. 302. La contaduria general en los cuatro meses siguientes ecsaminará y glosará las cuentas indicadas y las dirigirá en 1.° de julio al gobernador del Estado, para que las pase con su informe á la aprobacion del congreso.

ART. 303. Por una ley se metodizarán los trabajos de la contaduria general.

TITULO XII

De la milicia del Estado

Seccion Unica

ART. 304. La fuerza militar de Estado se compondrá de los ciudadanos llamados por la ley para el servicio de la milicia nacional.

ART. 305. El congreso por una ley arreglará este servicio del modo que sea mas útil al Estado, y menos gravoso á los ciudadanos, conforme siempre á lo dispuesto en la Constitucion federal y á lo que prevengan las leyes generales.

TITULO XIII

De la educacion pública

Seccion Unica

ART. 306. En todos los pueblos del Estado se establecerán escuelas de primeras letras, dotadas de los fondos municipales.

ART. 307. Tambien se establecerán en las haciendas y rancherías, costeadas de los fondos o arbitrios que dispongan las leyes.

ART. 308. En las escuelas de primeras letras se enseñará á leer, escribir, contar, y el catecismo de la religion santa que profesa el Estado.

ART. 309. El congreso dispondrá la formacion de un catecismo, político en que se espliquen los primeros principios de los derechos y obligaciones del hombre que vive en sociedad, y se enseñará tambien en las escuelas de primeras letras.

ART. 310. El congreso decretará el plan de educacion pública que uniformemente deba observarse en el Estado, y la creacion de establecimientos donde se enseñen las ciencias, bellas letras, y nobles artes.

TITULO XIV

De la observancia de la Constitucion, de su interpretacion, adicion ó reforma

Seccion Primera

ART. 311. Todos los habitantes del Estado estan obligados bajo responsabilidad á observar la Constitucion en todas sus partes; y ni el congreso podrá dispensar esta obligacion aun sobre algun artículo.

ART. 312. Ningun funcionario público del Estado, de cualquiera clase que sea podrá entrar en posesion de su destino sin haber prestado antes juramento de observar la Constitucion.

ART. 313. El congreso dictará las leyes convenientes para que se haga efectiva la responsabilidad de los que la infrinjan[?].

Seccion Segunda

ART. 314. Solo el congreso podrá resolver las dudas que se susciten sobre la inteligencia de los artículos de esta Constitucion.

Seccion Tercera

ART. 315. El congreso no podrá tomar en consideracion sino hasta el año de 1830 las proposiciones que contengan adicion ó reforma de alguno ó algunos articulos de la Constitucion.

ART. 316. Para que se pueda admitir una proposicion de tal naturaleza, deberá estar suscrita por la tercera parte del número total de diputados.

ART. 317. Para que sea admitida será necesaria la pluralidad absoluta de los diputados presentes.

ART. 318. Admitida la proposicion se leerá en las prócsimas juntas primarias y secundarias de que trata el 50.

ART. 319. El congreso siguiente en sus primeras sesiones ordinarias deliberará sobre las adiciones ó reformas propuestas; y sí fueren aprobadas se publicarán inmediatamente como artículos constitucionales.

ART. 320. Las adiciones ó reformas que fueren desechadas por el congreso, no podrán volver á proponerse sino pasados seis años.

ART. 321. Las proposiciones de adicion ó reforma que no fueren admitidas por el congreso, no se podrán volver á proponer en la misma legislatura.

ART. 322. Además de lo dispuesto en esta seccion se observará para adicionar ó reformar la Constitucion lo prevenido en los artículos 80, 82, 85, y 86.

Apendice a este Titulo

De la observancia de la acta constitutiva, Constitucion federal y leyes generales

ART. 323. Ningun funcionario público del Estado de cualquiera clase que sea, podrá entrar en posesion de su destino, sin haber prestado juramento de observar la Acta constitutiva, la Constitucion federal y las leyes generales de la federacion.

Sala de comisiones, Querétaro 16 de diciembre de 1824, – 4, 3, y 2. – *José Mariano Blasco. – Ignacio de la Fuente. – José Diego Septien.*

[1] Editado según *Proyecto de constitución presentado al honorable congreso del estado de Queretaro por su comision de aquel ramo*, Mexico: Aguila, dirigida por José Ximeno, 1825, 83p.

En el congreso constituyente este proyecto de constitución sirvió como base para discutir la primera constitución, sancionada en agosto del año siguiente.

Véase nuevamente: Gabriela Nieto Castillo: *Querétao. Historia de las instituciones jurídicas (Serié Historia de las instituciones jurídicas de los estados de la República mexicana)*, México, D.F.: Universidad Nacional Autónoma de México / Senado de la República, 2010.

Constitución del estado de Querétaro (1825)

Constitucion Politica del Estado de Querétaro[1]

EL PODER EJECUTIVO nombrado provisionalmente por el Congreso constituyente del Estado de Querétaro á todos sus habitantes, sabed: Que el mismo Congreso ha decretado y sancionado la siguiente

CONSTITUCION POLITICA
PARA LA ADMINISTRACION
Y GOBIERNO INTERIOR
DEL PROPIO ESTADO

En el nombre de Dios todopoderoso, autor de la sociedad, y por quien los legisladores decretan lo justo.

El Congreso constituyente del Estado de Querétaro, deseando corresponder á la confianza de los pueblos sus comitentes, asegurarles en el goce de sus derechos naturales y civiles, y promover su engrandecimiento y prosperidad por medio de leyes fundamentales, decreta la siguiente Constitucion política para el gobierno y administracion del Estado.

TITULO I

Del Estado de Querétaro, de su soberanía y del modo de ejercerla

Seccion primera

ART. 1. El Estado de Querétaro es la reunion de todos los queretanos avecindados conforme á las leyes, en el territorio del mismo.

Seccion segunda

ART. 2. El Estado de Querétaro, parte integrante de la Federacion mexicana, es libre, independiente y soberano en lo que esclusivamente toque á su administracion y gobierno interior.

Seccion tercera

ART. 3. El Estado se arreglará en el ejercicio de su soberanía á la Acta constitutiva, á la Constitucion federal y á la presente.

TITULO II

Del territorio del Estado y de su division

Seccion primera

ART. 4. El territorio del Estado se compone por ahora del que han comprendido los partidos de la capital, San Juan del Rio y Cadereita.

Seccion segunda

ART. 5. El territorio del Estado se dividirá para lo sucesivo en seis distritos que serán.

Amealco, que comprenderá las municipalidades de su capital y de Huimilpa.

Cadereita, que comprenderá las municipalidades de su capital y Real del Doctor.

San Juan del Rio, que comprenderá la municipalidad de su capital y Tequisquiapam

San Pedro Toliman, que comprenderá las municipalidades de su nombre, San Francisco Tolimanejo, Santa Marta Peñamillera y San Miguel Toliman.

Querétaro, que comprenderá las municipalidades de su capital, San Francisco Galileo, San Pedro de la Cañada y Santa Rosa.

Xalpan, que comprenderá las municipalidades de su capital, San José de los Amoles, San Pedro Escanela, Landa, Arroyoseco y nuestra Señora de Guadalupe Ahuacatlan. Pacula y Jiliapan pertenecerán á este distrito, cuando se declare que corresponden al Estado.

ART. 6. El Congreso podrá alterar esta division siempre que lo ecsija la conveniencia de los pueblos.

TITULO III

De los habitantes del Estado, de sus derechos y obligaciones

Seccion primera

ART. 7. El Estado prohibe para siempre la esclavitud en cualquiera de los individuos que lo compongan. Una ley determinará el modo de hacer efectiva esta disposicion, respecto de los esclavos que haya en el Estado cuando se publique esta Constitucion.

Seccion segunda

ART. 8. Todos los hombres que habiten en el territorio del Estado aun en clase de transeuntes, están bajo el amparo y proteccion de las leyes, y el Estado les garantiza sus naturales é imprescriptibles derechos de libertad, seguridad, propiedad é igualdad.

ART. 9. Tambien les garantiza el derecho de publicar sus ideas con sujecion á las leyes.

ART. 10. Garantiza igualmente á los ciudadanos queretanos el derecho de peticion, cuyo uso se arreglará por una ley.

ART. 11. La enumeracion de algunos derechos de los queretanos en esta Constitucion, no podrá alegarse como esclusion de los demás que por la Constitucion federal y leyes generales les competan.

Seccion tercera

ART. 12. Todos los habitantes en territorio del Estado, aun en clase de transeuntes, están obligados á obedecer las leyes que rijan en él, y á respetar las autoridades establecidas.

TITULO IV

De los queretanos y ciudadanos queretanos

Seccion primera

ART. 13. Son queretanos:

Primero: todos los hombres nacidos en el territorio del Estado.

Segundo: los que habiendo nacido en cualquiera otro lugar de la Federacion mexicana se avecinden en el Estado.

Tercero: los estrangeros que hayan obtenido del Congreso carta de naturaleza, y los que sin ella tengan el tiempo de vecindad qne determinará una ley.

Seccion segunda

ART. 14. Son ciudadanos queretanos:

Primero: todos los hombres nacidos de padres mexicanos en el territorio del Estado, y avecindados en él.

Segundo: los ciudadanos de los demás estados luego que se avecinden en este.

Tercero: los nacidos de padres mexicanos en pais estrangero, si la residencia de estos en él hubiere sido por causa de la República, ó con licencia del supremo Gobierno de ella ó del de algun Estado y se avecindaren en este.

Cuarto: los estrangeros que estén avecindados en el Estado, cuando se publique en su capital esta Constitucion.

Quinto: los estrangeros naturalizados en el Estado que tengan un año de vecindad despues de su naturalizacion.

Sesto, los estrangeros que en lo sucesivo obtengan carta de ciudadania.

ART. 15. Esta carta se concederá por el Congreso á los estrangeros naturalizados en el Estado:

Primero: porque contraigan matrimonio con mexicana, ó porque se naturalicen siendo casados.

Segundo, porque despues de naturalizados hayan hecho algun servicio distinguido en favor de la Nacion ó del Estado.

ART. 16. Lo que se dispone en el párrafo 3.° del articulo 13 y en los párrafos 3.° y 4.° del artículo 14 queda subordinado á lo que determine el Congreso general conforme á la atribucion 26 del artículo 50 de la Constitucion federal.

ART. 17. No se concederá por el Congreso carta de ciudadania ni de naturaleza á los estrangeros á quienes se las haya negado el de la Federacion; pero si la negativa hubiere sido por falta de méritos, podrán gozar de una y otra conforme á los artículos anteriores de este título.

ART. 18. Al cumplir la edad de 18 años entrarán los queretanos en el ejercicio de los derechos de ciudadanía para los efectos que se espresan en los artículos 10 y 23, á menos que deban perderlos ó quedar suspensos de ellos conforme á los artículos siguientes.

ART. 19. Los derechos de ciudadanía se pierden para los efectos que se espresan en los artículos 10, 23 y 24 solamente:

Primero, por adquirir naturaleza en pais estrangero.

Segundo, por admitir empleo ó condecoracion de gobierno estrangero, sin consentimiento del Congreso del Estado.

Tercero, por sentencia ejecutoriada en que se impongan penas aflictivas ó infamantes.

Cuarto, por haber residido cinco años consecutivos fuera de la República sin comision del gobierno general ó del del Estado, ó sin licencia de éste.

ART. 20. El que haya perdido los derechos de ciudadanía, no puede recobrarlos sino por rehabilitacion del Congreso.

ART. 21. El ejercicio de los mismos derechos se suspende para los efectos de que habla el artículo 19 solamente:

Primero, por incapacidad fisica ó moral, notoria ó declarada por autoridad competente, prévios los requisitos y solemnidades que dispongan las leyes.

Segundo, por la profesion religiosa en cualquiera orden de regulares.

Tercero, por el estado de deudor á los caudales públicos con plazo cumplido, y habiendo precedido requerimiento para el pago.

Cuarto, por no tener empleo, oficio ó modo de vivir conocido.

Quinto, por hallarse procesado criminalmente.

ART. 22. El ejercicio de los mismos derechos se suspende para la voz pasiva, solamente:

Primero, por el estado de sirviente doméstico.

Segundo, por no saber leer ni escribir; pero esta disposicion no tendrá efecto sino hasta el año de 1845.

ART. 23. Solamente los queretanos que estén en ejercicio de los derechos de ciudadanía conforme á los artículos anteriores, pueden sufragar en las juntas populares.

ART. 24. Solo los queretanos que estén en pleno goce de los derechos de ciudadanía pueden entrar en ejercicio de los empleos populares, y de cualquiera otro del Estado.

ART. 25. Esceptúanse de la disposicion del artículo anterior los empleos facultativos que podrán conferirse á individuos que no sean vecinos del Estado.

TITULO V

De la religion del Estado, forma de su gobierno y division de poderes

Seccion primera

ART. 26. La religion del Estado es y será perpetuamente la católica, apostólica, romana, con esclusion de cualquiera otra. El Estado la proteje por leyes justas.

Seccion segunda

ART. 27. El gobierno del Estado es republicano, representativo, popular, federado.

ART. 28. Ningun empleo, cargo ó condecoracion del Estado será hereditario. Los privilegios que se concedan serán por tiempo limitado.

Seccion tercera

ART. 29. El supremo poder del Estado se divide para su ejercicio en legislativo, ejecutivo y judicial.

ART. 30. En ningun caso se podrán reunir estos poderes, ni dos de ellos en una persona ó corporacion.

ART. 31. El poder legislativo jamás podrá depositarse en una sola persona.

TITULO VI

Del poder legislativo

Seccion primera
Del Congreso

ART. 32. El poder legislativo del Estado se deposita en un Congreso compuesto de diputados electos segun esta Constitucion.

ART. 33. No podrá el Congreso abrir sus sesiones sin la concurrencia de la mayoría absoluta del número total de sus miembros.

ART. 34. Las formalidades para la instalacion del Congreso y la solemnidad con que deba abrir y cerrar sus sesiones, se prescribirán en el reglamento de su gobierno interior.

Seccion segunda
De las atribuciones del Congreso

ART. 35. Las atribuciones del Congreso son:

Primera, decretar leyes para la administracion y gobierno interior del Estado en todos sus ramos, é interpretar, aclarar, reformar ó derogar las establecidas.

Segunda, calificar las elecciones y calidades de los diputados, para admitirlos ó no en su seno.

Tercera, elegir senadores para el Congreso general: sufragar para la eleccion de Presidente y Vice-presidente de la República, y para los individuos de la suprema córte de justicia, con arreglo á lo prevenido en la Constitucion federal.

Cuarta, conceder cartas de naturaleza y de ciudadanía á los estrangeros, arreglandose en las primeras á la ley general que se dicte en virtud de la atribucion 26 del 50 de la Constitucion federal.

Quinta, autorizar por tiempo limitado al gobierno con facultades estraordinarias, siempre que lo ecsija el bien general del Estado.

Sesta, declarar en los casos que ocurran si ha ó no lugar á la formacion de causa á los diputados, al gobernador y vice-gobernador; y en las de responsabilidad al secretario del despacho de gobierno, á los individuos de la junta consultiva y á los del supremo tribunal de justicia, por el ejercicio de sus respectivas funciones.

Séptima, hacer efectiva la responsabilidad de los funcionarios espresados en la atribucion anterior. Una ley arreglará como haya de tener efecto esta atribucion.

Octava, conceder indultos generales ó particulares por delitos, cuyo conocimiento corresponda esclusivamente á los tribunales del Estado.

Novena, crear tribunales inferiores al supremo de justicia, con arreglo á esta Constitucion.

Décima, decretar la creacion ó supresion de plazas en las oficinas de los tribunales: el número de subalternos de ellos, y el de oficios públicos.

Undécima, aprobar las ordenanzas municipales de los pueblos, y los reglamentos generales para la polícia y salubridad del Estado.

Duodécima, fijar anualmente los gastos de la administracion pública en todos sus ramos.

Décimatercia, decretar contribuciones para cubrirlos, y el método de recaudarlas.

Décimacuarta, aprobar el repartimiento de ellas entre los distritos.

Décimaquinta, ecsaminar y aprobar las cuentas de recaudacion é inversion de todos los caudales del Estado en los diversos ramos de su administracion.

Décimasesta, sistemar la administracion de las rentas del Estado.

Décimaseptima, conceder premios ó recompensas á los que en favor de él, hayan hecho distinguidos servicios.

Décimaoctava, aprobar la distribucion en los distritos del cupo de hombres que corresponda al Estado para el servicio en la milicia activa, y reemplazos del ejército permanente.

Décimanona, aprobarlos arbitrios para obras públicas de beneficencia, utilidad comun ó recreo.

Vigésima, decretar el plan de enseñanza pública para todo el Estado.

Vigésimaprima, proteger la libertad política de la imprenta.

Vigésimasegunda, recibir juramento á los individuos que previene la Constitucion y en adelante dispusieren las leyes.

Vigésimatercia, ejercer todas las funciones legislativas en lo que no contrarien á la Acta constitutiva, Constitucion federal ó leyes generales.

Seccion tercera
De los diputados

ART. 36. Ningun vecino del Estado podrá escusarse de admitir el nombramiento de diputado.

ART. 37. Los diputados serán inviolables por sus opiniones manifestadas en el ejercicio de su encargo, y jamas podran ser reconvenidos por ellas.

ART. 38. Los diputados durante su mision no podrán ser demandados civilmente sino por deudas, para cuya satisfaccion podrán ser en su caso ejecutados.

ART. 39. Para declarar si ha ó no lugar á la formacion de causa en las criminales que se intenten contra los diputados, se constituirá el Congreso en gran jurado, compuesto á lo menos de las tres cuartas partes del total de ellos.

ART. 40. No habrá lugar á la formacion de causa, cuando no voten por la afirmativa dos tercias partes del número de diputados presentes; y en tal caso jamás podrá tomarse el asunto en consideracion por ningun tribunal.

ART. 41. Si se declarase por el Congreso haber lugar á la formacion de causa á algun diputado, quedará éste suspenso de su encargo y á disposicion del tribunal competente.

ART. 42. Los diputados durante su mision y cuatro meses despues, no podrán obtener empleo alguno de nombramiento del gobierno, á menos que les corresponda por escala.

ART. 43. Para indemnizar á los diputados, se les asistirá con dietas que se señalarán por ley, y serán pagadas por la tesoreria general del Estado.

Seccion cuarta
De la base para la eleccion de diputados

ART. 44. La base para la eleccion de diputados será la poblacion.

ART. 45. En ningun caso será el número de estos menos de trece, ni mas de veinte y uno.

ART. 46. Por cada quince mil personas de cualquiera secso y edad, se nombrará un diputado.

ART. 47. Esta base subsistirá mientras la poblacion no baje de ciento noventa y cinco mil personas, ni esceda de trescientas quince mil. En el primer caso se reducirá de modo que resulten trece diputados; y en el segundo, se aumentará hasta que produzca veinte y uno.

ART. 48. Si de la poblacion total del Estado dividida por la base señalada en el 45, resultare una fraccion que esceda ó llegue á la mitad de dicha base, se nombrará otro diputado.

ART. 49. Cada seis años se hará un censo general del Estado, al que se arreglarán las elecciones siguientes.

Seccion quinta
De la eleccion de diputados

ART. 50. Los diputados serán nombrados por los distritos.

ART. 51. La eleccion será popular é indirecta por medio de juntas primarias y secundarias que se celebrarán en los términos que prevenga una ley particular que tambien prescribirá las calidades de los electores.

ART. 52. La eleccion se verificará cada dos años, en el segundo domingo del mes de julio.

ART. 53. Cada distrito nombrará los diputados que le correspondan por su poblacion segun la base prefijada. Si resultare una fraccion que esceda ó llegue á la mitad de dicha base, nombrará otro diputado.

ART. 54. Los distritos alternarán en el uso de la facultad que se les concede en la segunda parte del artículo anterior, siempre que por las fracciones resulte mayor número de diputados que el que señala el 45 despues de aumentada la base como previene el 47. Tambien alternarán los distritos en el nombramiento de diputados, si por las fracciones resultare mayor ó menor número de estos, del que corresponda á la poblacion total.

ART. 55. Cada distrito nombrará tambien el número de diputados suplentes que le corresponda á razon de uno por cada tres propietarios, ó por una fraccion que llegue á dos. Los distritos que tuviesen menos de tres diputados, elejirán sinembargo un suplente.

ART. 56. El nombramiento de diputado propietario preferirá al de suplente.

ART. 57. Si un mismo ciudadano fuere nombrado dîputado por varios distrítos, subsistirá el nombramiento:

Primero, por el distrito de su residencia.

Segundo, por el de su naturaleza.

Tercero, por el en que haya reunido mayor número de votos; y en caso de empate por el que decida la suerte.

ART. 58. Para ser diputado se requiere ser ciudadano en el ejercicio de sus derechos, mayor de veinte y cinco años, y con tres vecindad en el Estado, no interrumpida conforme á las leyes al tiempo de la eleccion. A los nacidos en el Estado les basta un año de vecindad en los términos que espresa este artículo.

ART. 59. La vecindad de los estrangeros para ser diputados será la de ocho años, y tendrán la circunstancia de estar casados con mexicana.

ART. 60. Esceptuanse de la disposicion anterior los estrangeros nacidos en cualquiera otra parte de la América que en el año de 1810 dependia de España, y no se haya unido á otra nacion, ni permanezca en dependencia de aquella, á quienes bastará tener los requisitos prevenidos en el artículo 58.

ART. 61. Están impedidos para ser electos diputados:

Primero, los empleados de nombramiento del gobierno general, y los del del Estado.

Segundo, los individuos del ejército permanente y de la milicia activa, no comprendiéndose los retirados aunque gocen fuero.

Tercero, el gobernador y vice-gobernador del Estado.

Cuarto, el secretario del despacho de gobierno.

Quinto, los que ejerzan jurisdiccion eclesiástica que se estienda á todo el Estado.

Sesto, los vicarios foraneos y jueces eclesiásticos en el distrito en que ejerzan jurisdiccion, si esta se estendiere á todo él.

Séptimo, los estrangeros en el tiempo en que haya declarada guerra entre a nacion de su orígen y la mexicana.

ART. 62. Para ser diputado suplente se requieren las mismas circunstancias que para propietario.

ART. 63. Respecto de los diputados suplentes se observará lo prevenido en él artículo 57.

ART. 64. Los diputados suplentes serán llamados para desempeñar las funciones de los propietarios:

Primero, por insubsistencia de los nombramientos de estos.

Segundo, por su destitucion ó muerte.

Tercero, por impedimento fisico ó moral calificado por el Congreso.

Seccion sesta

De la reunion ordinaria del Congreso, y de su duracion

ART. 65. El Congreso se reunirá todos los años los dias 17 de febrero y 17 de agosto, en la capital ó en el lugar que anticipadamente se señale por una ley.

ART. 66. No podrá el Congreso trasladarse de la capital á otra parte del territorio del Estado, sin que préviamente lo acuerde por el voto unánime de las dos terceras partes del número total de diputados.

ART. 67. Las sesiones del Congreso que comienzan el dia 17 de febrero, se cerrarán el dia 16 de mayo. Las sesiones que comienzan el dia 17 de agosto terminarán el dia 16 de septíembre; y en una y en otra época podrá el Congreso prorogarlas por quince dias útiles.

Primero, si lo juzgare necesario por resolucion de las dos terceras partes del número de los diputados presentes.

Segundo, si fuere invitado al efecto por el gobernador.

ART. 68. Ocho dias antes de cerrar el Congreso sus sesiones ordinarias, nombrará una diputacion compuesta de cinco individuos de su seno, que se denominará diputacion permanente del Congreso. En el mismo dia elegirá tambien dos suplentes para esta diputacion.

Seccion septima
De la diputacion permanente del Congreso

ART. 69. Al dia siguiente de haber cerrado el Congreso sus sesiones ordinarias se reunirán los individuos nombrados para la diputacion permanente, y elegirán de entre ellos mismos un presidente y dos secretarios que durarán todo el tiempo de la diputacion.

ART. 70. La diputacion permanente del Congreso durará hasta la siguiente reunion ordinaria de este.

ART. 71. Las facultades de la diputacion serán:

Primera, velar sobre la observancia de la Constitucion y de las leyes, y dar cuenta al Congreso en su prócsima reunion ordinaria de las infracciones que haya notado.

Segunda, convocar al Congreso señalando lugar y dia para su reunion estraordinaria en los casos siguientes:

1.° Si se verifica invasion enemiga en cualquiera parte de la república.

2.° Si se perturbare notablemente la tranquilidad pública del Estado, de modo que á juicio de la diputacion ecsija la reunion del Congreso.

3.° Si en virtud de diferencias entre algunos Estados se hiciere uso de la fuerza.

4.° Si lo ecsijiere el cumplimiento de alguna ley ó decreto del Congreso general.

5.° Si el gobernados invitare al efecto a la misma diputacion.

Tercera, circular la convocatoria por medio del presidente, si despues del tercero dia de comunicada al gobernador para el efecto, no lo hubiere verificado.

Cuarta, llamar á los diputados suplentes para la misma diputacion en caso de fallecimiento ó imposibilidad de alguno de sus individuos.

Quinta, llamar á los diputados suplentes para el Congreso; y si tambien estos hubieren fallecido ó estuvieren imposibilitados para cubrir su falta, espedir las órdenes convenientes para que proceda á nueva eleccion el respectivo distrito.

Sesta, las demás funciones que le señala esta Constitucion y las que le designe el reglamento interior del Congreso.

Seccion octava
De la reunion estraordinaria del Congreso

ART. 72. El Congreso estraordinariamente reunido no deliberará sobre otro objeto que aquel para que fuere convocado.

ART. 73. La reunion estraordinaria del Congreso no impedirá las elecciones para la renovacion periódica de sus individuos.

ART. 74. Si llegado el tiempo de las sesiones ordinarias, el Congreso se hallare reunido en estraordinarias, cesarán estas, y el asunto que las motivó se continuará tratando en aquellas.

Seccion novena
De la formacion de las leyes y de su sancion

ART. 75. Se tendrá como iniciativa de ley ó decreto:

Primero, las proposiciones que haga al Congreso el gobernador, recomendandolas espresamente con aquella calidad.

Segundo, las proposiciones que en los mismos términos hagan los ayuntamientos.

Tercero, las proposiciones que se presentaren al Congreso firmadas por tres ó mas diputados.

ART. 76. El modo, forma é intervalos para las discusiones y votaciones se prescribirán en el reglamento del gobierno interior del Congreso.

ART. 77. Ningun proyecto de ley se votará, si no se hallaren presentes las dos terceras partes del número total de diputados.

ART. 78. La derogacion, reforma ó interpretacion de las leyes ó decretos se hará con los mismos requisitos que se prescriban para su formacion.

ART. 79. Las leyes y decretos se comunicarán al gobernador firmadas por el presidente y secretarios del Congreso.

Seccion decima

De la publicacion de las leyes

ART. 80. El gobernador publicará las leyes ó decretos dentro de diez dias incluso el de su recibo.

ART. 81. El gobernador podrá suspender por una sola vez la publicacion de los decretos ó leyes que no sean constitucionales ó relativas al gobierno interior del Congreso, esponiéndole dentro del término espresado en el artículo anterior, y oido el dictámen de la junta consultiva, las observaciones que le ocurran.

ART. 82. El gobernador publicará sin recurso las leyes ó decretos, si dentro del término espresado no hubiere remitido sus observaciones al Congreso.

ART. 83. Si el Congreso cerrare sus sesiones antes de que se cumpla el término espresado, tendrá efecto lo prevenido en el artículo antecedente, si al tercero dia de la inmediata reunion ordinaria de aquel no hubiere el gobernador dirijídole sus reflecsiones.

ART. 84. Presentadas las reflecsiones, volverá el Congreso á discutir el proyecto, pudiendo asistir á la discusion y hablar en ella el secretario del despacho.

ART. 85. Si las reflecsiones del gobernador consistieren en que la ley se opone á otra general, ó á algun artículo de la Constitucion federal, y ecsaminadas por el Congreso las calificare infundadas, consultará al de la federacion la inteligencia de la ley á que se refiere el gobernador, y con presencia de lo que resuelva, se tratará de nuevo el asunto.

ART. 86. Aprobado segunda vez el proyecto, se devolverá la ley ó decreto al gobernador, y este dispondrá sin recurso que se publique y circule.

ART. 87. El gobernador para publicar las leyes y decretos usará de la fórmula siguiente: "El gobernador del Estado de Querétaro á todos sus habitantes, sabed: Que el Congreso del mismo Estado ha decretado lo que sigue. (Aqui el testo literal.) Por tanto mando se publique, circule y se le dé el debido cumplimiento.

ART. 88. El gobernador circulará las leyes ó decretos autorizados por el secretario del despacho, sin cuyo requisito no se publicarán.

ART. 89. Las leyes obligarán en cualquiera lugar del territorio del Estado, desde el dia en que se publiquen en la respectiva municipalidad.

Apendice a este Titulo

De la eleccion de los diputados para el Congreso general

ART. 90. La eleccion de diputados para el Congreso general se verificará con arreglo á la ley del Estado de 16 de agosto de 1824, reformada en la parte que se oponga á esta Constitucion.

TITULO VII

Del poder ejecutivo

Seccion primera

ART. 91. El poder ejecutivo se depositará en un individuo que se denominará gobernador del Estado, y sera electo segun esta Constitucion.

ART. 92. Habrá tambien un vice-gobernador electo en la misma forma, en quien recaerán todas las facultades y prerogativas del gobernador en los casos en que cubra su falta.

Seccion segunda

De las calidades que se requieren para ser gobernador ó vice-gobernador

ART. 93. Para ser gobernador ó vice-gobernador se requiere ser ciudadano en el ejercicio de sus derechos, nacido en la República, de edad de treinta años cumplidos, y con cinco de vecindad en el Estado, no interrumpida segun las leyes al tiempo de la eleccion.

ART. 94. Ni el gobernador ni el vice-gobernador podrán ser reelectos sino hasta el año cuarto de haber cesado en sus funciones.

ART. 95. Ni los eclesiásticos, ni los empleados de la federacion pueden ser gobernadores ni vice-gobernadores.

ART. 96. El desempeño de estos empleos es preferente a cualquiera otro del Estado.

Seccion tercera

De la eleccion de gobernador y vice-gobernador

ART. 97. La eleccion de gobernador y vice-gobernador se hará por las juntas electorales de distrito, acto continuo al nombramiento de diputados.

ART. 98. Cada junta nombrará dos individuos de uno en uno y á pluralidad absoluta de votos de los electores presentes; y el presidente de ella remitirá á la diputacion permanente del Congreso copia autorizada de la acta de la eleccion.

ART. 99. Al segundo dia de la reunion ordinaria del Congreso, el presidente que haya sido de la diputacion permanente presentará las copias de las actas, y despues de haberse leido se pasarán á una comision compuesta de un diputado de cada distrito, la que revisará aquellos documentos, informando dentro de tercero dia lo que ocurriere sobre su legalidad, su contenido y circunstancias de los postulados.

ART. 100. En la sesion inmediata procederá el Congreso á calificar las elecciones y la enumeracion de los sufragios.

ART. 101. El que reuniese la mayoria absoluta de votos, computada por el número de distritos, y no por el de electores de ellos, será gobernador.

ART. 102. Si dos tuviesen dicha mayoria, será el gobernador el que haya reunido mas votos, y el otro quedará de vice-gobernador. En caso de empate en la misma mayoria, elegirá el Congreso uno de los dos para gobernador, y el otra quedará de vice-gobernador.

ART. 103. Si ninguno reuniere la pluralidad absoluta de votos elegirá el Congreso de entre los dos que tuvieren la mayoria respectiva. Si mas de dos individuos la tuvieren en igualdad de votos, elegirá de entre ellos los dos que deban competir en la eleccion principal, Lo mismo sucederá si todos tuvieren igual número de votos. Cuando uno tenga la mayoria respectiva, y dos ó mas le sigan en igualdad de votos, entrará á competir aquel con el que de entre estos elija el Congreso. Lo mismo se observará cuando uno tenga la mayoria respectiva, y los demás igual número de votos. Lo prevenido en este artículo respecto del gobernador, se entenderá igualmente en la eleccion de vice-gobernador.

ART. 104. Si el que tuviere la mayoria respectiva reuniere la tercera parte ó mas del número total de los votos, y los que le compitan no escedieren de la cuarta, no podrá dejar de ser electo aquel para uno de los encargos de gobernador ó vice-gobernador.

ART. 105. En las elecciones de gobernador ó vice-gobernador que haga el Congreso, sufragarán los diputados por distritos, teniendo la representacion de cada uno un solo voto. Lo mismo se hará para calificar las elecciones de los distritos.

ART. 106. No procederá el Congreso á deliberar sobre las elecciones hechas por los distritos, ni á declarar el individuo que fuere electo, sin la concurrencia de las dos terceras partes del número total de los individuos que lo compongan, y sin que estén presentes por lo menos diputados de las tres cuartas partes de los distritos.

ART. 107. El Congreso observará la ley de su gobierno interior en todo lo que no previenen los artículos precedentes.

Seccion cuarta

De la duracion del gobernador y vice-gobernador, y del modo de llenar sus faltas

ART. 108. El gobernador y vice-gobernador tomarán posesion de sus respectivos empleos el dia 25 de agosto, y serán relevados en igual dia cada cuatro años.

ART. 109. Si por cualquiera motivo el gobernador electo no estuviere pronto á entrar en el ejercicio de sus funciones el dia señalado en el artículo anterior, entrará á ejercerlas el vice-gobernador nuevamente electo.

ART. 110. Si tampoco este se hallare pronto al efecto, cesarán sin embargo el gobernador y vice-gobernador, y se depositará entretanto el poder ejecutivo en un individuo que elegirá el Congreso á pluralidad absoluta de votos de entre los vocales de la junta consultiva de gobierno que se hallen en ejercicio, y de los que hubieren sido nuevamente electos.

ART. 111. Lo prevenido en el artículo anterior se observará tambien cuando el gobernador y vice-gobernador estuvieren impedidos temporalmente para ejercer sus funciones. Si el impedimento acaeciere durante el receso del Congreso, ejercerá las facultades de este la diputacion permanente.

ART. 112. En caso de impedimento perpetuo ó muerte del gobernador y vice-gobernador, se cubrirá provisionalmente la falta del primero en los términos prevenidos en los dos artículos anteriores, y el Congreso ó la diputacion permanente dispondrá que los electores de distrito que nombraron los diputados que estén en ejercicio, procedan á elegir gobernador y vice-gobernador para el tiempo que falte. Si solo el encargo de vice-gobernador resultare vacante, se proveerá tambien por nueva eleccion.

ART. 113. Respecto de los individuos que fueren nombrados para gobernador ó vice-gobernador en los casos del artículo anterior, se observará lo prevenido en el artículo 94.

ART. 114. Las elecciones hechas en virtud del artículo 112 no embarazarán las periódicas que deben hacerse cada cuatro años.

Seccion quinta

Del juramento que deben otorgar

ART. 115. El gobernador y vice-gobernador al tomar posesion prestarán juramento ante el Congreso, y en su receso ante la diputacion permanente, bajo la fórmula que sigue: – "Yo N. electo gobernador ó vice-gobernador del Estado de Querétaro, juro por Dios, que ejerceré fielmente el encargo que me ha confiado, y que guardaré y haré guardar su Constitucion política y leyes, como tambien la Acta constitutiva, la Constitucion federal y leyes generales.

Seccion sesta

De las prerogativas que gozarán

ART. 116. El gobernador podrá suspender la publicacion de las leyes con arreglo al 81.

ART. 117. Cualquiera que sea el délito ó crímen que cometieren el gobernador y vice-gobernador durante su encargo, no podrá formarseles causa sin que el Congreso declare que ha lugar á ella.

ART. 118. El gobernador y vice-gobernador no podrán ser acusados despues de seis meses de haber cesado en sus funciones por delito de responsabilidad en ellas.

Seccion septima

De las atribuciones del gobernador

ART. 119. Las atribuciones del gobernador son:

Primera, cuidar de la observancia de la Acta constitutiva, de la Constitucion federal y de la del Estado: publicar, circular y hacer guardar las leyes generales y las de este, espidiendo cuando sea necesario, reglamentos ó decretos para su mejor ejecucion.

Segunda, proteger la libertad individual de los habitantes del Estado.

Tercera, remitir al Congreso ó á la diputacion permanente cópia de las leyes y decretos del Congreso general, y de los decretos ú órdenes del Presidente de la República que se le comuniquen.

Cuarta, cuidar del órden y tranquilidad pública del Estado.

Quinta, nombrar y remover libremente al secretario del despacho.

Sesta, cuidar de que se administre pronta, cumplida é imparcialmente justicia.

Séptima, nombrar á propuesta en terna de la junta consultiva los funcionarios y empleados del Estado que no sean de nombramiento popular, ni de alguna otra persona ó corporacion segun las leyes.

Octava, devolver por segunda vez á la junta consultiva las ternas que se propongan, si lo estimare conveniente.

Nona, suspender hasta por tres meses oida la junta consultiva, y aun con rebaja de la mitad del sueldo, á los empleados de nombramiento del mismo gobernador; pero si estimare necesario que se les forme causa, pasará los antecedentes al tribunal á que corresponda.

Décima, ejercer el patronato en los términos que designen las leyes.

Undécima, presentar anualmente al Congreso para su aprobacion el presupuesto de los gastos del Estado.

Duodécima, cuidar de la recaudacion de las rentas de él, sin alterar el método establecido ó que establezca el Congreso.

Décimatercia, decretar la inversion de los caudales públicos del Estado con arreglo á los presupuestos aprobados por el Congreso.

Décimacuarta, disponer de la milicia nacional conforme convenga á la tranquilidad y conservacion del órden público.

Décimaquinta, pedir la prorogacion de las sesiones del Congreso, con arreglo al artículo 67.

Décimasesta, invitar á la diputacion permanente para que acuerde convocar al Congreso á reunion estraordinaria.

Seccion octava
De las restricciones del gobernador

ART. 120. No podrá el gobernador:

Primero, mandar en persona la milicia nacional sin consentimiento del Congreso ó de la diputacion permanente.

Segundo, decretar la prision de ninguna persona, ni privarla de su libertad; mas cuando lo ecsija el bien y seguridad del Estado, podrá mandar arrestar con obligacion de poner al arrestado dentro de cuarenta y ocho horas á disposicion de tribunal ó juez competente, esponiendo el motivo del arresto.

Tercero, ocupar la propiedad de alguna persona ó corporacion, ni turbarla en la posesion, uso ó aprovechamiento de ella; pero si en algun caso por conocida utilidad pública fuere necesario tomarla, podrá hacerlo con dictámen espresamente afirmativo de la junta consultiva, prévia la indemnizacion que se hará á la parte interesada á juicio de hombres buenos, elegidos uno por ella y otro por el gobierno, y en caso de discordia por un tercero nombrado por las partes.

Cuarto, impedir las elecciones populares ni sus efectos.

ART. 121. No podrán el gobernador y vice-gobernador salir del territorio del Estado durante su encargo, ni en el término espresado en el artículo 118 sin licencia del Congreso.

ART. 122. Las órdenes que espidiere el gobernador contra lo dispuesto en el artículo 120 no se obedeceran aunque estén autorizadas por el secretario del despacho.

Seccion novena
De la responsabilidad del gobernador

ART. 123. El gobernador y vice-gobernador en su caso estaran sujetos á responsabilidad en el ejercicio de sus funciones.

ART. 124. Si fuere tanta la arduidad de algun asunto que despues de oido el dictámen de la junta consultiva, todavia dudare el gobernador lo que deba disponer, podrá consultar al Congreso la resolucion.

Seccion decima
De la junta consultiva

ART. 125. Habrá una junta con la que podrá consultar el gobernador sus resoluciones, cuando lo estime conveniente.

ART. 126. Esta junta que se denominará junta consultiva de gobierno, se compondra de cinco individuos nombrados segun esta Constitucion.

ART. 127. El vice-gobernador será presidente de ella, y solo tendrá voto en caso de empate.

ART. 128. En el reglamento interior de la junta se designara el individuo que haya de sustituir en las faltas de su presidente.

ART. 129. La eleccion de los indíviduos de la junta consultiva se hará por las electorales de distrito al dia siguiente al de verificarse la de diputados, y se observará respecto de aquella todo lo prevenido para la de gobernador en la seccion 3.ª de este titulo.

ART. 130. Para ser individuo de la junta consultiva, se requiere ser ciudadano en el ejercicio de sus derechos, de notoria adhesion al sistema de gobierno, mayor de treinta años, y con cinco de vecindad en el Estado, no interrumpida segun las leyes al tiempo de la eleccion. A los nacidos en el Estado les basta un año de vecindad en los términos que espresa este artículo.

ART. 131. No podrá haber mas de un eclesiástico en la junta.

ART. 132. No pueden ser miembros de la junta consultiva los empleados de nombramiento del gobierno general, ni los del del Estado; los individuos del ejército permanente; los de la milicia activa, y los comprendidos en la parte 7.ª del artículo 61.

ART. 133. Los individuos de la junta servirán cuatro años, saliendo dos al fin de un bienio y tres al fin de otro; pero en el de 1827 saldrán los dos que la suerte designare.

ART. 134. Las vacantes que ocurran se llenarán por las juntas electorales que hayan nombrado los diputados que estén en ejercicio, y el subrogante durará el tiempo del subrogado.

ART. 135. Ningun individuo de la junta podrá ser reelecto, sino hasta el año cuarto de haber cesado en sus funciones.

ART. 136. La junta nombrará un secretario de entre sus individuos.

ART. 137.[2] Las atribuciones de la junta consultiva, serán:

Primera, dar dictámen motivado y por escrito al gobernador en todos los negocios en que se lo pida.

Segunda, proponer en terna conforme á las leyes, sugetos aptos y beneméritos para los empleos públicos del Estado de nombramiento del gobierno, segun la atribucion 7,ª del 119.

Tercera, usar de las facultades que en materia de patronato le concedan las leyes.

Cuarta, presentar al gobernador proyectos de reforma ó variacion sobre cualquiera de los ramos de la administracion pública del Estado.

ART. 138. La junta será responsable de todos los actos relativos al ejercicio de sus atribuciones.

ART. 139. La junta presentará á la aprobacion del Congreso el reglamento para el gobierno interior de ella.

Seccion undecima
Del secretarío del despacho de gobierno

ART. 140. Para el despacho de los negocios de gobierno habrá un secretario.

ART. 141. Para ser secretario del despacho se requieren las mismas circunstancias que para ser individuo de la junta consultiva, y á mas ser nacido en la República.

ART. 142. Todos los decretos, reglamentos y órdenes del gobernador deberán ir firmados por el secretario del despacho, sin cuyo requisito no serán obedecidos.

ART. 143. El Secretario del despacho será responsable de las providencias del gobernador que autorice con su firma:

Primero, cuando se opongan á la Constitucion ó leyes del Estado, á la Acta constitutiva, Constitucion federal ó leyes generales.

Segundo, cuando la providencia del gobernador emane de instruccion ó informe del mismo secretario.

ART. 144. El secretario del despacho dará cuenta al Congreso al tercero dia de la reunion ordinaria de este, del estado en que se hallen todos los ramos de la administracion pública, presentando al efecto una memoria, en la que se comprenderá tambien la opinion del gobierno sobre las reformas ó variaciones que estime convenientes en cada uno de aquellos ramos.

ART. 145. El secretario del despacho formará un reglamento para la mejor distribucion y giro de los negocios de su cargo, y el gobernador lo pasara al Congreso para su aprobacion.

TITULO VIII

Del poder judicial

Seccion primera

ART. 146. El poder judicial del Estado reside esclusivamente en los tribunales y juzgados que establece esta Constitucion.

ART. 147. Ni el Congreso ni el gobernador podrán avocarse el conocimiento de los negocios pendientes en los tribunales, ni mandar abrir los juicios fenecidos.

Seccion segunda

De los tribunales y juzgados

ART. 148. Para la administracion de justicia en el Estado, habrá un tribunal que se denominará "supremo de justicia" tribunales de tercera y segunda instancia; juzgados de letras para la primera; jurados para las causas criminales, y jueces de paz. Una ley designará el número de tribunales de tercera y segunda instancia que debe haber, y el territorio de su respectiva jurisdiccion.

ART. 149. Los tribunales no podrán ejercer otras funciones que las de juzgar y hacer que se ejecute lo juzgado.

ART. 150. Tampoco podrán suspender la ejecucion de las leyes, ni hacer reglamentos para la administracion de justicia.

ART. 151. Los individuos del supremo tribunal de justicia y los magistrados y demas funcionarios de nombramiento del gobierno serán perpetuos; mas segun las leyes podrán ser separados de sus empleos ó promovidos á otros.

Seccion tercera

Del supremo tribunal de justicia

ART. 152. El supremo tribunal de justicia se compondrá de tres ministros y un fiscal nombrados conforme á esta Constitucion.

ART. 153. Para cubrir la falta temporal de cualquiera individuo de los espresados en el artículo anterior, se nombrará del mismo modo un suplente.

ART. 154. Para ser individuo del supremo tribunal de justicia, se requiere ser letrado, ciudadano en el ejercicio de sus derechos, nacido en la República, de edad de treinta años cumplidos, y desde 1.° de Enero de 1835 con cinco de vecindad en el Estado, no interrumpida segun las leyes al tiempo de la eleccion.

ART. 155. No podrán ser individuos del supremo tribunal de justicia los eclesiásticos, ni los empleados de nombramiento del gobierno general.

ART. 156. La eleccion se hará en un mismo dia por las juntas electorales de distrito en los términos prevenidos para la de los individuos de la consultiva de gobierno, con distincion del que elijan para fiscal, y se observará además respectivamente lo dispuesto en los artículos desde 98 hasta el 107.

ART. 157. Cuando el Congreso haya de elegir uno ó varios ministros y el fiscal, y alguno de los postulados por los distritos reuniere la mayoría respectiva de votos para uno y otro destino, entrará á competir primero para ministro, y no resultando electo, competirá despues para fiscal.

ART. 158. El nombramiento de ministro será preferente al de fiscal, y ambos á cualquiera otro, menos los designados en el artículo 96.

ART. 159. La designacion que haga el Congreso de fiscal se verificara de entre los individuos que hayan obtenido votos para este destino; pero si á virtud de lo prevenido en el artículo 157 no quedare para la eleccion de fiscal mas que un individuo de los que obtuvieron votos en ella, entrará á competir con el que haya quedado con mayor número para ministro.

ART. 160. Las vacantes que se verifiquen serán provistas por las juntas electorales de distrito, conforme a lo dispuesto en esta seccion.

ART. 161. Las atribuciones del supremo tribunal de justicia son, conocer:

Primero, de las demandas civiles y criminales contra los diputados, conforme á los artículos 38 y 39.

Segundo, de las causas que se intenten contra el gobernador ó vice-gobernador, secretario del despacho, é individuos de la junta consultiva de gobierno, bien sea por la responsabilidad anecsa á sus respectivos destinos por delitos comunes, ó por demandas civiles; pero en el primer caso precederá la declaracion de que trata el artículo 35, atribucion sesta, y tambien en el segundo respecto del gobernador y vice-gobernador.

Tercero, de las demandas civiles y criminales contra los magistrados de los tribunales de tercera y segunda instancia y en los juicios sobre responsabilidad de estos por el ejercicio de sus funciones.

Cuarto, en tercera instancia de los negocios que tengan principio en el tribunal de segunda y admitan aquel grado.

Quinto, de los recursos de nulidad que se interpongan de las sentencias ejecutorias de los tribunales de tercera y segunda instancia para el solo efecto de mandar reponer el proceso; y haya ó no lugar á la reposicion de este, lo devolverá. En el primer caso hará efectiva la responsabilidad del tribunal contra quien se entabló el ocurso.

Sesto, de los recursos de proteccion y de fuerza que se interpongan contra los tribunales ó autoridades eclesiásticas.

Séptimo, de los asuntos contenciosos ralativos al patronato del Estado.

Octavo, de las diferencias que se susciten sobre pactos ó negociaciones que se celebren por el gobierno ó sus agentes, con individuos ó corporaciones del Estado.

Noveno, de los negocios que en lo sucesivo le señalen las leyes.

ART. 162. Cuando el supremo tribunal de justicia haya de ejercer las facultades 1.ª, 2.ª, 3.ª y 8.ª espresadas en el artículo anterior, se formará en tres salas compuesta cada una de un ministro designado por suerte, y de conjueces nombrados por las partes; y el fiscal actuará en todas las salas que se denominarán respectivamente de 1.ª, 2.ª y 3.ª instancia. Una ley determinará el número de conjueces para cada una de ellas, y cuando sea ejecutoria su sentencia.

ART. 163. Las leyes prescribirán tambien el modo, forma y grados en que deba conocer el supremo tribunal de justicia en los demás casos indicados en esta seccion.

ART. 164. Para juzgar á los ministros y fiscal del supremo tribunal de justicia en los negocios civiles y criminales que contra ellos se promuevan, nombrará el Congreso dentro de los ocho primeros dias de la renovacion periódica de sus individuos, doce ciudadanos queretanos, de edad de treinta y cinco años cumplidos, y que no sean eclesiásticos ni empleados.

ART. 165. De estos doce individuos nombrará el Congreso uno para fiscal, y de los restantes se formarán tres salas conforme disponga una ley que asimismo determinará cuando sea ejecutoria la sentencia de cada sala.

Seccion cuarta

Del tribunal de tercera instancia

ART. 166. El tribunal de tercera instancia se compondrá de un magistrado nombrado por el gobierno, y de conjueces cuyo número determinará una ley, nombrados por las partes.

ART. 167. Habrá tambien un fiscal.

ART. 168. Para ser magistrado del tribunal de tercera instancia se requieren las mismas circunstancias que para ministros del supremo tribunal de justicia, observándose tambien lo prevenido respecto de estos en los artículos 154 y 155.

ART. 169. Las atribuciones de dicho tribunal, son:

Primera, conocer en tercera instancia de los negocios civiles que admitan este grado y tengan principio en los juzgados de letras.

Segunda, conocer en segunda instancia de los negocios civiles en que el tribunal de esta denominacion conozca en primera.

Tercera, usar de las facultades que por la Constitucion y las leyes se conceden en las causas criminales al tribunal de segunda instancia, cuando conozca este en primera.

ART. 170. Una ley determinará cuando sea ejecutoria la sentencia de este tribunal.

Seccion quinta

Del tribunal de segunda instancia

ART. 171. El tribunal de segunda instancia se compondrá de tres magistrados y un fiscal nombrados por el gobierno.

ART. 172. El fiscal actuará tambien en el tribunal de tercera instancia.

ART. 173. Respecto de los magistrados y fiscal del tribunal de segunda instancia se observará lo prevenido en el 168.

ART. 174. Las atribuciones de este tribunal son conocer:

Primero, en segunda instancia con arreglo á las leyes de los negocios civiles y criminales de que conozcan en primera los jueces de letras.

Segundo, en primera instancia de las demandas civiles y criminales que se promuevan contra los jueces de letras, y en los de responsabilidad de estos, por el ejercicio de sus funciones.

Tercero, de los recursos de nulidad de las sentencias ejecutorias de los jueces de letras; mas para solo el efecto de mandar reponer el proceso, si hubiere lugar á su reposicion, devolviéndole en todos casos.

Cuarto, de los demás negocios que en lo succesivo le señalen las leyes.

ART. 175. Una ley determinará cuando sean ejecutorias las sentencias de este tribunal.

Seccion sesta

De los juzgados de letras

ART. 176. En todos los distritos en que se divida el territorio del Estado habrá jueces de letras nombrados por el gobernador. Una ley designará el número de los que correspondan á cada distrito segun su poblacion.

ART. 177. Para ser juez de letras se requiere ser abogado, ciudadano en el ejercicio de sus derechos, de edad de treinta años cumplidos, y con tres de vecindad en el Estado; pero esta última circunstancia solo será indispensable en la época que espresa el 154.

ART. 178. Las facultades de los jueces de letras son conocer:

Primero, sin apelacion en negocios civiles en que escediendo el interés de la demanda de la cantidad de cien pesos no pase de quinientos.

Segundo, en primera instancia en todos los negocios civiles que por la Constitucion ó las leyes no se cometan á otros tribunales ó jueces.

Tercero, en las causas criminales con arreglo á las leyes.

Cuarto, de los demás negocios que en lo succesivo les señalen las leyes.

Seccion septima
De los jurados

ART. 179. En todos los pueblos en donde haya establecidos ó se establezcan ayuntamientos habrá jurados.

ART. 180. Las leyes determinarán el número de jurados que deba haber en cada pueblo, y el modo y épocas de celebrar los jurís.

ART. 181. Los jurados serán nombrados anualmente por los ayuntamientos al tercero dia de la renovacion periódica de sus individuos; pero si el Congreso estimare conveniente que los haya en las cabeceras de los distritos para los segundos jurís, no serán unos mismos los jurados de la municipalidad y los del distrito. Estos últimos serán nombrados cada dos años por las juntas secundarias en el mismo dia que nombren los individuos de la consultiva.

ART. 182. El empleo de jurado será carga concejil de que nadie podrá escusarse.

ART. 183. Para ser jurado se requiere ser ciudadano en el ejercicio de sus derechos, de edad de treinta años cumplidos y con dos de vecindad en la municipalidad en que sea electo.

ART. 184. No podrán ser jurados los eclesiásticos, los empleados de nombramiento del gobierno general, ni los del del Estado.

ART. 185. Las atribuciones de los jurados son:

Primera, declarar si es ó no fundada la acusacion.

Segunda, declarar si él acusado es ó no autor del hecho.

Tercera, calificar la naturaleza del delito ó crímen, y de la complicidad si la hubiere.

ART. 186. El Congreso cuando lo estime conveniente, estenderá el juicio por jurados a los negocios civiles, declarando las calidades y atribuciones de ellos.

Seccion octava
De los jueces de paz

ART. 187. En todos los pueblos del Estado habrá jueces de paz.

ART. 188. Serán nombrados por los electores de los ayuntamientos en el dia de la eleccion de individuos para la renovacion de aquellos. En los pueblos en que no haya ayuntamiento, serán nombrados los jueces de paz directamente por los vecinos.

ART. 189. Las leyes designarán el número de jueces de paz que deba haber en cada pueblo con arreglo á su poblacion.

ART. 190. Para ser juez de paz se requiere ser ciudadano en el ejercicio de sus derechos, de edad de treinta años cumplidos y con cuatro de vecindad en el pueblo en que fuere elegido.

ART. 191. Respecto de los jueces de paz se observará lo prevenido en los artículos 182 y 184.

ART. 192. Las atribuciones de los jueces de paz son conocer:

Primero, esclusivamente en los juicios de conciliacion.

Segundo, del mismo modo y sin apelacion ni otro recurso en negocios civiles en que el interés de la demanda no pase de la cantidad de cien pesos.

Tercero, en la propia forma en asuntos criminales sobre injurias y delitos leves.

Cuarto, á prevencion con los jueces de letras en causas criminales hasta el estado que dispongan las leyes.

Quinto, á prevencion con cualquiera tribunal ó juzgado sobre desistimientos, transaciones ó convenios que celebren las partes litigantes, bien sean en negocios civiles ó sobre injurias graves.

Sesto, de los demás negocios que en lo succesivo les señalen las leyes.

ART. 193. Una ley determinará las formalidades con que han de proceder los jueces de paz en el ejercicio de sus atribuciones.

ART. 194. Los jueces de paz desempeñarán sus funciones bajo responsabilidad, mediante un juicio de residencia en la forma que dispongan las leyes.

Seccion novena
De la administracion de justicia en general

ART. 195. La justicia se administrará en nombre del Estado.

ART. 196. A los actos, registros y procedimientos de los jueces y demás autoridades de los otros estados, territorios y distrito federal, se les dará entera fe y crédito en el Estado, si estuvieren conformes á las leyes generales.

ART. 197. Ninguno podrá ser juzgado por comision.

ART. 198. Ninguno será sentenciado sino á virtud de leyes precsistentes al hecho que motive la acusacion ó demanda y despues de haber sido oido ó legalmente citado.

ART. 199. El órden y formalidades de los procesos civil y criminal serán uniformes en todos los tribunales y determinados por las leyes, y ni el Congreso podrá jamás dispensarlas.

ART. 200. Cualquiera inobservancia de las leyes de que trata el artículo anterior, hace responsables personalmente á los magistrados y jueces que la cometan.

ART. 201. El cohecho, el soborno y la prevaricacion de unos y otros funcionarios, produce accion popular contra ellos.

ART. 202. Ningun magistrado ó juez podrá conocer en distintas instancias sobre un mismo negocio, ni en el recurso de nulidad que sobre él se interponga.

ART. 203. Los eclesiásticos y militares residentes en el Estado continuarán sujetos á las autoridades á que lo están actualmente conforme á lo dispuesto en el 154 de la Constitucion federal.

ART. 204. No se podrá entablar pleito alguno en lo civil, ni en lo criminal sobre injurias graves, sin que haga constar el actor haber intentado legalmente la conciliacion.

ART. 205. En todo negocio, y en cualquiera estado del juicio podrán las partes terminar sus diferencias por jueces árbitros que nombren al efecto.

ART. 206. En ningun juicio podrá decretarse embargo de bienes, sino por responsabilidad pecuniaria y de los que basten á cubrirla.

ART. 207. A ninguno se tomará juramento sobre hecho propio.

Seccion decima
De la administracion de justicia en lo civil

ART. 208. En ningun negocio podrá haber mas que tres instancias y tres sentencias definitivas, pronunciadas una en cada instancia. Podra sinembargo, interponerse el recurso de nulidad de sentencia ejecutoria.

Seccion undecima
De la administracion de justicia en lo criminal

ART. 209. Ninguno podrá ser preso, sin que se verifiquen estos requisitos.

Primero, mandamiento de prision firmado por autoridad competente.

Segundo, que el mandamiento esprese los motivos de la prision.

Tercero, que se notifique y se le dé cópia si la pidiere.

Cuarto, que igual cópia se entregue al alcaide firmada por la autoridad que decretó la prision.

ART. 210. Al mandamiento de que trata el artículo anterior deberá preceder informacion sumaria del hecho.

ART. 211. En fragante todo delincuente puede ser arrestado, y cualquiera puede prenderle y conducirle á la presencia del juez, para que se proceda á lo prevenido en los artículos anteriores.

ART. 212. Nadie podrá ser detenido sin que haya semiplena prueba ó indicio de que es delincuente.

ART. 213. Ninguno podrá ser detenido sin órden firmada por autoridad competente.

ART. 214. El detenido será puesto en libertad por el encargado de su custodia, si no se hubiere decretado su prision á las cuarenta y ocho horas del arresto.

ART. 215. No se podrán allanar las casas de los ciudadanos sino con arreglo á las leyes, por autoridad competente que manifestará en la casa el objeto determinado de la pesquisa antes de ejecutarla, ó espresándolo en su mandamiento, si en virtud de él se allanaren.

ART. 216. Todos los habitantes del Estado están obligados á obedecer los mandamientos de que tratan los artículos 209, 213 y 215, y podrán reservar á salvo sus derechos. Cualquiera resistencia será delito grave.

ART. 217. En ningun caso podrá imponerse la pena de confiscacion de bienes.

ART. 218. Las penas tendrán todo su efecto en solo el delincuente.

ART. 219. Queda prohibido para siempre el uso de toda clase de tormento.

ART. 220. Todo tratamiento que agrave la pena determinada por la ley es un delito.

ART. 221. Ningun alcaide podrá recibir en clase de preso ó detenido á persona alguna, sin que se le entregue la órden respectiva firmada por autoridad competente, ni mantenerla incomunicada, sin órden en igual forma, ni por mas tiempo que el de setenta y dos horas.

ART. 222. Dentro de los dos dias naturales primeros del arresto, se tomará declaracion al tratado como reo, y se le instruirá de quien sea su acusador si lo hubiere, y de los testigos que depusieron contra él en la informacion sumaria.

ART. 223. Solo en los casos de resistencia á los mandamientos de que tratan los artículos 209, 213 y 215, ó cuando fundadamente se tema la fuga del reo, podrá usarse de la fuerza necesaria, para hacer efectiva la disposicion que aquellos contengan.

ART. 224. Son reos de atentado contra la libertad individual:

Primero, los que sin autoridad legal arresten ó manden arrestar á cualquiera persona.

Segundo, los que teniendo dicha autoridad abusen de ella en alguno de estos modos: ó arrestando, ó mandando arrestar ó continuando en arresto á cualquiera persona fuera de los casos determinados por las leyes, ó contra las formas establecidas, ó en lugares que no estén designados por ellas.

Tercero, los alcaides que contravengan á los artículos 214 y 221.

ART. 225. Todas las autoridades en su caso están obligadas á espedir órdenes, compulsorios ó escitatorios para que comparezcan á deponer los que como testigos citen los reos en su favor.

TITULO IX

Del gobierno político de los distritos

Seccion unica

ART. 226. El gobierno político de los distritos residirá en un individuo que se denominará prefecto.

ART. 227. En cada distrito habrá un prefecto nombrado por el gobernador.

ART. 228. Habrá un sub-prefecto nombrado por el gobernador en los pueblos donde á juicio de él sea necesario.

ART. 229. Los prefectos serán independientes entre sí, y todos estarán sujetos al gobernador. Los sub-prefectos lo estaran al prefecto del respectivo distrito en los términos que dispongan las leyes.

ART. 230. Para ser prefecto ó sub-prefecto, se requiere ser ciudadano en el ejercicio de sus derechos, con la instruccion necesaria á juicio del gobierno, de edad de treinta años cumplidos y cinco de vecindad en el Estado; mas esta última circunstancia podrá dispensarse hasta el año de 1830 si lo ecsijiese la utilidad y conveniencia pública.

ART. 231. El nombramiento de prefectos ó sub-prefectos, subsistirá por cinco años; pero podrán ser reelegidos.

ART. 232. Las atribuciones de los prefectos en sus distritos serán:

Primera, publicar y circular á las municipalidades las leyes y decretos que al efecto les comunique el gobernador.

Segunda, cuidar de la observancia y cumplimiento de la Acta constitutiva, de la Constitucion federal, de la del Estado, de las leyes de este y de las generales.

Tercera, hacer que se celebren las juntas populares indicadas en la Constitucion.

Cuarta, conservar el órden y tranquilidad pública.

Quinta, cuidar de que se establezcan ayuntamientos donde deba haberlos segun esta Constitucion, y de que en las épocas señaladas en ella se renueven los individuos que los compongan.

Sesta, velar sobre que se recauden é inviertan fielmente las rentas del Estado y las municipales; y proceder en caso de negligencia o mala versacion con arreglo á lo que dispongan las leyes.

Séptima, cuidar de que se establezcan escuelas de primeras letras con arreglo á esta Constitucion.

Octava, las demás que les designen las leyes.

ART. 233. Los prefectos están sujetos á responsabilidad en el ejercicio de sus atribuciones.

ART. 234. Los sub-prefectos tendrán respectivamente las mismas facultades y responsabilidad que los prefectos.

ART. 235. Los prefectos y sub-prefectos cesarán en el ejercicio de sus funciones, cuando reciban mando militar.

TITULO X

Del gobierno económico político de los pueblos

Seccion unica

ART. 236. Para el gobierno económico-politico de los pueblos, habrá ayuntamientos compuestos de jueces de paz, de regidores y procuradores síndicos. Una ley designará el número de individuos de cada clase que deban componerlos.

ART. 237. No podrá dejar de haber ayuntamientos en los pueblos que por si ó con su comarca lleguen á dos mil personas.

ART. 238. Los pueblos que no se hallen en el caso del artículo anterior, pero que puedan unirse con ventaja á otro ú otros y formar una municipalidad, la formarán y se establecerá en ella ayuntamiento.

ART. 239. Los pueblos en que no puedan tener lugar las disposiciones que preceden, continuarán unidos á la municipalidad á que lo estén actualmente.

ART. 240. Las leyes señalarán el territorio de cada municipalidad.

ART. 241. Los individuos que compongan los ayuntamientos se renovarán en el tiempo y forma que prescriban las leyes.

ART. 242. Respecto de los regidores y procuradores síndicos se observará lo prevenido en los artículos 190 y 191.

ART. 243. Habrá un secretario en cada ayuntamiento elegido por este á pluralidad absoluta de votos y dotado de los fondos municipales.

ART. 244. Las atribuciones y deberes de los ayuntamientos serán determinadas por las leyes.

ART. 245. Los ayuntamientos desempeñarán sus atribuciones bajo la inspeccion de los prefectos ó sub-prefectos respectivamente.

ART. 246. Los individuos de los ayuntamientos estarán sujetos á responsabilidad en el ejercicio de sus respectivas funciones.

TITULO XI

De la hacienda pública del Estado

Seccion primera

De las contribuciones

ART. 247. La hacienda pública del Estado se formará de las contribuciones directas ó indirectas que decrete el Congreso.

ART. 248. Las contribuciones no solo serán en lo posible proporcionadas á los bienes ó riqueza personal, sino equitativas.

ART. 249. Las contribuciones que se establezcan serán las necesarias para cubrir los gastos particulares del Estado y el contingente para los de la Federacion.

Seccion segunda

De la tesorería general del Estado

ART. 250. En la capital del Estado habrá una tesorería para el ingreso y distribucion de los caudales.

ART. 251. Ningun pago hará el tesorero, sino en virtud de órden del gobernador, refrendada por el secretario del despacho.

ART. 252. El tesorero no solo es responsable de los caudales que reciba, sino de todos los actos de su manejo. Una ley arreglará la organizacion de la tesorería y su gobierno interior.

Seccion tercera

De la contaduría general del Estado

ART. 253. Habrá una contaduría general para el ecsamen y glosa de las cuentas de los caudales públicos del Estado en todos sus ramos.

ART. 254. Por una ley se metodizarán los trabajos de esta oficina.

TITULO XII

De la milicia del Estado

Seccion unica

ART. 255. Habrá en el Estado una fuerza militar compuesta de los cuerpos de milicia nacional en los términos que designe la ley.

ART. 256. El Congreso arreglará el servicio de estos cuerpos del modo mas útil al Estado y menos gravoso á los ciudadanos, conforme siempre á lo dispuesto en la Constitucion federal y á lo que prevengan las leyes generales.

TITULO XIII

de la educacion pública

Seccion unica

ART. 257. En todos los pueblos se establecerán las suficientes escuelas de primeras letras, dotadas de los fondos municipales si fuere necesario.

ART. 258. Tambien se establecerán en las haciendas y rancherías costeadas de los fondos ó arbitrios que dispongan las leyes.

ART. 259. En las escuelas de primeras letras. se enseñará á leer, escribir, contar y el catecismo de nuestra religion.

ART. 260. Se enseñará igualmente un catecismo político de los derechos y obligaciones del hombre en sociedad, y cuya formacion dispondrá el Congreso.

TITULO XIV

De la observancia de la Constitucion, de su interpretacion, adicion y reforma

Seccion primera

ART. 261. Todos los habitantes del Estado están obligados, bajo de la responsabilidad que determinen las leyes, á observar la Constitucion en todas sus partes, y ni aun sobre algun artículo podrá el Congreso dispensar esta obligacion.

ART. 262. Ningun funcionario ó empleado del Estado podrá entrar en posesion de su destino sin haber prestado juramento de observar esta Constitucion.

Seccion segunda

ART. 263. Solo el Congreso podrá resolver las dudas que se susciten sobre la inteligencia de esta Constitucion.

Seccion tercera

ART. 264. El Congreso no podrá tomar en consideracion antes del año de 1830 las proposiciones que contengan adicion ó reforma de alguno ó algunos artículos de la Constitucion.

ART. 265. Para que se pueda presentar una proposicion de tal naturaleza, debera estar suscrita por tres diputados, ó por algun ayuntamiento.

ART. 266. Para admitirse será indispensable el voto de la mayoría absoluta de los diputados presentes.

ART. 267. El Congreso siguiente en su primera reunion ordinaria deliberará sobre las adiciones ó reformas propuestas; y si fueren aprobadas, se publicarán como artículos constitucionales.

ART. 268. El Congreso no deliberará sobre proposiciones de adicion ó reforma de alguno ó algunos artículos de la Constitucion, sin que estén presentes por lo menos las tres cuartas partes del número total de diputados y que pertenezcan á las tres cuartas partes de los distritos.

ART. 269. Para que se entienda aprobada alguna proposicion de las que habla el artículo anterior, deberá haber votado por la afirmativa la mayoría absoluta del número total de diputados.

ART. 270. Las adiciones ó reformas que fueren desechadas por el Congreso, no podrán proponerse sino pasados cuatro años.

ART. 271. Las proposiciones de adicion ó reforma que no fueren admitidas por el Congreso, no se podrán proponer en la misma legislatura.

ART. 272. Para reformar ó adicionar alguno ó algunos artículos de la Constitucion, se observará lo dispuesto en esta seccion, y lo demás que se previene para la formacion de las leyes.

Apendice a este Titulo

De la observancia de la Acta constitutiva, Constitucion federal y leyes generales

ART. 273. Ningun funcionario ó empleado público del Estado podrá entrar en posesion de su destino sin haber prestado juramento de observar la Acta constitutiva, la Constitucion federal y las leyes generales.

Dada en Querétaro á 12 de agosto del año del Señor de 1825, 5.° de la independencia, 4.° de la libertad y 3.° de la federacion. – *Ignacio de la Fuente*, presidente. – *José Ignacio Yañez*, vice-presidente. – *Ramon Covarrubias*. – *José Diego Septien*. – *Juan José Garcia*. – *Juan Nepomuceno de Acosta*. – *Sabas Antonio Dominguez*, diputado secretario. – *José Mariano Blasco*, diputado secretario."

Por tanto mandamos que se imprima, publique y circule para su debido cumplimiento en todas sus partes. Querétaro agosto 12 de 1825. – *José Maria Diez Marina*, presidente. – *Juan José Pastor*. – *Andrés de Quintanar*.

---

1 Editado según *Constitucion Politica del Estado de Querétaro, Sancionada por su Congreso Constituyente el 12 de Agosto de 1825*, Mexico: Aguila, dirigida por José Ximeno, 1825, 69p.

Esta constitución fue preparada por un proyecto de diciembre del año 1824. En octubre de 1833, la quinta legislatura sancionó la reforma de un par de artículos. Con estas reformas la constitución quedó en vigor hasta el fin de la primera república federal en 1836. Después de la era de las repúblicas centralistas fue declarada vigente de nuevo en 1847 por el Acta constitutiva y de reformas (artículo 30), sancionada por el congreso extraordinario constituyente de los Estados-Unidos Mexicanos. La segunda constitución de Querétaro fue publicada en 1869.

2 En el original erróneamente 147 en vez de 137.

Reforma de la constitución del estado de Querétaro (1833)

Constitucion Politica del Estado de Querétaro[1]

El gobernador del estado libre y soberano de Querétaro, á todos sus habitantes, sabed: Que el congreso del mismo estado ha decretado la siguiente

CONSTITUCION POLITICA

Para la Administracion y Gobierno Interior del Propio Estado

EN el nombre de Dios Todopoderoso, Autor de la sociedad, y por quien los legisladores decretan lo justo.

El quinto congreso constitucional del estado, usando de la facultad que le concede el 267 de la Constitucion sancionada en 12 de agosto de 825, ha tenido á bien decretar la siguiente, adicionada y reformada para la administracion y gobierno interior del propio estado.

Titulo Primero

Del estado de Querétaro, de su soberanía y modo de ejercerla

Seccion Primera

ART. 1.° El estado de Querétaro es la reunion de todos los queretanos avecindados conforme á las leyes, en el territorio del mismo.

Seccion Segunda

ART. 2.° El estado de Querétaro, parte integrante de la federacion mexicana, es libre, independiente y soberano en lo que esclusivamente toque á su administracion y gobierno interior.

Seccion Tercera

ART. 3.° El estado se arreglará en el ejercicio de su soberanía á la acta constitutiva, á la constitucion federal y á la presente.

Titulo Segundo

Del territorio del estado y su division

Seccion Primera

ART. 4.° El territorio del estado se compone por ahora del que han comprendido los partidos de la capital, San Juan del Rio y Cadereita.

Seccion Segunda

ART. 5.° El territorio del estado se dividirá para lo sucesivo en seis distritos, que serán:

Amealco, que comprenderá las municipalidades de su capital y de Huimilpan.

Cadereita, que comprenderá las municipalidades de su capital y Real del Doctor.

San Juan del Rio, que comprenderá la municipalidad de su capital y Tequisquiapan.

San Pedro Tolimán, que comprenderá las municipalidades de su nombre, San Francisco Tolimanejo, Santa Maria Peñamiller y San Miguel Tolimán.

Querétaro, que comprenderá las municipalidades de su capital, Villa de Santa Maria del Pueblito, San Pedro de la cañada y Santa Rosa.

Xalpan, que comprenderá las municipalidades de su capital, San José de los Amoles, San Pedro Escanela, Landa, Arroyoseco y nuestra señora de Guadalupe Ahuacatlán. Pacula y Jiliapan pertenecerán á este distrito cuando se declare que corresponden al estado.

ART. 6.° El congreso podrá alterar esta division, siempre que lo ecsija la conveniencia de los pueblos.

Titulo Tercero

De los habitantes del estado, de sus derechos y obligaciones

Seccion Primera

ART. 7.° El estado prohibe para siempre la esclavitud en cualquiera de los individuos que lo compongan. Una ley ha determinado el modo de hacer efectiva esta disposicion, respecto de los esclavos que habia en el estado cuando se publicó la constitucion que ahora se reforma.

Seccion Segunda

ART. 8.° Todos los hombres que habiten en el territorio del estado, aun en clase de transeuntes, están bajo el amparo y proteccion de las leyes, y el estado les garantiza sus naturales é imprescriptibles derechos de *libertad* para hablar, escribir, imprimir sus ideas y hacer lo que quisieren, con tal que no ofendan a las leyes, ni á los derechos de otros: de *propiedad* en sus bienes: *seguridad* en su persona y goce de los mismos: é *igualdad* para ser dirigidos, gobernados y juzgados por unas mismas leyes.

ART. 9. Garantiza igualmente á los ciudadanos queretanos el derecho de peticion, cuyo uso está arreglado por una ley.

ART. 10. La enumeracion de algunos derechos de los queretanos en esta constitucion, no podrá alegarse como esclusion de los demas que por la Constitucion federal y leyes generales les competan.

Seccion Tercera

ART. 11. Todos los habitantes en territorio del estado, aun en clase de transeuntes, están obligados á obedecer las leyes que rijan en él, y á respetar las autoridades establecidas.

Titulo Cuarto

De los queretanos y ciudadanos queretanos

Seccion Primera

ART. 12. Son queretanos:

Primero: Todos los hombres nacidos en el territorio del estado.

Segundo: Los que habiendo nacido en cualquiera otro lugar de la federacion mexicana se avecinden en el estado:

Tercero: Los estrangeros que hayan obtenido del congreso carta de naturaleza, y los que sin ella tengan el tiempo de vecindad que determinará una ley.

Seccion Segunda

ART. 13. Son ciudadanos queretanos:

Primero: Todos los hombres nacidos de padres mexicanos en el territorio del estado, y avecindados en él.

Segundo: Los ciudadanos de los demás estados luego que se avecinden en este.

Tercero: Los nacidos de padres mexicanos en pais estrangero, si la residencia de estos en él hubiere sido por causa de la república, ó con licencia del supremo gobierno de ella ó del de algun estado y se avecindaren en este.

Cuarto: Los estrangeros que estaban avecindados en el estado, cuando se publicó en su capital esta constitucion, por la primera vez.

Quinto: Los estrangeros naturalizados en el estado que tengan un año de vecindad despues de su naturalizacion.

Sesto: Los estrangeros que en lo sucesivo obtengan carta de ciudadanía.

ART. 14. Esta carta se concederá por el congreso á los estrangeros naturalizados en el estado:

Primero: Porque contraigan matrimonio con mexicana, ó porque se naturalicen siendo casados.

Segundo: Porque despues de naturalizados hayan hecho algun servicio distinguido en favor de la nacion ó del estado.

ART. 15. Lo que se dispone en el párrafo 3.° del artículo 12 y en los párrafos 3.° y 4.° del artículo 13, queda subordinado á lo que determine el congreso general conforme á la atribucion 26 del artículo 50 de la constitucion federal.

ART. 16. No se concederá por el congreso carta de ciudadanía ni de naturaleza á los estrangeros á quienes se las haya negado el de la federacion; pero si la negativa hubiere sido por falta de méritos, podrán gozar de una y otra conforme á los artículos anteriores de este título.

ART. 17. Al cumplir la edad de diez y ocho años, entrarán los queretanos en el ejercicio de los derechos de ciudadanía para los efectos que se espresan en los artículos 9 y 22, á menos que deban perderlos ó quedar suspensos de ellos conforme los artículos siguientes.

ART. 18. Los derechos de ciudadanía se pierden para los efectos que se espresan en los artículos 9, 22, y 23, solamente:

Primero: Por adquirir naturaleza en pais estrangero.

Segundo: Por admitir empleo ó condecoracion de gobierno estrangero, sin consentimiento del congreso del estado.

Tercero: Por sentencia ejecutoriada en que se impongan penas aflictivas ó infamantes.

Cuarto: Por haber residido cinco años consecutivos fuera de la república sin comision del gobierno general ó del estado ó sin licencia de este.

ART. 19. El que haya perdido los derechos de ciudadanía, no puedo recobrarlos sino por rehabilitacion del congreso.

ART. 20. El ejercicio de los mismos derechos se suspende para los efectos de que habla el artículo 18: solamente:

Primero: Por incapacidad fisica ó moral, notoria ó declarada por autoridad competente, previos los requisitos y solemnidades que dispongan las leyes.

Segundo: Por la profesion religiosa en cualquiera órden de regulares.

Tercero: Por cualquiera quiebra fraudulenta ó por el estado de deudor á los caudales públicos con plazo cumplido y habiendo precedido requerimiento para el pago.

Cuarto: Por no tener empleo, oficio ó modo de vivir conocido.

Quinto: Por hallarse procesado criminalmente y proferido ya el auto motivado de prision.

ART. 21. El ejercicio de los mismos derechos se suspende para la voz pasiva, solamente:

Primero: Por no saber leer ni escribir; pero esta disposicion no tendrá efecto sino hasta el año de 1845.

Segundo: Por ebriedad consuetudinaria: por dedicacion al juego: por arbitraria separacion del matrimonio y por grave ingratitud á los padres.

ART. 22. Solamente los queretanos que estén en ejercicio de los derechos de ciudadanía conforme á los artículos anteriores, pueden sufragar en las juntas populares.

ART. 23. Solo los queretanos que estén en pleno goce de los derechos de ciudadanía pueden entrar en ejercicio de los empleos populares, y de cualquiera otro del estado.

ART. 24. Esceptúanse de la disposicion del artículo anterior, los empleos facultativos que podrán conferirse á individuos que no sean vecinos del estado.

Titulo Quinto

De la religion del estado, forma de su gobierno y division de poderes

Seccion Primera

ART. 25. La religion del estado es y será perpetuamente la que tiene y profesa la iglesia católica, apostólica, romana, con esclusion de cualquiera otra. El estado la proteje por leyes justas.

Seccion Segunda

ART. 26.[2] El gobierno del estado es republicano, representativo, popular federado.

ART. 27. El estado ejerce sus derechos:

Primero: Por medio de los ciudadanos que forman las juntas electorales.

Segundo: Por medio del cuerpo legislativo que decreta las leyes.

Tercero: Por medio del poder ejecutivo que las sanciona y hace cumplir.

Cuarto: Por medio de la suprema corte de justicia, tribunales, y juzgados, que las aplican en causas civiles y criminales.

Quinto: Por medio de los funcionarios públicos encargados de cuidar y administrar los intereses del estado, en lo político-económico.

Sesto: Por medio de sus representantes en las cámaras de la Union.

ART. 28. Ningun empleo, cargo ó condecoracion del estado, será hereditario. Los privilegios que se concedan, serán por tiempo limitado.

Seccion Tercera

ART. 29. El supremo poder del estado se divide para su ejercicio en electoral, legislativo, ejecutivo y judicial.

ART. 30. En ningun caso se podrán reunir estos poderes, ni dos de ellos en una persona ó corporacion.

ART. 31. El poder legislativo jamás podrá depositarse en una sola persona.

Titulo Sesto

Del poder electoral

Seccion Primera

ART. 32. El poder electoral se ejercerá por el pueblo con arreglo á esta constitucion y leyes. En cuanto al nombramiento de diputados se observará lo siguiente:

Seccion Segunda

De las elecciones en general

ART. 33. Para las elecciones de diputados al congreso del estado, se celebrarán juntas primarias ó municipales, y secundarias ó de distrito.

ART. 34. Serán precedidas las juntas, en los dias señalados para ellas, de misa de Espíritu Santo en las parroquias.

Seccion Tercera

De las juntas primarias ó municipales

ART. 35. Las juntas primarias se compondrán de los ciudadanos queretanos en el ejercicio de sus derechos, avecindados y residentes en la respectiva municipalidad.

ART. 36. Para facilitar las elecciones dividirán los ayuntamientos el territorio de su respectiva municipalidad, en departamentos que no bajen de quinientas personas cada uno, ni escedan de dos mil quinientas. En la junta de cada departamento, se nombrarán los electores que correspondan á su poblacion.

ART. 37. El domingo anterior al en que hayan de celebrarse las juntas primarias, publicarán el prefecto, ó el sub-prefecto ó el alcalde constitucional primer nombrado, la division que haya hecho el ayuntamiento respectivo del territorio de su municipalidad, y el número de electores primarios que correspondan á cada departamento.

ART. 38. Las juntas primarias se celebrarán cada dos años el primer domingo del mes de julio, y serán presididas por el prefecto, sub-prefecto, alcaldes constitucionales y regidores segun el órden de su nombramiento.

ART. 39. Si el número de departamentos en que debia de dividirse alguna municipalidad, segun la base prefijada en el artículo 36 escediere al de alcaldes constitucionales y regidores de que se componga su ayuntamiento, se reducirá el número de aquellos, al de los individuos espresados de éste.

ART. 40. Reunidos los individuos de cada departamento en sitio público designado por el ayuntamiento, nombrarán un secretario y dos escrutadores de entre los ciudadanos presentes.

ART. 41. Instalada la junta preguntará el presidente si ¿alguno tiene que esponer queja sobre cohecho, ó seduccion para que la eleccion recaiga en determinada persona? y habiéndola, se hará pública justificacion verbal en el acto. Resultando cierta la acusacion, serán declarados los reos por la misma junta indignos de la confianza pública para solo aquel acto.

ART. 42. En las juntas no se presentarán los ciudadanos con armas, ni habrá guardia. Si algun individuo se presentare con ellas, se le prevendrá por el presidente que se retire de la junta, y no verificándolo, despues de habérsele leido este artículo, lo mandará arrestar, y dentro de 24 horas lo pondrá á disposicion de autoridad competente, sino lo fuere el presidente para que lo juzgue por delito de atentado contra la libertad política del estado.

ART. 43. Si se suscitaren dudas sobre si en alguno de los ciudadanos presentes concurren las calidades requeridas para sufragar, la junta decidirá en el acto y su decision se ejecutará sin recurso por esta sola vez, en el concepto de que la duda no puede versarse sobre la inteligencia de esta Constitucion ú otra ley para interpretarlas ó aplicarlas.

ART. 44. Para ser elector se requiere ser ciudadano en el ejercicio de sus derechos, mayor de 25 años ó de veinte y uno siendo casado, vecino y residente en la municipalidad.

ART. 45. No pueden ser electores los diputados, el gobernador, vice-gobernador, secretario del despacho, é individuos de la junta consultiva; ni los que ejerzan jurisdiccion contenciosa, cívil, eclesiástica ó militar ni cura de almas, ya sea en propiedad, interinato ó substitucion.

ART. 46. El secretario y escrutadores no podrán dejar de admitir respectivamente estos encargos, sino por causa legal que calificará la junta en el acto; los ciudadanos que sean nombrados electores, tampoco podrán dejar de admitir este encargo; pero sobre las escepciones para desempeñarlo se observará lo que se previene en el artículo 72.

ART. 47. El presidente, secretario y escrutadores, se abstendrán de hacer indicaciones para que la eleccion recaiga en determinada persona, pero el secretario deberá leer la lista de los que hayan obtenido sufragios, si al efecto fuere invitado por algun ciudadano.

ART. 48. Si el presidente, secretario y escrutadores abusaren de su respectivo encargo, se declararán indignos de la confianza pública.

ART. 49. Por cada quinientas personas de cualquier secso y edad, se nombrará un elector.

ART. 50. Si el censo total de la municipalidad diere una fraccion que llegue á la mitad de la base anterior, se nombrará otro elector; mas sino llegare, no se contará con ella.

ART. 51. La votacion se hará personalmente acercándose los ciudadanos de uno en uno á la mesa, y designando tantas personas cuantos electores correspondan á aquel departamento; mas sino designare todo este número, el secretario escribirá á presencia del sufragante los nombres de las que dijere, y nadie podrá votarse en este ni en los demás actos de la eleccion.

ART. 52. Uno de los escrutadores anotará el nombre de los ciudadanos que sufraguen, segun lo vayan verificando.

ART. 53. Si el ciudadano que sufragare, llevare lista de las personas que quiera elegir, le será leida por el secretario, y este le preguntará si está conforme con lo que ella espresa, y no estándolo se enmendará.

ART. 54. La eleccion se abrirá precisamente á las 9 de la mañana, y se cerrará á las cinco de la tarde.

ART. 55. Concluida la eleccion el presidente, escrutadores y secretario, harán la regulacion de los sufragios que hayan reunido cada uno de los postulados, y el primero publicará en voz alta los nombres de los que resulten nombrados electores, por haber reunido mayor número de sufragios. En caso de igualdad decidirá la suerte.

ART. 56. El secretario estenderá en un libro que se destine al efecto la acta que con él firmarán el presidente y escrutadores. De ella se entregará cópia firmada por los mismos á cada uno de los electores, para que hagan constar su nombramiento; y se remitirá otra en los mismos términos al congreso, ó á la diputacion permanente en el receso.

ART. 57. Concluidos los actos referidos se disolverá la junta, y cualquier otro acto en que se mezcle será nulo.

ART. 58. El presidente recojerá las listas originales, que rubricarán el secretario y escrutadores, en que estén anotados los nombres de los sufragantes y la de los postulados; y las presentará al ayuntamiento al dia siguiente de la eleccion.

ART. 59. Si un mismo ciudadano fuere nombrado elector en diversos departamentos, subsistirá el nombramiento: 1.° por el departamento de su residencia: 2.° por el en que haya reunido mayor número de sufragios, y en caso de empate, por el que decida la suerte. En cada uno de los demás departamentos será subrogado por el ciudadano que le siga en la mayoría de votos; y el presidente del ayuntamiento publicará la lista de todos los electores, anotada en los términos que espresa este artículo.

ART. 60. Si del ecsámen de las listas apareciere que algun ciudadano ha sufragado en diversos departamentos, ó en una misma distintas veces, ó si se averiguare haberlo verificado con nombre supuesto, será declarado fraudulento en perjuicio del estado.

Seccion Cuarta

De las juntas secundarias ó de distrito

ART. 61. Las juntas secundarias se compondrán de los electores nombrados en las municipalidades de cada distrito, reunidos en la capital del mismo, á fin de nombrar diputados.

ART. 62. Las juntas secundarías serán presididas por el prefecto ó quien sus veces haga.

ART. 63. El viernes prócsimo anterior al dia señalado en el artículo 96 de esta constitucion para la eleccion de diputados, se verificará en el sitio público que señale el ayuntamiento la primera junta preparatoria, en la que se practicarán las operaciones siguientes: se nombrarán á pluralidad absoluta de votos de los electores presentes, y de entre ellos mismos un secretario y dos escrutadores. Cada elector presentará la cópia de la acta que le sirva de credencial de su nombramiento. El secretario y escrutadores recojerán las credenciales para ecsaminarlas é informar por escrito lo que les ocurra sobre ellas, y sobre las calidades de los electores. Se leerá este título y una acta de cada junta primaría. Por último, se nombrará una comision compuesta de tres electores para que ecsamine las credenciales del secretario y escrutadores, é informe tambien por escrito sobre ellas, y sobre las calidades de esto; y se disolverá la junta.

ART. 64. Si en la primera junta preparatoria no se hubiere presentado la mayoría absoluta del número total de electores, el presidente de ella dictará las mas enérgicas y ejecutivas providencias para que se presenten en la segunda, pero por ninguna causa dejará de practicarse todo lo que se previene en el artículo anterior.

ART. 65. Al dia siguiente de la primera junta preparatoria se verificará la segunda en el mismo sitio, y tambien pública, y en ella se practicará todo lo que sigue. Se leerá el informe de la comision de que habla el artículo 63, y en seguida el de los escrutadores y secretario, si en uno, ú otro ó en ambos se presentaren observaciones sobre las credenciales, ó calidades de los electos, la junta las tomará inmediatamente en consideracion comenzando por las que se hagan, sobre el secretario y escrutadores, y resolverá en el acto, y su resolucion se ejecutará sin recurso. Si se declarare que el secretario ó alguno de los escrutadores ó los dos no deban continuar en la junta, se nombrará en el instante quienes les reemplacen en aquellos cargos. Verificado lo prevenido en este artículo se disolverá la junta; pero el que la presida podrá disponer que vuelva á reunirse en el mismo dia para calificar las credenciales y circunstancias de los electores que de nuevo se presentaren.

ART. 66. En el dia señalado para la eleccion de diputados se reunirán los electores en el mismo sitio y se dará principio á la junta que tambien será pública leyendo el secretario la seccion 5.ª del título 7.° de esta constitucion. En seguida se calificarán las credenciales y circunstancias de los electores que de nuevo se presenten.

ART. 67. Practicadas las operaciones prevenidas en el artículo anterior, procederán los electores á nombrar los diputados de uno en uno por escrutinio secreto mediante cédulas; pero el elector que quiera que se publique su voto, firmará la cédula que leerá el presidente con la firma que la suscriba.

ART. 68. Concluida la votacion, el presidente con los escrutadores y secretario hará la regulacion de los sufragios, y publicará como elegido aquel que reuniere la mayoría absoluta, computada por el número total de electores presentes. Si ninguno tuviere dicha mayoría, se hará segunda votacion sobre los que tengan la respectiva. Si mas de dos la tuvieren, la junta elejirá los dos que deban competir en la eleccion principal. En caso de empate decidirá la suerte.

ART. 69. En seguida del nombramiento de los diputados propietarios, se verificará el de suplentes con las mismas formalidades.

ART. 70. El secretario estenderá la acta que con él firmarán el presidente, escrutadores y un elector de cada municipalidad designado por los demas de ellas. El presidente remitirá al gobernador cópia por duplicado de la acta, firmada tambien por los mismos individuos que van espresados: y el gobernador pasará una de ellas al congreso ó á su diputacion permanente en el receso.

ART. 71. Concluida la eleccion pasarán, el presidente, electores y diputados electos á la parroquia principal, donde se cantará un solemne *Te-Deum* en accion de graclas al Todopoderoso.

ART. 72. El presidente impondrá multa que no baje de cinco pesos ni pase de ciento, á los electores que sin justa causa dejen de asistir á la eleccion de diputados; y dará cuenta al gobernador para su conocimiento, de cualquiera resolucion que tome en aquellos casos.

ART. 73. En las juntas secundarias se observará lo prevenido en los artículos 41 y 42, primera parte del 46 y el 48.

ART. 74. El gobernador dispondrá que se publiquen las elecciones en todo el estado, y el presidente de cada junta la de su respectivo distrito.

ART. 75. Al dia siguiente de verificada la eleccion de diputados, se congregarán los electores en el mismo sitio en que la celebraron, y sin escusa otorgarán á los diputados nombrados poderes segun la fórmula siguiente:

En (*aqui el nombre del lugar*) á (*aquí la fecha*) congregados en (*aquí el nombre del parage donde se verificó la eleccion*) los ciudadanos (*aquí el nombre de los electores.*) Dijeron ante mí el infrascripto escribano público y testigos, que habiendo obtenido la facultad de nombrar diputados al congreso del estado, por habérsela conferido los ciudadanos residentes en las municipalidades de este distrito, mediante las juntas primarias que se celebraron con arreglo al tít. 6.° de la Constitucion política del propio estado, procedieron el dia de ayer á verificar el nombramiento de diputados, y en efecto lo verificaron en los ciudadanos (*aquí los nombres de todos los diputados*) como aparece de la acta de eleccion, y en consecuencia otorgan á todos juntos y á cada uno en particular, poderes amplísimos para que cumplan y desempeñen las augustas funciones de su encargo, en union de los otros diputados que fueren nombrados en los demas distritos del estado, y puedan acordar y resolver cuanto entendieren conducente al bien general de él, ó al particular de los pueblos ó individuos que lo componen, sujetándose escrupulosamente á las atribuciones que les señala la misma Constitucion, bajo cuya condicion los otorgantes se obligan por sí mismos y á nombre de todos los vecinos de este distrito, en virtud de las facultades que les son concedidas como electores nombrados para este acto, á tener por válido, obedecer y cumplir cuanto se resolviere por el soberano congreso del estado. Así lo espresaron y firmaron, hallándose presentes como testigos, (*aquí el nombre de los que lo sean*) que con los ciudadanos electores otorgantes lo firmaron, de que doy fé.

ART. 76. En las capitales de los distritos en que no haya escribano público, se otorgarán los poderes de que habla el artículo anterior, ante el alcalde constitucional primer nombrado y tres testigos de asistencia.

Titulo Septimo

Del poder legislativo

Seccion Primera

Del congreso

ART. 77. El poder legislativo del estado se deposita en un congreso compuesto de diputados electos segun esta Constitucion.

ART. 78. No podrá el congreso abrir sus sesiones sin la concurrencia de la mayoría absoluta del número total de sus miembros.

ART. 79. Las formalidades para la instalacion del congreso y la solemnidad con que deba abrir y cerrar sus sesiones, se prescribirán en el reglamento de su gobierno interior.

Seccion Segunda

De las atribuciones del congreso

ART. 80. Las atribuciones del congreso son:

Primera: Formar los códigos de la legislacion particular del estado.

Segunda: Reclamar al congreso general de la Union sobre las leyes, decretos ú órdenes generales, que se opongan y perjudiquen á los intereses del estado.

Tercera: Decretar leyes para la administracion y gobierno interior del estado en todos sus ramos, é interpretar, aclarar, reformar ó derogar las establecidas.

Cuarta: Calificar las elecciones y calidades de los diputados para admitirlos ó no en su seno.

Quinta: Elegir senadores para el congreso general: sufragar para la eleccion de presidente y vice-presidente de la república, y para los individuos de la suprema corte de justicia, con arreglo á lo prevenido en la Constitucion federal.

Sesta: Conceder cartas de naturaleza y de ciudadanía á los estrangeros, arreglándose en las primeras á la ley general que se dicte en virtud de la atribucion 26 del 50 de la Constitucion federal.

Séptima: Autorizar por tiempo limitado al gobierno con facultades estraordinarias siempre que lo ecsija el bien general del estado.

Octava: Declarar en los casos que ocurran si ha ó no lugar á la formacion de causa á los diputados, al gobernador y vicegobernador; y en las de responsabilidad al secretario del despacho de gobierno, á los individuos de la junta constitutiva y á los de la suprema corte de justicia, por el ejercicio de sus respectivas funciones.

Novena: Hacer efectiva la responsabilidad de los funcionarios espresados en la atribucion anterior. Una ley arreglará como haya de tener efecto esta atribucion.

Décima: Conceder indultos generales ó particulares por delitos, cuyo conocimiento corresponda esclusivamente á la suprema corte de justicia y tribunales del estado.

Once: Crear juzgados inferiores á la suprema corte de justicia, con arreglo á esta Constitucion.

Doce: Decretar la creacion ó supresion de plazas en las oficinas de la suprema corte de justicia: el número de subalternos de ella, y el de oficios públicos.

Trece: Aprobar las ordenanzas municipales de los pueblos, y los reglamentos generales para la polícia y salubridad del estado.

Catorce: Fijar anualmente los gastos de la administracion pública en todos sus ramos.

Quince: Decretar contribuciones para cubrirlos, y el método de recaudarlas.

Diez y seis: Aprobar el repartimiento de ellas entre los distritos.

Diez y siete: Ecsaminar y aprobar las cuentas de recaudacion é inversion de todos los caudales del estado, en los diversos ramos de su administracion.

Diez y ocho: Sistemar la administracion de las rentas del estado.

Diez y nueve: Conceder prémios ó recompensas á los que en favor de él hayan hecho distinguidos servicios.

Veinte: Aprobar la distribucion en los distritos del cupo de hombres que corresponda al estado para el servicio en la milicia activa, y reemplazos del ejército permanente.

Veinte y uno: Aprobar los arbitrios para obras públicas de beneficencia, utilidad comun ó recreo.

Veinte y dos: Decretar el plan de enseñanza pública para todo el estado.

Veinte y tres: Protejer la libertad política de la imprenta.

Veinte y cuatro: Recibir juramento á los individuos que previniene la Constitucion, y en adelante dispusieren las leyes.

Veinte y cinco: Ejercer todas las funciones legislativas en lo que no contrarien á la acta constitutiva, Constitucion federal ó leyes generales.

Seccion Tercera

De los diputados

ART. 81. Ningun vecino del estado podrá escusarse de admitir el nombramiento de diputado.

ART. 82. Los diputados serán inviolables por sus opiniones manifestadas en el ejercicio de su encargo, y jamas podrán ser reconvenidos por ellas.

ART. 83. Los diputados durante su mision no podrán ser demandados civilmente sino por deudas, para cuya satisfaccion podrán ser en su caso ejecutados.

ART. 84. Para declarar si ha ó no lugar á la formacion de causa en las criminales que se intenten contra los diputados, se constituirá el congreso en gran jurado, compuesto á lo menos de las tres cuartas partes del total de ellos.

ART. 85. No habrá lugar á la formacion de causa; cuando no voten por la afirmativa dos tercias partes del número de diputados presentes; y en tal caso jamas podrá tomarse el asunto en consideracion por ninguna sala de la suprema corte de justicia.

ART. 86. Si se declarase por el congreso haber lugar á la formacion de causa á algun diputado, quedará este suspenso de su encargo y á disposicion de la suprema corte de justicia.

ART. 87. Los diputados durante su mision y cuatro meses despues, no podrán obtener empleo alguno de nombramiento por el gobierno, á menos que les corresponda por escala.

ART. 88. Para indemnizar á los diputados se les asistirá con las dietas que les tiene señalada una ley, y serán pagados por la tesoreria general del estado.

Seccion Cuarta

De la base para la eleccion de diputados

ART. 89. La base para la eleccion de diputados será la poblacion.

ART. 90. En ningun caso será el número de estos menos de trece, ni mas de veinte y uno.

ART. 91. Por cada quince mil personas de cualquiera secso y edad, se nombrará un diputado.

ART. 92. Esta base subsistirá mientras la poblacion no baje de ciento noventa y cinco mil personas, ni esceda de trescientas quince mil. En el primer caso se reducirá de modo que resulten trece diputados: y en el segundo se aumentará hasta que produzca veinte y uno.

ART. 93. Si de la poblacion total del estado dividida por la base señalada en el 90, resultare una fraccion que esceda ó llegue á la mitad de dicha base, se nombrará otro diputado.

ART. 94. Cada seis años se hará un censo general del estado, al que se arreglarán las elecciones siguientes.

Seccion Quinta

De la eleccion de diputados

ART. 95. Los diputados serán nombrados por los distritos.

ART. 96. La eleccion se verificará cada dos años, en el segundo domingo del mes de julio.

ART. 97. Cada distrito nombrará los diputados que le correspondan por su poblacion, segun la base prefijada. Si resultare una fraccion que esceda ó llegue á la mitad de dicha base, nombrará otro diputado.

ART. 98. Los distritos alternarán en el uso de la facultad que se les concede en la segunda parte del artículo anterior, siempre que por las fracciones resulte mayor número de diputados, que el que señala el 90 despues de aumentada la base como previene el 92. Tambien alternarán los distritos en el nombramiento de diputados, si por las fracciones resultare mayor ó menor número de éstos, del que corresponda á la poblacion total.

ART. 99. Cada distrito nombrará tambien el número de diputados suplentes que le correspondan á razon de uno por cada tres propietarios ó por una fraccion que llegue á dos. Los distritos que tuviesen menos de tres diputados, elegirán sin embargo un suplente.

ART. 100. El nombramiento de diputado propietario, preferirá al de suplente.

ART. 101. Si un mismo ciudadano fuere nombrado diputado por varios distritos, subsistirá el nombramiento:

Primero: Por el distrito de su residencia.

Segundo: Por el de su naturaleza.

Tercero: Por el en que haya reunido mayor número de votos: y en caso de empate por el que decida la suerte.

ART. 102. Para ser diputado se requiere ser ciudadano en el ejercicio de sus derechos, mayor de veinte y cinco años, y con tres de vecindad en el estado, no interrumpida conforme á las leyes al tiempo de la eleccion. A los nacidos en el estado les basta un año de vecindad en los términos que espresa este artículo.

ART. 103. Están impedidos para ser electos diputados:

Primero: Los empleados de nombramiento del gobierno general, y los del estado.

Segundo: Los individuos del ejército permanente y de la milicia activa, no comprendiéndose los retirados, aunque gocen fuero.

Tercero: El gobernador y vice-gobernador del estado.

Cuarto: El secretario del despacho de gobierno.

Quinto: Los que ejerzan jurisdiccion eclesiástica que se estienda á todo el estado.

Sesto: Los vicarios foráneos y jueces eclesiásticos en el distrito en que ejerzan jurisdiccion, si ésta se estendiere á todo él.

Séptimo: Los estrangeros.

ART. 104. Para ser diputado suplente, se requieren las mismas circunstancias que para propietario.

ART. 105. Respecto de los diputados suplentes, se observará lo prevenido en el 101.

ART. 106. Los diputados suplentes serán llamados para desempeñar las funciones de los propietarios:

Primero: Por insubsistencia de los nombramientos de éstos.

Segundo: Por su destitucion ó muerte.

Tercero: Por impedimento fisico ó moral, calificado por el congreso

Seccion Sesta

De la reunion ordinaria del congreso y de su duracion

ART. 107. El congreso se reunirá todos los años los dias 17 de febrero y 17 de agosto en la capital ó en el lugar que anticipadamente se señale por una ley.

ART. 108. No podrá el congreso trasladarse de la capital á otra parte del territorio del estado, sin que préviamente lo acuerde por el voto unánime de las dos terceras partes del número total de diputados.

ART. 109. Las sesiones del congreso que comienzan el dia 17 de febrero, se cerrarán el 16 de mayo. Las que comienzan el dia 17 de agosto, terminarán el dia 16 de noviembre y en una y otra época, podrá el congreso prorrogarlas por quince dias útiles:

Primero: Si lo juzgare necesario por resolucion de las dos terceras partes del número de los diputados presentes.

Segundo: Si fuere invitado al efecto por el gobernador.

ART. 110. Ocho dias ántes de cerrar el congreso sus sesiones ordinarias, nombrará una diputacion compuesta de cinco individuos de su seno que se denominará *Diputacion permanente del congreso*. En el mismo dia elejirá tambien dos suplentes para esta diputacion.

Seccion Septima

De la diputacion permanente del congreso

ART. 111. Acto continuo de haber cerrado el congreso sus sesiones ordinarias, se reunirán los individuos nombrados para la diputacion permanente, y elegirán de entre ellos mismos un presidente y un secretario que durarán todo el tiempo de la diputacion.

ART. 112. La diputacion permanente del congreso durará hasta la siguiente reunion ordinaria de éste.

ART. 113. Las facultades de la diputacion serán:

Primera: Velar sobre la observancia de la Constitucion y de las leyes y dar cuenta al congreso en su prócsima reunion ordinaria de las infracciones que haya notado.

Segunda: Convocar al congreso señalando lugar y dia para su reunion estraordinaria en los casos siguientes:

1.° Si se verifica invasion enemiga en cualquiera parte de la república.

2.° Si se perturbare notablemente la tranquilidad pública del estado, de modo que á juicio de la diputacion ecsija la reunion del congreso.

3.° Si en virtud de diferencias entre algunos estados, se hiciere uno de la fuerza.

4.° Si lo ecsigiere el cumplimiento de alguna ley ó decreto del congreso general.

5.° Si el gobernador invitare al efecto á la misma diputacion.

6.° Siempre que esta lo juzgue conveniente.

Tercera: Circular la convocatoria por medio del presidente, si despues del 3.° dia de comunicada al gobernador para el efecto, no lo hubiere verificado.

Cuarta: Llamar á los diputados suplentes para la misma diputacion en caso de fallecimiento ó imposibilidad de alguno de sus individuos.

Quinta: Llamar a los diputados suplentes para el congreso; y si tambien estos hubieren fallecido ó estuvieren imposibilitados para cubrir su falta, espedir las órdenes convenientes para que proceda á nueva eleccion el respectivo distrito.

Sesta: Las demas funciones que les señala esta Constitucion y las que le designe el reglamento interior del congreso.

Seccion Octava

De la reunion estraordinaria del congreso

ART. 114. El congreso estraordinariamente reunido, no deliberará sobre otro objeto que aquel para que fuere convocado; sin embargo, siempre que de cualquier modo lo ecsija el bien público, podrá igualmente tratar éste.

ART. 115. La reunión estraordinaria del congreso, no impedirá las elecciones para la renovacion periódica de sus individuos.

ART. 116. Si llegado el tiempo de las sesiones ordinarias, el congreso se hallare reunido en estraordinarias, cesarán éstas, y el asunto que las motivó se continuará tratando en aquellas.

Seccion Novena

De la formacion de las leyes y de su sancion

ART. 117. Se tendrá como iniciativa de ley ó decreto:

Primero: Las proposiciones que haga al congreso el gobernador, recomendándolas espresamente con aquella calidad.

Segundo: Las que en los mismos términos haga la suprema corte de justicia del estado.

Tercero: Las que con tal carácter dirijan los ayuntamientos.

Cuarto: Las que se presentaren al congreso firmadas por tres ó mas diputados.

ART. 118. El modo, forma é intervalos para las discusiones y votaciones, se prescribirán en el reglamento del gobierno interior del congreso.

ART. 119. Ningun proyecto de ley se votará, si no se hallaren presentes las dos terceras partes del número total de diputados.

ART. 120. La derogacion, reforma ó interpretacion de las leyes ó decretos, se hará con los mismos requisitos que se prescriban para su formacion.

ART. 121. Las leyes y decretos se comunicarán al gobernador firmadas por el presidente y secretarios del congreso.

Seccion Decima

De la publicacion de las leyes

ART. 122. El gobernador publicará las leyes ó decretos, dentro de diez dias incluso el de su recibo.

ART. 123. El gobernador podrá suspender por una sola vez, la publicacion de los decretos ó leyes que no sean constitucionales ó relativas al gobierno interior del congreso, esponiéndole dentro del término espresado en el artículo anterior, y oido el dictámen de la junta consultiva, las observaciones que le ocurran.

ART. 124. El gobernador publicará sin recurso las leyes ó decretos, si dentro del término espresado no hubiere remitido sus observaciones al congreso; debiendo por el mismo hecho tenerse la ley ó decreto por sancionado. Por otra se arreglará su publicacion.

ART. 125. Si el congreso cerrare sus sesiones ántes de que se cumpla el término espresado, tendrá, efecto lo prevenido en el artículo antecedente, si al 3.° dia de la inmediata reunion ordinaria de aquel no hubiere el gobernador dirigídole sus reflecsiones:

ART. 126. Presentadas las reflecsiones volverá el congreso á discutir el proyecto, pudiendo asistir á la discusion y hablar en ella, el secretario del despacho.

ART. 127. Aprobado segunda vez el proyecto, se devolverá la ley ó decreto al gobernador, y este dispondrá sin recurso que se publique y circule. Aun cuando no lo verifique la ley ó decreto se tendrá por sancionado.

ART. 128. El gobernador para publicar las leyes y decretos, usará de la fórmula siguiente: "El gobernador del estado de Querétaro á todos sus habitantes, sabed: que el congreso del mismo estado ha decretado lo que sigue. (Aquí el testo literal.) Por tanto mando se publique, circule, y se le dé el debido cumplimiento."

ART. 129. El gobernador circulará las leyes ó decretos autorizados por el secretario del despacho sin cuyo requisito no se publicarán.

ART. 130. Las leyes obligarán en cualquiera lugar del territorio del estado, desde el dia en que se publiquen en la respectiva municipalidad.

Apendice a este Titulo

De la eleccion de los diputados para el congreso general

ART. 131. La eleccion de diputados para el congreso general se verificará con arreglo á la ley del estado de 16 de agosto de 1824, reformada en la parte que se oponga á esta constitucion.

Titulo Octavo

Del poder ejecutivo

Seccion Primera

ART. 132. El poder ejecutivo se depositará en un individuo que se denominará gobernador del estado, y será electo segun esta Constitucion.

ART. 133. Habrá tambien un vice-gobernador electo en la misma forma, en quien recaerán todas las facultades y prerogativas del gobernador, en los casos en que cubra su falta.

Seccion Segunda

De las calidades que se requieren para ser gobernador y vice-gobernador

ART. 134. Para ser gobernador ó vice-gobernador se requiere ser ciudadano en el ejercicio de sus derechos, nacido en la república, de edad de treinta años cumplidos, y con cinco de vecindad en el estado no interrumpida segun las leyes al tiempo de la eleccion.

ART. 135. Ni el gobernador ni el vice-gobernador podrán ser reelectos sino hasta el año cuarto de haber cesado en sus funciones. Entendiéndose tambien, que ni el primero para lo segundo, ni el segundo para lo primero.

ART. 136. Ni los eclesiásticos, ni los empleados de la federacion pueden ser gobernadores ni vice-gobernadores.

ART. 137. El desempeño de estos empleos, es preferente á cualquiera otro del estado.

Seccion Tercera

De la eleccion de gobernador y vice-gobernador

ART. 138. La eleccion de gobernador y vice-gobernador, se hará por las juntas electorales de distrito, acto continuo al nombramiento de diputados.

ART. 139. Cada junta nombrará dos individuos de uno en uno y á pluralidad absoluta de votos de los electores presentes; y el presidente de ella remitirá á la diputacion permanente del congreso copia autorizada de la acta de la eleccion.

ART. 140. Al segundo dia de la reunion ordinaria del congreso, el presidente que haya sido de la diputacion permanente presentará las copias de las actas, y despues de haberse leido se pasarán á una comision compuesta de un diputado de cada distrito, la que revisará aquellos documentos, informando dentro de tercero dia lo que ocurriere sobre su legalidad, su contenido y circunstancias de los postulados.

ART. 141. En la sesion inmediata procederá el congreso á calificar las elecciones y la enumeracion de los sufragios.

ART. 142. El que reuniere la mayoría absoluta de votos, computada por el número de distritos y no por el de electores de ellos, será gobernador.

ART. 143. Si dos tuviesen dicha mayoria, será el gobernador el que haya reunido mas votos, y el otro quedará de vice-gobernador. En caso de empate en la misma mayoría elejirá el congreso uno de los dos para gobernador; y el otro quedará de vice-gobernador.

ART. 144. Si ninguno reuniere la pluralidad absoluta de votos, elejirá el congreso de entre los dos que tuvieren la mayoría respectiva. Si mas de dos individuos la tuvieren en igualdad de votos, elejirá de entre ellos los dos que deban competir en la eleccion principal. Lo mismo sucedera si todos tuvieren igual número de votos. Cuando uno tenga la mayoría respectiva, y dos ó mas le sigan en igualdad de votos, entrará á competir aquel, con el que de entre éstos elija el congreso. Lo mismo se observará cuando uno tenga la mayoría respectiva y los demas igual número de votos. Lo prevenido en este artículo respecto del gobernador, se entenderá igualmente en la eleccion de vice-gobernador.

ART. 145. Si el que tuviere la mayoría respectiva reuniere la tercera parte ó mas del numero total de los votos, y los que le compitan no escedieren de la cuarta, no podrá dejar de ser electo aquel para uno de los encargos de gobernador ó vice-gobernador.

ART. 146. En las elecciones de gobernador ó vice-gobernador que haga el congreso, sufragarán los diputados por distritos, teniendo la representacion de cada uno un solo voto. Lo mismo se hará para calificar las elecciones de los distritos.

ART. 147. No procederá el congreso á deliberar sobre las elecciones hechas por los distritos, ni á declarar el individuo que fuere electo sin la concurrencia de las dos terceras partes del número total de los individuos que lo compongan, y sin que estén presentes por lo menos diputados de las tres cuartas partes de los distritos.

ART. 148. El congreso observará la ley de su gobierno interior en todo lo que no previenen los artículos precedentes.

Seccion Cuarta

De la duracion del gobernador y vice-gobernador, y del modo de llenar sus faltas

ART. 149. El gobernador y vice-gobernador tomarán posesion de sus respectivos empleos el dia 25 de agosto, y serán reelevados en igual dia cada cuatro años.

ART. 150. Si por cualquiera motivo el gobernador electo no estuviere pronto á entrar en el ejercicio de sus funciones el dia señalado en el artículo anterior, entrará á ejercerlas el vice-gobernador nuevamente electo.

ART. 151. Si tampoco éste se hallare pronto al efecto, cesarán sin embargo el gobernador y vice-gobernador, y se depositará entretanto el poder ejecutivo en un individuo que elejirá el congreso á pluralidad absoluta de votos, de entre los vocales de la junta consultiva de gobierno que se hallen en ejercicio, y de los que hubieren sido nuevamente electos.

ART. 152. Lo prevenido en el artículo anterior se observará tambien cuando el gobernador y vice-gobernador estuvieren impedidos temporalmente para ejercer sus funciones. Si el impedimento acaeciere durante el receso del congreso, ejercerá las facultades de éste la diputacion permanente.

ART. 153. En caso de impedimento perpétuo ó muerte del gobernador y vice-gobernador, se cubrirá provisionalmente la falta del primero en los términos prevenidos en los dos artículos anteriores, y el congreso ó la diputacion permanente dispondrá que los electores de distrito que nombraron los diputados que estén en ejercicio, procedan á elejir gobernador y vice-gobernador para el tiempo que falte. Si solo el encargo de vice-gobernador resultare vacante, se proveerá tambien por nueva eleccion.

ART. 154. Respecto de los individuos que fueren nombrados para gobernador ó vice-gobernador en los casos del artículo anterior, se observará lo prevenido en el 135.

ART. 155. Las elecciones hechas en virtud del 153, no embarazarán las periódicas que deben hacerse cada cuatro años.

Seccion Quinta

Del juramento que deben otorgar

ART. 156. El gobernador y vice-gobernador al tomar posesion prestarán juramento ante el congreso, y en su receso ante la diputacion permanente, bajo la fórmula que sigue:—Yo N. electo (gobernador ó vice-gobernador) del estado de Querétaro, júro por Dios que ejerceré fielmente el encargo que me ha confiado, y que guardaré y haré guardar su Constitucion política y leyes, como tambien la acta constitutiva, la Constitucion federal y leyes generales.

Seccion Sesta

De las prerrogativas que gozarán

ART. 157. El gobernador podrá suspender la publicacion de las leyes con arreglo al 123.

ART. 158. Cualquiera que sea el delito ó crímen que cometieren el gobernador ó vice-gobernador durante su encargo, no podrá formárseles causa sin que el congreso declare que ha lugar á ella.

ART. 159. El gobernador y vice-gobernador durante el tiempo de su empleo, serán responsables por delitos de traicion contra la independencia ó forma de gobierno: por cohecho á impedir las elecciones: reunion del congreso ó ejercicio de las atribuciones de éste: por usurpacion del poder judicial y por delitos contra la libertad de imprenta. Dentro de seis meses de haber cesado en sus funciones, podrán ser acusados ante el congreso de toda clase de delitos que hayan cometido en el ejercicio de su empleo. Pasado este tiempo no podrán ser acusados.

Seccion Septima

De las atribuciones del gobernador

ART. 160. Las atribuciones del gobernador son:

Primera: Cuidar de la observancia de la acta constitutiva, de la Constitucion federal y de la del estado: publicar, circular y hacer guardar las leyes generales y las de éste, espidiendo cuando sea necesario reglamentos ó decretos para su mejor ejecucion.

Segunda: Protejer la libertad individual de los habitantes del estado.

Tercera: Remitir al congreso ó á la diputacion permanente, cópia de las leyes y decretos del congreso general y de los decretos ú órdenes del presidente de la república que se le comuniquen.

Cuarta: Cuidar del órden y tranquilidad pública del estado.

Quinta: Nombrar y remover libremente al secretario del despacho.

Sesta: Cuidar de que se administre pronta, cumplida é imparcialmente justicia.

Séptima: Nombrar á propuesta en terna de la junta consultiva los funcionarios y empleados del estado que no sean de nombramiento popular ni de alguna otra persona ó corporacion segun las leyes.

Octava: Devolver hasta por segunda vez á la junta consultiva las ternas que se propongan, si lo estimare conveniente.

Nona: Suspender hasta por tres meses oida la junta consultiva, y aun con rebaja de la mitad del sueldo, á los empleados de nombramiento del mismo gobernador; pero si estimare necesario que se les forme causa, pasará los antecedentes al tribunal á que corresponda.

Décima: Ejercer el patronato en los términos que designen las leyes.

Undécima: Presentar anualmente al congreso para su aprobacion el presupuesto de los gastos del estado.

Duodécima: Cuidar de la recaudacion de las rentas de él, sin alterar el método establecido ó que establezca el congreso.

Décimatercia: Decretar la inversion de los caudales públicos del estado con arreglo á los presupuestos aprobados por el congreso.

Décimacuarta: Disponer de la milicia nacional conforme convenga, á la tranquilidad y conservacion del órden público.

Décimaquinta: Pedir la prorrogacion de las sesiones del congreso, con arreglo al 109.

Décimasesta: Invitar á la diputacion permanente para que acuerde convocar al congreso á reunion estraordinaria.

Seccion Octava

De las restricciones del gobernador

ART. 161. No podrá el gobernador:

Primero: Mandar en persona la milicia nacional sin consentimiento del congreso ó de la diputacion permanente.

Segundo: Decretar la prision de ninguna persona, ni privarla de su libertad; mas cuando lo ecsija el bien y seguridad del estado, podrá mandar arrestar con obligacion de poner al arrestado dentro de cuarenta y ocho horas á disposicion de tribunal ó juez competente, esponiendo el motivo del arresto.

Tercero: Ocupar la propiedad de alguna persona ó corporacion, ni turbarla en la posesion, uso ó aprovechamiento de ella; pero si en algun caso por conocida utilidad pública fuere necesario tomarla, podrá hacerlo con dictámen espresamente afirmativo de la junta consultiva, prévia la indemnizacion que se hará á la parte interesada á juicio de hombres buenos, elejidos uno por ella y otro por el gobierno, y en caso de discordia por un tercero nombrado por las partes.

Cuarto: Impedir las elecciones populares ni sus efectos.

ART. 162. No podrán el gobernador y vice-gobernador salir del territorio del estado durante su encargo, ni en el término espresado en el 159 sin licencia del congreso.

ART. 163. Las órdenes que espidiere el gobernador contra lo dispuesto en el 161, no se obedecerán aunque esten autorizadas por el secretario del despacho.

Seccion Novena

De la responsabilidad del gobernador

ART. 164. El gobernador y vice - gobernador en su caso, estarán sujetos á responsabilidad en el ejercicio de sus funciones.

ART. 165. Si fuere tanta la arduidad de algun asunto que despues de oido el dictámen de la junta consultiva, todavia dudare el gobernador lo que deba disponer, podrá consultar al congreso la resolucion.

Seccion Decima

De la junta consultiva

ART. 166. Habrá una junta con la que podrá consultar el gobernador sus resoluciones, cuando lo estime con veniente.

ART. 167. Esta junta que se denominará junta consultiva de gobierno, se compondrá de cinco individuos nombrados segun esta constitucion.

ART. 168. El vice-gobernador será presidente de ella, y solo tendrá voto en caso de empate.

ART. 169. En el reglamento interior de la junta se designará el individuo que haya de sustituir en las faltas de su presidente.

ART. 170. La eleccion de los individuos de la junta consultiva se hará por las electorales de distrito al dia siguiente al de verificarse la de diputados, y se observará respecto de aquella todo lo prevenido para la de gobernador en la seccion 3.ª de este título.

ART. 171. Para ser individuo de la junta consultiva se requieren las mismas calidades que para ser diputado.

ART. 172. No podrá haber mas de un eclesiástico en la junta.

ART. 173. No pueden ser miembros de la junta consultiva los empleados de nombramiento del gobierno general, ni los del del estado; los individuos del ejercito permanente, los de la milicia activa, y los comprendidos en la parte 7.ª del 103.

ART. 174. Los individuos de la junta servirán cuatro años, saliendo dos al fin de un bienio y tres al fin de otro.

ART. 175. Las vacantes que ocurran se llenarán por las juntas electorales que hayan nombrado los diputados que estén en ejercicio, y el subrogante durará el tiempo del subrogado.

ART. 176. Ningun individuo de la junta podrá ser reelecto, sino hasta el año cuarto de haber cesado en sus funciones.

ART. 177. La junta nombrará un secretario de entre sus individuos.

ART. 178. Las atribuciones de la junta consultiva serán:

Primera: Dar dictámen motivado y por escrito al gobernador en todos los negocios en que se lo pida.

Segunda: Proponer en terna conforme á las leyes, sugetos aptos y beneméritos para los empleos públicos del estado de nombramiento del gobierno, segun la atribucion 7.ª del 160.

Tercera: Usar de las facultades que en materia de patronato le concedan las leyes.

Cuarta: Presentar al gobernador proyectos de reforma ó variacion, sobre cualquiera de los ramos de la administracion pública del estado.

ART. 179. La junta será responsable de todos los actos relativos al ejercicio de sus atribuciones.

ART. 180. La junta para su gobierno interior, observará lo prevenido en el decreto de 17 de abril de 1832, ó lo que disponga el congreso en lo sucesivo.

Seccion Undecima

Del vice-gobernador

ART. 181. Al vice-gobernador le corresponden á mas de las obligaciones que le van señaladas en esta constitucion:

Primera: Servir la prefectura de esta capital.

Segunda: Visitar por una vez despues de cumplidos los dos primeros meses de haber tomado posesion de su empleo, á todos los pueblos del estado, sin gravámen de estos, instruyéndose de sus necesidades y medios de aliviarlas, de las ventajas y mejoras de que sean susceptibles, su agricultura, industria y comercio, dando cuenta al gobierno, quien tomará las providencias ejecutivas que estén á su alcance, pasándolo despues todo al congreso ó á la diputacion permanente.

Seccion Duodecima

Del secretario del despacho

ART. 182. Para el despacho de los negocios de gobierno habrá un secretario.

ART. 183. Para ser secretario del despacho se requieren las mismas circunstancias que para ser individuo de la junta consultiva, y á mas ser mayor de treinta años.

ART. 184. Todos los decretos, reglamentos y órdenes del gobernador, deberán ir firmados por el secretario del despacho, sin cuyo requisito no serán obedecidos.

ART. 185. Es responsable el secretario del despacho de todos sus procedimientos y de las providencias del gobierno que autorice con su firma.

ART. 186. El secretario del despacho dará cuenta al congreso al 3.° dia de la reunion ordinaria de este, del estado en que se hallen todos los ramos de la administracion pública, presentando al efecto una memoria en la que se comprenderá tambien la opinion del gobierno sobre las reformas ó variaciones que estime convenientes en cada uno de aquellos ramos.

ART. 187. El secretario del despacho formará un reglamento para la mejor distribucion y giro de los negocios de su cargo, y el gobernador lo pasará al congreso para su aprobacion.

Titulo Noveno
Del poder judicial

Seccion Primera

ART. 188. El poder judicial del estado reside esclusivamente en la suprema corte de justicia y juzgados que establece esta constitucion.

ART. 189. Ni el congreso ni el gobernador podrán abocarse el conocimiento de los negocios pendientes en la suprema corte de justicia y juzgados, ni mandar abrir los juicios fenecidos.

Seccion Segunda
De la division de la suprema corte de justicia y juzgados constitucionales

ART. 190. Para la administracion de justicia en el estado habrá una suprema corte de justicia dividida en tres salas, que á su vez se denominarán tercera, y de 3.ª y 2.ª instancia, alcaldes constitucionales para la primera, y jurados para las causas criminales. Una ley metodizará los trabajos de estas salas.

ART. 191. Las salas y juzgados no podrán ejercer otras funciones que las de juzgar y hacer que se ejecute lo juzgado.

ART. 192. Tampoco podrán suspender la ejecucion de las leyes, ni hacer reglamentos para la administracion de justicia.

ART. 193. Los individuos de la suprema corte de justicia serán amovibles cada cuatro años, sufragando en la eleccion las juntas electorales de distrito con distincion del que elijan para fiscal á continuacion de la de gobernador y vice; pero bien podrán ser reelegidos; mas segun las leyes, éstos y los demas funcionarios de nombramiento de gobierno, podrán ser separados de sus empleos ó promovidos á otros. Para la nueva eleccion, por esta vez, una ley designará el dia en que deba verificarse.

Seccion Tercera
De la suprema corte de justicia

ART. 194. Esta suprema corte se compondrá de tres magistrados y un fiscal nombrados conforme á esta Constitucion, actuando el último indistintamente en las tres salas, que se compondrá cada una de un magistrado.

ART. 195. Para cubrir la falta temporal de cualquiera individuo de los espresados en el artículo anterior, se nombrará del mismo modo un suplente.

ART. 196. Para ser individuo de la suprema corte de justicia se requiere ser letrado, ciudadano en el ejercicio de sus derechos, nacido en la república, de edad de treinta años cumplidos, y desde 1.° de enero de 1835, con cinco de vecindad en el estado; no interrumpida segun las leyes al tiempo de la eleccion.

ART. 197. No podrán ser individuos de la suprema corte de justicia los eclesiásticos, ni los empleados de nombramiento del gobierno general.

ART. 198. En la eleccion de que habla el artículo 193, se observará ademas respectivamente lo dispuesto en los artículos desde el 139 hasta el 148.

ART. 199. Cuando el congreso haya de elejir uno ó varios ministros y el fiscal, y alguno de los postulados por los distritos reuniere la mayoría respectiva de votos para uno y otro destino, entrará á competir primero para ministro, y no resultando electo, competirá despues para fiscal.

ART. 200. El nombramiento de ministro será preferente al de fiscal, y ambos á cualquiera otro, menos los designados en el artículo 137.

ART. 201. La designacion que haga el congreso de fiscal se verificará de entre los individuos que hayan obtenido votos para este destino; pero si á virtud de lo prevenido en el artículo 199, no quedare para la eleccion de fiscal mas que un individuo de los que obtuvieron votos en ella, entrará á competir con el que haya quedado con mayor número para ministro.

ART. 202. Las vacantes que se verifiquen serán provistas por las juntas electorales de distrito, conforme á lo dispuesto en la seccion 2.ª de este título.

ART. 203. Las atribuciones de la suprema corte de justicia son:

Primera: Conocer por salas en 1.ª, 2ª y 3ª instancia de las causas que se formen prévia declaracion del congreso, á los diputados conforme á los artículos 83 y 84: al gobernador y vice, individuos de la junta consultiva y secretario del despacho; bien sea por la responsabilidad anecsa á sus respectivos destinos, por delitos comunes, ó por demandas civiles; pero en el primer caso, precederá la declaracion de que trata el artículo 80 atribucion 8.ª y tambien en el segundo respecto del gobernador y vice-gobernador.

Segunda: Proponer en terna á los asesores de que habla el artículo 212.

ART. 204. Cuando la suprema corte de justicia haya de ejercer la atribucion 1.ª espresada en el artículo 203 de esta Constitucion, se formará en tres salas compuesta cada una de un ministro designado por suerte: el fiscal actuará en todas las salas que se denominarán respectivamente de 1.ª 2.ª y 3.ª instancia.

Una ley determinará cuando se ejecutoría su sentencia.

ART. 205. Para juzgar á los ministros y fiscal de la suprema corte de justicia en los negocios civiles y criminales que contra ellos se promuevan, nombrará el congreso dentro de los ocho primeros dias de la renovacion periódica de sus individuos doce ciudadanos queretanos, de edad de treinta y cinco años cumplidos, y que no sean eclesiásticos ni empleados.

ART. 206. De estos doce individuos nombrará el congreso uno para fiscal, y de los restantes se formarán tres salas de la manera que lo dispone la ley número 3 de 9 de setiembre de 1831, la que previene igualmente, cuando debe ser ejecutoria la sentencia de cada sala.

Seccion Cuarto

De la tercera sala

ART. 207. La tercera sala se compondrá de uno de los ministros de la suprema corte, designado por el cuerpo electoral al tiempo del nombramiento de esta, y serán sus atribuciones:

Primera: Conocer en tercera instancia de los negocios que tengan principio en la sala de segunda y admitan aquel grado.

Segunda: De los recursos de nulidad que se interpongan de las sentencias ejecutorias de las salas de tercera y segunda instancia para el solo efecto de mandar reponer el proceso; y haya ó no lugar á la reposicion de éste, lo devolverá. En el primer caso hará efectiva la responsabilidad de la sala contra quien se entabló el ocurso.

Tercera: De los recursos de proteccion y de fuerza que se interpongan contra los tribunales ó autoridades eclesiásticas.

Cuarta: De los asuntos contenciosos relativos al patronato del estado.

Quinta: De las diferencias que se susciten sobre pactos ó negociaciones que se celebren por el gobierno ó sus agentes, con individuos ó corporaciones del estado. Sesto: De los negocios que en lo sucesivo le señalen las leyes.

Seccion Quinta

De la sala de tercera instancia

ART. 208. Esta se compondrá respectivamente como la anterior, y serán sus atribuciones:

Primera: Conocer en tercera instancia de los negocios civiles que admitan este grado, y tengan principio en los juzgados de primera.

Segunda: Conocer en segunda instancia de los negocios civiles en que la sala de esta denominacion conozca en primera.

Tercera: Usar de las facultades que por la Constitucion y las leyes se conceden en las causas criminales á la sala de segunda instancia cuando conozca esta en primera.

ART. 209. Una ley determinará cuando sea ejecutoria la sentencia de esta sala.

Seccion Sesta

De la sala de segunda instancia

ART. 210. Se formará como va dicho de las anteriores, y sus atribuciones:

Primera: Conocer en segunda instancia con arreglo á las leyes, de los negocios civiles y criminales de que conozcan en primera los juzgados de esta denominacion.

Segunda: En primera instancia de las demandas civiles y criminales que se promuevan contra los alcaldes constitucionales, y en los de responsabilidad de éstos, por el ejercicio de sus funciones.

Tercera: De los recursos de nulidad de las sentencias ejecutorias de los juzgados de primera instancia; mas para solo el efecto de mandar reponer el proceso, si hubiere lugar á su reposicion, devolviéndole en todos casos.

Cuarta: De los demas negocios que en lo sucesivo le señalen las leyes.

ART. 211. Una ley determinará cuando sean ejecutorias las sentencias de esta sala.

Seccion Setima

De los juzgados de primera instancia

ART. 212. Los alcaldes constitucionales de los pueblos, cabecera de distrito, ejercerán las funciones de jueces de primera instancia, consultando con asesores dotados por el estado, que nombrará el gobierno á propuesta en terna de la suprema corte de justicia; y cuyo número, sueldo, residencia y obligaciones, dispondrá una ley.

ART. 213. Las facultades de los alcaldes ó jueces de primera instancia son:

Primera: Conocer esclusivamente en los juicios de conciliacion.

Segunda: Sin apelacion ni otro recurso, en los negocios civiles en que el interes de la demanda no pase de cien pesos; y de esta cantidad á la de quinientos, solo se admitirá el recurso de nulidad por alguna de las tres causas de que trata la parte segunda del artículo 207.

Tercera: En la propia forma, en asuntos criminales sobre injurias y delitos leves.

Cuarta: A prevencion con cualquiera sala de la suprema corte de justicia ó juzgados sobre desistimientos, transaciones ó convenios que celebren las partes en cualquiera asunto.

Quinta: De los demas negocios que en lo sucesivo les señalen las leyes.

Seccion Octava

De los jurados

ART. 214. En todos los pueblos en donde haya establecidos ó se establezcan ayuntamientos, habrá jurados.

ART. 215. Las leyes determinarán el número de jurados que deba haber en cada pueblo, y el modo y épocas de celebrar los juris.

ART. 216. Los jurados serán nombrados anualmente por los ayuntamientos, al tercero dia de la renovacion periódica de sus individuos; pero si el congreso estimare conveniente que los haya en las cabeceras de los distritos para los segundos juris, no serán unos mismos los jurados de la municipalidad y los del distrito. Estos últimos serán nombrados cada dos años por las juntas secundarias en el mismo dia que nombren los individuos de la consultiva.

ART. 217. El empleo de jurado será carga concegil de que nadie podrá escusarse.

ART. 218. Para ser jurado se requiere ser ciudadano en el ejercicio de sus derechos, de edad de treinta años cumplidos, y con dos de vecindad en la municipalidad en que sea electo.

ART. 219. No podrán ser jurados los eclesiásticos, los empleados de nombramiento del gobierno general, ni los del del estado.

ART. 220. Las atribuciones de los jurados son:

Primera: Declarar si es ó no fundada la acusacion.

Segunda: Declarar si el acusado es ó no autor del hecho.

Tercera: Calificar la naturaleza del delito ó crimen, y de la complicidad si la hubiere.

ART. 221. El congreso, cuando lo estime conveniente, estenderá el juicio por jurados, á los negocios civiles declarando las calidades y atribuciones de ellos.

Seccion Novena

De las alcaldes constitucionales

ART. 222. En todos los pueblos del estado habrá alcaldes constitucionales.

ART. 223. Serán nombrados por los electores de los ayuntamientos en el dia de la eleccion de individuos para la renovacion de aquellos. En los pueblos en que no haya ayuntamientos, serán nombrados los alcaldes constitucionales directamenta por los vecinos.

ART. 224. Una ley tiene designado el número de alcaldes constitucionales que debe haber en cada pueblo, con arreglo a su poblacion.

ART. 225. Para ser alcalde constitucional, se requiere ser ciudadano en el ejercicio de sus derechos, de edad de veinte y cinco años cumplidos y con dos de vecindad en el pueblo en que fuere elegido.

ART. 226. Respecto de los alcaldes constitucionales, se observará lo prevenido en los artículos 217 y 219.

ART. 227. Una ley determinará las formalidades conque han de proceder los alcaldes constitucionales en el ejercicio de sus atribuciones.

ART. 228. Estos desempeñarán sus funciones bajo responsabilidad, mediante un juicio de residencia en la forma que dispongan las leyes.

Seccion Decima

De la administracion de justicia en lo general

ART. 229. La justicia se administrará en nombre del estado.

ART. 230. A los actos, registros y procedimientos de los jueces y demas autoridades de los otros estados, territorios y distrito federal, se les dará entera fé y crédito en el estado, si estuvieren conformes á las leyes generales.

ART. 231. Ninguno podrá ser juzgado por comision.

ART. 232. Ninguno será sentenciado sino á virtud de leyes preecsistentes al hecho que motive la acusacion ó demanda, y despues de haber sido oido ó legalmente citado.

ART. 233. El órden y formalidades de los procesos civil y criminal, serán uniformes en todas las salas de la suprema corte de justicia y juzgados, y determinados por las leyes; y ni el congreso podrá jamas dispensarlas.

ART. 234. Cualquiera inobservancia de las leyes de que trata el artículo anterior, hace responsables personalmente á los magistrados y alcaldes que la cometan.

ART. 235. El cohecho, el soborno y la prevaricacion de unos y otros funcionarios, produce accion popular contra ellos.

ART. 236. Ningun magistrado ó alcalde podrá conocer en distintas instancias sobre un mismo negocio, ni en el recurso de nulidad que sobre él se interponga.

ART. 237. Los eclesiásticos y militares residentes en el estado, continuarán sujetos á las autoridades á que lo están actualmente conforme á lo dispuesto en el artículo 154 de la Constitucion federal.

ART. 238. No se podrá entablar pleito alguno en lo civil, ni en lo criminal sobre injurias, sin que haga constar el actor haber intentado legalmente la conciliacion.

ART. 239. En todo negocio, y en cualquiera estado del juicio, podrán las partes terminar sus diferencias por jueces árbitros que nombren al efecto.

ART. 240. En ningun juicio podrá decretarse embargo de bienes, sino por responsabilidad pecuniaria y de los que basten á cubrirla.

ART. 241. A ninguno se tomará juramento sobre hecho propio en materias criminales.

Seccion Undecima

De la administracion de justicia en lo civil

ART. 242. En ningun negocio podrá haber mas que tres intancias y tres sentencias definitivas, pronunciadas una en cada instancia. Podrá sin embargo interponerse el recurso de nulidad de sentencia ejecutoria.

Seccion Duodecima

De la administracion de justicia en lo criminal

ART. 243. Ninguno podrá ser preso, sin que se verifiquen estos requisitos:

Primero, mandamiento de prision, firmado por autoridad competente.

Segundo: Que el mandamiento esprese los motivos de la prision.

Tercero: Que se notifique, y se le dé cópia si la pidiere.
Cuarto: Que igual cópia se entregue al alcaide, firmada por la autoridad que decretó la prision.

ART. 244. Al mandamiento de que trata el artículo anterior, deberá preceder informacion sumaria del hecho.

ART. 245. En fragante todo delincuente puede ser arrestado, y cualquiera puede prenderle y conducirle á la presencia del juez, para que se proceda á lo prevenido en los artículos anteriores.

ART. 246. Nadie podrá ser detenido sin que haya semiplena prueba ó indicio de que es delincuente.

ART. 247. Ninguno podrá ser detenido sin órden firmada por autoridad competente.

ART. 248. El detenido será puesto en libertad por el encargado de su custodia, si no se hubiere decretado su prision á las cuarenta y ocho horas del arresto.

ART. 249. No se pondran allanar las casas de los ciudadanos sino con arreglo á las leyes, por autoridad competente que manifestará en la casa el objeto determinado de la pesquisa antes de ejecutarla, ó espresándolo en su mandamiento, si en virtud de él se allanaren.

ART. 250. Todos los habitantes del estado están obligados á obedecer los mandamientos de que tratan los artículos 243, 247 y 249, y podrán reservar á salvo sus derechos. Cualquiera resistencia será delito grave.

ART. 251. En ningun caso podrá imponerse la pena de confiscacion de bienes.

ART. 252. Las penas tendrán todo su efecto, en solo el delincuente.

ART. 253. Queda prohibido para siempre el uso de toda clase de tormento.

ART. 254. Todo tratamiento que agrave la pena determinada por la ley, es un delito.

ART. 255. Ningun alcaide podrá recibir en clase de preso ó detenido á persona alguna, sin que se le entregue la órden respectiva firmada por autoridad competente, ni mantenerla incomunicada, sin órden en igual forma, ni por mas tiempo que el de setenta y dos horas.

ART. 256. Dentro de los dos dias naturales primeros del arresto, se tomará declaracion al tratado como reo, y se le instruirá de quien sea su acusador si lo hubiere, y de los testigos que depusieron contra él en la informacion sumaria.

ART. 257. Solo en los casos de resistencia á los mandamientos de que tratan los artículos, 243, 247 y 249, ó cuando fundadamente se tema la fuga del reo, podrá usarse de la fuerza necesaria, para hacer efectiva la disposicion que aquellos contengan.

ART. 258. Son reos de atentado contra la libertad individual:
Primero: Los que sin autoridad legal arresten ó manden arrestar á cualquiera persona.
Segundo: Los que teniendo dicha autoridad abusen de ella en alguno de estos modos: ó arrestando ó mandando arrestar ó continuando su arresto á cualquiera persona fuera de los casos determinados por las leyes, ó contra las formas establecidas ó en lugares que no estén designados por ellas.
Tercero: Los alcaides que contravengan á los artículos 248 y 255.

ART. 259. Todas las autoridades en su caso están obligados á espedir órdenes, compulsorios ó escitatorios para que comparezcan á deponer los que como testigos citen los reos en su favor.

Titulo Diez

Del gobierno político de los distritos

Seccion Unica

Art. 260. El gobierno político de los distritos, residirá en un individuo que se denominará prefecto.

Art. 261. En cada distrito habrá un prefecto nombrado por el gobernador, escepto el de la capital que debe serlo el vice-gobernador.

Art. 262. Habrá un sub-prefecto nombrado por el gobernador en los pueblos donde á juicio de él sea necesario.

Art. 263. Los prefectos serán independientes entre sí, y todos estarán sugetos al gobernador. Los sub-prefectos lo estarán al prefecto del respectivo distrito, en los términos que dispongan las leyes.

Art. 264. Para ser prefecto ó subprefecto se requiere ser ciudadano en el ejercicio de sus derechos, con la instruccion necesaria á juicio del gobierno, de edad de treinta años cumplidos y cinco de vecindad en el estado; mas esta última circunstancia podrá dispensarse hasta el año de 1835, si lo ecsigiere la utilidad y conveniencia pública.

Art. 265. El nombramiento de prefectos y sub-prefectos, subsistirá por cinco años; pero podrán ser reelegidos.

Art. 266. Las atribuciones de los prefectos en sus distritos, serán:

Primera: Publicar y circular á las municipalidades, las leyes y decretos que al efecto les comunique el gobernador.

Segunda: Cuidar de la observancia y cumplimiento de la acta constitutiva, de la Constitucion federal, de la del estado, de las leyes de este y de las generales.

Tercera: Hacer que se celebren las juntas populares indicadas en esta Constitucion.

Cuarta: Conservar el órden y tranquilidad pública.

Quinta: Cuidar de que se establezcan ayuntamientos donde deba haberlos segun esta Constitucion, y de que en las épocas señaladas en ella, se renueven los individuos que los compongan.

Sesta: Velar sobre que se recauden é inviertan fielmente las rentas del estado, y las municipales; y proceder en caso de negligencia ó mala versacion con arreglo á lo que dispongan las leyes.

Séptima: Cuidar de que se establezcan escuelas de primeras letras, con arreglo á esta Constitucion.

Octava: Las demas que les designen las leyes.

Art. 267. Los prefectos están sujetos á responsabilidad, en el ejercicio de sus atribuciones.

Art. 268. Los sub-prefectos tendrán respectivamente las mismas facultades y responsabilidad que los prefectos.

Art. 269. Los prefectos y sub-prefectos cesarán en el ejercicio de sus funciones, cuando reciban mando militar.

Titulo Undecimo

Del gobierno económico-político de los pueblos

Seccion Unica

Art. 270. Para el gobierno económico-político de los pueblos, habrá ayuntamientos compuestos de alcaldes constitucionales, de regidores y procuradores síndicos. Una ley tiene designado el número de individuos de cada clase que deben componerlos.

Art. 271. No podrá dejar de haber ayuntamientos en los pueblos que por sí ó con su comarca lleguen á dos mil personas.

Art. 272. Los pueblos que no se hallen en el caso del artículo anterior, pero que puedan unirse con ventajas á otro ú otros, y formar una municipalidad, la formarán y se establecerá en ella ayuntamiento.

ART. 273. Los pueblos en que no puedan tener lugar las disposiciones que preceden[,] continuarán unidos á la municipalidad á que lo estén actualmente.

ART. 274. Las leyes señalarán el territorio de cada municipalidad.

ART. 275. Los individuos que compongan los ayuntamientos, se renovarán en el tiempo y forma que prescriban las leyes.

ART. 276. Respecto de los regidores y procuradores síndicos, se observará lo prevenido en los artículos 225 y 226.

ART. 277. Habrá un secretario en cada ayuntamiento elegido por éste, á pluralidad absoluta de votos, y dotado de los fondos municipales.

ART. 278. Las atribuciones y deberes de los ayuntamientos, serán determinadas por las leyes.

ART. 279. Los ayuntamientos desempañarán sus atribuciones, bajo la inspeccion de los prefectos ó sub-prefectos respectivamente.

ART. 280. Los individuos de los ayuntamientos estarán sujetos á responsabilidad en el ejercicio de sus respectivas funciones.

Titulo Duodecimo
De la hacienda pública del estado

Seccion Primera
De las contribuciones

ART. 281. La hacienda pública del estado se formará de las contribuciones directas ó indirectas, que decrete el congreso.

ART. 282. Las contribuciones no solo serán en lo posible proporcionadas á los bienes ó riqueza personal, sino equitativas.

ART. 283. Las contribuciones que se establezcan serán las necesarias para cubrir los gastos particulares del estado, y el contingente para los de la federacion.

Seccion Segunda
De la tesoreria general del estado

ART. 284. En la capital del estado, habrá una tesorería para el ingreso y distribucion de los caudales.

ART. 285. Ningun pago hará el tesorero, sino en virtud de órden del gobernador, refrendada por el secretario del despacho.

ART. 286. El tesorero no solo es responsable de los caudales que reciba, sino de todos los actos de su manejo. Una ley arreglará la organizacion de la tesorería y su gobierno interior.

Seccion Tercera
De la contaduría general del estado

ART. 287. Habrá una contaduría general para el ecsámen y glosa de las cuentas de los caudales públicos del estado en todos sus ramos.

ART. 288. Por una ley están metodizados los trabajos de esta oficina.

Titulo Decimotercio
De la milicia del estado

Seccion Unica

ART. 289. Habrá en el estado una fuerza militar compuesta de los cuerpos de milicia nacional, en los términos que designen ó designaren las leyes.

ART. 290. El congreso arreglará el servicio de estos cuerpos del modo mas útil al estado y menos gravoso á los ciudadanos, conforme siempre á lo dispuesto en la constitucion federal y á lo que prevengan las leyes generales.

Titulo Decimocuarto

De la educacion pública

Seccion Unica

ART. 291. En todos los pueblos se establecerán las suficientes escuelas de primeras letras, dotadas de los fondos municipales si fuere necesario.

ART. 292. Tambien se establecerán en las haciendas y rancherias costeadas de los fondos ó arbitrios que dispongan las leyes.

ART. 293. En las escuelas de primeras letras se enseñará á leer, escribir, contar y el catecismo de nuestra religion.

ART. 294. Se enseñará igualmente un catecismo político de los derechos y obligaciones del hombre en sociedad, y el cual se halla contenido en los decretos números 21 y 32, de 7 y 22 de mayo de 1833.

Titulo Decimoquinto

De la observancia de esta Constitucion, de su interpretacion, adicion y reforma

Seccion Primera

ART. 295. Todos los habitantes del estado están obligados bajo de la responsabilidad que determinen las leyes, á observar esta Constitucion en todas sus partes, y ni aun sobre algun artículo podrá el congreso dispensar esta obligacion.

ART. 296. Ningun funcionario ó empleado del estado podrá entrar en posesion de su destino sin haber prestado juramento de observar esta Constitucion.

Seccion Segunda

ART. 297. Solo el congreso podrá resolver las deudas que se susciten sobre la inteligencia de esta constitucion.

Seccion Tercera

ART. 298. El congreso no podrá tomar en consideracion antes del año de 1838 las proposiciones que contengan adicion ó reforma de alguno ó algunos artículos de esta Constitucion.

ART. 299. Para que se pueda presentar una proposicion de tal naturaleza, deberá estar suscrita por tres diputados ó por algun ayuntamiento.

ART. 300. Para admitirse será indispensable el voto de la mayoría absoluta de los diputados presentes.

ART. 301. El congreso siguiente en su prímera reunion ordinaria, deliberará sobre las adiciones ó reformas propuestas, y si fueren aprobadas se publicarán como artículos constitucionales.

ART. 302. El congreso no deliberará sobre proposiciones de adicion ó reforma de alguno ó algunos artículos de la Constitucion, sin que estén presentes por lo menos las tres cuartas partes del número total de diputados y que pertenezcan á las tres cuartas partes de los distritos.

ART. 303. Para que se entienda aprobada alguna proposicion de las que habla el artículo anterior, deberá haber votado por la afirmativa, la mayoría absoluta del número total de diputados.

ART. 304. Las adiciones ó reformas que fueren desechadas por el congreso, no podrán proponerse sino pasados cuatro años.

ART. 305. Las proposiciones de adicion ó reforma que no fueren admitidas por el congreso, no se podrán proponer en la misma legislatura.

ART. 306. Para reformar ó adicionar alguno ó algunos artículos de esta Constitucion, se observará lo dispuesto en esta seccion, y lo demas que se previene para la formacion de las leyes.

Apendice a este Titulo

De la observancia de la acta constitutiva, Constitucion federal y leyes generales

ART. 307. Ningun funcionario ó empleado público del estado, podrá entrar en posesion de su destino sin haber prestado juramento de observar la acta constitutiva, la Constitucion federal y las leyes generales.

Dada en el palacio del congreso del estado, á 7 dias del mes de octubre del año del Señor de 1833. Décimotercio de la independencia y décimo de la federacion. – *Miguel Gomez*, diputado por el distrito de Cadereita, presidente. – *Rafael Arias*, diputado por el distrito de Querétaro, vice-presidente. – *Luis Arranachea*, diputado por el distrito de Amealco. – *Narciso de Trejo*, diputado por el distrito de Cadereita. – *Matias Fernando Fernandez*, diputado por el distrito de Tolimán. – *José Ignacio Yañez*, diputado por el distrito de Querétaro. – *Juan Plata*. – *Vicente Sanchez*. – *J. Laureano Delgado*. – *José Maria Almaráz*, diputado por el distrito de Jalpan. – *Julio Contreras*, diputado por el distrito de Querétaro, secretario. – *José Maria Ortíz*, diputado por el distrito de San Juan del Rio, secretario.

Por tanto, mando se imprima, publique, circule y se le dé el debido cumplimiento. Querétaro noviembre 30 de 1833.

Lino Ramirez.

Manuel Maria de Vertiz,
oficial mayor.

---

[1] Editado según *Constitucion Politica del Estado de Queretaro, Sancionada por su congreso constituyente el 12 de agosto de 1825; y reformada por la quinta legislatura constitucional del mismo, en 7 de octubre del año de 1833*, Mexico: Juan Ojeda, 1833, 86p.

Realizadas estas reformas de algunos artículos la constitución de 1825 quedó en vigor hasta el fin de la primera república federal en 1836. Después de la era de las repúblicas centralistas fue declarada vigente de nuevo en 1847 por el Acta constitutiva y de reformas (artículo 30), sancionada por el congreso extraordinario constituyente de los Estados-Unidos Mexicanos.

[2] En el original erróneamente 25 en vez de 26.

Ley orgánica de la República del Rio Grande (1840)

Dictamen que presentó la comicion de la Junta combencional y aprobado el 26 del que finaliza por esta en casa de Blancas[1]

Honorable Asamblea

La comicion nombrada para dictaminar sobre los medios que devan adoptarse para procurar seguridad y defensa de los Pueblos de la frontera del Norte de la Republica tiene el honor de presentar a cuerpo tan respetable el siguiente dictamen que por falta de tiempo y luces para tratar con toda perfeccion asunto de tanta importancia unicamente se contrahe a la sencilla esposicion del origen vicioso del actual Govierno de Mejico, a la enumeracion de los males yá insufribles que ha causado como consecuencia precisa de su ilegitimidad, y el arbitro que en las presentes circunstancias de anarquia en que se halla la Nacion juzga bastante para remediarlos en la parte posible – Publico y notorio es que desde el malhadado año de 834 en que el Gral Santa Ana pr un acto el mas despótico y atentatorio contra la soberania de la nacion destruyó su representacion se ha pasado de sancionar y vitimar el principio "que los Pueblos son pa el Govierno y no este para aquellos." Desde entonces todos himnos a los congresos de los Estados desentenderse de su sagrado deber de atender y remediar las necesidades de sus comitentes por que temieron correr igual ó peor suerte que la representacion nacional si por desgracia incurrian p[r] alguna de sus disposiciones en el desagrado del omnipotente q. acababa de aparecerles. Este paso sumamente deshonrroso para la Nacion y que la llenó de terror y espanto, pues que le anunciaba nada menos que la proxima perdida de su libertad, no fue el unico que tubo que dar el Gral Santa Anna p.[a] poder establecer por medio de sus armas (por que en aquella epoca el Exto era de él y nó de la Nacion) el Govierno que mas le conbenia. Los Estados de Puebla y Zacatecas hicieron esfuerzos en seguida en favor de la moribunda livertad, mas estos fueron inutiles, pues a causa quizá de haber querido obrar aisladamente no tuvieron otros resultados que aumentar el terror y espanto difundidos ya en toda la Republica; poner en manos del despota los recursos con que contaban para defenderla dandole en esto mayor poder para destruirla, y la escandolosisima venta p.[r] no decir robo de las ricas minas del fresnillo. Con esto el Gral Santa Anna acabó de desarmar a la Nacion y dió tanto poder a sus armas que sin necesidad de que bolbieran a obrar fisicamente hizo que algunos Ayuntamientos sin facultades ningunas al efecto pidieron el cambio del Sistema. Estas funciones ilegitimas resividas p.[r] unas camaras que por sí y ante sí se declararon autorisadas para decretar el cambio, motivaron el celebre decreto de eterna maldicion para los Mejicanos, que derribó la forma de gobierno que libre y espontaneamente se havian dado el año de 24 y este es el origen espurio de ese monstruo de su llamado gobierno por antifracis[2] que tantos males ha causado a la nacion. Desde esa epoca de infausta memoria esta se halla inconstituida; los males se multiplican cada día, y crese el abandono en que se tiene a los Pueblos ¿Pero que podia hunicamente esperarse de un Govierno que deve su existencia a la violencia, que se conserva por la misma y cuyos intereses son diametralmente opuestos a los de los Pueblos? Nada mas que males sobre males: Violencias sobre violencias: desgracias y mas desgracias y en suma la destrucción progresiva [...][3] existe en la Republica por cuya comprovacion servirá la simple enumeracion de algunos de los que han pasado y sufridose en esta frontera. Como un govierno ilegitimo todo lo teme y no se ocupa mas que de su conservacion el de Mexico comenzó p.[r] destruir las incompletas compañias presidiales unica defensa que tenian estos Estados contra las tribus salbajes que diariamente los hostilisan, pr que siendo estas compuestas de vecinos de la frontera que nunca han merecido confianza, temió que si permanecian con las armas en la mano tarde ó temprano las levantarian contra su ilegitimidad en union de los Pueblos. Por igual motivo los privó tambien del otro recurso de las milicias locales con que los agració la ley que los destruyó en la Republica dejandolos con esto enteramente inemes y á merced de los barbaros quienes varias veces han llegado hasta meterse a las plazas de las poblaciones. Hecho esto aun nó calmaron los temores del Govierno y así fue que con pretexto de volver a la campaña de Tejas mandó y ha mantenido un Exto p.[r] mas de cuatro años en estos pequeñisimos pueblos que cuando menos se ha compuesto de dos mil hombres siendo su berdadero objeto tenerlos sojuzgados y vivir de ellos destruyendo los restos de fortunas que les havian quedado p.[r] de este modo arrancarle toda esperanza de poder reclamar el restablecimiento de un govierno verdaderamente nacional. Con el mismo fin se les quitaron sus Ayuntamtos que fueron substituidos con unos jueses de páz nombrados por un Prefecto ó Subprefecto que no tenia el menos conocimiento del Pueblo ni de sus vecinos y a los que se les negó aun la necesarisima facultad de poder disponer del vecindario p.[a] repeler a los salbajes que de continuo los tenian a la vista y se llebaban sus intereses a ciencia y pariencia de las llamadas guarniciones del Exto la que cuando se les pedia algun auxilio contestaban en tono a burla: que no havian benido p.[a] cuidar á estos rancheros sino p.[a] hacer la campaña a Tejas ¿Y que hicieron con respecto á esta tan deconstada campaña lo dirrá la comision en brebas palabras. Negado ya el auxilio como los barbaros que asolaban estos puntos, el Gral Filisola publicó un bando Sultanico en que imponia pena capital a todo el que pasara el rio brabo, y se retirara mas de dies leguas, imponiendo con esto a la mayor parte el barbaro precepto defender sus propiedades mas alla de las dies leguas designadas. Dado este paso se comenzaron a mandar partidos del Exto que fueran a cometer asesinatos y todo genero de depredaciones en la frontera de Tejas con ordenes de que echo el mal se vinieran violentamente dando con estos pretesto y excitando a los colonos y algunos malos Mejicanos que allá viven a venirse tras ellas y llebarse mansos bienes se encontraban, los que en razon del abandono en que los dejó el miserable bando, devian pertenecer al primero que los ocupaba y mas cuando con ellos juzgaban reintegrarse de los que el Exto les trajo cuando hizo su malhadada retirada. Todas estas disposiciones pusieron en manos de estas y de los barbaros los cuantiosos bienes que exivían del otro lado del Brabo y en que consistían las riquezas de estos Pueblos, con los que concluyen enteramente dando muerte que es lo mas sensible, asesinando a honrrados habitantes de estas poblaciones que arrastrados del deseo de defender su propiedad de que los havia despojado el Gral Filisola se arrojavan a ser victimas de su barbaria y he aqui el resultado de la arrancada campaña de Tejas ¿Y con que miras causan tantos malos? Nó con otras ciertamente que con las de empobrecer y reducir a una estrañada miseria a todos los habitantes de la frontera, pues como ya se ha dicho de estos mas que de otros tenia el Gov.º de Mejico que levantaron la voz contra su ilegitimidad. Mas a pesar de tantos esfuerzos nó logró tan criminal objeto. Desoidas las justas peticiones que oportunamente se le hisieron la revolucion estalló en fin en estas Villas el día 2 de Noviem^re de 838 en medio de un Ejercito de mas de 2000 hombres que las cubrian. La hist.ª de esta es bien savida de todos y no hay p.ª que referirla, bastando solo decir que aumentando cada dia su poder y ensanchandose los limites de esta jurisdicion ya se hace indispensable p.ª darle mayor regularidad y firmeza al establecimiento de un Govierno provisional ampliamente facultado para proveer a la seguridad y defensa de estos pueblos pronunciados, y que se pronunciaron para proporcionar recursos al Ejercito y p.ª tomar todas medidas conducentes a las exigencias del Territorio. Este punto lo ha meditado detenidamente la comision y consultando a la brevedad de la accion que á este deve darsele en las presentes circunstancias y a la mayor respetabilidad de sus disposiciones sujeta a la deliberación de la Honorable Asamblea los siguientes articulos.

ART. 1º. Los pueblos de la frontera del Norte no reconozen legitimidad alguna en el actual Govierno de Mejico.

ART. 2º. Mientras una combencion nacional elegida libremente p.^r los pueblos declara la forma de Govierno que mas convenga a la Republica, se establecera un Govierno provicional en Estos Estados.

ART. 3º. Este Govierno lo compondran un Presidente y cinco individuos propietarios y tres suplentes que formarán su concejo elegidos por los actuales representantes de los Pueblos.

ART. 4º. Serán atribuciones del Govierno

1ª Defender el Territorio de cualquiera enemigo que lo ynbada.

2ª Proporcionar seguridad a las personas y propiedades de todos los havitantes tanto tiempo abandonados p.^r los actuales Governadores de Mejico.

3ª Crear y agenciar recursos dentro y fuera de la Republica garantisando la deuda Publica con los bienes y rentas de la Nacion.

4ª Arreglar y mantener las fuerzas de mar y tierra y crear las mas que sean la [...][4] p.ª llenar la prim^a y segunda de sus atribuciones.

5ª Combocar p.ª el 28 de Mayo del presente año, o antes si las circunstancias lo permiten una combencion de todos los Estados que se hallan libres de la oprecion en que actualmente se encuentran para que hagan la declaracion a que se contrahe el articulo 2º.[5]

ART. 5º. El Presidente en los negocios de hacienda y en todos los demas que nó se hace meramente guvernnativo deverá presedir de acuerdo con el consejo.

ART. 6º. Los ciudadanos y autoridades de los Pueblos pronunciados y los Gefes oficiales y tropa de su ejercito presentará solemnemente el juramento de obediencia al Govierno provisional bajo la formula siguiente. "¿Jurais a Dios y prometeis a los Pueblos obedecer y sostener con vuestras vidas y propiedades al Govierno provisional establecido p.^r la combencion particular de estos Estados, y todas las providencias que de él emanen? Responderá (sí juro) y se contestará "Si así lo hicieres Dios os conceda ver libre y felis a vuestra patria y sinó el y los hombres os castiguen.

ART. 7º. El Presidente de esta combencion recivirá el juramento del presidente del Govierno y ante este lo prestarán los individuos del consejo: prometiendo todos cumplir y hacer cumplir las presentes disposiciones acordados por los Pueblos.

ART. 8°. El que se opusiere ó de cualquiera manera no auxiliare al Govierno Provisional establecido, no podra alegar derecho alguno de propiedad.

ART. 9°. Cualquiera declaracion que por amargos de la fuerza del Govierno de Mejico hayan en lo sucesivo los Pueblos que en plen y absoluta livertad hoy representados se tendrá por nula y de ningun valor ni efecto.

ART. 10°. Ygualmente se tendrá p^r^ nulo y de ningun valor ni efecto, cualquiera acto del Govierno provisional que tienda a destruir ó contrariar las bases fijadas en este decreto.

ART. 11°. Tanto el Govierno como el consejo y sus secretarios serán personalmte responsables ante los Pueblos, del justo y exacto desempeño de los deveres que pr este Decreto se les imponen.

Es copia de su original que con fecha 27 del que curso dirijió el Presidente de la junta combencional al Sr. Gral en Gefe de este Ejercito y que obra en la Sria de mi cargo. Villa de Mier. Enero 29 de 1840.

J. M. de Torres Srio.

Es copia. Cadereyta Febrero 5 de 1840.
[Firmado] Bruno Ordoñez Ayte del S. Gral

---

1 Editado según un manuscrito, encontrado en el archivo de la Secretaria de la Defensa Nacional en México, D.F. Véase para informaciones adicionales la edición trabajada por Horst Dippel en *Constitutional Documents of the United States of America, 1776–1860*, ed. por Horst Dippel, 8 vols., Berlin-Boston: de Gruyter, 2006–2011, VI, 9–13, y para la sección "United States of America, Rio Grande" (http://modern-constitutions.de/US-RG-1840-02-08-es-i.html). Agradezco a Horst Dippel por remitir el texto para la sección de México.

En enero de 1840 delegados de Coahuila, Tamaulipas y Nuevo Leon publicaron el presente *Dictamen*. De este modo erigieron la "supuesta república del Río Grande" (Josefina Zoraida Vázquez) no reconociendo la legitimidad del gobierno centralista en la ciudad de México. El objeto de la convención fue "procurar seguridad y defensa de los Pueblos de la frontera del Norte de la Republica [mexicana]." La república del Rio Grande nunca vivía una real independencia y ya fracasó finalmente en noviembre del mismo año.

Véase *Laredo, Antonio Zapata, & The Republic of the Rio Grande*, ed. Stan Green, Laredo: Border Studies, 1990; Jerry Don Thompson, *Two Hundred Eighty-Three Days: The Republic of the Rio Grande*, Laredo: Nuevo Santander Museum, 1989; Josefina Zoraida Vázquez, "La supuesta república del Río Grande", in: *Historia Mexicana*, XXXVI, 1 (1986), 49–80; Joseph Milton Nance, *After San Jacinto. The Texas-Mexican Frontier, 1836–1841*, Austin: University of Texas Press, 1963, esp. 252–254.

2 Aquí el manuscripto quedó indescifrable.

3 Aquí el manuscripto quedó indescifrable.

4 Aquí el manuscripto quedó indescifrable.

5 Véase la carta de George Fisher al editor del *Morning Star* del 24 de marzo de 1840 (publicado en 27 de marzo):

"From the tenor of the Decree of the said Convention, held on the 23d of January last, or "Organic Law," I learn that it did not declare its unconditional independence from Mexico, but that, by

Article 1st. The Convention does not recognize any legitimate authority in the present government at Mexico, over the Mexican republic.

Article second, provides, that until the system of government, which is to be devised and determined on by a convention of chosen delegates of all the states of Mexico, be adopted, the people of the northern frontier of the Mexican republic will not cease to war against the present government at Mexico, and its supporters.

Article third, establishes a Provisional Government for the northern frontier, composed of a President, and a Council of five acting, and three supletory members.

Article fourth, authorizes the Provisional Government to raise an army and navy for carrying on the war against Mexico; and provides for the means of maintaining them.

One of the articles provides for the calling of a Convention of Delegates of all the states of the Mexican Republic, on the 28th of May next, or sooner, if possible to effect it.

These are the principal and most important articles of said decree."

En 10 de marzo de 1840, el jefe de la legación francés en Austin, Texas, Jean Pierre Isidore Alphose Dubois de Saligny escribió a su Secretario de Asuntos Exteriores, Nicolas Jean-de-Dieu Soult, duc de Dalmati: "[...] les Etats de Coahuila, de Tamaulipas et de

Nouveau-Léon viennent de se séparer du Mexique & de se déclarer Indépendans, sous le nom de République de Rio Grande. C'est dans une Convention tenue par les Fédéralistes, le 23 janvier, à Caza Blanca, petite ville située entre les rivières de las Nueces et de Rio Grande, que cette mesure a été adoptée. Voici les principaux articles du décret rendu par cette Convention et qui porte le titre de *Loi organique*:

Art. 1er. La Convention déclare qu'elle ne reconnait au Gouvernement actuel de Mexico aucun droit légitime sur la République Mexicaine.

Art. 2. Jusqu'à ce que la forme du Gouvernement ait été arrêtée dans une Convention Générale, les habitans des Provinces du Nord sont résolus à combattre le Gouvernement siégeant actuellement à Mexico.

Art. 3. Il est établi pour les Provinces du Nord un Gouvernement Provisoire composé d'un Président et d'un Conseil où siégeront cinq membres aux quels seront adjoints trois membres supplémentaires.

Art. 4. Le Gouvernement Provisoire est autorisé à lever des troupes de terre et de mer pour faire la Guerre au Gouvernement siegeant à Mexico.

Par un des autres articles une Convention Générale des délégués de tous les Etats de la République Mexicaine est convoquée pour le 23 [!] mai prochaine."

El original de esta carta se encuentra en Archives des Affaires étrangères en París, Francia (Archives Diplomatiques [France], Correspondence Politique Texas), una copia en el Austin History Center of the Austin Public Library, Austin.

Constitución del estado de San Luis Potosí (1826)

Constitucion Política del Estado libre de S. Luis Potosí[1]

JOSE ILDEFONSO DIAZ de Leon, gobernador del estado de S. Luis Potosí, á todos sus habitantes, SABED: Que el Congreso constituyente del mismo, ha decretado la siguiente

CONSTITUCION POLÍTICA DEL ESTADO LIBRE DE SAN LUIS POTOSÍ

En el nombre de Dios todopoderoso, uno en la esencia y trino en las personas, Padre, Hijo y Espíritu Santo, autor y supremo legislador de las sociedades.

El congreso constituyente del estado de San Luis Potosí, en cumplimiento de su alta comision, y para afianzar los derechos á los pueblos que representa, decreta la siguiente constitucion.

Del Estado en general, de su género de gobierno y division de su territorio

ART. 1. El estado de San Luis Potosí es la reunion de los habitantes nacidos ó avencindados en su territorio, teniendo las calidades que ecsija su constitucion.

ART. 2. El mismo es parte integrante de la confederacion mexicana, libre, independiente y soberano en todo lo que privativamente toca a su gobierno interior.

ART. 3. El gobierno del Estado es el representativo, popular, federal republicano.

ART. 4. El supremo gobierno del Estado se divide para su ejercicio en los tres poderes, legislativo, ejecutivo y judicial; sin que jamas puedan reunirse dos ó mas de ellos en una sola corporacion, ó persona, ni el primero depositarse en un solo individuo.

ART. 5. En consecuencia, en lo que toca á su administracion particular, y régimen interior, el Estado ejerce su soberania por medio de sus poderes particulares; mas en lo respectivo á su union con los demás de la nacion mexicana, orden, y relaciones comunes, el Estado la ejerce por medio de los poderes generales de la federacion.

ART. 6. El territorio del Estado es el que ocupaban los ocho partidos que componian la provincia de su nombre: conviene á saber, el de Charcas, el de Guadalcazar, el de San Luis, el de Santa Maria del Rio, el de Rioverde, el de Salinas del Peñon blanco, el del Venado, y el de Villa de Valles.

ART. 7. En lo sucesivo se dividirá el Estado en los partidos siguientes: á saber, en los de Catorce, Guadalcazar, San Luis, Santa Maria del Rio, Ojo-caliente, Rio-verde, Taneanhuiz, Valle del Maíz, Venado, y Villa de Valles.

ART. 8. Una ley particular arreglará los límites de estos partidos, sin perjuicio de que cuando la poblacion, ú otras circunstancias lo demanden, puedan establecerse otros.

ART. 9. Todos los partidos del Estado son iguales ante la ley, los mismos sus derechos, y comunes sus deberes y obligaciones.

De las obligaciones del Estado, y deberes de los habitantes para con el Estado

ART. 10. Es un deber del Estado conservar y proteger á sus individuos:

I. El derecho de libertad para hacer cuanto quieran con tal que no ofendan los de Dios, de la Nacion, del Estado y de los particulares, y para manifestar y aun imprimir sus ideas con arreglo á las leyes.

II. El de igualdad, para ser regidos por una misma ley, sin otra escepcion que la que ella establezca.

III. El de propiedad para hacer de sus bienes adquiridos por su talento, industria, mérito, ú otro legítimo derecho, el uso que mejor les parezca; cuando y en los casos que las leyes no lo prohiban.

IV. El de seguridad, para no ser perseguidos, arrestados, ni detenidos, allanadas ni cateadas sus casas, registrados, ó secuestrados sus libros y papeles, ni abiertas sus cartas; sino por las causas, y de la manera que demarcan las leyes.

V. El de peticion, segun el uso que conceda la ley.

ART. 11. Todo hombre que vive en el Estado, ó transite por él, sea cual fuere su origen, su titulo ó empleo, debe obedecer las leyes y autoridades en él constituidas.

ART. 12. Es igualmente un deber de los habitantes del Estado contribuir con sus luces y haberes en los términos que la ley disponga, para el sostén de los derechos del mismo Estado: defender estos con las armas, cuando la ley los llame, y ser justos y benéficos.

De los potosinenses y ciudadanos potosinenes

ART. 13. Son potosinenses:

I. Todos los nacidos en el territorio del Estado, ó en cualquiera de los demás de la república mexicana que se radiquen en él.

II. Los españoles, y cualesquiera otros estrangeros residentes en el Estado desde antes del pronunciamiento de Iguala: ó los que avecindados entonces en otro de la república, se hallaren establecidos en este al tiempo de publicarse la presente constitucion; como hayan jurado la independencia de la nacion, y su constitucion general.

III. Todos los demás que hayan obtenido carta de naturaleza del congreso del Estado, ó se avecindasen en alguno de sus pueblos, despues de obtenerla del congreso general, ó de alguno de los particulares de la federacion.

IV. Los esclavos de potosinenses que no hubiesen nacido en el territorio del Estado ó los redimidos por potosinenses, luego que unos y otros adquieran su libertad: y los de estrangeros que además de la manumision tuviesen las calidades y el tiempo de residencia que la ley ecsija para la naturalizacion.

ART. 14. Son ciudadanos potosinenses:

I. Los nacidos en el Estado residentes en él, ó en alguna otra parte de la república, siendo casados, ó teniendo mas de veinte y un años cumplidos.

II. Los nacidos en los territorios de la federacion, ó en cualquiera de los demás de sus estados, luego que se avecinden en este teniendo las calidades prevenidas.

III. Los españoles y cualquiera otro estrangero, que además de tener las circunstancias de que habla la segunda parte del artículo anterior, hubieren jurado espresamente la constitucion del Estado, y tuviesen las demás calidades.

IV. Los naturales por nacimiento de las repúblicas americanas emancipadas del gobierno español, luego que se radiquen en el Estado, como tengan la edad, y demás requisitos prevenidos en la parte primera de este artículo, y hubiesen prestado un juramento espreso de ambas constituciones.

V. Los demás estrangeros que sobre la carta de naturaleza obtuvieren en el Estado la de ciudadania; ó que habiéndola obtenido en alguna otra parte de la república, jurasen la constitucion del Estado, y se radicasen en su territorio,

ART. 15. Una ley particular fijara las reglas que deban seguirse para dar cartas de naturaleza y de ciudadania á los estrangeros, despues que el congreso general hubiere dado la correspondiente, conforme á la atribucion 26 del artículo 50 de la constitucion federal.

ART. 16. No se reputan por estrangeros, los hijos de mexicanos nacidos en otro pais, siendo su residencia en él por comision de la república ó con licencia de su gobierno. Por lo contrario: el Estado no estima por mexicanos, ni aun á los que han nacido en su seno habiendo emigrado por desafecto á la independencia, á escepcion de los hijos de familia.

ART. 17. La ciudadania se pierde:

I. Por adquirir carta de naturaleza de otra nacion.

II. Por recibir condecoracion, título ó empleo de gobierno estrangero, si no en honor y á nombre de la patria, y con permiso del gobierno general.

III. Por delitos públicos de lesa magestad divina, ó de lesa nacion, y siguiendose á ellos una judicial y formal declararacion; ó por cualesquiera otros a cuyos reos se impongan penas *graves corporis* aflictivas ó infamantes.

ART. 18. Los derechos de ciudadano se suspenden:

I. Por incapacidad fisica ó moral notoria, ó en casos dudosos, declarada por autoridad competente.

II. Por el estado de deudor quebrado por fraude ó vicios notoriamente graves: ó por el de deudor á los caudales públicos con plazo cumplido, y prévio el requerimiento de pago.

III. Por no tener empleo, oficio, ó alguno otro honesto modo conocido de vivir.

IV. Por hallarse procesado criminalmente desde el dia que se le notifique prision en adelante, hasta que se termine la causa.

De los empleos del Estado en cuanto á su provision y calidades

ART. 19. Solo los ciudadanos pueden elegir ó ser elegidos para los empleos del Estado. Esta constitucion y otras leyes particulares, designarán la edad, y demás circunstancias que deban tener los elegidos segun los destinos para que lo fueren.

ART. 20. El artículo anterior no tendrá toda su fuerza en lo respectivo á los empleados que requieran profesion particular, mientras el Estado no tuviere sugetos, y con las circunstancias, que si no fueren dispensables, demandaren las leyes.

ART. 21. Pero en consecuencia del sistema adoptado, no habrá empleo, título ni privilegio perpetuo en el Estado, ni mas fuero que los que concede la constitucion general.

De la religion del Estado

ART. 22. La religion del Estado es, y será siempre la católica, apostólica, romana, única verdadera, sin tolenrancia de otra alguna.

ART. 23. El Estado la protejerá siempre con leyes sabias y prudentes, y mantendrá su culto en toda su pureza.

DEL EJERCICIO DE LOS PODERES DEL ESTADO

De los depositarios de los supremos poderes del Estado y funcionarios inferiores

ART. 24. De los tres poderes en que para su ejercicio se divide el supremo gobierno del Estado, el primero se deposita en un congreso de diputados: el segundo en un gobernador; y el tercero en un tribunal supremo de justicia, y en los demas que establezca esta constitucion.

ART. 25. Todos los funcionarios de los poderes supremos del Estado deberan tener las calidades que designa la misma constitucion, y ser elegidos conforme ella prescribe.

ART. 26. El gobierno interior de los partidos y pueblos del Estado, y la administracion económica de los ramos de su hacienda pública, se harán por funcionarios nombrados segun las leyes de la respectiva materia.

DEL PODER LEGISLATIVO

De la naturaleza de este poder y modo de ejercerlo

ART. 27. El poder legislativo del Estado se compone de los diputados nombrados por los ciudadanos del mismo, en el modo y forma que previene esta constitucion.

ART. 28. La reunion de todos los diputados en una sola camara, ó demás de las dos terceras partes de su número, constituyen al primero de los poderes del Estado para el efecto de formar la ley, revocarla, ó reformarla.

De los diputados

ART. 29. El número de diputados, asi como el de suplentes, será el que corresponda al censo del Estado, á uno por cada veinte mil almas.

ART. 30. Cada partido conforme á esta base, nombrará uno, ó mas diputados de su territorio, ó de cualquiera otro del Estado, é igual número de suplentes. Si alguno no llegase, al número señalado, nombrará sin embargo su representante. Tambien nombrará otro el partido, que sobre la base referida de veinte mil, tuviere un esceso mayor de su mitad.

ART. 31. Para ser diputado propietario, ó suplente, se requiere ser ciudadano en el ejercicio de sus derechos, mayor de veinte y cinco años, de origen mexicano, natural ó vecino, con residencia de cinco años, del Estado.

ART. 32. No puede ser diputado ninguno actualmente empleado en el Estado con nombramiento del gobierno, ni dependiente alguno de la federacion.

ART. 33. Tampoco pueden serlo el gobernador, el vice-gobernador, el secretario de gobierno del Estado, el obispo diocesano, su provisor, el vicario foraneo, el el gobernador de la mitra del Estado ó á que el Estado pertenezca, los individuos del tribunal supremo de justicia del Estado, ni los miembros de una legislatura para la inmediata siguiente, ni los curas párrocos y jueces eclesiasticos por el partido donde ejercen jurisdiccion, sea en todo ó en parte de el.

ART. 34. Para que los comprehendidos en los dos artículos anteriores puedan ser elegidos diputados, deberan haber cesado absolutamente en sus destinos seis meses antes de las elecciones de partido.

ART. 35. Si un mismo individuo fuere nombrado por dos ó mas partidos, representará por el que proporcionalmente le hubiere dado mayor número de votos, mas en caso de igualdad decidirá en primer lugar la residencia, en segundo el nacimiento, y en tercero la suerte. En todo evento la propiedad prefiere á la sustitucion.

ART. 36. Los diputados, durante el tiempo de su mision, no podran tener empleo alguno de los de inferior rango de la federacion. ni del gobierno del Estado; mas no quedan privados de ser elegidos senadores, y diputados del congreso general, presidentes de los Estados-Unidos mexicanos, ó individuos de su alta corte de justicia; asi como tampoco para ser nombrados embajadores cerca de otras potencias.

ART. 37. Cuando lo demande el bien general de la nacion, ó del Estado, podrán tambien los diputados desempeñar otros destinos, mas con licencia ó por disposicion del congresò; y tanto en este caso, cuando el diputado haya de ocupar todo el tiempo de su empleo ó su mayor parte en el cumplimiento de su otro encargo, como en los del articulo anterior, deberá llenar su vacío el suplente.

ART. 38. Durante el tiempo de su ministerio, serán asistidos los diputados con las dictas que les señale el congreso anterior, las que serán satisfechas de la manera y al tiempo que designe el mismo congreso. Se les abonará igualmente á los que tengan su residencia fuera de la capital, los gastos de ida y vuelta con doble cantidad de la correspondiente de dietas a un dia por cada uno de camino, computado por la distancia de diez leguas.

ART. 39. Durante tambien el mismo tiempo, no podrán los diputados ser abogados de nadie, ni agentes de negocios agenos; mas con licencia del congreso, podrán acercarse al gobierno á representar por sus respectivos partidos.

ART. 40. En ningun tiempo podrán los diputados ser ni aun reconvenidos por sus opiniones manifestadas de cualquiera modo en el ejercicio de su encargo.

ART. 41. Desde el dia de su eleccion hasta dos meses despues de haber concluido su mision, no podrán los diputados ser demandados criminalmente, sin prévia acusacion ante el congreso, y declaracion de este de haber lugar á la formacion de causa: mas para esta declaracion se requiere el voto, por lo menos, de la mayoria absoluta de las dos terceras partes del número total de diputados: y hecha, el acusado quedará suspenso de su empleo, y sujeto al tribunal que corresponda.

ART. 42. Tampoco podran ser reconvenidos durante dicho tiempo, ni tres meses despues, por asuntos puramente civiles, ni juzgados por crímenes anteriores á su eleccion, habiendo estado estos ocultos hasta ya verificada, sino conforme á lo que prescriba el reglamento interior.

ART. 43. Los suplentes no gozaran estas escepciones hasta el dia que fueren llamados á servir las vacantes.

De la renovacion del congreso

ART. 44. El congreso del Estado se renovará en su totalidad cada dos años por elecciones hechas anteriormente, en los dias y con arreglo á lo prevenido en esta constitucion. La renovacion se verificará el dia primero de enero.

De las elecciones de diputados al congreso del Estado

ART. 45. Para que estas se verifiquen se celebrarán juntas municipales y de partido.

De las juntas municipales

ART. 46. Las juntas municipales se celebrarán:

I. En todos los lugares donde hubiere ayuntamiento, en uno ó mas parages que segun demande su poblacion deberá señalar la ayuntamiento.

II. En las haciendas ó rancherias, que por sí, ó por los agregados que les hiciere el ayuntamiento tuvieren mil habitantes por lo menos.

ART. 47. A este fin los ayuntamientos, el último domingo de julio del año anterior al de la renovacion del congreso, tendrán una sesion, y en ella:

I. Acordaran el número de fracciones en que las juntas deben celebrarse, menor siempre, que el de la mitad de los individuos que componen el ayuntamiento.

II. Señalarán los parages públicos en que se han de verificar las juntas.

III. Fijarán el número de electores propietarios y suplentes, que en cada fraccion se hayan de nombrar segun su poblacion.

IV. Nombrarán de entre los individuos de su seno, y á pluralidad absoluta de votos secretos por cédulas, á los que deban presidir dichas juntas.

ART. 48. A estos presidentes se les pasará oficio por el del ayuntamiento, para que les sirva de credencial.

ART. 49. El primer domingo de agosto se publicará por bando en la cabecera municipal, la designacion de fracciones y de lugares de las juntas, y la del número de electores propietarios y suplentes que respectivamente correspondan á cada una, y se fijará en los parages acostumbrados, y en los demas que fuere necesario en la misma cabecera, con la lista de los presidentes nombrados, y espresion de las fracciones para que lo fuesen, y se señalará el día de las elecciones.

ART. 50. En el mismo domingo, y por el conducto mas seguro, el presidente del ayuntamiento remitirá á las haciendas ó rancherias, señaladas para las juntas, los ejemplares del bando de que habla el articulo anterior; el cual será á cargo del alcalde ausiliar respectivo hacer que se publique, fijándolo en un parage público.

ART. 51. El segundo domingo á las nueve de la mañana, ó en los lugares donde no se celebrare el santo sacrificio de la misa a las tres de la tarde, se comenzará la junta, presentandose el presidente en el parage designado al efecto, y haciendo leer el oficio credencial de su eleccion por cualquiera de los ciudadanos presentes, se elegirán cinco individuos de los que se hallen allí, ó de los que ciertamente puedan venir de los que sean llamados: el primero de estos será el secretario, y los demás los escrutadores de la junta.

ART. 52. Hecha esta eleccion, sé leerán por el secretario los artículos desde el 13 hasta el 22: y desde el 43, hasta el 68 de esta constitucion.

ART. 53. Concluida la lectura, el presidente hará á los circunstantes la pregunta que sigue: "Ciudadanos: ¿Hay quien sepa que alguna persona haya cohechado & otra, ó prometídole algo, ó amenazádolo para que vote por sugetos determinados, repartido listas, ó influido de cualquiera otro modo violento, injusto, é irracional, para que la eleccion se haga á su antojo?" La misma pregunta repetirá el presidente las demás veces que juzgue oportuno, ó en que le invitare el secretario, ó alguno de los escrutadores.

ART. 54. Si á la anterior pregunta hubiere quien responda afirmativamente, se hara en el acto una breve, y berval averiguacion del hecho; y resultando cierta á juicio de la junta la delacion, el reo sufrirá la pena de privacion de voz activa y pasiva por aquella vez. La misma sufriran los calumniadores.

ART. 55. Hecha la primera vez la mencionada pregunta, y en caso necesario, la averiguacion y declaracion que á juicio de la junta correspondan, se procedera ni nombramiento de los electores; siendo los primeros en sufragar el secretario y los escrutadores: despues de estos votara el presidente si fuese vecino de aquella demarcacion; mas no siéndolo, lo hará en la que resida, por medio de lista firmada, que hará dejado con espresion, de *presidente de la fraccion* N.

ART. 56. La base para el nombramiento de electores propietarios será en lo general la poblacion de la fraccion, de uno por quinientos habitantes; y la de los suplentes, la de propietarios á uno por cada tres. Sin embargo, si sobre esta base hubiere un sobrante mayor de doscientos y cincuenta, por él se nombrará otro elector mas. Por igual razon cuando sobre la base de propietarios hubiere un esceso de dos, ó la juntano hubiese de nombrar sino este número, en ambos casos de elegirá por el un suplente.

ART. 57. La eleccion se verificará acercándose de uno en uno los ciudadanos, y diciendo las personas que nombra, en número igual al de electores propietarios y suplentes, ó leyendo, ó haciendo leer en su presencia y la de la junta, la lista que puede llevar en asilio de su memoria.

ART. 58. Concluido este acto, que será cuando pasado algun tiempo ya no haya, ni pueda esperarse prudentemente quien se acerque á votar, el secretario y escrutadoras haran la regulacion de sufragios, y el presidente publicará en alta voz las elecciones, declarando propietarios á los que hubiesen reunido la mayoria, y por suplentes á los que, despues de ellos, obtuviesen la pluralidad de dichos sufragios. En caso de empate, de que resulte duda, decidirá la suerte, repitiéndola si fuere necesario.

ART. 59. Verificada la regulacion, y lo demás que previene el anterior articulo, se formará una lista de los elegidos, que firmada por el presidente y secretario de la junta se fijará en el parage donde lo habia estado el bando convocatorio.

ART. 60. El secretario con los escrutadores estenderá la acta de la junta, haciendo una sucinta pero esacta relacion de lo ocurrido; para cuyo efecto llevará el primero los apuntamientos necesarios. La acta la firmarán el presidente, escrutadores y secretario, y con el conveniente oficio la pasará aquel al ayuntamiento.

ART. 61. El mismo presidente, por oficio firmado de él y del secretario de la junta, comunicará su nombramiento a quienes corresponda, ecsigiéndoles la debida contestacion, que pasará tambien al ayuntamiento.

ART. 62. Para ser electores municipales propietarios, ó suplentes, se requiere ser ciudadanos en el ejercicio de sus derechos, mayores de veinte y cinco año, con residencia de dos por lo menos en el territorio del ayuntamiento.

ART. 63. No puede serlo ningun empleado, ni dependiente actual de la federacion, ni los de hacienda del Estado.

ART. 64. Cualquiera duda que se suscite relativa á estas elecciones durante la junta, se resolverá precisamente á pluralidad absoluta de votos del secretario, escrutadores y presidente, prévia una prudente y moderada discusion entre los mismos: pudiendo sin embargo permitir á cuatro de los ciudadanos presentes hablar alternativamente por el pró y el contra, y por el órden que lo pidieren. Si en la votacion resultare empate, decidirá un tercero, de los que habiendo escuchado la discusion no hubiesen tomado la palabra, nombrado este á pluralidad absoluta de votos por los citados secretario, escrutadores y presidente; y solo en el caso de no resultar descrédito, y comprometimiento del nuevo sufragante, en el cual únicamente se repetirá segunda votacion, y habiendo el mismo empate, se decidirá en favor del reo. Lo que se decida en la junta, no tendrá recurso.

ART. 65. Habiendo recibido el ayuntamiento las actas y contestaciones de que hablan los artículos 60 y 61, reunido en sesion, hará una justa calificacion de las escusas de los electores que las hubiesen intentado; y estimándolas por legales, acordará la citacion de los suplentes, ó en caso contrario, una intimacion á los propietarios de que concurran al desempeño de su encargo, con apercibimiento de que su falta será castigada con la pena pecuniaria ó de arresto que les imponga la autoridad á quien la ley faculte.

ART. 66. Los ayuntamientos formarán una lista de todos los electores propietarios y suplentes que hayan sido nombrados en la demarcacion, con distincion de fracciones; la que firmada por su presidente y secretario se fijará en el parage ó parages acostumbrados para los bandos. Otra igual, autorizada por el secretario, remitirá el presidente del ayuntamiento al gefe de partido, y copias autorizadas de las actas de elecciones.

ART. 67. El gefe de partido, y en su falta el que haga sus veces, luego que haya recibido las listas de electores de todos los ayuntamientos, formará la general de los del partido, y al pie del bando citatorio del dia de la eleccion de diputados, la fijará en el lugar acostumbrado.

De las juntas de partido

ART. 68. El primer domingo de septiembre inmediato, se celebrarán las juntas de partido en sus respectivas cabeceras.

ART. 69. El jueves anterior al citado domingo se presentarán al gefe de partido todos los electores municipales, y haciendo aquel notar sus nombres en una lista, la cotejará con la general que tenia formada por las remitidas por los ayuntamientos; y hallándola conforme, lo certificará asi al pie de ella, para que sirva de fundamento al espediente de estas juntas, y citará á los electores para las ocho de la mañana del dia siguiente.

ART. 70. En esta hora, reunidos los electores en la sala de juntas, presidiendo el gefe de partido y autorizando el acto su secretario, se leerá por este la lista de que habla el artículo anterior, este y los cinco que siguen, con mas el 86, el 87 y el 88.

ART. 71. Inmediatamente se procederá á elegir un secretario y dos escrutadores de entre los misinos electores, y por solo ellos, y á pluralidad absoluta de votos secretos por cédulas.

ART. 72. El presidente se abstendrá de indicar el que estas elecciones recaigan en personas determinadas, asi como ni las de diputados ó suplentes del congreso.

ART. 73. Si en los primeros escrutinios no resultare pluralidad absoluta, se repetirá la votacion, y á ella entrarán solo los que hubieren reunido la mayoria respectiva; mas si uno obtuviere dicha mayoria, y dos ó mas un número igual, se votará cual de estos deba competir con aquel, y decidira la pluralidad absoluta, ó la suerte, en caso de empate de la totalidad de sufragios.

ART. 74. Las elecciones se irán publicando sucesivamente por el presidente, y concluidas, tomarán sus asientos el secretario y escrutadores de la junta, y esta se llamará instalada: mas la acta de instalacion la estenderá el secretario que la autorizó, y firmada por el gefe de partido y el mismo secretario, la pasará este al de la junta.

ART. 75. Instalada la junta se leerán este y el siguiente artículo: en seguida, el presidente entregara al secretario y escrutadores de ella las actas de elecciones, y los electores los oficios credenciales de su nombramiento y citacion.

ART. 76. Se nombrará luego una comision de tres individuos de la junta, de la manera misma que se nombraron el secretario y escrutadores: esta recibirá las actas y credenciales respectivas á dichos secretario y escrutadores, para que las ecsamine, é informe al dia siguiente de su valor ó nulidad; asi como ellos deben, hacerlo de todas las restantes.

ART. 77. El sábado á las nueve de la mañana se abrirá la sesion, y en ella se leerán los cinco artículos siguientes, las actas de elecciones y los informes de las comisiones; y habiendo algun reparo contra la legalidad de las actas ó de las personas, ó si se ofreciere alguna otra duda relativa á estas juntas, se resolverá allí mismo, mas sin separarse de los principios de esta constitucion en la discusion de la duda, que se terminará por votacion secreta por cédulas, si el asunto fuere grave á juicio de la mayor parte de la junta, y se tendrá por decidido lo que lograre mayor número de votos. En caso de empate sobre el valor de las actas, ó aptitud legal de alguna persona, se repetirá la votacion, y habiendo nuevo empate, se dará por valida la acta, y por apta la persona. Si la duda fuere de otra clase decidirá el presidente en casos semejantes, prévios los dos empates.

ART. 78. Aprobadas las actas, ó decidido lo que sobre ellas haya habido que dudar, se levantará la sesion de este dia, citando á los electores para las nueve de la manana del domingo siguiente.

ART. 79. En caso que no concurran la mayor parte de los electores, ó resulten nulas en su mayoria las elecciones de concurrentes, ó de que por inasistencia de unos, y nulidad de elecciones de otros, no hubiere el número necesario para la junta de partido, la diputacion permanente mandará celebrar nueva junta para el dia, y aun lugar que estime mas oportuno. Mas los culpados quedarán sujetos á la suspension de los derechos de ciudadano por el tiempo que de dos á cuatro años señalare la legislatura, y á las penas pecuniarias ó de arresto que prescriban las leyes.

ART. 80. Reunida la junta en el citado domingo y á la hora señalada, pasará de las casas consistoriales á la iglesia parroquial, donde se celebrará una misa al Espíritu Santo para implorar la rectitud de intenciones, y sus luces para el acierto de la eleccion. Para esto, el gefe de partido oficiará con tiempo al párroco á fin de que por si, ó por otro eclesiástico haga á la junta una breve eshortacion al fiel desempeño de su encargo.

ART. 81. Despues de la misa y preces se restituira la junta á las casas consistoriales, y restituida que sea, abrirá su sesion, leyéndose desde el articulo 13 hasta el 22 y desde el 29 hasta el 35 de esta constitucion.

ART. 82. Antes de la votocion, el presidente preguntará á la junta si hay noticia de cohecho ó soborno, de promesa, amenaza ó violencia, para que la eleccion recaiga ó no recaiga en persona determinada: y resultando algun aviso, se resolverá alli, siguiendo las reglas que prescribe el artículo 77, quedando la resolucion sin recurso por aquella vez, y los culpados sin voz activa ni pàsiva, y sujetos á las demás penas que impongan las leyes.

ART. 83. No mediando los casos del artículo anterior, se procederá inmediatamente por votacion secreta de cédulas, y á pluralidad absoluta de votos, al nombramiento del diputado ó diputados que correspondan al partido, en lo que se observará el articulo 73.

ART. 84. Del mismo modo y con las propias formalidades, se elegirán los suplentes cuyo número será igual al de los propietarios. La publicacion de unos y otros será sucesiva.

ART. 85. Todas las sesiones de las juntas deben ser públicas, y á puerta abierta; y en ellas no habrá mas preferencia que la del presidente, secretario y escrutadores: no habrá guardia, ni se permitirá entrar con armas á persona alguna, sea de la gerarquia que fuese; y se guardará el decoro correspondiente a una junta tan respetable, no pirmitiendo hablar sino á uno despues de otro.

ART. 86. Si por enfermedad ú otro impedimento legal no asistiere á las juntas el gefe de partido, las presidirá el alcalde 1° de la cabecera, ó el que haga sus veces.

ART. 87. Por muerte, enfermedad grave, ó nulidad de eleccion del secretario, ó de alguno de los escrutadores, ocuparan su lugar los individuos de la segunda comision por el órden de su nombramiento, ó se hará nueva eleccion, en caso necesario, para salvar lo prevenido en el artículo 76.

ART. 88. Concluida la eleccion, volverá la junta á la iglesia á dar gracias al Todopoderoso, llevando á su cabeza despues del presidente, á los diputados si se hallasen presentes; y habiendo precedido noticia al público de los elegidos por lista firmada del referido presidente y secretario, y fijada en el parage designado para avisos generales.

ART. 89. La misma junta nombrará, al dia siguiente, y con arreglo á los artículos desde el 133 hasta el 136, los electores de Estado.

ART. 90. El secretario de la junta de acuerdo con los escrutadores, estenderá las actas de sus sesiones desde su instalacion, las que firmarán el presidente, los mismos escrutadores, los demas electores y el secretario, al siguiente dia de cada sesion, y despues de haber convenido toda ó la mayor parte de la junta en su esactitud y claridad, ó de haberle hecho las necesarias correcciones.

ART. 91. De todas las actas respectivas á la eleccion de diputados se sacará una copia fiel, que el presidente remitrá al congreso, ó en sus recesos á la diputacion permanente por conducto del gobernador del Estado, y dos ó mas, para el diputado ó diputados, y sus suplentes, para que les sirvan de credenciales con los oficios de acompaño; todos los cuales documentos iran firmados por el presidente, escrutadores y secretario.

ART. 92. Ningun diputado propietario ó suplente podra escusarse del desempeño de su empleo; mas teniendo alguna escepcion por verdadera impotencia fisica ó moral, deberá presentarla al congreso ecsistente, ó en sus recesos á la diputacion permanente, para la calificacion y acuerdo á que dé lugar la justicia.

De la publicacion de las elecciones y sustitucion de los diputados

ART. 93. Luego que el gobernador haya recibido las actas de todos los partidos del Estado, antes de pasarlas al congreso, ó diputacion permanente, formará una lista general de los nombrados, con distincion de partidos, y espresion de propiedad y sustitucion: y por medio de copias firmadas de el y su secretario, dará aviso al público, remitiendo los ejemplares necesarios á los prefectos.

ART. 94. Habiendo recibido el congreso, ó la diputacion permanente, las actas de que habla el artículo anterior, procederá á su ecsamen para hacer las declaraciones que convengan con arreglo al artículo 34, y acordar la citacion de los suplentes conforme al 117, atribucion 4, comunicando al gobernador las declaraciones y acuerdos para los efectos respectivos.

ART. 95. Los suplentes ocuparán las vacantes de los propietarios en casos de muerte de estos, ó de impotencia absoluta, ó algun otro impedimento legal; á cuyo fin se harán constar al congreso, ó á la diputacion permanente, si fuese necesario.

ART. 96. Si un mismo individuo fuere nombrado por dos ó mas partidos, sustituirá por el primero que padeciere falta del propietario.

De las sesiones del congreso, tiempo, y lugar en que deben celebrarse

ART. 97. Las sesiones ordinarias del congreso se celebrarán en dos distintos tiempos del año: conviene á saber, en enero, febrero y marzo, serán las primeras, y del 16 de agosto al 15 de septiembre las segundas, pudiéndose prorogar unas y otras por quince dias útiles.

ART. 98. El 31 de marzo en la primera reunion ordinaria, y el 16 de septiembre en la segunda de cada año, ó en caso de proroga, el dia que esta se concluya, cerrará el congreso sus sesiones con las formalidades que prescriba el reglamento, y prévia la eleccion de la diputacion permanente.

ART. 99. Fuera de estos tiempos, podrá tambien el congreso reunirse en sesiones estraordinarias siempre que, por causas muy graves lo juzgare necesario la diputacion permanente, ó lo pidiere el gobernador: mas el congreso en ellas no deberá ocuparse sino del objeto, ú objetos que hubiesen motivado su reunion; esceptuando el caso de que ocurra otro asunto de que á juicio de las tres cuartas partes del congreso pleno, dependa la salvacion de la patria.

ART. 100. Si al llegar el tiempo de la reunion ordinaria del congreso, estuvieren pendientes alguno ó mas asuntos de sesiones estraordinarias, esto no impedirá ni una ni otra; y dichos asuntos se terminarán, ó por el nuevo congreso ó por el que los comenzó, en las sesiones ordinarias siguientes.

ART. 101. Unas y otras sesiones se celebrarán en la capital del Estado, á no ser que por causas muy graves calificadas por el congreso que ecsistiere, se celebren en otro lugar del mismo Estado designado á pluralidad absoluta de votos, y prévia una séria y madura discusion del congreso.

ART. 102. Tanto las sesiones ordinarias, como las estraordinarias, serán públicas, á escepcion de las que prevenga el reglamento interior.

De las juntas preparatorias para la instalacion del congreso

ART. 103. Para la instalacion del congreso, y sus demás reuniones ordinarias y estraordinarias, habrá juntas preparatorias. Su reglamento interior demarcará las formalidades que respectivamente deben observarse.

De la instalacion del congreso

ART. 104. El día 1° de enero á las nueve de la mañana, reunida la diputacion permanente del congreso anterior, y los nuevos representantes del Estado en el salon de sesiones, sentándose sin preferencia unos y otros individuos en las sillas del congreso, á escepcion del presidente y secretario de la diputacion que tomarán los asientos de su oficio, leerá este desde el presente artículo hasta el 110, y las actas de las juntas preparatorias, que firmará despues del citado presidente y de los dos primeros individuos de las comisiones.

ART. 105. Inmediatamente el mismo presidente hará una solemne declaracion de la legitimidad de la eleccion de los nuevos representantes, conforme á las que hubieren hecho las juntas preparatorias. Los nuevos diputados de uno en uno, mas por el orden accidental de sus asientos, comenzando por la derecha, se iran acercando á prestar el juramento que les recibirá el secretario de la diputacion, observando el ceremonial del reglamento, y bajo la siguiente fórmula: "¿Jurais á Dios cumplir, y hacer cumplir la constitucion general de los Estados-Unidos Mexicanos, su acta constitutiva, y la constitucion particular de este; defender la concepcion en gracia de la Madre de Dios, y desempeñar las obligaciones que os ha impuesto la confianza de vuestros comitentes?" Y respondiendo que sí, el presidente le dirá: "Si asi lo hiciereis, Dios os lo premie; y si no, os lo demande."

ART. 106. Concluido este acto, procederán los nuevos diputados por votacion secreta de cédulas, al nombramiento de un presidente, un vice-presidente y dos secretarios de entre los mismos, guardandose lo que en materia de votaciones prevenga el reglamento. El secretario y presidente de la diputacion harán la regulacion de votos, y este la publicacion de los nombrados, segun que lo vayan siendo por la mayoria absoluta.

ART. 107. Hecha esta eleccion, tomarán sus asientos los nuevos presidente y secretarios, y ocupando otro el es-presidente de la diputacion hará un discurso al nuevo congreso, en que concisamente le imponga de los trabajos de la anterior legislatura, y de las actuales necesidades del Estado; al que el presidente del congreso contestará general y brevemente, y declarará la instalacion ordinaria de la legislatura 1ª[,] 2ª[,] 3ª[,] &c.

ART. 108. En el acto se avisará al gobernador la instalacion del congreso, para que la comunique á todo el Estado: y en la misma hora se dará igual noticia á las dos cámaras del congreso general, y al presidente de los Estados-Unidos. Oportunamente, si no en el mismo dia, se comucicará la instalacion á las legislaturas de los demás estados, para renovar con ellos los lazos, y estrechar mas los vinculos de fraternidad con todos.

ART. 109. El gobernador, ó en su falta el vice-gobernador, luego que haya recibido el aviso de la instalacion, se presentará en el congreso, y habiendo felicitado á la nueva legislatura, hará un discurso en que en general y lacónicamente le patentice los progresos del Estado, o sus atrazos en los principales ramos de prosperidad. A ese discurso contestará el presidente en términos breves, pero espresivos, de la disposicion del congreso para cumplir con las funciones de su elevada mision.

ART. 110. Concluido el discurso del presidente, se retirará el gobernador, y no habiendo asunto muy urgente, se levantará la sesion, citándose antes para la siguiente.

ART. 111. El 2 de enero, ó si este fuere domingo, el 3, reunidos el congreso y la es-diputacion permanente á la hora acostumbrada, leerá el secretario de esta la acta de instalacion, y aprobada la firmarán todos los individuos del congreso despues de los de la misma es-diputacion.

ART. 112. Se leerá luego por uno de los secretarios del congreso la acta del dia anterior del mismo congreso, y aprobada se firmará por el presidente y los dos secretarios. Inmediatamente, no habiendo otro asunto muy ejecutivo, se leerá la relacion que el es-presidente de la diputacion deberá presentar circunstanciada, y relativa de los trabajos del anterior congreso, de las proposiciones y dictamenes pendientes, de las providencias tomadas por la misma diputacion, y de todo lo demás conducente á ministrar luces al congreso.

ART. 113. En el mismo dia, ó en los prócsimos inmediatos, pasará el gobernador al congreso en una ó en las mas memorias que fuesen necesarias, las noticias del estado actual de las rentas del Estado, y de los demás ramos de administracion, civilizacion, industria, artes y poblacion, entendiéndose en la exposicion de los medios adaptables para la mejora de cada uno.

De las facultades del congreso

ART. 114. Las facultades del congreso son:

I. Dar leyes y decretos para el buen gobierno interior del Estado, interpretarlas, reformarlas, ó derogarlas.

II. Formar el código de las leyes particulares del Estado, bajo un plan claro y sencillo.

III. Representar á los altos poderes de la federacion sobre sus leyes, decretos y disposiciones, cuando le parezcan contrarios á la libertad é independencia de la nacion, y derechos de los estados, y proponer los proyectos de mejora, en los términos que concede la constitucion general.

IV. Elegir los senadores que han de representar por el Estado en la respectiva cámara del congreso general, en el dia, y con las circunstancias y limitaciones que previene la constitucion federal en la sesion 3ª, título 3°, y llenar sus vacantes conforme al artículo 27 de dicha constitucion.

V. Variar los reglamentos que sobre elecciones de diputados al congreso general prescribe esta constitucion: adicionarlos ó reformarlos pasado el tiempo que ella demanda, y resolver las dudas que antes ó despues pueden ocurrir sobre los propios reglamentos; mas sin separarse en ningun caso de los principios establecidos en la general.

VI. Elegir presidente y vice-presidente de los Estados-Unidos Mexicanos, que tengan las circunstancias prescritas en los artículos 76 y 77, en el dia y bajo la forma del 79 de la repetida constitucion general.

VII. Elegir igualmente los ministros y fiscal de la suprema corte de justicia, con las calidades, y en los términos que previenen los artículos 125 y 127 de la misma constitucion.

VIII. Regular los votos de los ayuntamientos para el nombramiento de gobernador y vice-gobernador, ministros y fiscal del supremo tribunal de justicia del Estado, y practicar lo demás que al efecto prescribe esta constitucion.

IX. Resolver sobre renuncias, impedimentos, y escusas de los individuos de que habla la parte anterior, y proveer, en caso necesario, lo conveniente para nueva eleccion.

X. Fijar anualmente, con vista de los presupuestos que presente el gobernador, los gastos del Estado: señalar las contribuciones necesarias para cubrir su *deficit*; y repartir las directas con proporcion á la riqueza, y poblacion de los partidos.

XI. Ecsaminar, aprobar, ó reprobar, y anotar las cuentas de los caudales públicos del Estado.

XII. Variar y reformar el método de la administracion y recaudacion de las rentas particulares del Estado: crear nuevos empleos en los ramos de hacienda, ó suprimir algunas plazas.

XIII. Señalar las dietas á los diputados al congreso siguiente: aumentar ó disminuir el sueldo de gobernador, el de vice-gobernador, de los ministros y fiscal del tribunal de justicia, y el de todos los demás empleados del Estado, sea cual fuese la manera de su nombramiento.

XIV. Decretar la ereccion de nuevos ayuntamientos, demarcar su jurisdiccion, y suprimir los que convenga dividir el Estado en los departamentos y partidos que demande la comodidad de los ciudadanos, el buen orden de gobierno, y las particulares circunstancias de los pueblos.

XV. Crear nuevas autoridades en corporaciones ó individuos; y designarles sus atribuciones.

XVI. Declarar cuando hay lugar á la formacion de causa a los diputados del congreso, al gobernador, vice-gobernador, ministros y fiscal del tribunal de justicia, y al tesorero general del Estado, y secretario de gobierno.

XVII. Aprobar todos los reglamentos de las corporaciones del Estado, reformarlos, ó desecharlos.

XVIII. Aprobar el plan de arbitrios de los ayuntamientos, entera ó parcialmente, prévio el presupuesto de sus gastos, y con presencia de sus circunstancias.

XIX. Conceder títulos de ciudades, villas, ó pueblos á los lugares del Estado, á proporcion de su poblacion, méritos y elementos.

XX. Aprobar las ordenanzas para los progresos de los ramos de agricultura, comercio y mineria, de la casa de moneda, y de otros establecimientos públicos del Estado.

XXI. Sistemar en el Estado la educacion de la juventud, y promover la ilustracion por todos los medios posibles.

XXII. Contraer deudas sobre los fondos del Estado, y designar garantias para cubrirlas.

XXIII. Establecer reglas para conceder cartas de ciudadanos á los estrangeros, prévias las de naturalizacion.

XXIV. Disponer la apertura de nuevos caminos, ó compostura de los ecsistentes en el Estado; sin perjuicio de lo que ordene en la materia el congreso general.

XXV. Dictar leyes para el buen uso, distribucion, y administracion de tierras pertenecientes á los pueblos.

XXVI. Determinar lo necesario en materia de arrendamientos de fincas rurales, y urbanas; adoptando, reformando ó derogando las leyes ecsistentes, y formando nuevas.

XXVII. Conceder indultos, cuando por motivos poderosos lo juzgue conveniente el congreso, por el voto de las dos terceras partes de sus individuos presentes.

XXVIII. Conceder al gobernador por tiempo limitado, facultades estraordinarias en casos de imperiosa necesidad, calificada por las dos terceras partes de los individuos de todo el congreso.

XXIX. En general, podrá todo lo demás que sin oponerse á la constitucion, acta constitutiva, y leyes de la federacion, promueva el bien comun del Estado.

XXX. Ultimamente, corresponde al congreso nombrar á pluralidad absoluta de votos una comision de su seno de cinco individuos propietarios y dos suplentes, la cual se llamará diputacion permanente, y sus atribuciones serán las que le dá esta constitucion.

De la diputacion permanente

ART. 115. La diputacion permanente se compondrá de los cinco individuos de que habla la última parte del articulo anterior, nombrados por el congreso en el postrer dia de cada una de sus reuniones ordinarias, conforme al artículo 98; y tendrá, un presidente, un vice-presidente, un secretario, y un suplente secretario, nombrados por solo los individuos de la diputacion, luego que esta sea elegida por el congreso.

ART. 116. Sus funciones comienzan en el momento que el congreso cierra sus sesiones ordinarias; y no terminarán hasta la apertura de las siguientes. Sin embargo, si ocurriere que el congreso se reuna en sesiones estraordinarias, la diputacion permanente suspenderá el ejercicio de sus funciones, en los términos que prevenga el reglamento.

ART. 117. Sus atribuciones son:

I. Velar sobre la observancia de la constitucion, leyes del estado, y dar cuenta al congreso de las infracciones que note.

II. Convocar al congreso á sesiones estraordinanas, por las causas, y en los casos referidos en el artículo 99.

III. Ecsaminar las actas de elecciones de diputados al congreso del Estado, para solo el efecto de declarar por cual deba representar un individuo nombrado por dos ó mas partidos; y ver quien debe sustituir la vacante para acordar su citacion para el tiempo en que han de comenzar las juntas preparatorias.

IV. Acordar la citacion de los suplentes en caso de muerte, ó de imposibilidad perpetua de los diputados, que hubieren de funcionar en las sesiones prócsimas.

V. Recibir las propuestas de reforma ó iniciativas de ley hechas por quienes pueden hacerlas segun esta constitucion: los proyectos particulares que remitan los ayuntamientos y sus quejas y solicitudes para dar cuenta con todo al congreso: las contestaciones cualesquiera dirigidas al mismo congreso, y cuanto á noticia de este debe elevarse con arreglo á las leyes, y los dictámenes despachados por las comisiones, durante el receso de la legislatura.

VI. Todo lo demás que le señala esta constitucion, y le señalare el reglamento interior.

ART. 118. Las sesiones ordinarias y estraordinarias de la diputacion permanente serán las que prescriba el mismo reglamento.

ART. 119. Siempre que el congreso tenga de reunirse á sesiones estraordinarias, toca á la diputacion permanente citar á los diputados para la primera junta preparatoria, y autorizar la eleccion del presidente, vice-presidente y secretarios.

De las leyes y meras providencias

ART. 120. Todo diputado, el gobernador, el tribunal supremo de justicia; los prefectos, y sub-prefectos, los ayuntamientos, y cualquiera otra autoridad pública general del Estado, pueden presentar proyectos de ley ó pedir al congreso la absolucion, reforma ó aclaracion de las ecsistentes.

ART. 121. Ningun proyecto de ley, de derogacion, reforma, adicion, é interpretacion podrá desecharse, sin prévio dictamen de la comision respectiva, ó de alguna especial, y sin suficiente discusion del congreso: mas los que se desecharen, no podrán volverse á proponer hasta las sesiones del año siguiente.

ART. 122. El modo, y circunstancias con que deben discutirse los proyectos admitidos, lo describira el reglamento interior: la manera de presentarlos será por escrito, fundados y firmados por sus autores.

ART. 123. Para decretar una ley, su modificacion, interpretacion ó derogacion, se requiere, ademas de las formalidades que prevenga el reglamento, la presencia de las dos terceras partes de los diputados al congreso.

ART. 124. Aprobado un proyecto de ley, se estenderá en forma de decreto, y se comunicará al gobernador; este, no mediando las circunstancias del artículo siguiente, podrá, dentro de diez dias útiles, devolverlo al congreso con las observaciones que crea oportunas.

ART. 125. Jamas se imprimirá una ley al efecto de obligar antes de los diez dias útiles despues de su aprobacion, sino con acuerdo uniforme de las dos terceras partes uno mas, de los diputados.

ART. 126. Para la renovacion, derogacion, reforma, adicion, é interpretacion de una ley se requieren las mismas formalidades, número de diputados, y pluralidad de votos que para su formacion.

ART. 127. Si repetido el ecsamen de la ley, de su abolicion, revocacion, y reforma, adicion ó interpretacion, repitiere el congreso su resolucion, el gobernador lo hará publicar y circular.

ART. 128. Para dictar meras providencias y trámites que no tengan caracter de ley, bastará la mitad y uno mas de los diputados del congreso, hallandose reunido. mas no estándolo, hasta la diputacion permanente: requiriendose en uno y en otro caso la pluralidad absoluta de votos; y el gobernador podrá darles curso sin aguardar á que pasen los diez dias que se requieren para la publicacion de la ley, cuando no tenga que objetarles, dentro del mismo término.

ART. 129. Ninguna ley, decreto ó providencia de las autoridades del Estado, obliga á los potosinenses, hasta pasado el tiempo suficiente para que llegue á su noticia, despues de la promulgacion.

ART. 130. En consecuencia, los tribunales se arreglarán en la aplicacion de las leyes al tiempo, en que segun la constitucion, deban presumirse instruidas de ellas los ciudadanos. Este será el de dos dias despues: de la promulgacion, respecto de los habitantes de la capital y cabeceras donde aquella se haga, y el de ocho para los de fuera de las sobredichas capital y cabeceras.

De la eleccion de diputados al congreso general

ART. 131. La eleccion de diputados al congreso general debe verificarse el domingo primero de octubre del año prócsimo anterior á la renovacion de la cámara de representantes, y de conformidad con lo prescrito en la seccion 2.ª título 3.° de la constitucion general.

ART. 132. A esto fin habrá juntas generales de Estado, que se celebrarán en la capital, compuestas de los ciudadanos que hubieren nombrado las de partido en el dia ya prevenido en el artículo 89.

ART. 133. Las juntas de partido, en el nombramiento de electores de Estado, se arreglarán á la base de veinte municipales por cada uno. El partido que no llegue á este número, nombrará sin embargo su elector de Estado: y el que sobre dicha base tuviere un esceso mayor de diez, nombrará tambien por el, otro elector sobre los que la misma base demande.

ART. 134. Para ser electores de Estado se requieren las mismas calidades que para serlo de partido.

ART. 135. Las juntas de partido no procederán á la votacion de electores de Estado, sino prévia la lectura de los artículos desde el 82 hasta el 87, y de los comprehendidos bajo este rubro hasta el 136 que sigue.

ART. 136. De las actas de estas elecciones, además de las que deben servir de credenciales á los electores, se sacará una copia que autorizada remitirá el presidente al gobernador.

ART. 137. El jueves anterior al primer domingo de octubre se presentarán los electores de Estado al vice-gobernador, quien hará escribir sus nombres, y los de los partidos que los enviasen, en un registro que se llevará al efecto.

ART. 138. El viernes, reunidos á las ocho de la mañana los electores en la sala de juntas generales, presidiendo el vice-gobernador, y haciendo de secretario el que en el acto, y para solo este fin nombrare la junta, despues de leerse este y los dos artículos siguientes, se procedciá á la eleccion de un secretario y dos escrutadores, y de tres individuos mas, en el orden, con las formalidades y para los fines respectivamente prevenidos en los artículos 75 y 76.

ART. 139. El sabado, reunida la junta á la hora misma, se leerá el artículo 77, y conforme á el presentarán las comisiones sus informes, y se decidiran las dudas que ocurran, segun la diversidad de casos que aquel artículo prevee.

ART. 140. Si por defecto de la persona, ó del modo de elegirla se declarare nulo el nombramiento de alguno de los electores, este no tendrá voto desde el momento de la declaracion; mas se tendrán por validos sus actos anteriores. Si la nulidad hubiese recaido en el secretario ó alguno de los escrutadores, se llenará la falta ó faltas por los individuos de la segunda comision, segun el orden de su nombramiento.

ART. 141. En caso que por nulidad de eleccion de la mitad ó mas de los que deben componer la junta general de Estado, ó de que, por inasistencia de unos y nulidad de elecciones de otros, no pasare el número de electores de la mitad del total que corresponde, el presidente dará cuenta al congreso, ó á la diputacion permanente.

ART. 142. Esta, no estando el congreso reunido, en solo este evento, citará los electores hábiles al salon de sus sesiones para la hora en que deben celebrarse las elecciones de diputados, y las verificará uniendo sus indviduos á dichos electores. El presidente de la junta será en el caso el de la diputacion, y los votos los recibirán su secretario y dos de los electores nombrados por toda la junta á pluralidad absoluta de votos por cédulas, que harán de escrutadores.

ART. 143. La junta en estas elecciones se arreglará en cualquier caso, a lo respectivamente prevenido en esta constitucion desde el artículo 80 hasta el 85.

De la eleccion de senadores del congreso general

ART. 144. La eleccion periódica de senadores correspondientes al Estado pertenece á su congreso, conforme al artículo 25 de la constitucion general, asi como el llenar sus vacantes en cualquier tiempo, segun el 27 de la misma ley.

ART. 145. En el caso del artículo 27 que se acaba de citar, no estando reunido el congreso, no será necesario que se reuna para solo el objeto de elegir nuevo senador; mas si ocurriere alguna causa para reunion estraordinaria, la eleccion de senadores se reputará por uno de los objetos graves de sus sesiones.

ART. 146. En cualquiera caso, antes de proceder á la eleccion de senadores, se leerá en el congreso íntegra la seccion 3ª de la repetida constitucion, título 3°.

DEL PODER EJECUTIVO

De la persona y calidades del depositario del poder ejecutivo del Estado

ART. 147. El poder ejecutivo del Estado se deposita en un solo individuo que se denominará gobernador.

ART. 148. Su nombramiento corresponde al mismo Estado; y se verificará por elecciones hechas de la manera que prescribe esta constitucion.

ART. 149. Para ser gobernador se requiere ser ciudadano en el ejercicio de sus derechos, mayor de treinta años, nacido en el Estado, ó en cualquiera de la federacion, y avecindado en este con residencia de cinco años continuados, ó interrumpidos en desempeño de alguna comision del Estado, ó del gobierno general de la federacion.

ART. 150. No pueden ser gobernadores del Estado los individuos del ejército permanente, ó de la milicia activa, ni los empleados de la federacion durante el ejercicio de sus funciones, ni los eclesiásticos, ni otro alguno, que habiendo obtenido destino público en la federacion, ó en los estados, no tuviere constancia de hallarse libre de toda responsabilidad.

ART. 151. Un solo individuo durará en el ejercicio de su empleo cuatro años, y no podrá ser reelegido para el mismo, hasta pasados otros cuatro.

De las atribuciones del gobernador

ART. 152. Las atribuciones del gobernador son:

I. Publicar, circular, y hacer cumplir en todo el Estado las leyes y decretos del congreso.

II. Formar instrucciones, reglamentos y decretos para la mejor observancia de la constitucion, y leyes del Estado.

III. Cuidar de la conservacion de la libertad é independencia de la nacion, y del Estado con arreglo á unas y otras constitucion y leyes; y velar sobre la observancia del orden interior del mismo Estado.

IV. Velar sobre que la justicia se administre pronta y cumplidamente, por el supremo tribunal de ella, y juzgados que establezca esta constitucion; y sobre que las sentencias se ejecuten segun las leyes.

V. Pedir al congreso del Estado la proroga de sesiones ordinarias por el tiempo prevenido para ello en el artículo 97; y á la diputacion permanente la convocatoria del congreso á sesiones esatraordinarias, señalando los objetos, y esponiendo las causas.

VI. Proponer al congreso los proyectos de ley que juzgue convenientes; y devolver por una sola vez, y dentro de diez dias útiles, los nuevos decretos y leyes que le pase el mismo, pidiendo su revocacion ó reforma.

VII. Pedir la abolicion, reforma, ó aclaracion de las leyes vigentes, esponiendo los fundamentos que lo ecsijan.

VIII. Velar sobre la recta administracion de los caudales del Estado, y sobre que su recaudacion é inversion se hagan con arreglo a las leyes.

IX. Nombrar los empleados del Estado que no sean de eleccion popular, ó de nombramiento de alguna corporacion, ó persona, en la forma que las leyes prevengan

X. Suspender a dichos empleado, hasta por tres meses, del ejercicio de sus funciones, y de la mitad del sueldo que les corresponda, por causa justificada, prévio el espediente que la acredite, y sin perjuicio de las demas penas que en casos de gravedad les haya de imponer el tribunal á quien toque.

XI. Suspender igualmente á los prefectos y sub-prefectos del Estado del ejercicio de su empleo, y mitad de su sueldo por el tiempo, y con las formalidades prevenidas en el párrafo anterior.

XII. Ser gefe de la milicia local del Estado: cuidar de su disciplina conforme a la sancionada por el congreso de la union; y hacer de ella el uso que prescriban las leyes.

XIII. Pasar al congreso del Estado con la oportunidad y claridad necesarias, las noticias que se requieren para el cumplimiento del articulo 32 de la acta constitutiva.

XIV. Nombrar, suspender, ó separar al secretario de gobierno, á los oficiales y dependientes de su secretaria; y arreglar esta conforme le parezca justo, y mas conducente para salvar su responsabilidad.

XV. Encarnar á su secretario la esplicaciou verbal de dudas que le pida el congreso: la propuesta de las que se le ofrezcan al gobierno sobre los decretos de la legislatura; y la discusion de los proyectos de ley de reforma, ó derogacion de que haya hecho iniciativa.

XVI. Cuidar de que la amonedacion de los metales se haga en el Estado, con el peso, tipo, y ley que demanden las ordenanzas y decretos; y de que nada se retenga, ni demande á los interesados sobre los impuestos.

XVII. Cuidar asi mismo de que los ensayes del oro y la plata se hagan con esactitud, y la escrupulosidad, que pide materia tan delicada, y de que tampoco se retenga ó demande nada que espresamente no conste en las leyes.

XVIII. Visitar, dentro de la capital, todas las oficinas principales de hacienda y los establecimientos públicos de industria ó beneficencia, cuantas veces lo juzgue conveniente, y tomar las providencias gubernativas conducentes á cortar abusos: dando cuenta al congreso, ó á la diputacion permanente, con las observaciones que estime dignas del conocimiento del poder legislativo.

XIX. Visitar los partidos del Estado en casos de evidentísima utilidad, ó de necesidad muy urgente conocida por el congreso; ó hacer que sean visitados dos veces por lo menos, durante su gobierno: dando cuenta de los resultados de la visita en una nota circunstanciada al congreso del Estado.

XX. Imponer multas á los funcionarios, corporaciones, ó personas, en las cantidades, por los motivos y en los casos que señalen las leyes.

XXI. Satisfacer las deudas contraidas por el Estado sobre sus fondos: acordando con los acreedores el modo, tiempo y circunstancias de los pagos.

XXII. Ejercer el patronato con arreglo á las bases que establezcan el congreso general, y leyes particulares del Estado.

XXIII. Acordar con los cabildos eclesiásticos los enteros de la renta de esta clase, perteneciente á la tesorería del estado: y con los mismos, y las demás autoridades superiores de su especie, los medios de reforma de abusos introducidos; y los de hacer mas suaves las contribuciones de los ciudadanos, y mas decoroso el culto del Señor.

XXIV. Determinar todo lo demás, que siendo de la esfera del gobierno, no se le prohiba en esta constitucion, en la general, ó en la acta constitutiva.

De las restricciones del gobernador

ART. 153. El gobernador no puede:

I. Privar á persona alguna de su libertad, ni imponerle pena corporal: mas ecsigiendolo la seguridad de la patria, podra arrestar; pero bajo la precisa obligacion de poner á las personas arrestadas á disposicion del tribunal competente, dentro del término de cuarenta y ocho horas.

II. Ocupar la propiedad de ningun particular ó corporacion; ni impedirle su uso ni aprovechamiento. Mas si en algun caso fuere necesario ocupar alguna de las referidas clases de propiedad en comun utilidad del Estado, podrá hacerlo; oyendo antes al interesado, y al síndico respectivo: obteniendo la aprobacion del congreso, ó en sus recesos de la diputacion permanente; ó indemnizando al propietario á juicio de peritos nombrados por él y el gobierno.

III. Impedir las elecciones prescritas en esta constitucion: variar los tiempos en que deben celebrarse: aumentar ó disminuir el número de electores: estorbar la instalacion del congreso ó sus reuniónes ordinarias y estraordinarias; ó suspender el curso de sus sesiones.

IV. Salir de la capital por mas de ocho dias sin causa grave, aprobada por el congreso, ó no hallandose reunido, por la diputacion permanente: ni fuera del Estado durante el tiempo de su empleo, y un año despues, sin espreso permiso del congreso.

V. Mandar en persona la milicia local del Estado; ni usar de la de un partido, sin permiso del congreso, y a falta de este sin acuerdo conforme de la diputacion permanente, en el distrito de otro.

VI. Suspender del ejercicio de sus funciones á la mitad, ó mas de los individuos de una corporacion, sin previa citacion de los que deben sustituirles, segun las leyes.

Del vice-gobernador y sus atribuciones

ART. 154. Habrá en el Estado un vice-gobernador de las mismas circunstancias que el gobernador, nombrado tambien por el Estado, de la manera que en su lugar previene esta constitucion.

ART. 155. Sus atribuciones son:

I. Ejercer las funciones de gobernador en caso de muerte de este, suspension de empleo, ó física ó moral imposibilidad, con todas sus facultades y prerogativas.

II. Presidir las juntas, generales de Estado para la eleccion de diputados al congreso general.

III. Todo lo demás que le encarga esta constitucion, ó que conforme á ella, le encargaren las leyes.

De las prerogativas del gobernador y vice-gobernador

ART. 156. El gobernador, durante el tiempo de su encargo, no podrá ser acusado, sino ante alguna de las cámaras del congreso general por los delitos de que habla la parte 4ª. del artículo 38 de la constitucion de los Estados-Unidos, ó ante el congreso del Estado, por crímenes directos contra la independencia de la nacion ó del Estado: por cohecho ó soborno cometidos en el ejercicio de su empleo: por actos dirigidos manifiestamente á impedir las elecciones de diputados á uno y otro congreso, de senadores, de gobernador, ó de vice-gobernador; ó á estorbar al congreso del Estado, ó su diputacion permanente el ejercicio de sus atribuciones.

ART. 157. El vice-gobernador, durante solo el tiempo de su destino, no podrá ser acusado, sino ante el congreso del Estado, por cualquier delito cometido en dicho tiempo. Mas si en caso de funcionar como gobernador, cometiere algun crimen de los del articulo 38 citado en el anterior de esta constitucion, lo será ante alguna de las cámaras del congreso general.

De la eleccion de gobernador y vice-gobernador

ART. 158. La eleccion de gobernador, y vice-gobernador será popular indirecta, por medio de sufragios de los ayuntamientos del Estado.

ART. 159. Para verificarla, el dia 6 de enero del año de la renovacion del gobernador, ó vice-gobernador, despues de implorar las luces del Espíritu Santo para el acierto, reunidos los ayuntamientos harán el nombramiento, que respectivamente corresponda, á pluralidad absoluta de votos de sus individuos y por escrutinio secreto de cédulas: el cual deberá repetirse en caso necesario, hasta lograr la mayoría absoluta referida, ó el segundo empate que decidirá la suerte; observando los artículos reglamentarios sobre elecciones de partido para diputados al congreso.

ART. 160. Solo por la primera vez deberán hacerse en un propio dia las elecciones de gobernador y vice-gobernador, y sin necesidad de verificarlas en el señalado en el artículo anterior. En lo sucesivo, cada dos años alternativamente se hará la eleccion, comenzando por la del vice-gobernador en el de 1829.

ART. 161. Las penas que impone el artículo 82 para los casos de cohecho, soborno, promesa ó amenaza para que la eleccion recaiga en persona determinada, ó para impedirlo, tienen lugar en estas elecciones; y el presidente la obligacion de hacer la pregunta previa de si hay noticia de alguno de dichos atentados.

ART. 162. Los ayuntamientos, concluida la eleccion, la publicarán poniendo los avisos de ella en los parages acostumbrados: y estendida la acta, sacarán tres testimonios que remitirán el uno á la secretaría del congreso, otro á la de gobierno, y otro al gefe de partido.

ART. 163. El primer domingo de febrero, reunido el congreso en sesion estraordínaria, hará la regulacion de los votos para gobernador, ó vice-gobernador con proporcion, no al número de ayuntamientos, sino al de los sufragios de sus individuos, subsistentes, ó por la mayoría absoluta, ó por suerte.

ART. 164. Si de la regulacion resultare pluralidad absoluta de votos en favor de alguna persona, esta será el gobernador, ó vice-gobernador, sin necesidad de otro sufragio.

ART. 165. Si ninguno hubiese reunido dicha pluralidad, el congreso, compuesto por lo menos de las tres cuartas partes de sus individuos, elegirá, de entre los que hubiesen obtenido la mayoría respectiva de sufragios de los ayuntamientos, al gobernador, ó vice-gobernador; haciendolo por votacion secreta, y observando las siguientes reglas.

I. Si solamente dos individuos resultasen con la mayoría respectiva de votos sea igual ó desigual, á solos ellos reducirá el congreso su votacion.

II. En caso de empate entre tres ó mas individuos, el congreso por medio tambien de votacion secreta, decidirá por los dos que deben competir en la eleccion.

III. Cuando haya reunido un individuo la mayoría de sufragios, y dos ó mas el número prócsimo menor, el congreso por el propio medio de la votacion, elegirá de entre estos quien ha de entrar en competencia con el primero.

IV. Cualquier empate de las votaciones del congreso, á que se contrae el presente artículo, lo decidirá la suerte, caso que repetida la votacion, no se hubiere decidido.

ART. 166. El congreso en estas elecciones procederá conforme el reglamento en los artículos de la materia: y concluidas, declarará gobernador ó vice-gobernador la persona en quien hubiere recaido la eleccion.

ART. 167. De esta se dará al gobernador actual la noticia oportuna, para que la publique y circule por todo el Estado, y la eleve al conocimiento de los supremos poderes de la federacion. Al nuevamente nombrado se le comunicará oficialmente por el congreso, para que se presente con oportunidad á tomar posesion de su empleo.

De la duracion del gobernador y vice-gobernador, y del modo de llenar las faltas de uno y otro

ART. 168. El gobernador y vice-gobernador, escepto los primeros constitucionales, comenzarán á ejercer el dia primero de abril, y se relevarán precisamente en aquel dia, cada cuatro años: á escepcion tambien del vice-gobernador inmediato, que conforme al artículo 160 cesará el de 829.

ART. 169. Si el primero de abril el gobernador por algun motivo, no estuviere pronto para comenzar á ejercer su empleo, y el vice-gobernador por impedimento grave no pudiere encargarse del gobierno, cesará sin embargo el gobernador antiguo en el mismo dia; y el congreso elegirá provisionalmente un individuo que tenga las cualidades que prescribe el artículo 149, en el cual se depositará el gobierno.

ART. 170. En caso que el impedimento del gobernador, y vice-gobernador fuere temporal, y acaeciere no estando el congreso reunido, para hacer la eleccion que previene el artículo anterior, la diputacion permanente lo convocará a sesion estraordinaria para este objeto; depositandose, entre tanto, el gobierno en el prefecto de la capital.

ART. 171. Si la imposibilidad del gobernador, ó del vice-gobernador fuere perpetua, y acaeciere en los tres primeros años de los cuatro que cada uno debe funcionar; el congreso, y en sus recesos la diputacion permanente espedirá la correspondiente órden para que los ayuntamientos procedan á elegir al que falte de aquellos funcionarios, con las formalidades que se ecsigen para su eleccion ordinaria: y no estando el congreso reunido al llegar los sufragios de los ayuntamientos los recibirá la diputacion permanente, y con ellos convocará al congreso á sesion estraordinaria para el cumplimiento de los artículos 163, 164, 165 y 166 en lo que respectivamente correspondan.

ART. 172. Si la falta aconteciere el 4°. año de sus funciones, el gobierno se depositará hasta la conclusion del periodo en la persona que el congreso nombre, con arreglo al artículo 169. Mas ninguna de estas elecciones supletorias impedirá la ordinaria, que periódicamente prescribe esta constitucion.

ART. 173. Por impedimento del vice-gobernador hará sus veces el prefecto de la capital del Estado.

ART. 174. El gobernador y vice-gobernador nuevamente nombrados, cada uno á su vez, se presentarán el día 1°. de abril, ó siendo interinos en cualquiera de sesiones ordinarias del congreso á prestar ante este su juramento, bajo la siguiente formula: "Yo N. nombrado gobernador (ó vice-gobernador) por el Estado de San Luis Potosí, juro por Dios y los santos evangelios, que ejerceré fielmente el encargo que el Estado me ha conferido: y que guardaré, y haré guardar su constitucion y leyes con todo el celo y esactitud que demandan el nombre eterno, y la verdad de Dios, que hoy pongo por testigos, y que habrán de ser mis jueces, y retribuidores el dia de mi muerte."

ART. 175. Si el gobernador, ó vice-gobernador no pudieren presentarse el dia señalado, para hacer su juramento ante el congreso, se disolverá este, no habiendo otra causa de permanecer reunido, y el gobernador, ó vice-gobernador, prestará su juramento ante la diputacion permanente.

ART. 176. El es-gobernador no podrá salir de la capital, ni el congreso concederle su licencia hasta no haber hecho al nuevo, ó al que le sustituya una entrega formal de lo perteneciente al gobierno, é instruídole sobre los asuntos pendientes.

Del secretario de gobierno

ART. 177. El gobernador tendrá un secretario nombrado por él, á quien podrá separar libremente de su destino: el cual será el gefe de la secretaria, y su denominacion la de secretario del despacho de gobierno.

ART. 178. El secretario de gobierno tendrá lugar entre los diputados, asi en el congreso, como en la diputacion permanente, cuando sea llamado, ó el gobernador lo envié: puede discutir con los diputados; mas no votar en las decisiones.

ART. 179. No puede ser secretario de gobierno el que no sea ciudadano en el ejercicio de sus derechos, el menor de veinte y cinco años, el que no halla nacido en alguna parte de la república, ó no tenga en el Estado cinco años de residencia.

ART. 180. El secretario de gobierno tiene una estrecha responsabilidad en el desempeño de su cargo, y debe ser acusado ante el congreso por delitos de su oficio. Su sueldo será el que el congreso le señale.

ART. 181. Para tomar posesion de su empleo prestará ante el gobernador un juramento solemne de cumplir esactamente con sus deberes.

DEL PODER JUDICIAL

De los tribunales y administracion de justicia

ART. 182. La aplicacion de las leyes civiles y criminales pertenece esclusivamente al poder judicial del Estado, y este reside en los tribunales que establezca esta constitucion.

ART. 183. En consecuencia, ninguna persona ni corporacion que no pertenezca á dichos tribunales, ni el gobernador ni el congreso mismo podrán en ningun caso ejercer funciones judiciales, avocarse causas pendientes ó abrir juicios fenecidos.

ART. 184. Igualmente, tampoco podrán los tribunales suspender los efectos de las leyes; ejercer otras funciones que las de juzgar y hacer que se ejecute la sentencia; formar reglamentos para la administracion de justicia; ni crear otros tribunales, ó aumentar ó disminuir las facultades de los establecidos.

ART. 185. La leyes determinarán el órden y las formalidades del proceso, las que serán uniformes en todos los tribunales: y ni estos, ni el congreso, ni el gobierno, las podrán dispensar.

ART. 186. Todos los asuntos del Estado se terminarán en lo judicial dentro de su territorio hasta su total definitiva: y en ninguno, sea de la clase que fuere, podrá haber mas que tres sentencias, y otras tantas instancias previas.

ART. 187. Las leyes segun la naturaleza de los asuntos, determinarán cual de las tres sentencias produzca ejecutoria; y ejecutoriada la sentencia solo queda el recurso de nulidad, cuya forma y efectos de su interposicion determinarán tambien las leyes.

ART. 188. Ningun juez que haya sentenciado en una instancia sentenciará en otra, ni determinará en recurso de nulidad, si la interposicion se hiciere en el propio negocio.

ART. 189. Todo hombre tiene derecho en el Estado á que se le administre justicia por los respectivos tribunales, segun las leyes y bajo las fórmulas que ellas establezcan, y á que no se le demande ni condene sin preceder las formalidades que prevengan.

ART. 190. Asi mismo todo hombre tiene derecho en el Estado para recusar á los jueces sospechosos, y para demandar la responsabilidad de los que arbitrariamente demoren el despacho de sus causas ó no las sustancien con arreglo á las leyes. Ultimamente, todo ciudadano tiene accion popular contra contra los jueces del Estado, sea cual fuese su rango, por delitos de cohecho, soborno ó prevaricato. Una ley particular demarcará el modo y formalidades de esta accion.

ART. 191. La justicia se administrará á nombre del estado de S. Luis Potosí, y por tribunal competente, designado con anterioridad por la ley.

De la administracion de justicia en lo civil

ART. 192. Los asuntos civiles sobre interes de poca entidad, se terminarán definitivamente y sin mas recurso, por providencias gubernativas. La ley determinará la cantidad.

ART. 193. Asi en estos como en los demás negocios civiles á nadie se privará de terminar sus diferencias por si mismos, ó por medio de jueces árbitros nombrados por ambas partes, sea cual fuere el estado del juicio.

ART. 194. En asuntos de gravedad no se admitirá demanda alguna judicial sin hacer constar haberse intentado antes el médio de la conciliacion, La ley designará las formalidades y terminos en que esta debe verificarse.

ART. 195. Ningun tribunal podrá admitir instancia ó apelacion de sentencia dada por jueces árbitros elegidos por ambas partes, sea cual fuere la diferencia de estas, á menos de que espresamente se hayan reservado el derecho de apelar.

ART. 196. Tampoco podrá ningun tribunal admitir demanda ó instancia, ni continuar el juicio comenzado, en caso que haya intervenido convenio entre las partes de componerse por medios estrajudiciales, hasta que estos no se verifiquen, y solo habiéndose reservado el derecho de apelacion.

De la administracion de justicia en lo criminal

ART. 197. Los delitos serán en el Estado, castigados prontamente, y con proporcion, á su gravedad.

ART. 198. Las leyes determinarán el modo de formar los procesos con brevedad y sin vicios; y señalaran las penas que correspondan á los crímenes.

ART. 199. Jamás se hallarán entre ellas la confiscacion de bienes, ni la infamia trascendental ni á un solo individuo: ni para la formacion del proceso se usará de clase alguna de tormentos.

ART. 200. Ninguno será obligado á jurar declaraciones de hechos propios en asuntos criminales.

ART. 201. Todo reo *infraganti* puede ser arrestado por cualquier persona: mas inmediatamente deberá esta conducirle ante el juez para que sin demora proceda á formarle la correspondiente informacion sumaria.

ART. 202. Por delitos de injurias personales no podrá ningun juez admitir demanda judicial, sin que preceda la conciliacion de partes.

ART. 203. Ningun habitante del Estado podrá ser preso sin previa informacion sumaria del hecho, al que la ley señale pena corporal, y sin un mandamiento por escrito del juez, notificado en el acto mismo de la prision.

ART. 204. Nadie podrá desobedecer estos mandamientos, y cualquiera resistencia será reputada como un delito grave.

ART. 205. Cuando algun reo hiciere resistencia ó se temiere su fuga, podra usarse de la fuerza para asegurarle.

ART. 206. En caso que el delincuente *infraganti* no pudiere ser conducido inmediatamente ante el juez, en el de que á algun otro reo no se le pudiere tomar la declaracion prévia, ó notificarle el decreto de prision, llevado á la carcel no se recibirá sino en clase de detenido.

ART. 207. Ninguno durará en la carcel en dicha clase, mas de cuarenta y ocho horas, dentro de las cuales deberá el juez practicar todos los requisitos para la prision de un hombre libre, bajo las penas de detencion arbitraria, si fuere inocente el detenido, ó de las que en caso contrario designaren las leyes.

ART. 208. Ninguna autoridad podrá librar orden para el registro de las casas, papeles y otros efectos de los habitantes del Estado, sino en los casos que espresamente dispusiere la ley, y en la forma que ella determine.

ART. 209. Solo cuando el delito traiga consigo responsabilidad pecuniaria, se podrán embargar bienes al procesado, con proporcion á la cantidad a que se estienda la responsabilidad, bajo la del tribunal, y no dando el reo fianzas seguras de la cantidad.

ART. 210. En delitos que no merezcan pena corporal, se admitirán fianzas al reo, para no ser preso.

ART. 211. Los delitos ligeros serán castigados, sin forma de juicio, con penas correccionales. La ley señalará estas penas, y clasificara los delitos á que correspondan.

De los tribunales

ART. 212. En todos los lugares donde haya ayuntamiento, habrá tribunales de primera instancia, que formarán los alcaldes interin otra cosa no dispongan las leyes y en la forma que ellas prescriban.

ART. 213. En ellos precisamente se comenzarán todos los juicios a escepcion de los que se intenten contra los funcionarios, á que se refiere la 1.ª parte del artículo 221, ó se versen sobre las demás causas, á que se contrae el propio artículo en sus otras partes.

ART. 214. Las leyes designaran los asuntos, tanto civiles como criminales, en que no haya lugar á recurso alguno, ni apelacion de las sentencias pronunciadas por los tribunales de primera instancia, y las que necesiten de consulta de asesor para el valor del juicio.

ART. 215. Para la determinacion de asuntos civiles de gravedad, ó dificil resolucion, y para sustanciar las causas criminales en asuntos no esceptuados por las leyes, segun el artículo anterior, los tribunales de primera instancia consultarán con el asesor que designe la ley.

ART. 216. A este fin se dividirá el Estado en cuatro departamentos, y se nombrará para cada uno un asesor por lo menos.

ART. 217. Dichos asesores serán, sin embargo recusables: y los tribunales deberán en tal caso consultar con otro de los designados pata el misino ú otro departamento, con arreglo á las leyes.

ART. 218. Una particular determinará las circunstancias del nombramiento, y calidades de los asesores el lugar de su residencia, y las dotaciones que deban disfrutar.

ART. 219. Habrá en el Estado un supremo tribunal de justicia compuesto de tres salas de jueces, en la forma que prevenga esta constitucion, y el arreglo de tribunales: y tendrá un fiscal, que despachará indistintamente los asuntos que ocurran en las tres salas.

ART. 220. El mismo arreglo de tribunales señalará los asuntos y grados en que cada una de las salas deba conocer

ART. 221. Al supremo tribunal de justicia corresponde:

I. Conocer en primera, segunda y tercera instancia de las causas que se formen, prévia la declaracion necesaria del congreso, á los diputados, al gobernador, vice-gobernador, individuos del mismo tribunal, secretario de gobierno, y tesorero general.

II. Conocer de la residencia de todo empleado público, que esté sujeto á ella segun las leyes.

III. Conocer sobre delitos de soborno, prevaricato y cohecho de los alcaldes, cometidos en el ejercicio de sus funciones.

IV. Conocer sobre diferencias entre pueblos y ayuntamientos, ó entre estos y los particulares; sea por injurias ó por intereses.

V. Conocer de las causas de suspension, ó remocion de los empleados de hacienda del Estado, de los prefectos, subprefectos, y demas funcionarios que merezcan esta pena por delitos que señalen las leyes.

ART. 222. La de tribunales declarará el modo de instruir el proceso en cada uno de los casos anteriores, para remitirlo al tribunal supremo de justicia del Estado; y determinará las personas á quienes corresponda la instruccion.

ART. 223. Para los casos en que delincan, una ó dos, ó las tres salas del supremo tribunal de justicia del Estado, ó su respectiva mayoría, el congreso, dentro del primer mes de su instalacion, nombrara un número triple del que compone todo el tribunal, de individuos instruidos en el derecho á juicio de la legislatura.

ART. 224. La eleccion de que habla el artículo anterior, no podrá recaer en ninguna persona aforada, ni dependiente del gobierno general, en los miembros del congreso, en el gobernador, vice gobernanador, qien ningun individuo residente fuera del Estado, ó á una distancia mayor de veinte y cinco leguas fuera de la capital. El modo y formalidades con que deban incorporarse en el tribunal supremo, ó formarlo los individuos llamados por la suerte, y los trámites que darán á sus actos, los demarcarán las leyes.

ART. 225. Para ser individuo del supremo los tribunal de justicia se requiere, ser natural ó vecino del Estado con residencia de cinco años, ciudadano en el uso de sus derechos, mayor de treinta años, mexicano de origen, ó instruido en la ciencia del derecho á juicio de los ayuntamientos.

ART. 226. El artículo anterior no tendrá toda su fuerza, por lo respectivo á los años de vecindad que ecsige, entre tanto no haya en el Estado suficiente número de letrados, que reuniendo las demás calidades, pueda recaer en ellos la eleccion de los que había el artículo 229.

ART. 227. Entre tanto no se hubieren formado los códigos civil y criminal del Estado, el nombramiento de los individuos del tribunal supremo de justicia se hará por los ayuntamientos. Una ley particular prescribirá las formalidades de estas elecciones, y el tiempo en que deben celebrarse

ART. 228. Pasados cuatro años despues de publicados los códigos civil y criminal, el congreso podrá establecer el sistema de jurados en su totalidad, ó con las limitaciones que las circunstancias demanden.

ART. 229. La ley de tribunales determinará el modo con que deben formarse las tres salas que han de formar el supremo de justicia del Estado, sobre la base de un regente, dos ministros y un fiscal letrados, y todo lo demás que no estando demarcado en esta constitucion, lo ecsija la recta y pronta administracion de justicia.

Del gobierno interior de las departamentos y partidos del Estado

ART. 230. Para el gobierno particular político del Estado, se dividirá este en cuatro departamentos, cuyas capitales serán: 1ª. la del Estado: 2ª. Rio-verde: 3ª. Tancanhuitz: 4ª. el Venado.

ART. 231. Al departamento de la capital pertenecerán los partidos: 1º. el de la misma: 2º. el de Guadalcazar; 3°. el de Santa Maria del Rio.

ART. 232. Al de Rio-verde, el del mismo, y el del Valle del Maiz.

ART. 233. Al de Tancanhuitz; el de este pueblo, y el de Villa de Valles.

ART. 234. Al del Venado: este, el de Ojocaliente y el de Catorce.

ART. 235. En cada departamento habrá un gefe superior de polícia, que residirá en su capital, y se llamará prefecto: y en cada partido subalterno habrá un gefe inferior, que se denominará sub-prefecto, y residirá en su respectiva cabecera.

ART. 236. Corresponde á los gefes superiores de polícia:

I. Ser el conducto de comunicacion entre el gobernador del Estado, los gefes inferiores, y los pueblos del partido de lá cabecera.

II. Hacer que se publiquen las leyes, decretos, y órdenes emanadas de las supremas autoridades del Estado, ó de la federacion; y velar sobre su cumplimiento en todos los partidos y lugares del departamento.

III. Visitar los partidos de su cargo, y aun cada uno de los ayuntamientos: informarse de la conducta de los gefes inferiores en órden al cumplimiento de sus deberes: de la de los administradores de la hacienda pública, y demás empleados del departamento; y de la de los ayuntamientos de sus pueblos: y dar cuenta al gobernador del buen ó mal órden que advierta, y del cumplimiento, ó abusos que note.

IV. Velar sobre la conservacion de la paz, y buen órden de los pueblos de su cargo, y de que á todos sus habitantes se les guarden sus derechos.

V. Hacer en el partido de la capital las funciones de gefe inferior.

ART. 237. A los gefes inferiores de partido toca:

I. Circular los decretos, leyes y órdenes de las autoridades supremas de la nacion y del Estado, comunicadas por el gefe superior; y las providencias gubernativas de este, y hacerlas publicar y obedecer en todos los pueblos del partido.

II. Presidir las juntas de partido para las elecciones de diputados al congreso del Estado, y nombramiento de electores para el de representantes en el congreso de la union.

III. Visitar los ayuntamientos del partido al tiempo que prescriba la ley, y presidirlos, cuando, y en la forma que ella prevenga.

IV. Promover la ereccion de nuevos ayuntamientos en los lugares que las circunstancias lo demanden.

V. Velar sobre la conducta de los empleados de hacienda y tribunales ecsistentes en el partido, en órden al desempeño de sus destinos; dando cuenta al prefecto de los abusos que advierta.

VI. Cuidar de que no se ofendan los derechos de los habitantes del partido, y promover cuanto conduzca á la prosperidad de sus pueblos.

ART. 238. La eleccion de los prefectos, y sub-prefectos se hara el segundo domingo de enero por los ayuntamientos de todo el departamento, para los primeros, y de todo el partido, para los segundos: observandose en dichas elecciones, proporcionalmente, lo prevenido en los artículos 158 y 159.

ART. 239. Para ser gefe superior, ó inferior se requiere, ser ciudadano en el ejercicio de sus derechos, mayor de treinta años, de origen mexicano, natural ó vecino del departamento, ó del partido de que ha de ser gefe, con residencia en él de cinco años.

ART. 240. El modo con que deben regularse los sufragios de las elecciones de dichos gefes, y como se han de suplir los votos que les falten: el tiempo de su duracion, y renovacion: la manera de sustituirlos por muerte, ausencia, ó imposibilidad: la dotacion que deban disfrutar; y todo lo demás relativo á su establecimiento lo prescribirán las leyes.

De los ayuntamientos, é interior organizacion de los pueblos

ART. 241. Para el gobierno interior de los pueblos habrá ayuntamientos compuestos de uno, ó de mas alcaldes, y del número de regidores y síndicos, que con arreglo al censo de su poblacion, designare la ley.

ART. 242. No puede dejar de haber ayuntamientos en los pueblos que por sí, y con su comarca pasaren de mil almas: ó en los que lo ecsijan particulares circunstancias calificadas por el congreso.

ART. 243. Para la ereccion y renovacion de los ayuntamientos, habrá elecciones primarias y secundarias. La ley determinará el modo y tiempo en que unas y otras deben celebrarse.

ART. 244. La renovacion se verificará cada un año por mitad de los regidores y síndicos, donde estos últimos fueren dos; saliendo los mas antiguos: los alcaldes se renovaran en su totalidad; y ningunos podrán ser reelegidos hasta pasados dos años.

ART. 245. Para ser individuo del ayuntamiento se requiere, ser ciudadano en el ejercicio de sus derechos, mayor de veinte y cinco años, vecino de la municipalidad, con residencia de dos años en ella, sino hubiere nacido en alguna parte de su distrito.

ART. 246. Ningun empleado que disfrute sueldo del Estado ó de la federacion, y se halle en el ejercicio de su destino, ni los eclesiásticos, ni los militares pertenecientes, tanto al ejército permanente, como á la milicia activa, mientras con arreglo á sus respectivas ordenanzas, ó no se hubiesen retirado, ó se hallen en actual servicio, podrán ser individuos de los ayuntamientos: mas los que no se hallen esceptuados, sino es que en razon de su propio fuero tengan libertad de admitir ó no los empleos municipales, tampoco podrán escusarse, sin causa legítima, de servirlos.

ART. 247. Todos los ayuntamientos tendrán un secretario de su propio seno ó de fuera de él, elegido por ellos á pluralidad absoluta de votos, y dotado suficientemente; el cual será amovible á juicio de los mismos ayuntamientos.

ART. 248. Además de los ayuntamientos, habrá en las fracciones que ellos designen en las municipalidades compuestas de muchas poblaciones, alcaldes ausiliares, y sub-síndicos en la forma que prevengan las leyes.

ART. 249. Estas prescribirán tambien las atribuciones de los ayuntamientos, y todo lo demás que concierna al interior regimen de las municipalidades.

De la hacienda pública del Estado

ART. 250. La hacienda pública del Estado se forma de las contribuciones establecidas por ley, y ecsigidas conforme al reglamento de sus respectivos ramos.

ART. 251. No pueden establecerse contribuciones, que despues de cubrir el presupuesto de gastos ordinarios del Estado, produzcan un esceso de un tercio anual del mismo presupuesto.

ART. 252. Este presupuesto se forma del contingente asignado para los gastos de la confederacion, y de los que el Estado necesita para cubrir los suyos.

ART. 253. Ninguna autoridad, sea cual fuere la clase de contribucion, la podrá imponer sino el congreso de representantes del Estado: y este para imponerla habrá arreglado antes en lo posible los gastos á los fondos.

ART. 254. Tampoco podrá otra alguna autoridad, que no sea el congreso del Estado, derogar las contribuciones establecidas, ó que en adelante en él se establecieren.

ART. 255. Habrá una tesorería general en el Estado, á la que deberán entrar todas las rentas que le correspondan, y de donde se satisfará el presupuesto de sus gastos.

ART. 256. Habrá otras oficinas públicas de hacienda para la administracion y recaudacion de sus diferentes ramos. Las leyes determinarán las clases de estas oficinas y prescribirán las reglas fundamentales para que correspondan á los fines de su establecimiento.

ART. 257. Habrá tambien una contaduría general para el ecsamen y glosa de las cuentas de los caudales del Estado. Las leyes prevendrán el número y clases de los individuos de que deba componerse: fijarán sus atribuciones, y el modo y circunstancias con que deba cumplirlas.

ART. 258. No se pasará en cuenta á la tesorería del Estado pago alguno, que no se haya hecho por órden del gobierno, con espresion del objeto á que se destine su importe, y citacion de la ley que lo autorice.

ART. 259. Las cuentas de la tesorería general del Estado comprensivas de todos los rendimientos y gastos, se imprimirán luego que las apruebe el congreso, y se remitirán los ejemplares necesarios al general, y al gobierno de la federacion, y á todos los gefes y ayuntamientos del de San Luis.

De la milicia del Estado

ART. 260. Habrá en el Estado una fuerza compuesta de los cuerpos de milicia cívica, formados de los habitantes del Estado, con arreglo á las leyes de la materia.

ART. 261. El servicio de esta milicia no será continuo, á menos que las circunstancias lo demanden.

ART. 262. El congreso señalará el órden con que dichos cuerpos deben alternarse en el servicio que el Estado necesite.

De la instruccion pública

ART. 263. El congreso verá como la primera y mas sagrada de sus obligaciones la instruccion de los habitantes del Estado, y la buena educacion de la juventud.

ART. 264. El mismo formará el plan general de instruccion con respecto á las diversas circunstancias de los potosinenses, y con arreglo á las leyes de la federacion.

De la observancia de la constitucion, y modo de hacer variacion de ella

ART. 265. Todo potosinense tiene derecho de representar al congreso, ó al gobierno del Estado, para reclamar la observancia de la constitucion; asi como tiene tambien la obligacion mas estrecha de observarla religiosamente en todas sus partes.

ART. 266. Cualquiera infraccion de constitucion, hace responsable personalmente al que la comete: y el congreso, de preferencia, deberá tomar en consideracion las que le representen. Las leyes prescribirán el modo de hacer efectiva la responsabilidad de estos infractores.

ART. 267. Todo empleado público civil, militar ó eclesiástico del Estado, al tomar posesion de su destino, prestará juramento de guardar y hacer guardar la constitucion.

ART. 268. Hasta pasados seis años, despues de publicada esta ley, no se podrá admitir proposicion de supresion ó reforma de ninguno de sus articules.

ART. 269. Cualquiera proposicion que se haga sobre alteracion, adicion ó reforma de la constitucion, deberá presentarse, ó firmada por tres diputados á lo menos, ó hecha por el gobierno, ó por el supremo tribunal de justicia, ó suscrita por cuatro ayuntamientos de distintos partidos.

ART. 270. La legislatura á que fuere presentada la proposicion de que habla el artículo anterior, solo debera mandarla imprimir con los fundamentos que la apoyen; y asi se hará circular á todos los ayuntamientos, para que espongan lo que mejor les parezca.

ART. 271. El congreso siguiente, con presencia de lo que los pueblos hubieren manifestado, decidirá despues de tres lecturas, si ha lugar a admitirla ó desecharla.

ART. 272. La discusion, y votacion no se hará sin la presencia de las cuatro quintas partes del número total de los individuos del congreso: ni la decision sin dictamen prévio de la comision respectiva, y demas trámites que prevenga el reglamento.

ART. 273. Si la decision resultare en favor de la proposicion, se publicará la supresion, reforma, ó adicion, á que se hubiere contraido: y el Estado en el primer caso, quedara libre de los vínculos del juramento en aquella parte, y sujeto, en los demás á los mismos con que le liga el de la constitucion.

Dado en San Luis Potosí á 16 de octubre de 1826. 6.° de la independencia, 5.° de la libertad, y 4.° de la federacion. – Francisco Antonio de los Reyes, presidente. – Rafael Perez Maldonado, vice-presidente. – Diego de Bear y Mier. – Eufracio Ramos. – Ignacio Lopez Portillo. – José Pulgar. – Pedro de Ocampo. – José María Guillén. – Mariano Ecandón. – José Miguel Barragán. – Ignacio Soria, diputado secretario. – Manuel Ortiz de Zarate, diputado secretario.

Por tanto, mando se imprima publique y circule y se le dé el debido cumplimiento. Dado en San Luis Potosí á 16 de octubre de 1826. – José Ildefonso Diaz de Leon. – Por mandado de S. E. – José Joaquín de Garate, secretario.

---

[1] Editado según *Constitucion politica del Estado Libre de S. Luis Potosi*, Mexico: Imprenta del Aguila, [1826], 95p.

Para el decreto de publicación (p. 92–95) véase la página de internet: www.modern-constitutions.de.

Esta constitución fue preparada por proyectos del año de 1825. José Francisco Pedraza supone que el texto con el título "Ensayo de una constitución política que ofrece a todos los habitantes del Estado … el ciudadano D.M.M.G.A." de Manuel María de Gorrino y Arduengo presenta el "Proyecto de constitución admitido en esa Augusta Asamblea" (*Estudio histórico-jurídico de la primera constitución política del Estado de San Luis Potosí (1826) y Reproducción facsimilar de la misma*, San Luis Potosí: Academia de Historia potosina 1975, p. 48); véase también: Ibid., p. 46–54 y *El doctor Gorriño y Arduengo. Su proyecto para la primera constitución potosina 1825*, ed. por Jesús Motilla Martínez, San Luis Potosí: Casa de la Cultura de SLP/Consejo Estatal para la Cultura y las Artes 1990.

La constitución de 1826 quedó en vigor hasta el fin de la primera república federal en 1836. Después de la era de las repúblicas centralistas fue declarada vigente de nuevo en 1847 por el Acta constitutiva y de reformas (artículo 30), sancionada por el congreso extraordinario constituyente de los Estados-Unidos Mexicanos. En 1850 fue publicada una constitución reformada después de un proyecto de reforma fracasado de 1848.

Véase nuevamente: Adriana Corral Bustos: *San Luis Potosí. Historia de las instituciones jurídicas* (Serié Historia de las instituciones jurídicas de los estados de la República mexicana), México, D.F.: Universidad Nacional Autónoma de México / Senado de la República, 2010.

Proyecto de reforma de la constitución del estado de San Luis Potosí (1848)

Proyecto de Reformas de la Constitucion Politica de 1826 del Estado de San Luis Potosi[1]

[13][2] ART. 13. Se suprime la parte 2.ª y 4.ª

[14] ART. 14. Son ciudadados potosinenses:

Los mexicanos por nacimiento ó por naturalizacion que hayan llegado á la edad de veinte años, que tengan modo honesto de vivir, que no hayan sido condenados en proceso legal á alguna pena infamante, y que estén avecindados en el Estado.

2.° Los hijos de mexicano por nacimiento, aun que hayan nacido en país extrangero, siempre que tengan la edad y demas requisitos del párrafo anterior.

[16] ART. 16. (Suprimido, y en su lugar el siguiente:)

Es derecho de los ciudadanos votar en las elecciones populares, ejercer el de peticion, reunirse para discutir los negocios públicos, y pertenecer á la guardia nacional, todo conforme á las leyes.

[17] ART. 17. El ejercicio de los derechos de ciudadano se suspende; por ser ébrio consuetudinario ó tahur de profesion, ó vago; por el estado religioso, por el de interdiccion legal; en virtud de proceso sobre aquellos delitos por los cuales se pierde la cualidad de ciudadano, y por rehusarse sin escusa legítima á servir los cargos públicos de nombramiento popular.

ART. 18. Suprimido

ART. 19. id.

ART. 20. id.

ART. 21. id.

[29] ART. 33. Suprimidas las palabras "el vice-gobernador"

[32] ART. 36. Los diputados, durante el tiempo de su mision, no podrán tener empleo alguno de los de inferior rango de la federacion ni del gobierno del Estado, ni admitir de èste encargo, comision ó condecoracion de ninguna clase, bajo la pena por este solo hecho, de cesar en sus funciones como diputados; mas no quedan privados de ser elegidos senadores ó diputados del congreso general, presidentes de los Estados-Unidos mexicanos, ó individuos de su alta córte de justicia; así como tampoco para ser nombrados embajadores cerca de otras potencias.

ART. 37. Suprimido.

[39] Del ART. 44. Se pasará al

[40] ART. 97. Las sesiones ordinarias del congreso se celebrarán en dos distintos tiempos del año: en Enero, Febrero y Marzo serán las primeras; y del primero de Setiembre al treinta y uno de Octubre las segundas, pudiéndose prorogar unas y otras por quince dias útiles.

[41] ART. 98. El 31 de Marzo en la primera reunion ordinaria; y el 31 de Octubre en la segunda de cada año, &c

[57] ART. 114.
Parte 5.ª Suprimida.
Parte 6.ª Suprimida.
Parte 7.ª Intervenir en las elecciones de diputados, senadores, y presidente de la república y ministros de la suprema córte de justicia con arreglo á lo que respectivamente provengan la constitucion y leyes de la federacion.
Parte 8.ª Hacer la regulacion de votos de los colegios electorales para el nombramiento de gobernador, ministros y fiscal, &a.
Parte 28. Suprimida.

[60] ART. 117.
Parte 1.ª Velar sobre la observancia de la constitucion, leyes del Estado, y dar cuenta inmediatamente al congreso de las infracciones que note.
Parte 2.ª Convocar al congreso a sesiones extraordinarias por las causas y en los casos referidos en el artículo 42 y en la parte anterior de este.

[71] ART. 128. Para dictar meras providencias y trámites que no tengan caracter de ley, bastará la presencia de la mitad y uno mas del número total de diputados del congreso, y la mayoría absoluta en su aprobacion, y el gobernador podrá darles curso sin aguardar á que pasen los diez dias que se requieren para la publicacion de la ley, cuando no tenga que objetarles dentro del mismo tèrmino.

ART. 131, 132, 133, 134, 135, 136, 137, 138, 139, 140, 141, 142, 143, 144, 145 y 146. Suprimidos.

[74] ART. 147. El poder ejecutivo del Estado, se deposita en un solo individuo que se denominará gobernador.

[75] ART. 148. Su nombramiento corresponde al mismo Estado, y se verificará popularmente de la manera que prescribe esta constitucion.

[79] Tampoco podrá ser electo gobernador propietario el que se halle encargado provisional ò interinamente del poder ejecutivo.

DE LAS ATRIBUCIONES Y OBLIGACIONES DEL GOBERNADOR

[80] ART. 152.
Parte 5.ª Donde dice "artículo 97" dirá artículo 40.
Parte 23. Suprimida.

ART. 154 y 155. Suprimidos.

[82] ART. 156. El gobernador del Estado no podrà ser acusado, sino ante alguna de las cámaras del congreso general, por los delitos de que habla la parte 4.ª del artículo 38 de la constitucion de los Estados-Unidos, ó ante el congreso del Estado, por crímenes directos contra la independencia de la nacion ó del Estado: por cohecho ó soborno cometidos en el ejercicio de su empleo: por actos dirijidos manifiestamente á impedir las elecciones populares; ò á estorbar al congreso del Estabo, ó á su diputacion permanente el ejercicio de sus atribuciones: por infracciones de la constitucion ó leyes del Estado; ó por cualquiera otro delito comun que cometa durante el ejercico de su encargo.

ART. 157, 158, 159, 160, 161, 162 y 163. Suprimidos.

ART. 164, 165, 166 y 167. (A otro lugar.)

[83] ART. 168. El gobernador comenzará á ejercer el dia primero de Marzo, y se relevará precisamente en aquel dia cada cuatro años.

[84] ART. 169. Si el primero de Marzo el gobernador por algun motivo, no estuviere pronto para comenzar á ejercer su empleo,

cesará sin embargo el gobernador antiguo en el mismo dia; y el congreso elegirá provisionalmente un individuo que tenga las cualidades que prescribe el artículo 76, en el cual se depositará el gobierno.

[85] ART. 170. En caso de que el impedimento del gobernador fuere temporal, y acaeciere no estando el congreso reunido, para hacer la eleccion que previene el artículo anterior, la diputacion permanente lo convocará á sesion extraordinaria para este obgeto, depositàndose entretanto el gobierno, en el ministro decano del supremo tribunal de justicia.

[86] ART. 171. Si la imposibilidad del gobernador fuere perpetua, y acaeciere en los tres primeros años de los cuatro que debe funcionar, el congreso, y en sus recesos la diputacion permanente, expedirá la correspondiente órden para que los colegios electorales procedan á elegir nuevo gobernador con las formalidades que se exigen para su eleccion ordinaria; y la misma diputacion permanente convocarà oportunamente al congreso á sesiones extraordinarias para que pueda recibir los sufragios y hacer su regulacion conforme á los artículos 204 al 208, en lo que respectivamente correspondan.

[87] ART. 172. Donde dice "artículo 169" dirá "artículo 84"

ART. 173. Suprimido.

[88] ART. 174. El gobernador nuevamente nombrado se presentará el dia primero de Marzo, ó siendo interino, el dia que el congreso lo decrete, á prestar ante este su juramento, bajo la siguiente fórmula: &c. (Suprimidas las palabras "ó vice-gobernador.")

[89] ART. 175. Suprimidas al principio y al fin las palabras "ó vice-gobernador."

[139] ART. 225. Para ser individuo del supremo tribunal de justicia, se requiere, ser natural ó vecino del Estado con residencia de tres años, ciudadano en el uso de sus derechos, mexicano de orígen, abogado recibido conforme á las leyes, y haber ejercido su profesion por espacio de seis años en la judicatura ó en el foro con estudio abierto.

ART. 226. Suprimido.

[140] ART. 227. El nombramiento de ministros y fiscal propietarios del supremo tribunal de justicia, se hará por los colegios electorales conforme á lo prevenido en esta constitucion

ART. 228. Suprimido.

DE LAS ELECCIONES DE DIPUTADOS, GOBERNADOR, MINISTROS Y FISCAL DEL SUPREMO TRIBUNAL DE JUSTICIA, PREFECTOS Y SUB-PREFECTOS DEL ESTADO

[142] ART. 45. Estas se verificarán por medio de juntas municipales y de colegios electorales de partido.

[143] En las juntas municipales tendrá opcion á votar y ser votado todo ciudadano en el ejercicio de sus derechos, que no sea elector directo.

[144] En los colegios electorales de partido votarán.

1.° Los electores municipales, nombrados por las juntas del mismo nombre.

2.° Los electores directos indistintamente con los anteriores.

[145] Son electores directos de partido, siempre que estén en el ejercicio de sus derechos de ciudadano:

1.° Los que paguen veinte pesos anuales por la contribucion del tres al millar sobre fincas rústicas y urbanas

2.° Los que paguen diez y ocho pesos al año por derecho de patente, ó doce pesos por impuestos sobre profesiones y ejercicios lucrativos.

3.° Los que disfruten de una renta anual de mil doscientos pesos ó mas, procedente de capital fisico ó moral, siempre que en el último caso, no sean empleados de la federacion ó del Estado.

4.° Los que paguen quinientos pesos ó mas anuales por arrendamiento de predios rústicos.

[146] El congreso por medio de una ley, podrá alterar ó modificar las condiciones que por el artículo anterior se exigen para ser elector directo, cuando lo demande así el diferente arreglo que pueda haber en el sistema de contribuciones.

[147] Los prefectos y sub-prefectos en sus respectivos partidos, formarán listas esactas de los individuos que por estar comprendidos en las clasificaciones del articulo 145 tengan derecho de ser electores directos del partido.

[148] El dia 1.° de Julio del año en que deban verificarse las elecciones, en cada municipio se fijarán listas de los ciudadanos que conforme al padrón resultaren ser electores directos del mismo.

[149] Todo ciudadano, que considerandose comprendido en las clasificaciones del articulo 145, no se hallare inscrito en la lista de su respectivo municipio, ó crea que otro lo está indebidamente, podrá reclamar por sí ó por simple apoderado, en el término de veinte dias, ante el presidente de el ayuntamiento, para que prèvias las averiguaciones correspondientes, decida este cuerpo lo que haya lugar en justicia.

[150] Los ciudadanos que no quedaren conformes con la decision del ayuntamiento, podrán presentarse á deducir su derecho al colegio electoral del partido, el que (con vista de los antecedentes) resolverá si los admite ó no á votar.

[151] Los ayuntamientos remitirán al gefe del partido, cópia de las listas rectificadas, en virtud de los reclamos que se les hayan hecho y los expedientes de estos.

[152] Los presidentes de los ayuntamientos espedirán á cada uno de los electores directos de su municipio, una boleta para que le sirva de credencial ante el colegio electoral en esta forma: "En la lista de electores directos retificada y aprobada por este ayuntamiento, se halla inscrito el nombre del ciudadano N."

DE LAS JUNTAS MUNICIPALES

[153] ART. 46. de la constitucion.

[153] ART. 48. A estos presidentes se les pasará oficio por el del ayuntamiento, para que les sirva de credencial, así como una cópia de la lista rectificada de los electores directos del municipio para que no los admita á votar, en observancia del articulo 143.

[159] ART. 52. Hecha esta eleccion se leerán por el secretario los artículos desde el 13 hasta el 17 y desde el 142 hasta el 174 de esta constitucio[n].

[174] ART. 67. El gefe del partido, y en su falta el que haga sus veces, luego que haya recibido de todos los ayuntamientos las listas de electores muncipales, formará la general de estos y de los electores directos de todo el partido, y al pie del bando citatorio, del dia en que debe reunirse el colegio electoral, la fijará en el lugar acostumbrado.

DE LOS COLEGIOS ELECTORALES DE PARTIDO

[175] ART. 68. El primer domingo de setiembre inmediato se reunirán los colegios electorales de partido en sus respectivas cabeceras.

[176] ART. 69. El jueves anterior al citado domingo se presentarán al gefe de partido todos los electores, tanto municipales como directos, y haciendo aquel anotar sus nombres en una lista, la cotejará &c.

[177] ART. 70. Donde dice "el 86, el 87 y el 88," dirá el 196 y el 197.

[182] ART. 75. Instalada la junta, se leerá este y el siguiente artículo: en seguida el presidente entregará al secretario y escrutadores de ella, la lista general de electores directos y municipales, las actas de eleccion de estos, y los expedientes de reclamos de que habla el artículo 151, presentándo unos y otros electores los oficios y boletas que acrediten su nombramiento y citacion.

[184] ART. 77. Despues de las palabras "ó si se ofreciere alguna otra duda relativa á estas juntas" se agregará "ó alguno de los reclamos de que habla el artículo 149.

[185] ART. 78. Aprobadas las actas ó decidido lo que sobre ellas ó las credenciales haya habido que dudar, se levantará la sesion de este dia, citando á los electores para las nueve de la mañana del domingo siguiente.

[186] ART. 79. En caso de que por inasistencia de algunos electores ó ilegitimidad de otros, no haya la mayoría necesaria para instalarse el colegio electoral en algun partido, la diputacion permanente citarà á nueva reunion para el dia y lugar que estime mas oportuno. Mas los culpables quedan sujetos &c.

[187] ART. 80. Reunido el colegio electoral en el citado domingo &c.

[188] ART. 81.
(Se variarán los números de los artículos que cita, asi como en los dos siguientes)

[192] El lunes siguiente á las nueve de la mañana, reunido el colegio electoral hará la eleccion del prefecto ó sub-prefecto que corresponda al partido, con las formalidades y en los términos prevenidos en los artículos 180 y 190.

[193] En la misma sesion ó en el mismo dia, el año anterior al en que deba verificarse la renovacion del gobernador, el colegio electoral procederá á su eleccion, y los votos que resultáren del primer escrutinio en favor de cada individuo, se harán constar minuciosamente en la acta, para la regulacion que se ha de hacer por la legislatura, de los sufragios de todos los partidos.

[194] El martes próximo inmediato procederà el mismo colegio electoral á cubrir las vacantes de ministros ó fiscal propietarios, que hayan ocurrido en el tribunal supremo de justicia del Estado, por el mismo método prevenido en el artículo anterior.
(Aquí los artículos 85, 86 y 87.)

ART. 88. Suprimido.

ART. 89. Suprimido.

[198] ART. 90. El secretario del colegio electoral, de acuerdo con los escrutadores &c

[199] ART. 91. De todas las actas respectivas á estas elecciones, se sacarán cópias exactas, y por el presidente se remitirán, una al congreso del Estado ó en sus recesos á la diputacion permanente, y otra á cada uno de los nombrados para que les sirvan de credenciales con los oficios de acompaño; todos los cuales documentos irán firmados por el presidente, escrutadores y secretario.

[200] ART. 92. Ninguno de los funcionarios que hayan sido electos, podrá escusarse del desempeño de su empleo, mas teniendo alguna escepcion por verdadera impotencia fisica ó moral, deberá presentarla al congreso para la calificacion y acuerdo á que dé lugar la justicia.

ART. 93. Suprimido.

[201] ART. 94. Conforme vaya recibiendo el congreso ó la diputacion permanente las actas de eleccion de diputados, procederá á su exámen para hacer las declaraciones que convengan con arreglo al artículo 30, y acordar la citacion de los suplentes, conforme á la atribucion 4.ª artículo 117, comunicando al gobierno las declaraciones y acuerdos para los efectos consiguientes.

[204] El último domingo de Octubre del año en que los colegios electorales hayan hecho la eleccion de gobernador del Estado, reunido el congreso en sesion extraordinaria, en vista de las actas respectivas, hará la regulacion de votos con proporcion, no al número de colegios electorales, sino al de los sufragios de sus individuos subsistentes, ò por la mayoría absoluta ó por suerte.

(Aquí los artículos desde el 164 al 167 inclusives.)

[209] En la misma sesion ó en la siguiente, el año que se hayan elegido prefectos y sub-prefectos, el congreso revisará las actas de la eleccion de dichos funcionarios por los colegios electorales, y hallándolas legales, hará la declaracion correspondiente, comunicándola al gobierno, el que la transcribirá á los nombrados para que les sirva de titulo.

[210] En las próximas sesiones, el congreso declarará ministro ó fiscal propietario del tribunal supremo de justicia, á aquel ò aquellos que hayan reunida la mayoría absoluta de votos de los individuos de los colegios electorales; y los que no la hubieren reunido, los elegirá conforme á lo prevenido para el nombramiento de Gobernador en los artîculos 205, 206, 207 y 208.

[211] En caso de que alguna ó algunas de las actas antedichas resultaren nulas, el congreso mandará convocar al colegio ó colegios electorales, señalàndo el dia en que deben proceder á renovar la eleccion.

DEL GOBIERNO INTERIOR DE LOS DEPARTAMENTOS Y PARTIDOS DEL ESTADO

(Aquí los artículos desde el 230 al 236.)

[218] ART. 237. Parte 2.ª: Presidir el colegio electoral en la cabecera de su partido, y practicar todo lo que con respecto á elecciones les marca esta constitucion.

[219] ART. 238. Los prefectos y subprefectos tomarán posesion de su empleo el dia 1.° de Marzo, y su eleccion se hará cada dos años por los colegios electorales, en la forma, dia y términos prescriptos en esta constitucion. La manera de sustituirlos por muerte, ausencia ó imposibilidad, la dotacion que deban disfrutar y todo lo demas relativo á su establecimiento, lo prescribirán las leyes.

ART. 240. Suprimido.

ART. 268. Suprimido.

[252] (Concluye con el artículo 273.)

San Luis Potosí, 10 de Setiembre de 1848. – *Manuel H. de Zevallos. – Tomas O. de Parada. – Ramon Saenz de Mendiola.*

Secretaría del Soberano Congreso del Estado de San Luis Potosí. – Exmo. Sr. – Habiendo sido admitidas por la H. Legislatura, las proposiciones que sobre reformas á la constitucion del Estado presentaron los Sres. diputados que la suscriben, como verà V. E. por la cópia de ellas que tenemos el honor de acompañarle; la propia Legislatura acordó que V. E. mande se impriman y publiquen para que así quede cumplido el precepto que contiene el art. 270 de la citada constitucion.

Al dirijirnos á V. E. con este motivo, le reiteramos las protestas de nuestra consideracion y muy distinguido aprecio.

Dios y Libertad. San Luis Potosí, Setiembre 12 de 1848. – *Paulo Verástegui*, Diputado Secretario. – *Francisco Fernandez*, Diputado Secretario. – Exmo. Sr. Gobernador del Estado.

---

[1] Editado según *Proyecto de Reformas de la Constitucion de 1826 del Estado de San Luis Potosi, Presentado al H. Congreso del mismo, por tres de sus Miembros*, San Luis Potosí: Imprenta del Estado en Palacio, cargo de V. Carrillo, 1848, p. 20–29.

Después de la reinstalación del sistema federal este intento de reformar la constitución de 1826 no resultó exitoso directamente, pero el 15 de Abril de 1850 la siguiente legislatura (según artículo 270 y ss.) decretó una constitución plenamente reformada; véase: *Constitución política del Estado libre de S. Luis Potosí. Reformada por su 7a. legislatura constitucional en 1850*, San Luis Potosí: Imprenta del Estado en Palacio, 1850. En 1861 fue publicada la segunda constitución de San Luis Potosí.

[2] El documento presentado consiste de dos columnas verticales. En la del lado derecho, la más amplia, se puede leer el texto de las proyectadas reformas. La columna izquierda está títulada "Quedan con los números." En la impresión presente esta nueva enumeración se encuentra en corchetes en frente de cada párrafo.

Constitución del estado de Sinaloa (1831)

Constitucion politica del Estado de Sinaloa[1]

En el nombre de Dios autor y supremo legislador de la sociedad.

Nos los representantes del Estado soberano, libre é independiente de Sinaloa reunidos en congreso constituyente conforme con la voluntad de los pueblos nuestros comitentes, para fijar su felicidad y suerte, invocando el auxilio del Eterno decretamos y sancionamos la siguiente:

CONSTITUCION POLITICA

TITULO I
Bases generales

ART. 1.° El Estado de Sinaloa es soberano, libre é independiente de los demas que componen la federacion mejicana, con los cuales conservará las relaciones de union, fraternidad y amistad que establece el pacto federal.

ART. 2.° En todo lo que toca á su gobierno y administracion interior, es igualmente libre, independiente y soberano.

ART. 3.° En lo que concierne á la federacion, como centro comun de los Estados, el de Sinaloa delega sus derechos y facultades á los supremos Poderes de la Nacion.

ART. 4.° El Estado está obligado á observar religiosamente la acta constitutiva, la constitucion general, y la presente del mismo Estado.

ART. 5.° Su religion es la de la República bajo las bases establecidas en la constitucion federal.

ART. 6.° Nadie nace esclavo en el Estado. ni puede serlo el que habite en su territorio.

ART. 7.° El Estado no reconoce título alguno dé nobleza, ni otros méritos que la aptitud y los servicios prestados á la Patria.

ART. 8.° Las vinculaciones de sangre y los empleos hereditarios quedan para siempre abolidos en el Estado.

ART. 9.° Lo están igualmente la aplicacion de tormentos y la confiscacion de bienes.

ART. 10. Las manos muertas no pueden adquirir en el Estado ninguna propiedad raiz.

ART. 11. Jamás se concederán en el Estado privilegios esclusivos perpetuos sobre el comercio, ni sobre el ejercicio de cualquier otro género de industria. En las obras de propia invencion, en las nuevas en el Estado, ó en las que en él se perfeccionen, podrán concederse por tiempo determinado.

ART. 12. Siendo el objeto de toda asociación política la conservacion de los derechos naturales del hombre, todo funcionario público que en el desempeño de sus deberes contradiga á este fin, ó no lo lleve cumplidamente, se hace responsable en la forma y modo que la ley determine.

ART. 13. Ninguna autoridad se reconoce en el Estado, á excepcion de las que emanen de la federacion y la eclesiástica, si no procede de esta constitucion: ni ejercerá otro poder, que el que conforme á ella se le confiera. En consecuencia, ni la Asamblea

Legislativa, ni el Gobierno, ni cualquiera otra autoridad pueden obrar contra el pacto, dispensar su observancia, ni ejercer facultades estraordinarias.

TITULO II

De los sinaloenses y ciudadanos sinaloenses, sus derechos y obligaciones

ART. 14. Son sinaloenses:

Primero. Los nacidos y avecindados en el Estado.

Segundo. Los estrangeros que obtengan carta de naturaleza, á mas de las condiciones dictadas por el Congreso de la Union, se requiere que se establezcan en el Estado con un capital, lo menos, de diez mil pesos, ó con algun arte ó industria útil, á juicio de la Asamblea Legislativa.

ART. 16. Son ciudadanos:

Primero. Todos los sinaloenses.

Segundo. Los ciudadanos de los demas Estados de la federacion que se avecinden en éste.

Tercero. Los nacidos en las repúblicas de América dependientes el año de 10, del gobierno Español, que se avecinden en el Estado.

Cuarto, Los estrangeros que adquieran carta de naturaleza en el Estado y tengan en él vecindad segun las leyes.

ART. 17. Ni ciudadanos, ni sinaloenses son los que se han negado á reconocer la emancipacion de la República: los que contribuyeron y se alistaron en la invasion de Tampico: los que han tramado conspiraciones contra la independencia de la Nacion; y los que en el año de mil ochocientos veinte y uno, emigraron de la República á alguno de los dominios del gobierno español. Exceptuanse de esta última disposicion solo los hijos de familia.

ART. 18. Los derechos de ciudadanía se suspenden.

Primero. Por incapacidad fisica ó moral, notoria ó calificada.

Segundo. Por quiebra fraudulenta en los caudales públicos ó de particulares.

Tercero. Por conducta notoriamente viciada.

Cuarto. Por no tener modo honesto conocido de vivir.

Quinto. Por no tener veinte y un años cumplidos, ó diez y ocho siendo casado.

Sexto. Por negarse á prestar auxilio á las autoridades, siendo requerido para ello.

Sétimo. Por estar procesado criminalmente, desde el acto que se estienda el decreto de prision.

Octavo. Por sentencia que se imponga pena aflictiva ó infamante.

Noveno. Por el estado de sirviente doméstico cerca de la persona.

Décimo. Por no saber leer ni escribir; pero esta disposicion no tendrá efecto sino del año de mil ochocientos cuarenta en adelante, con los nacidos desde el de mil ochocientos veinte y uno.

ART. 19. Los derechos de ciudadanía se pierden:

Primero. Por adquirir naturaleza ó residir cinco años consecutivos en pais estrangero sin permiso del gobierno del Estado, ó del supremo de la federacion.

Segundo. Por admitir empleo de otro gobierno estraño.

Tercero. Por obtener título de distincion de cualquier gobierno manárquico, ó por desempeñar alguna mision del español, mientras no reconozca la independencia de la República.

Cuarto. Por conspirar contra la independencia de la Nacion ó su actual forma de gobierno.

Quinto. Por vender su voto ó comprar el ageno en las juntas electorales.

ART. 20. Perdidos los derechos de ciudadanía, no se cobran sino por rehabilitacion espresa de la asamblea legislativa.

ART. 21. Solo los ciudadanos sinaloenses en el ejercicio de sus derechos, pueden elegir y ser electos para los empleos y destinos públicos del Estado, á excepcion de aquellos que para su desempeño se exija título de exámen en cualquiera facultad, ciencia ó arte, ó que por la presente constitucion, baste sea ciudadano mejicano.

ART. 22. El Estado garantiza á los sinaloenses y á todos los que habitan su territorio, aunque sea en clase de transeuntes, su libertad individual y su seguridad personal: el libre uso de la prensa: el derecho de propiedad: el de igualdad ante la ley, ya premie, ya castigue: el derecho de peticion y el de ser gobernados por la presente constitucion y leyes que de conformidad con ella se den.

ART. 23. Nadie puede ser aprisionado, arrestado ni detenido, sino en los casos y forma que la ley espresamente establece. El funcionario que obrare de diverso modo, se convierte en tirano y arbitrario, y por ello será depuesto y castigado con la severidad de la ley.

ART. 24. Todo sinaloense tiene derecho de que sus casas no sean allanadas y que solo pueda entrarse á ellas cuando un incendio, una inundacion, ó su reclamacion haga necesario este aco. Para los objetos de procedimiento judicial precederán los requisitos prevenidos por la ley.

ART. 25. Igual derecho tienen de que sus libros, papeles y correspondencia privada no sean secuestrados, examinados é interceptados, sino en los casos espresamente determinados por ley.

ART. 26. Pueden los sinaloenses publicar por medio de la prensa sus opiniones políticas y sus pensamientos; y censurar los actos públicos de los funcionarios, sujetos siempre á la ley que reprime los abusos de esta libertad.

ART. 27. Todo sinaloense tiene derecho á disponer de sus propiedades, con tal que lo haga con sujecion á las leyes que en beneficio de la comunidad se dictaren; y solo podrá tomárseles por el gobierno, con acuerdo de la Asamblea Legislativa, y en su receso, de su diputacion permanente, cuando alguna necesidad ó utilidad pública así lo exijan, indemnizándolo previamente con sus justos precios, á bien vista de hombres buenos.

ART. 28. Todo ciudadano puede reclamaa la observancia de esta constitucion, y denunciar sus infracciones á la Asamblea Legislativa. Jamás podrá privársele que represente á la misma Asamblea ó á cualquiera otra autoridad; sus individuales derechos, y que exiga el cumplimiento de las leyes que se los garantizan, siendo responsable de sus escritos.

ART. 29. Las obligaciones de los sinaloenses son:

Primera. Ser fieles á la constitucion general de la república y á la presente del Estado.

Segunda. Estar sumisos á las leyes y respetar á las autoridades legítimamente constituidas.

Tercera. Defender la integridad del territorio nacional: sostener la actual forma de gobierno y á las autoridades con las armas en la mano, siempre que la ley les reclame este deber.

Cuarta. Contribuir con proporcion á sus deberes para los gastos públicos, en la forma que las leyes dispongan.

Quinta. Ser justos, benéficos, y fieles en sus pactos, moderados, económicos, templados y virtuosos: ser buenos hijos, buenos padres, buenos esposos, buenos hermanos, buenos amigos y buenos ciudadanos.

TITULO III
Del territorio del Estado y su fórma de gobierno

ART. 30. El territorio del Estado se compone de todos los pueblos que antes formaban la provincia de Sinaloa.

ART. 31. Su territorio se divide en los siete partidos que hoy existen y en los siguientes distrios: Rosario, Concordia. Villa de Union, San Ignacio, Cosalá, Culiacan, Baduraguato, Mocorito, Sinaloa, Fuerte y Choix. Una ley constitucional señalará los pueblos de que deba formarse cada uno de estos distritos, y marcará sus límites.

ART. 32. Reintegrado al Estado el partido de Alamos, formará un distrito, supriméndose el de Villa de Union; y será también cabecera de partido con la comprension que la ley le asigne.

ART. 33. El gobierno del Estado es popular, representativo, republicano federal. El ejercicio del supremo poder se divide en Legislativo, Ejecutivo y judicial, sin que jamas dos ó los tres poderes puedan ejercerse por una sola persona ó corporacion; ni el Legislativo por un solo individuo.

TITULO IV
De los diputados

ART. 34. Los diputados serán nombrados popularmente en la forma que prescribirá una ley constitucional.

ART. 35. Para ser diputado se requiere:

Primero. Ser ciudadano en el ejercicio de sus derechos.

Segundo. Tener veinticinco años cumplidos al tiempo de su eleccion.

Tercero. Ser natural del Estado ó vecino con residencia lo menos de tres años.

Cuarto. Poseer alguna finca rústica ó urbana, valiosa de tres mil pesos por lo menos; ó profesar alguna facultad científica con título de exámen ó poseer algun arte ó industria útil, ó tener alguna renta ó usufructo que produzca mas de cuatrocientos pesos anuales.

ART. 36. No pueden ser diputados:

Primero. El Gobernador y Vice-gobernador del Estado, el secretario del despacho y el consejero de gobierno.

Segundo. Los ministros y fiscal de la alta Córte de Justicia, los jueces letrados de primera instancia y el asesor general.

Tercero. El Tesorero general y todos los empleados de las rentas del Estado que tengan responsabilidad de manejo de caudales.

Cuarto. Los empleados de la federacion y los demas que mencionan las fracciones 1.ª, 2.ª, 3.ª, 4.ª, 5.ª y 6.ª del artículo 23 de la constitucion general.

Quinto. Los militares del ejercicio permanente y milicia activa en servicio actual.

ART. 37. Los comprendidos en las fracciones 1.ª, 2.ª, 3.ª, 4.ª y 5.ª del artículo anterior, padrán ser electos despues de seis meses de haber cesado en sus destinos.

ART. 38. En ningun tiempo serán los diputados acusados ni perseguidos por sus opiniones vertidas en el desempeño de su encargo. Para que puedan ser juzgados criminalmente, ó en los delitos de oficio, es necesario declaratoria de la Asamblea Legislativa de haber lugar á formacion de causa: en lo civil podrán serlo en la forma que disponga una ley particular.

ART. 39. No podrán acercarse al Gobierno á asuntos propios ó agenos, sin licencia de la Asamblea Legislativa, obtener del mismo gobierno empleo ninguno, si no es de rigurosa escala, ni comision sin autorizacion de la misma Asamblea.

ART. 40. Cada distrito nombrará un diputado propietario y un suplente: el diputado suplente será precisamente vecino del distrito que lo nombre.

ART. 41. Si una misma persona fuere elegida diputado propietario por dos ó mas distritos, preferirá la eleccion de aquel en que tuviere actual residencia: si en ninguno la tuviere, representará por el de su nacimiento, y si no fuere vecino ó nacido en alguno de ellos, elegirá el distrito que quiera representar en la Asamblea Legislativa. La falta del proprietario la cubrirá el suplente.

ART. 42. El cargo de diputado y los demas nombramiento popular que esta constitucion establece, son de carga rigorosamente concegil y nadie podrá escusarse de servirlos sin justa causa calificada por la Asamblea Legislativa, ó por el Gobierno si fuere de los municipales.

Titulo V

Del poder Legislativo

ART. 43. La potestdad de dar leyes reside en la Asamblea Legislativa del Estado, compuesta de diputados nombrados segun esta constitucion.

ART. 44. Abrirá sus sesiones en la capital del Estado el día 1° de Enero e todos los años. La ciudad de Culiscan es la residencia fija de los Supremos Poderes.

ART. 45. Las sesiones ordinarias durarán noventa dias y podrán prorogarse por treinta mas, si lo pide el Gobierno ó lo resuelve la Asamblea Legislativa.

ART. 46. Concluido el periodo ordinario de las sesiones, la Asamblea Legislativa antes de entrar en receso, nombrará de su sene una diputacion permanente compuesta de tres diputados y un suplente, que se instalará en el mismo dia.

ART. 47. En casos urgentes la diputacion permanente unida al Gobierno, convocará á la Asamblea Legislativa á sesiones extraordinarias: en éstas no se tratarán otros asuntos que los espresados en la convocatoria.

ART. 48. La Asamblea Legislativa se renovará en su totalidad cada dos años.

ART. 49. Le corresponde á la Asamblea Legislativa dar, derogar é interpretar las leyes: reglamentar todos los ramos de la administracion interior del Estado: decretar las contribuciones para cubrir sus gastos; indultar cuando lo tuviere por conveniente el voto de las dos terceras partes de los diputados presentes, y amnistiar con informe del gobierno á los reos cuyos delitos son del conocimiento de los tribunales del Estado, y ejercer todas las facultades de un cuerpo legislativo, en todo aquello que no invada atribuciones de otro poder, ni se oponga á la acta constitutiva, constitucion general ó á la presente del Estado.

ART. 50. Le toca á la diputacion permanente: velar de la observancia de la constitucion y leyes: dar parte á la Asamblea Legislativa luego que se reuna, de las infracciones que tonare: convocar á sesiones extraordinarias en los términos que presribe esta constitucion: cuidar que las elecciones populares se celebren en los dias señalados por la ley, excitando al gobierno para que con oportunidad libre sus órdenes: compeler á concurrir, por conducto del mismo gobierno, á los diputados propietarios, y á los suplentes cuando aquellos falten para la instalacion de la Asamblea Legislativa: recibir las credenciales de los diputados, é informar sobre ellas á la nueva Asamblea.

TITULO VI

De la formacion de las leyes, su sancion y solemne publicación

ART. 51. Ninguna resolucion de la Asamblea Legislativa tendrá otro carácter que el de ley ó decreto.

ART. 52. La iniciativa de ley la tienen los diputados, el gobierno y la Alta Córte de Justicia en el órden judicial.

ART. 53. Para la discusion de toda ley ó decreto se necesita por lo menos, la concurrencia de la mitad y uno mas de los diputados que forman la Asamblea Legislativa.

ART. 54. Las leyes se acordarán por la mayoria absoluta de los diputados presentes, y no podrán derogarse, adicionarse ó reformarse sin que por la derogacion, adicion ó reforma, voten las dos terceras partes de los miembros de la Asamblea Legislativa.

ART. 55. En la discusion de toda ley ó decreto no podrá dispensarse la observancia del reglamento de debates, si no es que por la dispensacion estén las dos terceras partes de los diputados presentes.

ART. 56. En los tres dias inmediatos de comunicada al Gobierno, la ley procederá á su sancion cion y solemne publicacion.

ART. 57. Si el gobierno hiciere observaciones á alguna ley ó decreto, suspenderá su sancion y representará á la Asamblea Legislativa dentro de diez dias de su recibo.

ART. 58. Vuelto á la Asamblea Legislativa el proyecto, sufrirá nueva discusion: si fuere aprobado por el voto, de las dos terceras partes de los diputados presentes, el gobierno procederá á su sancion y solemne publicacion.

ART. 59. A los proyectos de ley declarados urgentes hará el gobierno sus observaciones dentro de cuarenta y ocho horas de su recibo.

ART. 60. Si corriendo el término concedido al gobierno para hacer observaciones llegare el dia de la clausura de las sesiones, la Asamblea Legislativa las prorrogará á los muy precisos para solo encargarse del proyecto objetado.

ART. 61. Lá fórmula en que deben publicarse las leyes es la siguiente:

N. Gobernador del Estado soberano, libre é independiente de Sinaloa á sus habitantes saben: que la augusta Asamblea Legislativa del Estado ha decretado lo siguiente.

La primera ó segunda (segun sea) *Asamblea Legislativa del Estado soberano, libre é independiente de Sinaloa, usando del poder constitucional que ejerce, decreta con el carácter y fuerza de la ley, lo siguiente.* (Aquí el texto literal de la ley.)

El gobernador del Estado procederá á su sanción y solemne publicación, haciéndola circular y cbservar. (Aquí las firmas del presidente y los diputados secretarios.)

Por tanto, mando se imprima, publique y circule dándosele su debida observancia. (Aquí la fecha y firmas del gobernador y secretario del despacho.

TITULO VII
Del Poder Ejecutivo

ART. 62. El Poder Ejecutivo del Estado se ejercerá por un ciudadano electo segun esta constitucion, que se denominará *Gobernador del Estado.*

ART. 63. Su duracion será de cuatro años y no podrá ser reelecto hasta igual tiempo de haber cesado en sus funciones.

ART. 64. Residirá en el lugar donde la Asamblea Legislativa, y no podrá separarse de él á distancia de doce leguas, sin su permiso; y en su receso de la diputacion permanente.

ART. 65. Para ser gobernador del Estado se requiere: residir en la República al tiempo de su eleccion, ser mayor de treinta años, nativo del Estado ó ciudadano mejicano por nacimiento y avecindado en su territorio diez años antes de su eleccion, no ser eclesiásco y tener las demas cualidades que esta constitucion exije para ser diputado.

ART. 66. A los cuatro dias de abiertas las sesiones ordinarias de todos los años, dará cuenta á la Asamblea Legislativa, del estado de la administracion pública, é iniciará las reformas conducentes á perfeccionarla.

ART. 67. En el propio dia presentará el presupuesto de gastos y recursos para el año entrante; y en la penúltima sesion del mismo periodo, la cuenta de las inversiones del año anterior.

ART. 68. Habrá un vice-gobernador que cubrirá las faltas del gobernador en los casos de muerte, suspension, remocion ó enfermedad grave. En cualquiera otro, resolverá á la asamblea legislativa y en su receso la diputacion permanente.

ART. 69. El vice-gobernador tendrá las mismas cualidades que el Gobernador; y solo cuando desempeñe las funciones del Ejecutivo disfrutará sueldo.

ART. 70. Si el Vice-gobernador no estuviere en la capital en los casos que menciona al art. 68, ó tuviere algun impedimento para servir el gobierno, la Asamblea Legislativa nombrará de fuera de su seno un gobernador provisional. Igual nombramiento hará en la falta de uno y otro.

ART. 71. El Gobernador y vice-gobernador del Estado, serán nombrados cada cuatrienio por colegios electorales de los distritos, al dia siguiente de celebrada la eleccion de diputados á la Asamblea Legislativa.

ART. 72. Cada colegio electoral en junta pública permanente, por escrutinio secreto y á pluralidad absoluta de votos, nombrará los dos funcionarios de que habla el artículo anterior, y remitirá en pliego certificado testimonio de la acta de la eleccion á la Asamblea Legislativa del Estado, y en su receso á su diputacion permanente.

ART. 73. La Asamblea Legislativa al dia siguiente de la apertura de sus primeras sesiones ordinarias, en sesion pública permanente abrirá los testimonios de las actas de eleccion, y nombrará una comision de su seno para que las revise y dé cuenta con el resultado dentro del tercero dia.

ART. 74. El que reuniere la mayoria absoluta de sufragios de los colegios electorales de los distritos, computados por el número de ellos, será el Gobernador del Estado.

ART. 75. Si nadie reuniere la mayoria absoluta de votos, la Asamblea Legislativa nombrará para gobernador al que tuviere mayor número de sufragios.

ART. 76. Si un individuo solo obtuviere la mayoria respectiva de votos, y dos ó mas tuvieren igual número de sufragios, la Asamblea Legislativa elegirá dentre de éstos el que ha de competir con el primero. El que en la competencia obtuviere mayoria absoluta de votos será el Gobernador del Estado.

ART. 77. La eleccion del vice-gobernador, cuando no reuna la mayoria obsoluta de sufragios de los colegios electorales, se hará por la Asamblea Legislativa en el mismo órden que la del Gobernador.

ART. 78. La Asamblea Legislativa verificará estas elecciones en sesion pública permamente y por votacion nominal de sus miembros presentes á estos actos. En caso de empate se repetirá la votacion, y si lo hubiere segunda vez, decidirá la suerte.

ART. 79. El Gobernador tomará posesion el dia 1.° del siguiente Marzo. Si para este dia no estuvieren hechas y publicadas las elecciones, ó ninguno de los nombrados estuviere expedito para posesionarse, cesará sin embargo el saliente; y el poder ejecutivo se depositará en un individuo nombrado por la Asamblea Legislativa, de fuera de su seno.

ART. 80. Le toca al Gobernador: sancionar y hacer cumplir las leyes y decretos del Estado: conservar el sociego, tranquilidad y órden público: decretar con arreglo á las leyes la inversion de los caudales públicos: proveer todos los destinos del Estado que no sean de nombramiento popular, ó que por la ley no se cometan á otra autoridad: conmutar con consulta de la alta Córte de Justicia, la condena de los reos sentenciados por los tribunales del Estado, conciliando con el ejercicio de esta gracia la severidad de la ley y el interés de la vindicta pública, con la equidad personal, y ejercer las atribuciones propias del poder ejecutivo, que no le sean restringidas por ley expresa.

ART. 81. No puede el Gobernador impedir las elecciones populares, la reunion de la Asamblea Legislativa, ó embarazar sus funciones, ni oponerse á los demas actos públicos que establece esta constitucion: ocupar la propiedad de ningun particular, sino en el órden que la misma constitucion permite: privar á ningun ciudadano de su libertad, ni imponerle pena alguna; pero sí podrá mandar arrestar á cualquier particular, cuando lo exija el órden público, la seguridad del Estado y los respetos debidos á los Supremos Poderes, poniéndolo á disposicion del juez competente dentro de cuarenta y ocho horas.

ART. 82. En el caso de conmocion interior ó de invasion exterior armada, tomará las medidas que juzgue necesarias á la seguridad del Estado, dando cuenta á la Asamblea Legislativa, y en su receso á la diputacion permanente. Será responsable de las órdenes que dictare contra los derechos políticos y civiles del ciudadano.

ART. 83. La ley designará las dotaciones al Gobernador, vice-gobernador y diputados: no podrá alterarse durante el tiempo de su encargo.

TITULO VIII

Del secretario del despacho de Gobierno

ART. 84. Para el despacho general de los asuntos, tendrá el Gobernador un secretario que se titulará *Secretario del Despacho de Gobierno.*

ART. 85. Para ser secretario de Gobierno se requiere ser ciudadano mejicano en el ejercicio de sus derechos, y mayor de veinte y cinco años.

ART. 86. Todas las órdenes y decretos del gobierno, deberán firmarse por el secretario del despacho, sin cuyo requisito no serán obedecidas.

ART. 87. El secretario de Gobierno es responsable de las órdenes y decretos que autorice, contrarias á esta constitucion y leyes. Puede ser removido por el Gobernador, con dictámen de su consejero.

TITULO IX

Del Consejero de Gobierno

ART. 88. Un letrado ciudadano mejicano en el ejercicio de sus derechos y mayor de veinte y cinco años, será el *Consejero de Gobierno.*

ART. 89. Lo nombrará la Asamblea Legislativa con informe del Gobierno: su empleo será vitalicio, y no podrá ser removido de él, sino por causa legalmente probada y sentenciada, ni suspenso sino por declaratoria de la misma Asamblea, de haber lugar á formársele causa.

ART. 90. Las faltas temporales del consejero de Gobierno, se cubrirán por el fiscal de la alta Corte de Justicia.

ART. 91. Son atribuciones del consejero de Gobierno: consultar para la suspension de los empleados del Estado: para convocar á la Asamblea Legislativa á sesiones extraordinarias: para objetar las leyes y decretos á que el Gobierno quiera hacer observaciones: para la provision de los empleos del Estado que no sean de hacienda, y cuyo nombramiento sea del resorte del Ejecutivo: para promover los establecimientos de instruccion pública en el Estado, y fomentar la industria y artes: consultará igualmente al Gobierno en todos asuntos que pida consejo, y velará sobre la observancia de la constitucion y leyes, denunciando á la Asamblea Legislativa ó al Gobierno las infracciones que notare.

ART. 92. El consejero de Gobierno es responsable por los actos de su ejercicio; y por los mismos puede ser acusado ante la Asamblea Legislativa.

TITULO X
Del poder Judicial

ART. 93. La justicia se administrará en el Estado por un tribunal superior y jueces letrados inferiores.

ART. 94. El tribunal superior se denominará *Alta Corte de Justicia*: será una para todo el Estado, y residirá en el lugar donde la Asamblea Legislativa.

ART. 95. Los ministros de la alta corte de Justicia deberán ser letrados ciudadanos mejicanos en el ejercicio de sus derechos, y mayores de veinte y cinco años: no podrán ser depuestos sino por prevaricación juzgada en forma, ni suspensos sin prévia declaratoria de la Asamblea Legislativa de haber lugar á farmacion de causa.

ART. 96. Las funciones de la alta Corte de Justicia, el número de ministros de que deba componerse, el de los jueces inferiores y sus respectivas atribuciones, se demarcarán por una ley particular.

ART. 97. La Asamblea Legislativa ni el Gobierno pueden en ningun caso ejercer la autoridad judicial.

ART. 98. La Alta Corte de Justicia ni los jueces inferiores pueden mezclarse en el ejercicio de la potestad legisladora, interpretar las leyes ó suspender su ejecucion, ni usurpar funciones administrativas.

ART. 99. La aplicacion de las leyes corresponde exclusivamente al poder judicial.

ART. 100. Se establecerá el jucio por jurados luego que la ilustracion de los pueblos permita esta instituciou.

ART. 101. Ningun ciudadano puede ser extraido de la jurisdiccion de los jueces que la ley le señala, ni ser juzgado por comision, ni por leyes y tribunales establecidos despues del hecho por el que sea perseguido.

ART. 102. El que fuere absuelto por juez competente, no podrá ser preso ni acusado por el mismo hecho.

ART. 103. Infraganti cualquiera puede aprenhender al delincuente, con tal que lo ponga inmediatamente á disposicion del juez del lugar en que se hiciere la aprehension.

ART. 104. Todo el que fuere preso y presentado á los jueces, será examinado luego ó cuando mas tarde á las veinte y cuatro horas.

ART. 105. Ninguno puede ser preso ni detenido si afianza suficientemente, en los casos que la ley permite la libertad bajo de fianza.

ART. 106. A nadie podrá imponérsele dos penas por un mismo delito, ni la infamia será trascendental á la familia del delincuente.

ART. 107. Ninguno puede ser preso ni detenido sino en los parages públicos señalados por ley para servir de cárcel ó casa de arresto.

ART. 108. Nadie puede ser detenido mas de sesenta horas: pasado este término sin darse el auto de prision, se le pondrá inmediatamente en libertad.

ART. 109. Los jueces no podrán librar órden de prision ó arresto contra ningun ciudadano, sin que preceda informacion sumaria de que es delincuente si no es en el caso de estar indiciado de delito por la fama pública.

ART. 110. A todo ciudadano que no sea cogido infraganti se le mostrará la órden por escrito que motive su prision.

ART. 111. Solo en el caso de inseguridad ó cuando prudentemente se tema la fuga de un reo, podrá imponerse prisiones.

ART. 112. A nadie podrá privársele termine sus deferencias en los asuntos civiles y de injurias por medio de jueces de árbitros.

ART. 113. Ninguna accion podrá establecerse en lo civil ó sobre injurias sin hacer constar antes haberse intentado por lo menos, el medio de la conciliacion. La ley señalará los asuntos en que ésta no deba haber.

ART. 114. La justicia se administrará á nombre del Estado en la forma siguiente. "La justicia del Estado soberano, libre é independiente de Sinaloa absuelve ó condena, declara ó aprueba, &c."

TITULO XI

Del gobierno económico político de los pueblos

ART. 115. En las cabeceras de partido habrá *juntus municipales económicas gubernativas.*

ART. 116. Están al cargo de estas juntas la polícia, salubridad pública y el gobierno económico de los partidos. El número de sus vocales, la forma de su elección y sus funciones se designarán por ley.

ART. 117. En los pueblos que no sean cabecera de partido, habrá síndicos de polícia sujetos á las juntas municipales, cuya eleccion y atribuciones se señalará tambien por ley.

TITULO XII

De la Hacienda del Estado

ART. 118. La Hacienda del Estado se compondrá de las contribuciones que hoy existen, ó de las que en adelante se dictaren, para cubrir los gastos de su administracion interior y sus compromisos con la confederacion mejicana.

ART. 119. Ninguna otra autoridad que la Asamblea Legislativa, podrá establecer contribucion ó impuesto alguno directo ó indirecto, ni acordar sueldo, pension ó gasto alguno de los fondos de la hacienda del Estado, sin prévia autorizacion de la misma Asamblea.

TITULO XIII

De la instruccion pública

ART. 120. Es obligacion del Estado crear y sostener en todos los pueblos que lo componen, establecimientos públicos de instruccion.

ART. 121. La enseñanza se reglamentará uniformemente por la Asamblea Legislativa en todo el Estado.

TITULO XIV

De la fuerza pública del Estado

ART. 122. La fuerza pública del Estado la formará su milicia cívica, levantada con arreglo á las bases dictadas por la Union.

TITULO XV

De la observancia de la Constitucion y su reforma

ART. 123. Todo funcionario ó empleado público del Estado, antes de posesionarse de su destino, presentará juramento de guardar y sostener la acta constitutiva, la constitucion general y la presente del Estado. La fórmula del juramento se designará por una ley particular.

ART. 124. Las proposiciones sobre reforma, alteracion ó derogacion de alguno ó algunos artículos constitucionales, deberán hacerse por escrito, y suscribirse lo menos por tres diputados.

ART. 125. La Asamblea Legislativa, en cuyo tiempo se hicieren las proposiciones, no dispondrá otra cosa en el bienio de sus sesiones, que publicarlas y circularlas á todos los pueblos del Estado.

ART. 126. La siguiente Asamblea Legislativa las admitirá ó no, publicándose igualmente el resultado por medio de la imprenta.

ART. 127. En la Asamblea Legislativa que sigue, se discutirán las proposiciones sobre reformas, alteraciones ó derogaciones: si se aprueban, se publicarán por artículos constitucionales. Las proposiciones reprobadas no podrán presentarse hasta pasados cuatro años.

ART. 128. Ningun artículo constitucional, ni las leyes dadas en este carácter, segun esta constitucion, necesitan para su observancia de la sancion del Gobierno.

ART. 129. Las leyes que esta constitucion declara constitucionales, no podrán reformarse, alterarse ó derogarse, sino con las formalidades prescritas en los artículos 124, 125, 126 y 127 de este título.

DISPOSICIONES TRANSITORIAS

ART. 130. El actual Corgreso constituyente designará, por ley, el dia en que deba instalarse la primera Asamblea Legislativa del Estado y en el que tome posesion el Vice-gobernador nombrado.

Dada en la ciudad de Culiacan, Capital del Estado de Sinaloa á los doce dias del mes de Diciembre de mil ochocientos treinta y uno, 1.° de la soberanía del Estado y 11.° de la independencia de la nacion. – *Pedro Sanchez*, presidente, – *Antonio María*, vice-presidente. – *J. Francisco Orrantia, Rafael de la Vega, Paulino Peimbert, Manuel María Bandera, J. Felipe Gomez, Tomás Herran,* diputado secretario,*José Ezquerro,* diputado secretario.

Por tanto, mando se imprima, publique y cirdule, dándosele su debida observancia.

Culiacan, Diciembre 15 de 1831.

Fernando Escudero.

J. Felipe Roncal.

secretario interino.

[1] Editado según *Constitucion Politica del Estado de Sinaloa, decretada y sancionada por su congreso constituyente el dia 12 de Diciembre de 1831. Año 1.o de la Soberanìa del Estado y dècimo de la independencia de la Nacion*, Mazatlán: Imprenta Occidental, 1871, 36p. No se conoce la versión impresa contemporánea.

El estado de Sinaloa (como el de Sonora) fue fundado en 1831 seperándose del estado de Occidente. Esta constitución quedó en vigor hasta el fin de la primera república federal en 1836. Después de la era de las repúblicas centralistas fue declarada vigente de nuevo en 1847 por el Acta constitutiva y de reformas (artículo 30), sancionada por el congreso extraordinario constituyente de los Estados-Unidos Mexicanos. La segunda constitución de Sinaloa fue publicada en 1852.

Véase nuevamente: José de Jesús Jaime Cinco Soto: *Sinaloa. Historia de las instituciones jurídicas (Serié Historia de las instituciones jurídicas de los estados de la República mexicana)*, México, D.F.: Universidad Nacional Autónoma de México / Senado de la República, 2010.

Constitución del estado de Sonora (1831)

Constitución política del Estado de Sonora[1]

Expedida el 7 de diciembre de 1831

En el nombre de Dios todopoderoso, autor y supremo Legislador de la sociedad, el Congreso del Estado libre, independiente y soberano de Sonora, en desempeño del grandioso objeto de su institución y deseoso de asegurar a sus pueblos comitentes su perpetua paz, sin la cual no pueden alcanzar, ni disfrutar la felicidad de que son susceptibles, sanciona para su gobierno interior la siguiente:

CONSTITUCION

Artículos preliminares

ART. 1. El Estado de Sonora conservará este nombre que obtuvo de la antigüedad. Es soberano, libre e independiente de los demás Estados Mexicanos y de cualesquiera nación extranjera; y como tal puede reglar conforme le sea más conveniente su gobierno interior, conservando, como federado, las bases establecidas en el Acta Constitutiva y Constitución Federal.

ART. 2. La religión del Estado, es, y lo será perpetuamente, la Católica, Apostólica Romana, única verdadera sin tolerancia de otra alguna. El Estado la protege por leyes justas y benéficas.

ART. 3. El Territorio del Estado, es, por ahora, el mismo que tiene en posesión, y comprende los Partidos de Arizpe, Moctezuma, Figueroa, Hermosillo, Horcasitas, Buenavista, Baroyeca y Alamos. Una ley que será constitucional determinará y arreglará sus límites respecto de los demás Estados colindantes.

ART. 4. El Gobierno del Estado es republicano popular y representativo federal. Para su ejercicio se divide en tres poderes: Legislativo, Ejecutivo y Judicial. La potestad Legislativa residirá en el Congreso, la Ejecutiva en el Gobierno, y la Judicial en los Tribunales.

ART. 5. La Soberanía del Estado reside en la universalidad de los ciudadanos y por representación en el Congreso. En consecuencia ningún individuo, ni ninguna reunión de sonorenses pueden atribuirse la Soberanía, ni ejercer poder y funciones públicas sin obtener delegación conforme a las leyes.

ART. 6. El Estado no reconoce títulos de nobleza y prohibe su establecimiento, así como mayorazgos y la esclavitud.

ART. 7. Todo extranjero de cualquier país del mundo que pise el territorio del Estado, está obligado a obedecer y sujetarse a las leyes, las que le protegen sus derechos de libertad, propiedad y seguridad.

CAPITULO I

De los sonorenses Sus derechos y obligaciones

ART. 8. Son legítimamente sonorenses, los nacidos en el territorio del Estado.

ART. 9. Se reputan como tales:

1. Los nacidos en los otros Estados y Territorios de la República, luego que se avecinen en éste.

2. Los americanos naturales de los otros puntos independientes de la Nación Española, tan luego como tengan un año de vecindad en el Estado.

3. Los extranjeros que casaren con sonorense y tengan la vecindad que prescribe el párrafo anterior.

4. Los extranjeros que actualmente estén casados con sonorense y avecindados en el Estado con alguna industria productiva, dando impulso a las manufacturas, ciencias o artes.

ART. 10. Los derechos civiles de los sonorenses son:

1. El de libertad, que consiste en poder hacer lo que no perjudique a los derechos de otros, y lo que permiten las leyes.

2. El de igualdad, que consiste en que la ley sea una para todos, ya premie, ya castigue.

3. El de seguridad, que resulta del concurso de todos para afianzar los derechos de cada uno, según las leyes.

4. El de propiedad, para gozar y disponer de sus bienes, de sus rentas, del fruto de su trabajo y de su industria, sin más excepciones que las prescritas por la ley.

5. El de empeñar su trabajo y sus servicios.

6. El de petición, que consiste en reclamar sus derechos ante los depositarios de la autoridad pública, haciéndolo con moderación y respeto, así como representar, sin alarma, lo que crea conveniente a la felicidad común. Una ley arreglará el uso de este derecho.

Los derechos políticos son:

1. El de sufragar en las elecciones populares.

2. El de obtener los empleos del Estado, teniendo las circunstancias que requiere esta Constitución.

De las obligaciones de los sonorenses

ART. 11. Los sonorenses tienen obligaciones generales y particulares. Las generales les corresponden como individuos de la gran familia mexicana, las cuales detallan las leyes generales. Las particulares son:

1. Obedecer la Constitución y leyes del Estado.

2. Sostener su independencia y libertad.

3. Obedecer y respetar a las autoridades legítimamente constituidas.

4. Contribuir con proporción de sus haberes para los gastos públicos del Estado.

5. Estar pronto en todo tiempo y circunstancias a servir a la Patria con sus bienes y vidas, procurando, en cuanto esté a su alcance, ser útil y benéfico a la misma.

De los ciudadanos sonorenses y causas por las cuales pierden o se suspenden sus derechos

ART. 12. Son ciudadanos sonorenses en el ejercicio de sus derechos:

1. Todos los nacidos y avecindados en el territorio del Estado que tengan veintiún años cumplidos, o diez y ocho siendo casados.

2. Los nacidos en el territorio de la República, y que gozando de los derechos de sonorenses conforme a la parte primera del artículo noveno, estén casados, o se casaren con sonorense.

3. Los americanos que expresa la parte segunda del artículo citado, que casaren con sonorense.

4. Los extranjeros que actualmente estén casados con sonorense y avecindados en el Estado.

5. Los extranjeros de que habla la parte tercera del enunciado artículo, teniendo tres años de vecindad.

6. Los extranjeros de que habla el segundo período de la parte cuarta del mismo

artículo noveno, teniendo tres años de vecindad.

7. Están comprendidos en la edad que prescribe el párrafo primero de este artículo, los individuos que se expresan en los párrafos segundo, tercero, cuarto, quinto y sexto del indicado artículo noveno.

ART. 13. El ejercicio de los derechos del ciudadano se suspende:

1. Por ebrio consuetudinario, por no ejercer oficio u ocupación honesta, o industria legal para subsistir.

2. Por perder su capital a cualquier clase de juego.

3. Por negarse al llamamiento de las autoridades, cuando sean citados, o para prestar auxilio cuando se les exija.

4. Por haber sufrido tres fallos en demandas que acrediten conducta fraudulenta.

5. Por ser ingrato a sus padres.

6. Los padres de familia que por omisión no procuren que sus hijos aprendan a leer y escribir.

7. Por incapacidad física o moral, pública y comprobada.

8. Por tener pendiente causa criminal, entendiéndose quedar suspenso, desde el momento en que el Juez levante el auto de su prisión.

9. Los sirvientes domésticos cerca de la persona a quien sirven, mientras lo sean no están en el ejercicio de los derechos de ciudadano.

10. Por separación de su legítima mujer sin la forma ordinaria que prescriben las leyes, cuando la causa culpable es notoriamente del marido.

ART. 14. Estos derechos se pierden:

1. Por deuda a la hacienda del Estado, habiendo precedido para el pago dos requerimientos por el Gobierno.

2. Por venir en quiebra de mala fe y por malversación en el manejo de los intereses ajenos.

3. Por contrabandista, o defraudador de las rentas públicas, incluyendo las municipales.

4. Por estar condenado a pena corporal por sentencia ejecutoriada.

5. Por ser infidente a la independencia y libertad del Estado, y formar o promover conmociones populares que alteren la tranquilidad pública.

6. Por intrigar, y trabajar propagando listas para obtener votos en las elecciones populares para sí, o para otras personas.

7. Por admitir comisión o condecoración de cualquier gobierno extranjero, sin conocimiento de la Federación o del Estado.

8. Por ultrajar de hecho o de palabra a las autoridades legítimamente constituidas.

9. Por pasar sin pasaporte del Gobierno a países extranjeros.

ART. 15. Sólo la Legislatura del Estado puede habilitar en el ejercicio de los derechos de ciudadano, a los que los tengan suspensos o perdidos. Se dará una ley reglamentaria constitucional para llenar el objeto de los artículos precedentes; así como para que no se abuse de la suspensión o perdición de derechos por no servir los cargos concejiles.

CAPITULO II

Del poder legislativo

ART. 16.[2] El Poder Legislativo se compondrá de once diputados electos popularmente. Se elegirá igual número de suplentes sea cual fuere la población del Estado, y conservará el número de representantes que señala este artículo hasta llegado el tiempo de las reformas a esta Constitución.

ART. 17. Para ser diputado, se requiere ser ciudadano en el ejercicio de sus derechos; mayor de veinticinco años; natural del Estado o tener en él tres años de vecindad siendo hijo de la República. Igual vecindad requiere a los naturales de las otras Repúblicas sustraídas de la dominación española, estando casados con mexicanas.

ART. 18. No pueden ser diputados:

1. Los empleados de la Federación, ni del Estado en el ramo de hacienda, cuya responsabilidad esté asegurada con fianzas.
2. Los eclesiásticos regulares.
3. El Gobernador, Vicegobernador, Ministros de la Corte de Justicia, los Secretarios de la Cámara y el Gobierno, así como los que exceptúa la parte sexta del artículo 23 de la Constitución General.

ART. 19. Para ser diputados los funcionarios y empleados de que hablan los artículos precedentes, deberán haber cesado en sus destinos tres meses antes de la elección.

ART. 20. Los diputados durante su misión, no obtendrán empleo alguno de nombramiento del Gobierno. Se exceptuarán los que les correspondan por escala. Tampoco podrán acercarse a él a negocios propios, ni ajenos sin previo permiso del Congreso. Los diputados no pueden servir de apoderados, ni agentes públicos en asuntos que tengan dependencia con los Poderes Ejecutivo y Judicial.

ART. 21. Una ley particular que dará cada Congreso antes de cesar en sus funciones, señalará las dietas y viáticos que deben disfrutar los Diputados del siguiente.

De la celebración del congreso sus funciones económicas y prerrogativas de sus miembros

ART. 22. Cada dos años, el día primero de abril se instalará el Congreso en la Capital del Estado. Mientras no esté decretado cuál sea ésta se reputará por tal el lugar donde residan los Poderes.

ART. 23. El Congreso antes de cerrar sus sesiones nombrará cuatro individuos de su seno que compondrán la Comisión Permanente. El primero será Presidente y el tercero servirá de Secretario, quedando el último de suplente.

ART. 24. Cinco días antes de la celebración del Congreso se presentarán los Diputados nuevamente nombrados, con sus credenciales, al Presidente de la Comisión Permanente y, éste hará tomar razón de cada una de ellas; y tres días antes de la instalación, se hará la primera junta preparatoria, que se compondrá de la Comisión Permanente y los nuevos Diputados. El Presidente nombrará una comisión de tres individuos que examinarán la legitimidad de las credenciales presentadas. Igual nombramiento se hará para el examen de las de los tres primeros. Al día siguiente darán cuenta, estas comisiones, con. lo que hayan acordado. Cualquier duda que ocurra la decidirá la misma junta a pluralidad absoluta de votos.

ART. 25. El día señalado para la instalación del Congreso, se reunirán los nuevos Diputados y la Comisión Permanente en el Salón de Sesiones, dirigiéndose desde él a la Parroquia en donde se celebrará una misa solemne de Espíritu Santo y vueltos al mismo Salón, tomarán sus asientos, y el Presidente interrogará por medio del Secretario, a los Diputados que han de componer el nuevo Congreso, el juramento siguiente:

¿Juráis por Dios y los Santos Evangelios, guardar y hacer guardar religiosamente la Constitución General de la República Mexicana, y la particular de este Estado, sancionada por su Congreso Constituyente, y haberos fielmente en el encargo que el mismo Estado os ha encomendado, mirando en todo por su bien y prosperidad?

Responderá cada uno: Sí, juro.

ART. 26. Concluido este acto, los nuevos Diputados elegirán de entre ellos mismos un Presidente, un Vicepresidente, dos Secretarios, un suplente de éstos; y tomando sus respectivos asientos declarará el Presidente, hallarse el Congreso legítimamente instalado, con lo que quedará terminado el acto, y las funciones de la Comisión Permanente.

ART. 27. El Gobernador, o quien haga sus veces, concurrirá al abrirse las sesiones y dará cuenta breve y compendiosamente del estado actual en que se hallan los ramos de la Administración Pública y en el sexto día de instalado el Congreso, presentará por medio de su Secretario una memoria contraída a manifestar los atrasos o adelantos que en ella se adviertan y las reformas que crea necesarias.

ART. 28. El Congreso podrá variar de residencia cuando así lo acuerden siete Diputados de los que lo componen.

ART. 29. El Congreso formará su Reglamento Interior y en el ínterin estará vigente el que rige. El día dos de abril, comenzará sus sesiones, que serán diarias a excepción de los días festivos, no debiendo pasar de noventa, a menos que lo acuerde el Congreso o lo pida el Gobierno con el carácter de extraordinarias, pudiéndose tratar en ellas, además del asunto que motivó la convocación, los demás negocios de gravedad que ocurran.

ART. 30. Si reunido el Congreso a sesiones extraordinarias, no hubiere concluido con los objetos de su convocación a tiempo de llegar el período de las ordinarias, como en las extraordinarias, no podrá abrir ni continuar sus sesiones sin la concurrencia a lo menos, de seis Diputados.

ART. 31. Los miembros del Congreso, durante el tiempo de su misión y seis meses después, gozarán de inmunidad en sus personas y en sus bienes, excepto en las causas criminales, en la que para ser juzgados precederá declaración del Congreso de haber lugar a la formación de causa; y no serán requeridos, ni enjuiciados por las opiniones que hayan vertido en desempeño de sus funciones.

ART. 32. El Congreso en el edificio de sus sesiones; goza el derecho exclusivo de polícia en todo lo que conduzca al libre ejercicio de sus atribuciones.

ART. 33. En las causas criminales de los diputados o funcionarios, se constituirá el Congreso en Gran Jurado y no habrá lugar a la formación de causa, si no es que las dos terceras partes de los diputados presentes, votan por la afirmativa.

ART. 34. El modo y términos de formar el expediente sobre que deba recaer la declaración de si ha o no lugar a la formación de causa, tanto a los diputados como a los demás funcionarios, lo determinará un reglamento particular.

ART. 35. Declarada la formación de causa, el diputado o funcionario de que habla el artículo anterior, será entregado por conducto del Gobierno, al Tribunal que corresponda, con testimonio del expediente que motivó su fallo, quedando suspenso de su empleo, y si resulta vindicado, volverá a su destino.

De las atribuciones del congreso

ART. 36. Pertenece exclusivamente al Congreso:

1. Establecer los gastos públicos del Estado, previo examen de los presupuestos que presente el Gobierno.
2. Decretar las contribuciones necesarias para cubrirlos, cuando así lo demande la escasez de las rentas del Estado y dictar los reglamentos convenientes para la administración y aumento de éstas, variándolas cuando lo juzgue necesario.
3. Crear los empleos públicos o suprimirlos y señalar sus dotaciones, disminuirlas o aumentarlas.

4. Hacer el nombramiento de los funcionarios que en su lugar se expresan en esta Constitución, cuya elección se reserva el Congreso; calificar los nombramientos del Gobernador, Vicegobernador y Consejero de elección popular.

5. Promover la prosperidad común, procurando el fomento de la agricultura, el comercio, la industria y artes; así como el de los establecimientos útiles y la mejora de la educación pública en el Estado.

6. Dictar reglas de colonización, conforme a las leyes generales de la Federación.

7. Proteger la libertad política de la imprenta, dictando leyes que corrijan sus abusos.

8. Contraer deudas sobre el crédito público de las rentas del Estado, cuando lo exijan las circunstancias.

9. Aprobar o reprobar cada año las cuentas de los caudales públicos del Estado, previa la glosa y examen que de ellas se hagan y mandar exigir irremisiblemente, en su caso, a quien corresponda, la responsabilidad que de las mismas resulte.

10. Aprobar o reprobar, previo informe del Gobierno, aranceles de cualquier clase; los reglamentos interiores de los Tribunales; los arbitrios para obras públicas de beneficencia, utilidad y ornato; y las ordenanzas municipales que formen los Ayuntamientos.

11. Calificar las excusas que para servir sus destinos expongan los Diputados, Gobernador y Vicegobernador y Consejero.

12. Conceder amnistía e indultos generales o particulares, en los delitos del conocimiento de los Tribunales del Estado, cuando lo exija algún gran motivo de conveniencia pública. Para estos casos se requiere el voto de las dos terceras partes de los diputados presentes.

13. Conceder premios personales y declarar beneméritos a los que hayan hecho servicios distinguidos al Estado o declarar honores públicos a la memoria de los mismos.

14. Arreglar, dividir, aumentar y suprimir los Partidos de que se compone el Estado, creando, cuando lo juzgue conveniente, departamentos o cantones como mejor convenga a la administración pública del mismo.

15. Dictar leyes y reglamentos para establecer el gobierno interior de los pueblos de indígenas, de la manera más análoga y conveniente a su situación, circunstancias y costumbres; arreglar los límites de sus terrenos y dictar cuanto se crea conducente a terminar sus diferencias.

16. Formar los Códigos Civil y Criminal del Estado.

17. Velar sobre la conservación de los derechos civiles y políticos de los habitantes del Estado.

18. Cuidar de la enseñanza y educación de la juventud, decretando establecimientos de escuelas de primeras letras, donde convenga, y el de los colegios o institutos literarios, cuando lo permitan las circunstancias del Estado.

19. Recibir por medio de los Diputados Secretarios, en sesión pública, al Gobernador, Vicegobernador, Consejero y Ministros del Supremo Tribunal de Justicia, el juramento que deben otorgar antes de entrar en el ejercicio de sus destinos.

20. Decretar, interpretar, derogar, modificar, emprender y aclarar, con arreglo a esta Constitución, y a la General de la Federación, las leyes relativas a la administración interior del Estado en todos sus ramos.

21. Representar a las Cámaras de la Unión, sobre las leyes y decretos que se opongan o perjudiquen a los intereses del Estado.

22. Finalmente, corresponde al Congreso, ejercer todas las funciones legislativas que convengan al bien y seguridad del Estado, en todo lo que no contraríen la Acta Constitutiva y la Constitución de la Unión.

De las atribuciones de la comisión permanente

ART. 37. Son atribuciones de la Comisión Permanente:

1. Velar sobre la observancia de la Constitución General y la particular del Estado, dando cuenta al Congreso de las infracciones que haya notado.

2. Recibir las credenciales de los Diputados nombrados para la renovación del Congreso, procediendo a su examen del modo que se establece en el artículo 24 de esta Constitución; así como los testimonios de los actos, que se le remitan por la Junta General.

3. Dictar las providencias convenientes a fin de que comparezcan los Diputados que falten para completar el número con que debe declararse instalado el Congreso.

4. Convocar a sesiones extraordinarias, de acuerdo con el Gobierno, cuando las circunstancias así lo exijan.

CAPITULO III

Del poder ejecutivo del Gobernador y Vicegobernador

ART. 38. El Poder Ejecutivo del Estado se ejercerá por un Gobernador. Habrá también un Vicegobernador que suplirá las faltas de éste y, en su caso, tendrá las mismas facultades.

ART. 39. Para ser Gobernador o Vicegobernador, se requiere ser ciudadano en el ejercicio de sus derechos; haber nacido en el país de la Federación; tener la edad de treinta años cumplidos y no siendo sonorense, cinco años de vecindad no interrumpida, en el Estado.

ART. 40. Los nombramientos de Gobernador y Vicegobernador se servirán de preferencia en el Estado. Su tratamiento de oficio será de Excelencia. No pueden serlos los eclesiásticos, los militares que estén en actual servicio y los que señala el artículo 23 de la Constitución General, en su parte sexta.

ART. 41. El Gobernador y Vicegobernador entrarán a servir sus destinos el día primero de mayo y en igual día, a los cuatro años, deben cesar en sus funciones, reemplazados por los nuevamente electos constitucionalmente. Si por circunstancias extraordinarias, esto no se verificare en las fechas expresadas, siempre cesarán los antiguos y el Congreso nombrará, provisionalmente, quien desempeñe estos destinos, mientras se presentan los propietarios. En los demás casos que aquí no se expresan, proverá también el Congreso.

ART. 42. El Gobernador durante el tiempo de su ejercicio, sólo podrá ser acusado ante el Congreso por delitos de traición contra la libertad, independencia nacional o forma establecida de gobierno; por impedir las elecciones de Gobernador, Vicegobernador, Consejero y Diputados; o que éstos se presenten a servir sus destinos o que ejerzan sus oficios por infracción de la Constitución, cohecho y crímenes atroces. Una ley designará qué se entiende por crímenes atroces.

ART. 43. De cualquier otro delito que haya cometido en el tiempo de su empleo podrá acusársele dentro de seis meses contados desde el día en que cesare de su destino; pasado dicho término no habrá lugar a ninguna acusación.

De las atribuciones del gobernador

ART. 44. Son atribuciones del Gobernador:

1. Publicar, ejecutar y hacer que se cumplan y ejecuten todas las leyes y decretos de la Federación y las del Estado.

2. Conservar la tranquilidad y orden interior del Estado, y su seguridad exterior.

3. Formar reglamentos para expeditar la administración pública y el exacto cumplimiento de las leyes y cuidar de que se administre pronta y cumplida justicia auxiliando a los Tribunales cuando las circunstancias así lo exijan, pudiendo acusar ante el Congreso a los primeros funcionarios de este Poder por infracciones o morosidad en su ejercicio.

4. Proveer todos los empleos del Estado en la forma que demarquen las leyes, haciendo los nombramientos de Hacienda a propuesta del Tesorero General y los demás por la del Consejo. No pasarán estas propuestas de dos individuos y el Gobierno podrá devolverlas cuando notare en ellas falta de requisitos legales.

5. Dirigir como jefe supremo de hacienda su administración, decretando la inversión de caudales con arreglo a las leyes.

6. Disponer de la Milicia Cívica del Estado, como su primer Jefe, para la conservación de la tranquilidad pública, seguridad del mismo Estado y demás objetos de su institución. Al efecto le toca nombrar, suspender y remover a sus jefes y oficiales subalternos.

7. Nombrar Secretario del Despacho y separarlo libremente cuando lo crea necesario.

8. Presentar anualmente al Congreso, para su aprobación, el presupuesto de los gastos del Estado.

9. Suspender y aun privar del todo o de la mitad de sus sueldos, a los empleados de Hacienda, pasando los antecedentes que tengan y a los suspendidos al Tribunal que corresponda, para que se les forme la respectiva causa, conforme a las leyes.

10. Imponer multas a sus subalternos de nombramiento popular, cuando se nieguen a cumplir con los encargos que les confiera el pueblo, o cuando no cumplan con sus órdenes o abusen de ellas, pudiendo, asimismo, suspenderlos por estas causas, poniéndolos, con los antecedentes de sus faltas, a disposición del Tribunal competente para que se les siga la causa que corresponda con arreglo a las leyes.

11. Cuidar de que las elecciones populares se hagan al tiempo establecido por la ley.

12. Ejercer la exclusiva y presentar para los beneficios eclesiásticos del Estado, conforme a las leyes.

13. Pedir ante el Gran Jurado de las Cámaras Generales, se exija responsabilidad a los Secretarios del Gobierno Federal, en caso de que comuniquen alguna orden contraria a la Constitución del Estado.

14. Ejercer el derecho de iniciativa al Congreso del Estado.

15. En casos de revolución interior, que turbe la tranquilidad y amenace la seguridad del Estado, así como en invasiones exteriores repentinas, de acuerdo con su Consejo y la Comisión Permanente, si el Congreso no estuviere reunido, tomará las providencias que crea necesarias.

16. Hacer observaciones con acuerdo de su Consejo, por sólo una vez y en el término de diez días, a las leyes y decretos que dicte el Congreso del Estado.

17. Cuando circunstancias extraordinarias exijan su presencia en algunos pueblos del Estado, podrá concurrir a ellos, previo acuerdo del Congreso y en receso de éste, de la Diputación Permanente.

18. Visitar por sí, o comisionando especialmente a la persona que tuviere a bien, cualquiera Oficina de Hacienda y las de los Ayuntamientos, por circunstancias que así lo requieran.

19. Aprobar o reprobar las elecciones populares de Ayuntamientos, Jueces de Paz y suplentes de éstos con arreglo a las leyes.

20. Conceder licencias a los funcionarios que sean del ramo del Poder Ejecutivo y a los individuos de los Ayuntamientos.

21. El Gobierno resolverá gubernativamente las quejas que se interpongan por

providencias económicas contra los Ayuntamientos y los demás empleados del resorte de su poder.

De las restricciones del gobernador

ART. 45. No puede el Gobernador:

1. Ocupar la propiedad de ningún particular, ni corporación; pero, cuando por causa de necesidad o utilidad pública de algún pueblo o del Estado, fuere necesario tomar la propiedad de un particular, podrá el Gobierno hacerlo, en estos dos casos, con la condición de indemnizar primero al propietario, con su justo precio, a bien vista de dos hombres buenos e imparciales.

2. No puede el Gobernador arrestar a persona alguna si no es en los casos siguientes:

I. Cuando la tranquilidad y seguridad del Estado lo exijan, así como en alguna conmoción particular de algún pueblo.

II. Cuando se le falte al respeto y decoro debido a su dignidad, poniendo, en ambos casos, al arrestado, dentro de sesenta horas, a disposición del Tribunal o Juez competente.

3. No puede el Gobernador salir del territorio del Estado sin permiso expreso del Congreso, hasta después de seis meses de haber terminado sus funciones.

Del secretario de gobierno

ART. 46. Habrá un Secretario de Gobierno para el despacho de los negocios de la administración pública del Estado, con dotación competente, y, para serlo, se requiere el ejercicio de los derechos de ciudadano; edad de veinticinco años; nacimiento en el territorio de la República y la aptitud y virtudes necesarias, a juicio del Ejecutivo.

ART. 47. El Secretario autorizará la firma del Gobernador, sin cuyo requisito no será obedecida, siendo responsable por lo que autorice contra las leyes, de lo que podría ser acusado por cualquier ciudadano. Jamás exigirá interés alguno a los que giren negocios ante el Poder Ejecutivo.

ART. 48. El Secretario es jefe de la oficina del despacho y cada tres meses dará, al público, un estado simplificado de los negocios despachados por el Gobierno, a excepción de los que han tenido el carácter de reservados.

Del consejo de gobierno

ART. 49. Este cuerpo se compondrá del Vicegobernador, un individuo de nombramiento particular y el Tesorero General. Lo presidirá el primero y en su falta el segundo. Al Congreso toca nombrar quienes sustituyan las faltas de estos funcionarios, ya sean temporales o absolutas.

ART. 50. El deber del Consejo se ceñirá a consultar en todos los asuntos que el Gobierno pida su dictamen. Sus sesiones serán públicas y tendrá secretas cuando el asunto lo demande. El Consejo se reunirá en el Palacio de Gobierno, cuando éste le exija consulta verbal. El Gobernador lo presidirá sin voto y ni en éste ni en ningún otro caso, estará obligado a seguir el dictamen que se le consulte.

ART. 51. El Consejo llevará un registro de todos los dictámenes que emita al Gobierno. Tendrá un oficial escribiente con este objeto y formará su Reglamento Interior que para su aprobación dirigirá al Congreso por conducto del Gobierno.

ART. 52. Es atribución del Consejo, proponer individuos para las provisiones de empleos del Poder Judicial que señala esta Constitución, o en lo sucesivo señalaren las leyes, y es responsable de los dictámenes que emita por escrito contradictorios a las Constituciones y Leyes de la Unión y del Estado.

ART. 53. La renovación del Consejero de nombramiento popular, se verificará al tiempo que la del Gobernador y su elección será del modo que se expresa en su lugar.

ART. 54. A las sesiones del Consejo asistirá el Secretario de Gobierno, cuando éste lo juzgare conveniente para ilustrar las materias que se discutan.

CAPITULO IV

Del gobierno económico de los pueblos

ART. 55. A los Ayuntamientos toca el gobierno económico, político e interior de los pueblos donde convenga que los haya. Estas corporaciones se compondrán de Jueces de Paz, Regidores y Síndicos, electos popularmente. Su número, organización y atribuciones serán los objetos de una ley.

ART. 56. En los Pueblos donde no haya Ayuntamiento, habrá un Juez de Paz, un suplente de éste y un Síndico Procurador, y en las Haciendas y Rancherías, un Celador de Policía. La organización y atribuciones, de estas autoridades, se designarán por una ley.

ART. 57. La recaudación y administración de los fondos municipales de los Ayuntamientos, se encargará a un ciudadano nombrado por el Gobierno, previa la propuesta de los mismos Ayuntamientos. Dicho empleado dependerá del Gobierno, como lo demás de Hacienda. Una ley reglamentará este ramo.

ART. 58. Para ser vocal de los Ayuntamientos se requiere ser ciudadano en el ejercicio de sus derechos; mayor de veinticinco años; saber leer y escribir y tener una propiedad o industria que le facilite la subsistencia.

ART. 59. Para el establecimiento de las autoridades locales en los pueblos indígenas, el Congreso se arreglará a sus circunstancias, exceptuándolas, si conviniese, de alguna o algunas de las bases que se prescriben en los artículos precedentes.

CAPITULO V

Del poder judicial en el estado de la justicia en general

ART. 60. Ejercerán el Poder Judicial los Tribunales y Jueces establecidos o que en adelante se establecieren. Una ley fijará el orden de los trámites y procedimientos judiciales.

ART. 61. Todos los asuntos judiciales del Estado, se terminarán hasta su último recurso dentro de su comprensión. Ningún negocio tendrá más de tres instancias y otras tantas sentencias. Las leyes determinarán cuál sea ejecutoria, según su naturaleza, y después sólo queda el recurso de nulidad.

ART. 62. La dilación de los juicios y la inobservancia de las leyes en los trámites del proceso, hacen responsables a los jueces que incurran en ellas por malicia o ignorancia.

ART. 63. Nadie puede ser juzgado por comisión, ni por leyes posteriores, sino precisamente por tribunale establecidos y disposiciones anteriores a el acto porque se le juzga.

ART. 64. El arrestado o detenido, no pasará de sesenta horas, dentro de éstas se le notificará su prisión o se le dará libre. Para estos actos, el juez que lo determine dará una boleta que contenga la fecha y hora en que se verifica.

ART. 65. Para ser bien preso el detenido, procederá información del hecho, el que se le notificará por un auto al reo, antes de cumplirse las sesenta horas.

ART. 66. A ningún preso o detenido, podrá privársele de la comunicación, si no es en los casos en que el juez lo prevenga, no debiendo pasar, esta prohibición, de ocho días naturales.

ART. 67. Las casas de los ciudadanos no podrán ser allanadas, si no es en los casos que designan las leyes.

ART. 68. Todo delito tendrá su efecto sobre quien lo cometa y por ningún caso será trascendental a otra persona, ni por él habrá confiscación de bienes, si no es en la parte que corresponda por hacer el pago, si por aquel fuese acusado o condenado de responsabilidad pecuniaria.

ART. 69. No se admitirá juicio escrito en causa civil o criminal sobre injurias, sin preceder primero el de conciliación, o el haber intentado practicarlo.

ART. 70. En cualquier estado que esté un asunto, las partes podrán terminarlo por medio de jueces árbitros, nombrados por ellas mismas.

ART. 71. No se admitirá fianza alguna por ningún preso procesado criminalmente que merezca pena corporal y en cualquier estado que el Juez advierta que no puede aplicarse, al preso, dicha pena, se pondrá en libertad con fianza.

ART. 72. Los Tribunales y Jueces, bien para aprehender a los reos, o para arrestarlo, usarán de la fuerza necesaria, en caso de resistencia o cuando fundadamente se tema la fuga de aquéllos.

ART. 73. Por infracciones de Constitución, el soborno, cohecho y prevaricato, cualquiera puede acusar a los Jueces que los cometan.

ART. 74. Los Jueces y Magistrados no pueden interpretar ni suspender la ejecución de las leyes y sí, sólo aplicarlas en los casos que ocurran y se deduzcan en su Juzgado. En estos casos se administrará la justicia en nombre del Estado.

De las conciliaciones y demandas verbales

ART. 75. Las conciliaciones y demandas verbales se practicarán ante los Jueces de Paz, los suplentes de éstos y los Celadores de Policía. La cantidad y forma a que deban sujetarse se designarán por las leyes y conforme, a éstas, aplicarán las penas correccionales que sin recurso y gubernativamente deben imponer.

De los juzgados de primera instancia

ART. 76. Habrá Jueces de Primera Instancia, donde sea conveniente su establecimiento. En estos tribunales, se deposita el conocimiento de los juicios contenciosos en lo civil y criminal. Su nombramiento será por el Gobierno con dotación de las rentas.

ART. 77. Los Juzgados de Primera Instancia, tendrán un Asesor General nombrado por el Gobierno, para que consulte, en todos los casos que crea necesario, siendo responsable por los dictámenes que emita contrarios a la Constitución y las leyes.

Del tribunal supremo de justicia

ART. 78. En la capital del Estado, habrá un Tribunal Supremo de Justicia, dividido en tres Salas, compuesta cada una de ellas del Magistrado o Magistrados que designare el Reglamento Especial de Tribunales que se dé y en el que se designarán asimismo, sus atribuciones. Dicho Tribunal, tendrá un Fiscal que despachará indistintamente todos los asuntos de las tres Salas y así, éste, como los Ministros serán dotados de las rentas del Estado.

ART. 79. El Tribunal Supremo de Justicia, conocerá, respectivamente, en primera, segunda y tercera instancia en todas las causas que se le presenten. En las de los Diputados, Gobernador, Vicegobernador, Consejero, Tesorero General, Secretario de Gobierno y Jueces de Primera Instancia, será previa declaración del Congreso de haber lugar a formación de causa.

ART. 80. Para juzgar a los Ministros y al Fiscal del Tribunal Supremo de Justicia, así en los delitos comunes, como por faltas de oficio, nombrará el Congreso, en los primeros ocho días de su renovación periódica, diez ciudadanos mayores de treinta años y de probidad conocida. El Congreso sorteará de entre estos individuos tres Jueces y un Fiscal para que formen la Primera Sala cuando sea necesario; del mismo modo se sortearán otros tres para la Segunda, quedando los tres restantes para componer a la Tercera. En todas las Salas consultará el Fiscal.

CAPITULO VI

De la elección de diputados, gobernador, vicegobernador y consejero

ART. 81. La elección de Diputados se hará por medio de Juntas Electorales Primarias, de Partido y una General. Las Primarias se celebrarán en todos los pueblos del Estado; las de Partido, en las Cabeceras de éstos; y la General en la Capital.

ART. 82. Cada bienio, el último domingo del mes de enero del año en que ha de renovarse el Congreso, se celebrarán las Juntas Primarias. Quince días antes, la primera autoridad local de cada pueblo, hará publicar la noticia de la elección, señalando el día en que se ha de celebrar la Junta y, además, fijará en los parajes más públicos rotulones que contengan el mismo aviso.

ART. 83. Estas Juntas, las compondrán los ciudadanos que estén en el ejercicio de sus derechos, vecinos y residentes en el pueblo respectivo. Es un deber concurrir a ellas y nadie debe excusarse sin justa causa. Por cada quinientas almas se nombrará un elector primario. Si algún pueblo no tuviese este número, elegirá, no obstante, un elector. Las Haciendas y Ranchos concurrirán a la elección del Pueblo a donde correspondan.

ART. 84. La Presidencia de las Juntas Primarias, toca al Juez de Paz, primer nombrado, en su defecto al segundo y a falta de ambos a los Regidores en turno. En los pueblos donde no haya Ayuntamientos, suplirá la falta del Juez de Paz, el Síndico o el suplente del primero.

ART. 85. Reunidos los ciudadanos el día señalado para la Junta en las casas consistoriales o en el lugar que sea de costumbre, nombrarán, públicamente, a pluralidad absoluta de votos, de entre los presentes, dos escrutadores y un secretario. Luego se procederá a nombrar el número de electores primarios que corresponda. El Presidente sufragará primero, después los Escrutadores y el Secretario y en seguida los ciudadanos concurrentes. La votación se hará acercándose a la Mesa y diciendo en voz baja, pero de modo que lo perciban el Presidente y Escrutadores, los nombres de los votados.

ART. 86. Cada ciudadano nombrará tantos electores primarios cuantos correspondan a la población a que pertenece la Junta. El Secretario llevará una lista nominal de los votantes y votados, auxiliando, para esto, los Escrutadores. Los ciudadanos que sepan leer y escribir pueden presentar una lista firmada por ellos, donde se contengan los nombres y apellidos de los que quieran elegir. Serán electores primarios los que hayan reunido el mayor número de votos y en caso de empate decidirá la suerte.

ART. 87. Concluida la votación, se hará la regulación de sufragios por los Escrutadores y el Secretario, a vista del Presidente, formándose una lista que se publicará en el acto y se fijará en los parajes más públicos, firmada por el Presidente y el Secretario.

ART. 88. En un libro destinado para la autenticidad de las juntas electorales, se escribirá el acta, expresándose pormenor de los votos que sacó cada elector y los que sacaron los demás ciudadanos. Esta acta se firmará por el Presidente, los Escrutadores y el Secretario, y se remitirá copia autorizada por el primero y el último, al Juez de Paz a la cabecera del Partido a que pertenece. A cada lector se le pondrá una nota de aviso que le servirá de credencial, firmada por el Presidente y el Secretario.

ART. 89. Para ser elector primario se requiere ser ciudadano en el ejercicio de sus derechos; mayor de veinticinco años; con vecindad a lo menos de un año en el pueblo de su nombramiento y saber leer y escribir.

ART. 90. Estas Juntas y las demás electorales, se celebrarán a puerta abierta; no habrá en ellas guardia y nadie se presentará con armas.

ART. 91. Si se suscitase duda en las Juntas Primarias sobre que alguno no debe votar o ser votado, se oirá lo que en el acto exponga de palabra el que dé la queja y el tachado y la Junta resolverá inmediatamente sobre ello. Estas resoluciones se ejecutarán sin recurso por aquella vez, lo mismo se hará, si absuelto el tachado, se quejare de calumnia. Si en estas resoluciones hubiere empate, quedará libre el acusado. Los electores, desde su nombramiento, hasta ocho días después de cumplido el objeto de él, no podrán ser demandados, detenidos, ni presos, sino por causa criminal que merezca pena corporal.

De las juntas electorales de partido

ART. 92. Estas Juntas serán compuestas de los electores primarios reunidos en la cabecera del Partido, para hacer en ella la elección de los que en la Capital han de elegir a los Diputados, Gobernador, Vicegobernador y Consejero de nombramiento popular, e individuos que hagan, a su tiempo, la elección de Representantes al Congreso General. Su celebración será quince días después de verificadas las Juntas Primarias.

ART. 93. Los electores de quienes habla el artículo anterior, se presentarán con su credencial a lo menos tres días antes del señalado para celebrarse la Junta de Partido, al Primer Juez de Paz, o el que haga sus veces, quien hará escribir los nombres de los electores y sus respectivos pueblos, en un libro destinado al efecto.

ART. 94. Dos días antes al de la elección, se reunirán los electores con el Presidente, en el lugar acostumbrado y nombrarán, de entre ellos mismos, a pluralidad de votos, a un Secretario y dos Escrutadores. En seguida presentarán sus credenciales que serán examinadas con vista de las actas de su nombramiento, por el Secretario y Escrutadores. Las de éstos se examinarán por tres individuos de la Junta nombrados por el Presidente. Unos y otros informarán al día siguiente de estar o no arregladas y, allanándose algún reparo, la Junta resolverá en el acto y su resolución se ejecutará sin recurso.

ART. 95. El día y hora señalados para la elección, reunidos los electores, tomarán sus asientos sin preferencia. Leerá el Secretario todos los artículos que están bajo este rubro y concluido este acto, el Presidente hará esta pregunta:

¿Alguno tiene que exponer queja por cohecho, soborno, o intriga para que la elección que se va a hacer recaiga en determinadas personas?

Y habiéndola, se hará pública justificación verbal en el mismo acto. Resultando cierta la acusación, serán privados los reos de voz activa y pasiva. Los calumniadores sufrirán la misma pena, y de este juicio no habrá apelación.

ART. 96. Cada Junta Electoral de Partido, nombrará dos electores para la Junta general. El Presidente se abstendrá de hacer indicaciones para que la elección recaiga en determinadas personas.

ART. 97. La votación, en su caso, se hará en los mismos términos que para las Juntas Primarias. Se observarán, también en estas juntas, respectivamente, las mismas resoluciones que comprenden los artículos 87, 88, 90 y 91, remitiendo la copia autorizada, que allá se expresa, al Presidente de la Junta general.

De las juntas generales

ART. 98. Estas se celebrarán en la Capital del Estado, el último domingo del mes de febrero del año en que se ha de renovar el Congreso. Las compondrán los electores generales que concurrirán con este fin a ella, tres días antes del señalado. Su presidente será el del Consejo y se observarán, en dicha junta, las formalidades que prescriben los artículos 90, 93, 94, 95 y la segunda parte del 96.

ART. 99. Reunidos los electores el día señalado para la elección, en presencia de un crucifijo, poniendo las manos sobre los Santos Evangelios, el Presidente interrogará en común a los electores este juramento:

¿Juráis por Dios y los Santos Evangelios, nombrar para Diputados al Congreso particular del Estado, a aquellos ciudadanos que en vuestro concepto o en el del público sean hombres de instrucción, de juicio y de probidad, adictos a la independencia de la Nación y a su forma de Gobierno?

Y responderá, cada uno, sí, juro.

En seguida se procederá a la elección por escrutinio secreto, mediante cédulas en que constará el sufragio que se dé de uno a uno, hasta concluir con los once diputados propietarios y luego con los once suplentes. Serán diputados los que reúnan la mayoría absoltua y si esto no sucediese en el primer escrutinio, entrarán en segunda votación los que hayan tenido mayor número de votos y quedará electo el que reúna la mayoría absoluta. En los casos de que varios se compitan con mayoría respectiva, se dirigirán las votaciones a reducir los competidores a uno para que éste entre en escrutinio con el que haya tenido mayor número de votos; de los cuales quedará electo el que de los dos reúna la mayoría absoluta. En los empates se repite la votación y si los hay de segunda vez, decidirá la suerte.

ART. 100. Se remitirá al siguiente día testimonio de el acta autorizada por el Presidente y Secretario de la Junta a la Diputación Permanente. Igual remisión se hará a cada uno de los diputados y suplentes con el correspondiente oficio – bajo pliego certificado si estuviere fuera de la Capital – para que le sirva de credencial.

ART. 101. El Presidente de la Junta remitirá oficialmente al Gobernador del Estado, una lista nominal en que consten los electos.

ART. 102. Un día después de esta elección, se reunirá la enunciada Junta y arreglándose a lo que se previene para la elección de Diputados, nombrará un Gobernador, un Vicegobernador y un Consejero. El acta que acredite este paso, se remitirá, en copia autorizada, a la Diputación Permanente.

ART. 103. Del mismo modo y en el mismo día, elegirá la expresada Junta ocho individuos, que reunidos en la Capital del Estado, en el tiempo que designa la Constitución General, nombren los Diputados que correspondan al Congreso de la Unión. Una ley reglamentará el modo de hacer esta elección.

ART. 104. Las Juntas de Partido y Generales, se celebrarán, por lo menos, con la mitad y uno más de los individuos de que han de componerse.

CAPITULO VII

De la hacienda del estado

ART. 105. La Hacienda del Estado se compone de sus rentas actuales. El Congreso, con vista del presupuesto de gastos que debe reportar y de los ingresos que hagan su masa, establecerá las contribuciones que crea convenientes o modificará las ya establecidas.

ART. 106. Habrá una Tesorería General en la Capital del Estado, cuya oficina tendrá el conocimiento de todos los ramos de hacienda en lo directivo y económico. Sus plazas serán servidas por los empleados que establece el Decreto número 24, de cinco de agosto del corriente año, a no ser que por circunstancias se juzgue necesaria alguna variación.

ART. 107. Al Tesorero toca hacer los pagos que el Gobierno le prevenga, de conformidad con las leyes y ninguna cantidad será bien pagada fuera de este orden, a menos de preceder segunda prevención. En este caso, será responsable el Gobierno.

ART. 108. Ninguna cuenta sobre el ramo de hacienda, quedará pendiente tres meses después del año a que pertenece. En este mismo término, por conducto del Gobierno, el Tesorero la remitirá al Congreso para su aprobación.

ART. 109. Toda cuenta líquida con la Hacienda del Estado, causa ejecutoria. Son responsables los Jueces, que por morosidad u otra causa injusta, no cumplan con su deber en estos casos.

ART. 110. Los empleados de quienes habla el artículo 106, tendrán una dotación fija y afianzarán su manejo con arreglo a las leyes. La malversación en los empleados de Hacienda, produce acción común y cualquiera del pueblo puede acusarlos ante los Tribunales.

ART. 111. La Hacienda del Estado, sucede en cualquiera especie de bienes intestados que se hallen sin herederos legítimos por ambas líneas, después de esta plena justificación.

CAPITULO VIII

De la milicia local

ART. 112. Los ciudadanos llamados por la ley, son los que componen la fuerza de la Milicia llamada local o cívica. Una ley, con presencia de las generales de la Unión y las circunstancias del Estado, arreglará su servicio del modo que sea menos gravoso a sus habitantes.

CAPITULO IX

De la instrucción pública

ART. 113. Para la instrucción de la juventud en el Estado, formará el Consejo un plan que detallará los establecimientos y sistema que en este ramo debe adoptarse. Al Congreso toca aprobarlo y dictar medios para las fundaciones, y el Gobierno hará que, a más de la instrucción en las máximas religiosas y morales, se den también a los niños, los conocimientos de que sean capaces en lo civil y político.

CAPITULO X

De la formación, sanción y promulgación de las leyes

ART. 114. La iniciativa de las leyes, las discusiones y demás trámites relativos a su formación, se prescribirán en el Reglamento Interior del Congreso; pero ningún proyecto de ley se discutirá si no estuviesen presentes, a lo menos, siete diputados. Para su aprobación o reprobación, se necesita la pluralidad absoluta de los votos de los Diputados presentes.

ART. 115. Las leyes se forman, derogan o interpretan con las mismas formalidades con que se establecen.

ART. 116. Cuando el Gobierno hiciese observaciones a alguna ley y a resultas de la discusión que sufra se accediese a aquéllas, se tendrá por desechada la ley en todo o en la parte a que las observaciones se contraigan, volviendo a la comisión para su reforma y si se ratificase, se volverá al Gobierno para que la publique.

ART. 117. Cuando por circunstancias extraordinarias las dos terceras partes de votos de los diputados presentes calificaren de urgente la publicación de alguna ley, podrán dispensarsele las formalidades que el reglamento previene para su formarción; así como limitar, al Gobierno, el tiempo que se le permite para hacer observaciones.

ART. 118. Las leyes, hasta veinticuatro horas después de su publicación, tendrán su efecto en el punto donde se hagan.

ART. 119. Las leyes y decretos del Congreso, se expedirán bajo esta fórmula:

"El Congreso Constitucional del Estado de Sonora, decreta lo siguiente: (Aquí el texto). El Gobernador del Estado, dispondrá se imprima, publique, circule y observe".

El Gobernador al publicar las leyes y decretos dirá:

"El Gobernador del Estado de Sonora, a todos sus habitantes, sabed: Que el Congreso del mismo Estado, ha decretado lo que sigue: (Aquí el texto de la ley o decreto). Por tanto, mando se imprima, publique y circule y se le dé el debido cumplimiento."

CAPITULO XI

De la observancia de esta constitución y su reforma

ART. 120. Al tomar posesión de sus empleos todos los funcionarios públicos del Estado, de cualquier clase que sean, otorgarán juramento de guardar la Constitución General de la Federación Mexicana, la particular del Estado y desempeñar fielmente sus deberes. Si fueren de los que han de ejercer autoridad, añadirán la expresión: "y hacer guardar".

ART. 121. Hasta el año de mil ochocientos treinta y seis no podrá alterarse, reformarse, ni adicionarse esta Constitución en ninguno de sus artículos. Jamás admitirán variación los que establecen la libertad e independencia del Estado, en religión, forma de gobierno, libertad política, de imprenta y división de poderes.

ART. 122. En los dos Congresos que comprende el período señalado en el artículo anterior, se podrán presentar proposiciones para reforma de artículos de esta Constitución por cualquier Diputado. Si fueren admitidas a discusión, después de nueve lecturas, con el intervalo de ocho días cada una, por el voto de la mayoría absoluta de los miembros presentes, se pasará a la respectiva comisión; pero no se tomarán en consideración sino hasta el tercer Congreso Constitucional del citado año de mil ochocientos treinta y seis y si en éste fuesen aprobadas por mayoría absoluta, se publicarán como leyes constitucionales.

ART. 123. En lo sucesivo, esto es, en los años siguientes al treinta y seis, las adiciones o reformas que se propongan por un Congreso, no podrán tomarse en consideración sino por el siguiente; concurriendo la circunstancia de las dos terceras partes de votos, lo mismo que para admitirse a discusión por el Congreso en que se hubiere propuesto.

ART. 124. Si por consecuencia de alguna reforma de la Constitución Federal, demandase variación alguno o algunos de los artículos de la presente Constitución, el Congreso la ejecutará sin sujetarse a los períodos y circunstancias precedentes; pero, sin dispensarse, para el caso, los trámites de su reglamento.

ART. 125. Ninguna autoridad tiene facultad de interpretar, ni hacer aclaraciones a esta Constitución; el hacerlo exclusivamente toca al Congreso y, sólo éste, en circunstancias precisas a la conservación del Estado, puede dispensar alguna de las formas prescritas en ella.

Dada en la ciudad de Hermosillo, a los siete días del mes de diciembre de mil ochocientos treinta y uno, en el Salón de Sesiones del Primer Congreso Constituyente del Estado de Sonora.

[1] Editado según Corbala Acuña, Manuel: *Sonora y sus constituciones*, Hermosillo: Gobierno del Estado de Sonora, Secretaría de Fomento Educativo y Cultura, Instituto Sonorense de Cultura, 2nd. Ed., 1992, p. 29–59.

Editado también en *Constitución Política del Estado libre de Sonora. Decretada y sancionada por su congreso constituyente el 7 de diciembre de 1831. Liminar de Fernando Pesqueira,* Hermosillo: Ediciones del Gobierno del Estado, 1967.

Por falta de un impreso original esta versión nos sirvió como basis.

Agradecemos a Delia González de Reufels por su valiosa cooperación.

El estado de Sonora (como el de Sinaloa) fue fundado en 1831 apartártandolo del estado de Occidente. La constitución de 1831 quedó en vigor hasta el fin de la primera república federal en 1836. Después de la era de las repúblicas centralistas fue declarada vigente de nuevo en 1847 por el Acta constitutiva y de reformas (Art. 30), sancionada por el congreso extraordinario constituyente de los Estados-Unidos Mexicanos. Un año después el congreso promolgó una constitución reformada. La segunda constitución de Sinaloa fue publicada en 1861.

Véase: Armando Quijada Hernández, Juan Antonio Ruibal Corella (eds.): *Historia general de Sonora, t. III: Período del México independiente*, 1831–1883, Hermosillo: Gobierno del Estado de Sonora, 1985.

[2] En la enumeración de la presente versión falta el artículo 15.

Reforma de la constitución del estado de Sonora (1848)

Constitucion Política Del Estado Libre de Sonora, Reformada Por Su Congreso en el Año de 1848[1]

EL CIUD. MANUEL MARIA GANDARA, GOBERNADOR CONSTITUCIONAL DEL ESTADO LIBRE Y SOBERANO DE SONORA, A TODOS SUS HABITANTES, SABED: QUE EL HONORABLE CONGRESO DEL MISMO ESTADO, HA DECRETADO Y SANCIONADO LA SIGUIENTE

CONSTITUCION POLITICA DEL ESTADO LIBRE, INDEPENDIENTE Y SOBERANO DE SONORA

En el nombre de Dios Todopoderoso, creador y conservador de las sociedades, y por quien los Legisladores decretan lo justo.

El Congreso constitucional del Estado, usando de la facultad que le concede el art. 121 de la Constitucion sancionada en 8 de Deciembre de 1831, ha tenido á bien decretar la siguiente, adicionada y reformada para la administracion y gobierno interior del propio Estado.

ARTICULOS PRELIMINARES

ART. 1.° El Estado de Sonora, es soberano, libre é índependiente de los demas Estados Mejicanos, y de cualquiera nacion estrangera; y como tal puede reglar, conforme le sea mas conveniente, su gobierno interior, conservando como federado las bases establecidas en la acta constitutiva, y Constitucion federal.

ART. 2.° La religion del Estado, és y será perpetuamente la Catolica, Apostolica, Romana, única verdadera, sin tolerancia de otra alguna. El Estado la proteje por leyes justas y sabias.

ART. 3.° El territorio del Estado, es por ahora el mismo de que se halla en posesion, y comprende los partidos de Ures, Hermosilio, San Fernando de Guaymas con Buenavista, Arizpe, San Ignacio, Guadalupe del Altar, Alamos con Baroyeca, Sarguaripa y Moctezuma. Una ley que será constitucional, determinará y arreglarà sus limites respecto de los demas Estados colindantes.

ART. 4.° El gobierno del Estado, es Repúblicano, popular, representativo federal: para su ejercicio se divide en tres poderes, Legislativo, Ejecutivo y Judicial. La potestad legislativo residirà en el Congreso, la Ejecutiva en el Gobierno, y la Judicial en los Tribunales.

ART. 5.° La soberanía del Estado residirà en la universalidad de los ciudadanos, y por representacion en el Congreso. En consecuencia, ningun individuo, ninguna reunion de sonorenses, puede atribuirse la soberanìa, ni ejercer poder y funciones públicas, sin obtener delegacion conforme à las reyes.

ART. 6.° El Estado no reconoce titulo de nobleza: prohibe su establecimiento; asi como el de mayorazgos y la esclavitud.

ART. 7.° Todo estrangero que pise el territorio del Estado, està obligado à obedècer sus leyes, las que le protegeràn sus derechos de libertad, propiedad y seguridad.

CAPITULO I

De los sonorenses, sus derechos y obligaciones

ART. 8.° Son legitimamente sonorenses, los nacidos en el territorio del Estado.

ART. 9.° Se reputan como tales:

Primero. Los nacidos en otras Estados y territorios de la República, luego que se avecinden en éste.

Segundo Los hijos de las otras Repúblicas Americanas que fueron dependientes de la nacion Española, tan luego como tengan, un año de vecindad en el Estado.

Tercero. Los estrangeros que casaren con sonorense, y tengan la vecindad que prescribe el parrafo anterior.

Cuarto. Los estrangeros que acutalmente estan casados con sonorenses, avecindados en el Estado con alguna industria productiva, dando impulso à las manufacturas, ciencias ó artes.

ART. 10. Los derechos civiles de los sonorenses son:

Primero. El de libertad, que consiste en poder hacer lo que no perjudique à los derchos de otro, y lo que permitan las leyes.

Segundo. El de la igualidad, que consiste en que la ley sea una para todos, ya premie, ya castigue.

Tercero. El de seguridad, que resulta del concurso de todos para afianzar los derechos de cada uno, segun las leyes.

Cuarto. El de propiedad, para gozar y disponer de sus bienes, de sus rentas, del fruto de su trabajo y de su industria, sin mas escepciones que las prescritas por la ley.

Quinto. El de empeñar su trabajo y sus servicios.

Sesto. El de peticion, que consiste en reclamar sus derechos ante los depositarios de la autoridad pùblica, haciendolo con moderacion y respeto: asi como en representar, sin alarma, lo que crea conveniente á la felicidad comun: una ley arreglará el uso de éste derecho.

Derechos Politicos

Primero. El de sufragar en las elecciones populares.

Segundo. El de obtener los empleos de Estado, teniendo las circunstancias que requiere esta Constitucion.

De las Obligaciones de los Sonorenses

ART. 11. Los sonorenses tienen obligaciones generales y particulares. Las generales les corresponden como à individuos de la gran familia mexicana, las cuales les detallan, las leyes generales. Las particulares, son:

Primera. Obedecer la Constitucion y leyes del Estado.

Segunda. Sostener su independencia y libertad.

Tercera. Obedecer y respetar las autoridades legitimamente constituidas.

Cuarta. Contribuir con proporcion de sus haberes, para los gastos pùblicos del Estado.

Quinta. Estar pronto en todo tiempo y circunstancias a servir á la patria con sus bienes y vidas, procurando, en cuanto estè á su alcance, ser ùtil y benefico á la misma.

De Los Ciudadanos sonorenses, y causas por las cuales pierden, ó suspenden sus derechos

ART. 12. Son ciudadanos sonorenses en el ejercicio de sus derechos:

Primero. Todos los nacidos y avecindados en el territorio del Estado, que tengan veintiun años cumplidos, ó diez y ocho siendo casados.

Segundo. Los nacidos en el territorio de la República, y que, gozando dé los derechos de sonorense, conforme â la parte 1.ª del art. 9°, estén casados, ó se casaren con sonorense.

Tercero. Los Amèricanos que espresa la parte 2.ª del art. citado, que casaren con sonorense.

Cuarto. Los estrangeros de que habla la parte 3.ª del enunciado art., teniendo tres años de vecindad.

Quinto. Los estrangeros que actualmente esten casados con sonorense y avecindados en el Estado.

Sesto. Los estrangeros de que habla el segundo periodo de la parte 4.ª del mismo artículo 9.°, teniendo tres años de vecindad.

Sétimo. Están comprendidos en la edad que prescribe el parrafo primero de èste art., los individuos que espresan en los parrafos 2.°, 3.°, 4.°, 5.°, y 6.° del indicado art. 9.°

ART. 13. El ejercicio de los derechos de ciudano se suspende:

Primero. Por ebrio consuetudinario: por no ejercer oficio ù ocupacion honesta, ó índustria legal para subsistir.

Segundo. Por perder su capital á cualquiera clase de juego

Tercero. Por negarse al llamamiento de las autoridades ya sean citaciones, ò para prestar ausilio cuando se le ecsija.

Cuarto. Por haber sufrido tres fallos en demandas que acrediten conducta fraudulenta.

Quinto. Por ser ingrato à sus padres.

Sesto. Los padres de familia que por omision no procuren que sus hijos aprendan à leer y escribir.

Sétimo. Por incapacidad fisica ó moral pública ó comprobada.

Octavo. Por tener pendiente causa criminal; entendiendose quedar suspenso desde el momento que el Juez levante el auto de suprision.

Noveno. Los sirvientes domèsticos, cerca de la persona á quien sirven, mientras lo sean, no estan en el ejercicio de los derechos de ciudadano.

Dècimo. Por separacion de su legitima muger sin observar las formalidades prescritas por las leyes, justificado que sea en debida forma ser causante el marido de la misma separacion.

ART. 14. Estos derechos se pierden:

Primero. Por deudor á la hacienda del Estado, habiendo precedido para el pago, dos requerimientos por el Gobierno.

Segundo. Por venir en quierbra de mala fé y por mala versacion en el marrejo de los interes agenos.

Tercero. Por contrabandista ò defraudador de las rentas públicas, incluyendose las municipales.

Cuarto. Por estar condenado á pena corporal por sentencia ejecutoriada.

Quinto. Por ser infidente á la independencia y libertad del Estado, y formar ó promover conmociones populares que alteren la tranquilidad pública.

Sesto. Por intrigar y trabajar, propagando listas para obtener votos en las elecciones populares para sì, ó para otras personas.

Sètimo. Por admitir comision ò condecoracion de cualquiera gobierno estrangero sin conocimiento del de la federacion, ó del Estado.

Octavo. Por ultrajar de hecho, ò de palabra á las autoridades legitimamente constituidas.

Noveno. Por pasar sin pasaporte del gobierno à paises estrangeros.

ART. 15. Solo la legíslatura del Estado puede habilitar en el ejercicio de los derechos de ciudadano á los que los tengan suspensos ò perdidos. Se dará una ley reglementaria constitucional para llenar el objeto de los artículos precedentes; asi como para que no se abuse de la suspension, ó pérdida de derechos por no servir las cargas consegiles.

CAPITULO II

Del Poder Legislativo

ART. 16. El Poder Legislativo se ejercen por un Congrego compuesto de once Diputados electos popularmente, debiendose tambien elegìr igual numero de suplentes, à reservar de aumentarlos hasta el numero prevenido constitucion general, segun los progresos de la poblacion.

ART. 17. Para ser Diputado se requiere; ser ciudadano en ejercicio de sus derechos, mayor de veinticinco años, natural del Estado, ò tener en él tres años de vecindad, siendo hijo de la Republica. Igual vecindad se requiere a los naturales de las otras Republicas que dependieron de España.

ART. 18. No pueden ser Diputados:

Primero. Los empleados de la federacion, ni los del Estado en el ramo de hacienda, cuya responsabilidad esté asegurada con finanzas.

Segundo. Los eclesiasticos regulares.

Tercero. El Gobermador, ministros de la corte de Justicia; los secretarios de camara, y gobierno, asi como los que eceptua la parte sesta del articulo 28 de la constitucion general.

ART. 19. Para ser Diputados los funcionarios y empleados de que hablan los articulos precedentes, deberàn haber cesado en sus destinos tres meses antes de la eleccion.

ART. 20. Los Diputados, durante su mision, no obtendràn empleo alguno de nombramiento del Gobierno. Se eceptuan los que les correspondan por escala. Tampoco podrár, acercarse á èl á negocios propios, ni agenos sin previo permiso del Congreso. Los Diputados no pueden servir de apoderados, ni agentes públicos, en asuntos que tengan dependencia con los poderes Ejecutivo y Judicial.

ART. 21. Una ley particular que darà cada congreso antes de cesar en sus funciones, señalara las dietas y viatico que deben disfrutar los Diputados del siguiente.

De la Instalacion del Congreso: sus funciones económicas y prerrogativas de sus miembros

ART. 22. Cada dos años el dia 4.° de Enero se instalará el congreso en la capital del Estado.

ART. 23. El congreso antes de cerrar sus sesiones, nombrará cuatro individuos de su seno que compondràn la comision permanente: el primero serà presidente, y el tercero servira de secretario, quedando el ultimo de suplente

ART. 24. Cinco dias antes de la instalacion del Congreso, se presentarán los Dipatados nuevamente nombrados con sus credenciales al presidente de la comision permanente; y esté harà tomar razon de cada una de ellas. Tres días antes de la instalacion se hará la primera Junta preparatoria que se compondrá de la comision permanente y los nuevos Diputados: el presidente nombrarà una comision de tres individuos que ecsaminàran la legitimidad de las credenciales presentadas: igual nombramiento se hará para el ecsamen de los tres primeros:

el dia siguiente daràn cuenta estas comisiones con lo que hayan acordado; cualquiera duda que ocurra la decidirá la misma, Junta á pluralidad absoluta de votos.

ART. 25. El dia señalado para 1a instalacion del Congreso, se reunirán los nuevos Diputados y comision: permanente en el salon de sesiones, dirigiéndose desde él á parroqnía, donde se celebrara una misa solemne de Espiritu Santo, y vueltos al mismo salon, tomarán sus- asientos; el presidente interrogarà por medio del secretario, a los Diputados que han de componer el nuevo Congreso, el juramento siguiente.

"¿Jurais por Dios y los Santos Evangelios, guardar y hacer guardar relígiosamente, la acta constitutiva, la constitucion general de la Republica méxicana, la acta de reformas sancionada por el congreso estraordinario de 1847 y la constitucion: particular del Estado decretada por el congreso de 1831 y reformada por el de 1847, y haberos fielmente en el encargo que el mismo Estado, os ha encomendado, mirando en lado por su bien y prosperidad! Responderà cada uno: Si juro.

ART. 26. Concluido este acto, los nuevos Diputados elegirán de entre ellos mismos un presidente, un vice-presidente, dos secretarios y an suplente de estos; y tomando sus respectivos asientos, declarará el presidente hallarse el Congreso legitimamente instalado, con lo que quedarà terminado el acto y las funciones de la comision permanente.

ART. 27. El Gobernador concurrirà al abrirse las sesiones, y darà cuenta breve y compendiosamente del estado actual en que se hallan los ramos de la administracion publica; y el sesto dia de instalado el Congreso, presentarà por medio de su Secretario, una memoria contrabida á manifestar los atrazos ò adelantos que en ella se adviertan, y las reformas que crea necesarias.

ART. 28. El congreso podrà variar de residencia cuando asi lo acuerden siete diputados de los que lo componen.

ART. 29. El congreso formará su reglamento interior; en el interin, estarà vigente el que rige; y el dia 2 de Enero comensarà sus sesiones, que seràn diarias, á ecepcion de los dias festivos, no debiendo pasar de noventa, á menos que lo acuerde el Congreso, ó lo pida el Gobierno con caracter de estraordinarias, pudiendose tratar en ellas á mas del asunto que motivó la convocacion, los demas negocios de gravedad, que ocurran.

ART. 30. Si reunido el congreso á sesiones estraordinarias no hubiere concluido con los objetos de su convocacion à tiempo de llegar el periodo de las ordinarias, cerrarà aquellas, y continuará en estas los negocios para que estraordinariamente fue convocada. Asi en las ordnarias, como en las estraordinarias, no podrá abrir ni continuar sus sesiones sin la concurrencia, á lo menos, de seis Diputados.

ART. 31. Los miembros del congreso, durante el tiempo de su mision y seis meses despues, gozaràn de inmunidad en sus personas, y en sus bienes, escepto en las causas criminales, en las que para ser juzgado, precederà declaracion del Congreso de haber lugar á formacion de causa: no seràn requeridos, ni enjuiciados por las ópiniones que hayan vertido en desempeño de sus funciones.

ART. 32. El congreso en el edificio de sus sesiones, goza el derecho esclusivo de policia en todo lo que conduzca al libre ejercicio sus atribuciones.

ART. 33. En las causas criminales de los Diputados y demas funcionarios para quienes se ecsije por la constitucion la previa declaratoria de haber lugar á formacion de causa, se constituirà el congreso, en gran jurado, y no habrà lugar à ella, si no es que las dos terceras partes de los Diputados presentes, voten por la afirmativa.

ART. 34. El modo y terminos, de formar: el espediente sobre que deba recaer la declaracion de si ha, ó no lugar, á formacion de causa, tanto á los Diputados, como á los demas funcionarios, se arreglará por una ley particular.

ART. 35. Declarada la formacion de causa, el Diputado ó funcionario, de que habla el articulo anterior; será entregado por conducto del Gobierno al Tribunal que corresponda, con testimonio del expediente que motivó su fallo, quedando suspenso de su empleo, y si resulta vindicado, volveria á u destino.

De las Atribuciones del Congreso

ART. 36. Pertenece esclusivamente al Congreso:

Primera. Establecer los gastos pùblicos del Estado, previo ecsamen de los presupuestos que presente el gobierno.

Segunda. Decretar las contribuciones necesarias para cubrirlos cuando asi lo, demande la escases de las rentas del Estado, y dictar los reglamentos convenientes para la administracion y aumento de éstas, variandolos cuando lo juzgue necesario.

Tercera. Crear los empleos pùblicos ó suprimirlos: señalar sus dotaciones, disminuirlas, ò aumentarlas.

Cuarta. Hacer el nombramiento de los funcionarios que en su 1ugar se espresan en esta constitucion, cuya eleccion se reserva el Congreso: calificar la del gobernador, y aprobar ò reprobar la de los ministros del Supremo Tribunal de Justicia, que haga el gobierno.

Quinta. Promover la properidad comun, procurando el fomento de la agricultura, el comercio, la industria y artes; asi como el de los establecimientos útiles, y la mejora de educacion pública en el Estado

Sesta. Dictar reglas de colonizacion conforme à las leyes generales de la federacion.

Sétima. Protejer la libertad politica de la imprenta, dictando leyes que corrijan sus abusos.

Octava. Contraher deudas sobre el crédito pùblico de las rentas del Estado, cuando lo ecsijan las circunstancias.

Novena. Aprobar, ò reprobar cada año las cuentas de los caudales públicos del Estado, previa la gloza y ecsamen que de ellas se haga, y mandar ecsijir irresmisiblemente en su caso á quien corresponda, la responsabilidad que de las mismas resulte.

Decima. Aprobar ó reprobar previo informe del gobierno, lo aranceles de cualquiera clase: los reglamentos interiorcs de los Tribunales: los arbitrios para obras públicas de beneficencia, utilidad y ornato, y las ordenanzas municipales que formen los Ayuntamientos.

Undécima. Calificar las escensas que para servír sus destinos, espongan los Diputados y Gobernador

Duodécima. Conceder amnistía é indultos generales; ó particulares en los delitos del conocimiento de los tribunales del Estado, cuando lo exija algun gran motivo conveniencia pùblica. Para estos casos se requiere el voto de las dos terceras partes de los Diputados presentes.

Decimatercia. Conceder premios personales, y declarar benemèritos a los que hayan hecho servicios distinguidos al Estado, ó declarar honores pùblicos á la memoria de los mismos.

Decimacuarta. Arreglar dividir, aumentar y suprimir los partidos de juese compone el estado, creando, cuando lo juzgue conveniente, departamentos ó cantones como mejor convenga, á la administracion pública del mismo

Décimaquinta. Dictar leyes y reglamentos para establecer el gobierno ínterio de los pueblos de indigenos de la manera mas anàloga y conveniente á su situacion, circunstancias y costumbres: arreglar los límites de sus terrenos, y dictar cuanto se crea conducente á terminar sus diferencias.

Décimasesta. Formar los còdigos civil y criminal del Estado.

Dècimasètima. Velar sobre la conversacion de los derechos civiles y polìticos de los habitantes del Estado.

Décimaoctava. Cuidar de la enseñanza y educacion de la juventud decretando establecimientos de escuelas de primeras letras donde convenga, y el de colegios, ò institutos literarios, cuando lo exijan las circunstancias del Estado.

Decimanona. Recibir, por medio de los Diputados Secretarios en sesion publica, al Gobenador y ministros del supremo Tribunal de Justicia, el juramento que deben otorgar antes de entrar en el ejercicio de sus destinos.

Vigésima. Decretar, interpretar, derogar, modificar, suspender y aclarar con arreglo à esta constitucion y à la general de la federacion, las leyes relativas á la administracion interior del Estado en todos sus ramos.

Vigésimaprima. Representar á las cámaras de la union sobre las leyes y decretos que se opongan, ó perjudiquen á los intereses del Estado.

Vigésmasegunda. Finalmente, corresponde al Congreso ejercer todas las funciones legislativas que convengan al bien y seguridad del Estado en todo lo que no contrarien la constitucion de la union y la acta de reformas ultimamente decretadas.

De las Atribuciones de la Comision permanente

ART. 37. Primera. Velar sobre la observancia de la constitucion general y 1a particular del Estado, dando cuenta al Congreso de las infracciones que haya notado.

Segunda. Recibir las credenciales de los Diputados nombrados para la renovacion del Congreso; procediendo á su ecsamen del modo que se establece en el art. 24 de esta constitucion; así como los testimonios de las actas que se le remitan por la junta general

Tercera. Dictar las providencias convenientes á fin de que comparescan los Diputados que falten para completar el numero con que debe declararse instalado el Congreso.

Cuarta. Convocar à sesiones estraordinarias de acuerdo con el gobierno, cuando las circunstancias asi lo ecsijan.

CAPITULO III

Del Poder Ejecutivo

ART. 38. El Poder Ejecutivo del Estado, se ejercerà por un Gobernador:

ART. 39. Para ser Gobernador se requiere ser ciudadano en el ejecicio de sus derechos haber nacido en pais de la federacion: tener la edad de treinta años cumplidos; y no siendo sonorenses, dos años de vecindad no interumpida en el Estado. Los nacidos en éste y avecindados en cualquiera de los demas, tendrán la misma cualidad de vecindad que los que no lo son

ART. 40. El empleo de Gobernador se servira de los preferencia en el Estado: su tratamiento en los asuntos de oficio, será el de Escelencia. No pueden ser nombrados para este empleo los eclesiaticos, los militares que estèn en acutal servicio, y los que señala el art. 23 de la constitucion general en su parte 6.ª

ART. 41. El Gobernador entrarà à servir su destino el dia 1.° de Febrero, en igual dia, à los cuatro años, debe ecsar en sus funciones, reemplazado por el nuevamente electo conforme à la ley

ART. 42. La falta de Gobernador propietario se suplirà por un interino que nombrarà el Congreso entre los ocho primeros dias de sesiones de su renovacion periodica, y tendrá las mismas cualidades que el Gobernador propietario, pero si la falta de este fuere perpetua, y aun no hubiesen trascurrido dos años por lo menos desde su eleccion se procederá á verificarla por la junta electora; y el nuevamente electo ejercerà el Supremo Poder Ejecutivo el tiempo que falte al que entre á sustituir.

ART. 43. En el caso estraordinario de que lleguen à faltar el Gobernador propietario è interino, entrará desde luego al Gobierno el presidente del Tribunal de Justicia. S la falta de aquellos fuere temporal, solo durarà este en el ejercicio del poder, mientras subsista el impedimento de ambos; y si fuere perpetua, interin procede el Congreso al nombramiento de interino, ó la junta electoral al de propietario, si aun faltaren dos años para la renovacion periodica. Mas si llegado el caso de la renovacion no se hubiere electo el propietario, ni se hablare reunido el Congreso para elegir el interino, siempre cesará el Gobernador que concluye, entrando á sustituirlo el Presidente del Tribunal de Justicia haste que se verifique una de aquellas dos elecciones. Tanto el Gobernador interino, como el presidente del Tribunal, en su caso, gozarán durante el ejercicio de sus funciones, de la misma dotacion, fueros y privilegios que el Gobernador propietario.

ART. 44. El Gobernador, durante el tiempo de su ejercicio, solo podrá ser acusado ante el Congreso por delitos de traicion contra la libertad, independencia nacional, ò forma establecida de gobierno por impedir las elecciones de Gobernador y Diputados, ó que estos se presenten á servir sus destinos, ò que ejerzan sus oficios: por infracciones de constitucion, cohecho ó crimenes atroces. Una ley designará que se entiende por crimenes atroces.

ART. 45. De cualquiera otro delito que haya cometido en el tiempo de su empleo, podrà acusarse dentro de seis meses contados desde el dia en que cesare de su destino: pásando dicho termino, no habrá lugar á ninguna acusacion.

De las Atribuciones del Gobernador

ART. 46. Primera. Publicar ejecutar y hacer que se cumplan y ejecuten todas las leyes y decretos de la federacion y del Estado.

Segunda. Conservar la tranquilidad y òrden interior del Estado y su seguridad esterior.

Tercera. Formar reglamentos para espeditar la administracion pública y el esacto cumplimiento de las leyes, y cuidar de que se administre pronta y cumplida justicia consiliandose los tribunales cuando las circunstancias asi lo ecsijan, pudiendo acusar ante el Congreso à los primeros funcionarios de este poder por infracciones, ó morosidad su ejercicio.

Cuarta. Proveer todos los empleos del Estado en la forma que demarcan las leyes, haciendo los nombramientos de hacienda á propuesta del Tesorero general. No pasarán estas propuestas de dos individuos, y el gobierno podrà devolverlas cuando notare en ellas faltas de requisitos legales.

Quinta. Dirigir como gefe supremo de hacienda su administracion, haciendo que se verifique la inversion de caudales con arreglo á las leyes.

Sesta. Disponer de la milicia civica del Estado, como su primer gefe para la conservacion de la tranquilidad pública, seguridad del mismo Estado y demas objetos de su institucion. Al efecto le corresponde nombrar à sus gefes y oficiales, pudiendolos suspender y remover en los mismos terminos que á los demas empleados de su resorte, á que se refieren las atribuciones 9.ª y 10.ª de este mismo articulo.

Setima. Nombrar Secretario del despacho y separarlo libremente cuando lo crea necesario.

Octava. Presentar anualmente al Congreso para su aprolacion, el presupuesto de los gastos del Estado.

Novena. Suspender y aun privar del todo, ó de la mitad de sus sueldos à los empleados de hacienda, pasando los antecedentes que tenga, y á los suspedidos al Tribunal que corresponda, para que se le forme la respectiva causa, conforme à las leyes.

Decima. Imponer multas á sus subalternos de nombramiento popular cuando se nieguen á cumplir con los encargos que les confiere el pueblo, ò cuando no cumplan con sus òrdenes, ó abusan de ellas, pudiendo asi mismo, suspenderlos por éstas causas, poniendolos con los antecedentes de sus faltas a disposicion del Tribunal competente para que se les siga la causa que corresponda con arreglo á las leyes.

Undecima. Cuidar de que las elecciones populares se hagan al tiempo establecido por la ley.

Duodecima. Ejercer la esclusiva y presentar para los beneficios eclesiasticos del Estado, conforme à las leyes.

Decimatercia. Pedir ante el gran jurado de las camaras generales se ecsija la responsabilidad à los Secretarios del gobierno federal, en caso que communiquen alguna òrden contraria à la constitucion del Estado.

Decimacuarta. Ejercer el derecho de initiativa al Congreso del Estado.

Decimaquinta. En casos de revolucion interior que turbe la tranquilidad y amenase la seguridad del Estado; asi como en invasion esteriores repentinas, de acuerdo con la comision permanente, si el congreso no estuviere reunido, tomarà las providencias que crea necesarias.

Decimasesta. Hacer oberservaciones por solo una vez, y en el termino de diez dias á las leyes y decretos que dicte el congreso del estado.

Decimasètima. Cuando circunstancias estraordinarias ecsijan su presencia en algunos pueblos del Estado, podrá concurrir á ellos, previo acuerdo del congreso, y en receso de èste; de la diputacion permanente.

Decimaoctava. Visitar por sì, ó comisionando especialmente à la persona que tubiere à bien, cualquiera oficina de hacienda, y las de los ayuntamientos por circunstancias que asi lo requieran.

Decimanona. Aprobar, ò reprobar las elecciones populares de ayuntamientos, jueces de paz, y suplentes de estos con arreglo à las leyes.

Vigésima. Conceder licencia à los funcionarios que sean del ramo del Poder Ejecutivo, y à los individuos de los ayuntamientos.

Vigesimaprima. El Gobierno resolverá gubernativamente las quejas que se interpongan por providencias economicas contra los Ayuntamientos y los demas empleados del resorte de su poder.

Vigesimasegunda. Podrà nombrar cuando juzgue conveniente, juntas particulares con el caracter de consultivas para que lo aconsejen en los diversos ramos de la administracion.

De Las Restricciones del Gobernador

ART. 47. No puede el Gobernador:

Primero. Ocupar la propiedad de ninguna particular, ni corporacion; pero cuando por causa de necesidad, ó particular utilidad pùblica de algun pueblo, ó del Estado, fuere necesario tomar la propiedad de un particular, podrà el Gobierno hacerlo, en estos dos casos, con la condicion de indemnizar primero al propietario con su justo precio, calculado por el avaluo de dos peritos, nombrado uno por la primera autoridad politica del lugar, otro por el interesado, y un tercero elegido por ambos para el caso de discordia.

Segundo. No puede el Gobernador arrestar á persona alguna, sino és en los casos siguientes.

1.° Cuando la tranquilidad y seguridad del Estado lo exijan asi, como en alguna conmocion particular de algun pueblo.

2.° Cuando se le falte al respeto y decoro debido á su dignidad, poniendo en ambos casos al arrestado dentro de sesenta horas á disposicion del tribunal ó juez competente.

Tercero No puede el Gobernador salir del territorio del Estado, sin permiso espreso del Congreso, hasta despues de seis meses de haber terminado sus funciones.

Cuarto. No podrá tampoco admitir comision, ni empleo alguno militar del supremo Gobierno general sin previo permiso del Congreso.

Del Secretario de Gobierno

ART. 48. Habrá un Secretario de Gobierno para el despacho de los negocios de la administracion pùblica del Estado con dotacion competente; y para serlo se requiere el egercicio de los derechos de ciudadano: edad de veinticuatro años, y la aptitud y virtudes necesarias, à juicio del Egecutivo.

ART. 49. El Secretario autoriza la firma del Gobernador, sin cuyo requisito no será obedecida, siendo responsable por lo que autorize contra las leyes, de lo que podra ser acusado por cualquier ciudadano. Jamas exigirà interes alguno á los que giren negocios ante el poder Egecutivo.

ART. 50. El Secretario es gefe de la oficina del despacho, y llevará bajo su firma la correspondencia del Gobernador con las autoridades inferiores è individuos particulares del Estado. sugéto siempre á la responsabilidad que previene el articulo anterior.

CAPITULO IV

Del gobierno ecónomico de los pueblos

ART. 51. El Estado se dividira en Districtos; y para su gobierno económico politico se nombraràn Prefectos. Una ley designarà el numero de los Distritos, atribunciones, duracion y sueldo de los Prefectos.

ART. 52. El nombramiento de estos funcionarios corresponde al Gobierno con aprobacion del Congreso, quien podrá tambien decretar su cesacion cuando por las dos terceras partes de votos de los Diputados presentes, no los juzgue ya necesarios.

ART. 53. A los Ayuntamientos y demas autoridades locales que juzgue conveniente establecer; corresponde el gobierno económico interior de los pueblos. El numero de aquellas corporaciones y empleados, su organizacion y atribuciones, serán objetos de una ley particular.

ART. 54. La recaudacion y administracion de los fondos municipales de los Ayuntamientos: se encargarà á un ciudadano nombrado por el Gobierno, previa la propuesta de los mismos ayuntamientos Dicho empleado dependerà del Gobierno como las demas de hacienda. Una ley reglamentarà éste ramo.

ART. 55. Para ser vocal de los Ayuntamientos se requiere ser ciudadano en el egercicio de sus derechos, mayor de veinticinco años: saber leer y escribir; y tener una propiedad, ó industria que le facilite la subsistencia.

ART. 56. Para el establecimiento de las autoridades locales en los pueblos de indigenas, el Congreso se arreglara á sus circunstancias exceptuandolos, si conviniese, de alguna ó algunas de las bases que prescriben en los articulos precedentes.

CAPITULO V

Del poder judicial

ART. 57. Egercerán el poder judicial los tribunales y jueces establecidos, ó que en adelante se establecieren. Una ley fijará el órden de los tramites, y procedimientos judiciales.

ART. 58. Todos los asuntos judiciales del Estado, se terminarán en sus mismos tribunales hasta su ultimo recurso: ningun negocio tendrá mas de tres instancia. Una ley determina a cual és la sentencia que cause egecutoria, y despues de ella no quedarà otro recurso que el de nulidad.

ART. 59. La moratoria voluntaria en la sustanciacion de los juicios, y la inobservancia de las leyes que arreglan el òrden de procedimientos, ès causa de responsabilidad para los jueces que incurran en ellas.

ART. 60. Nadie puede ser juzgado por comision, ni por leyes posteriores, sino precisamente por tribunales establecidos y disposiciones anteriores à el acto por que se juzgua.

ART. 61. El arrestado ó detenido, no pasarà de sesenta horas; dentro de èstas se le notificará su prision, ò se le dará libre: para estos actos el juez que lo determine, dará una boleta que contenga la fecha y hora en que se verifica.

ART. 62. Para ser bien preso el detenido, precederá informacion del hecho, y semiplena prueba por lo menos de que ha cometido el delito el mismo detenido. El auto motivado en que se decréte la prision, se le notificará al reo antes de cumplirse las sesenta horas que refiere el articulo anterior.

ART. 63. A ningun preso ó detenido, podrà privarsele de la comunicacion, si no és en los casos que el juez lo prevenga, no debiendo pasar ésta prohibicion de ocho dias naturales.

ART. 64. Las casas de los ciudadanos no podrán ser allanadas, si no ès en los casos que desigran las leyes.

ART. 65. Todo delito tendrá su efecto sobre quien lo cometa y por ningun caso será trascendentalá otra persona, ni por èl habià confiscacion de bienes, si no es en la parte que corrsponda para hacer el pago, si por aquel fuese acusado, ó condenado de responsabilidad pecunaria.

ART. 66. No se admitirà juicio escrito en causa civil ó criminal sobre injurias, sin preceder primero el de conciliacion, ò haber intentado practicarlo.

ART. 67. En cualquier estado en que estè un asunto, las partes podrán terminarlo por medio de jueces arbitros nombrados por ellas mismas.

ART. 68. No se admtirà fianza alguna por ningun preso prosesado criminalmente que meresca pena corporal, y en cualquier estado que el juez advierta que no puede aplicarse al preso dicha pena, se pondrà en libertad confianza.

ART. 69. Los Tribunales y jueces, bien para aprehender los reos, ò hara arrestarlas, usarán de la fuerza necesaria en caso de resistencia, ò cuando fundadamente se tema la fuga de aquellos

ART. 70. Por infracciones de Constitucion, soborno, cohecho y prevaricato cualquiera puede acusar a los jueces que lo cometan.

ART. 71. Los jueces y magistrados no pueden interpretar las leyes ni suspender se egecucion: su deber és solo aplicarlas en los casos que ocurran en los negocios de que conocieren. La justicia se administará à nombre del Estado.

De las Conciliaciones y Demandas verbales

ART. 72. Las conciliaciones y demandas verbales se practicaràn ante los alcaldes ò jueces de paz. La cantidad ò forma á que deben sugetarse se designarán por las leyes.

De los Juzgados de 1.ª Instancia

ART. 73. Habrá juzgados de 1.ª instancia en donde se considere conveniente su establecimiento. En ellos se deposita el conocimiento de todos los juicios contenciosos, civiles, criminales y de hacienda; y el nombramiento de los jueces se harà por el Gobierno en los terminos que dispongan las leyes.

Del Tribunal Supremo de Justicia

ART. 74. Habrá un supremo Tribunal de justicia compuesto de tres salas que serviràn ministros letrados y un fiscal que ser tambien letrado y despachará en las tres salas: la falta de letrados se suplirá por legos, y una ley particular, designará el numero de magistrados, sus facultados y obligaciones. La residencia de este Tribunal, serà precisamente en la capital del Estado.

ART. 75. Estos magistrados seràn nombrados por el gobierno con aprobacion del Congreso.

ART. 76. El supremo Tribunal de justicia conocera respectivamente en primera, segunda y tercera instancia en todas las causas que se le presenten. En las de los Diputados, Gobernador, Tesorero general, y Secretario de gobierno, serà previa declaracion del Congreso de haber lugar á formacion de causa.

ART. 77. Para juzgar á los ministros y fiscal del supremo Tribunal de justicia, asi en los delitos comunes, como por faltas de oficio, nombrarà el Congreso, en los primeros ocho dias de su renovacion periodica, diez ciudadanos mayores de treinta años y de probidad conocida. El Congreso sorteará de entre estos individuos tres jueces y un fiscal para que formen la primera sala cuando sea necesario: del mismo modo se sortearán otros tres para la segunda; quedando los tres restantes para componer la tercera. En todas las salas consultará el fiscal.

CAPITULO VI

De la eleccion de Diputados y Gobernador

ART. 78. La eleccion de Diputados se hará por medio de juntas electorales primarias, de partido y una general. Las primarias se celebrarán en todos los puebles del Estado: las de partido en las cabeceras de estos, y la general en la capital.

ART. 79. Cada bienio, él ùltimo domingo del mes de Octubre del año anterior al de la renovacion del congreso se celebraràn las juntas primarias: quince dias antes, la primera autoridad local de cada pueblo harà publicar la noticia de la eleccion señalando el dia en que se ha de celebrar la junta; y ademas, fijarà en los parages mas pùblicos rotulones que contengan el mismo aviso.

ART. 80. Estas juntas las compondràn los ciudadanos que estén en el egercicio de sus derechos, vecinos y residentes en el pueblo respectivo: es un deber concurrir à ellas, y nadie debe escusarse sin justa causa. Por cada quinientas almas se nombrará un electo primario: sin algun pueblo no tuviere este numero, elegirá no obstante un elector: los vecinos de las haciendas y ranchos concurritàn á la eleccion del pueblo á donde correspondan.

ART. 81. Las juntas secundarias se celebraràn en las cabeceras de sus respectivos partidos á los quince dias verificadas las primarias; y serán presididas como éstas por la primera autoridad local

ART. 82. Las juntas generales se celebraràn en la Capital del Estado el último domingo de Noviembre, y seràn presididas por el Gobernador. Una ley reglementarà el modo y terminos en que deben hacerse las elecciones.

CAPITULO VII

De la hacienda del Estado

ART. 83. La hacienda del Estado se compone de las rentas que le ha designado ó designare el Congreso general, y de las que tuviere á bien establecer el particular del mismo Estado.

ART. 84. El Congreso con vista de los presupuestos de los gastos que ecsija la administracion, y los de los productos de las rentas, establecerá las contribuciones que crea convenientes, ò modificará las ya establecidas.

ART. 85. Habrá una Tesorerìa general en la Capital del Estado, cuya oficina tendrà el conocimiento de todos los ramos de hacienda en lo directivo y económico. La planta de empleados de esta oficina y sus respectivas dotaciones, se arreglaràn por una ley.

ART. 86. El gefe de dicha oficina serà un Tesorero nombrado por el Congreso, y afianzarà su manejo en los terminos que dispongan las leyes.

ART. 87. Al Tesorero corresponde hacer los pagos que el gobierno le prevenga con total arreglo à las leyes.

ART. 88. Ninguna cuenta sobre el ramo de hacienda quedarà pendiente tres meses despues de el ano á que pertenece: en este mismo termino, por conducto del Gobierno, el Tesorero la remitirá al Congreso para su aprobacion.

ART. 89.Toda cuenta líquida con la hacienda del Estado causa egecutoria: son responsables los jueces que por morosidad; ú otra causa injusta no cumplan con su deber en estos casos.

ART. 90. La mala versacion de los empleados de hacienda produce accion popular, y todo ciudadano puede acusarlos ante su Juez competente.

ART. 91. La hacienda del Estado sucede en cualquiera especie de bienes intestados que se hallen sin herederos legitimos por ambas líneas despues de una plena justificacion.

CAPITULO VIII

De la milicia local

ART. 92. Los ciudadanos llamados por la ley son los que componen la fuerza de la milicia local ò civica. Una ley con presencia de las generales de la union y las circunstancias del Estado, arreglará su servicio del modo que sea menos gravoso á sus habitantes.

CAPITULO IX

De la instruccion pùblica

ART. 93. Para la instruccion de la juventud en el Estado, formará el Gobierno un plan que detallará los establecimientos y sistema que en este ramo deba adoptarse. Al congreso corresponde aprobarlo y acordar las providencias convenientes para la fundacion de estos establecimientos; y al Gobierno hacer que á mas de la instruccion en las maximas religiosas y morales, se dén tambien á los niños los conocimientos de que sean capaces en lo civil y politico.

CAPITULO X

De la formacion, sancion y promulgacion de las leyes

ART. 94. La iniciativa de las leyes, las discusiones y demas trámites relativos á su formacion, se prescribirán en el reglamento interior del congreso; pero níngun poryecto de ley se discutirâ si no estuviesen presentes, á lo menos siete Diputados. Para su aprobacion ó reprobacion, se necesita la mayoria absoluta de los votos de los Diputados presentes.

ART. 95. Las leyes se forman, derogan, ó interpretan con las mismas formalidades con que se establecen.

ART. 96. Cuando el gobierno hiciese oberservaciones á alguna ley, y á resultas de la discusion que sufra se accediese á aquellas, se tendrà por desechada la ley en el todo ò en la parte á que las oberservaciones se contraigan, volvoiendo à la comision para su reforma; y si se rectificase, por las dos terceras partes de votos de los Diputados presentes, se devolverá al gobierno para que la publique.

ART. 97. Cuando por circunstancias estraordinarias las dos terceras partes de votos de los Diputados presentes calificaren de urgente la publicacion de alguna ley, podrán dispensarsele las formalidades que el reglamento previene para su formacion; asi como limitar al gobierno el tiempo que se le permite para hacer observaciones.

ART. 98. Las leyes, hasta veinticuatro horas despues de su publicacion, tendran todo su efecto en el punto donde se hagan.

ART. 99. Las leyes y decretos del Congreso, se espedirán bajo esta formula. "El Congreso constitucional del Estado de Sonora decreta lo siguiente" Aqui el testo. "El Gobernador del Estado dispondrá, se imprima, publique, circule y se le dé su debido cumplimiento." El Gobernador al publicar las leyes y decretos dirà: "El Gobernador del Estado de Sonora, â todos sus habitantes, sabed: Que el Congreso del mismo Estado ha decretado lo que sigue." Aqui el testo de la ley ò decreto. "Por tanto, mando se imprima, publique, circule y se le dè el debido cumplimiento."

CAPITULO XI

De la observancia de esta Constitucion y su reforma

ART. 100. Al tomar posesion de sus empleo todos los funcionarios pùblicos del Estado, de cualquiera clase que sean, otorgaràn juramento de guardar la Constitucion general de la federacion mexicana, la particular del Estado, y desempeñar fielmente sus deberes. Si fuere de los que han de egercer autoridad, añadiràn la espresion "y hacer guardar."

ART. 101. Podràn hacerse reformas à esta Constitucion, siempre que las acuerde la mayorìa de dos Congresos consecutivos. Pero jamas se haran à los articulos de la misma Constitucion que establecen la libertad è independencia del Estado, su religion, forma de gobierno, libertad politica de imprenta; y division de Poderes.

ART. 102. Si por consecuencia de alguna reforma de la constitucion fedral, demandaren variacion alguno, ò algunos de los artículos de la presente constitucion, el congreso la egecutaria sin sugetarse à los periodos y circunstancias precedentes; pero sin dispensarse para el caso los tramites de su reglamento.

ART. 103. Ningun autoridad tiene facultad de interpretar ni hacer aclaraciones á está constitucion; el hacerlo esclusivamente toca al congreso, y solo èste en circunstancias precisas á la conservacion del Estado, puede dispensar alguna de las formas prescritas en ella.

ARTICULO TRANSITORIO

Con el objeto de que los supremos Poderes, Legislativo y Egecutivo del Estado, continùen en consonancia con la constitucion reformada, habrá eleccion de los individuos de ambos, en las que deben pràcticarse este año para que empiecen á egercerlos en los periodos del entrante que la misma ley fundamental dispone.

Dada en la ciudad de Ures à trece de Mayo de mil ochocientos cuarenta y ocho. *Francisco N. Lopez*, Diputado Presidente – *Jesús Martinez*, Diputado Vice presidente. – *Juan Estevan Milla* – *Manuel Maria Encinas*. – *Ramon Encians*. – *Francisco José Aguilar*. – *Miguel Campillo*, Diputado Srio. – *Rafael Buelna*, Diputado Srio.

Por tanto, mando se imprima, publique, circule y se le dé el debido cumplimiento. Palacio del Gobierno del Estado en Ures á 15 de Mayo de 1848.

Manuel Maria Gándara.

---

[1] Editado según *Constitución política del Estado Libre de Sonora, decretada y sancionada por su congreso de 1831 y reformada por el del año de 1848*, Ures: Imprenta del Estado, 1848, 48p. Véase también: Corbala Acuña, Manuel: *Sonora y sus constituciones*, Hermosillo: Gobierno del Estado de Sonora, Secretaría de Fomento Educativo y Cultura, Instituto Sonorense de Cultura, 2nd. Ed., 1992, p. 59–82.

Para un discurso preliminar (p. [5]–[9]) véase la página de internet: www.modern-constitutions.de.

Con este texto el congreso de Sonora introdujo reformas en la constitución de 1831. La segunda constitución fue publicada en 1861.

Constitución del estado de Tabasco (1825)

Constitucion Politica del Estado libre de Tabasco[1]

El Vice-Gobernador del Estado Libre de Tabasco à todos sus habitantes sabed: Que el Congreso constituyente del mismo Estado ha decretado, y sancionado la siguiente Constitucion polìtica para el gobierno interior del propio Estado.

CONSTITUCION

Núm. 20 – En el nombre de DIOS TODOPODEROSO criador y conservador de la sociedad.

El Congreso constituyente del Estado de Tabasco deseoso de cumplir la voluntad de sus comitentes y llenar el fin de su instituto proporcionandoles su felicidad, prosperidad y engrandecimiento. Decreta para su gobierno interior la presente Constitucion.

CAPITULO I

Del Estado, su Religion. Territorio y Gobierno

Seccion I

Del Estado y Religion

ART. 1.° El Estado de Tabasco es libre é independiente de los demas Estados de la federacion y de cualquiera otra nacion,

ART. 2.° El Estado retiene su libertad, y su soberanìa recide esencialmente en los individuos que le componen: por tanto pertenece à ellos esclusivamente el derecho de formar por medio de sus representantes, su Constitucion y el de acordar y establecer con arreglo à ella la leyes que requiera su conservacion, régimen, seguridad y prosperidad interior.

ART. 3.° El Estado està obligado à conservar y proteger por leyes sábias y justas la libertad, igualdad, propiedad y seguridad de todos sns individuos; por lo mismo prohibe la introduccion de esclavos en su territorio y declara libres á los hijos que nacieren de los que actualmente existen en él.

ART. 4.° El Estado està obligado à conservar protejer y hacer respetar la Religion Católica, Apostólica Romana y prohibe el ejercicio de cualquiera otra.

Seccion II

Del territorio

ART. 5.° El territorio del Estado de Tabasco es actualmente el mismo à que se estendia la Provincia de este nombre compuesto de los pueblos cabezeras de Partido de Teapa, Tacotalpa, Jalapa, Macuspana, Usumacinta, Villa-hermosa, Cunduacan, Jalpa y Nacajuca, y cada uno de estos con sus respectivos adyacentes y el pueblo de Jonuta.

ART. 6.° De este territorio se hará oportunamente una division proporcional y favorabre á los pueblos respectivos señalando departamentos para facilitar la buena administracion de justicia y para todo lo que pertenezca al ramo de gobierno y policìa.

Seccion III

Del gobierno

ART. 7.° El gobierno del Estado de Tabasco es reprecentativo, popular, republicano federal.

ART. 8.° El poder supremo del Estado se conservará dividido para su ejercicio, en legislativo, ejecutivo y judicial, y jamas podrà reunirse.

ART. 9.° La potestad de hacer las leyes recide en el Congreso, la de hacerlas ejecutar en el gobierno, y la de aplicarlas en los tribunales establecides por la ley.

CAPITULO II

De los Tabasqueños sus derechos y obligaciones

Seccion I

De los Tabasqueños

ART. 10. Son Tabasqueños.

1.° Todos los hombres nacidos y avecindados en el territorio del Estado.

2.° Los extrangeros que hayan obtenido del Congreso carta de naturaleza.

3.° Los que la hayan ganado con dos años de vecindad, teniendo casa abierta y poblada en territorio del Estado.

4.° Los esclavos que actualmente existen en el desde que adquieran su libertad.

Seccion II

Derechos de los Tabasqueños

ART. 11. Todos los Tabasqueños.

1.° Son iguales ante la ley ya premie ò ya castigue.

2.° Tienen un mismo derecho para ejercer todo genero de industria y cultivo, y para gozar de sus legitimas propiedades, como igualmente de los beneficios comunes de la sociedad, y la ley solo puede prohibirles, ò limitarles el uso de estos derechos cuando su exercicio sea ofensivo á los de otro individuo, ó perjudicial á la misma sociedad.

Seccion III

Obligaciones de los Tabasqueños

ART. 12. Todo Tabasqueño sin distincion alguna está obligado.

1.° A observar y guardar fidelidad á la Constitucion federal y la particular del Estado.

2.° A obedecer las leyes generales de la nacion y particulares del Estado.

3.° A respetar las autoridades establecidas.

4.° A contribuir en proporcion de sus haberes para los gastos del Estado.

5.° A defender la patria con las armas cuando sea llamado por la ley.

CAPÍTULO III

De los cuidadanos y de sus derechos

Seccion I

De los ciudadanos

ART. 13. Es ciudadano en ejercicio de sus derechos.

1.° El Tabasqueño nacido en algun. pueblo: que tenga veinte y un años cumplidos de edad, ó diez y o ocho siendo casado.

2.° El que gozando ya de este derecho en otro Estado de la federacion se establezca despues en este.

3.° El natural de alguno de los otros Estados de Amèrica que esté separado de la dominacion española, y que con alguna industria productiva ó con un capital conocido fijáre su residencia por tres años en este.

4.° El extrangero que gozando ya de los derechos de Tabasqueño obtubiere del Congreso carta especial de ciudadano.

5.° Para que el extrangero pueda obtener carta de ciudadania deberà tener alguna profesion, ò ejercicio productivo, ò haber adquirido bienes raizes, ò haber hecho señalados servicios al Estado y estar avecindado en algun lugar de su territorio con residencia, lo menos de cuatro años, bastando solo dos al que se radicare con su familia ó estubiere casado con tabasqueña.

ART. 14. Solo los que sean ciudadanos en ejercicio de sus derechos podrán obtener empleos municipales, y elegir para ellos en los casos que señale la ley.

Seccion II

De los derechos de los ciudadanos

ART. 15. Se suspende el ejercicio de estos derechos.

1.° Por incapacidad fisica ò moral previa informacion judicial en casos dudosos.

2.° Por deuda à los fondos pùblicos despues de haber precedido requerimiento para el pago por plazo cumplido.

3.° Por no tener domisilio, empleo, oficio, industria ó modo de vivir conocido.

4.° Por estar procesado criminalmente.

5.° Por sirviente domestico cuya servidumbre se dedique à la persona del amo, ó por sirviente adeudado.

6.° Por no saber leer ni escribir. No teniendo efecto esta clausula hasta el año de mil ochocientos cuarenta y uno.

ART. 16. Se pierda el ejercicio de estos derechos.

1.° Por adquirir naturaleza en pais estrangero.

2.° Por establecerse fuera del Estado sin licencia del gobierno.

3.° Por haber sido sentenciado à pena aflictiva ó infamante sino se ha obtenido rehabilitacion.

4.° Por vender su voto ò comprar el ageno en las juntas electorales, ya sea à su favor, ò al de tercera persona, siempre que preceda prueba y no se haya obtenido rehabilitacion.

5.° Por quiebra fraudulenta calificada.

CAPITULO IV

De las juntas electorales

Seccion I

De las juntas municipales

ART. 17. Las juntas municipales se compondràn de todos los ciudadanos que esten en el ejercicio de sus derechos avecindados y residentes en el territorio de cada ayuntamiento de partido.

ART. 18. Se celebraràn públicamente el primer domingo del mes de junio en el lugar que se desigue previa convocatoria que con anterioridad de ocho dias espedirà la autoridad politica local que las presidirà.

ART. 19. Si el vecindario fuese numeroso se dividirà en secciones formando una en cada uno de los pueblos adyacentes ò reuniendo dos ò mas de estos en una sola seccion à juicio del ayuntamiento del partido, en cuyo caso cada una sera presidida por la autoridad que le subsigue.

ART. 20. En las juntas electorales ningun ciudadano se presentará con armas ni habrá guardia.

ART. 21. Reunidos los ciudadanos con el Presidente à la hora y en el sitio señalado nombraràn un secretario y dos escrutadores de entre los presentes.

ART. 22. Instalada así la junta el secretario leerà los artículos que quedan bajo el rubro de juntos munisipales; el Presidente preguntará ¿si alguno tiene que esponer queja sobre cohecho ò soborno para que la eleccion recaiga en determinada persona? y habiendola se harà pùblica justificacion verval en el acto: resultando cierta la acusacion seràn privados los reos del derecho de votar y ser votados por aquella vez: si la acusacion fuere falza, los calumniadores sufrirán la misma pena y de este juicio no habrá recurso.

ART. 23. El Presidente escrutadores y secretario se abstendrán de hacer indicaciones para que la eleccion recaiga en determinadas personas.

ART. 24. En seguida se procederà á la eleccion de un elector que se debe nombrar en cada ayuntamiento de partido sea cual fuere su senzo. Si los ciudadanos se hubiesen distribuido en diferentes secciones, se nombrarà en caca una un elector, y nadie podrà votarse asì mismo bajo la pena de perder su derecho por aquella vez.

ART. 25. Concluida la eleccion se reunirán las listas que se hubieren formado en todas las secciones electorales y hecha la regulacion de los votos se tendrà por electo el que hubiere reunido mayor número: en caso de igualdad decidirà la suerte, y el Presidente publicarà la eleccion.

ART. 26. El secretario estenderà la acta que con él firmarán el Presidente y escrutadores y se entregarà cópia firmada por los mismos al electo para hacer constar su nombramiento, remitiendo otro ejemplar al Presidente del Consejo de gobierno.

ART. 27. Para ser elector municipal se requiere.

1.° Ser ciudadano en el ejercicio de sus derechos.

2.° Ser mayor de veinte y cinco años, ó de veinte y uno siendo casado.

3.° Ser vecino del territorio y no ejercer en él jurisdiccion contenciosa civil, ecleciastica ò militar, ni cura de almas (aunque sea interino).

4.° Saber leer y escribir.

ART. 28. Solo por motivo notoriamente justo podràn los electos esimirse de su encargo.

ART. 29. Concluido el nombramiento de electores se disolverà la junta immediatamente y cualquiera otro acto que se mescle serà nulo.

ART. 30. Los electores desde su nombramiento hasia tres dias despues de concluido su encargo, no podràn ser demandados, detenidos ni presos, sino por causa criminal que merezca pena corporal aflitiva.

Seccion II
De las juntas de Estado

ART. 31. Las juntas electorales de Estado se compondràn de todos los electores municipales reunidos en la capital.

ART. 32. Se celebraràn publicamente el cuarto domingo del mes de junio, y seràn presididas por el gefe de polícia, á quien se presentaràn los electores con la credencial de su nombramiento para anotar sus nombres en el libro en que han de sentarse las actas de la junta.

ART. 33. Tres dias antes de la eleccion se reunirán los electores con el Presidente en la casa consistorial y nombraràn de entre ellos mismos un secretario y dos escrutadores que examinaràn las credenciales, y las de estos serán examinadas por una comision de tres individuos que nombre la misma junta para que informe.

ART. 34. Al dia siguiente se leeràn los informes y hallado reparo sobre las credenciales ò calidad de los electores, la junta resolverá en el acto y su resolucion se ejecutará sin recurso; entendiendose que la duda no puede recaer sobre el contenido de esta ú otra ley.

ART. 35. En el dia y hora señalada para la eleccion se reunirán los electores con el Presidente en el lugar designado, el secretario leerà los artìculos que quedan bajo el rubro de juntas de Estado; el Presidente hará la pregunta que se contiene en el artìculo 22, y se observará cuanto en el se previene. Acto continuo se procederà á la eleccion de los diputados del Congreso del Estado, de uno en uno por escrutinio secreto mediante cedulas, y al fin de cada una se hará publicacion por el Presidente mas si ninguno hubiere reunido la mitad y uno mas de los votos, los dos que hayan obtenida mayor nùmero entrarán en segundo escrutinio, y se habrà por electo el que reuna mas votos; en caso de igualdad desidirà la suerte. Concluida la eleccion de diputados propietarios se procederà por el mismo metodo á la de suplentes, y al fin de cada una el Presidente harà publicacìon.

ART. 36. El número de diputados del Congreso del Estado será uno por cada ayuntamiento de partido en clase de propietarios, y en la de suplentes uno por cada tres de aquellos.

ART. 37. Para ser diputado del Congreso del Estado se requiere.

1.° Ser ciudadano en el ejercicio de sus derechos.

2.° Ser mayor de veinte, y cinco años.

3.° Ser nacido, en cualquiera de los pueblos del Estado, ó estar avecindado en el con residencia de cinco años. Los no nacidos en el territorio de la federacion deben tener ocho años de vecindad, ocho mil pesos de vienes raices, ò una industria, que les produzca mil pesos anuales.

ART. 38. No pueden ser diputados del Congreso del Estado.

1.° El gobernador y vice gobernador.

2.° Los empleados de nombramiento del gobierno de la federacion que esten en actual servicio.

3.° Los empleados de nombramiento del gobierno del Estado que gozen sueldo fijo mientras esten en ejercicio.

ART. 39. Al dia siguiente de la eleccion de diputados se procederà por el mismo òrden á la de tres individuos propietarios y un suplente para el consejo de gobierno.

ART. 40. Las calidades necesarias ò restricciones para ser elegido, son las mismas que se prescriben para los diputados.

ART. 41. Al otro dia de la eleccion de los individuos del consejo se procederà à la de gobernador y vice-gobernador del Estado, cuando sea llegado el tiempo segun fija esta Constitucìon.

ART. 42. Para ser electo gobernador o vice-gobernador se requiere.

1.° Ser ciudadano en el ejercicìo do sus derechos.

2.° Ser mayor de treinta años.

3.° Ser nacido en el territorio del Estado ó de cualquiera otro de la federacion con residencia de ocho años en el de este.

ART. 43. No pueden entrar en eleccion para gobernador ó vice-gobernador.

1.° Los ecleciasticos.

2.° Los empleados de nombramiento del gobierno de la federacion que esten en actual servicio.

3.° Los magistrados ó jueces de los tribunales del Estado.

ART. 44. La eleccion de gobernador ò vice-gobernador será preferida à cualquiera otra.

ART. 45. Para que se haya por electo al gobernador ò vice gobernador es necesario que reuna à lo menos las dos terceras partes de los votos: si ninguno reuniere este número, los dos que lo hayan obtenido mayor entraràn en segundo escrutinio y quedarà electo el que reuna, la mayoria. En caso de igualdad desidirá la suerte cual sea el gobernador, y al que queda serà el gobernador.

ART. 46. Concluidas las elecciones, los electores y electos presentes pasarán à la iglesia principal en donde se cantarà un solemne Te-Deum en accion de gracia al Todo-Poderoso: se reunitiràn copias de las actas de eleccion firmadas por el Presidente, escrutadores y secretario al gobernador cuidando de remitir tantos ejemplares de cada una, cuantos son los electos y dos mas. El gobernador remitirà inmediatamente à cada uno de los electos un ejemplar que acredite su nombramiento y pasarà otro à la secretarìa del consejo dejando uno en la suya para constancia.

ART. 47. Los mismos electores municipales se reuniràn en la capital cada bienio para proceder à la eleccion de los diputados del Congreso general conforme lo prevenido en los artículos 8, 9, 10, 11 y 13 de la Constitucion federal.

ART. 48. La eleccion periodica serà el primer domingo de octubre segun lo previene la misma Constitucion en el artículo 16.

ART. 49. Presidirà la junta electoral el gefe de polícia y darà cumplimiento al artìculo 17 de la citada Constitucion.

ART. 50. Si por imposibilidad fisica ò moral no pudieren concurrir à las elecciones alguno de los electores, seràn reemplazados con los que lesubsigan en votos segun el órden de las listas.

ART. 51. En las juntas electorales de Estado se observará lo prevenido para las municipales en los artìculos 20, 23, 28 y 29.

CAPITULO V

Del Poder Legislativo

Seccion I

De los diputados del Congreso

ART. 52. El poder legislativo del Estado recidirà en el Congreso que se compondrà de todos los diputados elegidos popularmente en la forma que queda prevenida en el capitulo 4.°

ART. 53. Los diputados se renovaràn por mitad cada año debiendo salir primero el menor nùmero de los primeros nombrados y en lo subsecivo los mas antiguos.

ART. 54. No podràn volver à ser elegidos sino mediando dos años por lo menos.

ART. 55. Durante el tiempo de su legislatura no podrán admitir para sí, ni solicitar para otro, empleo alguno de nombramiento del gobierno, ni aun asenso como no sea de escala en su respectiva carrera. Tampoco podràn obtener para sì ni solicitar para otro pension alguna del gobierno durante el mismo tiempo.

ART. 56. Seràn imbiolables por sus opiniones manifestadas en el desempeño de su encargo, y en ningun tiempo ni caso, ni por autoridad alguna podrán ser reconvenidos por ellas.

ART. 57. Desde su nombramiento hasta dos meses despues de concluida su legislatura no pueden ser demandados, detenidos ni presos si no por causa criminal que merezca pena corporal aflictiva.

ART. 58. En las causas criminales que contra ellos se intentaren no podràn ser acusados sino ante el Congreso, quien tomando en consideracion la acusacion, declararà si ha ó no lugar á la formacion de causa. Si el Congreso declarare que ha lugar á la formacion de causa por las dos terceras partes de los Díputados presentes escepto el acusado, quedarà éste suspenso de su encargo y puesto á disposicion del tribunal competente.

ART. 59. Si de la causa resultare reo, serà privado de su empleo, que ocupará el suplente que le corresponda, y sufrirà la pena que señalan las leyes; mas si no resultare serà restituido á su mismo empleo.

ART. 60. Seràn compensados con sus dietas durante las sesiones, y por razon de veático à juicio del Congreso anterior.

Seccion II

De la celebracion del Congreso

ART. 61. El congreso se reunirá todos los años en la capital del Estado en el edificio destinado à este efecto. Cuando tubiere por conveniente trasladarse à otro lugar podrà hacerlo combiniendo en ello las dos terceras partes de los Diputados presentes.

ART. 62. Al llegar los Diputados a la capital se presentaràn al Presidente del Consejo, quien harà sentar sus nombres en un registro que llevarà para este efecto y de que pasará copia à la secretarìa del Congreso.

ART. 63. El dia veinte de julio se celebrará la primera junta preparatoria haciendo de Presidente el que lo sea del Consejo y renombrarà de entre los Diputados mas antiguos una comision de tres individuos para que ecsamine las credenciales é informe con lo que resulte. Tambien esaminarà las esenciones que hayan puesto los electos, si las hubiere, y dara igualmente su informe.

ART. 64. El dia veinte y cuatro del mismo mes se celebrarà la segunda junta preparatoria en la cual informarà la comision sobre los reparos y dudas que ocurran à cerca de la legitimidad ó esenciones de los electos y la junta resolverà definitivamente, cuya resolucion se ejecutará sin recurso.

ART. 65. El dia treinta del citado mes se celebrarà la ùltimta junta preparatoria en la que los nuevos Diputados interrogados por el Presidente y puestas las manos sobre los Santos Evangelios prestaràn juramento bajo la fórmula siguiente. ¿Juráis guardar y hacer guardar la Constitucion federal de los Estados-Unidos Mejicanos y la particular del Estado de Tabasco, haberos bien y fielmente en el encargo que el Estado os ha encomendado, mirando en todo por su bien y prosperidad? R. Si juro: "si asì lo hiciereis Dios os lo premie y si no os lo demande." En seguida se procederà à elejir entre los mismos Diputados por escrutinio secreto, à pluralidad absoluta de votos un Presidente, un Vice-Presidente y dos Secretarios, con lo que quedarà instalado el Congreso. A consecuencia se participarà al Gobierno la instalacion dando parte de la eleccion, y esto mismo se observarà para el acto de cerrarse las sesiones.

ART. 66. Las sesiones ordinarias del Congreso seràn cada año cuarenta, dando principio el dia primero de agosto en la forma que señala el reglamento interior. A la primera asistirà el Gobernador y en ella harà una sencilla esposicion del estado en que se hallen los negocios de su manejo.

ART. 67. El Congreso podrà prorrogar sus sesiones en nùmero de veinte á lo mas solo en dos casos.

1.° A peticion del Gobernador, por ecsijirlo asi las circunstancias.

2.° Cuando el Congreso lo creyere necesario por una resolucion de las dos terceras partes de los Diputados presentes.

ART. 68. Las sesiones del Congreso seràn públicas y solo en los casos que esijen reserva podrá celebrarse sesion secreta. En las discuciones y en todo lo demas que pertenezea á su régimen interior, se observarà su reglamento, sin perjuicio de la reforma que el Congreso tubiere por conveniente hacer en él.

ART. 69. En los casos en que el Gobernador haga al Congreso algunas propuestas ú objetare sobre alguna ley ò decreto asistirà su secretario à las discuciones, cuando y del modo que el Congreso determine, en ellas tendrà voz; pero no estarà presente a la votacion.

ART. 70. Si el Congreso se reuniere estraordinariamente no entenderá sino en el objeto para que haya sido convocado, y sus sesiones principiarán y se terminaràn con las mismas formalidades que las ordinarias.

ART. 71. La reunion del Congreso estraordinario no estorvarà la eleccion de los nuevos diputados en el tiempo señalado.

ART. 72. Si el Congreso extraordinario no hubiere concluido sus sesiones en el dia señalado para la reunion del ordinario, cesarà el primero en sus funciones y el ordinario continuarà el negocio para que aquel fue convocado.

Seccion III

De los facultades del Congreso

ART. 73. Las facultades del congreso del Estado son

1.ª Proponer, decretar, interpretar y derogar con arreglo à la Constitucion federal de los Estados-Unidos Mejicanos y à la particular de este Estado las leyes relativas à su gobierno interior.

2.ª Decretar la creacion ò supresion de plazas en los tribunales que establece la Constitucion: la de los empleos y oficios pùblicos y el aumento ò disminucion de sus dotaciones.

3.ª Decretar la creacion de cuerpos munisipales con vista de los informes que le presente el gobierno.

4.ª Fijar con vista de los presupuestos del gobierno los gastos anuales de la administracion pública del Estado, agregandola parte que à este quepa en los generales de la federacion.

5.ª Establecer ò continuar anualmente las contribuciones generales é impuestos municipales. Aprovar su repartimiento: disponer la aplicacion de sus productos; esaminar las cuentas de su invercion.

6.ª Disponer lo conveniente para la administracion, conservacion ò enagenacion de las propiedades del Estado.

7.ª Promover y fomentar la agricultura, la industria y el comercio y remover todos los obstàculos que entorpezcan el progreso de estas artes.

8.ª Introducir y establecer en el Estado la enseñanza de las ciencias y artes útiles, y toda clase de instruccion pública.

9.ª Aprovar los reglamentos generales de policìa y salubridad del Estado.

10.ª Asignar las dotaciones que deben disfrutar todos los empleados pùblicos del Estado antes de que sean nombrados.

11.ª Determinar que con arreglo à los tìpos generales tenga efecto en el Estado la igualdad de pesos y medidas.

12.ª Conceder indulto, remision ò comutacion de pena solo cuando lo requiera el mayor bien y conveniencia del Estado.

13.ª Dar carta de naturaleza y ciudadania à los estrangeros con arreglo à la Constitucion.

14.ª Declarar cuando ha lugar à la formacion de causa à los Diputados, gobernador, Vice-Gobernador, Consejeros y los individuos del Superior tribunal de justicia del Estado cuando fueren acusados legalmente por causa criminal y de que no cumplen con sus obligaciones, ò salen fuera del cìrculo de sus deberes.

15.ª Disponer que se haga nueva eleccion de Gobernador ò Vice-Gobernador cuando estos fallezcan ò por otra causa se imposibiliten de poder continuar en sus funciones antes de concluido el término que se previene en esta Constitucion.

16.ª Intervenir ó prestar su consentimiento en todos los casos y actos que le correspondan al cuerpo legislativo.

ART. 74. El Congreso no puede abrir sus sesiones sin la concurrencia de las dos terceras partes de los diputados; pero los presentes deberàn reunirse el dia señalado y competer à los ausentes bajo las penas que designe la ley.

ART. 75. La junta de que habla el artículo anterior podrà librar las órdenes que crea convenientes para que tengan efecto sus resoluciones. Lo mismo harà el Congreso en virtud de las funciones que le señala el art. 73 atribucion 14.ª y el Gobernador las deberà hacer ejecutar sin poder hacer observaciones sobre ellas.

Seccion IV
De la formacion y promulgacion de las leyes

ART. 76. Ninguna resolucion del Congreso tendrá otro caracter que el de ley ó decreto.

ART. 77. En el reglamento interior del Congreso se prescrive la forma, intérvalos y modo de proceder en la discucion y aprovacion de los proyectos de ley ò decreto.

ART. 78. Los proyectos que fueren desechados conforme al reglamento interior no podrán presentarse; de nuevo hasta las sesiones del año siguiente.

ART. 79. Ningun proyecto se discutirà si no se hallan presentes por lo menos las dos terceras partes del nùmero total de los diputados.

ART. 80. Para que un proyecto se tenga por aprovado ò desechado, es necesario que vote por lo menos la mitad y uno mas del nùmero total de los diputados, ya sea á favor ò en contra del proyecto.

ART. 81. Si la ley fuere relativa a imponer contribucion no podrà discutirse sin la concurrencia de las tres cuartas partes del número total de los diputados.

ART. 82. Aprovado un proyecto se estenderá por duplicado en forma de ley, se leerà en el Congreso, y se firmaràn ambos por el Presidente y secretarios: un ejemplar quedará en la secretaria del Congreso, y el otro se remitirá al Gobernador para su promulgacion quien dentro diez dias comunes podrà hacer las objeciones que le parezca, oido al consejo del Estado.

ART. 83. En el caso de que haya objecion volverà el Congreso á discutir el proyecto, y aprovado de nuevo con la reforma que se hubiere hecho, ò sin ella si no la ha merecido, se devolverá al Gobernador para que proceda inmediatamente à su promulgacion y circulacion.

ART. 84. Cumplido el referido término el ejemplar que quedó en la secretarìa del Congreso, con la reforma que haya tenido se incluirà en la coleccion que debe obrar en ella.

ART. 85. El Gobernador para publicar las leyes usarà de la formula siguiente. «El Gobernador à los habitantes del Estado, sabed: Que el Congreso ha decretado lo siguiente. « – Aquí el testo. – »Por tanto mando à todos los habitantes del Estado, que cumplan y à las autoridades que hagan cumplir la presente ley en todas sus partes à cuyo efecto publíquese y circulese.

ART. 86. Las leyes se derogan por los mismos trámites y con las mismas formalidades con que se establecen.

CAPITULO VI

Del Poder Ejecutivo

Seccion I

Del Gobernador

ART. 87. El Poder Ejecutivo del Estado se depositará en una sola persona con la denominacion de Gobernador

ART. 88. Su nombramiento será popular en la forma que señala el capìtulo 4.°: su ejercicio durará por cuatro años y no podrà volver á ser electo para este empleo hasta despues de cuatro años por lo menos de haber cesado en sus funciones.

ART. 89. Durante el tiempo de ellas gozarà de la dotacion que el Congreso le señale con anterioridad.

ART. 90. Las atribuciones del Gobernador son:

1. Cuidar de la conservacion del òrden público en lo interior, y de la seguridad en lo esterior del Estado.
2. Disponer para este efecto de la milicia del Estado cuando sea necesario despues de oido al Consejo.
3. Proveer todos los empleos que no sean de nombramiento popular en la forma que previene la Constitucion.
4. Presentar para los beneficios eclesiásticos.
5. Cuidar del cumplimiento de la Constitucion y leyes formando para su ejecucion los necesarios reglamentos.
6. Cuidar que por los tribunales del Estado se administre pronta y cumplidamente la justicia, y que se ejecuten las sentencias, sin mezclarse en el òrden de los juicios:
7. Cuidar de la instalacion de la milicia del Estado con arreglo à la disciplina general.
8. Nombrar y separar al secretario del despacho de gobierno.
9. Suspender oido al Consejo, hasta por dos meses y privar de la mitad de su sueldo por el mismo tiempo à los empleados del Estado que no cumplan con sus deberes; y en el caso que crea deberseles formar causa pasarà las constancias al tribunal que corresponda.
10. Convocar en caso grabe y urgente à Congreso estraordinario, despues de oido al Consejo.
11. Proponer al Congreso las mejoras que juzgue convenientes en la Constitucion y leyes.
12. Objetar cuando tenga por conveniente, oido al Consejo, dentro del término de diez dias comunes sobre las leyes ó decretos por sola una vez.
13. Tendrà la superior inspeccion en todas las tesorerias del Estado y pasará al Congreso cada seis meses una nota de todo lo que comprehende el art. 82 la de la acta constitutiva. Por ùltimo se estiende su autoridad à todo cuanto conduce à conservar el órden público promober la prosperidad y cuidar de la seguridad del Estado.

ART. 91. No podrà el Gobernador

1. Pribar á ningun ciudadano de su libertad, ni imponerle pena corporal; pero cuando lo exiga el bien y seguridad del Estado podrà arrestarle, debiendo poner las personas arrestadas en el termine de veinte y cuatro horas à disposicion del tribunal ó juez competente.
2. Ocupar la propiedad de ningun particular ni corporacion, ni turbarle en la posecion, uso, ó aprovechamiento de ella, mas si en algun caso fuere necesario para un objeto de conocida utilidad al Estado tomar la propiedad de algun particular ò corporacion, no podrá hacerlo sin previa aprobacion del Congreso, y en sus recesos del Consejo de Gobierno, indemnizando siempre à la parte interesada à juicio de hombres nombrados por ella y el gobierno.

3. Impedir las elecciones y demas actos públicos que se espresan en esta Constitucion.

4. Salir del territorio del Estado durante su encargo y tres meses despues, sin permiso del Congreso.

ART. 92. Tendrà un secretario para el despacho general de todos los asuntos de gobierno.

ART. 93. El secretario debe ser ciudadano en el ejercicio de sus derechos, ser nacido en la federacion y apto para el desempeño de sus funciones.

ART. 94. Todas las òrdenes y decretos del Gobernador deberán ir firmados por el secretario del gobierno, sin cuyo requisitos no seràn obedecidos.

ART. 95. El Gobernador es responsable al Congreso por los actos de su gobierno á escepcion de lo prevenido en el cuarto punto del art. 38 de la Constitucion federal.

ART. 96. Desde su nombramiento, hasta tres meses despues de concluir en su egercicio, no puede ser demandado detenido ni preso, sino por causa criminal que merezca pena corporal aflictiva.

ART. 97. No puede ser acusado durante el tiempo referido sino ante el Congreso, quien tomando en consideracion la acusacion declarará si ha ò no lugar à la formacion de causa.

ART. 98. Si el Congreso declarare por las dos terceras partes de los diputàdos presentes que ha lugar á la formacion de causa, quedará suspenso de su empleo y puesto à disposicion del tribunal competente, en cuyo caso será pribado de la mitad de su sueldo.

ART. 99. Si de la causa resultare reo, serà pribado de su empleo y por consiguiente de la otra mitad del sueldo, mas si no resultare, serà repuesto en su empleo.

ART. 100. En los asuntos de oficio tendrá el tratamiento de Exelencia.

ART. 101. Antes de tomar posesion de su empleo prestarà ante el Congreso el debido juramento de haber bien y fielmente en el desempeño de sus deberes bajo la formula siguiente. – »Yo N. Gobernador nombrado por el Estado de Tabasco, juro por Dios y los santos Evangelios, que ejerceré fielmente el encargo que el mismo Estado me ha confiado; que guardaré y haré guardar esactamente la Constitucion y leyes generales de la federacion, como igualmente la Constitucion y leyes del Estado.»

ART. 102. El Gobernador tomarà posesion de su empleo el dia diez de agosto, y serà reemplazado precisamente igual dia cada cuatro años por una nueva eleccion constitucional.

Seccion II

Del vice-Gobernador

ART. 103. Se elegirá tambien por el órden que queda referido un vice-Gobernador que tenga las mismas cualidades que aquel para que desempeñe las funciones del gobierno en caso de ausencia, enfermedad, muerte ò suspencion de Gobernador, en cuyo caso tendrà las mismas facultades, tratamiento y dotacion.

ART. 104. Mientras no desempeñe las funciones de Gobernador solo disfrutará de la mitad del sueldo señalado para aquel: presidirà el Consejo de gobierno y en él tendrà voz, mas solo en casos de empate tendrà voto.

ART. 105. Su ejercicio durará por cuatro años y no puede volver à ser elegido para el mismo empleo hasta despues de cuatro años, por lo menos, de haber cesado en sus funciones.

ART. 106. Serà el gefe de polícia del partido de la capital, y en caso de desempeñar las funciones de gobernador recaerà la gefatura polìtica del partido en el alcalde primero del ayuntamiento de la capital.

ART. 107. El vice-gobernador es responsable ante el Congreso por los actos de su ejercicio.

ART. 108. Desde su nombramiento basta tres meses despues de concluido su encargo no puede ser demandado, detenido ni preso sino por causa criminal que merezca pena corporal aflictiva.

ART. 109. No puede ser acusado durante el tiempo referido sino ante el Congreso, quien tomando en concideracion la acusacion declarará si ha ò no lugar à la formacion de causa.

ART. 110. Si el Congreso declarare por las dos terceras partes de los diputados presentes que ha lugar à la formacion de causa quedarà suspenso de su empleo y puesto à disposicion del tribunal competente, en cuyo caso serà privado de la mitad de su sueldo.

ART. 111. Si de la causa resultare reo, será privado de su empleo, y por consiguiente de la otra mitad del sueldo; mas sino resultare serà repuesto en su empleo.

ART. 112. Antes de tomar posecion prestara ante el Congreso el debido juramento bajo la formula señalada para el gobernador.

ART. 113. El vice-gobernador tomará posecion de su empleo el dia diez de agosto, y será reemplazado precisamente en igual dia cada cuatro años por una nueva eleccion constitucional.

Seccion III
Del Consejo de Gobierno

ART. 114. El Consejo de gobierno se compondrà de cinco individuos: tres de ellos seràn elegidos en la forma que señala el capitulo 4.° y los otros dos natos que serán el administrador principal de rentas del Estado, y el vice-gobernador.

ART. 115. Los individuos del consejo que son electivos se renovarán cada año.

ART. 116. Durante su ejercicio gozarán de la dotacion que el Congreso les señale con anterioridad.

ART. 117. Los individuos del Consejo son responsables ante el Congreso por los actos de su ejercicio y por ellos pueden ser acusados. En los asuntos comunes estaràn sujetos à los tribunales como los demas ciudadanos.

ART. 118. Las atribuciones del consejo son dar su opinion sobre los asuntos gubernativos que le consulte el gobernador.

1. Para suspeder alguno de los empleados del Estado.
2. Para convocar á Congreso estraordinario.
3. Para proponer el Congreso las mejoras sobre la constitucìon y leyes vigentes.
4. Para objetar sobre las leyes ò decretos del Congreso del Estado antes de su promulgacion.

ART. 119. Consultarle al gobernador en todos los demas asuntos en que pida consejo.

ART. 120. Proponer en terna para todos los empleos que son de nombramiento del gobierno del Estado.

ART. 121. Promover el establecimiento y fomento de todos los ramos de industria y de ilustracion pùblica del Estado.

ART. 122. El consejo celebrará sus sesiones en el lugar que destine para este efecto.

ART. 123. El secretario del Consejo lo será uno de los tres electos turnariamente.

ART. 124. Cuando el vice-gobernador que preside desempeñare las funciones de gobernador ò que por otra causa no asista à las sesiones, las presidirá el vocal que fuere nombrado en primer lugar.

ART. 125. Si aconteciere que el Gobernador y vice-Gobernador se imposibilitare para ejercer las funciones del gobierno, el vocal primer nombrado del Consejo las desempeñará provisionalmente hasta que el Congreso determine ó llegue el tiempo de las elecciones.

ART. 126. El consejo de gobierno deberà estar reunido precisamente despues desde el dia quince de agosto de cada año y no se disolberà hasta dar posesion à los que le sostituyan.

CAPITULO VII

Del Poder Judicíal

Seccion I

De la administracion de justicia en lo general

ART. 127. La administracion de justicia en lo general corresponde esclusivamente à los tribunales que establece esta Constitucion. Ni en Congreso ni el gobernador pueden en ningun caso ejercer las funciones judiciales, abrocarse las causas pendientes, ni mandar abrir las fenecidas.

ART. 128. Ninguna persona puede ser juzgada sino por leyes dadas y en tribunales establecidos, por consiguiente queda prohibido todo juicio por comision y toda ley retroactiva.

ART. 129. En los negocios comunes, civiles y criminales no habrà mas que un solo fuero para toda clase de personas.

ART. 130. Los militares y ecleciàsticos continuaràn sujetos à las mismas autoridades á que lo están al presente segun las leyes vigentes en los negocios privativos á su ejercicio ò ministerio.

ART. 131. La pena de infamia no pasarà del delincuente que la hubiere merecido segun las leyes.

ART. 132. Se prohibe absolutamente la pena de confiscacion de bienes, y ninguna autoridad podrá librar órden para el registro de las casas, papeles y otros efectos de los habitantes del Estado sino es en los casos espresamente dispuestos por la ley y en la forma que esta determina.

ART. 133. Ninguna autoridad aplicarà clase alguna de tormentos sea cual fuere la naturaleza y estado del proceso.

ART. 134. Las leyes fijaràn las formalidades que deben observarse en la formacion de causas, y ninguna autoridad puede dispensarlas.

ART. 135. Toda falta de observancia de las leyes que arreglan el proceso en lo civil y criminal, hace responsables personalmente á los jueces que la cometieren.

ART. 136. Los tribunales son unos ejecutores de las leyes, y nunca podràn interpretarlas ni suspender su ejecucion.

ART. 137. Todos los asuntos judiciales del Estado se terminaràn dentro de su territorio hasta en su último recurso.

ART. 138. En ningun negocio sea de la clase que fuere puede haber mas que tres instancias y otras tantas sentencias definitivas. Las leyes determinaràn atendida la entidad de los negocios y la naturaleza y calidad de los diferentes juicios, cual de las tres sentencias ha de causar ejecucion, y de esta solo se podrà interponer el recurso de nulidad en la forma y para los efectos que ellas mismas determinan.

ART. 139. Ningun juez que haya sentenciado un negocio en alguna instancia puede sentenciarlo en otra ni determinar sobre el recurso de nulidad que se interponga.

ART. 140. No se podrà entablar pleito alguno en lo civil, ni en lo criminal sobre injurias, sin hacer constar haberse intentado legalmente el medio de la consiliacion.

ART. 141. En todos los tribunales del Estado se prestará entera fé y créditos à los actos, registros y procedimientos de los jueces y demas autoridades de los otros Estados de la federacion, siempre que vengan probados con arreglo á las leyes generales.

Seccion II

De la administracion de justicia en lo civil

ART. 142. A nadie podrá privarse del derecho de terminar sus diferencias por medio de jueces àrbitros nombrados por ambas partes, sea cual fuere el estado del juicio.

ART. 143. La sentencia que dieren los àrbitros se ejecutarà sin recurso por los tribunales, si las partes al hacer el compromiso no se hubieren reservado el derecho de apelar.

Seccion III

De la administracion de justicia en lo criminal

ART. 144. Nadie podrá ser preso sin que preceda informacion sumaria del hecho por el que merezca segun la leyser castigado con pena corporal, y asì mismo un mandamiento del juez por escrito, que se le notificará en el acto mismo de la prision. Toda persona deberà obedecer estos mandatos, y cualquiera resistencia serà reputada como delito grabe.

ART. 145. Cuando hubiere resistencia ò se temiere la fuga se podrà usar de la fuerza para asegurar la persona sin mas rigor que el necesario para este efecto

ART. 146. El arrestado antes de ser puesto en prision serà presentado al juez para que le reciba declaracion; mas si esto no pudiese verificarse se le conducirà en clase de detenido, y el juez le recibirà declaracion dentro de las veinte y cuatro horas.

ART. 147. Cuando haya semiplena prueba ò indicio de delincuencia, se tendrá al indicado en clase de detenido hasta recibirle su declaracion, no pasando su detencion de sesenta horas dentro de cuyo termino se le recibirà la declaracion.

ART. 148. La declaracion del arrestado ó detenido, será sin juramento que á nadie ha de tomarse en materias criminales sobre hecho propio.

ART. 149. Todo delincuente en fraganti puede ser arrestado y cualquiera puede arrestarle dando parte al juez, ó conducirle à su presencia. Presentado ò puesto en custodia se procederà à la formacion y sustanciacion de su causa.

ART. 150. Si se resolviere que al arrestado se le ponga en calidad de preso se prohoberà auto en que se refiera el hecho que motiva su prision y se entregarà copia al alcaide para que la inserte en el libro de presos, sin cuyo requisito no admitirà à ninguno en calidad de tal bajo la mas estrecha responsabilidad.

ART. 151. Cuando se proceda por delitos que lleben consigo responsabilidad pecuniaria, podrà hacerse embargo de vienes equivalentes à la cantidad à que esta pueda estenderse y nada mas.

ART. 152. No serà puesto en prision el que dé fianza en cualquiera estado de la causa siempre que aparezca por ella no poder imponersele pena corporal á escepcion de los casos en que la ley prohiba espresamente que se le admita.

ART. 153. En ningun caso puede procederse contra persona alguna por denuncia secreta.

ART. 154. Dentro de las veinte y cuatro horas se manifestará al tratado como reo la causa de su prision y el nombre de su acusador, si lo hubiere.

ART. 155. Al tomar la confesion al tratado como reo se le leerán integramente todos los documentos y las declaraciones de los testigos espresandole los nombres de estos; y si aun así no los conociere se le daràn cuantas noticias pida para el efecto.

ART. 156. Tomada la confesion al reo, el proceso de ayì en adelante serà público en el modo y forma que determinen las leyes.

ART. 157. Las càrceles se dispondràn de manera que solo sirvan para asegurar á los presos y no para molestarlos: por tanto se prohibe absolutamente el uso de calabozos subterraneos ò sin ventilacion.

ART. 158. La incomunicacion de los reos que por necesidad constante en autos se decretare, no podrà estenderse à mas de seis dias.

ART. 159. La ley determinarà la frecuencia con que deba hacerse la visita de cárceles y no habrà preso alguno que deje de presentarse à ellas bajo ningun protesto.

Seccion IV
De los tribunales

ART. 160. Habrà un tribunal de primera instancia en cada cabezera de departamento, cuyas funciones seràn ejercidas por jueces letrados.

ART. 161. Las facultades de estos jueces se limitarán precisameme á lo contencioso y las leyes determinarán los negocios de que deban conocer privativamente y sin apelacion.

ART. 162. Todos los tribunales de primera instancia de los departamentos deberàn dar cuenta mensalmente al de segunda instancia de las causas que se formen en su territorio, y continuarán remitiendo cada seis meses lista de las causas civiles, y cada tres de las criminales que pendieren en su juzgado con espresion de su estado.

ART. 163. Para conocer en grado de apelacion, y de los recursos de nulidad que se intenten por sentencias dadas en primera instancia, habrà en la capital un tribunal de segunda instancia, cuyas funciones egercerà un juez letrado.

ART. 164. Habrà igualmente en la capital un tribunal de tercera instancia para conocer en grado de apelacion y de los recursos de nulidad que se interpongan por sentenciar dadas en segunda, cuyas funciones egercerà un juez letrado.

ART. 165. Estarà tambien en la capital el supremo tribunal de justicia del Estado, que serà egercido igualmente por un solo juez letrado.

ART. 166. Conocerá de los recursos de nulidad que se intenten por sentencias dadas en tercera instancia.

ART. 167. De las competencias que se subsiten entre todos los tribunales inferiores y de los recursos de fuerza que en su respectivo grado si introduzcan de las autoridades eclesiàsticas.

ART. 168. De las causas civiles y criminales que se intenten contra los jueces de los tribunales inferiores en su respectivo grado.

ART. 169. De las criminales que habla la atribucion 14.ª del Congreso en el art. 73.

ART. 170. Los recursos de nulidad que se interpongan por sentencias dadas en primera, secunda ó tercera instancia, solo pueden fundarse en la falta de observancia de las leyes que arreglen el proceso, y las providencias solo pueden ser para el preciso efecto de reponerlo, y hacer efectiva la responsabilidad al juez.

ART. 171. Si se subsitaren dudas sobre la inteligencia de alguna ley en cualquiera de los tribunales el supremo del Estado las propondrá al gobernador para que este promueva lo conveniente en el Congreso segun los fundamentos con que se apoye la propuesta.

ART. 172. Si llegase el caso de tener que formar causa al juez que ocupa el supremo tribunal de justicia del Estado, se substanciarà y determinará en primera, segunda y tercera instancia por un tribunal compuesto de tres jueces y un fiscal nombrado por el Congreso.

ART. 173. En los recursos, de nulidad que se intenten por la sentencia ejecutoriada en cualquiera instancia de, que habla el art anterior conocerá el mismo tribunal acompañado de dos còlegas, que seràn nombrados por él y el acusado y un tercero en discordia nombrado igualmente por ambas partes desidirà cuando la opinion de los cólegas este en oposicion.

ART. 174. Los jueces de los tribunales de primera, segunda y tercera instancia, seràn perpetuos y solo pueden ser removidos con arreglo a las leyes seràn numbrados por el gobierno à propuesta en terna que haga el Consejo.

ART. 175. El juez que ocupe el supremo tribunal de justicia del Estado serà igualmente perpetuo y nombrado por los electores municipales al tiempo de su establecimiento ò reemplazo.

ART. 176. Todos los jueces de los tribunales de que hablan los dos art. anteriores, gozaràn de la dotacion que el Congreso les señale con anterioridad.

ART. 177. Antes de tomar posesion de su destino prestaràn juramento ante el gobernador en la forma siguiente, ¿Jurais á Dios nuestro señor haberos fiel y regalmente en el desempeño de las obligaciones que se os han confiado? Si juro: si asì lo hiciereis Dios os lo premie, y sino os lo demande.

CAPITULO VIII

Del gobierno interior de los pueblos

Seccion I

De los gefes de policia de los departamentos

ART. 178. En la cabezera de cada departamento habra un gefe de polícia nombrado por el gobernador á propuesta en terna del Consejo à escepcion del de la capital.

ART. 179. Para hacer la propuesta al consejo pedirà informe à los ayuntamentos constitucionales del respectivo departamento sobre los sugetos que pretendan el empleo ò puedan ser nombrados para su aptitud.

ART. 180. Los gefes de polícia durarán cuatro años e el egercicio de sus funciones, y pueden ser nombrados de nuevo, sin intervalo, para servir el mismo empleo siempre que asi lo califique el consejo.

ART. 181. Todos los gefes de polícia seràn independientes entre si en el desempeño de su encargo, y por el estarán sugetos al Gobernador del Estado.

ART. 182. Las atribuciones de estos gefes y el modo con que deben desempeñar sus funciones en el gobierno polìtico econòmico de los departamentos se detallarà por una ley.

ART. 183. Durante el tiempo de sus funciones gozaràn de la dotacion que el Congreso les señale con anterioridad.

ART. 184. Para ser nombrado gefe de polícia se requiere.

1. Ser ciudadano en el egercicio de sus derechos.

2. Ser mayor de treinta años.

3. Ser nacido en el territorio del Estado ò estan avecindado en el con residencia de seis años.

ART. 185. Para que el estrangero pueda ser gefe de policìa ha de tener la vecindad de ocho años y un capital que valga sinco mil pesos, ó una industria que le produzca quinientos cada año.

Seccion II

De los ayuntamientos constitucionales

ART. 186. En todos los pueblos cabezera de partido habrà ayuntamiento constitucional para cuidar su policìa, salubridad y gobierno interior.

ART. 187. Por circunstancias particulares segun los informes que presente el gobierno dispondrà el congreso que haya ayuntamiento constitucional en los pueblos que no son cabezera de partido.

ART. 188. Para que pueda haber ayuntamiento constitucional en los pueblos que no son cabezera departido serà necesario formar espediente señalando el territorio que debe ocupar y hasta donde se estenderà su jurisdiccion.

ART. 189. Los ayuntamientos constitucionales se compondrán de uno hasta tres alcaldes, de dos hasta doce regidores, y de uno a tres procuradores sindicos, segun el nùmero de ciudadanos en el ejercicio de sus derechos de que se componga el pueblo y su comarca, cuyas circunstancias se detallaràn en el reglamento para el gobierno polìtico de los pueblos.

ART. 190. Los alcaldes constitucionales se renovaran en su totalidad cada año, los regidores por mitad y lo mismo los procuradores sindicos, donde haya mas de uno.

ART. 191. Todos los empleos municipales serán carga consegil de que nadie podrá escusarse sin causa notoriamente justa.

ART. 192. Cada ayuntamiento tendrá un secretario perpetuo elegido por el mismo à pluralidad absoluta de votos y dotado de los fondos del comun.

ART. 193. El que hubiere ejercido cualquiera carga consegil no podrá volver á ser elegido hasta despues de dos años por lo menos.

ART. 194. Para ser individuo de ayuntamiento se requieren las mismas cualidades que en artículo 27 se prescriben para ser elector municipal.

ART. 195. Ningun empleado público de nombramiento del gobierno puede ser individuo de ayuntamiento mientras esté en ejercicio.

ART. 196. Los que sirven en la milicia activa pueden ser elegidos cuando no esten en actual servicio.

Seccion III

De las juntas de polícia

ART. 197. En todos los pueblos que no fueren cabezera de partido se nombrará una junta de polícia compuesta de tres vocales y un presidente que ejercerà las funciones de alcalde ausiliar sujeto al del ayuntamiento constitucional a que corresponda.

ART. 198. Asi estas juntas como los ayuntamientos constitucionales seràn elegidos popularmente por los ciudadanos.

ART. 199. Las juntas de polícia seràn renovadas en su totalidad cada año.

ART. 200. Por un reglamento particular se detallarà el metodo que debe observarse para la eleccion de los ayuntamientos constitucionales y juntas de polícia como igualmente las atribuciones de cada uno de estos cuerpos municipales.

CAPITULO IX
De la hacienda pública del Estado

Seccion I
De las rentas

ART. 201. Las rentas particulares del Estado haràn la parte principal de su hacienda pública.

ART. 202. Los artículos de rentas pueden aumentarse ò disminuirse por el Congreso siempre que asi lo estime necesario.

Seccion II
De las contribuciones

ART. 203. Las contribuciones haràn la parte posterior de la hacienda pública del Estado. El Congreso establecerà anualmente las que sean necesarias para cubrir los gastos comunes ó confirmarà las establecidas, sean directas ò indirectas, subsistiendo las antiguas hasta que se publique su derogacion.

ART. 204. Las contribuciones se repartirán sin escepcion ni privilegio.

ART. 205. El reciduo anual de los propios de los ayuntamientos constitucionales se incluirá igualmente en la hacienda pùblica.

ART. 206. Habrà una tesorerìa general para todo el Estado à la que tocarà distribuir todos los productos destinados al servicio publico.

ART. 207. Las demas tesorerias del Estado estaràn un correspondencia con la general a cuya disposicion tendràn todos sus fondos.

ART. 208. Ningun pago se admitira en cuenta al tesorero general sino se hiciere en virtud de reglamento ó de òrden especial del gobernador refrendada por su secretario. El gobernador bajo de su responsabilidad justificarà la necesidad del gasto y la aplicacion de la cantidad de que hubiere dispuesto.

ART. 209. La cuenta de la tesoreria general comprehenderà el rendimiento anual de todas las rentas y contribuciones, y su inversion. Luego que reciba la aprobacion del Congreso se publicarà y circularà.

ART. 210. La administracion de la hacienda pùblica serà independiente de toda otra autoridad que no sea aquella à quien está encomendada.

CAPITULO X
De la milicia del Estado

Seccion I
De los cuerpos de milicia

ART. 211. En todos los pueblos del Estado se estableceràn cuerpo de milicia civica bajo las reglas que se prescriban en la organizacion general.

ART. 212. El servicio de esta milicia no será continuo y solo tendrà lugar cuando lo esijan las circunstancias o los objetos de su instituto.

ART. 213. El gobernador podrà usar de ella despues de oido al consejo en el preciso caso de que asi lo esija la defensa del mismo Estado.

Seccion II

De los milicianos

ART. 214. Todo tabasqueño desde la edad de diez y ocho años hasta la de cincuenta serà individuo de esta milicia à escepcion de aquellos à quienes se prohiba en el reglamento general.

ART. 215. Los milicianos no tendrán otro fuero ni privilegio que el de simples ciudadanos.

ART. 216. Cuando se ocupen en las funciones de su instituto no gozaràn sueldo alguno y solo lo tendrán cuando funjan como la milicia activa.

CAPITULO XI

Seccion Unica

De la observancia, interpretacion y reforma de esta Constitucion

ART. 217. Todo funcionario pùblico del Estado antes de tomar posesion de su destino deberà prestar juramento de guardar esta Constitucion. El Congreso dictarà todas las leyes y decretos que crea conducentes à fin de que se haga efectiva la responsabilidad de los que la quebranten.

ART. 218. Solo el Congreso podra resolver las dudas que ocurran sobre la inteligencia de los artìculos de esta Constitucion.

ART. 219. Los ayuntamientos constitucionales podràn hacer observaciones por conducto del gobierno sobre determinados artículos segun les parezca convenientes; pero el Congreso no las tomarà en consideracion hasta el año de mil ochocientos treinta.

ART. 220. El Congreso de aquel año se limitarà á calificar las observaciones que merezcan sujetarse á la deliberacion del Congreso siguiente, y esta calificacion se comunicarà al gobernador para que la publique y circule sin poder hacer observaciones sobre ella.

ART. 221. En el año siguiente se ocupará el Congreso en las observaciones sujetas á su deliberacion, y las reformas ò adicciones que se aprueben se tendràn por constitucionales y el gobernador las publicará sin poder hacer observaciones sobre ellas.

ART. 222. Las reformas ó adicciones que se propongan en los años siguientes al de treinta se tomarán en consideracion por el Congreso en el segundo ano de cada vienio, y si se calificaren necesarias, se publicará esta resolucion para que el Congreso siguiente se ocupe de ellas, pues nunca debe ser uno mismo el Congreso que haga la calificacion y el que decrete las reformas.

ART. 223. Para reformar ó adiccionar esta Constitucion se observarà ademas de las regias prevenidas en los artìculos anteriores todos los requicitos que se prescriben para la formacion de las leyes á escepcion del derecho concedido al gobernador para hacer observaciones.

ART. 224. Jamas podrán reformarse los artículos de esta Constitucion que establece la libertad é independencia del Estado, su religion, forma de gobierno, libertad individual y division de los supremos poderes del Estado.

Dada en Villa-Hermosa capital del Estado de Tabasco à los cinco dias del mes de febrero de mil ocho-cientos veinte y cinco. – Manuel Ayala y Dominguez, Presidente. – Juan Dionicio Marcin. – Juan Estevan Campos. – Juan Mariano de Sala. – Rudecindo Maria Hernandez. – Domingo Giorgana. – Nicanor Hernandez Bayona. – Manual José Hernandez. – Santiago Duque de Estrada. – Manuel Antonio Ballester, Diputado secretario. – Agustin Mazó, Diputado secretario.

[Entre renglones–en su territorio–este–que–órden–un–no–vale–Testado–efecto–no vale.]

Por tanto ordeno se cumpla puntualmente y que todas las autoridades del Estado asi civiles como militares y eclesiasticas lo hagan cumplir à cuyo efecto mando se publique y circule à quienes corresponda. Dado en Villa-Hermosa en el Palacio del Estado à 26 de Febrero de 1825. – Pedro Perez Mediua. – Por mandado de su Escelencia. – Pedro Rodriguez, S. de G.

[1] Editado según *Constitucion Politica del Estado Libre de Tabasco formada por su Congreso Constituyente en Febrero de 1825*, Impresa en Campeche por el C. Càrlos M. Florez, 1825, 40p.

Tabasco, antes parte de la capitanía general de Yucatán, se declaró independiente, el 7 de septiembre de 1821, juntándose un día después al Plan de Iguala, y de esto modo a México independiente. La primera constitución estatal de 1825 quedó – con unas reformas realizadas en 1831 – en vigor hasta el fin de la primera república federal en 1836. El 13 de febrero de 1841, Tabasco decretó su separación de México protestando contra el centralismo, pero ya el 2 de diciembre de 1842 Tabasco se reincorporó a México. Después de la primera invasión norteamericana en Tabasco en 1846, el 9 de noviembre de 1846, se pronunció en rebeldía la separación de Tabasco de México, regresando a la República algunas semanas después. Después de la era de las repúblicas centralistas la constitución de 1825 fue declarada vigente de nuevo en 1847 por el Acta constitutiva y de reformas (artículo 30), sancionada por el congreso extraordinario constituyente de los Estados-Unidos Mexicanos. Una constitución reformada fue publicada en 1850 y la segunda del Estado en 1867. Véase: Martínez Assad, Carlos R.: *Breve historia de Tabasco*, México, D.F.: Colegio de México, Fideicomiso Historia de las Américas, 1996.

Reforma de la constitución del estado de Tabasco (1831)

Constitucion política del Estado libre y soberano de Tabasco[1]

EL Gobernador Constitucional del Estado libre de Tabasco á todos sus habitantes sabed: Que el congreso constitucional del mismo Estado ha decretado, y sancionado la siguiente constitucion política para el gobierno interior del propio estado.

CONSTITUCION

En el nombre de Dios todo poderoso criador y conservador de la sociedad.

El septimo Congreso constitucional del Estado de Tabasco deceoso de dar el mas debido lleno al art. 221 de la constitucion primordial del mismo Estado dada en esta capital á los cinco dias del mes de febrero de 1825 por el Congreso constituyente, contrahido á que la legislatura del año presente se ocupase en sus reformas ó adicciones que la esperiencia haya enseñado ser necesarias para proporcionar su felicidad, prosperidad ó engrandecimiento, decreta la constitucion reformada en los terminos siguientes.

CAPITULO I

Del Estado, su Religion, Territorio, y Gobierno

Seccion 1.ª

Del Estado y su Religion

ART. 1.° El Estado da Tabasco es libre è independiente de toda otra potencia, y de los demas Estados unidos de la Nacion Mejicana con los cuales conservarà las relaciones que establece la confederacion general de todos ellos.

ART. 2.° La soberanía reside esencialmente en los individuos que lo componen: por tanto pertenese à ellos esclucivamente el derecho de formar y reformar por medio de sus representantes su constitucion, y el de acordar y establecer con arreglo à ella las leyes que requiera su conservacion, règimen, seguridad, y prosperidad interior.

ART. 3.° El Estado està obligado à conservar y proteger por leyes sabias y justas la libertad, igualdad, propiedad y seguridad de todos sus individuos estantes, havitantes y aun tranceuntes; por lo mismo prohibe la introducion de esclavos en su territorio, y declara libres à los hijos que nacieren de los que actualmente ecisten en èl.

ART. 4.° El estado está obligado à conservar proteger y hacer respetar la religion católica apostólica romana y prohibe el ejercicio de cualquiera otra.

Seccion 2.ª

Del Territorio

ART. 5.° El Territorio del Estado de Tabasco es actualmente el mismo á que se estendìa la provincia de este nombre: compuesto de los partidos dela Capital de San Juan Bautista, Teapa, Tacotalpa, Jalapa, Macuspana, Usumasinta, Cundoacan, Jalpa y

Nacajuca; y cada uno de estos con sus respetivos adyacentes.

ART. 6.° La divicion departamental de todo el estado serà la ecsistente en los tres departamentos nombrados: el de la capital, la Chontalpa y la Sierra, cuyas cabeceras son: la Capital de San Juan Bautista, del primero. La Villa de Natividad de cundoacan, del segùndo; y la de Tacotalpa del tercero.

Seccion 3.ª

Del Gobierno

ART. 7.° El Gobierno del Estado de Tabasco es representativo, popular republicano, federal.

ART. 8.° El Poder supremo del Estado se conservarà dividido para su ejercicio en legislativo, ejecutivo y judicial, y jamas podrà reunirse.

ART. 9.° La potestad de hacer las leyes reside en el Congreso, la de hacerlas ejecutar en el Gobierno, y la de aplicarlas en los Tribunales establecidos por la ley.

CAPITULO II

De los Tabasqueños sus derechos y Obligaciones

Seccion 1.ª

De los Tabasqueños

ART. 10. Son Tabasqueños.

1.° Todos los nacidos en el territorio del Estado.

2.° Los hijos de los demas Estados de la Federacion que se establescan en este.

3.° Los Estrangeros que hayan obtenido carta de naturaleza con arreglo á las leyes generales.

4.° Los esclavos que actualmente ecsisten en èl desde que adquieran su libertad.

Seccion 2.ª

Derechos de los Tabasqueños

ART. 11. Todos los Tabasqueños:

1.° Son iguales ante la ley ya premie ó ya castigue.

2.° Tienen un mismo derecho para ejercer todo genero de Industria y cultivo, y para gosar de sus legítimas propiedades, como igualmente de los beneficios comunes de la sociedad, y la ley solo puede prohivirles ó limitarles el uso, de estos derechos cuando su ejercicio sea ofencibo á los de otro individuo ó perjudicial à la misma sociedad.

Seccion 3.ª

Obligaciones de las Tabasqueños y demas habitantes del Estado

ART. 12. Todo Tabasqueño sin distincion alguna està obligado.

1.° A concurrir á proporcion de sus haberes para los gastos del Estado en caso de urgentísima necesidad.

2.° A defender la patria con las armas cuando sea llamado por la ley.

3.° A desempeñar los cargos de eleccion popular.

ART. 13. Todo habitante en el Estado y aun transeunte está obligado.

1.° A observar la constitucion general y particular del Estado.

2.° A obedecer las leyes generales de la Nacion y particulares del estado.

3.° A respetar y obedecer las autoridades establecidas.

CAPITULO III

De los Ciudadanos y sus derechos

Seccion Unica

De los Ciudadanos

ART. 14. Es Ciudadano en el ejercicio de sus derechos:

1.° El Tabasqueño nacido en algun pueblo que tenga dies y ocho años cumplidos.

2.° El que gosando yá de este derecho en otro Estado de la Federacion se establesca despues en este, teniendo dos años de vesindad, una industria productiva ó un capital conocido.

3.° El natural de alguno de los otros Estados de America que esté separado de la dominacion Española, y que con alguna industria productiva ó con un capital conocido fijare su residencia por tres años en este.

4.° El estrangero que gosando yâ de los derechos de Tabasqueño obtuviere del Congreso carta especial de Ciudadano.

5.° Para que el estrangero pueda obtener carta de Ciudadanía deberá tener alguna profesion ò ejercicio productivo, ò haber adquirirlo bienes raizes, ò haber hecho señalados servicios al estado, y estar avesindado en algun lugar de su territorio con residencia lo menos de cuatro años, bastando solo dos al que se radicare con su familia ò estubiere casado con Tabasqueña.

ART. 15. Solo los que sean ciudadanos en el ejercicio de sus derechos podran obtener empleos municipales, y elegir para ellos en los casos que señale la ley.

ART. 16. Se suspende el ejercicio de estos derechos.

1.° Por incapasidad física ò moral previa informacion judicial en casos dudosos.

2.° Por no tener empleo, oficio, industria, ò modo de vivir conocido.

3.° Por estar prosesado criminalmente despues de proveido el auto de prision.

4.° Por sirviente domèstico serca de la persona del amo ò por moso adeudado.

5.° Por ser ebrio consuetudinario ò de constumbres notoriamente relajadas

6.° Por no saber leer y escribir, no teniendo efecto esta clauzula hasta el año de 1841.

ART. 17. Se pierde el ejercicio de estos derechos.

1.° Por adquirir naturaleza, en Pais estrangero.

2.° Por residir cinco años consecutivos fuera del territorio de la República sin espresa licencia del supremo Gobierno de la Federacion ò del particular del Estado.

3.° Por admitir empleo, pension ó condecoracion de qaulquier Gobierno estrangero sin permiso de los de la Repùblica.

4.° Por sentencia ejecutoriada que imponga penas aflictivas ò infamantes,

5.° Por quiebra fraudulenta calificada.

6.° Por vender su voto ò comprar el ageno para si ò para otro en las juntas populares.

ART. 18. Perdidos estos derechos solo pueden recobrarse por rehabilitacion formal de la legislatura del Estado bajo las condiciones que se detallen por una ley particular.

CAPITULO IV

De las elecciones

ART. 19. Para el nombramiento de diputados al Congreso, Gobernador, Vice, subvice Gobernador del estado, y diputado al congreso de la union, se celebraràn juntás munisipales, primarias, secundarias y de estado,

Seccion 1.ª

De las juntas municipales primarias

ART. 20. Las juntas municipales primarias se compondran de todos los ciudadanos que estèn en el ejercicio de sus derechos y sean vecinos del partido à que corresponden.

ART. 21. Se celebrarán pùblicamente cada año el primer domingo del mes de junio en todos los pueblos del estado, previa convocatoria que con anterioridad de ocho dias espedirà la autoridad superior polìtica local.

ART. 22. En los pueblos adyasentes que no tengan Ayuntamiento constitucional, presidiran dichas juntas las autoridades subsecuentes à la superior del partido, por el òrden regular de sus nombramientos

ART. 23. Reunidos los ciudadanos con el Presidente en el lugar designado se prosederà à la eleccion de un secretario y dos escrutadores de entre los presentes, y fecho tomaran asiento.

ART. 24. Ynstalada asi la junta el secretario leerà en voz alta esta seccion y la que antecede, y en seguida el Presidente preguntarà ¿Tiene alguno que esponer queja sobre cohecho ó fuerza para que la elecion recaiga en determinada persona? y habiendola se hará pùblica justificacion verval en el acto: si de ella resultare fundada la acusacion serán privados los reos de votar y ser votados por aquella vez: si falza, los calumniadores sufrirán la misma pena, sin que de este juicio pueda admitirse recurso alguno.

ART. 25. En todos los partidos del Estado se nombraràn once electores, cuyo número se compondrà de uno que deberà nombrar cada pueblo adyacente, y los restantes hasta su completo el de la respectiva cabecera del partido.

ART. 26. Para ser elector municipal se requiere:

1.° Ser ciudadano en el ejercicio de sus derechos.

2.° Ser mayor de veinte y un años ò diez y ocho siendo casado,

3.° Ser vecino del partido y no ejercer en èl jurisdiccion contenciosa civil, eclesiastica ò militar, ni cura de almas aunque sea interino.

4.° Saber leer y escribir.

ART. 27. No pueden ser electores municipales:

1.° El Gobernador del Estado y su secretario.

2.° El Comisario general, el Administrador de rentas de la federacion y el de las particulares del Estado.

ART. 28. El presidente, escrutadores y secretario se abstendran de hacer indicaciones para que la eleccion recaiga en determinadas personas.

ART. 29. En seguida se procederà á la eleccion del elector ò electores que por el art. 25, corresponda á cada pueblo, pudiendo recaer el nombramiento en cualquiera otro distinto empleado, à esepcion de los comprendidos en el articulo 27.

ART. 30. Concluida la eleccion se harà la regulacion de los votos recibidos y se tendrà por electo el que hubiere reunido mayor número: En caso de igualidad decidirà la suerte y el Presidente publicará la eleccion.

ART. 31. El secretario estenderà la acta que con èl firmarán el Presidente y escrutadores y esta se custodiarà en el archivo de la respectiva corporacion quien para el efecto llevará un libro con el titulo de, actas de elecciones primarias.

ART. 32. En dichas actas se harà constar el nombre del electo y de dos mas, que hubieren reunido mayor número de votos segun los recibidos en la particular lista, para que pueda reemplazarse el que por enfermedad, muerte ó complicacion de elecion estè impedido de fungir.

ART. 33. Ynmediatamente de sentada la acta se sacarà copia legal firmada por los mismos que la autorisaron, y se remitirá al presidente de la junta electoral de la cabecera del partido para que éste tomando conocimiento le la eleccion pueda, si se haya complicada por resultar electo un individuo por dos ó mas pueblos, avisar á los de estos para que reemplasen al electo con el que le subsiga en primer lugar, segun lo dispuesto en el art. anterior.

ART. 34. Si un individuo resultare electo por la cabecera del partido y por uno ó mas pueblos adyacentes preferirá siempre la eleccion de la cabecera.

ART. 35. Todo el que tubiere que tachar la eleccion ò à los electos lo hará en el acto de verificarse aquella, y la junta respectiva resolverà incontinenti sin apelacion, pues disuelta no habrá lugar à ninguna clace de reclamo.

ART. 36. Los electores se renovaràn en su totalidad cada año pudiendo ser reelectos los salientes. El nombramiento de elector no priva al individuo el obtener otros empleos á que sea llamado por la ley, ni estos el ejercer aquel, ecepto de los que trata el art. 27 ò que se le destine fuera del partido à que corresponde, en cuyo caso serà reemplazado por el òrden de lista.

ART. 37. Así en estas juntas como en las subsecuentes ningun Ciudadano se presentarà con armas ni habrà guardia.

Seccion 2.ª

Delas Juntas Municipales secundarias

ART. 38. Las Juntas municipales secundarias se compondràn de los once electores nombrados por el òrden que queda establecido en la anterior sesion, reunidos en la cabecera del partido á que corresponden.

ART. 39. Se celebrarán pùblicamente el tercer domingo del mes de junio de cada año y seràn presididas por la autoridad superior polìtica locàl á quien se presentarán los electores.

ART. 40. Si por algun evento que no diese lugar à reponer por el òrden de listas la ausencia ó imposibilidad de algun elector ó electores, podràn instalarse dichas juntas hasta con el nùmero de siete por lo menos.

ART. 41. Reunidos los electores en el dia señalado se prosederà á elegir un secretario y dos escrutadores de entre los presentes.

ART. 42. Instalada asi la junta se leeràn los articulos que quedan bajo el rubro de esta seccion y el presidente harà la pregunta que se contiene en el art. 24, observandose cuanto en èl y esta seccion se previene.

ART. 48. En seguida se procederá à nombrar el nùmero de Dìputados que debe reemplazar al saliente del congrso del Estado de uno en uno por votacion secreta, que se darà por cèdulas haciendose publicacion al fin de cada una por el presidente, y si alguno tubiese que tachar al electo, en el acto harà publica justificacion de ella, y si resultase cierta se procederà à elegir otro en lugar del tachado, y si nò, se tendrá por electo.

ART. 44. En caso de empate en la eleccion desidirà la suerte.

ART. 45. Por el órden prevenido se nombraràn los diputados suplentes que deban renovarse pudiendo ser reelectos los salientes.

ART. 46. El nùmero de diputados propietarios y suplentes que deban renovarse lo designará el congreso ò la diputacion permanente en su reseso y lo participarà el dia 20 de Mayo de cada año al Gobernador para que este lo haga en seguida à las autoridades políticas de los partidos del Estado por el conducto regular.

ART. 47. El congreso del Estado se compondrà de nueve diputados propietarios y tres suplentes.

ART. 48. Para ser diputado al congreso del Estado se requiere:

1.° Ser ciudadano en el ejercicio de sus derechos.

2.° Ser mayor de veinte y cinco años.

3.° Ser nacido en el territorio del Estado ò estar avecindado en él con residencia de quatro años. Los no nacidos en el territorio de la Federacion deberán tener ocho años de vecindad: à ecepcion de los hijos de las repùblicas que en 810. dependian de la España, á quienes bastarà la vecindad de seis,

4.° Tener quinientos pesos en vienes, por lo menos, ó una industria que le produsca trescientos pesos anuales, siendo nacido en el teritorio del Estado: tres mil á los demas mejicanos ò una industria que les produsca quinientos; ocho mil los hijos de las repùblicas que en el año de 810. dependian del gobierno español, ò una industria que le produsca mil; y diez mil ò una industria que les produsca mil trescientos à los demas estrangeros.

ART. 49. No pueden ser diputados al congreso del Estado.

1.° El Gobernador vice y sub-vice.

2.° Los empleados de nombramiento del gobierno general que esten en actual servicio.

3.° Los empleados de nombramiento del gobierno del Estado que gosen sueldo fijo.

4.° El Vicario incapite, su teniente y promotor fiscal eclesiastico.

ART. 50. Al dia siguiente de la eleccion de Diputados se procederà á la eleccion de Gobernador, vice y sub-vice del Estado cuando sea llegado el tiempo que fija esta constitucion.

ART. 51. Para ser electo Gobernador, vice y sub-vice se requiere.

1.° Ser ciudadano en el ejercicio de sus derechos.

2.° Ser mayor de treinta anos.

3.° Ser nacido en el territorio del Estado ò de cualquiera otro de la Federacion con residencia de ocho años en el de este.

4.° Tener un capital de cinco mil pesos por lo menos si fuese nativo del Estado, y si de otro de la Federacion diez mil.

ART. 52. No pueden ser electos para Gobernador, vice y sub-vice:

1.° Los eclesiasticos.

2.° Los empleados de nombramiento de la Federacion que esten en actual servicio.

3.° Los magistrados de los tribunales del Estado.

4.° El Administrador de rentas particulares.

ART. 53. El nombramiento de Gobernador, vice y sub-vice se practicarà bajo de los mismos términos que prescribe el art. 42 de esta constitucion para los diputados del Congreso.

ART. 54. El nombramiento de Gobernador, vice y sub vice será preferido à cualquier otro.

ART. 55. Para el asiento de las actas de eleccion de diputados al Congreso llevaràn las juntas secundarias un libro con el titulo "Eleccion de diputados al congreso del Estado" y otro para las de Gobernador, vice y sub-vice con el de "Eleccion de Gobernador, vice y sub-vice del Estado."

ART. 56. Las actas seràn sentadas por el secretario y firmadas por él, el presidente y escrutadores tan luego como sea concluida la eleccion respectiva.

ART. 57. De las citadas actas se sacará copia de cada una, firmada por los mismos que autorisaron el original para remitirlas inmediatamente por los presidentes al de la diputacion permanente y por estos mismos daràn noticia oficial á los ayuntamientos del Estado de los individuos que por su aptitud y sircunstancias hubieren merecido sus sufragios.

ART. 58. Los libros de actas de que habla el art. 55 se custodiarán en el archivo de su respectivo ayuntamiento.

ART. 59. La diputacion permanente en sesion de 15 de julio de cada año reunirá todas las actas de las elecciones secundarias y tomando de ellas los sufragios que contengan, harà la regulacion de ellos, y declarará por electos diputados al Congreso, Gobernador, vice y sub vice del Estado á los que hubieren reunido la mayorìa. En caso de empate desidirá la suerte.

ART. 60. Hecha la declaracion ò desicion por suerte segun prescribé el art. anterior se dará por concluido el acto, y el secretario estenderà el acta que con él firmará toda la junta, sacandose de esa las copias necesarias para que por conducto del Gobernador se remita un ejemplar á cada electo, y este le sirva de credencial al tiempo de su presentacion.

ART. 61. El secretario de la diputacion permanente formarà una lista de las votaciones de las juntas secundarias de partido, singularisando la de cada uno de estos, y espresando en seguida los nombres de los que por ellas resultaron electos diputados.

ART. 62. Inmediatamente que el gobierno reciba las listas que en el anterior articulo se contienen, las mandará imprimir publicar y circular en todo el Estado.

Seccion 3.ª
De las juntas de estado

ART. 63. Las juntas de estado solo tendran por objeto la eleccion del diputado propietario y suplente al congreso de la union.

ART. 64. Dichas juntas se compondràn de un elector de los once de cada cabecera de partido, el cual será electo por ellos mismos.

ART. 65. La eleccion de que habla el articulo anterior se verificará el primer domingo del mes de setiembre del año en que debe hacerse la eleccion de dicho diputado propietario y suplente al congreso de la union, previa combocatoria que con anterioridad suficiente espedirán las autoridades superiores polìticas respectivas.

ART. 66. Los electores que de conformidad con el articulo que presede resultaren nombrados, se presentarán con copia de la acta de su respectiva eleccion al gefe Polìtico de la capital con anterioridad de quatro dias al designado en el articulo 16 de la constitucion general.

ART. 67. Al dia siguiente al de su presentacion se reuniran en el palacio del estado bajo la presidencia del gefe polìtico de dicha capital, y nombraràn de entre ellos mismos un secretario y dos escrutadores, que ecsaminen las credenciales recibidas, y las de estos serán ecsàminadas por una comicion de tres individuos que nombre la misma junta para que informe.

ART. 68. El dia anterior al designado para la eleccion se leeràn los informes que dieren las comiciones, y si en ellos indicare haber notado algun defecto en los credenciales la junta resolverá en el acto, y su resolucion se ejecutarà sin recurso.

ART. 69. El defecto por que unicamente puede tacharse el credencial de los electores y privarlos del voto y asiento en la junta, serà el de no ser el individuo que se presentó el mismo que en el credencial se denomina ò por que este no estubiese autorisado por quienes debian hacerlo.

ART. 70. Si llegase el caso previsto y el partido del tachado fuese inmediato à la capital, se llamarà por el conducto regular al que por dicho credencial deba concurrir á la eleccion.

ART. 71. El dia prefijado para esta indefectiblemente se celebrará con los electores que se hubieren reunido, dandose primero lectura á esta seccion y á la segunda que queda bajo el titulo 3 de la constitucion general, y observandose cuanto en ambas se previene,

ART. 72. La eleccion se ejecutarà bajo el mismo mètodo que prescribe el art. 43 para los diputados al congreso del estado.

ART. 73. El Secretario estenderá las actas preparatorias y la de esta eleccion; las firmarà con el presidente y escrutadores, y sacarà copia de la ultima con sujecion al art. 17 de la antedicha constitucion general.

ART. 74. Los electores que fueren reunidos à practicar esta eleccion gosarán del viatico y dietas que la ley tiene designadas.

CAPITULO V

Del Poder Legislativo

Seccion 1.ª

De los Diputados del Congreso

ART. 75. El Poder Legislativo residirá en el Congreso que se compondrà de los diputados electos en la forma que queda prescripta en el capitulo anterior.

ART. 76. Los Diputados propietarios y suplentes se renovaràn por mitad cada año debiendo salir primero el menor nùm. de los primeros nombrados, y en lo subsesivo los mas antiguos; pero en la procsima renovacion saldrà el número total de ellos, pudiendo ser reelectos por esa sola vez.

ART. 77. Durante el tiempo de su legislatura no podràn obtener empleo alguno de nombramiento del gobierno del Estado.

ART. 78. Seràn imbiolables por sus opiniones manifestadas en el desempeño de su encargo, y en ningun tiempo, ni por autoridad alguna podràn ser recombenidos por ellas.

ART. 79. Desde su nombramiento hasta dos meses despues de concluida su legislatura no podrán ser demandados, detenidos ni presos, sino por cáuza criminal que meresca pena corporal aflictiva.

ART. 80. En las cauzas de responsavilidad que contra ellos se intentaren no podrán ser acusados sino ante el congreso, quien tomando en consideracion la acusacion declararà: si ha ó no lugar à la formacion de cauza. Si el Congreso declarare por las dos terceras partes de los diputados presentes, esepto el acusado y el acusador si fuese diputado, que ha lugar á la formacion de causa, quedará suspenso de su empleo, y dietas y se pondrá á disposicion del Tribunal competente.

ART. 81. Si de la cauza resultare reo será privado de su empleo, que ocuparà el suplente que le corresponda, y sufrirà la pena que la ley le señala; mas si no resultare, serà restituido à su empleo, abonandole las dietas que haya devengado desde el dia de su suspencion hasta el de su reposicion,

ART. 82. Seràn compensados con sus dietas durante las seciones y por razon de viatico á juicio del Congreso.

Seccion 2.ª

De la Celebracion del Congreso

ART. 83. El Congreso se reunirà todos los años en la capital del Estado en el edificio destinado á este efecto y solo en el caso de ser provablemente inbadida por enemigos esteriores podrá trasladarse à otro lugar combiniendo en ello las dos terceras partes de los diputados presentes.

ART. 84. Los mismos diputados estaràn presisamente reunidos en la capital ó lugar destinado á las sesiones el dia veinte de agosto de cada año, y presentaràn sus credenciales al presidente de la diputacion permanente para que este los ecsiva en la junta que presidirà y se celebrarà el mismo dia.

ART. 85. La consabida junta nombrarà de entre los vocales presentes mas antiguos una comicion de tres individuos para que ecsamine los credenciales ò informe con lo que resulte. Tambien ecsaminarà las esenciones que hayan puesto los electos si las hubiere.

ART. 86. El dia veinte y cuatro del mismo mes se celebrará la segunda junta preparatoria en la cual informarâ la comision sobre las dudas que le ocurran cerca de la lejitimidad ó esenciones de los electos y la junta resolverá definitivamente, cuya resolucion se ejecutará sin recurso.

ART. 87. El dia veinte y ocho del citado mes se celebrarà la última Junta preparatoria en la que los nuevos diputados interrogados por el presidente y puestas las manos sobre los santos evangelios prestaràn juramento bajo la forma siguiente: "¿Jurais guardar y hacer guardar la constitucion general de los Estados Unidos Mejicanos y la particular de este estado, desempeñar fiel y legalmente el cargo que el pueblo Tabasqueño os há conferido?" R. Si juro: "Si ási lo hiciereis Dios òs lo premie y sino os lo demande." En seguida se prosedera à elegir de entre los mismos diputados por escrutinio secreto, un Presidente, un vice Presidente y dos secretarios con lo que quedará instalado el congreso. A consecuencia partisipara al gobierno la instalacion, y esto mismo se observarà para el acto de cerrarse las sesiones.

ART. 88. Las sesiones ordinarias principiaran el dia treinta del precitado agosto, y se cerraran el treinta y uno de octubre del mismo año; à la primera asistirà al gobernador y su secretario, y pronunciarà un discurso anàlogo al acto, y siendo contestado por el presidente de la legislatura dará cuenta en seguida de la administracion de todos los ramos del estado por medio de su secretario.

ART. 89. El numero menor de las sesiones será el de veinte y seis: y el de las prorrogables el de trece, que se practicarán en el presiso termino de treinta dias.

ART. 90. Para que dicha prorròga pueda verificarse deberá ecsijirla un caso muy necesario.

ART. 91. Las sesiones del congreso serán pùblicas y solo en los casos que ecsijan reserva podrán celebrarse secretas. En las discuciones y en todo lo demas que pertenesca à lo económico se observarà el reglamento interior.

ART. 92. En los casos que el Gobernador haga al congreso algunas propuestas ú objetare alguna ley asistirá su secretario à las discusiones, si su propuesta y objecion se tomare en consideracion y en ella tendrà vos pero no voto.

ART. 93. El Congreso podrà reunirse estraordinariamente cuando las circunstancias lo ecsijan, en cuyo caso no entenderá sino en el objeto para que haya sido convocado, y sus sesiones principiaràn y terminaràn con las mismas formalidades que las ordinarias.

ART. 94. Si el Congreso estraordinario no hubiere concluido sus sesiones en el dia señalado para la reunion del ordinario, cesará en sus funciones y el ordinario continuarà el asunto para que aquel fuè convocado.

Seccion 3.ª
De las facultades del Congreso

ART. 95. Las facultades del congreso del Estado son:

1.ª Decretar, aclarar, modificar, y derogar las leyes relativas á su administracion y gobierno interior con arreglo á la constitucion federal de los Estados Unidos Mejicanos y à la particular de este Estado.

2.ª Decretar la creacion y supresion de plazas en los tribunales, empleos y oficios publicos, con arreglo á esta constitucion, asi como el aumento ò rebajo de sus dotaciones.

3.ª Decretar la creacion de cuerpos municipales con vista de los informes que presente el gobierno.

4.ª Fijar con vista de los presupuestos del gobierno los gastos anuales de la administracion publica del Estado, agregando la parte que à este quepa en los generales de la federacion.

5.ª Establecer cuando sea necesario las contribuciones generales, e impuestos municipales: aprovar su repartimiento, disponer la aplicacion de sus productos y ecsaminar las cuentas de su inversion.

6.ª Disponer lo combeniente para la administracion, conservacion, ó enagenacion de las propiedades del Estado.

7.ª Promover y fomentar la agricultura, la industria, el comercio, y remover todos los obstaculos que entorpescan el progreso de estas artes.

8.ª Introducir y establecer en el Estado la enseñanza de las ciencias, artes útiles, y toda clase de instruccion pùblica.

9.ª Aprobar las ordenanzas municipales que presenten los ayuntamientos del Estado.

10.ª Asignar las dotaciones que deban disfrutar los empleados pùblicos del Estado, antes de ser nombrados.

11.ª Conceder indultos, remision ó conmutacion de pena cuando lo requira el mayor bien y combeniencia del Estado.

12.ª Dar carta de ciudadania con arreglo á la constitucion del Estado y leyes generales.

13.ª Declarar por una mayoria de las dos terceras partes de los diputados presentes cuando ha lugar á la formacion de causa, tanto por delitos de oficio, como por los comunes, à los diputados del congreso, al individuo que egerza el supremo poder ejecutivo y su secretario, cuando fuesen acusados legalmente, entendiendose que no debe concurrir à esta declaratoria el diputado que haya hecho la acusacion, si lo fuese.

14.ª Declarar por la mayorìa referida cuando há lugar à la formacion de cauza al magistrado de 2.ª instancia y â los de cada una de las salas de que se compone la suprema Corte de Justicia cuando estos sean acusados legalmente por causa de responsabilidad en el ejercicio de sus respectivos destinos.

15.ª Nombrar provisionalmente un individuo que ejerza el poder ejecutivo en defecto del Gobernador, vice y sub-vice interin llega el período en que debe hacerse nueva eleccion constitucional de estos, siempre que la falta no ecceda de la sesta parte del tiempo que debe gobernar, pues siendo mayor se procederà á la eleccion de dichos funcionarios. Asimismo nombrará dicho individuo en caso que repentinamente sea impedido y se hayen distantes el vice y sub-vice para que ejerza este empleo interin alguno de aquellos llega á la capital, à hacerse cargo de èl.

16.ª Intervenir y ejercer todos las actos de elecciones que se le cometan por la constitucion federal.

17.ª Admitir las renuncias de los empleos al congreso del Estado, Gobernador vice y sub-vice, cuando con legalidad ante él sean puestas.

ART. 96. No podrà el congreso del Estado:

1.° Intervenir en asuntos en que se versen intereses, ò disputas entre particulares, ni mesclarse en manera alguna en las atribuciones peculiares al poder ejecutivo, ò de los tribunales del Estado.

2.° Conceder en ningun caso facultades estraordinarias.

ART. 97. El congreso no puede abrir sus sesiones sin la concurrencia de las dos terceras partes de los diputados, pero los presentes deberan reunirse el dia señalado, y compeler á los ausentes bajo las penas designadas por las leyes.

ART. 98. La Junta de que habla el articulo anterior podrà librar las ordenes que crea combenientes para efectuar sus resoluciones, y el gobernador las deberà hacer ejecutar sin poder hacer observaciones sobre ellas.

Seccion 4.ª

De la formacion y promulgacion de las leyes

ART. 99. Ninguna resolucion del congreso tendrá otro caracter que el de ley ó decreto.

ART. 100. En el reglamento interior se prescribirá la forma, intervalos y modo de presederse en la discusion, y aprovacion de los proyectos de ley ò decreto.

ART. 101. Los proyectos que fueren desechados no podràn presentarse de nuevo sino hasta las sesiones del congreso siguiente.

ART. 102. Ningun proyecto se discutirá sino se hayan presentes, por lo menos, las dos terceras partes del numero total de los diputados.

ART. 103. Para que un proyecto se tenga por aprovado, ò desechado, es necesario que vote, por lo menos la mitad y uno mas del numero total de los diputados presentes, ya sea en favor ó en contra del proyecto.

ART. 104. Aprovado un proyecto se estendera por duplicado en forma de ley: se leerà en el congreso; y se firmaràn ambos por el presidente y secretarios: un ejemplar quedara en la secretaría del congreso, el otro se remitirá al gobierno para su promulgacion.

ART. 105. Si el gobierno tubiere que objetar sobre alguna ley ò decreto, podrà suspender su publicacion, y representar, al congreso en el termino de diez dias, contados desde el de su recibo.

ART. 106. En este caso el proyecto sufrirà nueva discucion en el congreso, y si fuere aprovado por el voto de las tres cuartas partes del numero total de los diputados presentes el gobierno deberá sancionarla y publicarla. à menos que su objecion haya sido sobre atacarse alguna de las garantias individuales que quedan consignadas en el articulo 3° de esta constitucion, en cuyo caso no deberá sancionarla, y si lo hiciere serà tenido y juzgado en todo tiempo como traidor à la patria.

ART. 107. Cumplido el termino de diez dias concedidos al gobierno para objetar las leyes, el ejemplar que quedó en la secretaría del Congreso se incluirà en la coleccion que debe obrar en ella.

ART. 108. El Gobernador para públicar las leyés uzarà de la formula siguiente "El Gobernador à los habitantes del Estado sabed: que el Congreso ha decretado lo siguiente. — Aqui el testo — Por. tanto mando à todos los habitantes del Estado que cumplan y à las autoridades que hagan cumplir la presente ley en todas sus partes, á cuyo efecto imprimase, publiquese y circulese.

ART. 109. Las leyes se derogan por los tramites y con las mismas formalidades con que se establecen.

Seccion 5.ª

De la diputacion permanente

ART. 110. El congreso antes de cerrar sus sesiones ordinarias nombrarà una diputacion permanente de tres individuos propietarios de su seno y un suplente que deberá concurrir á ella en caso de imposibilidad de algun propietario, turnando entre ellos la presìdencia y secretaria, cuya eleccion establecerà por medio de su reglamento interior que incontinenti de establecida formarâ.

ART. 111. Sus funciones comensaràn en el momento que el congreso cierre sus sesiones, y no terminaràn hasta la apertura de las siguientes.

ART. 112. Sus atribuciones son:

1.ª Velar sobre la conducta del poder ejecutivo y dar cuenta al congreso de sus infracciones con los documentos que la comprueven.

2.ª Dar parte al congreso de los abusos que note en los ramos de administracion publica.

3.ª Combocar à congreso estraordinario en los casos que previene el articulo 93 de esta constitucion.

4.ª Desempeñar las funciones que le señala los articulos 59, 60 y 61 de esta constitucion.

5.ª Consultarle al gobernador en casos de duda de urgente resolucion sobre la mas conforme inteligencia de algunos articulos de ley:

6.ª Cumplir con la atribucion 15 del congreso del Estado cuando sea necesario y este se haye en reseso.

7.ª Abrir la correspondencia que venga dirigírda al congreso y contestarla en la parte que no sea necesaria su intervencion.

8.ª Recibir las iniciativas que por conducto del gobierno hicieren los ayuntamientos sobre la reforma de constitucion, creacion, modificacion, ò renovacion de alguna ley y dar cuenta al congreso luego que se reuna.

9.ª Disponer provicionalmente lo combeniente para la adminstracion y conservacion de las propiedades del Estado.

10.ª Promover el establecimiento y fomento de todos los ramos de industria y de ilustracion pùblica.

11.ª Ejercer todos los demas actos que se señalan por esta constitucion en los recesos del congreso.

CAPITULO VI

Del Poder Ejecutivo

Seccion 1.ª

Del Gobernador

ART. 113. El Poder ejecutivo del Estado se depositara en una sola persona con la denominacion de gobernador.

ART. 114. Su nombramiento serà popular en la forma que señala el cap. 4.° seccion 2.ª art. 43. de esta constitucion y su ejercicio durará dos años, pudiendo ser reelecto un mismo sujeto por una sola vez.

ART. 115. El intervalo que debe mediar, por lo menos, para volver á ser electo, despues de haber cesado en sus funciones, será igual tiempo que las hubiese servido.

ART. 116. Durante el tiempo de ellas gosará da la dotacion que el congreso le señale con anterioridad.

ART. 117. Las atribuciones del gobernador son:

1.ª Cuidar de la conservacion del òrden publico, tranquilidad y seguridad del Estado.

2.ª Disponer para este efecto de la milicia local, cuando sea necesario previa aprovacion del congreso ó de la diputacion permanente en su reseso.

3.ª Proveèr todos los empleos que no sean de nombramiento popular segun prescriba este constitucion.

4.ª Ejercer la esclusiva en todas las proviciones de piezas eleciasticas del Estado, con arreglo á las leyes generales de la materia.

5.ª Cuidar del cumplimiento de la constitucion y leyes; formando para su ejecucion los necesarios reglamentos, que pasarâ al congreso para su aprovacion.

6.ª Cuidar que por los jusgados y Tribunales se administre justicia auciliandolos en la ejecucion de sus providencias, sin mesclarse en el orden de los juicios.

7.ª Cuidar de la organisacion instruccion y disipina de la Milicia Civica del Estado conforme los reglamentos generales y particulares de la materia.

8.ª Nombrar y separar libremente al secretario de Gobierno.

9.ª Suspender hasta por dos meces con privacion de la mitad de su sueldo ó multa hasta en doscientos pesos á los empleados de su nombramiento ecepto los que ejerzen jurisdiccion contenciosa cuando sean legalmente acusados por los actos de su ejercicio, prebio un breve sumario que por el juez de 1.ª instancia respectivo le mandarà formar; y en el caso que por este crea debereele formar cauza, pasarà las constancias al mismo juez para que lo verifique, y de no, procederà como arriva queda dicho.

10.ª Proponer al Congreso las mejores que jusgue combenientes en la constitucion y leyes.

11.ª Objetar cuando tenga por combeniente dentro del termino de diez dias las leyes que diece el congreso observando en el ultimo caso lo prevenido el articulo 106.

12.ª Ejercer la superior inspeccion sobre todas las Tesorerias del Estado, y pasar al congreso general y paricular cada año, nota circunstanciada de todo lo que comprende el art. 32 del acta constitutiva.

13.ª Vicitar dentro de la capital todas las oficinas principales de Hacienda publica del Estado, los establecimientos publicos, de industria, beneficencia, é ilustracion: tomando las providencias gubernativas conducentes á cortar abusos y de todo dará cuenta al Congreso ò á la diputacion permanente, con las observaciones que crea dignas de poner en conosimiento del Poder legislativo.

14.ª Vender y arrendar las tierras que corresponden al Estado conforme á las Leyes

ART. 118. No podrá el Gobernador.

1.° Privar á ningun Ciudadano de libertad, ni imponerle pena alguna; pero cuando lo ecsija el interès de la vindita publica podrà arrestarle deviendo ponerlo en el termino de veinte y cuatro horas à disposicion del Juez competente

2.° Ocupar la propiedad de ningun particular, ó corporacion ni turbale en ella: mas en el caso que fuese, necesario para un objeto de utilidad al Estado podrá hacerlo previa aprovacion del Congreso, y en su reseso de la diputacion permanente, indemnisando siempre à la parte interesada en su justo valor, graduandose este por dos peritos nombrados de ambas partes, y obligandose el gobierno á tomar cuanto sobre la parte que deve ocupar eceista, si es del ramo correspondiete à ella.

3.° Impedir ninguna clase de elecciones señaladas por la constitucion; ni la reunion del congreso ó cualquiera otra de sus funciones, ni sancionar ninguna ley que le concede facultades estraordinarias; y por cualquier acto en que falte al cumplimiento de esta restriccion será declarado traidor á la patria.

4.° Salir de la capital sin espresa licencia del congreso ó de la diputacion permanente en su reseso, quienes le concederan la mas presisa dentro del Estado no pudiendo pasar de veinte dias: en cuyo caso no dejará de fungir su empleo. Pero en los acometimientos de enfermedad podrà hacerlo para dentro ó fuera del Estado hasta por todo el tiempo que fuese necesario no pasando este de cuatro meses y en este dejarà de fungir y lo harà en su lugar el llamado por la ley.

5.° No podrá salir del Estado durante el tiempo de sus funciones ni en un mes despues de ellas sin el espreso permiso que en el anterior punto se refiere; y si sin èl lo hiciere perderà el empleo, sin perjuicio de ser jusgado y castigado segun el agravante del caso.

ART. 119. El Gobernador es responsable ante el congreso de los actos de su ejercicio, à ecepcion de lo prevenido en el cuarto punto del art 38 de la constitucion federal.

ART. 120. Desde su nombramiento hasta un mes despues de concluir en su destino no puede ser demandado detenido ni preso, sino por causa criminal que meresca pena corporal aflictiva,

ART. 121. Cuando el Congreso declarare haber lugar á la formacion de cauza contra el Gobernador en uso de su atribucion 13ª quedarà suspenso de su empleo y honorario, y puesto á disposicion del tribunal competente.

ART. 122. Si de la cauza resultarê reo sera privado de su empleo, como tambien si de ella se comprovase haber malversado las rentas del Estado deberà satisfacer con sus vienes la cantidad que fuese.

ART. 123. Si de la citada causa resultase indemnizado sera repuesto en su empleo, y se le abonará el honorario que hubiese devengado.

ART. 124. En los asuntos de oficio tendrà el tratamiento de ecselencia.

ART. 125. Antes de tomar posecion de su empleo prestarà ante el Congreso juramento en la forma que sigue "Yo N. N. Gobernador nombrado por el Estado de Tabasco juro por Dios y los santos evangelios que ejerceré fielmente el encargo que el mismo estado me ha confiado que guardaré y harè guardar esactamente la constitucion y leyes generales de la federacion, como igualmente la constitucion y las leyes del Estado.

ART. 126. El gobernador tomarà posesion de su empleo el dia 16 de setiembre y serà reemplazado en igual dia cada dos años por nueva eleccion constitucional.

ART. 127. Tendrá un secretario para el despacho general de todos los asuntos de gobierno.

ART. 128. Para que un individuo pueda ser secretario de gobierno se requieren las mismas cualidades que para diputado al congreso del Estado.

ART. 129. Todas las órdenes y decretos del gobernador deberán contener las firmas de èl y su secretario, sin cuyo requisito no seràn obedecidas.

ART. 130. El secretario de gobierno serà responsable ante el congreso en los casos que haya firmado.

ART. 131. Cuando el gobernador deje de fungir no disfrutara sueldo alguno.

Seccion 2.ª

Del vice Gobernador y Sub-vice

ART. 132. Se elegirà tambien por el òrden que queda prevenido un vice gobernador que tenga las mismas cualidades que el Gobernador para que desempeñe las funciones del gobierno en los casos de enfermedad suspencion ó muerte del gobernador.

ART. 133. En estos casos tendrà las mismas facultades, tratamiento, dotrina, responsabilidad, perogativas y todo lo demas que compete al gobernador.

ART. 134. Asi mismo se elegirà un sub vice que tenga las cualidades citadas, para que en defecto del vice gobernador desempeñe todas las funciones del gobernador bajo los mismos términos que aquel.

ART. 135. Los ante dichos nombrados no gosaràn sueldo alguno mientras no funjan, ni podrán obtener otro empleo de nombramiento popular ni de gobierno.

ART. 136. El periodo del nombramiento de estos tendrà la misma duracion que el del gobernador, pudiendo ser reelectos por solo una vez, si fungieren: mas si no llegase el caso de que fungan, podran serlo cuantas veces lo juzgue combeniente el Estado.

ART. 137. Al tomar posecion del gobierno cualquiera de estos empleados, prestará juramento en los propios tèrminos que el gobernador, y si el congreso se hayase en receso lo prestará en la misma forma ante la diputacion permanente.

ART. 138. El intervalo que debe mediar, por lo menos para volver à ser electos si hubiesen fungido de gobernador, sera el mismo que señala el art. 129 de esta constitucion.

CAPITULO VII

Del poder judicial

Seccion 1.ª

De la administracion de justicia en lo general

ART. 139. La protestad de aplicar las leyes en las causas civiles y criminales pertenece esclusivamente à los tribunales.

ART. 140. Los tribunales no pueden ejercer otras funciones, que las de juzgar y hacer que se ejecute lo juzgado.

ART. 141. Tampoco pueden suspender la ejecucion de las leyes, interpretarlas ni hacer reglamento alguno para la administracion de justicia.

ART. 142. Ni el congreso, ni el Gobernador, pueden en ningun caso ejercer las funciones judiciales, ni abrocarse las causas pendientes.

ART. 143. Tampoco podrà el Congreso ni el Gobernador ni ninguna otra autoridad del poder judicial mandar abrir las causas fenecidas.

ART. 144. Ninguna persona puede ser juzgada sino por leyes dadas, y en tribunales establecidos con anterioridad à la perpetracion del delito por el cual se le juzgue: Por consiguiente queda prohivido todo juicio por comision, y toda ley retroactiva.

ART. 145. En los negocios comunes civiles y criminales, no habrà mas que un solo fuero para toda clase de personas: Solo los militares y eclesiasticos continuaràn sujetos à las mismas autoridades á que lo estan al presente segun las leyes vigentes

ART. 146. Cuando se proceda á embargo de bienes, ya sea por demanda civil ò por delitos que lleven consigo responsabilidad pecuniaria, solo deberà hacerse en bienes equivalentes à que se estienda la deuda ó responsabilidad.

ART. 147. La pena de infamia no pasará de delinquente, que la hubiere merecido segun las leyes.

ART. 148. Se prohibe absolutamente la pena de confiscacion de bienes.

ART. 149. Ninguna autoridad podrà librar órdenes para el registro de las casas, papeles y otros efectos de los habitantes del Estado: sino es en los casos espresamente dispuestos por la ley y en la fórma que esta determina.

ART. 150. Ninguna autoridad aplicarà clase alguna de tormentos: sea cual fuere la naturaleza y estado del proceso.

ART. 151. Las leyes fijaran las formalidades que deban observarse en la formacion de causas, y ninguna autoridad puede dispensarlas; pero en el interin se observaràn esactamente las vigentes.

ART. 152. Toda falta de observancia de las leyes que arreglan el proceso en lo civil y criminal hace responsable personalmente á los jueces que la cometieren.

ART. 153. Toda persona tiene derecho para recutar à los jueces cuando tengan para ello causas legales, y para pedir la responsabilidad de los que demoren el d[esp]ach[o] de sus causas sin motivo suficiente, o no las sustancien con arreglo à las leyes.

ART. 154. Cualquiera persona tiene accion para acusar conforme à las leyes al magistrado que incurra en delito de soborno, cohecho; petuado; ó prevaricacion.

ART. 155. Los recursos de nulidad que se interpongan de sentencias dadas en primera y segunda instancia, solo pueden fundarse en la falta de observancia de las leyes que arreglan el proceso: y las providencias solo pueden ser para el preciso efecto de reponerlo y hacer efectiva la responsibilidad al juez.

ART. 156. Todos los asuntos judiciales del Estado se terminaràn dentro de su territorio hasta en su ultimo recurso.

ART. 157. La sentencia en toda cauza civil ó criminal debera contener la esprecion del hecho segun resulte del proseso y el testo de la ley en que se funde, al que se arreglara literalmente.

ART. 158. En ningun negocio sea de la clase que fuere puede haber mas que tres instancias, y otras tantas sentencias definitivas: las leyes determinaràn, atendida la entidad de los negocios, la naturaleza y calidad de juicios cual de las tres sentencias ha de cauzar ejecucion, y de esta solo se podrá interponer el recurso de nulidad en la forma y para los efectos que ellas mismas determinan.

ART. 159. Ningun Juez que haya sentenciado un negocio en alguna instancia puede sentenciarlo en otra ni determinar sobre el recurso de nulidad que se interponga,

ART. 160. No se podrà entablar pleito alguno en lo civil ni en lo criminal sobre injurias, sin hacer constar haberse intentado legalmente el medio de la consiliacion.

ART. 161. En todos los juzgados y tribunales del Estado se prestarà entera fé y credito à los actos, registros y procedimientos de los jueces y demas autoridades los otros estados de la federacion: siempre que vengan probados con arreglo à las leyes generales.

Seccion 2.ª
De la administracion de Justicia en lo Civil

ART. 162. A nadie podrà privarse determinar sus diferencias por medio de Jueces arvitros, nombrados por ambas partes, sea cual fuere el estado del juicio

ART. 163. La sentencia que dìeren los árvitros se ejecutarà sin recurso por los juzgados y Tribunales, si las partes al hacer el compromiso no se huvieren recerbado el derecho de apelar.

Seccion 3.ª
De la administracion de Justicia en lo Criminal

ART. 164. Ningun habitante del Estado podrà ser preso sin que preseda informacion sumaria del hecho, por el que meresca segun la ley ser castigado con pena corporal.

ART. 165. Cualquiera persona podrá arrestar al delincuente infraganti, siendo el delito grave, para el efecto solo de presentarlo à la autoridad que corresponda.

ART. 166. Para que un habitante del Estado pueda ser preso, senesecita.

1.° Orden de prision firmada por autoridad competente.

2.° Que el mandamiento esprese los motivos de la prision.

3.° Que se notifique al reo.

4.° Que se entregue al Alcalde, firmado por la autoridad que decretò la prision.

ART. 167. El que se puciere en la carsel, ó en arresto sin todos estos requisitos no se tendrá como preso, sino como detenido.

ART. 168. Para que alguno sea detenido deberá haber òrden por escrito de la autoridad competente.

ART. 169. Nadie podrá ser detenido. sin que haya semiplena prueba ó indicio de que es delincuente.

ART. 170. Ninguno serà detenido solamente por indicios, mas de sesenta horas; si pasando este tiempo no se há decretado la prision, ni comunicadose la órden de que habla el art.° 166; se pondrà inmediatamente en libertad por el que estubiere encargado de su custodia.

ART. 171. El alcalde no podrà prohivir al preso ó detenido la comunicacion con persona alguna sino en el caso de que la órden de prision ó detencion asi lo esprece; pero respecto del detenido solo podrà durar sesenta horas á lo mas.

ART. 172. Dentro de las cuarenta y ocho horas primeras del arresto se tomará declaracion al tratado como reo, y se le instruirà de quien sea su acusador si lo hubiere.

ART. 173. La declaracion del arrestado ó detenido serà sin juramento, que á nadie ha de tomarse en materias criminales sobre hecho propio.

ART. 174. Solamente en los casos de resistancia ó cuando fundadamente se tema la fuga del reo podrá usarse de la fuerza necesaria,

ART. 175. En cualquiera estado de la causa en que aparesca que no pueda imponerse al preso pena corporal se pondrà en libertad dando fiador.

ART. 176. Al tiempo de tomar la confesion al prosesado, se le deberàn leer integramente todos los documentos y las declaraciones de los testigos con sus nombres y se le darán cuantas noticias sido para que venga en conocimiento de ellos.

ART. 177. En ningun caso se prosederá contra persona alguna por denuncia secreta.

ART. 178. Desde que se reciba la confecion al tratado como reo, toda cauza criminal serà pùblica en el modo y forma que disponen ò dispongan las leyes.

ART. 179. No podràn imponerse dos penas por un mismo delito.

ART. 180. Se prohive à las autoridades públicas aplicar la pena de azotes, y las afrentosas de esponer á los delincuentes al escarnio público.

ART. 181. No podran ser perpetuas las de precidia ó reducion, ni imponerse por mas tiempo que el de ocho años.

ART. 182. Las carseles se dispondrán con departamentos separados, para detenidos, incomunicados y presos, proporcionadas modo, que sirvan solo para seguridad, y no para mortificacion de los reos.

Seccion 4.ª

De los jusgados y Tribunales

ART. 183. Habrà un juez de 1.ª Instancia en cada cabecera de Departamento para conocer en las causas civiles y criminales que dentro de su respectivo Territorio ocurran; los cuales serán nombrados por el Gobernador à propuesta en terna de los Ayuntamientos.

ART. 184. Las facultades de estos jueces se limitaran presisamente à lo contencioso, y las leyes determinarán los negocios de que deban conocer privativamente y sin apelacion.

ART. 185. Todos los jueces de 1.ª Instancia deberan remitir cada tres meses al de 2.ª, lista de las causas civiles y criminales que pendieren en su jusgado con esprecion de su Estado.

ART. 186. En la Capital del Estado habrà un Acesor general para que consulte à los jueces legos de 1.ª Instancia sus sentencias, las cuales no podrán dictar sin consulta de letrado.

ART. 187. Habrà en la Capital del Estado un tribunal de 2. ª Instancia que regentará un Letrado y en su defecto un lego nombrado por Gobernador a propuesto en terna de todos los Ayuntamientos del Estado, cuyas atribuciones seran:

1.ª Conocer en primer grado de las cauzas civiles y criminales que se promuevan contra los Jueces de la 1.ª Instancia, los Gefes Politicos y el acesor general del Estado.

2.ª Conocer en grado de apelacion y de los recursos de nulidad que se intenten por sentencias dadas en 1.ª Instancia.

3.ª Dirimir las competencias que se subsiten entre los jusgados inferiores y tomar conocimiento en los recursos de fuerza.

4.ª Proponer al Gobierno en union del Acesor general las dudas que ocurran sobre la intelegencia de alguna ley particular conserniente á la administracion de justicia para que el mismo Gobierno promueva en el Congreso la combeniente declaratoria.

5.ª Pasar anualmente à la suprema corte de justicia del Estado una lista de todas las cauzas que se hayan iniciado; pendientes y fenecidas en su Tribunal y los juzgados inferiores.

ART. 188. Para ser juez de 1.ª y 2ª Instancia se requiere tener las mismas cualidades que para diputado al Congreso del Estado si fueren legos, y si letrados, les vastará ser Ciudadanos al jurados.

ART. 189. Todos los jueces de que anteriormente trata esta seccion, el acesor y los escribanos, antes de tomar posecion de su destino, prestaran juramento ante el Gobernador en la fórma que señala esta Constitucion à los Diputados del Congreso, y disfrutaran el sueldo que este los señale con anterioridad.

ART. 190. Los antedichos empleados serán perpetuos y solo seran removidos cuando habiendo faltado á sus deberes sean acredores à sufrir la deposicion conforme las leyes determinan.

ART. 191. Habrá así mismo otro tribunal que se denominarà suprema corte de justicia, se compondrá de tres salas y en cada [una] un magistrado y dos conjueces.

ART. 192. Los magistrados serán electos por el congreso antes de cerrar sus sesiones ordinarias y por fallecimiento ò imposibilidad de alguno nombrarà otro para reponenerlo el mismo congreso, ò en su reseso la diputacion permanente.

ART. 193. Conocerá originariamente la primera sala de dicho tribunal en las causas de responsabilidad que se promuevan contra los Diputados, Gobernador, Secretario de gobierno y Magistrado de 2.ª instancia previa declaratoria del Congreso de haber lugar à la formacion de causa, y sin ella en las causas criminales comunes de los mismos funcionarios inferiores; quedando espeditas las facultades de los jueces de 1.ª instancia y alcaldes, para formar las primeras diligencias del sumario y asegurar á los reos, con conocimiento, si fuere posible, del asesor general, interin se reune la sala, à quien precisamente deberán dar cuenta.

ART. 194. Tambien conocerá en 1.ª instancia en las causas civiles que se intenten contra el Magistrado de 2.ª; en grado de apelacion, de las civiles y criminales promovidas contra los Jueces de 1.ª: y en el de suplicacion en todos los asuntos de que hayan tomado conocimiento originariamente los jueces de 1.ª instancia y no haya causado ejecutoria la segunda sentencia.

ART. 195. Serà atribucion de la segunda sala conocer en grado de apelacion en todos aquellos negocios en que originariamente halla conocido en 1.ª, y en grado de suplica en los asuntos civiles y criminales de los jueces inferiores, cuando no haya causado ejecutoria la sentencia de la primera sala.

ART. 196. La tercera sala conocerà en grado de suplica en todas las causas que hayen sido sentenciadas en la segunda y no haya causado ejecutoria,

ART. 197. En las cauzas de responsavilidad que se intenten contra los que componen la primera sala, conocerà la 2.ª en 1.ª instancia, la 3.ª en 2.ª y en la clase de súplica la misma 3.ª con distintos confueces que tambien seràn nombrados por el orden prevenido.

ART. 198. En las que de igual naturaleza se intenten contra los que componen la 2.ª sala conocerá la 1.ª originariamente y la 3.ª en los dos casos que anteriormente se refieren, y en las que se promuevan igualmente contra la 3.ª conocreá la primera en los propios tèrminos que contra la 2.ª, y esta conocerá en los mismos casos que se mencionan en el articulo anterior.

ART. 199. Para que dichas salas puedan conocer en las causas que quedan referidas en los anteriores articulos deberá preceder la competente declaratoria del congreso de haber lugar à la formacion de causa, cuya regla se observará, sin el requisito de la declaratoria, en las causas criminales comunes que contra los funcionarios de ellas se intenten, quedando en estos ultimos casos espeditas las faculdades á los jueces de 1.ª instancia y à los alcaldes para formar las primeras diligencias del sumario y asegurar á los reos, dando cuenta à la competente sala incontinenti de reunida.

ART. 200. Los conjueces serán nombrados para el ejercisio de estas funciones, siendo el asunto civil, uno por cada parte; y en lo criminal, uno por la parte y otro por el ayuntamiento de la capital.

ART. 201. A los tres magistrados de que se componen las tres salas reunidos en una, corresponde revisar las listas anuales que le pase el magistrado de segunda instancia de los asuntos civiles y criminales que haya, substanciado y de las demas de todos los juzgados del Estado, cuya operacion evacuarà en el termino de quince dias reuniendose à este efecto el cinco de Enero de cada año en la capital y se disolverá.

ART. 202. Cada una de las tres salas dichas se reunirá estraordinariamente:

1.° Cuando el congreso declarare haber lugar à la formacion de causa á los empleados de que por esta deban conocer.

2.° Cuando se interponga apelacion de alguna sentencia en materias civiles ó criminales.

3.° Por combocatoria del mismo congreso ó de la diputacion permanente cuando por homicidio ù otro criminal delito deban ser juzgados.

ART. 203. Si de le revicion de listas que se refieren en el art. 201. notase la citada sala entorpecida la administracion de ella, librarà las competentes ordenes al magistrado de 2.ª instancia para que sea administrada con puntualidad; y si esto no lo conceptuase suficiente, lo patentizará al congreso para que este tome las medidas necesarias.

ART. 204. Ecsaminadas las listas formarà el tribunal una circunstanciada de todas ellas, y al pie recomendará à los jueces que se hayan distinguido en el cumplimiento de sus encargos, pasando un tanto al gobierno para que disponiendo este su impresion, circule los necesarios ejemplares à todas las autoridades del Estado.

ART. 205. En todos las asuntos contenciosos de que deba conocer cada sala de la suprema corte de justicia haran sentencia dos votos conformes, previa consulta de letrado, y el magistrado á que corresponda deberá ejecutarla.

ART. 206. Asi la suprema corte de justicia, como el magistrado de segunda instancia, si fuese lego, deberan consultar sus sentencias á, letrado, pudiendolo hacer al Asesor general en los casos que este no haya dictaminado.

ART. 207. Los individuos de que se debe componer la suprema corte de justicia antes de tomar posecion de este empleo, prestaràn juramento ante la diputacion permanente, ò ante el Congreso, si se hayase reunido, en la forma que esta constitucion determina para los diputados.

ART. 208. Los tres magistrados de que se deben componer las tres salas de está suprema corte, disfrutaràn del viatico y dietas que el congreso les señale con anterioridad, y el conjuesado serà carga consegil.

ART. 209. Los tres magistrados de que habla el anterior art. con sus respectivos conjueces permaneceran en su nombramiento dos años, pudiendo ser reelectos por solo una vez.

ART. 210. Los tres magistrados que se mencionan no volveràn á ser electos para este ú otro destino de nombramiento popular, (ecepto el de diputado, el de Gobernador, vice ó sub-vice del Estado, y diputado ò senador al congreso de la union) hasta pasado un año por lo menos de haber cesado en sus funciones.

ART. 211. Los consavidos tres magistrados no podran ser demandados, detenidos, ni presos, sino por cauza criminal que meresca pena corporal aflictiva.

ART. 212. Para ser magistrado de la Suprema Corte de justicia y conjueces de ella, se requieren las mismas cualidades que para ser diputado al congreso del Estado, y la edad de treinta años por lo menos.

ART. 213. No podrán ser electos para dichos empleos,

1.° El Gobernador, vice ò sub vice del Estado.

2.° Los diputados del congreso, senadores ò diputados al Congreso de la Union.

3.° Los empleados de nombramiento del gobierno supremo de la federacion, ò del particular del Estado que esten en actual servicio.

4.° Los eclesiasticos de cualquier estado y grado,

CAPITULO VIII

Del gobierno interior de los departamentos y pueblos del Estado

Seccion 1.ª

De los gefes políticos de los departamentos

ART. 214. En la cabecera de cada departamento habrà un gefe político nombrado por el Gobernador à propuesta en terna de los ayuntamientos respectivos.

ART. 215. Dichos gefes durarán dos años en el ejercicio de sus funciones y pueden ser reelectos sin intervalo, siempre que asi lo quiera la mayoría de los respectivos ayuntamientos.

ART. 216. Todos los gefes politicos serán independientes en el desempeño de sus respectivas funciones, y por ellas estarán sujetos al gobernador del Estado.

ART. 217. Las atribuciones de estos gefes y el modo con que deban desempañarlas son las detalladas por las leyes, pudiendose estas ampliar, restringir ó adiccionar por el congreso.

Art. 218. Durante el tiempo de sus funciones gosarán de las dotaciones que tienen señaladas ó en lo subcesivo se señalaren.

Art. 219. Los gefes polìticos tendràn un secretario dotado de las cajas del Estado segun se refiere en el articulo anterior.

Art. 220. Para ser gefe político se requiere las mismas cualidades que para los diputados al Congreso del Estado.

CAPITULO IX

Del gobierno interior de los partidos y pueblos

Seccion 1.ª

De los ayuntamientos constitucionales

Art. 221. En todas las cabeceras de partido habrá ayuntamiento constitucional para cuidar de su policìa, salubridad y gobierno interior.

Art. 222. Por circunstancias particulares segun los informes que presente el gobierno, dispondrà el congreso que haya ayuntamiento constitucional en los pueblos que no sean cabeceras de partido.

Art. 223. Para que en dichos pueblos pueda haber ayuntarmiento será necesario formar espediente manifestando en èl, el territorio que reconoce su jurisdiccion, que tenga mil quinientos habitantes, y que entre estos hayan suficientes sujetos hàbiles para desempeñarlo.

Art. 224. Los ayuntamientos se compondran de uno hasta tres alcaldes, de dos hasta doce regidores, y de uno hasta tres sindicos procuradores: segun el nùmero de ciudadanos en el ejercicio de sus derechos de que se componga el pueblo y su comarca.

Art. 225. Los ayuntamientos se renovaràn en su totalidad cada año.

Art. 226. Todos los empleos municipales seran carga consegil de que nadie podrà escusarse sin causa notoriamente justa y aprobada por el gefe polìtico respectivo con informe del ayuntamiento.

Art. 227. Cada ayuntamiento tendrà un secretario electo por la mayorìa del mismo cuerpo y dotado de sus fondos; pudiendo ser comovido dicho secretario cuando asi lo juzgue combeniente el mismo ayuntamiento.

Art. 228. El que hubiere ejercido este empleo ò cualquiera otro de nombramiento popular, esepto el de elector, no bolberá à ejercer (à ecepcion de los de acenso en mayoria de empleo) sino hasta que sea, por lo menos, transcurrido igual tiempo al que sirvió,

Art. 229. Para ser individuo de ayuntamiento se requieren las mismas cualidades que para elector municipal, y à mas no ser Ecleciastico.

Art. 230. Los ayuntamientos constitusionales se elegiràn por nueve electores que el tercer domingo del mes de Diciembre de cada año nombrará el vecindario del mismo pueblo.

Art. 231. Para la eleccion de los nueve electores se observarà cuanto prescriben los articulos 20[,] 21[,] 23[,] 24[,] 26[,] 27[,] 28[,] 29[,] 30[,] 31[,] 32[,] 35[,] 36[,] y 37[,] de esta constitucion.

Art. 232. El cuarto domingo subsecuente, se reuniràn dichos electores en la sala capitular bajo la presidencia de la autoridad polìtica superior local y se observarà lo que prescriben los articulos 40, 41, y 42, de la misma.

ART. 233. En seguida se prosederá à nombrar el nùmero de alcaldes y vocales de que se debe componer al ayuntamiento observandose lo prevenido en el articulo 43.

ART. 234. Concluida la eleccion el secretario estenderá el acta en un libro que se llebarà para este efecto con el titulo de elecciones de ayuntamiento, y fecho la firmaràn con èl, el presidente y escrutadores, sacandose una copia firmada por los mismos para que por conducto del presidente se dirija à la mayor brevedad al gefe polìtico del respectivo departamento.

ART. 235. El dia l.° de Enero de cada año, tomarà posecion el nuevo ayuntamiento lo cual le darà el saliente dandole cuenta en el siguiente dia de todos los asuntos pendientes, y de el tesoro ecsistente de sus fondos.

Seccion 2.ª
De las juntas de polícia

ART. 236. En todos los pueblos que no fueren cabeceras de partido se nombrará una junta de policia compuesta de tres vocales y un precidente que ejercerà las funciones de alcalde ausiliar sujeto al de el ayuntamiento constitucional à que correseponda.

ART. 237. Estas juntas serán electas à pluralidad absoluta de los vecinos del pueblo y su comarca el tercer domingo del mes de diciembre de cada año[.]

ART. 238. Sus atribuciones son las detalladas en el art. 23 de la ley nùm. 21 de 9 de Febrero de 1825.

CAPITULO X
De la Hacienda pública del Estado

Seccion 1.ª
De las Rentas

ART. 239. Las rentas particulares del Estado, harán parte principal de su hacienda publica.

ART. 240. Los articulos de rentas pueden aumentarse ò disminuirse por el Congreso siempre que á si lo estime necesario.

Seccion 2.ª
De las contribuciones

ART. 241. Las contribuciones harán la parte posterior de la hacienda pública del estado: El congrego establecerà anualmente las que sean necesarias para cubrir los gastos comunes, ò confirmarà las establecidas, sean directas ò indirectas subsistiendo las antiguas hasta que se publique su derogacion,

ART. 242. Las contribuciones directas seran personales, y se repartiran sin ecepcion ni privilegio proporcionalmente.

Seccion 3.ª
De las Tesorerìas del Estado

ART. 243. Habrá una Tesorerìa general en la capital del estado à la que deberá entrar lo que corresponda à su Hazienda pública, y de donde se satisfarà el presupuesto de sus gastos

ART. 244. Habran á demas otras Tesorerias subalternas en los pueblos del Estado en que se jusgue oportuno á fuicio del Congreso, y sus administradores estarán en correspondencia con el principal à cuya dispocision tandrán todos sus fondos.

ART. 245. Ningun pago se admitirá en cuenta al Tesorero general si no se hiciere en virtud de reglamento, ó de òrden especial del Gobernador refrendada por su Secretario. El Gobernador bajo de su responsavilidad justificarà la nesesidad del gasto y la aplicacion de la cantidad de que hubiere dispuesto.

ART. 246. La cuenta de la Tesoreria general comprenderà el rendimiento anual de todas las rentas y contribuciones y su imbercion, luego que reciva la aprobacion del Congreso se publicarà y circularà.

ART. 247. La administracion de la hacienda pública serà independiente de toda otra autoridad, que no sea aquello aquien está encomendada.

CAPITULO XI

De la Milicia del Estado

Seccion 1.ª

De los cuerpos de Milicia

ART. 248. En todos los pueblos del Estado se estableceràn cuerpos de Milicia Civica bajo las reglas que se prescriban en la organizacion general.

ART. 249. El servicio de esta Milicia no serà continuo, y solo tendrá lugar cuando lo ecsijan las circunstancias, ó los objetos de su instituto.

ART. 250. El Gobernador podrá uzar de ella previa aprobacion del Congreso y en su receso de la diputacion permanente en el preciso caso de que asi lo ecsija la defensa del mismo estado.

Seccion 2.ª

De los Milicianos

ART. 251. Todo Tabasqueño desde la edad de diez y ocho años hasta la de cincuenta será individuo de esta Milicia. à esepcion aquellos à quienes se prohibá en el reglamento particular.

ART. 252. Los Milicianos no tendràn otro fuero ni privilegio, que el de simples Ciudadanos.

ART. 253. Cuando se ocupen en las funciones de su instituto no gozaràn sueldo alguno, y solo lo tendràn cuando funjan como la Milicia activa, en cuyo caso gozaràn el mismo fuero que esta.

CAPITULO XII

De la instruccion Pùblica

Seccion Unica

ART. 254. El Congreso veerá como la primera y mas sagrada de sus obligaciones la instruccion de los habitantes del Estado y la buena educacion de la juventud.

ART. 255. El mismo formarà el plan general de instruccion pùblica con respecto à las diversas circunstancias de los Tabasqueños.

CAPITULO XIII

Seccion Unica

De la observancía, interpretacion y reforma de esta constitucion

ART. 256. Todo funcionario pùblico del estado, antes de tomar posecion de su destino, deberá prestar juramento de guardar esta constitucion. El congreso dictarà todas las leyes que crea conducentes à que se haga efectiva la responsabilidad de los que la quebranten.

ART. 257. Solo el Congreso podrá resolver las dudas que ocurran sobre la inteligencia de los articulos de esta constitucion.

ART. 258. Los Ayuntamientos constitucionales podran hacer observaciones por conducto del gobierno sobre los articulos de esta constitucion, segun les paresca combeniente, en el año de 1839; pero las reformas ó adicciones que se propongan, no las tomara en consideracion el congreso sino en el segundo año de 1840, y si se calificaren necesarias se publicarà esta resolucion para que el congreso siguiente se ocupe de ellas, pues nunca debe ser uno mismo el congreso que haga la calificacion y el que decrete las reformas ò adicciones.

ART. 259. Para reformar ó adiccionar esta constitucion se observará à mas de las reglas prevenidas en el articulo anterior, todos los requisitos que se prescriben para la formacion de las leyes, à esepcion del derecho concedido al Gobernador para hacer observaciones.

ART. 260. Jamas podrán reformarse los articulos de esta constitucion que establecen la libertad, é independencia del Estado, su religion, forma de gobierno, libertad individual y divicion de los supremos poderes.

Dada en San Juan Bautista capital del Estado de Tabasco á los 15 dias del mes de noviembre de 1831 años Nicolas Dolores Oropeza Presidente. – Joaquin Burelo. – Juan de Dios Salazar. – Eduardo Correa. – Juan Jgnacio Marchen – Francisco Maria Tejeda – El Sr. Ferrer ausente por enfermo. – Manuel Josè Hernandez Secretario. – Felipe de Prado Secretario.

Por tanto, mando á todos los habitantes del Estado que cumplan, y á las autoridades que hagan cumplir la presente ley en todas sus partes, á cuyo efecto imprimase, publiquese y circulese. Dado en San Juan Bautista á 16 de Noviembre de 1831.

Josè Rovirosa,
Salvador Oropeza,
Srio.

---

[1] Editado según *Constitucion politica del Estado libre y soberano de Tabasco sancionada por su augusto Congreso Constitucional en el año de 1831*, Tabasco: Imprenta del Estado, dirijida por el C. Trinidad Flores, 1831, 83p.

Esta constitución reformada quedó en vigor hasta el fin de la primera república federal en 1836. El 13 de febrero de 1841, Tabasco decretó su separación de México protestando contra el centralismo, pero ya el 2 de diciembre de 1842 el estado se reincorporó a México. Después de la primera invasión norteamericana en Tabasco en 1846, el 9 de noviembre de 1846, se pronunció en rebeldía la separación de Tabasco de México, regresando a la República algunas semanas después. Después de la era de las repúblicas centralistas la constitución de 1825 con sus reformas fue declarada vigente de nuevo en 1847 por el Acta constitutiva y de reformas (artículo 30), sancionada por el congreso extraordinario constituyente de los Estados-Unidos Mexicanos. Otra reforma fue publicada en 1850 y la segunda constitución del Estado en 1867.

Constitución del estado de las Tamaulipas (1825)

Constitucion Politica del Estado libre de las Tamaulipas[1]

ENRIQUE CAMILO SUAREZ VICE-GOBERNADOR del Estado libre de las Tamaulipas à sus habitantes: SABED: que el Congreso constituyente del mismo Estado hà decretado y sancionado para el gobierno interior del propio Estado la siguiente:

CONSTITUCION POLITICA DEL ESTADO LIBRE DE LAS TAMAULIPAS

EL Congreso Constituyente del Estado Federado de las Tamaulipas legitimamente reunido, à nombre del Pueblo libre del mismo Estado que representa, en uso de los poderes que este le confiò, y en desempeño del objeto de su institucion, invocando para el acierto al Autor, y Legislador Supremo de las sociedades, establece, decreta y sanciona la siguiente Constitucion politica para el gobierno interior del propio Estado.

RESOLUCIONES GENERALES

ART. 1. El Estado de las Tamaulipas es la reunion de todos sus habitantes.

ART. 2. Es Soberano, libre è independiente de los demas Estados-Unidos Mejicanos, y de cualquiera otra nacion.

ART. 3. El Estado retiene su libertad, y derechos en lo que toca à su administracion y gobierno interior, y delega estos al Congreso general de la Confederacion Mejicana en lo relativo à la misma Confederacion.

ART. 4. La soberania del Estado naturalmente reside en los individuos que lo componen; pero estos solo ejerceràn los actos de ella señalados en esta constitucion, y en la forma que ella dispone.

ART. 5. El territorio del Estado comprehende lo que contenìa la antes llamada Provincia de Nuevo Santander. Cuando pueda ser se fijarán por una ley constitucional los terminos del Estado.

ART. 6. El Estado se dividirá en once partidos, y tres Departamentos. Una ley, que podrà variarse segun las circunstancias lo ecsijan, designará los lugares que comprehenda cada Departamento, y cada partido, y las cabezeras de ellos.

ART. 7. La Religion del Estado es la Catolica, Apostolica, Romana. El Estado la protege, y prohibe el ejercicio de cualquiera otra.

ART. 8. El Estado señalará y costeará los gastos que sean precisos para mantener el culto, con arreglo á la Constitucion Federal.

ART. 9. Todo hombre que habite en el Estado, aun en clase de transeunte, goza los derechos imprescriptibles de libertad, seguridad, propiedad, é igualdad.

ART. 10. El Estado garantiza estos derechos: garantiza tambien la arreglada libertad de imprenta, y prohibe para siempre la esclavitud en todo su territorio.

ART. 11. En consecuencia todo habitante del Estado tiene derecho para pedir á la Legislatura la correccion de las infracciones que note, y à obtener la reparacion de los obstaculos, que le embarazen el ejercicio de sus derechos, con tal que lo haga con tranquilidad y decencia. Estas reparaciones no pueden diferirse arbitrariamente, ni rehusarse.

ART. 12. Asi mismo todos deben encontrar un remedio en el recurso á las leyes del Estado para toda injuria, ó injusticia, que pueda hacerseles en sus personas, ó en sus bienes, y conforme à ellas debe administrarseles la justicia cabalmente, y sin mas dilacion, que la que señalen las leyes.

ART. 13. Ni el Congreso, ni otra autoridad podrán tomar la propiedad, aún la de menos importancia de ningun particular. Cuando para objeto de conocida utilidad comun sea preciso tomar propiedad de alguno serà antes indemnizado á vista de hombres buenos, nombrados por el gobierno del Estado, y el interesado.

ART. 14. En correspondencia todo hombre que habite en el Estado està obligado à cumplir las leyes, à respetar y obedecer las autoridades, y á contribuir como el Estado lo pida á sostenerlo.

ART. 15. El Estado se compone unicamente de dos clases de individuos: de Tamaulipecos y de Ciudadanos Tamaulipecos.

ART. 16. Son Tamaulipecos.

Primero: Los hombres nacidos en el territorio del Estado.

Segundo: Los nacidos en cualquiera parte del territorio de la Federacion Mejicana, luego que se avecinden en el Estado.

Tercero: Los extrangeros que actualmente son vecinos del Estado cualquiera que sea la Nacion de su naturaleza.

Cuarto: Los extrangeros naturalizados en el Estado, bien sea por que hayan obtenido del Congreso carta de naturaleza, ò que tengan la vecindad de cinco años ganada segun la ley. A los naturales de los paises en ambas Américas, que el año de mil ochocientos diez dependian de España, y àhora estàn independientes de ella les basta un año de vecindad en el Estado para adquirir naturalizacion.

ART. 17. Lo dispuesto en los anteriores articulos sobre naturalizacion de extrangeros se arreglarà en lo de adelante à las resoluciones que sobre la materia diere el Congreso General.

ART. 18. Son Ciudadanos Tamaulipecos:

Primero: Todos los hombres nacidos en el Estado y avecindados en él cualquiera que sea el tiempo de su vecindad.

Segundo: Los Ciudadanos de los otros Estados de la Federacion Mejicana luego que se avecinden en este.

Tercero: Los nacidos en pais extrangero de Padres Mejicanos, con tal que estos hayan conservado los derechos de ciudadanía de la Federacion, y que aquellos se avecinden en el Estado.

Cuarto: Los extrangeros que actualmente son vecinos del Estado, cualquiera que sea el pais de su origen.

Quinto: Los extrangeros que en lo succesivo siendo yà Tamaulipecos obtengan del Congreso carta de ciudadania.

ART. 19. No son Tamaulipecos, ni Ciudadanos Tamaulipecos los hombres nacidos en el territorio de la Federacion Mejicana, y los extrangeros avecindados en èl al tiempo de proclamarse la independencia, que no permanecieron fieles á ella, si no que emigraron à pais extrangero, ó dependiente del Gobierno Español.

ART. 20. Para conceder carta de naturaleza à los extrangeros serà presiso que se establezcan en el Estado con capital propio para ejercer cualquiera profesion util, ó que introduzcan en el alguna industria, ò invencion apreciable, ò que hayan hecho en favor de la Nacion, ó del Estado servicios recomendables.

ART. 21. La carta de ciudadania se concederà á los extranjeros, ò por que se casen con mejicana, ó por que tengan dos años de vecindad despues de su naturalizacion, ó por que hayan hecho à la Nacion, ò al Estado servicios muy distinguidos. Los extranjeros americanos de que habla el parrafo 4.° del articulo 16. podràn obtener carta de ciudadanía luego que obtengan la de naturalizacion.

ART. 22. Como los derechos de ciudadania competen à los Tamaulipecos por que cumplen con sus obligaciones; asi faltando à ellas llegan á perderse, y se suspenden.

ART. 23. Se pierden los derechos de ciudadania.

Primero: Por adquirir naturaleza en cualquiera pais extrangero.

Segundo: Por admitir empleo, pension, ó condecoracion de gobierno extrangero.

Tercero: Por sentencia ejecutoriada en que se impongan penas aflictivas, ó infamantes.

Cuarto: Por vender su voto ó comprar el ageno en las juntas populares, y à sea à favor suyo, ò de otro; y por faltar à la fé publica en razon de sus encargos los que en las propias juntas sean presidente, escrutador ò secretario: bien que en todos los casos de este articulo deberá haver antes sentencia ejecutoriada.

ART. 24. Solo la Legislatura puede rehabilitar à los que hayan perdido los derechos de ciudadania.

ART. 25. Se suspende el ejercicio de estos derechos.

Primero: Por incapacidad fisica ó moral, previa la correspondiente declaracion judicial.

Segundo: Por no tener veinte y un años cumplidos de edad; Se ecceptùan los casados pues desde que contraigan matrimonio, cualquiera que sea la edad que tengan, entraràn al ejercicio de estos derechos.

Tercero: Por el estado de deudor à los caudales publicos de plazo cumplido.

Cuarto: Por no tener empleo, oficio, ó modo de vivir conocido.

Quinto: Por estar procesado criminalmente desde que el juez con las formalidades de la ley decrete la prision, ò fianza de carcelería.

Sexto: Desde el año de mil ochocientos cuarenta por no saber leer y escribir los que entonces entren de nuevo al ejercicio de estos derechos.

ART. 26. Solo los Ciudadanos Tamaulipecos que estén en el ejercisio de sus derechos pueden tener sufragio en las juntas populares en la forma que la ley determine.

ART. 27. Unicamente los Ciudadanos Tamaulipecos de que habla el articulo anterior pueden ser sufragados para los empleos del Estado, y todos tienen á ellos igual derecho, con tal que reunan las calidades que la ley demande.

ART. 28. Los empleos facultativos podrán obtenerse por cualquiera Ciudadano de los otros Estados de la Federacion Mejicana.

GOBIERNO DEL ESTADO, Y SU FORMA

ART. 29. El Gobierno del Estado es establecido para la ventaja comun del cuerpo politico; para la seguridad, y proteccion de los habitantes del mismo Estado, y no para el interes de ninguna persona, ni reunion de hombres.

ART. 30. Cuando algun funcionario pùblico exerciendo su encargo no llene este objeto se hace responsable ante la ley como ella lo determine.

ART. 31. El Gobierno del Estado es Republicano, Representativo, Popular, Federado. En consecuencia, la idea de empleos, ó privilegios hereditarios es absurda, y no puede haberlos.

ART. 32. No habrà por lo mismo otra distincion entre los Tamaulipecos, que la virtud, y el talento. Esto, y los servicios hechos al publico seràn los unicos titulos para adquirir ventajas, ó destinos.

ART. 33. Solo podràn obtener privilegio los Tamaulipecos en obras de su invencion, ó produccion propia del modo que la ley determine.

ART. 34. Conforme à la forma de Gobierno adoptada, se divide para su ejercicio el Poder Supremo del Estado en Legislativo, Ejecutivo y Judicial.

ART. 35. Ni los tres poderes, ni dos de ellos podrán reunirse en una persona ó Corporacion, y el Legislativo jamás podrà exercerse por un solo individuo.

ART. 36. El Poder Legislativo residirá en un Congreso compuesto de Diputados elegidos popularmente.

ART. 37. El poder Executivo, residirá en un Ciudadano nombrado tambien popularmente, y se llamará Gobernador del Estado.

ART. 38. El Poder Judicial residirà en los Tribunales, y Jueces; que establece esta Constitucion.

TITULO I

Seccion primera

Del Poder Legislativo

ART. 39. Se compondrà el Congreso de Diputados nombrados en su totalidad cada dos años, y podràn reelegirse los del Congreso anterior.

ART. 40. Por cada partido se eligirá un Diputado propietario, y un suplente: y asì el número total de cada clase serà el de once.

ART. 41. Para ser Diputado propietario se requiere ser Ciudadano Tamaulipeco, en el ejercicio de sus derechos, mayor de veinte y cinco años, con vecindad en el Estado los tres años continuos inmediatos á su eleccion. A los naturales del Estado les basta ser vecinos de èl al tiempo del nombramiento; cualquiera que sea el tiempo de la vecindad.

ART. 42. Los Diputados suplentes ámas de las calidades del articulo anterior han de tener vecindad al tiempo de su eleccion en el partido que los nombre.

ART. 43. Los extrangeros, no pueden ser Diputados sino tienen diez años de vecindad en el Estado. A los extrangeros Americanos de que habla el parrafo 4.° del articulo 16. les bastan cuatro años de vecindad en el Estado para ser elegidos Diputados.

ART. 44. No pueden ser Diputados los Militares de cualquiera clase que sean, cuando esten en actual servisio, ni los Eclesiasticos Curas de almas por el partido donde lo sean.

ART. 45. Tampoco pueden serlo los empleados de la Federacion, ni los funcionarios civiles de nombramiento del Gobierno del Estado.

ART. 46. Si una misma persona fuere nombrada por dos ó mas partidos, subsistirá la eleccion de aquel donde actualmente estè avecindada. Si no fuere vecino de alguno de ellos prevalecerà la eleccion del partido de su origen. Si tampoco fuere natural de alguno de dichos partidos, queda al arbitrio del nombrado concurrir al Congreso por el partido que quiera. En estos casos, y en los de muerte ó imposibilidad de alguno, ó algunos de los Diputados propietarios, concurriràn los suplentes respectivos á juicio del Congreso.

ART. 47. Si fallecieren ó de algun, modo se imposibilitaren el Diputado propietario y el suplente de uno ó mas partidos, el Congreso, calificando antes la imposibilidad, dispondrà, que por el partido respectivo concurra el que en las juntas electorales de partido obtuvo mayor nùmero de sufragios para Diputado propietario; y si no tubiere alguno la mayoria el Congreso eligirá al que le parezca de los que tengan igual número de votos, haciendose estas elecciones en la forma que para las de Gobernador en sus casos sed irá despues.

ART. 48. Los Diputados en el tiempo que ejerzan su comicion seràn asistidos con las dietas que les asigne el Congreso anterior, y à juicio del mismo seràn indemniza dos de los gastos del viage de ida y vuelta.

ART. 49. En ningun tiempo podràn los Diputados ser acusados, juzgados, ni reconvenidos por las opiniones que durante su encargo, y en desempeño de él, hayan manifestado de palabra ó por escrito; y en las causas criminales, que contra ellos se intenten, seràn juzgados por el tribunal que se dirà, previa declaracion del Congreso de haver lugar à la formacion de causa. Mientras duren las sesiones no podrán los Diputados ser demandados civilmente, ni ejecutados por deudas.

ART. 50. Los Diputades no podrán obtener del Gobierno empleo alguno en los dos años de la duracion del Congreso para que fueron elegidos.

Seccion segunda
De la eleccion de los Diputados

ART. 51. La eleccion de los Diputados, aunque hà de ser popular, no será directa, sino por medio de juntas electorales municipales, y juntas electorales de partido.

Parafo I
De las juntas electorales municipales

ART. 52. El Domingo primero de Mayo del año de la renovacion del Congreso, se celebraràn juntas municipales en todos los pueblos del Estado, y en ellas se nombraràn los electores de partido, que han de elegir los Diputados. Estas juntas duraràn hasta tres dias consecutivos, si fuere necesario.

ART. 53. El Domingo anterior, al en que se han de celebrar las juntas municipales, la autoridad primera civil de cada pueblo harà publicar, como sea de costumbre, el dia en que se ha de celebrar la junta, avisando con la anticipacion necesaria á las haciendas, y ranchos de la comarca para inteligencia de los vecinos, y harà fijar en los parajes mas publicos rotulones que contengan este aviso.

ART. 54. Estas juntas se compondrán de los ciudadanos que estèn en el exercicio de sus derechos, vecinos, y recidentes en el Pueblo respectivo, y nadie de esta clase se excusarà de concurrir à ellas.

ART. 55. Reunidos los ciudadanos el dia señalado en el paraje donde sea costumbre, y presididos por el que exerza la primera autoridad civil local, nombraràn publicamente de entre los presentes dos escrutadores, y un secretario.

ART. 56. Luego se procederá á nombrar uno à uno, y à pluralidad absoluta de votos los Electores de partido, que correspondan. El presidente votarà el primero: le seguirán los escrutadores, y secretario; y despues los demas ciudadanos. La votacion se harà por estos acercandose à la mesa, y diciendo al secretario en voz baja; pero de modo que lo perciban el presidente, y escrutadores el nombre del votado, y el secretario llevarà una lista nominál de los votantes, y votados.

ART. 57. Cuando alguno no reuna la mayoria absoluta de votos, entraràn á escrutinio los dos que tengan mayoria respectiva. En caso de competencia entre tres ó mas, se dirigirán las votaciones á reducir á uno los competidores para que entre à escrutinio con el que tuvo mayor número de votos. En casos de empate, se repite la votacion; y si lo hay segunda vez decidirà la suerte.

ART. 58. En cada votacion se harà la regulacion de votos por los escrutadores y Secretario á vista del Presidente, y concluida la publicará el Secretario. Este formarà una lista de los que han sido nombrados Electores, la que firmarà con el Presidente, y se fijarà en el paraje mas publico.

ART. 59. En un libro destinado à este objeto se escribirà la acta, espresando por menor los votos que sacò cada Elector, y los que sacaron los demas. Esta acta se firmarà por el presidente, escrutadores, y secretario, y se remitirà copia autorizada por el presidente y secretario á la autoridad primera civil locàl del pueblo cabezera de partido, y à cada Elector se pondrá oficio de aviso, que le servira de credencial, firmado por el presidente, y secretario.

ART. 60. Para ser Elector de partido se requiere ser Ciudadano Tamaulipeco, en el ejercicio de sus derechos, mayor de veinte y cinco años, con vecindad de un año antes en el pueblo del nombramiento, y saber leer y escribir.

ART. 61. Por cada quinientas almas se nombrarà un Elector de partido. Si algun pueblo no tubiere este nùmero nombrarà no obstante un Elector. Por las fracciones, aunque sean aproxîmadas al cupo señalado no se nombrará Elector. Una ley general señalarà con vista de los censos el nùmero de Electores de partido, que corresponde á cada pueblo.

ART. 62. Estas juntas y las demas electorales se tendràn á puerta abierta. No habrá en ellas guardia, ni se presentará con armas persona alguna de cualquiera clase que sea.

ART. 63. Si se suscitare duda en las juntas municipales sobre que alguno no deba votar, ó ser votado, se oirà lo que en el acto espongan de palabra el quedé la queja y el tachado, y resolverá la junta inmediatamente sobre ello. Estas resoluciones se ejecutarán sin récurso por aquella vez. Lo mismo se hará si absuelto el tachado se quejare este de calumnia. Si en estas resoluciones hay empate se estarà por la opinion absolutoria.

Parafo II

De las juntas electorales de partido

ART. 64. Las juntas electorales de partido se celebraràn en el pueblo cabezera de èl tercer Domingo de Mayo à los quince dias de haberse celebrado las juntas electorales municipales. Una ley señalará los dias en que estas juntas, y las municipales hán de celebraase para elegir Diputados al Congreso primero ordinario.

ART. 65. Los Electores de partido se presentaràn con su credencial un dia à lo menos antes de tener la junta à la primera autoridad civil local del pueblo cabezera de partido, la que harà escribir los nombres de los electores, y de los pueblos de su nombramiento en un libro destinado á este objeto.

ART. 66. El tercer Domingo del citado Mayo se reuniràn los Electores de partido en la sala de Ayuntamiento, ò en el paraje, que à esto se destine, presididos por el que ejerza la primera autoridad civil local. En esta junta se leerà por el presidente las credenciales de los Electores.

ART. 67. En seguida preguntará el presidente *si hay alguno que no deba ser elector*, y si se probare nulidad en alguno no tendrá voto activo ni pasivo. Luego preguntarà el mismo presidente *¿si hà habido cohecho, ò fuerza para que las elecciones recaigan en determinada persona?* Si se prueba que ha habido uno, ù otro quedan privados los delincuentes de voz activa, y pasiva, y los calumniadores sufriràn igual pena. Las dudas que sobre esto ocurran se resolverán por la junta del modo que queda dicho en el articulo 63.

ART. 68. Concluido este acto se nombraràn del seno de la junta un Presidente, dos escrutadores, y un secretario à pluralidad de votos, retirandose inmediatamente el que era Presidente, y ocupando su lugar el nombrado.

ART. 69. A continuacion se nombrarà por escrutinio secreto, y por medio de cedulas el Diputado propietario, teniendose nombrado el que reuna la pluralidad absoluta de votos, cuya regulacion se harà por los escrutadores y secretarios á vista el presidente. Este votarà el primero, seguiràn los escrutadores, luego el secretario, y despues los demás Electores de la junta. Si no hubiere votacion se observarà lo prevenido en el articulo 57.

ART. 70. Se procederá luego á elegir del mismo modo el Diputado suplente. Las actas de estas elecciones se estenderàn en un libro: se firmaràn por todos los individuos de la junta, y se remitirán copias de ellas autorizadas por el presidente y Secretario á la comision permanente del Congreso, al Gobierno del Estado, y à las autoridades municipales de los Pueblos del partido, y se fijará en el paraje mas publico de estilo un papel de aviso de los Diputados nombrados, firmado por el secretario de la junta.

ART. 71. Se darà tambien á los Diputados propietarios y suplentes testimonio de la acta autorizado por el presidente y secretario de la junta, que les servira de credencial de su nombramie[n]to.

ART. 72. Las juntas electorales de cualquiera clase que sean se disolverán luego que hayan hecho los actos que esta constitucion les señala, y cualquiera otro en que se mezclen será nulo.

ART. 73. Ningun ciudadano podrà escusarse por motivo ni pretesto alguno de desempeñar los encargos de que trata la presente seccion.

Seccion tercera

De la celebracion del Congreso

ART. 74. El Congreso se reunirà todos los años para celebrar sus sesiones en la Capital del Estado en una sola sala. Podrá trasladarse à otra parte; pero solo temporalmente, y acordandolo así siete Diputados à lo menos.

ART. 75. Cuatro dias à lo menos antes de instalarse el nuevo Congreso presentaràn los Diputados nombrados para componerlo sus credenciales á la comision permanente del mismo para que proceda á su exâmen, y calificacion, á cuyo fin se tendràn presentes las actas de elecciones de las juntas electorales de partido.

ART. 76. El dia catorce de Agosto del año de la renovacion del Congreso, se reuniran en sesion publica los nuevos Diputados y los individuos de la comision permanente, haciendo de presidente, y secretario los que lo fueren de la misma comision. Se leerà el informe de esta sobre la legitimidad de las credenciales, y calidades de los Diputados, y las dudas que ocurran sobre estos dos puntos se resolveràn por la misma junta à pluralidad de votos sin que lo tengan los de la comision permanente.

ART. 77. A continuacion prestarán los Diputados en manos del Presidente el juramento de guardar, y hacer guardar la Constitucion General de la Federacion Mejicana, la del Estado, y desempeñar cabalmente les deberes de su encargo.

ART. 78. En seguida se nombraràn por los Diputados de entre ellos mismos un Presidente, un Vice-presidente y dos Secretarios con lo que cesaràn las funciones de la comision permanente, y retiarndose esta inmediatamente declararà el Presidente del Congreso estar este legitimamente constituido, y en aptitud de ejercer sus funciones.

ART. 79. El nuevo Congreso à pluralidad de votos nombrará luego à uno de los individuos del congreso que acabó (à menos que alguno de los que lo compusieron haya sido relegido) para que le instruya del estado de los negocios, que corrieron à cargo del anterior. El individuo nombrado permaneserá un mes asistiendo à las sesiones, y tomará parte en las discuciones sin voto, y se le asistirá durante este tiempo con las dietas que â los demas Diputados del congreso actual.

ART. 80. Para la celebracion de las sesiones extraordinarias del Congreso en los dos años de su duracion se reunirán los Diputados cuatro dias antes de s[u] apertura para exâminar las credenciales de los diputados que se presenten de nuevo. Si las credenciales se aprueban los nuevos Diputados otorgaràn luego el juramento que prescribe el articulo 77; y se eligiràn el Presidente, Vice-Presidente, y Secretarios del Congreso.

ART. 81. Las sesiones ordinarias del congreso se abrirán el dia quince de Agosto de cada año. El Gobernador del Estado asistirà à este acto, y allí informarà por escrito el estado de su administracion pública.

ART. 82. Las sesiones ordinarias del Congreso durarán desde el dia quince de Agosto hasta el quince de noviembre de cada año, y solo podràn prorrogarse treinta dias à lo mas, siempre que asi lo acuerden siete Diputados.

ART. 83. El congreso tendrá sesion todos los dias à escepcion de los festivos solemnes. Las sesiones seràn publicas, y solo en los casos que ecsijan reserva serán secretas.

ART. 84. El congreso antes de cerrar sus sesiones nombrarà de su seno una comision permanente, compuesta de tres individuos propietarios, y un suplente, la que durarà todo el intermedio de unas à otras sesiones ordinarias: serà presidente de la comision el primer nombrado, y secretario el ùltimo

ART. 85. El Gobernador del Estado concurrirà al acto de cerrarselas sesiones ordinarias.

ART. 86. Puede ser convocado el Congreso para celebrar sesiones extraordinarias en los casos en que exîgiendolo las circunstancias, ó la calidad de los negocios lo acuerde asi la comision permanente, y el consejo de gobierno, unidos para este efecto.

ART. 87. Cuando el caso que motiva la convocacion extraordinaria del Congreso fuere grave, y urgente, la comision permanente unida con el consejo de Gobierno, y los demas Diputados, que esten en la capital dictará las providencias del momento que correspondan, y de ellas dará cuenta al Congreso luego que se hays reunido.

ART. 88. A las sesiones extraordinarias del Congreso concurriràn los mismos Diputados que deben concurrir á las ordinarias.

ART. 89. Lá celebracion de las sesiones extraordinarias del Congreso no embaraza la eleccion de nuevos diputados en el tiempo que previene esta constitucion.

ART. 90. Si al tiempo en que deben abrirse las sesiones ordinarias no se hubieren cerrado las extraordinarias cesarán estas; y aquellas continuarán el negocio para que fueron convocadas las extraordinarias.

ART. 91. Las sesiones extraordinarias se abriràn, y cerraràn con las mismas formalidades, que las ordinarias.

Seccion cuarta

De las atribuciones del Congreso y su comision permanente

ART. 92. Las atribuciones del Congreso son:

Primera: Decretar, interpretar, aclarar, reformar, y derogar las leyes relativas al gobierno interior del Estado en todos su ramos.

Segunda: Regular los votos que en las juntas electorales de partido hayan reunido los Ciudadanos para Gobernador, y Vice-Gobernador del Estado, é individuos del Consejo del Gobierno, y elegirlos en su caso.

Tercera: Decidir los empates que para el nombramiento de estos oficios haya entre dos ó mas Ciudadanos.

Cuarta: Resolver cualesquiera dudas que ocurran sobre estas elecciones, y sobre las calidades de los elegidos.

Quinta: Calificar las causas, que aleguen para no desempeñar estos oficios los elegidos para ellos, y resolver lo que crea conveniente.

Sesta: Declarar cuando ha lugar á formar causa á los Diputados, al Gobernador, Vice-Gobernador del Estado, y á los individuos del Consejo del Gobierno, al Secretario del Despacho del Gobierno del Estado, à los Ministros de la Suprema Corte de Justicia y al Ministro General de hacienda publica del Estado, asi por los delitos de su oficio como por los comunes.

Septima: Hacer efectiva la responsabilidad de los funcionarios publicos, que espresa el parrafo anterior, y disponer en su caso que se ecsija à les demas empleados.

Octava: Ecsaminar y aprobarlas cuentas de todos los caudales del Estado con las formalidades, que la ley exprese.

Novena: Fijar cada año, á propuesta del Gobernador, los gastos todos de la Administracion publica del Estado.

Decima: Señalar contribuciones para cubrirlos conforme a esta Constitucion y à la General de la Federacion Mejicana.

Undecima: Aprobar el repartimiento de estas contribuciones y los impuestos municipales.

Duodecima: Prestar su consentimiento ò intervenir en todos los casos, que expresa la Constitucion.

Decimatercia: Indultar los Delinqüentes.

ART. 93. El Congreso solo se ocuparà en las sesiones extraordinarias que tenga en el tiempo intermedio de unas à otras de las ordinarias, de los negoc[i]os para que haya sido convocado.

ART. 94. Las atribuciones de la Comision permanente son:

Primera: Velar sobre que se observen la Constitucion, y las Leyes, y dar cuenta al Congreso de las infracciones que note.

Segunda: Recivir y ecsaminar las credenciales de los Diputados que se nombren para renovar el Congreso.

Tercera: Convocar al Congreso en los casos, y del modo que previene la constitucion para celebrar sesiones extraordinarias.

Quarta: Avisar á los Diputados suplentes á la vez para que concurran al Congreso.

Quinta: Recibir los testimonios de las actas de elecciones de las juntas electorales de partido para Gobernador, Vice-Gobernador è individuos del Congreso del Gobierno, y entregarlos al Congreso luego que se constituya.

Sesta: Intervenir en los casos y del modo que dispone esta constitucion.

Seccion quinta

De la formacion de las leyes y de su promulgación

ART. 95. En el reglamento interior del Congreso se prescribirán las reglas, que se han de observar para formar las leyes.

ART. 96. Ningun proyecto de ley, que fuere desechado podrá bolverse á proponer hasta las sesiones del año siguiente.

ART. 97. Bastan seis Diputados para dictar tramites, y providencias, que no tengan el caracter de ley; pero no podrán determinarse asuntos de mucha gravedad, ni discutir se, y votarse lo que tenga caracter de ley, si no concurren siete Diputados á lo menos. En ambos casos basta la aprobacion ó reprobacion de la mayoria de los concurrentes.

ART. 98. El proyecto que fuere aprobado se estenderà en forma de ley, y firmado por el Presidente, y Secretarios del Congreso se pasará al Gobernador del Estado, quien dentro de diez dias podrà hacerlas observaciones, que le parezcan, oyendo antes al Consejo del Gobierno.

ART. 99. Si el Gobernador hiciere observaciones sobre algun proyecto lo debolverá al Congreso, esponiendo por es[c]rito las razones que tenga que oponer. El congreso volverà à discutir el proyecto, y el Gobierno podrá nombrar el Orador que quiera para que asista à las discuciones, y hable en ellas.

ART. 100. En esta segunda discucion se votarà el proyecto en secreto, y por cedulas, y no se tendrá por aprobado, si no votan à su favor seis Diputados, si los concurrentes no pasan de ocho, y si es mayor el número hán de votar á favor del proyecto siete.

ART. 101. Si se aprueba segunda vez el proyecto se devolverà la ley al Gobernador para que inmediatamente proceda á su solemne promulgacion y circulacion, y lo mismo harà el Gobernador cuando se le pase una ley, y no tenga que obserbar.

ART. 102. Las leyes se derogan con los mismos tramites, y formalidades que se establecen.

Suplemento a la seccion quinta

De la eleccion de los Diputados para el Congreso General de la Federación

ART. 103. El Domingo primero de Octubre del año anterior al de la renovacion del Congreso General de la Federacion ha de hacerse la eleccion de los Diputados, que deben concurrir à el por este Estado conforme á lo prevenido en la Constitucion Federal de los Estados-Unidos Mejicanos.

ART. 104. En el propio dia, y en la misma forma que se hace la eleccion de Diputados para el Congreso del Estado se nombrarà en seguida por cada una de las juntas electorales de partido un Elector para que concurra con los demas á la Capital del Estado à nombrar los Diputados al Congreso General de la Federacíon.

ART. 105. Para ser Elector de los que han de nombrar à los Diputados para el Congreso General se requieren las mismas calidades, que esta Constitucion ecsige en los que han de elegir à los Diputados del Congreso del Estado.

ART. 106. La acta de la eleccion se escribirá en un libro y se firmará por todos los Electores de la junta; de esta acta se remitirá testimonio autorizado por el Presidente, y Secretario de la junta al Presidente del Consejo del Gobierno, y al Elector nombrado otro, que le servirá de credencial de su eleccion.

ART. 107. Los Electores nombrados se presentaràn en la Capital al Presidente del Consejo del Gobierno, quien harà escribir sus nombres, y del partido que los nombró en un libro, que se destinarà para ello.

ART. 108. Los Electores cuatro dias antes de la eleccion se reuniràn en el paraje, que el Gobierno del Estado señale, haciendo de Presidente el que lo sea del Consejo del Gobierno: presentarán sus credenciales, y nombrarán de entre ellos dos Escrutadores, y un Secretario, que exâminaràn las credenciales de los demas. Alli mismo se nombrará una comicion de tres individuos del seno de la junta, que exâminarà las credenciales de los Escrutadores, y Secretario.

ART. 109. Al dia siguiente se reunirán los Electores, y se leeràn los informes de las comisiones sobre las credenciales. Las dudas que sobre esto, y sobre las calidades de los Electores se ofreszcan se resolveràn por la misma junta definitivamente à pluralidad de votos, y no lo tendrá el Presidente.

ART. 110. El Domingo primero del citado mes de Octubre se reunirán los Electores haciendo de Presidente el del Consejo del Gobierno, y procederàn aquellos á nombrar los Diputados para el Congreso General de la Federacion, que correspondan. En estas elecciones se observaràn las mismas formalidades, que esta Constitucion previene para las de los Diputados al Congreso del Estado.

ART. 111. Hecha la eleccion la junta dispondrá lo conveniente para cumplir con lo que previene el articulo 17. de la Constitucion Federal de los Estados-Unidos Mejicanos, y concluido quedarà disuelta la misma junta.

TITULO II

Del poder ejecutivo del estado

Seccion primera

Del Gobernador

ART. 112. Para ser Gobernador se requiere ser Ciudadano Tamaulipeco en el ejercicio de sus derechos, mayor de treinta años, natural de la Republica Mejicana, con vecindad en el Estado de cinco años, y uno á lo menos inmediato à la eleccion. Los extrangeros Americanos de que habla el parrafo 4.° articulo 16 podrán ser nombrados para Gobernador como tengan diez años de vecindad en el Estado.

ART. 113. No pueden ser nombrados para Gobernador los Eclesiasticos, ni los Militares que estén en actual servicio en el ejercito permanente de la Federacion.

ART. 114. Cuatro años durará ejerciendo su encargo el Gobernador, y no podrá volver à ser nombrado sino con el intervalo de cuatro años despues de haber cesado en sus funciones.

ART. 115. Las atribuciones del Gobernador son:

Primera: Proveer con arreglo á la Constitucion, y à las leyes todos los empleos del Estado, que no sean de eleccion popular.

Segunda: Cuidar de la seguridad del Estado en la exterior, y de la tranquilidad, y conservacion del órden publico en lo interior conforme á la Constitucion, y á las leyes.

Tercera: Comandar en Gefe la milicia del Estado, y disponer de ella dentro del mismo Estado para los dos objetos dichos.

Cuarta: Nombrar, y remover libremente al Secretario del Despacho del Gobierno.

Quinta: Cuidar del cumplimiento de la Constitucion, Leyes, y Decrétos de la Federacion: de la Constitucion, Leyes y Decretos del Congreso del Estado, y dar los decretos, y órdenes convenientes para su ejecucion.

Sexta: Formar reglamentos para el mejor gobierno de los ramos de la administracion publica del Estado, y pasarlos al Congreso para su ecsamen y aprobacion.

Septima: Cuidar que la justicia se administre pronta, y cumplidamente por los Tribunales, y Jueces del Estado, y de que se ejecuten sus sentencias.

ART. 116. El Secretario del despacho firmarà todos los decretos y òrdenes del Gobernador, y sin este requisito no seràn obedecidos.

ART. 117. Para publicar las leyes y decretos del Congreso usarà el Gobernador de esta formula. *El Gobernador del Estado de las Tamaulipas à todos sus habitantes: SABED: que el Congreso del mismo Estado hà decretado lo siguiente.* (Aqui el texto literal de la ley, ó decreto.) *Por tanto mando se imprima, publique, y circule, y se le dè el debido cumplimiento.*

Seccion segunda
Del Vice-Gobernador

ART. 118. Habrà en el Estado un Vice-Gobernador, y para serlo se requieren las propias calidades que para ser Gobernador.

ART. 119. Cuatro años durará en su oficio el Vice-Gobernador, y no podrà ser reelegido hasta pasados cuatro años de haber cesado en su encargo.

ART. 120. El Vice-Gobernador presidirà el consejo de Gobierno, y solo tendrà voto en el caso de empate. Presidirá las juntas electorales para nombramiento de los Diputados al Congreso General de la Federacion, y serà Gefe de policia en el Departamento de la capital.

ART. 121. Por muerte, ò impedimento del Gobernador, que calificarà el Congreso, y en sus recesos la comision permanente harà sus funciones el Vice-Gobernador con las mismas facultades, y representacion que aquel.

ART. 122. Cuando tambien faltare el Vice-Gobernador ô se impidiere funcionarà el individuo del Consejo del Gobierno, que nombrare el Congreso. Si el Congreso no està reunido harà el nombramiento la comision permanente de entre los del Consejo del Gobierno hasta la resolucion del Congreso. Los impedimentos del Vice-Gobernador se calificaràn por el Congreso, y en sus recesos por la comision permanente.

ART. 123. Si en el primer año de ejercer sus funciones fallecieren, ô se inposiblitaren absolutamente el Gobernador y Vice-Gobernador, se hará nuevo nombramiento en las inmediatas elecciones de Diputados del Congreso.

Seccion tercera
Del Consejo del Gobierno del Estado

ART. 124. Habrà en el Estado un consejo de su Gobierno, compuesto de cinco individuos propietarios, y dos suplentes.

ART. 125. Para ser individuo del consejo de Gobierno se requieren las mismas calidades que para ser Diputado, y á más tener treinta años cumplidos de edad. Los que no pueden ser nombrados Diputados no pueden serlo para el consejo del Gobierno.

ART. 126. El consejo del Gobierno se renovarà cada dos años, saliendo la primera vez el número menor de vocales, y un suplente, y en la segunda el nùmero mayor de vocales, y el otro suplente, y asi en lo de adelante. En la primera vez se sortearán los que han de salir.

ART. 127. Nadie puede ser relegido para el consejo del Gobierno hasta pasados dos años de haber cesado en su encargo.

ART. 128. El Gobernador presidirà sin voto el consejo cuando concurra à èl, y entonces no asistirà el Vice-Gobernador.

ART. 129. El Consejo del Gobierno tendrà un Secretario de entre sos individuos del modo que se disponga en su reglamento interior. Este lo formarà el consejo, y lo pasarà al Congreso para su aprobacion.

ART. 130. Las atribuciones del consejo del Gobierno son:

Primera: Velar del cumplimiento de la Constitucion, y las leyes, y avisar al Congreso de las infracciones que note.

Segunda: Consultar al Gobernador en los casos que lo pida.

Tercera: Proponer para la provicion de empleos con arreglo á la Constitucion, y á las leyes.

Cuarta: Promover los establecimientos, que crea convenientes para el fomento de todos los ramos de prosperidad en el Estado.

Quinta: Glozar las cuentas de todos los caudales publicos, y presentarlas al Congreso para su ecsamen y aprobacion.

Sexta: Intervenir en todos los casos, y en la forma que señalen la Constitucion, y las leyes.

Seccion cuarta

De la eleccion del Gobernador, Vice Gobernador, y Consejo del Gobierno

ART. 131. Las juntas electorales de partido haràn el nombramiento de Gobernador al dia siguiente de la eleccion de Diputados al Congreso del Estado.

ART. 132. Cada junta de partido nombrarà à pluralidad absoluta de votos un individuo para Gobernador, y remitirá testimonio de la acta à la comision permanente. En estas elecciones se observaràn las mismas formalidades, que en las de los Diputados del Congreso del Estado.

ART. 133. El dia de la apertura de las sesiones ordinarias del Congreso se abriràn los testimonios que expresa el artículo anterior, y el Congreso nombrarà una comision de su seno, que los revise, è informe dentro del tercero dia.

ART. 134. En este dia calificarà el Congreso las elecciones hechas por las ju[n]tas electorales de partido, y harà la enumeracion de votos.

ART. 135. Serà Gobernador del Estado el que reuniere la mayoría absoluta de los votos de los partidos. La computacion de votos se hará por el número de los partidos, que sufragaron, no por el de los individuos, que compusieron las juntas de partido.

ART. 136. Si ninguno tubiere la mayoría absoluta de votos de las juntas electorales de partido el Congreso elegirá uno de los dos, que tengan mayoría respectiva de sufragios. Si mas de dos individuos hubieren obtenido esta mayoría respectiva de votos el Congreso nombrarà uno de ellos para Gobernador. Lo mismo se harà cuando no hay esta mayoría de votos, si no que todos tengan igual número de sufragios.

ART. 137. Cuando un individuo solo obtenga la mayoría respectiva de votos, y dos ó mas tengan igual [n]úmero, pero mayor que los demas el Congreso elegirá uno de estos para que entre á competir con el que reuniò la mayorìa respectiva.

ART. 138. Cuando hubiere competencia entre tres, ó mas, que tengan igual nùmero de sufragios se dirigiran las votaciones à reducir los competidores a uno para que entre á competir con el que tuvo la mayoría respectiva de votos. Todas estas elecciones del Congreso seràn á pluralidad absoluta de votos, y por escrutinio secreto. En los casos de empate se repite la votacion, y si lo hay segunda vez, desidirá la suerte.

ART. 139. En las elecciones del Gobernador ninguna votacion se remitirá à la suerte antes de haberse hecho segunda vez.

ART. 140. El Vice-Gobernador se elegirà por las juntas electorales de partido el mismo dia, y del propio modo que el Gobernador.

ART. 141. Las espresadas juntas harán el nombramiento de los individuos del Consejo del Gobierno en el mismo dia, y del propio modo.

ART. 142. Se remitiràn à la comision permanente testimonios de las actas de las elecciones, para que el Congreso haga la regulacion de votos en la misma forma que en la eleccion del Gobernador.

ART. 143. La eleccion de Gobernador preferirà para desempeñarse à cualquiera otra. La de Vice-Gobernador à la de individuos del Consejo del Gobierno, y esta à la de Diputados.

ART. 144. El Gobernador, Vice-Gobernador, é individuos del Consejo del Gobierno, que fueren nombrados tomaràn posesion de su empleo el dia primero de Octubre inmediato siguiente á la eleccion.

ART. 145. Los articulos anteriores sobre nombramiento de individuos para el Consejo del Gobierno no se pondrán en practica hasta que permitiendolo las circunstancias de la hacienda publica del Estado lo determinare el Congreso. Este entre tanto resolverá como se hade formar un Consejo provisional, y nùmero de individuos de que se hade componer; pero el Presidente serà el Vice-Gobernador, y sus atribuciones las aqui designadas.

Seccion quinta

Del Secretario del despacho del Gobierno

ART. 146. Habrá un Secretario en el Estado, que se titularà *Secretario del despacho del Gobierno del Estado*, y correràn à su cargo todos los negocios del Gobierno supremo del Estado, sean de la clase que fueren.

ART. 147. Para ser Secretario del despacho del Gobierno se requiere ser Ciudadano Tamaulipeco en el ejercicio de sus derechos, mayor de veinte y cinco años de edad, natural del territorio de la Federacion Mejicana, y vecino del Estado con residencia en el tres años antes de la eleccion. Los extrangeros Americanos de que habla el articulo 16 parrafo 4.° podràn ser nombrados teniendo diez años de vecindad en el Estado anteriores à la eleccion.

ART. 148. No puede ser Secretario el que no puede ser Gobernador.

ART. 149. El Secretario del despacho es responsable con su persona y empleo de las resoluciones del Gobernador, que autorize contra ley espresa de la Federacion, del Estado, ó contra justicia notoria.

ART. 150. El Congreso señalarà un salario competente al Gobernador, Vice-Gobernador, Secretario del despacho, y á los individuos del consejo del Gobierno antes de que tomen posesion de sus destinos.

ART. 151. Estos funcionarios publicos luego que tomen posesion de sus destinos cesaràn de ejercér, mientras dure su encargo, cualquiera otro, que tengan, sea el que fuere.

Seccion sexta

De los Gefes de Policia de los Departamentos

ART. 152. En cada pueblo cabezera de Departamento habrà un Gefe de policia nombrado por el Gobierno del Estado con aprobacion del Congreso, y en sus recesos, de la comision permanente, à excepcion del Gefe de la Capital, que lo será el Vice-Gobernador. En estos empleados residirà el Gobierno politico de su Departamento respectivo.

ART. 153. El que no puede ser Secretario del despacho del Gobierno del Estado no puede ser Gefe de policia.

ART. 154. El Consejo del Gobierno tomando informes de las autoridades municipales que comprehende cada Departamento, presentarà terna para la provision de las gefaturas de policia, previo exâmen que harà el misma Consejo de los individuos que soliciten estos destinos sobre si estàn instruidos en la Constitucion Federal de los Estados-Unidos Mejicanos, en la del Estado, y en el Reglamento para el Gobierno interior de los Departamentos.

ART. 155. Los Gefes de policia duraràn cuatro años ejerciendo su encargo, y podràn ser nombrados de nuevo sin intervalo de tiempo.

ART. 156. Una ley señalará las atribuciones de los Gefes de policia, como han de desempeñar sus funciones, y el salario que han de disfrutar.

ART. 157. Los Gefes de policia funcionaràn con absoluta independencia unos de otros; pero estarán todos sujetos inmediatamente al Gobernador como la ley diga.

ART. 158. Los Gefes de policia se establecerán cuando el Congreso pulsando las circunstancias lo determinare.

Seccion septima

De los Ayuntamientos y Alcaldes

ART. 159. Para el gobierno interior del Estado habrá Ayuntamientos elegidos popularmente, y se compondràn del Alcalde ó Alcaldes y Regidores que designe la ley, y de un solo Sindico Procurador.

ART. 160. Habrà Ayuntamiento en los Pueblos que con su comarca tengan dos mil almas de poblacion. Por circunstancias particulares puede el Congreso, oyendo al Gobierno del Estado, disponer que tengan Ayuntamiento los pueblos de menor poblacion. En los pueblos que no tengan Ayuntamiento se elegiràn popularmente, como la ley diga, un Alcalde, ò mas si fuere preciso á juicio del Gobernador que oirà á su Consejo, y un Sindico Procurador.

ART. 161. Una ley general que podrá variarse por las circunstancias designarà el numero de individuos de que se han de componer los Ayuntamientos, la forma de las elecciones, las calidades de los Electores, y de los que hayan de obtener los empleos municipales, las atribuciones de estas Autoridades y como se han de gobernar los pueblos que no pueden tener Ayuntamiento.

TITULO III

Del Poder Judicial del Estado

Seccion primera

De la administracion de justicia en General

ART. 162. La administracion de justicia asi en lo civil como en lo criminal corresponde esclusivamente á los Tribunales y Jueces que establece la Constitucion, y ni el Congreso, ni el Gobierno pueden en ningun caso ejercer funciones judiciales, avocarse las causas pendientes, ni mandar abrir las concluidas.

ART. 163. Todo hombre de cualquiera clase y condicion que sea debe ser juzgado en el Estado en sus negocios civiles y criminales por unas mismas leyes, y por los propios Tribunales, y nadie podrà en ningun caso ser juzgado sino por los Tribunales y leyes establecidas con anterioridad al acto por que se juzgue. No puede haber por lo mismo juicios por comision, y se prohibe para siempre toda ley retroactiva.

ART. 164. Las leyes arreglaràn las formalidades que han de observarse en los procesos, y ninguna Autoridad puede dispensarlas.

ART. 165. A los Tribunales y jueces corresponde unicamente aplicar las leyes, y jamas podràn dispensarlas, ni suspender su ejecucion.

ART. 166. Todos los negocios judiciales del Estado se terminaràn dentro de èl hasta su último recurso, y en ninguno de cualquiera clase que sea puede haber mas de tres instancias, y tres sentencias definitivas. Las leyes determinaràn cual de l[a]s tres sentencias cause ejecutoria, segun la calidad y naturaleza de los negocios.

ART. 167. De las sentencias ejecutoriadas no se puede interponer otro recurso, que el de nulidad en la forma, y para los efectos que señalarán las leyes.

ART. 168. El juez que haya sentenciado un negocio en alguna instancia no podrà sentenciarlo en otra, ni resolver en el recurso de nulidad, que se interponga en el mismo negocio.

ART. 169. La justicia se administrarà en el Estado en nombre del Pueblo libre de las Tamaulipas en la forma que prescriba la ley.

Seccion segunda

De la Administracion de justicia en lo civil

ART. 170. Todos tienen facultad para terminar sus diferencias por medio de Arbitros. Las sentencias que estos díeren se ejecutaràn sin recurso, si las partes al hacer el compromiso no se reservaron el derecho de apelar, y los convenios legales que las partes hagan para terminar extrajudicialmente sus negocios se observaràn religiosamente por los Tribunales y Jueces.

ART. 171. Las leyes señalarán los negocios civiles de poca entidad que han de ser determinados gubernativamente. De estas determinaciones no puede interponerse apelacion, ni otro recurso alguno.

ART. 172. En los demas negocios civiles, y en los que sean solo de injurias no se podrá instruir demanda sin hacer antes constar que se intentó la conciliacion. Esta se verificarà como la ley determine.

Seccion tercera

De la Administracion de justicia en lo criminal

ART. 173. Los delitos ligeros por los que solo se hayan de imponer penas correccionales seràn castigados gubernativamente; pero las penas que corresponden á estos delitos y sus clasificaciones no serán al arbitrio del juez, si no que se señalarán por las leyes. De estas determinaciones gubernativas no se podrà apelar, ni interponer otro recurso alguno.

ART. 174. Para que alguno pueda ser preso por cualquiera delito debe preceder informacion sumaria por la que conste el hecho, y decreto motivado del juez respectivo, que se le notificará en el acto de la prision, pasandose copia de él al Alcaide inmediatamente. Las leyes determinarán las pruebas ó indicios que ha de haber contra alguno para que se proceda á su prision.

ART. 175. Todas las declaraciones se tomaràn à los reos sin juramento, que à nadie se le exîjirà en causa criminal sobre hecho propio.

ART. 176. Cualquiera puede aprehender *in fraganti* á un delincuente, pero en el acto lo entregará al juez respectivo.

ART. 177. El que fuere arrestado sin notificarle el decreto de prision porque no se haya podido verificar se tendrà solo en clase de detenido, y no como preso.

ART. 178. Ninguno podrá ser detenido mas de veinte y cuatro horas. Luego que se cumplan se pondrá en libertad por el Alcaide, si no se le ha notificado el decreto de prision, y pasadose al Alcaide la copia correspondiente.

ART. 179. Toda prision ò detencion contra lo expresado en esta Constitucion es arbitraria, y el Tribunal, Juez, Alcaide, ò cualquiera otro que la haga es responsable personalmente, y serà tratado y castigado como atentador arbitrario contra la libertad individual.

ART. 180. En las carceles de todos los pueblos del Estado habrá dos Departamentos separados, uno para los presos, y otro para los detenidos, y las carceles se dispondràn de manera que solo sirvan para asegurar à los arrestados y presos, y no para afligirlos ni molestarlos.

ART. 181. Nadie será preso por delito que no merezca pena corporal, si diere la fianza correspondiente.

ART. 182. En ningun caso se procederá contra persona alguna por denuncia secreta.

ART. 183. En las causas criminales no se procederà co[n]tra personal alguna por solo su confesion; pues esta no hará prueba, ni aún fundará indicios contra el mismo que deponga, sino en los casos, y del modo que expresen las leyes.

ART. 184. A nadie se le embargaràn sus bienes si no en los casos que los delitos lleven responsabilidad pecuniaria, y el embargo solo se harà en los que basten à cubrirla.

ART. 185. Ninguna Autoridad del Estado podrà mandar registrar las casas, papeles, y otros efectos de sus habitantes sino en los casos espresos en las leyes y con las formalidades que ellas determinen, y aun entonces el registro solo se harà en cuanto baste à llenar el objeto.

ART. 186. Se prohiben para siempre los tormentos, y los apremios, y en ningun caso se impondrà la pena de confiscacion de bienes, multas excesivas, ni penas que no estén expresamente determinadas por la ley.

ART. 187. Las penas obraràn todo su efecto en el que las mereció, y ninguna serà trascendental à la familia del que la sufra.

ART. 188. Todas las causas criminales seràn publicas desde el momento en que se trate de recivir al reo su confesion con cargos.

ART. 189. Dentro de cuarenta y ocho horas à lo mas se recivirà al detenido ó preso su declaracion y antes de tomarsele se le leeràn ó leerà èl, si quisiere, la informacion sumaria, y se le daràn cuantas noticias pida para conocer al acusador y testigos. Esto mismo se harà durante el proceso cuando el reo lo pida, sea la peticion verval, ó por escrito.

Seccion cuarta

De los Jueces y Tribunales

ART. 190. En todos los pueblos del Estado haràn los Alcaldes de jueces conciliadores, y determinarán gubernativmente los negocios civiles y criminales de que hablan los articulos 171. y 173. pero observarán siempre para resolver la forma que prescriban las leyes.

ART. 191. Una ley designarà hasta que tramite puedan instruir los propios Alcaldes las causas criminales, y en las civiles que conoceràn à prevencion con los jueces de primera instancia.

ART. 192. En los pueblos cabezeras de cada Departamento habrà uno ó mas jueces de primera instancia. En estos juzgados tendràn principio todos los negocios judiciales que no tengan señalado otro en la constitucion; y en ellos se continuarán hasta su conclusion, y sentencia definitiva las causas criminales que segun el articulo anterior se comenzaren ante los Alcaldes de los pueblos. La ley determinará hasta en que cantidad podrán resolverse los negocios civiles por estos sin apelacion ni otro recurso.

ART. 193. En cuanto á los Eclesiasticos, y Militares se observarà lo prevenido por la Constitucion Federal de los Estados-Unidos Mejicanos.

ART. 194. Cuando á juicio del Congreso lo permitan las circunstancias habrà jueces de hecho distintos de los de primera instancia para los negocios civiles, y criminales que se traten en estos juzgados.

ART. 195. Seràn jueces de hecho los jurados que se nombraràn en cada cabezera de Departamento en el número, tiempo, y forma que la ley determine, y ella arreglarà las formalidades para la celebracion del *juri*.

ART. 196. Este se celebrará cuando mas tarde doce dias despues de haber tomado conocimiento en la causa el Juez de primera instancia, ó de haberla comenzado.

ART. 197. Estos jurados declararàn solamente si el reo es autor ò no de aquel hecho. En el ultimo caso luego se pone en libertad el reo, y en el primero se procederà à poner en claro el grado del delito.

ART. 198. Habrà en las causas criminales otros Jueces de hecho distintos de los antes espresados, y se llamaràn Jueces superiores. Estos graduaràn el valor de las pruebas, ó indicios que haya contra el reo, y declararàn el grado del delito. Estos Jueces serán nombrados en el acto mismo que van à ejercer su ministerio, y para aquel solo caso.

ART. 199. Los Jueces de hecho prestarán juramento antes de ejercer su encargo de obrar con imparcialidad, y segun su conciencia

ART. 200. Son responsables personalmente los Jueces de hecho si se les probare que han procedido por pasion, ò cohecho.

ART. 201. Cuando llegue el caso de plantearse el juicio por jurados prescribirán las leyes lo demas conveǹiente para que se establezcan en toda su estencion en lo civil y criminal, y ellas demarcaràn la forma de proceder.

ART. 202. Los jueces de primera instancia para determinar los negocios civiles y criminales consultaràn con el asesòr de su Departamento, y por su defecto con Letrado del Estado ó de fuera de èl. Lo mismo haràn los Alcaldes en los casos que las leyes lo determinen.

ART. 203. Habrá un Asesôr Letrado para cada departamento, ó uno para todos segun las circunstancias. Este en los negocios de parte llevará el honorario que le corresponda por arancel, y por lo de oficio se le asignarà un salario que costearà el Estado.

ART. 204. Para ser Asesòr de Departamento se requiere ser Ciudadano de la Federacion Mejicana en en el ejercicio de sus derechos y mayor de veinte y cinco años.

ART. 205. En la Capital del Estado habrá una Corte Suprema de justicia dividida en tres salas.

ART. 206. La primera y segunda sala se compondrán de un Magistrado y dos Colegas cada una. La tercera de tres Magistrados, y los Magistrados serán Letrados cuando pueda verificarse á juicio del Congreso.

ART. 207. Los Colegas de la primera y segunda sala serán nombrados uno por cada parte. En los negocios de Hacienda publica el Ministro general de la del Estado nombrará un Colega y la parte contraria otro. En las causas criminales se nombrarà uno por el reo y otro por el Fiscal de la Sala. Cuando no hubiere parte que nombre Colega lo harà el Gobierno del Estado, previo aviso que le darà el Magistrado de la Sala.

ART. 208. Habrà un Fiscal que despachará todos los negocios civiles y criminales que ocurran en las tres Salas.

ART. 209. La primera sala conocerà en segunda instancia de todos los negocíos civiles y criminales, y la segunda Sala conocerá de los mismos en tercera instancia como disponga la ley.

ART. 210. A la Tercera Sala corresponde:

Primero: Conocer en los recursos de fuerza de todos los Tribunales Eclesiasticos del Estado.

Segundo: Decidir todas las competencias de los Jueces de primera instancia, y Alcaldes entre si.

Tercero: Oir las dudas de ley que se ofrezcan á las dos Salas primeras, à los Jueces de p[r]imera instancia, y Alcaldes, y pasarlas con el informe respectivo al Congreso por conducto del Gobernador.

Cuarto: Entender y determinar en los recursos de nulidad que se interpongan de las sentencias ejecutoriadas en primera, segunda, y tercera instancia.

Quinto: Recivir y ecsaminar las listas que deberàn remitirsele cada dos meses de las causas civiles, y cada mes de las criminales pendientes en primera, segunda y tercera instancia, y pasar copias de ellas al Gobernador para que se publiquen.

ART. 211. La Corte Suprema de Justicia conocerà en todas instanciàs de las causas que se formen por cualquiera delito à los Diputados, Gobernador, Vice-Gobernador, Individuos del Consejo, Secretario del Despacho, Ministro general de Hacienda publica del Estado, y á los mismos individuos de las Salas previa declaracion del Congreso de haber lugar à la formacion de causa. Los Colegas de las dos salas seràn juzgados por la Corte Suprema de Justicia, en primera, segunda y tercera instancia solo por delitos ó faltas de su oficio como disponga la ley: en los comunes quedan sujetos al Juez que por las leyes deba conocer.

ART. 212. Cuando haya de formarse causa à los Diputados, y demas de que habla el articulo anterior, y el Congreso no estè reunido harà la declaracion de si há lugar á formar causa la comision permanente unida para este efecto con tres Diputados que ella elija de los que estèn en la Capital. Si no hay diputados se suplirân con los individuos del Consejo del Gobierno, y en su defecto con los del Ayuntamiento de la propia Capital elegidos todos por la comision permanente.

ART. 213. Cuando haya de formarse causa á toda la Suprema Corte de Justicia se substanciarà y determinarà por un Tribunal especial compuesto de nueve Jueces, y un Fiscal nombrados, por el Congreso para solo este objeto y para aquella vez.

ART. 214. Cuando haya de formarse causa al Magistrado de la primera sala conocerá en primera instancia el de la segunda y para la segunda instancia elegirà el Congreso, y en sus recesos la comision permanente, un Magistrado. Lo mismo se harà para las segundas instancias en las causas contra el Magistrado de la sala segunda.

ART. 215. En los recursos de nulidad que se interpongan en las causas de que tratan los articulos 211, y 213 conocerân tres Jueces que â la vez nombrarà el Congreso.

ART. 216. El Congreso nombrarà cada cuatro años un Tribunal temporal compuesto de tres individuos de instruccion y providad, que se llamarà Tribunal de visita, el que visitará todos los negocios civiles, y criminales pendientes en los Tribunales del Estado, dando cuenta con el resultado al Congreso. Luego que este Tribunal concluya la visita se disolverá.

ART. 217. Para ser individuo de la Suprema Corte de Justicia se requiere ser Ciudadano de la Federacion Mejicana en el ejerció de sus derechos, y mayor de veinte y cinco años.

ART. 218. Los Jueces de primera instancia lo seràn los Alcaldes de los pueblos cabezera de Departamento, y habrà uno, ò mas segun lo determine el Congreso. Estos Jueces no tendràn salario, y solo percibirán los derechos que les correspondan por arancél. Entre tanto se organizan estos juzgados serán Jueces de primera instancia en los negocios civiles y criminales los Alcaldes constitucionales en sus respectivos pueblos.

ART. 219. Los individuos de la Suprema Corte de Justicia, y los Asesores de los Departamentos serán nombrados por el Gobierno del Estado à propuesta en terna de su Consejo, y aprobados por el Congreso, y disfrutarán un salario que señalarà la ley. El Congreso si le pareciere harà esta sola vez dichos nombramientos.

ART. 220. Los empleados de que habla el articulo anterior durarán cuatro años en el ejercicio de sus funciones; pero son relegibles indefinidamente sin intervalo.

ART. 221. Los individuos de la Corte Suprema de Justicia, los Jueces de primera instancia, los Alcaldes en sus casos, y los Asesores son responsables personalmente de sus procedimientos en el desempemo de sus funciones, y pueden por ellos ser acusados por cualquiera del pueblo.

TITULO IV

Seccion unica

De la Hacienda publica del Estado

ART. 222. La Hacienda publica del Estado se formarà de las contribuciones de los individuos que lo componen.

ART. 223. Las contribuciones que se establezcan deben ser en proporcion á los gastos que se han de cubrir con ellas, y solo se pueden establecer para satisfacer la parte que para los gastos de la Federacion ha de dar el Estado, y para cubrir los gastos particulares del mismo Estado.

ART. 224. Las contribuciones se repartiràn siempre en proporcion a los haberes de los contribuyentes.

ART. 225. El Congreso fijarà cada año las contribuciones para los gastos del Estado con vista del presupuesto que formarà el Gobernador, y presentará al Congreso para su ecsamen y aprobacion.

ART. 226. Solo el Congreso puede establecer contribuciones para los gastos del Estado, y nadie estará obligado à ecsivir la que no estè decretada por el Congreso.

ART. 227. A la mayor brevedad se establecerà una sola contribucion directa en el Estado para cubrir sus gastos. Entre tanto subsistiràn las actuales, ó las que el Congreso decrete, y solo el Congreso puede derogarlas.

ART. 228. El cobro de las actuales contribuciones se arreglarà desde luego por el Congreso como sea à los pueblos mas beneficioso.

ART. 229. No se admitirá à la tesoreria del Estado en cuenta pago alguno que no sea para cubrir gastos aprobados por el Congreso, y con las formalidades de la ley.

ART. 230. Por una instruccion particular se arreglaràn las oficinas de la Hacienda publica del Estado.

ART. 231. Cada año nombrará el Congreso cinco individuos de su seno, ò de fuera para que revisen, y glozen las cuentas de la Tesoreria del Estado, y estos con su informe las pasarán despues al Congreso para su aprobacion.

TITULO V

Seccion unica

De la Milicia del Estado

ART. 232. Habrà en el Estado una fuerza militar compuesta de los cuerpos de milicia cívica, que se formaràn en todos los partidos.

ART. 233. El Congreso determinará cuando haya de hacer esta milicia el servicio, y los cuerpos que lo han de prestar.

ART. 234. El Congreso formarà un Reglamento para el gobierno local de estas milicias con arreglo á la Constitucion Federal de los Estados-Unidos Mejicanos.

TITULO VI

Seccion unica

De la instrucion publica

ART. 235. Se estableceràn en todos los pueblos del Estado Escuelas de primeras letras, en las que se enseñarà, à leer, escribir contar, el catesismo de la Doctrina cristiana, y los derechos y obligaciones del hombre.

ART. 236. Tambien se pondràn en los lugares donde sea conveniente establecimientos de instruccion para la enseñanza publica de todas las ciencias, y artes utiles al Estado.

ART. 237. El Congreso formarà un plan, general para arreglar, y uniformar la instruccion publica en todo el Estado.

TITULO VII

Seccion unica

De la observancia de la Constitución

ART. 238. Todo habitante del Estado está obligado à cumplir, y observar la Constitucion en todas sus partes.

ART. 239. Al tomar posesion de sus empleos los funsionarios publicos del Estado de cualquiera clase que sean otorgaràn juramento de guardar la Constitucion General de la Federacion Mejicana, la particular del Estado, y desempeñar fielmente sus deberes. Si fueren de los que han de ejercer autoridad añadiràn el juramento de hacer guardar una y otra Constitucion.

ART. 240. Ni el Congreso, ni otra ninguna autoridad, puede dispensar la observancia de la Constitucion en ninguno de sus articulos.

ART. 241. Cualquiera infraccion de la Constitucion hace responsable personalmente al que la comete, y el Congreso dispondrà que la responsabilidad se haga efectiva.

ART. 242. Las proposiciones sobre alteracion, ò reforma de cualquiera articulo de la Constitucion se haràn por escrito, y se fimarán por tres Diputados à lo menos.

ART. 243. El Congreso en cuyo tiempo se haga alguna de estas proposiciones no harà mas que disponer que se publique por la imprenta, invitando para que los que quieran digan su opinion, y los fundamentos de ella por medio de la imprenta.

ART. 244. El Congreso siguiente en los dos años de sus sesiones solo resolverà si admite á discusion la proposícion, ó la desecha. Si se resuelve esto ultimo, no se volverà à hacer la misma proposicion hasta pasados dos años: si se admite à discusion se publicarà de nuevo por la imprenta, y se leerá en las inmediatas juntas electorales de partido antes de hacerse el nombramiento de los Diputados del Congreso del Estado.

ART. 245. En el Congreso siguiente inmediato se discutirà, y votará la alteracion ó reforma propuesta.

ART. 246. Si son aprobadas se publicaràn luego como articulos constitucionales, y si se desaprueban no se volverá á tratar del mismo asunto hasta pasados dos años.

ART. 247. Por la presente Constitucion quedan derogadas todas, y cada una de las anteriores leyes, Decretos, ú òrdenes generales, y particulares contrarias à la misma Constitucion aunque hayan sido espedidas como constitucionales.

Dado en Ciudad-Victoria à 6 de Mayo del año del Señor de mil ocho cientos veinte y cinco: quinto de la independencia: cuarto de la libertad: tercero de la Federacion: y segundo de la instalacion del Congreso de este Estado. – *José Ygnacio Gil*, Diputado Presidente. – *José Miguel de la Garza Garcia*, Diputado Vice-Presidente. – *José Rafael Benavides* – *Juan Echeandia*. – *Juan Bautista de la Garza*. – *Felipe de Lagos*. – *José Feliciano Ortíz*, Diputado Secretario. – *Juan Nepomuceno de la Barreda*, Diputado Secretario.

Por tanto mando se imprima, publique y circule, y se le dè el debido cumplimiento.

Dado en Ciudad-Victoria á 7 de Mayo de 1825. Segundo de la instalacion del Congreso de este Estado.

Enrique Camilo Suarez

Por mandado de S. E.

José Antonio Fernandez, Secretario.

---

1 Editado según *Constitucion Politica del Estado Libre de las Tamaulipas, Sancionada por su Congreso Constituyente en 6 de Mayo de 1825*, Ciudad-Victoria: Imprenta del congreso del estado, á cargo del C. Contreras, 1825, 74p.

Para el decreto de publicación (2p. en frente de la propia constitución) véase la página de internet: www.modern-constitutions.de.

Esta constitución quedó en vigor hasta el fin de la primera república federal en 1836. En enero de 1840 delegados de Tamaulipas, Nuevo Leon y Coahuila publicaron una Ley orgánica, erigiendo de este modo la República de Rio Grande, la cual nunca vivía una real independencia y ya fracasó en noviembre del mismo año. Después de la era de las repúblicas centralistas fue declarada vigente de nuevo en 1847 por el Acta constitutiva y de reformas (artículo 30), sancionada por el congreso extraordinario constituyente de los Estados-Unidos Mexicanos. En 1848 un congreso extraordinario del estado decretó una constitución reformada. La segunda constitución de Tamaulipas fue publicada en 1869.

Véase: Torre, Toribio de la: *Historia general de Tamaulipas*, Cd. Victoria: Universidad Autónoma de Tamaulipas, Instituto de Investigaciones Históricas, 1975; Josefina Zoraida Vázquez, "La supuesta república del Río Grande", in: *Historia Mexicana*, XXXVI, 1 (1986), p. 49–80; y nuevamente: Gastón Enríquez Fuentes: *Tamaulipas. Historia de las instituciones jurídicas (Serié Historia de las instituciones jurídicas de los estados de la República mexicana)*, México, D.F.: Universidad Nacional Autónoma de México / Senado de la República, 2010.

Reforma de la constitución del estado de las Tamaulipas (1848)

Constitucion Politica del Estado Libre de las Tamaulipas, Reformada por Su Congreso extraordinario[1]

Francisco Vital Fernandez *Gobernador del Estado libre de las Tamaulipas, á todos sus habitantes-sabed- que el Congreso del mismo Estado ha decretado lo siguiente.*

En el nombre de Dios Todopoderoso, creador y conservador de las sociedades, el Congreso extraordinario del Estado de las Tamaulipas, considerando:

Que restablecido el sistema de gobierno popular, representativo, federal, recobró el Estado su independencia y soberanía, volviendo á ejercer en toda plenitud el derecho de organizar su régimen y administracion interior: Que el actual cuerpo legislativo, por su origen y objeto, se encuentra investido con facultades competentes para sancionar las reformas que la esperiencia há demostrado ser necesarias en la constitucion publicada en 7 de Mayo de 1825: Y que por las variaciones indispensables que deben hacerse en ella para ponerla en perfecta armonía con la acta de reformas, decretada por el Soberano Congreso Constituyente en 18 de Mayo de 1847, es conveniente formar un solo código, á fin de que los artículos reformados, suprimidos ó aumentados, no den lugar á una confusion perjudicial en materia de tanta importancia; há tenido á bien decretar la siguiente

CONSTITUCION REFORMADA

TITULO PRIMERO

Seccion Primera

Del Estado, su territorio, religion y forma de Gobierno

ART. 1.° El Estado de Tamaulipas, es libre, independiente, y soberano, en cuanto á su gobierno y administracion interior: pero sobre los objetos cometidos a los poderes de la Union no tiene otros derechos que los espresamente fijados en la constitucion general.

ART. 2.° El territorio del Estado comprende la antigua provincia del nuevo Santander.

ART. 3.° El Estado se divide por ahora en tres departamentos y once partidos: ésta division podrá variarse por el congreso, y la ley designará la comprension de cada departamento y partido.

ART. 4.° La religion del Estado es la católica, apostólica, romana, con esclusion de cualquiera otra.

ART. 5.° El gobierno del Estado es republicano, representativo, federal: y el poder público so divide en legislativo, ejecutivo, y judicial.

Seccion Segunda

De los ciudadanos, sus derechos y obligaciones, de los vecinos y transeuntes

ART. 6.° Es ciudadano del Estado.

1.° El nacido en la comprension de su territorio, que tenga los requisitos que exige el artículo 1.° de la acta de reformas.

2.° El mejicano por nacimiento ó naturalizacion, que con iguales requisitos se avecinde en el Estado.

ART. 7.° La suspension, pérdida y rehabilitacion de los derechos de ciudadano, tendrá lugar en los casos y de la manera que establecen los artículos 3.° y 4.° de la acta citada.

ART. 8.° Son derechos del ciudadano todos los que garantizan y sancionan las leyes constitucionales espedidas, y que se espidieren por el Congreso general.

ART. 9.° Son obligaciones del ciudadano:

1.° Observar la Constitucion y las leyes.

2.° Respetar á las autoridades.

3.° Pagar las contribuciones.

4.° Sostener y defender al Estado con las armas.

5.° Votar en las elecciones populares.

ART. 10.° Es vecino del Estado, el que tenga un año de residencia en él, con algun arte, industria ó profesion.

ART. 11.° Todo habitante del Estado, aun en clase de transeunte, goza de los derechos de libertad, igualdad, propiedad y seguridad.

TITULO SEGUNDO

Seccion Primera

Del poder Legislativo

ART. 12.° El congreso se compondrá de diputados nombrados en su totalidad cada dos años.

ART. 13.° Por cada partido se elegirá un diputado propietario y un suplente. Este cargo es indefinidamente reelegible.

ART. 14. Para ser diputado se requiere ser ciudadano del Estado en ejercicio de sus derechos, tener veinte y cinco años cumplidos, y ser vecino con residencia de dos años antes de la eleccion. En los naturales del Estado no se exige este último requisito.

ART. 15. No pueden ser diputados el Gobernador, los empleados de la federacion, los funcionarios de nombramiento del Gobierno del Estado, los eclesiasticos curas de almas, por el partido en que se haga la eleccion, ni los militares en actual servicio.

ART. 16. Si una misma persona fuere nombrada por dos ó mas partidos, subsistirá la eleccion del de su vecindad. Si no fuere vecino prevalecerá la eleccion del partido de su origen. Si tampoco fuere natural de alguno de dichos partidos, queda al arbitrio del nombrado concurrir al Congreso por el partido que quiera.

ART. 17. En estos casos, y en el de muerte ó imposibilidad de los diputados propietarios, concurrirán los suplentes respectivos.

ART. 18. Por muerte ó imposibilidad calificada del diputato propietario, y del suplente de uno ó mas partidos, el Congreso dispondrá se cubra la vacante por los mismos electores.

ART. 19. Los diputados no incurren en responsabilidad de ninguna clase por las opiniones que manifiesten en desempeño de su encargo.

ART. 20. Tampoco pueden ser acusados, sino ante el Congreso; ni demandados civilmente durante las sesiones.

ART. 21. Los diputados desde el dia de su eleccion no podrán obtener empleo de provision del Gobierno, á no ser de escala en su carrera.

Seccion segunda
De la eleccion de los diputados

ART. 22. Se elegiran los diputados, por medio de juntas primarias y secundarias.

ART. 23. El primer domingo de Mayo del año de la renovacion del congreso, se celebrarán juntas municipales para nombrar electores de partido.

ART. 24. La base de estas elecciones será la poblacion.

ART. 25. Por cada quinientas almas, se nombrará un elector de partido. Si algun pueblo no tuviere éste número, nombrará no obstante un elector.

ART. 26. El tercer domingo de Mayo se reunirán las juntas de partido para elegir los diputados.

ART. 27. La ley arreglará estas elecciones, y fijará los requisitos que deben tener los electores.

Seccion tercera
De la instalacion del Congreso

ART. 28. El congreso se reunirá todos los años para celebrar sus sesiones en la capital del Estado Podrá trasladarse á otra parte; pero solo temporalmente, y acordandolo así siete diputados á lo menos.

ART. 29. Los diputados nombrados para el nuevo congreso, presentarán anticipadamente sus credenciales á la comision permanente para que proceda á su exámen y calificacion, teniendose á la vista las actas de las juntas electorales de partido.

ART. 30. El dia catorce de Agosto se reunirán en sesion pública los nuevos diputados, y la comision permanente, funcionando de presidente y secretario los de la misma comision. Se leerá el informe de ésta sobre la legitimidad de las credenciales y calidades de los diputados; y las dudas que ocurran sobre estos dos puntos se resolverán por la misma junta á pluralidad de votos, sin que lo tengan los individuos no reelegidos de la comision permanente.

ART. 31. A continuacion prestarán los diputados, en manos del presidente, el juramento de guardar y hacer guardar la constitucion general de la federacion, la del Estado, y desempeñar fielmente los deberes de su encargo.

ART. 32. En seguida se procederá al nombramiento de un presidente, un vice presidente y dos secretarios. Concluidos estos actos se retirará la comision permanente, y el presidente del congreso declarará estar este legitimamente constituido, y en aptitud de ejercer sus funciones.

ART. 33. Las sesiones ordinarias del congreso se abrirán el dia quince de Agosto de cada año. El gobernador del Estado asistirá á este acto. é informara sobre el estado de la administracion pública.

ART. 34. Estas sesiones durarán hasta el quince de Noviembre, y podrán prorogarse treinta dias mas por acuerdo del congreso.

ART. 35. El congreso tendrá sesiones todos los dias, á ecepcion de los festivos solemnes, Las sesiones serán públicas, y solo en los casos que exijan reserva, serán secretas.

ART. 36. El congreso antes de cerrar sus sesiones nombrará de su seno una comision permanente, compuesta de tres individuos propietarios y un suplente, la que durará todo el intermedio de unas á otras sesiones ordinarias. Será presidente de la comision el primer nombrado, y secretario el último.

ART. 37. El gobernador del Estado concurrirá al acto de cerrarse las sesiones ordinarias.

ART. 38. El congreso puede ser convocado á sesiones extraordinarias, cuando lo juzgue necesario la comision permanente por sí, o á exitacion del gobierno.

ART. 39. Para la celebracion de sesiones extraordinarías, se reunirán los diputados cuatro dias antes de su apertura, con objeto de examinar las credenciales de los diputados que se presenten de nuevo, y recibirlas el juramento prescrito en el artículo 31 en el caso de aprobarse las credenciales. En seguida se hará la eleccion de presidente, vice presidente y secretarios del congreso.

ART. 40. En las sesiones extraordinarias, solo se tratarán los objetos señalados en la convocatoria. Si al tiempo en qué deben abrirse las sesiones ordinarias, no se hubieren cerrado las extraordinarias cesarán éstas. y aquellas continuarán los negocios para que fueron convocadas las extraordinarias.

ART. 41. Las sesiones extraordinarias se abrirán y cerrarán con las mismas formalidades que las ordinarias.

Seccion cuarta

De las atribuciones del Congreso y su comision permanente

ART. 42. Las atribuciones del congreso son

Primera: Decretar, interpretar, aclarar y derogar las leyes relativas al gobierno interior del Estado en todos sus ramos.

Segunda. Establecer los gastos públicos del Estado, y las contribuciones necesarias para cubrirlos, con presencia y examen de los presupuestos que deberá presentar el gobierno.

Tercera. Contraer deudas sobre el crédito del Estado, y señalar fondos para satisfacerlas

Cuarta. Examinar y aprobar las cuentas de todos los caudales del Estado, con las formalidades que la ley esprese.

Quinta. Aprobar las ordenanzas municipales de los pueblos, y sus planes de arbitrios.

Sesta. Crear, suprimir, y dotar competentemente los empleos pùblicos.

Septima. Conceder premios á los que hayan hecho particulares servicios al Estado.

Octava. Representar al congreso de la union sobre las leyes generales que se opongan á los intereses del Estado.

Novena. Reclamar en tiempo hábil la inconstitucionalidad de las leyes del Congreso general, y decidir en su caso, si la ley de cuya validéz se trate es, ó nó, anticonstitucional.

Décima. Regular los votos emitidos por las juntas de partido para la eleccion de gobernador, y hacer su nombramiento de éste magistrado en los casos prevenidos en la constitucion.

Undécima. Decidir los empates que en la eleccion de éste funcionario haya entre dos ó mas ciudadanos.

Duodécima. Resolver cualquiera duda que ocurra sobre la validéz de esta eleccion, y calidades del elegido

Décimatercia Resolver lo que estime conveniente sobre la renuncia de éste encargo.

Décimacuarta. Ampliar por tiempo limitado, y en circunstancias graves, las facultades ordinarias del gobernador por el voto de las dos terceras partes de los individuos presentes del congreso.

Décimaquinta. Aprobar los nombramientos que haga el gobierno de los funcionarios que necesiten dé éste requisito.

Décimasesta. Declarar cuando há lugar á formar causa á los diputados, al gobernador, á los individuos del Consejo, á los ministros de la suprema corte de justicia, al secretario del despacho de gobierno, al ministro general de hacienda del Estado, así por los delitos oficiales, como por los comunes.

Décimaseptima. Conceder indultos generales ó particulares, por delitos cuyo conocimiento corresponda exclusivamente á los tribunales del Estado.

ART. 43. Las atribuciones de la comision permanente son:

Primera. Velar sobre la observancia de la constitucion y las leyes.

Segunda: Recibir y examinar las credenciales de los diputados.

Tercerá: Convocar el congreso á sesiones estraordinarias.

Cuarta: Circular la convocatoria, si despues de tercero dia de comunicada al gobierno, no lo hubiere éste verificado.

Quinta: Citar á los diputados suplentes para que concurran al congreso, prévia calificacion del impedimento de los propietarios.

Sesta: Recibir los testimonios de las actas de eleccion del gobernador, y entregarlas al congreso luego que se constituya

Séptima. Hacer el nombramiento de gobernador interino en receso del congreso; y si existieren diputados en la capital los citará con éste objeto.

Octava. Desempeñar la atribucion décima sesta del congreso, si éste no estuviere reunido, eligiendo al efecto tres diputados de los que estén en la capital Si no hubiere diputados, se suplirá con los vocales del consejo de gobierno, y en su defecto con tres individuos del ayuntamiento de la propia capital, elegidos por la comision permanente.

Novena. Ejercer finalmente las atribuciones económicas que le señale el reglamento interior.

Seccion quinta

De la sancion y formacion de las leyes

ART. 44. Tienen iniciativa de ley los diputados, el gobernador, y la suprema corte de justicia en el órden judicial.

ART. 45. Las iniciativas del gobernador y de la suprema corte de justicia se pasarán desde luego á la comision respectiva.

ART. 46. En el reglamento interior del congreso se prescribirán las reglas que deben observarse para la formacion de las leyes.

ART. 47. Ningun proyecto de ley que fuere desechado, podrá volver á proponerse hasta las sesiones del año siguiente.

ART. 48. Bastar, seis diputados para dictar trámites y providencias que no tenga carácter de ley: pero no podrán determinarse asuntos de gravedad, ni discutirse y votarse lo que tenga carácter de ley, si no concurren siete diputados á lo menos. En ambos casos basta la mayoría de votos de los concurrentes.

ART. 49. El proyecto que fuere aprobado se estenderá en forma de ley, y firmado por el presidente y secretarios del congreso, so pasará al gobernador del Estado, quien dentro de diez dias podrá hacer las observaciones que le parezca, oyendo antes al consejo.

ART. 50. Si al cerrarse las sesiones no se hubiere cumplido el término concedido al gobernador para hacer observaciones, la devolucion del proyecto se verificará precisamente el primer dia en que se reuniere el congreso.

ART. 51. Si el gobernador hiciere observaciones sobre algun proyecto lo devolverá al congreso, manifestando por escrito las razones que tenga que oponer. El congreso volverá á discutir el proyecto, y el gobierno podrá nombrar el orador que quiera para que asista á las discusiones

ART. 52. En ésta segunda discusion se votará el proyecto en secreto por cédulas, y no se tendrá por aprobado, si no votan á su favor seis diputados, si los concurrentes no pasan de ocho, y si es mayor el número, deben votar siete á favor del proyecto.

ART. 53. Si se aprobare segunda vez el proyecto, se devolverá la ley al gobernador para que inmediatamente proceda á su solemne promulgacion y circulacion: debiendo ejecutar lo mismo cuando no tenga que hacer observaciones.

ART. 54. Las leyes se interpretan y derogan con los mismos trámites y formalidades que se establecen.

TITULO TERCERO

Del poder ejecutivo

Seccion primera

Del Gobernador

ART. 55. El poder ejecutivo se deposita en un solo individuo que se denominará gobernador, nombrado por las juntas electorales de partirdo el dia siguiente de la eleccion de diputados.

ART. 56. Para ser gobernador se requiere ser ciudadano tamaulipeco en ejercicio de sus derechos, y mayor de treinta años. En los que no sean nativos del Estado se necesita á demas la vecindad de cuatro años no interrumpida antes de la eleccion

ART. 57. No pueden ser nombrados para gobernador los eclesiasticos, ni los mílitares que estén en actual servicio en el ejército permanente.

ART. 58. El dia l.° de Octubre inmediato á la eleccion entrará el gobernador á ejercer sus funciones por cuatro años, y no podrá ser reelegido, sino despues de haber cesado por igual periodo.

ART. 59. Las actas de la eleccion de gobernador se abrirán el primer dia de las sesiones ordinarias; y el congreso nombrará una comision pura que las examine conforme dentro de tercero dia.

ART. 60. Presentado el informe, procederá el congreso en la misma sesion á la calificacion de las elecciones hechas por las Juntas de partido, y á la enumeracion de votos.

ART. 61. Se declarará gobernador del Estado al este reuniere mayoría absoluta de votos, computandose estos por los partidos que sufragaron, y nó por el número de electores de cada uno.

ART. 62. Si no hubiere mayoría absoluta, el congreso elegirá entre los que tengan mayor número de votos. Lo mismo se hará cuando todos reunan iguales sufragios.

ART. 63. Cuando un individuo obtenga mayoría respectiva, y dos ó mas igual nùmero de votos, el Congreso elegirá uno de estos, para que entre á competir con el que reunió la mayoría respectiva.

ART. 64. Todas estas elecciones del Congreso serán á pluralidad absoluta de votos, y por escrutinio secreto. En los casos de empate se repetirá la votacion, y si [nada] hay segunda vez decidirá la suerte.

ART. 65. La eleccion de gobernador preferirá á cual quiera otra.

ART. 66. Por muerte ó impedimento del gobernador, que calificará el congreso, elegirá éste la persona que interinamente se encargue del poder ejecutivo.

ART. 67. Si el congreso nó estuviere reunido, se hará la calificacion y eleccion por la comision permanente, conforme á la septima de sus atribuciones.

ART. 68. Mientras se hacen éstas elecciones, y entra en ejercicio el gobernador interino, se encargará del poder ejecutivo el presidente del consejo de gobierno.

ART. 69. Sí la muerte ó impedimento perpetuo del gobernador aconteciere dentro de los dos primeros años de ejercer sus funciones, se hará nuevo nombramiento en las inmediatas elecciones de diputados.

ART. 70. Las atribuciones del gobernador son,

Primera: Cuidar de la seguridad del Estado en lo exterior, y de la tranquilidad y conservacion del órden público en lo interior, conforme á la constitucion y á las leyes.

Segunda: Cuidar del cumplimiento de la constitucion, leyes y decretos de la federacion: de la constitución, leyes y decretos del congreso del Estado, y dar los decretos y órdenes convenientes para su ejecucion

Tercera: Formar reglamentos para el mejor gobierno de los ramos de la administracion pública del Estado, y pasarlos al congreso para su examen y aprobacion.

Cuarta. Disponer la recaudacion y distribucion de los caudales públicos con arreglo á las leyes.

Quinta: Presentar anualmente al congreso para su aprobacion el presupuesto de los gasto del Estado.

Sesta: Disponer de la guardia nacional y de la fuerza de policia del Estado, segun la ley

Séptima: Proveer con arreglo á la constitucion y á las leyes todos los empleos del Estado, que no sean de eleccion popular.

Octava: Nombrar y remover libremente al secretario del despacho de gobierno.

Novena: Ejercer la esclusiva en la provision de piezas eclesiasticas, en la forma y modo que dispongan las leyes.

Décima: Determinar gubernativamente los asuntos que pongan las leyes bajo su inspeccion

Undécima: Iniciar las leyes que juzgue convenientes al bien del Estado.

Duodécima: Proponer á la comision permanente la convocatoria del congreso á sesiones extraordinarias.

Décimatercia: Celar que la justicia se administre pronta y cumplidamente por los tribunales y jueces del Estado, y que se ejecuten sus sentencias; pero sin mezclarse en el exámen de las causas pendientes, ni disponer durante el juicio de las personas de los reos.

Décimacuarta: Suspender de sus destinos hasta por tres meses, y privar por el mismo tiempo de la mitad de sus sueldos á los empleados del órden gubernativo y de hacienda que sean infractores de sus decretos y órdenes; y cuando juzgue deber formarse causa a dichos empleados, pasará los antecedentes de la materia al tribunal respectivo.

ART. 71. No puede el gobernador.

Primero. Prender á ninguna persona ni imponerle pena; mas podrá arrestar en caso de interesarse la tranquilidad pública, poniendo al reo á disposicion del juez competente, dentro de cuarenta y ocho horas, y tambien multar, hasta en quinientos pesos, á los que apercibidos insistieren en desobedecer sus órdenes

Segundo. Ocupar la propiedad de ningun particular ó corporacion, sino cuando lo exija un objeto de útilidad general á juicio del consejo. Pero nunca se verificará la expropiacion, sin indemnizar antes á la parte interesada á juicio de peritos, elegidos por ella y el gobernador.

Tercero. Impedir ó embarazar bajo ningun pretesto las elecciones populares, determinadas por la constitucion y las leyes.

Cuarto. Salir de la capital á distancia de mas dediez leguas sin permiso del congreso: siendo menor la distancia, bastará su aviso, ni la ausencia no pasare de quince dias.

Quinto. Salir del territorio del Estado durante su empleo, y un año despues, sin licencia del congreso.

ART. 72. El gobernador no podrá ser acusado por delitos cometidos en el ejercicio de su funciones, despues de un año de terminado su periodo.

ART. 73. Todos los decretos y ordenes del gobernador deberán ser firmados por el secretario del despacho, y sin este requisito no serán obedecidos.

ART. 74. Para publicar las leyes y decretos del congreso, usará el gobernador de ésta fórmula. *El gobernador del Estado de las Tamaulipas, á todos sus habitantes: sabed. que el congreso del mismo Estado ha decretado lo siguiente* (Aqui el texto literal de la ley ó decreto) *Por tanto mando se imprima, publique, circule y se le dé el debido cumplimiento.*

Seccion Segunda
Del consejo de gobierno

ART. 75. Habrá en el Estado un consejo de gobierno, compuesto del diputado que nombre el congreso, y en su receso, del segundo voca de la comision permanente; del magistrado de la suprema corte de justicia que elija todos los años el mismo congreso, y del ministro general de hacienda pública. El primer individuo del ayuntamiento de la capital será llamado como suplente en caso necesario.

ART. 76. Las atribuciones del consejo son.

Primera. Velar sobre la observancia de la constitucion y las leyes, dando cuenta al congreso con las infracciones que note

Segunda. Consultar al gobernador en los casos que lo pida

Tercera. Proponer para la provison de empleos, con arreglo á la constitucion y á las leyes.

Cuarta. Promover los establecimientos que crea convenientes para el fomento de todos los ramos de prosperidad en el Estado:

Quinta: Glosar las cuentas de todos los caudales públicos, y presentarlas al congreso para su exámen y aprobacion.

Sesta. Intervenir en todos los casos y en la forma que prevengan la constitucion y las leyes.

ART. 77. El consejo será responsable de todos los actos relativos al ejercicio de sus atribuciones.

Seccion Tercera
Del secretario del despacho de gobierno

ART. 78. Habrá un secretario del despacho de gobierno, cuyas funciones serán

Primera. Autorizar con su firma todos los decretos, órdenos y resoluciones del gobernador.

Segunda. Dirigir la secretaría como gefe de ella.

Tercera. Llevar un registro puntual de todas las resoluciones del gobierno

Cuarta. Presentar dentro de ocho dias de la reunion órdinaria del congreso, una memoria del estado de todos los ramos de la admimstracion pública, proponiendo las reformas que el gobierno crea convenientes.

ART. 79. Para ser secretario se requiere, ser ciudada no en ejercicio de sus derechos, mayor de veinte y cinco años, con dos de vecindad en el Estado. El congreso podrá dispensar éste último requisito.

ART. 80. El secretario será responsable de todos los decretos, órdenes y providencias que autorice contra la constitucion y las leyes, sin que pueda servirle de escusa haberlo mandado el gobernador.

Seccion Cuarta
Del gobierno político de los departamentos y pueblos

ART. 81. Cuando el congreso lo determine se establecerá un gefe político en cada cabecera de departamento. La ley esplicará los requisitos que deban tener estos funcionarios, la forma de su nombramiento, el tiempo de su duracion, y las atribuciones que les correspondan.

ART. 82. El gobierno municipal de los pueblos estará ó cargo de ayuntamientos, elegidos popularmente. La ley arreglará estas elecciones, designará el número de alcaldes, regidores y síndicos. segun la poblacion, y detallará las atribuciones de estas autoridades.

TITULO CUARTO

Del poder judicial

Seccion Primera

De la administracion de justicia en general

ART. 83. La potestad de aplicar las leyes en lo civil y criminal reside exclusivamente en los tribunales y jueces establecidos por la constitucion y las leyes.

ART. 84. Ningun otro poder, por superior que sea, podrá ejercer funciones judiciales, avocarse el conocimiento de las causas pendientes, ni mandar abrir las fenecidas.

ART. 85. Los tribunales y jueces jamás podrán interpretar las leyes, suspender su cumplimiento ni formar reglamentos para la administracion de justicia.

ART. 86. Las leyes arreglarán las formalidades que deben observarse en los procedimientos judiciales.

ART. 87. En ningun negocio podrá haber mas de tres instancias, salvo el recurso de nulidad. La ley determinará cual de las sentencias causa ejecutoria, segun la cuantia, naturaleza y calidad de los juicios.

ART. 88. El juez que haya sentenciado un negocio en alguna instancia, no podrá sentenciarlo en otra, ni conocer del recurso de nulidad.

ART. 89. El cohecho soborno ó prevaricacion, producen accion popular contra el magistrado ó juez que los cometieren.

ART. 90. Se observarán inviolablemente en el Estado las reglas comprendidas en la seccion septima, título quinto de la constitucion federal.

ART. 91. La justicia se administrará en el Estado en nombre del pueblo libre de las Tamaulipas.

Seccion Segunda

De la suprema corte de justicia

ART. 92. Se establece en la capital del Estado una suprema corte de justicia, dividida en tres salas; y cada una de éstas se compondrá del magistrado ó magistrados que la ley designe. Habrá ademas un fiscal.

ART. 93. Para ser ministro ó fiscal de la suprema corte en propiedad se requiere.

Primero. Ser ciudadano de la federacion mejicana en el ejercicio de sus derechos.

Segundo. Tener veinte y cinco años cumplidos.

Tercera. Ser abogado recibido conforme á las leyes y haber ejercido su profesion por cuatro años á lo menos.

Cuarto. No haber sido condenado judicialmente en proceso legal por algun crimen que tenga impuesta pena infamante.

ART. 94. Como interinos pueden ser nombrados para estos empleos individuos no letrados, con tal que tengan los demas requisitos.

ART. 95. Los magistrados y fiscal de la suprema córte serán nombrados por el gobernador, á propuesta enterna del consejo, y aprobados por el congreso. Durarán cuatro años; y son reelegibles indefinidamente, pero no podrán ser removidos ni suspensos durante su encargo, sino con las formalidades que exige la constitucion.

ART. 96. La ley dispondrá el modo de suplir la falta ó impedimiento de los individuos de la suprema corte.

ART. 97. Las atribuciones de esta son:

Primera. Dirigir al congreso iniciativas de ley en lo relativo á la administracion de justicia, y pedir la aclaracion ó revocacion de las vigentes en el mismo ramo.

Segunda. Terminar las disputas que se susciten sobre contratos celebrados por el gobierno del Estado.

Tercera. Declarar en las causas de reos inmunes, aun cuando conozaca en primera instancia, los casos en que deba pedirse á la jurisdiccion eclesiastica su consignacion.

Cuarta. Resolver sobre los recursos de fuerza de todos los tribunales eclesiásticos del Estado.

Quinta. Dirimir las competencias de jurisdiccion que se susciten entre los jueces inferiores.

Sesta. Decidir los recursos de nulidad de las sentencias egecutoriadas.

Séptima. Examinar con el objeto que previenen las leyes los partes y listas de las causas que remitan los jueces inferiores.

Octava. Conocer de las causas criminales que hayan de formarse contra los funcionarios de que habla la atribucion decimasesta del artículo 42; con ecepcion de las que se instruyan contra los individuos de la misma suprema corte.

Novena. De las causas que se promuevan contra los jueces de primera instancia por toda clase de delitos: de los de responsabilidad contra los alcaldes y asesores por faltas ó abusos cometidos en el ejercicio de sus funciones judiciales, y de las que deban formarse contra los subalternos y dependientes de la misma suprema corte, por faltas ó exesos perpetrados en desempeño de sus destinos.

Décima. De las causas civiles y criminales comunes, que remitan en apelacion los jueces de primera instancia.

Undécima. Finalmente, son atribuciones de la suprema corte las demas que le dan, ó en lo sucesivo le dieren las leyes, y las ejercerá en el modo y grado que estas determinen.

ART. 98. Las causas que hayan de formarse á toda la suprema corte, ó á alguna de sus salas, se su sustanciarán y determinarán por un tribunal especial compuesto de nueve jueces y un fiscal, que nombrará el congreso en el primer mes de las sesiones ordinarias de cada bienio El fiscal y los tres jueces de la primera sala se sacarán por suerte llegado el caso, y si el congreso no estuviere reunido verificará el sorteo la comision permanente: la segunda sala tambien se formará por suerte cuando se necesite; y la tercera se compondrá de los tres jueces que quedaren, insaculados en los sorteos anteriores.

ART. 99. La primera sala de este tribunal conocerá igualmente del recurso de nulidad, en aquellos negocios de que haya conocido la suprema corte en todas instancias.

Seccion tercera

De los tribunales y jueces inferiores

ART. 100. La justicia se administrará en primera instancia por los tribunales y jueces establecidos, ó que se establecieren. La ley determinará su número, el lugar de su residencia, la forma de su nombramiento, y el tiempo de su duracion.

TITULO QUINTO

Seccion unica

De la guardia nacional

ART. 101. Habrá en el Estado. cuerpos de guardia nacional para la conservacion del órden interior, y para la defensa exterior. La formacion de estos cuerpos, su organizacion, disciplina y servicio se arreglarán por el congreso, conforme a los que dispongan en la materia las leyes generales.

TITULO SESTO

Seccion Unica

De la hacienda pública del Estado

ART. 102. La hacienda pública del Estado se formará de las contribuciones que decrete el congreso.

ART. 103. Las contribuciones se establecerán en la cantidad neceseria para cubrir los gastos particulares del Estado, y el contingente de la federacion.

ART. 104. Por una instruccion particular se arreglará la tesoreria, contaduría y ademas oficinas de hacienda.

ART. 105. Cada año nombrará el congreso cinco individuos de su seno ó de fuera de él, para que revisen y glosen las cuentas de la tesorería, pasandolas despues con informe al congreso para su aprobacion.

TITULO SEPTIMO

Seccion unica

De la observancia de la constitucion

ART. 106. Todo habitante del Estado está obligado á cumplir, y observar la constitucion en todas sus partes.

ART. 107. Al tomar posesion de sus empleos los funcionarios públicos del Estado, de cualquiera clase que sean, otorgarán juramento de guardar la constitucion general de la federacion mejicana, la particular del Estado, y desempeñar fielmente sus deberes. Si fueren de los que han de ejercer autoridad añadirán el juramento de hacer guardar una y otra constitucion.

ART. 108. Ni el congreso, ni ninguna otra autoridad, puede dispensar la observancia de la constitucion, en ninguno de sus artículos.

ART. 109. En todo tiempo puede reformarse la constitucion; pero las proposiciones que al efecto se hagan no deberán discutirse, despues de la presentacion del dictámen, sino en el inmediato periodo de sesiones órdinarias, ni tenerse por aprobadas, sino por el voto de dos tercios de los diputados presentes.

ART. 110. En estas discusiones se guardarán ademas las reglas prescritas para la formacion y derogacion de las leyes; escepto el derecho de hacer observaciones, que no podrá en tal caso ejercer el gobierno.

Dado en Ciudad Victoria, á 25 de Abril de 1848. – Licenciado *Antonio Canales*, presidente.– *Eleno de Vargas*, vice presidente – Licenciado *José Nuñez de Caceres – Jesus Cárdenas – Doctor Simon de Portes. – José Ignacio de Saldaña – Lorenzo Cortina – Ramon de Cárdenas*, diputado secretario – *Ramon Rodriguez Fernandez*, diputado secretario.

Por tanto mando se imprima, publique, circule y se le dé el debido cumplimiento. Ciudad Victoria, Abril 26 de 1848 – *Francisco V. Fernandez – Rufino Rodriguez*, oficial mayor.

---

[1] Editado según *Constitucion Politica del Estado Libre de las Tamaulipas, Reformada Por su Congreso extraordinario el dia 15 de Abril de 1848*, Ciudad-Victoria: Imprenta del Gobierno, 1848, 19p.

Después de la reinstalación del sistema federal el congreso de Tamaulipas se vió obligado de reformar el texto que tuvo vigencia durante la primera república federal. La segunda constitución fue publicada en 1869.

Proyecto de constitución del estado de Veracruz (1825)

Proyecto de Constitucion del Estado libre de Veracruz[1]

Seccion I

Del Estado, su territorio y religion

ART. 1.° El Estado de Veracruz es parte integrante de la Federacion Megicana.

ART. 2.° Es libre, independiente y soberano en su administracion y gobierno interior.

ART. 3.° Su territorio se compone de los antiguos partidos de Acayúcam, Córdova, Cosamaloapam, Jalacingo, Jalapa, Misantla, Orizava, Papantla, Tampico, Tustla y Veracruz. Una ley constitucional arreglará y fijará los límites y division del territorio.

ART. 4.° El Gobierno del Estado es representativo popular, y su poder supremo se divide en legislativo, egecutivo y judicial.

ART. 5.° La religion es la misma de la Federacion.

Seccion II

De los veracruzanos y sus derechos

ART. 6.° Son veracruzanos los nacidos ó avecindados en el territorio del Estado.

ART. 7.° El Estado no reconoce ningun título de nobleza, y prohibe su establecimiento y el de mayorazgos.

ART. 8.° En el Estado de Veracruz, la ley es una para todos, ya proteja ó castigue: todos los veracruzanos son iguales ante ella.

ART. 9.° Son ciudadanos: los que lo sean de los demas Estados de la Federacion y de las Repúblicas independientes de América, luego que se avecinden en el Estado de Veracruz.

ART. 10. Los derechos de ciudadanía se suspenden:

Primero. Por incapacidad física ó moral.

Segundo. Por declaracion de deuda fraudulenta, ó á los caudales públicos.

Tercero. Por conducta notoriamente viciada, en cuya clase se comprende el que carezca de modo de vivir conocido.

Cuarto. Por el estado de sirviente doméstico cerca de la persona.

Quinto. Por sentencia en que se impongan penas aflictivas ó infamantes, hasta obtener rehabilitacion.

Sesto. Por no saber leer y escribir; pero esta restriccion no comenzará à ser efectiva hasta el año de 1834.

ART. 11. Los derechos de ciudadanía se pierden:

Primero. Por adquirir naturaleza, ó residir cinco años en pais estrangero sin comision ó licencia del Gobierno.

Segundo. Por admitir empleo de otro gobierno

Tercero. Por admitir título de distincion de cualquiera gobierno monárquico.

ART. 12. No se recobra el derecho perdido sin rehabilitacion formal del Congreso del Estado.

ART. 13. Los hijos ó vecinos de la República que desde el año de 1821 emigraron á álguno de los puntos dominados por el gobierno español, no serán ciudadanos ni aun veracruzanos en cualquiera tiempo que regresen á nuestro suelo.

Seccion III

Del Poder Legislativo

ART. 14. El Poder Legislativo reside en un Congreso compuesto de diputados elegidos popularmente en la forma que prescribirá la ley.

ART. 15. El Congreso se dividirá en Cámara de Representantes y Cámara de Senadores. La ley fijará el número de los individuos de cada Cámara.

Seccion IV

De la instalacion del Congreso, duracion y lugar de las sesiones

ART. 16. El Congreso se reunirá todos los años el dia 1.° de enero en el lugar que se fijará por una ley.

ART. 17. Precederán à este acto dos juntas preparatorias en los dias 28 y 30 de diciembre, que serán presididas por el diputado que parezca de mayor edad.

ART. 18. En la junta primera ecshibirán sus poderes los diputados, y en la segunda se verificará su legitimidad. Una ley general arreglará las elecciones y el modo de proceder de estas juntas.

ART. 19. Instalado el Congreso, sus miembros à pluralidad absoluta de votos y por escrutinio secreto mediante cédulas, elegirán los individuos que han de componer la Cámara del Senado, y los electos se retirarán al lugar de sus sesiones.

ART. 20. El Congreso cerrará sus sesiones el dia 31 de marzo, y podrá prorogarlas hasta el 30 de abril si el Gobernador lo solicita ó el Congreso lo resuelve.

ART. 21. La Legislatura debe durar dos años.

Seccion V

De la renovacion del Congreso

ART. 22. Cada dos años se renovarán las dos terceras partes de ambas Cámaras, al arbitrio de los electores.

Seccion VI

De las funciones y prerogativas del Congreso y de sus diputados

ART. 23. Las Cámaras egercerán en el palacio de sus sesiones el derecho esclusivo de polícia, en los términos que prescribirá el reglamento interior.

ART. 24. Los diputados son inviolables por sus opiniones, siempre que no se opongan al sistema representativo popular republicano.

ART. 25. No podrán ser demandados por deudas durante el tiempo de su Legislatura, contado desde el dia de su nombramiento, hasta un mes despues de concluida.

ART. 26. En los delitos comunes serán juzgados segun disponga el reglamento interior.

ART. 27. Los diputados, mientras lo fueren, no podrán admitir para sí, ni solicitar para otro, empleo ni condecoracion alguna del Gobierno, à menos que aquel no sea de ascenso por rigorosa escala.

ART. 28. Las facultades del Congreso, son:

Primera. Dar, interpretar y derogar las leyes y decretos.

Segunda. Establecer anualmente los gastos públicos y las contribuciones que hayan de llenarlos, con presencia y conocimiento de los presupuestos que el Gobierno le presente.

Tercera. Crear, suprimir y dotar competentemente los empleos del Estado.

Cuarta. Nombrar los depositarios del Poder Egecutivo y Judicial, ya sea propietaria, ya interinamente.

Quinta. Promover la educacion pública y el engrandecimiento de todos los ramos de prosperidad.

Sesta. Ecsigir la responsabilidad al Gobernador, Vice-Gobernador, Depositario del Poder Judicial y demas funcionarios públicos, en los casos y términos que previenon los artículos 33, 36, 37, 38 y 39.

Séptima. Tomar cuenta al Gobierno de la recaudacion é inversion de los fondos públicos.

Octava. Dar reglas de colonizacion conforme à las leyes.

Novena. Decretar el modo de hacer la recluta para la milicia activa en el Estado, y la organizacion de la nacional.

Décima. Fijar los límites de los partidos, aumentarlos, suprimirlos ó crear otros nuevos

Undécima. Conceder al Gobierno facultades estraordinarias, siempre que se juzgue necesario por el voto de las dos terceras partes de los miembros presentes en cada Cámara.

Seccion VII

De la Cámara de Representantes y sus funciones

ART. 29. La Cámara de Representantes se compondrá de los individuos que quedaren despues de elegidos los miembros del Senado.

ART. 30. La presidirá uno de sus miembros, elegido segun el orden que prescriba el reglamento interior.

ART. 31. Para ser elegido Representante, se requiere:

Primero. Ser ciudadano megicano en el egercicio de sus derechos.

Segundo. Haber cumplido veinte y cinco años.

Tercero. Ser natural del Estado, ó vecino con residencia à lo menos de cinco años.

Cuarto. Tener una propiedad territorial, ó profesar alguna ciencia, arte ó industria útil.

ART. 32. No pueden ser Representantes: el Gobernador, Vice-Gobernador, Ministro superior de Justicia, Gefes de las rentas del Estado, los comprendidos en el articulo 23 de la Constitucion federal, restriccion 6.ª, los Gefes de las rentas generales, y los de departamento.

ART. 33. La Cámara de Representantes tiene el derecho de acusar ante el Senado al Gobernador, Vice-Gobernador, Ministro superior de Justicia, Gefe principal de las rentas del Estado y à los de departamento, de los delitos que cometan en el egercicio de sus empleos.

ART. 34. Es tambien de su atribucion conocer de las acusaciones contra alguno de sus miembros, y declarar si ha ó no lugar à la formacion de causa. En el primer estremo, se continuará el juicio segun disponga el reglamento interior.

Seccion VIII

De la Cámara de Senadores y sus funciones

ART. 35. La Cámara de Senadores será presidida por el Vice-Gobernador, y en su falta por el Senador mas antiguo en el órden de su nombramiento.

ART. 36. Es atribucion del Senado declarar si ha ó no lugar à la formacion de causa à los funcionarios acusados por la Cámara de Representantes, pasando el espediente al tribunal competente: y conocer del recurso de nulidad de sentencia dada en última instancia para el preciso efecto de mandar dar se reponga el proceso, y ecsigir la responsabilidad á quien haya lugar.

ART. 37. Si el acusado fuere el Gobernador, Vice-Gobernador ó Ministro del Tribunal superior de Justicia, se procederá después de la declaracion de haber lugar à la formacion de causa, al cumplimiento del artículo 19 del decreto de 28 de julio.

ART. 38. Para el efecto, la Cámara del Senado nombrará diez y ocho individuos, y la de Representantes elegirá nueve de ellos con las cualidades de que trata el citado artículo.

ART. 39. Luego que el Senado declare haber lugar à la formacion de causa à un funcionario, quedará este suspenso, y su plaza será servida interinamente.

ART. 40. La sentencia del Tribunal formado para estos juicios, solo podrá estenderse à declarar al acusado depuesto del empleo, é incapaz de obtener otro en el Estado.

ART. 41. Despues de esta declaracion, quedará el acusado reducido a la clase de simple ciudadano, y podrá ser juzgado y sentenciado segun la ley.

ART. 42. Cuando el acusado fuere el Gefe principal de las rentas ó los de departamento, el espediente se remitirá al Tribunal superior de Justicia para la sustanciacion y sentencia.

ART. 43. El Senado conocerá de las acusaciones contra alguno de sus miembros, y declarará si ha ó no lugar à la formacion de causa. En el primer estremo se continuará el juicio segun disponga el reglamento interior.

ART. 44. Los decretos del Senado y Representantes sobre este punto, no necesitan la sancion del Poder Egecutivo.

Seccion IX

De la formacion y publicacion de las leyes

ART. 45. Las leyes podrán tener su origen en cualquiera de las dos Cámaras del modo que disponga el reglamento interior.

ART. 46. Las proposciones ó incitativas que hicieren las Legislaturas de los Estados à cualquiera de las Cámaras, se tendrán como iniciativas de ley.

ART. 47. Todo proyecto de ley desechado, no podrá volver à proponerse en la misma Legislatura; pero esto no impedirá que alguno ó algunos de sus artículos compongan parte de otro proyecto.

ART. 48. Ningun proyecto podrá ser ley, si no es aprobado por ambas Cámaras y sancionado por el Gobernador.

ART. 49. Si el Gobierno tuviere que obgetar sobre alguna ley, podrá suspender el cumplimiento y representar à cualquiera Cámara en el término de diez dias, contados desde el de su recibo.

ART. 50. En este caso, sufrirá el proyecto nueva discusion en ambas Cámaras, y si fuere aprobado por el voto de las dos terceras partes de los miembros presentes de cada una, el Gobierno deberá sancionarlo y publicarlo.

ART. 51. Si el proyecto se declarare urgente en ambas Cámaras, el Gobierno dará ó negará su sancion dentro de dos dias, sin mezclarse en la urgencia

ART. 52. Si corriendo el término concedido al Gobierno para la sancion, cesaren las sesiones del Congreso y el Gobierno tuviere que hacer alguna obgecion, lo egecutará en los diez primeros dias de las sesiones siguientes.

ART. 53. Las leyes deberán publicarse bajo esta fórmula:

N. Gobernador del Estado de Veracruz, à sus habitantes, sabed: que el Estado libre y soberano de Veracruz ha decretado lo siguiente.

El Estado libre y soberano de Veracruz reunido en Congreso, decreta.

(Aquí el testo.)

El Gobernador del Estado dispondrá se publique, circule y observe. La fecha y firmas de los presidentes y secretarios de ambas Cámaras.

Publíquese, circúlese y comuniquese à quienes corresponda para su ecsacta observancia. La fecha y la firma del Gobernador y su secretario.

Seccion X

Del Poder Egecutivo

ART. 54. El Poder Egecutivo residirá en una sola persona, con la denominacion de Gobernador del Estado.

ART. 55. Su duracion deberá ser de cuatro años, y no podrá ser reelecto hasta pasado un período igual de haber cesado en sus funciones.

ART. 56. Residirá en el lugar donde resida el Congreso, y no podrá separarse à distancia de mas de diez leguas sin permiso de la Legislatura. Siendo la distancia menor, bastará su aviso.

ART. 57. La ley designará su indemnizacion, que no podrá ser alterada en el tiempo de su Gobierno.

ART. 58. Será nombrado por el Congreso el dia 1.° de febrero.

ART. 59. Para ser Gobernador del Estado se necesitan las mismas cualidades que para Representante, y ademas, ser del estado secular.

ART. 60. Sus facultades son:

Primera. Egecutar las leyes del Estado y las de la Federacion.

Segunda. Dar su sancion à las primeras, ò representar sobre ellas con arreglo à los artículos 48, 49, 50, 51 y 52.

Tercera. Nombrar los empleados del Estado que no se reserven al Congreso por esta Constitucion, y conceder retiros con arreglo à las leyes.

Cuarta. Egercer la esclusiva en la provision de piezas eclesiásticas.

Quinta. Convocar à sesiones estraordinarias cuando la gravedad de alguna ocurrencia lo ecsija, y lo acuerde la pluralidad absoluta del Consejo de Gobierno.

Sesta. Mandar y disciplinar la milicia cívica con arreglo á las leyes: nombrar sus gefes y oficiales à propuesta de los gefes de departamento; que las harán con informe de los de canton, y conceder retiras ó licencias en los casos que la ley disponga.

Séptima. Cuidar que se administre pronta y cumplidamente la justicia por los tribunales del Estado.

Octava. Suspender de sus empleos hasta por tres meses, y privar aun de la mitad de sus sueldos por igual tiempo, à los empleados ineptos ò infractores de sus órdenes; y en los casos que crea deber formarse causa à los mismos empleados, pasará los antecedentes de 1a materia al tribunal competente.

Novena. Tomar las providencias necesarias para la seguridad de los caudales del Estado en el caso de suspencion de cualquiera empleado que los maneje.

Décima. Suspender por sí à los gefes de departamento; con informe de estos à los de canton, y con los de entrambos à alguno ó todos los miembros de los ayuntamientos que abusaren de sus facultades, dando parte justificado al Congreso, y disponiendo que mientras fueren juagados y sentenciados, entre à funcionar en ves delayuntamiento suspenso, el último saliente.

Undécima. Cuidar de la recaudacion y decretar la distribucion de los fondos publicos con arreglo à las leyes.

Duodécima. En caso de acutal invasion esterior ó conmocion interior armada, tomará todas las medidas estraordinarias para salvar el estado, egecutándolo con previo acuerdo del Congreso si estuviere reunido, y si no lo estuviere, deberá convocarlo, procediéndo, entre tanto por sí solo.

ART. 61. No puede el Gobernador:

Primero. Privar à ninguno de su libertad, ni imponerle pena: mas podrá arrestar en caso de interesarse la vindicta pública, poniendo el reo à disposion del juez competente en el término de 48 horas.

Segundo. Ocupar, ni para sí ni para el Estado, la propiedad particular, ni turbar à nadie en el uso y aprovechamiento de ella. En el caso que la utilidad pública ecsijiese tomar alguna propiedad particular, deberá preceder la audiencia del interesado, la del síndico del ayuntamiento respectivo, la calificacion del Congreso y la corresopondiente indemnizacion á juicio de hombres buenos, nombrados por el Gobierno y la parte.

Tercero. Impedir las elecciones para el Congreso general ni las del Estado, reunion y deliberaciones de su Congreso, en los términos designados por esta Constitucion. Por cualquier acto que sea contrario à esta libertad, queda declarado traidor à la Patria.

ART. 62. Al tiempo de abrirse las sesiones, el Gobernador deberá dar cuenta al Congreso del estado de las rentas públicas tranquilidad y prosperidad del territorio.

ART. 63. Durante el receso del Congreso, el Gobierno deberá oir el dictamen del Consejo en todos los negocios graves; pero sin obligacion à seguirlo.

Seccion XI
Del Vice-Gobernador

ART. 64. Habrá en el estado un Vice-Gobernador con las propias calidades que el Gobernador, y elegido de igual suerte y en el mismo dia que aquel.

ART. 65. Presidirá el Senado sin voto, si no es en los casos de empate.

ART. 66. Despeñará las funciones del Gobernador en los casos de muerte, remocion ó enfermedad grave de aquel. En cualesquiera otros, resolverá previamente el Congreso.

Seccion XII
Del Consejo de Gobierno

ART. 67. Durante el receso del Congreso quedará un Consejo de Gobierno compuesto del Vice-Gobernador con voto, y los cuatro senadores mas antiguos: en caso de falta del Vice-Gobernador, presidirá el primer nombrado.

ART. 68. Las atribuciones del Consejo son.

Primera. Egercer las facultades del Congreso en sus recesos en los casos detallados en las atribuciones 4.ª y 11 del artículo 28: 10 del artículo 60: restriccion 2.ª del artículo 61 y artículo 56.

Segunda. Dar al Gobierno su dictamen motivado y por escrito de cuantos negocios le consulte.

Tercera. Conocer del recurso de nulidad de sentencia dada en última instancia con arreglo al artículo 36.

Cuarta. Convocar por sí solo ó de acuerdo con el Gobernador à sesiones estraordinarias del Congreso en los casos de grave urgencia.

Seccion XIII
Del Poder Judicial

ART. 69. El Poder Judicial residirá en una persona con la denominacion de Ministro superior de Justicia, nombrado por el Congreso, y en los demas Jueces inferiores que las leyes han establecido ó en adelante establecieren.

ART. 70. Para ser Ministro superior de Justicia se necesita profesar la ciencia del derecho, y tener ademas Jas cualidades requeridas para Gobernador del Estado.

ART. 71. Las leyes fijarán el orden de los procedimientos judiciales y el número de los jueces.

Seccion XIV

De la organizacion interior del Estado

ART. 72. El Estado será dividido en departamentos y cantones para su mejor administracion.

ART. 73. En cada departamento habrá una autoridad que se denominará Gefe de departamento, subordinado inmediatamente al Gobernador del Estado.

ART. 74. En cada canton habrá también autoridades que se titularán Gefes de canton, subordinados inmediatamente al Gefe del departamento respectivo.

ART. 75. Los Gefes de departamento serán nombrados por el Gobernador en la forma siguiente: la Cámara de Representantes postulará cinco: el Senado propondrá tres de los postulados; y el Gobernador elegirá uno de los tres.

ART. 76. Los Gefes de canton serán nombrados por el Gobierno á propuesta en terna del Gefe del departamento respectivo.

ART. 77. La duracion de los Gefes de departamento y de canton será de cinco años prorogables por otros dos, con las mismas formalidades prescritas para su primer nombramiento.

ART. 78. Para ser Gefe de departamento y canton se necesita ser ciudadano en el egercicio de sus derechos, mayor de treinta años, con residencia à lo menos de cinco en el territorio de la República y tener un modo de vivir conocido.

ART. 79. Las facultades y obligaciones de estas autoridades serán detalladas por una ley.

ART. 80. Subsistirán los ayuntamientos cuyo número y funciones arreglará la misma ley.

Seccion XV

De la revision de la Constitucion

ART. 81. No podrá variarse artículo alguno de esta Constitucion sino despues de haber mediado el intervalo de dos legislaturas ordinarias.

ART. 82. Las dos Legislaturas ordinarias inmediatas podrán presentar proposiciones para la reforma de artículos constitucionales: si en ambas Cámaras hubieren sido admitidas à discusion por las dos terceras partes de los miembros presentes de cada una, se reservarán para ser tratadas y discutidas en la 3.ª Legislatura.

ART. 83. En esta se tomarán en consideracion; y si fueren aprobadas por las dos terceras partes de los miembros presentes de cada Cámara, se promulgarán como leyes constitucionales.

ART. 84. En lo succesivo, las reformas que se propongan por una Legislatura, inclusa la tercera, no podrán ser tomadas en consideracion y aprobadas, sino por la siguiente; y para ser admitidas à discusion en la Legislatura proponente, y aprobadas en la succesiva, serán necesarias las dos terceras partes de sufragios en cada una de ambas Cámaras.

ART. 85. Las leyes constitucionales no necesitan para serlo la sancion del Poder Egecutivo.

ART. 86. Las leyes ecsistentes continúan en su vigor, siempre que no se opongan al actual sistema, ó no hayan sido espresamente derogadas.

Sala de comisiones enero 4 de 1825 – *Camacho. – Argüelles. – Echeverría. – Fuente.*

[1] Editado según *Proyecto de Constitucion del Estado libre de Veracruz, presentado al honorable Congreso por la Comision de este nombre*, Jalapa: Imprenta del Gobierno, 1825, 20p.

Para un discurso preliminar (12 p.) véase la página de internet: www.modern-constitutions.de

En el congreso constituyente este proyecto de constitución sirvió como base para discutir la primera constitución, sancionada en junio del mismo año.

Véase nuevamente: Eduardo Andrade Sánchez: *Veracruz. Historia de las instituciones jurídicas (Serié Historia de las instituciones jurídicas de los estados de la República mexicana)*, México, D.F.: Universidad Nacional Autónoma de México / Senado de la República, 2010.

Constitución del estado de Veracruz (1825)

Constitucion Politica del Estado Libre de Veracruz[1]

El Ciudadano Miguel Barrágan, General de brigada de los egércitos de la República megicana, Coronel del regimiento de caballería núm. 10, Comandante general y Gobernador del Estado libre de Veracruz, à todos los que las presentes vieren y entendieren, SABED: Que el honorable Congreso constituyente del Estado libre y soberano de Veracruz ha decretado y sancionado la siguiente

CONSTITUCION POLITICA DEL ESTADO LIBRE Y SOBERANO DE VERACRUZ

NOS los Representantes del Estado libre y soberano de Veracruz, reunidos en Congreso constituyente, decretamos y sancionamos la siguiente

CONSTITUCION POLITICA PARA SU GOBIERNO INTERIOR

SECCION I

Del Estado, su territorio y religion

ART. 1.° El Estado de Veracruz es parte integrante de la Federacion Megicana.

ART. 2.° Es libre, independiente y soberano en su administracion y gobierno interior.

ART. 3.° Su territorio se compone de los antiguos partidos de Acayúcam, Córdova, Cosamaloapam, Jalacingo, Jalapa, Misantla, Orizava, Papantla, Tampico, Tustla y Veracruz. Una ley constitucional arreglará y fijará sus límites y division.

ART. 4.° El Gobierno del Estado es representativo popular, y su poder supremo se divide en legislativo, egecutivo y judicial.

ART. 5.° La Religion es la misma de la Federacion.

SECCION II

De los veracruzanos y sus derechos

ART. 6.° Son veracruzanos los nacidos ó avecindados en el territorio del Estado.

ART. 7.° Lo son tambien los estrangeros avecindados en él que hayan obtenido carta de naturaleza. Una ley constitucional arreglará la manera de adquirir estas cartas, luego que el Congreso de la Union haya dado la regla de que trata la facultad 26 a artículo 50 de la Constitucion federal.

ART. 8.° Estado de Veracruz no reconoce ningun título de nobleza, y prohibe su establecimiento y el de mayorazgos.

ART. 9.° En el Estado de Veracruz, la ley es una para todos, ya proteja ó castigue: todos los veracruzanos son iguales ante ella.

ART. 10. Todo veracruzano nace libre, aunque sus padres sean esclavos.

ART. 11. Son ciudadanos:
Primero. Todos los veracruzanos.

Segundo. Los ciudadanos de los demas Estados de la Federacion, luego que se avecinden en este.

Tercero. Los nacidos en las Repúblicas de la América que antes dependió de la España, luego que se avecinden en el Estado,

Cuarto. Los estrangeros que habiendo obtenido carta de naturaleza, adquieren legamente ó à juicio del Congreso la vecindad en el.

ART. 12. No serán ciudadanos ni aun veracruzanos los naturales ó vecinos de la República (esceptuándose los hijos de familia) que desde el año de 1821 emigraron à puntos dominados por el gobierno español.

ART. 13. Los derechos de ciudadanía se suspenden:

Primero. Por incapacidad física ó moral.

Segundo. Por declaracion de deuda fraudulenta, ó à los caudales públicos.

Tercero. Por conducta notoriamente viciada, en cuya clase se comprende el que carezca de modo de vivir conocido.

Cuarto. Por el estado de sirviente doméstico cerca de la persona.

Quinto. Por sentencia en que se impongan penas aflictivas ó infamantes, hasta obtener rehabilitacion.

Sesto. Por no saber leer y escribir; pero esta restriccion no tendrá efecto sino desde el año de 1836, y para con los nacidos desde 1.° de enero de 1816 en adelante.

Séptimo. Por negarse à prestar ausilio à las autoridades ó resistir su llamamiento.

ART. 14. Los derechos de ciudadanía se pierden:

Primero. Por adquirir naturaleza, ó residir cinco años en pais estrangero sin comision ó licencia del Gobierno.

Segundo. Por admitir empleo de otro gobierno.

Tercero. Por admitir título de distincion de cualquiera gobierno monárquica

ART. 15. No se recobra el derecho perdido sin rehabilitacion formal del Congreso del Estado.

SECCION III

Del Poder Legislativo

ART. 16. El Poder Legislativo reside en un Congreso compuesto de Diputados elegidos popularmente en la forma que prescribirá una ley constitucional, sobre la base de la poblacion.

ART. 17. El Congreso se dividirá en Cámara de Diputados y Cámara de Senadores. La ley fijará, el número de los individuos de cada una de ellas.

ART. 18. Para ser elegido Representante se requiere:

Primero. Ser ciudadano megicano en el egercicio de sus derechos.

Segundo. Haber cumplido veinte y cinco anos.

Tercero. Ser natural del Estado, ó vecino con residencia á lo menos de cinco anos.

Cuarto. Tener una propiedad territorial, ó egercer alguna ciencia, arte ó industria útil.

ART. 19. No pueden ser Representantes: el Gobernador, Vice-Gobernador, Ministro superior de Justicia, Gefes de las rentas del Estado, los demas comprendidos en la restriccion ó a del articulo 23 de la Constitucion federal, los Gefes de las rentas generales y los de Departamento.

ART. 20. Para que los comprendidos en el articulo anterior puedan ser elegidos Diputados, deberán haber cesado absolutamente en sus destinos seis meses antes de las elecciones primarias.

SECCION IV

De la instalacion del Congreso, duracion y lugar de sus sesiones

ART. 21. El Congreso se reunira todos los años el dia l.° de enero en el lugar que se fijará por una ley. La misma prescribirá el dia en que haya de comenzar sus sesiones el primer Congreso constitucional.

ART. 22. Instalado el Congreso, sus miembros à pluralidad absoluta de votos y por escrutinio secreto mediante cédulas, elegirán los individuos que han de componer la Camara del Senado, y los electos se renurarán al lugar de sus sesiones.

ART. 23. El Congreso cerrará sus sesiones el dia 31 de marzo, y podrá prorogarlas hasta el 30 de abril si el Gobernador lo solicita ó el Congreso lo resuelve.

ART. 24. El dia 1.° de setiembre del año en que deba sufragarse para Presidente y Vice-Presidente de la República, y en el que hayan de elegirse Senadores se reunirá el Congreso en sesion estraordinaria.

ART. 25. La Legislatura debe durar dos años.

SECCION V

De la renovacion del Congreso

ART. 26. Cada dos años se renovarán los miembros que compongan la totalidad del Congreso, y no podrán ser reelectos hasta pasado un período igual, à menos que por el sufragio de las dos terceras partes de los miembros presentes de la Junta electoral se verificare la reeleccion de alguno ó algunos individuos; en cuyo caso, los reelectos para una Legislatura, no podrán serlo para la subsecuente.

SECCION VI

De las funciones y prerogativas del Congreso y sus Diputados

ART. 27. Las Cámaras egercerán en el palacio de sus sesiones el derecho esclusivo de polícia, en los términos que prescribirá el reglamento interior.

ART. 28. Este determinará los casos en que hayan de reunirse ambas Cámaras; y fuera de ellos, no podrá verificarse su reunion.

ART. 29. Cada Cámara conocerá de las acusaciones hechas contra sus respectivos miembros, y declarará si ha ò no lugar à la formacion de causa. En el primer estremo se continuará el juicio segun disponga el reglamento interior.

ART. 30. Los Diputados son inviolables por sus opiniones, manifestadas en el egercicio de su encargo, siempre que no se opongan al sistema representativo popular republicano.

ART. 31. Durante el tiempo de las sesiones, serán juzgados segun disponga el reglamento interior, tanto en los delitos comunes, como en las demandas civiles.

ART. 32. Los Diputados, mientras lo fueren, no podrán admitir para sí, ni solicitar para otro empleo ni condecoracion alguna del Gobierno, à menos que aquel no sea de ascenso por rigorosa escala.

ART. 33. Las facultades del Congreso son:

Primera. Dar, interpretar y derogar las leyes y decretos.

Segunda. Establecer anualmente los gastos públicos y las contribuciones que hayan de llenarlos, con presencia y conocimiento de los presupuestos que el Gobierno le presente.

Tercera. Crear, suprimir y dotar competentemente los empleos del Estado.

Cuarta. Dar reglas para la concesion de retiros y pensiones.

Quinta. Nombrar los depositarios del Poder Egecutivo y Judicial, ya sea propietaria, ya interinamente.

Sesta. Aprobar el nombramiento que haga el Gobierno de los Gefes de Departamento.

Séptima. Promover la educacion pública y el engrandecimiento de todos los ramos de prosperidad.

Octava. Tomar cuenta al Gobierno de la recaudacion é inversion de los fondos públicos.

Novena. Dar reglas de colonizacion conforme à las leyes.

Décima. Decretar el modo de hacer la recluta para la milicia activa en el Estado, y la organizacion de la nacional.

Undécima. Fijar los límites de los partidos, aumentarlos, suprimirlos ó crear otros nuevos

Duodécima. Conceder al Gobierno facultades estraordinarias, por tiempo limitado, siempre que se juzgue necesario por el voto de las dos terceras partes de los miembros presentes en cada Cámara.

Décimatercia. Contraer deudas sobre el crédito del Estado, y señalar fondos para cubrirlas.

Décimacuarta. Conceder indultos cuando en casos estraordinarios lo juzgue necesario el voto de las dos terceras partes de los miembros presentes en cada Cámara.

Décimaquinta. Ecsigir la responsabilidad al Gobernador, Vice-Gobernador, Ministro superior de justicia y demas funcionarios públicos, en el órden siguiente. La acusacion hecha en una Cámara pasará à la otra la cual declarará si ha ò no lugar à formacion de causa: en el primer estremo si la acusacion fuere contra el Gobernador, Vice-Gobernador ò Ministro superior de Justicia, se procederá, al cumplimiento del artículo 19 del decreto de 23 de julio de 1824, y para el efecto la Cámara en que se hizo la acusacion nombrará 18 individuos, y la otra elegirá 9 de ellos, con las cualidades prevenidas en el artículo citado.

ART. 34. Luego que cualquiera Cámara declare haber lugar à formacion de causa à un funcionario, quedará este suspenso, y su plaza será servida interinamente.

ART. 35. La sentencia del Tribunal formado para estos juicios, solo podrá estenderse à declarar al acusado depuesto del empleo, é incapaz de obtener otro en el Estado.

ART. 36. Despues de esta declaracion, quedará el acusado reducido à la clase de simple ciudadano, y podrá ser juzgado y sentenciado segun la ley.

ART. 37. Cuando el acusado fuere el Gefe principal de las rentas ó los de Departamento, el espediente se remitirá al Tribunal superior de Justicia para la sustanciacion y sentencia.

SECCION VII

De la Cámara de Diputados y sus funciones

ART. 38. La Cámara de Diputados se compondrá de los individuos que quedaren despues de elegidos los miembros del Senado.

ART. 39. La presidirá uno de sus miembros, elegido segun el órden que prescriba el reglamento interior.

SECCION VIII

De la Cámara de Senadores y sus funciones

ART. 40. La Cámara de Senadores será presidida por uno de sus miembros, segun el órden que prescriba el reglamento interior.

ART. 41. Es atribucion del Senado decidir las competencias que puedan ocurrir entre los depositarios del Poder Egecutivo y Judicial.

SECCION IX

De la formacion y publicacion de las leyes

ART. 42. Las leyes podrán tener su orígen en cualquiera de las dos Cámaras del modo que disponga el reglamento interior.

ART. 43. Las proposiciones ó incitativas que hicieren las Legislaturas de los Estados à cualquiera de las Cámaras, se tendran como iniciativas de ley.

ART. 44. Todo proyecto de ley desechado no podrá volver à proponerse en la misma Legislatura; pero esto no impedirá que alguno ó algunos de sus artículos compongan parte de otro proyecto.

ART. 45. Ningun proyecto podrá ser ley si no es aprobado por ambas Cámaras y sáncionado por el Gobernador.

ART. 46. Si el Gobierno tuviere que obgetar sobre alguna ley, podrá suspender su cumplimiento y representar à cualquiera Cámara en el término de diez dias, contados desde el de su recibo.

ART. 47. En este caso, sufrirá el proyecto nueva discusion en ambas Cámaras, y si fuere aprobado por el voto de las dos terceras partes de los miembros presentes de cada una, el Gobierno deberá sancionarlo y publicarlo.

ART. 48. Si el proyecto se declarare urgente en ambas Cámaras, el Gobierno dará ó negará su sancion déntro de dos dias, sin mezclarse en la urgencia.

ART. 49. Si corriendo el término concedido al Gobierno para la sancion cesaren las sesiones del Congreso y el Gobierno tuviere que hacer alguna obgecion, lo egecutará en los diez primeros dias de las sesiones siguientes.

ART. 50. Las leyes deberán publicarse bajo esta fórmula:

N. Gobernador del Estado de Veracruz, à sus habitantes, sabed: que el Estado libre y soberano de Veracruz ha decretado lo siguiente.

El Estado libre y soberano de Veracruz reunido en Congreso, decreta.

(Aquí el testo.)

El Gobernador del Estado dispondrá se publique, circule y observe. La fecha y firmas de los presidentes y secretarios de ambas Cámaras.

Publíquese, circúlese y comuníquese à quienes corresponda para su ecsacta observancia. La fecha y firma del Gobernador y su secretario.

SECCION X

Del Poder Egecutivo

ART. 51. El Poder Egecutivo residirá en una sola persona, con la denominacion de Gobernador del Estado.

ART. 52. Su duracion será de cuatro años, y no podrá ser reelecto hasta pasado un período igual de haber cesado en sus funciones.

ART. 53. Residirá en el lugar donde resida el Congreso, y no podrá separarse à distancia de mas de diez leguas sin permiso de la Legislatura, ò del Consejo de Gobierno en los recesos de esta. Siendo la distancia menor, bastará su aviso.

ART. 54. Al tiempo de abrirse las sesiones, el Gobierno deberá dar cuenta al Congreso del estado de las rentas públicas, tranquilidad y prosperidad del territorio.

ART. 55. Durante el receso del Congreso, el Gobierno deberá oir el dictamen del Consejo en todos los negocios graves; pero sin obligacion à seguirle.

ART. 56. La ley designará la indemnizacion del Gobernador y Vice-Gobernador, que no podrá ser alterada en el tiempo de su gobierno.

ART. 57. El Gobernador será nombrado por el Congreso el dia l.° de febrero.

ART. 58. Para ser Gobernador del Estado se necesitan, ademas de las cualidades requeridas para los Representantes, las de ser nacido en el territorio de la República, tener treinta años cumplidos, y ser del estado seglar.

ART. 59. Sus facultades son:

Primera. Egecutar las leyes del Estado y las de la Federacion.

Segunda. Dar su sancion à las primeras, ó representar sobre ellas con arreglo à los artículos 45, 46, 47, 48 y 49.

Tercera. Nombrar para los empleos del Estado que no se reserven al Congreso por esta Constitucion, y conceder retiros con arreglo à las leyes.

Cuarta. Egercer la esclusiva en la provision de piezas eclesiásticas.

Quinta. Convocar à sesiones estraordinarias cuando la gravedad de alguna ocurrencia lo ecsija, y lo acuerde la pluralidad absoluta del Consejo de Gobierno.

Sesta. Mandar y disciplinar la Milicia cívica con arreglo à las leyes: nombrar sus Gefes y Oficiales à propuesta de los Gefes de Departamento, que las harán con informe de los de Canton, y conceder retiros ó licencias en los casos que la ley disponga.

Séptima. Cuidar de que se administre pronta y cumplidamente la justicia por los tribunales del Estado, en los términos que se prevendrán por una ley.

Octava. Suspender de sus empleos hasta por tres meses, y privar aun de la mitad de sus sueldos por igual tiempo, à los empleados ineptos ò infractores de sus órdenes; y en los casos que crea deber formarse causa à los mismos empleados, pasará los antecedentes de la materia al tribunal competente.

Novena. Tomar las providencias necesarias para la seguridad de los caudales del Estado en el caso de suspension de cualquiera empleado que los maneje.

Décima. Suspender por sí à los Gefes de Departamento; con informe de estos à los de Canton, y con los de entrambos à alguno ó todos los miembros de los Ayuntamientos que abusaren de sus facultades, dando parte justificado al Congreso, y en sus recesos al Consejo de Gobierno, disponiendo que mientras fueren juzgados y sentenciados, entre à funcionar en vez del Ayuntamiento suspenso, el último saliente. Si fueren declarados inhábiles, se procederá à nueva eleccion, à menos que solo falten cuatro meses para concluir su encargo.

Undécima. Cuidar de la recaudacion y distribucion de los fondos públicos con arreglo á las leyes.

Duodécima. En caso de actual invasion esterior ó conmocion interior armada, tomará todas las medidas estraordinarias para salvar el Estado, egecutándolo con previo acuerdo del Congreso si estuviere reunido, y si no lo estuviere, con el del Consejo de Gobierno, convocando à sesiones estraordinarias con arreglo à la facultad 5.ª de este artículo.

ART. 60. No puede el Gobernador:

Primero. Privar à ninguno de su libertad, ni imponerle pena; mas podrá arrestarlo en caso de interesarse la vindicta pública, poniendo el reo à disposicion del juez competente en el término de 48 horas.

Segundo. Ocupar, ni para sí ni para el Estado, la propiedad particular, ni turbar à nadie en el uso y aprovechamiento de ella.

En el caso que la utilidad pública ecsijiese tomar alguna propiedad particular, deberá preceder la audiencia del interesado, la del síndico del Ayuntamiento respectivo, la calificacion del Congreso, en su receso la del Consejo de Gobierno, y la correspondiente indemnizacion á juicio de hombres buenos, nombrados por el Gobierno y la parte.

Tercero. Impedir las elecciones para el Congreso general ni las del Estado, reunion y deliberaciones de su Congreso, en los términos designados por esta Constitucion. Por cualquier acto que sea contrario à esta libertad, queda declarado traidor à la Patria.

SECCION XI

Del Vice-Gobernador

ART. 61. Habrá en el Estado un Vice-Gobernador con las propias calidades que el Gobernador, elegido de igual suerte y en el mismo dia que aquel.

ART. 62. Desempeñará las funciones del Gobernador en los casos de muerte, remocion ó enfermedad grave de aquel. En cualesquiera otros, resolverá previamente el Congreso, y en sus recesos el Consejo de Gobierno.

SECCION XII

Del Consejo de Gobierno

ART. 63. Durante el receso del Congreso quedará un Consejo de Gobierno compuesto del Vice-Gobernador que lo presidirá con voto, dos Senadores y dos Diputados elegidos por el Congreso reunido. En caso de falta del Vice-Gobernador, presidirá el primer nombrado.

ART. 64. Las atribuciones del Consejo son.

Primera. Egercer las facultades del Congreso en sus recesos en los casos detallados en las atribuciones 5.ª, 6.ª y 11 del artículo 33, y en los demas que espresa esta Constitucion.

Segunda. Dar al Gobierno su dictamen motivado y por escrito en cuantos negocios le consulte.

Tercera. Convocar por sí solo ó de acuerdo con el Gobernador à sesiones extraordinarias del Congreso en los casos de grave urgencia.

Cuarta. Velar sobre la observancia de las leyes fundamentales y reglamentarias, y hacer observaciones sobre su mejor cumplimiento.

SECCION XIII

Del Poder Judicial

ART. 65. El Poder Judicial residirá en una persona con la denominacion de Ministro superior de Justicia, nombrado por el Congreso, y en los demás Jueces inferiores que las leyes han establecido, ó en adelante establecieren.

ART. 66. Para ser Ministro superior de Justicia se necesita profesar la ciencia del derecho, y tener ademas las cualidades requeridas para Gobernador del Estado.

ART. 67. El Ministro superior de Justicia no podrá ser removido sino en virtud de sentencia legalmente pronunciada.

ART. 68. Las leyes fijarán el órden de los procedimientos judiciales y el número de los jueces.

ART. 69. Queda derogada la ley del asilo en todos los lugares del Estado.

SECCION XIV

De la organizacion interior del Estado

ART. 70. El Estado será dividido en Departamentos y Cantones para su mejor administracion.

ART. 71. En cada Departamento habrá una autoridad que se denominará Gefe de Departamento, subordinado inmediatamente al Gobernador del Estado.

ART. 72. En cada Canton habrá tambien una autoridad que se titulará Gefe de Cantón, subordinado inmediatamente al Gefe del Departamento respectivo.

ART. 73. Los Gefes de Departamento serán nombrados por el Gobernador con la aprobacion del Congreso, y en sus recesos del Consejo de Gobierno.

ART. 74. Los Gefes de Canton serán nombrados por el Gobierno à propuesta en terna del Gefe del Departamento respectivo.

ART. 75. La duracion de los Gefes de Departamento y de Canton será de cinco años prorogables por otros dos, con las mismas formalidades prescritas para su primer nombramiento.

ART. 76. Para ser Gefe de Departamento y Canton se necesita ser ciudadano en el egercicio de sus derechos, mayor de treinta años, con residencia à lo menos de cinco en el territorio de la República y tener un modo de vivir conocido.

ART. 77. Las facultades y obligaciones de estas autoridades serán detalladas por una ley.

ART. 78. La misma arreglará el número y funciones de los Ayuntamientos.

SECCION XV

De la revision de la Constitucion

ART. 79. No podrá variarse artículo alguno de esta Constitucion sino despues de haber mediado el intervalo de dos Legislaturas ordinarias.

ART. 80. Las dos Legislaturas ordinarias inmediatas podrán presentar proposiciones para la reforma de artículos constitucionales: si en ambas Cámaras hubieren sido admitidas à discusion por las dos terceras partes de los miembros presentes en cada una, se reservarán para ser tratadas y discutidas en la tercera Legislatura.

ART. 81. En esta se tomarán en consideracion; y si fueren aprobadas por las dos terceras partes de los miembros presentes en cada Cámara, se promulgarán como leyes constitucionales.

ART. 82. En lo succesivo las reformas que se propongan por una Legislatura, inclusa la tercera, no podrán ser tomadas en consideracion y aprobadas sino por la siguiente; y para ser admitidas à discusion en la Legislatura proponente y aprobadas en la succesiva, serán necesarias las dos terceras partes de sufragios de cada una de ambas Camaras.

ART. 83. Las leyes constitucionales y las resoluciones de que trata el artículo 29, nonecesitan de la sancion del Poder Egecutivo.

ART. 84. Las leyes ecsistentes continuan en su vigor, siempre que no se opongan al actual sistema, ó no hayan sido espresamente derogadas.

Dada en Jalapa à 3 de junio del año de 1825, 5.° de la independencia, 4.° de la Libertad y 3.° de la Federacion.

El Presidente del Congreso.
José de la Fuente

El Vice-Presidente del Congreso
José Andrés de Jáuregui.
Sebastian Camacho. Luis Ruiz.
Rafael Argüelles. Manuel José Royo.
Manuel Gimenez. Francisco Cueto.
José Antonio Martinez. Diego María de Alcalde.

El Diputado Secretario
Pedro José Echevarria.

El Diputado Secretario
Juan Francisco de Bárcena.

Publíquese, circúlese, y comuniqúese à quienes corresponda para su ecsacta observancia. En Jalapa à 3 de junio de 1825.
Miguel Barragan.

Por mandado de S. E.
Agustin García Tejada.

---

[1] Editado según *Constitucion Politica del Estado Libre de Veracruz, Sancionada por su Congreso Constituyente en 3 de Junio de 1825*, Jalapa: Imprenta del Gobierno, 1825, 24p.

Esta constitución fue preparada por un proyecto presentado de la comisión de constitución en enero del mismo año. Reformada por el cuarto congreso en 1831, quedó en vigor hasta el fin de la primera república federal en 1836. Después de la era de las repúblicas centralistas fue declarada vigente de nuevo en 1847 por el Acta constitutiva y de reformas (artículo 30), sancionada por el congreso extraordinario constituyente de los Estados-Unidos Mexicanos. Después de la reinstalación del sistema federal, en 1848, el congreso de Veracruz se vió obligado de reformar algunos artículos. La segunda constitución fue publicada en 1857.

Reforma de la constitución del estado de Veracruz (1831)

Constitucion Politica del Estado de Veracruz, reformada por el cuarto [Congreso] constitucional[1]

SECCION I

Del Estado, su territorio y religion

ART. 1.° El Estado de Veracruz es parte integrante de la Federacion Megicana.

ART. 2.° Es libre, independiente y soberano en su administracion y gobierno interior.

ART. 3.° Su territorio se compone de los antiguos partidos de Acayúcam, Córdova, Cosamaloapam, Huimanguillo, Jalacingo, Jalapa, Misantla, Orizava, Papantla, Tampico, Tustla y Veracruz. Una ley constitucional arreglará y fijará sus límites y division.

ART. 4.° El gobierno del Estado es representativo popular, y su poder supremo se divide en legislativo, egecutivo y judicial.

ART. 5.° La religion es la misma de la Federacion.

SECCION II

De los veracruzanos y sus derechos

ART. 6.° Son veracruzanos, los nacidos ó avecindados en el territorio del Estado.

ART. 7.° Lo son tambien los estrangeros avecindados en él que hayan obtenido carta de naturaleza. Una ley constitucional arreglará la manera de adquirir estas cartas, luego que el congreso de la union haya dado la regla de que trata la facultad 26.ª artículo 50 de la constitucion federal.

ART. 8.° El Estado de Veracruz no reconoce ningun título de nobleza, y prohibe su establecimiento y el de mayorazgos.

ART. 9.° En el Estado de Veracruz la ley es una para todos, ya proteja ó castigue: todos los veracruzanos son iguales ante ella.

ART. 10. Todo veracruzano nace libre, aunque sus padres sean esclavos.

ART. 11. Son ciudadanos:

1.° Todos los veracruzanos de nacimiento.

2.° Los ciudadanos de los demas Estados de la Federacion, luego que se avecinden en este ú obtengan del congreso carta de ciudadanía.

3.° Los nacidos en las repúblicas de la América del Sur que antes dependió de España, siempre que hayan obtenido carta de naturaleza y cumplido cinco años de vecindad.

4.° Los estrangeros naturalizados que ademas tengan una propiedad de 8000 pesos y seis años de residencia.

ART. 12. No serán ciudadanos, ni aun veracruzanos, los naturales ó vecinos de la República (esceptuándose los hijos de familia) que desde el año de 1821 emigraron á puntos dominados por el gobierno español.

ART. 13. Para egercer los derechos de ciudadano se necesita haber cumplido veinte y un años de edad.

ART. 14. Los derechos de ciudadano se suspenden:

1.° Por incapacidad fisica ó moral.

2.° Por morosidad calificada en el pago de deudas á la hacienda pública.

3.° Por conducta notoriamente viciada, en cuya clase se comprende el que carezca de modo de vivir conocido.

4.° Por el estado de sirviente doméstico cerca de la persona.

5.° Por no saber leer y escribir; pero esta restriccion no tendrá efecto sino desde el año de 1836, y para con los nacidos desde 1.° de enero de 1816 en adelante.

6.° Por negarse á prestar el ausilio que las autoridades pidan con arreglo á las leyes, ó resistir su llamamiento; durando en ambos casos la suspension por un año si el congreso no concede antes rehabilitacion.

ART. 15. Los derechos de ciudadanía se pierden:

1.° Por adquirir naturaleza ó residir cinco años en país estrangero sin comision ó licencia del gobierno.

2.° Por admitir empleo de otro gobierno.

3.° Por admitir título de distincion de cualquier gobierno monárquico.

4.° Por declaracion de deuda fraudulenta, ó á los caudales públicos.

5.° Por sentencia en que se impongan penas aflictivas ó infamantes.

ART. 16. No se recobra el derecho perdido sin rehabilitacion formal del congreso del Estado.

SECCION III

Del Poder Legislativo

ART. 17. El poder legislativo reside en un congreso compuesto de diputados elegidos indirecta y popularmente en la forma que prescribirá una ley constitucional sobre la base de la poblacion.

ART. 18. El congreso se dividirá en cámara de diputados y cámara de senadores. La ley fijará el número de los individuos de cada una de ellas.

ART. 19. Para ser elegido representante se requiere:

1.° Ser ciudadano megicano por nacimiento en egercicio de sus derechos, y residente en el territorio de la República.

2.° Haber cumplido veinte y cinco años.

3.° Ser natural del Estado, ó vecino con residencia á lo menos de cinco años.

4.° Poseer la propiedad territorial, la ciencia, arte, ó industria que designen las leyes.

ART. 20. No pueden ser representantes: el gobernador, vice-gobernador, ministro superior de justicia, juez de segunda instancia, fiscal público, gefes de las rentas del Estado, los demas comprendidos en la restriccion 6.ª del artículo 23 de la constitucion federal, los gefes de las rentas generales, y los de departamento.

ART. 21. Para que los comprendidos en el artículo anterior puedan ser elegidos diputados, deberán haber cesado absolutamente en sus destinos seis meses antes de las elecciones primarias.

SECCION IV

De la instalacion del Congreso, duracion y lugar de sus sesiones

ART. 22. El congreso se reunirá todos los años el dia 1.° de enero en el lugar que se fijará por una ley.

ART. 23. Instalado el congreso, sus miembros, á pluralidad absoluta de votos y por escrutinio secreto mediante cédulas, elegirán los individuos que han de componer la cámara del senado, y los electos se retirarán al lugar de sus sesiones.

ART. 24. El congreso cerrará sus sesiones el dia 31 de marzo, y podrá prorogarlas hasta el 30 de abril si el gobernador lo solicita ó el congreso lo resuelve.

ART. 25. El dia 1.° de setiembre del año en que deba sufragarse para presidente y vice-presidente de la República, y en el que hayan de elegirse senadores, se reunirá el congreso en sesion estraordinaria.

ART. 26. La legislatura debe durar dos años.

SECCION V

De la renovacion del Congreso

ART. 27. El congreso se renovará por mitad, saliendo al fin de cada bienio los diputados mas antiguos.

SECCION VI

De las funciones y prerogativas del Congreso y sus diputados

ART. 28. Las cámaras egercerán en el palacio de sus sesiones el derecho esclusivo de polícia en los términos que prescribirá el reglamento interior.

ART. 29. Este determinará los casos en que hayan de reunirse ambas cámaras; y fuera de ellos, no podrá verificarse su reunion.

ART. 30. Cada cámara conocerá de las acusaciones hechas contra sus respectivos miembros, y declarará si ha ó no lugar á la formacion de causa. En el primer estremo, se continuará el juicio segun disponga el reglamento interior.

ART. 31. Los diputados son inviolables por sus opiniones manifestadas en el egercicio de su encargo, siempre que no se opongan al sistema representativo popular republicano.

ART. 32. Durante el tiempo de la legislatura, serán juzgados segun disponga el reglamento interior, tanto en los delitos comunes, como en las demandas civiles.

ART. 33. Los diputados, mientras lo fueren, no podrán admitir para sí ni solicitar para otro, empleo ni condecoracion alguna del gobierno, á menos que aquel no sea de ascenso por rigorosa escala.

ART. 34. Las facultades del congreso son:

1.ª Dar, interpretar y derogar las leyes y decretos.

2.ª Establecer anualmente los gastos públicos y las contribuciones que hayan de llenarlos, con presencia y conocimiento de los presupuestos que el gobierno le presente.

3.ª Crear, suprimir y dotar competentemente los empleos del Estado.

4.ª Dar reglas para la concesion de retiros y pensiones.

5.ª Nombrar los depositarios del poder egecutivo y judicial, ya sea propietaria, ya interinamente.

6.ª Aprobar el nombramiento que haga el gobierno de los gefes de departamento.

7.ª Promover la educacion pública y el engrandecimiento de todos los ramos de prosperidad.

8.ª Tomar cuentas al gobierno en cada año, ó cuando le parezca oportuno, de la recaudacion é inversion de los caudales públicos.

9.ª Dar reglas de colonizacion conforme á las leyes.

10.ª Decretar el modo de hacer la recluta para la milicia activa en el Estado, y la organizacion de la nacional.

11.ª Fijar los límites de los partidos, aumentarlos, suprimirlos ó crear otros nuevos.

12.ª Conceder al gobierno facultades estraordinarias por tiempo limitado, siempre que se juzgue necesario por el voto de las dos terceras partes de los miembros presentes en cada cámara.

13.ª Contraer deudas sobre el crédito del Estado, y señalar fondos para cubrirlas.

14.ª Conceder indultos en causas criminales cuando por circunstancias estraordinarias lo juzgue necesario el voto de las dos terceras partes de los miembros presentes en cada cámara.

15.ª Ecsijir la responsabilidad por toda clase de delitos al gobernador, vice-gobernador, ministro superior de justicia, juez de segunda instancia, fiscal público, administrador general de rentas y gefes de departamento, en el órden siguiente: — La acusacion hecha y admitida en una cámara pasará á la otra: esta declarará si ha ó no lugar á la formacion de causa: en el primer estremo, si la acusacion fuere contra el gobernador, vice-gobernador ó ministro superior de justicia, se pasará la causa á un tribunal compuesto de nueve individuos electos de un número doble que al efecto propondrá la cámara de diputados á la de senadores. Si la acusacion fuere contra el fiscal, hecha la declaracion respectiva pasará la causa al juez de segunda instancia: si este ó el gefe de las rentas fueren los acusados, pasará al ministro superior de justicia; y si el acusado fuere algún gefe de departamento, el espediente se remitirá al tribunal superior de justicia, para la sustanciacion y sentencia.

ART. 35. Para admitirse en una cámara cualquiera acusacion contra los funcionarios de que habla el artículo anterior, deberá preceder la instruccion de una sumaria por la seccion del jurado del congreso, la que antes de abrir dictámen oirá los descargos del interesado sobre los méritos de la acusacion.

ART. 36. Admitida la acusacion con los trámites del artículo anterior, la otra cámara con vista de la sumaria de que en él se trata, oyendo de nuevo al interesado si quiere presentarse á hablar en su defensa, hará la declaracion respectiva.

ART. 37. Para la declaracion de haber lugar á la formacion de causa se requieren las dos terceras partes de los votos presentes de la cámara respectiva.

ART. 38. Luego que se declare haber lugar á la formacion de causa á un funcionario, quedará este suspenso, y su plaza será servida interinamente.

SECCION VII

De le Cámara de Diputados y sus funciones

ART. 39. La cámara de diputados se compondrá de los individuos que quedaren despues de elegidos los miembros del senado.

ART. 40. La presidirá uno de sus miembros, elegido segun el órden que prescriba el reglamento interior.

SECCION VIII

De la Camara de Senadores y sus funciones

ART. 41. La cámara de senadores será presidida por uno de sus miembros, segun el órden que prescriba el reglamento interior.

ART. 42. Es atribucion del senado decidir las competencias que puedan ocurrir entre los depositarios del poder egecutivo y judicial.

SECCION IX

De la formacion y publicacion de las leyes

ART. 43. Las leyes podrán tener su orígen en cualquiera de las dos cámaras, del modo que disponga el reglamento interior.

ART. 44. Son iniciativas de ley:

1.° Las proposiciones ó iniciativas que dirijan á cualquiera de las cámaras el gobierno del Estado, las legislaturas de los otros de la Federacion y el ministro superior de justicia en su ramo.

2.° Las proposiciones de los miembros de cada cámara que fueren admitidas á discusion.

ART. 45. Ninguna iniciativa de ley podrá discutirse sin que primero pase á una comision: el reglamento interior prevendrá los trámites de la discusion.

ART. 46. Todo proyecto de ley desechado en una cámara no podrá volver á proponerse en ella en las mismas sesiones; pero esto no impedirá que alguno ó algunos de sus artículos compongan parte de otro proyecto.

ART. 47. Ningun proyecto podrá ser ley, si no es aprobado por ambas cámaras, sancionado y publicado por el gobernador.

ART. 48. Si el gobierno tuviere que objetar sobre alguna ley, podrá suspender su cumplimiento y representar á cualquiera cámara en el término de diez dias, contados desde el de su recibo.

ART. 49. En este caso, sufrirá el proyecto nueva discusion en ambas cámaras, y si fuere aprobado por el voto de las dos terceras partes de los miembros presentes de cada una, el gobierno deberá sancionarlo y publicarlo.

ART. 50. Si el proyecto se declarare urgente en ambas cámaras, el gobierno dará ó negará su sancion dentro de dos dias, sin mezclarse en la urgencia.

ART. 51. Si corriendo el término concedido al gobierno para la sancion, cesaren las sesiones del congreso y el gobierno tuviere que hacer alguna objecion, lo egecutará en los diez primeros dias de las sesiones siguientes ordinarias ó estraordinarias.

ART. 52. Los proyectos ó acuerdos desechados en todo ó en parte en la cámara revisora, volverán á la de su orígen con las observaciones que se hicieren: si ecsaminados fueren aprobados nuevamente en esta por las dos terceras partes de los miembros presentes, no podrá la revisora reprobarlos sino por las dos terceras partes de los miembros tambien presentes.

ART. 53. La cámara revisora no podrá hacer sustituciones á los artículos que desapruebe; pero sí podrá hacer ampliaciones á los que apruebe, las cuales se reputarán como iniciadas y pasarán á la otra cámara para su revision: en ella se observará lo prevenido en el artículo anterior. La cámara autora de las adiciones espresará al hacerlas si no aprueba lo principal del proyecto sin que las adiciones sean aprobadas, en cuyo caso no se entenderá este aprobado por ella si se reprueban las adiciones en la que hace de revisora.

ART. 54. Cuando alguna de las cámaras no observare en sus resoluciones los requisitos prevenidos en esta constitucion, la cámara revisora se las devolverá para que delibere con las formalidades debidas.

ART. 55. Las votaciones para elegir ó presentar personas se harán siempre en el congreso en escrutinio secreto por medio de cédulas.

ART. 56. Las leyes deberán publicarse bajo esta fórmula:

"N., gobernador del Estado de Veracruz, á sus habitantes, sabed: que el Estado libre y soberano de Veracruz ha decretado lo siguiente. El estado libre y soberano de Veracruz, reunido en congreso, decreta:

(Aquí el testo.)

El gobernador del Estado dispondrá se publique, circule y observe. (La fecha y firma de los presidentes y secretarios de ambas cámaras.) Publíquese, circúlese y comuníquese á quienes corresponda para su esacta observancia. (La fecha y firma del gobernador y su secretario.)"

SECCION X

Del Poder Egecutivo

ART. 57. El poder egecutivo residirá en una sola persona con la denominacion de gobernador del Estado.

ART. 58. Su duracion será de cuatro años, y no podrá ser reelecto hasta pasado un período igual de haber cesado en sus funciones.

ART. 59. Residirá en el lugar donde resida el congreso, y no podrá separarse á distancia de mas de diez leguas sin permiso de la legislatura, ó del consejo de gobierno en los recesos de esta. Siendo la distancia menor, bastará su aviso.

ART. 60. Al tiempo de abrirse las sesiones, el gobierno deberá dar cuenta al congreso del estado de las rentas públicas, tranquilidad y prosperidad del territorio.

ART. 61. Durante el receso del congreso, el gobierno deberá oir el dictámen del consejo en todos los negocios graves, pero sin obligacion á seguirlo.

ART. 62. La ley designará la indemnizacion del gobernador y vice-gobernador, que no podrá ser alterada en el tiempo de su gobierno.

ART. 63. El gobernador será nombrado por el congreso el dia primero de febrero, y tomará posesion del mando el 15 de marzo siguiente.

ART. 64. Para ser gobernador del Estadose necesitan, ademas de las cualidades requeridas para los representantes, las de ser nacido en el territorio de la República, tener treinta años cumplidos, ser del estado seglar, y no tener empleo de los otros Estados, ni de la Federacion.

ART. 65. Sus facultades son:

1.ª Egecutar las leyes del Estado y las de la Federacion.

2.ª Dar su sancion á las primeras, ó representar sobre ellas con arreglo á los artículos 47, 48, 49, 50 y 51.

3.ª Nombrar para los empleos del Estado que no se reserven al congreso por esta constitucion, y conceder retiros con arreglo á las leyes.

4.ª Egercer en la provision de piezas eclesiásticas y en los demas asuntos de este ramo, la intervencion que designen las leyes.

5.ª Convocar á sesiones estraordinarias cuando la gravedad de alguna ocurrencia lo ecsija y lo acuerde la pluralidad absoluta del consejo de gobierno.

6.ª Mandar y disciplinar la milicia cívica con arreglo á las leyes: nombrar sus gefes y oficiales á propuesta de los gefes de departamento, que las harán con informe de los de canton; y conceder retiros ó licencias en los casos que la ley disponga.

7.ª Cuidar de que se administre pronta y cumplidamente la justicia por los tribunales del Estado, en los términos que se prevendrá por una ley.

8.ª Suspender de sus empleos hasta por tres meses, y privar aun de la mitad de sus sueldos por igual tiempo, á los empleados de gobierno y hacienda ineptos ó infractores de sus órdenes; y en los casos que crea deber formarse causa á los mismos empleados, pasará los antecedentes de la materia al tribunal competente.

9.ª Tomar las providencias necesarias para la seguridad de los caudales del Estado, en el caso de suspension de cualquier empleado que los maneje.

10.ª Suspender por sí á los gefes de departamento, con informe de estos á los de canton, y con los de entrambos, á alguno ó todos los miembros de los ayuntamientos que abusaren de sus facultades, dando parte justificado al congreso, y en sus recesos al consejo de gobierno; disponiendo que mientras fueren juzgados y sentenciados, entre á funcionar, en vez del ayuntamiento suspenso, el último saliente. Si fueren declarados inhábiles, se procederá á nueva eleccion, á menos que solo falten cuatro meses para concluir su encargo.

11.ª Cuidar de la recaudacion y distribucion de los fondos públicos con arreglo á las leyes.

12.ª En caso de actual invasion esterior ó conmocion interior armada, tomará todas las medidas estraordinarias para salvar al Estado, egecutándolo con prévio acuerdo del congreso si estuviere reunido, y si no lo estuviere con el del consejo de gobierno, convocando á sesiones estraordinarias con arreglo á la facultad 5.ª de este artículo.

ART. 66. No puede el gobernador:

1.° Privar á ninguno de su libertad ni imponerle pena; mas podrá arrestarlo en caso de interesarse la vindicta pública, poniendo al reo á disposicion del juez competente en el término de 48 horas.

2.° Ocupar ni para sí ni para el Estado la propiedad particular, ni turbar á nadie en el uso y aprovechamiento de ella. En el caso que la utilidad pública ecsijiese tomar alguna propiedad particular, deberá preceder la audiencia del interesado, la del síndico del ayuntamiento respectivo, la calificacion del congreso, en su receso la del consejo de gobierno, y la correspondiente indemnizacion á juicio de hombres buenos nombrados por el gobierno y la parte.

3.° Impedir las elecciones para el congreso general, ni las del Estado, reunion y deliberaciones de su congreso en los términos designados por esta constitucion. Por cualquier acto que sea contrario á esta libertad, queda declarado traidor á la patria.

SECCION XI

Del Vice-Gobernador

ART. 67. Habrá en el Estado un vice-gobernador con las propias calidades que el gobernador, elegido de igual suerte y en el misino dia que aquel.

ART. 68. Desempeñará las funciones del gobernador en todas sus faltas, sean de la clase que fueren, llamándolo préviamente el congreso, y en sus recesos el consejo de gobierno.

SECCION XII

Del Consejo de Gobierno

ART. 69. Durante el receso del congreso quedará un consejo de gobierno, compuesto del vice-gobernador que lo presidirá con voto, dos senadores y dos diputados elegidos por el congreso reunido. En caso de falta del vice-gobernador, presidirá el primer nombrado.

ART. 70. Las atribuciones del consejo son:

1.ª Egercer las facultades del congreso en sus recesos en los casos detallados en las atribuciones 5.ª, 6.ª y 12.ª del artículo 34, y en los demas que espresa esta constitucion.

2.ª Dar al gobierno su dictámen motivado y por escrito en cuantos negocios le consulte.

3.ª Convocar por sí solo, ó de acuerdo con el gobernador, á sesiones estraordinarias del congreso en los casos de grave urgencia.

4.ª Velar sobre la observancia de las leyes fundamentales y reglamentarias, y hacer observaciones sobre su mejor cumplimiento.

SECCION XIII

Del Poder Judicial

ART. 71. El poder judicial se comete á un magistrado supremo con la denominacion de ministro superior de justicia, á un juez de segunda instancia, y á los otros magistrados que establezcan las leyes.

ART. 72. Para ser ministro superior de justicia se requiere ser ciudadano megicano por nacimiento en actual egercicio de los derechos de tal y residente en la República, mayor de 30 años, profesor aprobado en la ciencia del derecho, y haber egercido la profesion de abogado á lo menos por espacio de cinco años antes del nombramiento.

ART. 73. Para ser juez de segunda instancia se requiere lo mismo, menos la edad, respecto de la cual bastan veinte y siete años, y el egercicio de la abogacía, que bastará sea de cuatro años.

ART. 74. Los jueces de segunda y tercera instancia serán nombrados por el congreso.

ART. 75. A ningun juez puede deponérsele de su empleo, sino por sentencia condenatoria que se haya egecutoriado; pero sí podrá ser arrestado in fraganti delito por la autoridad competente.

ART. 76. La pena de infamia no pasará del delincuente que la hubiere merecido segun las leyes.

ART. 77. Queda para siempre prohibida la pena de confiscacion de bienes.

ART. 78. Queda para siempre prohibido todo juicio por comision y toda ley retroactiva.

ART. 79. Los ciudadanos del Estado no pueden ser juzgados por otros tribunales que los de circuito, distrito y corte suprema de justicia en los casos que establece la constitucion general, y por los tribunales particulares del Estado creados en virtud de las leyes que han dictado ó dictaren sus congresos.

ART. 80. Ninguna autoridad aplicará clase alguna de tormento, sea cual fuere la naturaleza y estado del proceso.

ART. 81. Nadie podrá ser detenido sin que haya semiplena prueba ó indicio de que es delincuente.

ART. 82. A ningun habitante del Estado se le tomará juramento sobre hechos propios al declarar en materias criminales.

ART. 83. A nadie podrá privársele del derecho de terminar sus diferencias por medio de jueces árbitros nombrados por ambas partes, sea cual fuere el estado del juicio.

SECCION XIV

De la organizacion interior del Estado

ART. 84. El Estado se divide para su gobierno interior en departamentos, cantones y municipalidades, que se gobernarán por gefes de departamento, gefes de canton, y las demás autoridades que establezcan las leyes.

ART. 85. Estas mismas fijarán el nombramiento, duracion y atribuciones de aquellos funcionarios.

SECCION XV

De la revision de la Constitucion

ART. 86. Las reformas que se propongan á esta constitucion por una legislatura, no podrán ser tomadas en consideracion y aprobadas sino por la siguiente; y para ser admitidas á discusion en la legislatura proponente y aprobadas en la succesiva, serán necesarias las dos terceras partes de sufragios de cada una de ambas cámaras.

ART. 87. Las leyes constitucionales y las resoluciones de que trata el artículo 30, no necesitan de la sancion del poder egecutivo.

ART. 88. Las leyes ecsistentes continúan en su vigor, siempre que no se opongan al actual sistema, ó no hayan sido espresamente derogadas.

Dada en Jalapa á 3 de junio del año de 1825, 5.° de la independencia, 4.° de la libertad y 3.° de la federacion: y reformada por el cuarto congreso constitucional en 28 de abril del año de 1831.

[1] Editado según *Constitucion Politica del Estado de Veracruz, sancionado por su Congreso Constituyente en 3 de Junio de 1825, y reformada por el cuarto constitucional en 28 de Abril de 1831 por su decreto numero 227*, Jalapa: en la oficina del Gobierno por Aburto y Blanco, 1831, 28p.

Con estas reformas de 1831, que renovaron unos artículos de la constitución de 1825, ésta misma quedó en vigor hasta 1836 y vivía una nueva fase de existencia a partir de la reinstalación del sistema federal en 1847. En 1848 el congreso promulgó una constitución reformada. La segunda constitución de Veracruz fue publicada en 1857.

Reforma de la constitución del estado de Veracruz (1848)

Constitucion Politica del Estado de Veracruz[1]

Secretaria del Honorable Congreso de Veracruz.

Excelentísimo Señor.

Restablecido felizmente el sistema Federal y llamado el actual Congreso del Estado á funcionar con el doble carácter de constitucional y constituyente, desde luego hubiera cumplido con la grave é interesante tarea que este segundo le imponia, si las azorosas circunstancias que han rodeado al Estado de Veracruz y á los pueblos todos de la República, no le hubieran impedido llenar una obligacion tan grata como dificil.

Las reformas, pues, de la Constitucion del Estado han sufrido el retardo consiguiente á la época de guerra y de calamidades en que los actuales Representantes fueron llamados á desempeñar su mision. En medio de la guerra asoladora á que nos provocaron nuestros vecinos de Norte-América, cuando la ocupacion casi de todas las poblaciones del Estado por las fuerzas invasoras, originaba el desquiciamiento de los ramos todos de la administracion pública; cuando los gritos de guerra y el estallido de las armas hacian desaparecer el reposo y la calma de que se necesitaba para dedicarse ă una tarea tan dificil; y en fin, cuando la primera ecsijencia era poner á cubierto la suerte de los pueblos, salvarla de la dominacion estrangera y recuperar la libertad nacional, el Congreso del Estado que asistió á esa época de infortunio, y cooperó á la cabeza de los pueblos del Estado con sus medidas legislativas á la defensa de los derechos nacionales ultrajados, no pudo consagrar su atencion con la oportunidad deseada á las reformas de la Constitucion política.

Mas luego que cesaron las circunstancias de la guerra, y que el Estado pudo volver á su marcha normal, el primer cuidado del Congreso ha sido ocuparse de las reformas constitucionales. En ellas se ha empleado con asiduidad en el período actual de sesiones estraordinarias, deseosos los individuos que lo componen de no dejar los puestos á que fueron llamados por la confianza de sus comitentes, sin egercer en la reforma de la carta política las facultades constituyentes con que fueron investidos; y deseosos tambien de aprovechar estos momentos, en que el órden parece consolidarse, para satisfacer por fin la grande ecsijencia de la reforma en la ley fundamental, en el sentido mas conforme con el espíritu de la época y con las necesidades é intereses de los pueblos de Estado.

Suscrita ya la Constitucion en los términos que ha sido reformada y jurada el dia de hoy por los Señores Diputados presentes en el Congreso, tenemos el honor de acompañarla á V. E. para los efectos consiguientes; disfrutando á la vez el de renovarle los sentimientos de nuestra consideracion y aprecio.

Dios y libertad. Jalapa Diciembre 13 de 1848. – *Juan N. Duran*, Diputado secretario. – *Ramon F. Guzman*, Diputado secretario. – Escmo. Sr. Gobernador del Estado.

CONSTITUCION POLITICA DEL ESTADO DE VERACRUZ.

Seccion I

Del Estado, su Territorio y Religion

ART. 1.° El Estado de Veracruz es parte integrante de la Federacion Megicana.

ART. 2.° Es libre, independiente y soberano en su administracion y gobierno interior.

ART. 3.° Su territorio se compone de los antiguos partidos de Acayúcam, Córdova, Cosamaloapam, Huimanguillo, Jalacingo, Jalapa, Misantla, Orizava, Papantla, Tampico, Tustla y Veracruz. Una ley constitucional arreglará y fijará sus límites y division.

ART. 4.° El Gobierno del Estado es representativo popular, y su poder supremo se divide en legislativo, egecutivo y judicial.

ART. 5.° La religion es la misma de la Federacion.

Seccion II

De los diversos habitantes del Estado y sus Derechos

ART. 6.° El Estado de Veracruz acoje en su territorio á todo estrangero que quiera avecindarse en él.

ART. 7.° Los derechos de los habitantes del Estado son los de libertad, igualdad, seguridad, propiedad, y el de publicar libremente sus ideas por medio de la prensa, sin necesidad de prévia censura, pero con arreglo á las leyes.

ART. 8.° Son Veracruzanos los nacidos en el territorio del Estado, y los demas Megicanos de nacimiento que se avecinden en él.

ART. 9.° Lo serán tambien los estrangeros que tengan un año de residencia en el Estado, y un capital ó industria que les proporcione un medio honesto de subsistir. Los nacidos en las Américas que antes dependieron de España, lo serán desde que se avecinden en el Estado. Una ley secundaria determinará el modo de probar la posesion de este derecho.

ART. 10. El Estado de Veracraz no reconoce ningun título de nobleza, y prohibe su establecimiento y el de mayorazgos.

ART. 11. En el Estado de Veracruz la ley es una para todos, ya proteja, ó castigue: todos los Veracruzanos son iguales ante ella.

ART. 12. Todo Veracruzano nace libre, y no puede constituirse ni ser constituido en propiedad de otra persona, comunidad ó corporacion.

ART. 13. Son Ciudadanos Veracruzanos:
Los comprendidos en los artículos 8.° y 9.°

ART. 14. Son derechos del Ciudadano Veracruzano, que se egercerán con arreglo á las leyes secundarias que se espidan, los siguientes:

1.° Votar y ser votado en las elecciones populares para los cargos del Estado.

2.° Egercer el derecho de peticion.

3.° Reunirse á discutir los negocios públicos, dando prévio aviso á la autoridad política local.

4.° Estar inscrito en la Guardia Nacional.

ART. 15. Para egercer los derechos de Ciudadano se necesita haber cumplido veinte años.

ART. 16. Los derechos de Ciudadano se suspenden:

1.° Por incapacidad fisica ó moral.

2.° Por morosidad calificada en el pago de deudas á la hacienda pública.

3.° Por conducta notoriamente viciada, en cuya clase se comprende el que, carezca de modo de vivir conocido.

4.° Por el estado de sirviente doméstico cerca de la persona.

5.° Por no saber leer y escribir; pero esta restriccion no tendrá lugar sino desde el año de 1855 en adelante.

6.° Por negarse á prestar el ausilio que las autoridades pidan con arreglo á las leyes, ó resistir su llamamiento; durando en ambos casos la suspension por un año si el Congreso no concede antes rehabilitacion.

ART. 17. Los derechos de Ciudadano se pierden:

1.° Por adquirir naturaleza ó residir cinco años en pais estrangero, sin comision ó licencia del Gobierno.

2.° Por admitir empleo de otro Gobierno.

3.° Por admitir título de distincion de cualquier Gobierno monárquico.

4.° Por declaracion de deuda fraudulenta, ó á los caudales públicos.

5.° Por sentencia en que se impongan penas aflictivas ó infamantes.

ART. 18. No se recobra el derecho perdido sin rehabilitacion formal del Congreso del Estado.

Seccion III

Del Poder Legislativo

ART. 19. El poder Legislativo residirá en un Congreso compuesto de doce Diputados propietarios y seis suplentes, elegidos popularmente, en la forma que prescriba una ley constitucional.

ART. 20. Para ser elegido representante se requiere:

1.° Ser Ciudadano Megicano por nacimiento en egercicio de sus derechos, y residente en el territorio de la República.

2.° Haber cumplido veinte y cinco años.

3.° Ser natural del Estado, ó vecino con residencia á lo menos de tres años, y que esté en posesion de los derechos de Ciudadano Veracruzano.

4.° Poseer la propiedad territorial, la ciencia, arte ó industria que designen las leyes.

ART. 21. No pueden ser representantes el Gobernador, Magistrados y Fiscal del Tribunal Superior, Gefes de Departamento y de las Rentas del Estado, los de las generales, y demas comprendidos en la restriccion 6.ª del artículo 23 de la Constitucion Federal.

ART. 22. Para que los comprendidos en el artículo anterior puedan ser elegidos Diputados, deberán haber cesado absolutamente en sus destinos al tiempo de las elecciones primarias.

Seccion IV

De la Instalacion del Congreso, Duracion y Lugar de sus Sesiones

ART. 23. El Congreso se reunirá todos los años el dia 1.° de Enero en el lugar que se fijará por una ley.

ART. 24. El Congreso cerrará sus sesiones el dia 31 de Marzo, y podrá prorogarlas hasta el 30 de Abril si el Gobierno lo solicita ó el Congreso lo resuelve.

ART. 25. La Legislatura debe durar dos años.

Seccion V

De la Renovacion del Congreso

ART. 26. El Congreso se renovará por mitad, saliendo al fin de cada bienio los Diputados mas antiguos.

Seccion VI

De las Prerogativas de los Diputados, Facultades del Congreso, y sus Restricciones

ART. 27. Los Diputados son inviolables por sus opiniones manifestadas en el egercicio de su encargo, siempre, que no se opongan al sistema representativo popular republicano.

ART. 28. Durante el tiempo de la Legislatura, si previamente declaráre el Congreso haber lugar á la formacion de causa, serán juzgados los Diputados en toda clase de delitos, segun disponga el reglamento interior: asímismo lo serán en las demandas civiles sin el requisito de la prévia declaracion.

ART. 29. Los Diputados, mientras lo fueren, no podrán admitir para sí, ni solicitar para otro, empleo ni condecoracion alguna del Gobierno, á menos que aquel sea de ascenso por rigorosa escala.

ART. 30. Las facultades del Congreso son:

1.ª Dar, interpretar y derogar las leyes y decretos.

2.ª Iniciar al Congreso General las que sean de su resorte.

3.ª Reclamar ante la Suprema Corte de Justicia las del mismo Congreso general que ataquen la soberanía é independencia del Estado, ó que por cualquier otro motivo se consideren anticonstitucionales.

4.ª Establecer anualmente los gastos públicos y las contribuciones que hayan de llenarlos, con presencia y conocimiento de los presupuestos que el Gobierno le presente.

5.ª Crear, suprimir y dotar competentemente los empleos del Estado.

6.ª Dar reglas para la concesion de retiros y pensiones.

7.ª Nombrar el depositario interino del Supremo Poder Egecutivo, y los Magistrados y Fiscal, ya propietarios, ya interinos, del Tribunal Superior de Justicia.

8.ª Aprobar el nombramiento que haga el Gobierno de los Gefes de Departamento.

9.ª Promover la educacion pública y el engrandecimiento de todos los ramos de prosperidad.

10.ª Tomar cuentas al Gobierno en cada año, ó cuando le parezca oportuno, de la recaudacion é inversion de los caudales públicos.

11.ª Dar reglas de colonizacion, conforme á las bases que establezca el Congreso general.

12.ª Decretar el modo de cubrir el contingente de hombres que tocáre al Estado para el egército de la Nacion, y espedir reglamentos para la Guardia Nacional, con sujecion á las bases que diere el Congreso de la Union.

13.ª Fijar los límites de los Departamentos y Cantones, aumentarlos, suprimirlos, ó crear otros nuevos.

14.ª Contraer deudas sobre el crédito del Estado, y señalar fondos para cubrirlas.

15.ª Conceder amnistias en circunstancias estraordinarias, cuando lo acuerden las dos terceras partes de los miembros presentes en el Congreso; y conceder tambien indultos, de solo la pena capital, en casos particulares, cuando se acuerde por el mismo número de votos y se hayan observado las reglas que prescriba una ley secundaria.

16.ª Ecsijir la responsabilidad por toda clase de delitos al Gobernador, Magistrados y Fiscal del Tribunal Superior de Justicia. Hecha la acusacion pasará á la seccion del jurado, la que formando el espediente instrutivo que le compete, propondrá si ha ó no lugar á la formacion de causa. Declarado el primer estremo por el Congreso, pasará la cause para su sastanciacion y sentencia á un tribunal compuesto de cinco individuos sacados por suerte de entre nueve que elegirá el Congreso á los ocho dias de su instalacion, que deberán ser Ciudadanos Veracruzanos, mayores de treinta años. En las demandas civiles de los propios funcionarios, conocerá el mismo tribunal sin la prévia declaracion del Congreso.

17.ª Dirimir las competencias que puedan suscitarse entre el Gobierno y el Tribunal Superior de Justicia.

18.ª Egercer en el palacio de sus sesiones el derecho esclusivo de polícia, en los términos que prescriba el reglamento interior.

ART. 31. No puede el Congreso:

1.° Atentar contra el sistema representativo popular federal.

2.° Decretar mas contribuciones que las que fueren suficientes para cubrir el presupuesto de gastos del Estado. Cuando ocurriere alguno estraordinario que no estuviere presupuestado, solo podrán decretarse nuevos impuestos, si las dos terceras partes de los Diputados presentes convinieren préviamente en la necesidad y urgencia del gasto.

3.° Imponer préstamos forzosos de cualquiera especie ó naturaleza que sean.

4.° Decretar penas por acciones ya practicadas, cuyo conocimiento esclusivamente compete al poder judicial.

5.° Mandar hacer corte de cuentas con los acreedores del Estado á fin de dejar sus créditos insolutos

Seccion VII

De la Formacion y Publicacion de las Leyes

ART. 32. Son iniciativas de ley.

1.° Las proposiciones ó iniciativas que dirijan al Congreso el Gobierno del Estado, las Legislaturas de los otros de la Federacion, y el Tribunal Superior de Justicia en su ramo.

2.° Las proposiciones de los miembros del Congreso que fueren admitidas á discusion.

3.° Las que sean hechas por cuatro ó mas Ayuntamientos del Estado.

ART. 33. Toda iniciativa correrá los trámites señalados en el reglamento interior del Congreso.

ART. 34. Ningun proyecto de ley desechado podrá volver á proponerse en las mismas sesiones; pero esto no impedirá que alguno ó algunos de sus artículos compongan parte de otro proyecto.

ART. 35. Los proyectos ó iniciativas adquirirán el carácter de ley ó decreto cuando sean aprobados por la mayoría de los Diputados presentes, y sancionados y publicados por el Gobernador.

ART. 36. Si el Gobierno tuviere que objetar sobre alguna ley ó decreto, podrá suspender su cumplimiento, y remitirá las observaciones en el perentorio término de diez dias, contados desde el del recibo.

ART. 37. En este caso sufrirá el proyecto nueva discusion en el Congreso; y si fuere aprobado por las tres cuartas partes de los miembros presentes, el Gobierno deberá sancionarlo y publicarlo.

ART. 38. Si el proyecto se declaráre urgente en el Congreso, el Gobierno dará ó negará su sancion dentro de dos dias, sin mezclarse en la urgencia.

ART. 39. Si corriendo el término concedido al Gobierno para la sancion, cesaren las sesiones del Congreso y el Gobierno tuviere que hacer alguna objecion, lo egecutará en los diez primeros dias de las sesiones siguientes ordinarias ó estraordinarias.

ART. 40. Las votaciones para elegir ó presentar personas, se harán en los términos que designe el reglamento interior.

ART. 41. Las leyes deberán publicarse bajo esta fórmula:

"N., Gobernador del Estado de Veracruz, á sus habitantes, sabed: que el Estado libre y soberano de Veracruz, ha decretado lo siguiente."

"El Estado libre y soberano de Veracruz, reunido en Congreso, decreta:

(Aquí el testo.)

El Gobernador del Estado dispondrá se publique, circule y observe. La firma del presidente y secretario ó secretarios del Congreso.

Publíquese, circúlese y comuníquese á quienes corresponda para su esacta observancia.

(La fecha y firma del Gobernador y su secretario.)"

Seccion VIII
Del Poder Egecutivo

ART. 42. El poder Egecutivo residirá en una sola persona con la denominacion de Gobernador del Estado.

ART. 43. Su duracion será de cuatro años, y no podrá ser reelecto hasta pasado un período igual de haber cesado en sus funciones.

ART. 44. Residirá en el lugar donde resida el Congreso, y no podrá separarse á distancia de mas de diez leguas sin permiso de la Legislatura, ó del Consejo de Gobierno en los recesos de esta. Siendo la distancia menor, bastará su aviso.

ART. 45. Al tiempo de abrirse las sesiones, el Gobierno deberá dar cuenta al Congreso del estado de las rentas públicas, tranquilidad y prosperidad del territorio.

ART. 46. Durante el receso del Congreso, el Gobierno deberá oir el dictámen del Consejo en todos los negocios graves; pero sin obligacion á seguirlo.

ART. 47. La ley designará la indemnizacion del Gobernador, que no podrá ser alterada en el tiempo de su gobierno.

ART. 48. Los Colegios secundarios que deban hacer el nombramiento de electores finales para la renovacion del Congreso, elegirán al Gobernador, emitiendo para el efecto un voto cada decena de electores que contengan los mencionados Colegios, y haciendo lo mismo aquellas fraciones de electores que sin llegar á diez no bajen de seis. Las actas de la eleccion practicada en los Colegios secundarios, serán remitidas en pliegos certificados á la secretaria del Congreso, el cual al dia siguiente de haber abierto sus sesiones hará la computacion respectiva, y si resultáre mayoría de sufragios en favor de algun Ciudadano, declarará á este Gobernador del Estado: no habiéndola, el mismo Congreso, de entre los individuos que hayan obtenido mayor número de sufragios, elegirá al que considere mas á propósito para el Gobierno. El nuevo Gobernador tomará posesion el 1.° de Febrero: una ley secundaria, con sujecion á la base establecida en este artículo, señalará el modo y términos en que deba ser verificada la eleccion de Gobernador.

ART. 49. Cuando el Gobernador propietario cesáre absolutamente por cualquier motivo en sus funciones, antes de terminar el período constitucional, el Congreso, y en sus recesos el Consejo de Gobierno, señalará los dias en que deberán ser practicadas la eleccion y toma de posesion de que se habla en el artículo anterior. El nuevamente electo solo funcionará por el tiempo que faltase al que cesó para completar su período. La eleccion se omitirá en el caso que el propietario llegue á faltar en los últimos seis meses, pues entónces continuará funcionando el interino nombrado por el Congreso, ó por el Consejo, hasta la terminacion del período.

ART. 50. Para ser Gobernador del Estado se necesitan, ademas de las cualidades requeridas para los representantes, las de tener treinta años cumplidos, ser del estado seglar, y no tener empleo de los otros Estados ni de la Federacion.

ART. 51. Sus facultades son:

1.ª Egecutar las leyes del Estado y las de la Federacion.

2.ª Dar su sancion á las primeras, ó representar sobre ellas con arreglo á los artículos 35, 36, 37, 38 y 39.

3.ª Hacer los nombramientos de los empleados del Estado que no se reserven al Congreso por esta Constitucion; sujetándose á la propuesta en terna que le haga el

Tribunal Superior de Justicia respecto de los jueces de l.a instancia.

4.ª Conceder retiros con arreglo á las leyes.

5.ª Egercer en la provision de piezas eclesiásticas y en los demas asuntos de este ramo, la intervencion que designan las leyes.

6.ª Convocar á sesiones estraordinarias, cuando la gravedad de alguna ocurrencia lo ecsija, y lo acuerde la pluralidad absoluta del Consejo de Gobierno.

7.ª Mandar y disciplinar la Guardia Nacional, y egercer respecto de ella las atribuciones detalladas en su reglamento.

8.ª Cuidar de que se administre pronta y cumplidamente la justicia por los Tribunales del Estado, en los términos que se prevendrá por una ley.

9.ª Suspender de sus empleos hasta por tres meses, y privar aun de la mitad de sus sueldos por igual tiempo, á los empleados de Gobierno y Hacienda ineptos ó infractores de sus órdenes; y en los casos que crea deber formarse causa á los mismos empleados, pasará los antecedentes de la materia al Tribunal competente.

10.ª Tomar las providencias necesarias para la seguridad de los caudales del Estado, en el caso de suspension de cualquier empleado que los maneje.

11.ª Suspender por sí á los Gefes de Departamento, con informe de estos á los de Canton, y con los de entrambos á alguno ó todos los miembros de los Ayuntamientos que abusaren de sus facultades, dando parte justificado al Congreso y en sus recesos al Consejo de Gobierno; disponiendo que mientras fueren juzgados y sentenciados entre á funcionar en vez del Ayuntamiento suspenso el último saliente. Si fueren declarados inhábiles se procederá á nueva eleccion, á menos que solo falten cuatro meses para concluir su encargo.

12.ª Cuidar de la recaudacion y distribucion de los fondos públicos con arreglo á las leyes.

13.ª En caso de actual invasion esterior ó conmocion interior armada, tomará todas las medidas estraordinarias para salvar al Estado, egecutándolo con prévio acuerdo del Congreso si estuviere reunido, y si no lo estuviere con el del Consejo de Gobierno, convocando á sesiones estraordinarias con arreglo á la facultad 6.ª de este artículo.

ART. 52. No puede el Gobernador:

1.° Privar á ninguno de su libertad ni imponerle pena; mas podrá arrestarlo en caso de interesarse la vindicta pública, poniendo al reo á disposicion del Juez competente en el término de cuarenta y ocho horas.

2.° Ocupar la propiedad particular, ni turbar á nadie en el uso y aprovechamiento de ella. En el caso que la utilidad pública ecsijiese tomar alguna propiedad particular, deberá preceder la audiencia del interesado, la del síndico del Ayuntamiento respectivo, la calificacion del Congreso, en su receso la del Consejo de Gobierno, y la correspondiente indemnizacion á juicio de hombres buenos, nombrados por el Gobierno y la parte.

3.° Impedir las elecciones para el Congreso General ni las del Estado, reunion y deliberaciones de su Congreso, en los términos designados por esta Constitucion.

ART. 53. Las faltas temporales del Gefe del Egecutivo serán suplidas por un Gobernador interino que llegado el caso previsto en este artículo, nombrará el Congreso, ó en sus recesos el Consejo de Gobierno, haciendo recaer la eleccion en persona que reuna las cualidades espresadas en el artículo 50. El Gobernador interino solo conservará este carácter entre tanto esté funcionando; y durante este tiempo tendrá el mismo sueldo y disfrutará los mismos fueros y preeminencias que el propietario.

ART. 54. Si en el caso á que se contrae el artículo anterior el Congreso, ó en sus recesos el Consejo de Gobierno, no pudieren verificar con la violencia que sea necesaria la eleccion de Gobernador interino, entre tanto puede hacerse esta se encargará del Poder Egecutivo el presidente del Tribunal Superior de Justicia.

Seccion IX
Del Consejo de Gobierno

ART. 55. Durante los recesos del Congreso quedará un Consejo de Gobierno compuesto de cinco Diputados elegidos por el mismo Congreso, y presididos por el miembro mas antiguo de entre los presentes.

ART. 56. Las atribuciones del Consejo son:

1.ª Egercer las facultades del Congreso en sus recesos, en los casos detallados en las atribuciones 7.ª y 8.ª del artículo 30 y en los demas que espresa esta Constitucion.

2.ª Dar al Gobierno su dictámen motivado y por escrito en cuantos negocios le consulte.

3.ª Convocar por sí solo, ó de acuerdo con el Gobierno, á sesiones estraordinarias del Congreso, en los casos de grave urgencia. Cuando no pueda reunirse el número necesario de Diputados propietarios con la brevedad que las circunstancias demanden, por impedimento fisico ú otro motivo poderoso, calificados de suficientes por el Consejo, podrá este llamar por su órden á los Diputados suplentes.

4.ª Velar sobre la observancia de las leyes fundamentales y reglamentarias, y hacer observaciones sobre su mejor cumplimiento.

Seccion X
Del Poder Judicial

ART. 57. El Poder Judicial se comete á un Tribunal Superior de Justicia compuesto de cuatro Magistrados y un Ministro Fiscal, como tambien á los Tribunales y jueces inferiores establecidos ó que establecieren las leyes. Los Magistrados del Tribunal Superior se distribuirán en dos salas, formando el mas antiguo la segunda, y los tres restantes la primera. Una ley arreglará el egercicio de sus funciones, y dispondrá el modo de suplir las faltas de los Ministros propietarios.

ART. 58. Para ser Ministro ó Fiscal del Tribunal Superior de Justicia se requiere ser Ciudadano Megicano por nacimiento, en actual egercicio de sus derechos, residente en la República, mayor de treinta años, profesor aprobado en la ciencia del derecho, y haber egercido la abogacia á lo menos por espacio de cinco años antes del nombramiento.

ART. 59. A ningun Juez puede deponérsele de su empleo sino en virtud de sentencia condenatoria que se haya egecutoriado.

Seccion XI
Disposiciones Generales

ART. 60. En caso de delito infraganti, podrá ser detenido el que lo cometa, sea cual fuere el fuero que disfrute, por las autoridades encargadas de conservar el órden, por los ministros de estas ó por cualquier Ciudadano, poniéndolo inmediatamente á disposicion del juez competente.

ART. 61. La pena de infamia no pasará del delincuente que la hubiere merecido segun las leyes.

ART. 62. Queda para siempre prohibida la pena de confiscacion de bienes.

ART. 63. El lugar doméstico es sagrado, y no podrá ser cateado, así como no podrán ser registrados los papeles y demas efectos, sino con los requisitos que demarcan las leyes.

ART. 64. Queda para siempre prohibido todo juicio por comision y toda ley retroactiva.

ART. 65. Los Ciudadanos del Estado no pueden ser juzgados por otros Tribunales que los de Distrito, Circuito y Corte Suprema de Justicia en los casos que establece la Constitucion General, y por los Tribunales particulares del Estado creados en virtud de las leyes que han dictado ó dictaren sus Congresos.

ART. 66. Ninguna autoridad aplicará clase alguna de tormento, sea cual fuere la naturaleza y estado del proceso.

ART. 67. Nadie podrá ser detenido sin que haya semiplena prueba ó indicio de que es delincuente.

ART. 68. A ningun habitante del Estado se le tomará juramento sobre hechos propios al declarar en materias criminales.

ART. 69. A nadie podrá privarse del derecho de terminar sus diferencias por medio de jueces árbitros nombrados por ambas partes, sea cual fuere el estado del juicio.

ART. 70. Todos los jueces tienen obligacion de egecutar sus sentencias ó cuidar de que se egecuten por las autoridades á quienes corresponda.

Seccion XII
De la Organizacion Interior del Estado

ART. 71. El Estado se divide para su gobierno interior en Departamentos, Cantones y Municipalidades, que se gobernarán por Gefes de Departamento, Gefes de Canton y las demas autoridades que establezcan las leyes.

ART. 72. Estas mismas fijarán el nombramiento, duracion y atribuciones de aquellos funcionarios.

Seccion XIII
Revision de la Constitucion

ART. 73. Las reformas que se propongan á esta Constitucion por una Legislatura, no podrán ser tomadas en consideracion y aprobadas sino por la siguiente; y para ser admitidas á discusion en la Legislatura proponente y aprobadas en la sucesiva, serán necesarias las dos terceras partes de sufragios de los miembros presentes.

ART. 74. Las leyes fundamentales no necesitan de la sancion del Poder Egecutivo.

Dada en Jalapa, á tres de Junio del año de mil ochocientos veinte y cinco; y reformada últimamente en trece de Diciembre de mil ochocientos cuarenta y ocho. – Manuel J. Royo, presidente. – *José de Empáran*, vice-presidente. – *Juan F. de Bárcena*. – *Ramon M. Teran*. – *Manuel M. Quiros*. – *Ignacio de la Llave*. – *Antonio Alafita*. – *Angel de Ochoa*. – *J. Julian Carrillo*. – *Juan N. Duran*, secretario. – *Ramon F. Guzman*, secretario.

[1] Editado según *Constitucion Politica del Estado Libre y Soberano de Veracruz, sancionada por su Congreso Constituyente en 3 de Junio de 1825, y reformada ultimamente en 13 de Diciembre de 1848 por la Honorable Legislatura, en virtud de su doble caracter de constituyente y constitucional*, Jalapa: Florencio Aburto, 1848, 28p.

Después de la reinstalación del sistema federal el congreso de Veracruz se vió obligado de reformar el texto que tuvo vigencia durante la primera república federal. En esta versión estan integradas también las reformas previas. La segunda constitución fue publicada en 1857.

Proyecto de constitución del estado de Yucatán (1823)

Proyecto de constitucion politica de la Republica de Yucatan[1]

El Pueblo Yucateco, legítimamente representado por su Congreso constituyente, decreta y sanciona en presencia del Ser Supremo la siguiente Constitucion politica del Estado.

TITULO I

Del estado yucateco, y de los yucatecos

Capitulo 1.°

Del estado yucateco

ART. 1.° El Estado de Yucatan es la reunion de todos los yucatecos de esta península é islas adyacentes.

ART. 2.° El Estado yucateco es libre é independiente de cualquiera otro.

ART. 3.° La soberanía reside esencialmente en el Estado y por lo mismo pertenece á él esclusivámente el derecho de establecer sus leyes fundamentales.

ART. 4.° El Estado está obligado á conservar, y protejer por leyes sábias y justas la igualdad, libertad, propiedad y seguridad de todos los individuos que lo componen.

Capitulo 2.°

De los yucatecos

ART. 5.° Son yucatecos.

1.° Todos los hombres nacidos y avecindados en Yucatan y su territorio.

2.° Los estrangeros que hayan ganado la naturaleza con dos años de vecindad, teniendo casa abierta y poblada en territorio del Estado.

3.° Los esclavos desde que adquieran la libertad en el Estado.

ART. 6.° Todo yucateco sin distincion alguna está obligado.

1.° A ser fiel á la Constitucion del Estado.

2.° A obedecer las leyes.

3.° A respetar las autoridades establecidas.

4.° A contribuir con proporcion de sus haberes para los gastos del Estado.

5.° A defender la patria con las armas, cuando fuere llamado por la ley.

TITULO II

De la Religion y del gobierno de Yucatan y de los ciudadanos yucatecos

Capitulo 1.°

De la religion

ART. 7.° La religion del Estado es la católica, apostólica, romana: la proteje con leyes sabias y justas, y prohibe el ejercicio de cualquiera otra.

ART. 8.° Nadie será perseguido, en su persona, honor, ó bienes, porque adore á Dios privadamente, segun el dictamen de su conciencia.

Capitulo 2.°

Del gobierno

ART. 9.° No siendo otro el fin de toda sociedad que el bien estar de los individuos que la componen, el objeto del gobierno es la felicidad general.

ART. 10. El gobierno del Estado de Yucatan es popular, representativo republicano, federal.

ART. 11. Los tres poderes supremos de la sociedad legislativo, ejecutivo, y judicial, estarán siempre separados, sin que en manera alguna pueda reunirse el ejercicio de dos ó mas de ellos en ninguna persona ni corporacion.

ART. 12. La potestad de hacer las leyes reside en el Congreso. La de hacer ejecutar las leyes en el Gobernador. La de aplicar las leyes, en los tribunales establecidos por la ley.

ART. 13. La ley, yá premie, yá castigue, es una misma para todos los individuos del Estado.

Capitulo 3.°

De los ciudadanos

ART. 14. Para ser ciudadano yucateco se requiere.

1.° Haber nacido en el territorio de la república, y tener domicilio en cualquiera municipalidad del Estado; y siendo españoles, haber jurado nuestra independencia al tiempo de declararse.

2.° Tener 21 años de edad, ó 18 siendo casado.

ART. 15. Son asi mismo ciudadanos los que siéndolo en algun Estado de la federacion, se establezcan en esta República.

ART. 16. Lo son igualmente los estrangeros que gozando de los derechos de yucatecos, obtuvieren del Congreso carta especial de ciudadanos.

ART. 17. Para que el estrangero pueda obtener dicha carta, deberá tener alguna profesion, ó ejercicio productivo, ó haber adquirido bienes, ó hecho servicios señalados al Estado, y estar avecinado en alguna municipalidad por seis años, ó tres si fuere casado con yucateca.

ART. 18. Solo los que sean ciudadanos podrán elegir para los empleos municipales en los casos señalados por la ley; y para obtenerlos se requiere ademas profesar la religion del Estado.

ART. 19. La calidad de ciudadano se pierde.

1.° Por adquirir naturaleza en pais estrangero.

2.° Por salir del Estado sin licencia del gobierno, estableciéndose en pais estrangero.

3.° Por admitir empleo, ó condecoracion de gobierno estrangero.

ART. 20. Se suspende el ejercicio de los mismos derechos.

1.° Por incapacidad fisica o moral, previa declaracion judicial en casos dudosos.

2.° Por quiebra fraudulenta, calificada como tal.

3.° Por deuda á los fondos públicos precedido requerimiento.

4.° Por no tener domicilio, empleo, oficio, ó modo de vivir conocido.

5.° Por hallarse procesado criminalmente, por delito que merezca pena corporal.

6.° Por sirviente doméstico, á saber, el que sirve á la persona.

7.° Desde el año de 1835 deberán saber leer y escribir los que de nuevo entren en el ejercicio de los derechos de ciudadano.

8.° Los que sin escepcion legal no estuvieren alistados en la milicia local.

9.° El que haya sido convencido y condenado en juicio por haber vendido su sufragio, ó comprado el de otro para cualquiera eleccion, se le suspenderá por dos años de los derechos de ciudadano, y deberá ser rehabilitado antes por el Congreso.

ART. 21. Solo por las causas arriba señaladas se pierden ó suspenden los derechos de ciudadano.

TITULO III

Del poder legislativo

Capitulo 1.°

Del congreso

ART. 22. El Congreso es la reunion de los diputados que representan el Estado, nombrados por los ciudadanos en la forma que se dirá.

ART. 23. La base para la representacion es la poblacion de los naturales de este Estado, y los que se hayan naturalizado en él.

ART. 24. Por cada veinte mil almas de poblacion habra un diputado al Congreso, y si hubiere alguna fraccion sobrante que pase de diez mil, nombrará un diputado mas.

Capitulo 2.°

Del nombramiento de diputado

ART. 25. Para la eleccion de diputados se celebrarán juntas primarias, secundarias, y de departamento.

ART. 26. Serán precedidas de rogaciones públicas en la catedral y parroquias implorando el ausilio divino para el acierto.

Capitulo 3.°

De las juntas primarias

ART. 27. Las juntas primarias se compondrán de todos los ciudadanos en el ejercicio de sus derechos, avecindadoa y residentes en el territorio de cada lugar.

ART. 28. Estas juntas se celebrarán siempre el primer domingo del mes de junio de cada año.

ART. 29. En las juntas primarias se nombrará por cada quinientas almas un elector primario; si el numero de almas de la municipalidad escediese de setecientas cincuenta, aunque no llegue á mil, se nombrarán dos electores; si escediese de un mil doscientas cincuenta, aunque no lleguen á un mil quinientas, se nombrarán tres, y asi progresivamente.

ART. 30. En las poblaciones en que el número de al mas, no llegue á quinientas, con tal que tenga doscientas cincuenta, se nombrará yá un elector, y en aquellas en, que no haya éste número, se reunirán sus vecinos á los de otra inmediata para nombrar el elector ó electores que les corresponde.

ART. 31. La junta primaria elegirá á pluralidad de votos once compromisarios para que estos nombren el elector primario.

ART. 32. En las juntes primarias en que hubiesen de nombrarse dos electores primarios, se elegiran veinte y un compromisarios, y si tres treinta y uno, sin que en ningun caso se esceda de este número.

ART. 33. Aquella poblacion que llegase á tener cien almas elegira un compromisario, y la que tuviese de ciento cincuenta á doscientas, elegirá dos. De doscientas cincuenta á trescientas, tres; y asi progresivamente. Las poblaciones que tuviesen menor número de almas, se unirán con las mas inmediatas para elegir compromisarios.

ART. 34. Los compromisarios de las poblaciones pequeñas asi elegidos se juntarán en el pueblo mas á proposito, y en llegando al número de nueve nombrara un elector primario, si llegasen al número de diez y siete, nombrarán dos, y si se reunieren veinte y cinco, nombrarán tres, ó los que corresponda.

ART. 35. Para ser elector primario se requiere ser ciudadano en el ejercicio de sus derechos, mayor de veinte y un años, ó de diez y ocho siendo casado, vecino y residente en la municipalidad, y no ejercer en ella jurisdiccion contenciosa civil, ecleciastica, ó militar, ni cura de almas.

ART. 36. No se comprenden en la restriccion anterior las autoridades elegidas popularmente.

ART. 37. Las juntas primarias serán presididas por el Gefe Pólitico respectivo, ó el que haga sus veces, y si se divide la poblacionon en secciones, la junta de una se presidira por el Gefe Politico, ó el alcalde, y las otras por los demas Alcaldes, y regidores, segun el órden de su nombramiento.

ART. 38. Reunídos los ciudadanos á la hora señalada y en el sitio mas público nombraran dos escrutadores y un secretario de entre los ciudadanos presentes.

ART. 39. Instalada así la junta preguntará el presidente si alguno tiene que esponer queja sobre coecho, ó soborno para que. la eleccion recaiga en determinada persona, y habiendola se hará pública justificacion verbal en el acto: resultando cierta la acusacion, serán privados los reos de vos activa y pasiva: los calumniadores sufriran la misma pena, y de este juicio no habrá recurso.

ART. 40. Si se suscitasen dudas sobre si en alguno de los presentes concurren las calidades requeridas para votar, la junta lo decidira en el acto, y su decision se ejecutará sin recurso por esta vez y para este solo efecto.

ART. 41. Se procederá inmediatamente al nombramiento de compromisarios, y acercandose cada ciudadano á la mesa en que estarán el presidente escrutadores y secretario, designará un número de personas, igual al de los compromisarios, que el secretario asentara, y leera en su presencia. En este y en los demas actos nadie podrá votarse asi mismo, bajo la pena de perder el derecho de votar.

ART. 42. Concluido este acto él presidente, escrutadores y secretario reconocerán las listas, y aquel publicará en alta voz los nombres de los elegidos por la mayoria de los votos: en caso de igualdad decidirá la suerte.

ART. 43. Los compromisarios nombrados se retirarán á un lugar separado antes de disolverse la junta, y conferenciando entre si procederá á nombrar el elector, ó electores que corresponda, quedando elegida la persona ó personas que reunan mas de la mitad de los votos. En seguida se publicará en la junta el nombramiento.

ART. 44. El secretario estenderá el acta que con él firmarán el Presidente y compromisarios, se entregará copia de ella firmada por los mismos á la persona ó personas elegidas, para hacer constar su nombramiento.

ART. 45. Ningun ciudadano podrá escusarse de estos encargos por motivo alguno.

ART. 46. En la junta nadie se presentará con armas, ni habrá guárdia.

ART. 47. Hecho el nombramiento de electores se disolvera la junta y cualquier otro acto en que se mezcle sera nulo.

Capitulo 4.°

De las juntas secundarias

ART. 48. Las juntas secundarias se compondrán de los electores primarios congregados en las cabezas de partido para nombrar á los electores secundarios que en la capital del departamento han de elegir los diputados.

ART. 49. Estas juntas se celebrarán siempre el primer domingo del mes de julio de cada año.

ART. 50. Por cada veinte electores primarios de los que se nombraren en los pueblos del partido se elegira un secundario; si resultare alguna fraccion que no baje de diez electores primarios, se nombrará otro secundario; pero si el esceso no llegare á diez nada valdrá.

ART. 51. Si algun partido no hubiere dada veinte eletores primarios, nombrará sin embargo un elector secundario, sea cual fuere el numero de aquellos.

ART. 52. Los electores primarios al llegar al pueblo cabeza de partido, presentaran la certificacion que acredite su eleccion al Gefe politico, quien hará asentar sus nombres en el libro en que han de estenderse las actas de la junta.

ART. 53. Tres dias antes de las elecciones se congregaran los electores primarios acompañados del Gefe politico, ó alcalde primero del pueblo, para nombrar un presidente, dos escrutadores y un secretario de entre ellos mismos; instalada de este modo la junta se retirará el Gefe politico, ó alcalde, entregando al presidente las certificaciones de que habla el articulo anterior.

ART. 54. En seguida las entregará el presidente al secretario, y escrutadores quienes al dia siguiente informarán si estan, ó no arregladas. Las del secretario y escrutadores serán asi mismo ecsaminadas, y presentadas en el siguiente dia por tres individuos de la junta.

ART. 55. En este dia congregados los electores, se leeran los informes sobre las certificaciones, y hallandose reparo sobre ellas, ó sobre las calidades requeridas, la junta resolverá en el acto, y su resolucion se ejecutará sin recurso.

ART. 56. En seguida leerá el secretario este capítulo de la constitucion, que concluido, hará el presidente la pregunta contenida en el articulo treinta y nueve, y se observará todo cuanto en él se previene.

ART. 57. Inmediatamente los electores primarios procederan á la eleccion de los secundarios de uno en uno y por escrutinio secreto mediante cédulas.

ART. 58. Concluida la eleccion, el presidente, secretario y escrutadores ecsaminarán los votos, y quedara elegido el que haya reunido a lo menos la mitad y uno mas de los votos: y el presidente publicará cada eleccion. Si ninguno hubiese reunido la pluralidad absoluta, los dos en quienes haya recaido el mayor número entrarán en segundo escrutinio, quedando electo el que reuna el mayor numero, y en caso de empate decidirá lá suerte.

ART. 59. Para ser elector secundario se requiere ser ciudano en el ejercicio de sus derechos, mayor de veinte y cinco años, con cinco de vecindad y residensia en el partido, y que no ejerza jurisdiccion contenciosa, civil, eclesiastica ni militar ni cura de almas en la estension de todo el partido, pudiendo recaer la eleccion en los ciudadanos de la junta, ó de fuera de ella.

ART. 60. El Secretario estenderá el acta que con él firmaran el presidente, y escrutadores, y se entregará copia firmada por los mismos á los electores, como credencial de su nombramiento. El Gefe politico del partido, ó alcalde remitirá copia igualmente autorizada al Gefe politico del departamento quien la circulará á los ayuntamientos de su distrito.

ART. 61. En las juntas secundarias se observará todo lo prevenido para las primarias en los articulos treinta y seis, cuarenta y cinco, cuarenta y seis y cuarenta y siete.

Capitulo 5.°

De las juntas de departamento

ART. 62. Las juntas de departamento se compondrán de los electores secundarios de todo el, congregados en la capital á fin de nombrar diputados.

ART. 63. Estas juntas se celebrarán siempre el primer domingo del mes de agosto de cada año.

ART. 64. Los electores secundarios al llegar á la capital se presentarán al Gefe politico con sus credenciales para que sus nombres se anoten en el libro en que han de estenderse las actas de la junta.

ART. 65. Tres dias antes de la eleccion se congregarán los electores con el Gefe politico en el lugar señalado á puerta abierta, y nombrarán presidente, dos escrutadores y un secretario de entre ellos mismos. Instalada de este modo la junta, se retirará el Gefe Politico entregando antes al presidente las copias de las actas que hubiere recibido.

ART. 66. En seguida se leerán los cuatro capitulos de la constitucion que tratan de estas elecciones y las certificaciones de las actas de las elecciones hechas en las cabezas de partido, remitidas por sus respectivos presidentes, y asi mismo presentarán los electores las certificaciones de su nombramiento á fin de que ecsaminadas por el secretario y escrutadores, informen al dia siguiente si todo está arreglado; y las certificaciones del secretario y escrutadores serán ecsaminadas por tres individuos de la junta, quienes informarán tambien en el mismo dia si estan, ó no arregladas.

ART. 67. En este dia juntos los electores y hecho lo que previene el articulo 55 y sin preferencia de asientos, á puerta abierta hará el presidente la pregunta prevenida en el articulo 39 y se observará cuanto en él se dispone.

ART. 68. En seguida los electores nombrarán á los diputados de uno en uno, diciendo al secretario en voz baja el nombre de cada persona, y el secretario á presencia del elector lo escribirá en una lista. El secretario y escrutadores serán los primeros que voten.

ART. 69. Concluida la votacion, los escrutadores con el presidente y secretario harán el escrutinio de los votos, y quedará elegido aquel que haya reunido á lo menos la mitad y uno mas: si ninguno se hallase con la pluralidad absoluta, se hara segunda votacion sobre los dos que hayan reunido mayor número, y quedara elegido el que obtenga la pluralidad: en caso de empate decidira la suerte, y concluida la eleccion se publicará por el presidente.

ART. 70. Despues de la de diputados propietarios, se procedera á la de suplentes por el mismo método, y su número será el tercio del de los propietarios. Los suplentes concurrirán al congreso. siempre que este lo califique necesario.

ART. 71. Para ser diputado se requiere ser ciudadano en el ejercicio de sus derechos, mayor de veinte y cinco años, y nacido en el Estado. Si lo fuere en otro de la federacion deberá estar avecindado, y casado en Yucatan con siete años continuos de residencia, bien sea de la junta, ó de fuera de ella.

ART. 72. Los individuos del Poder ejecutivo, los del consejo de Estado los magistrados y jueces no podrán ser elegidos diputados.

ART. 73. Ningun empleado nombrado por el gobierno podrá ser elegido diputado.

ART. 74. Tampoco podrá serlo el estrangero aunque haya obtenido carta de ciudadano. No se comprenden en este articulo los españoles que juraron nuestra independencia al tiempo de declararse.

ART. 75. El secretario estenderá el acta de las elecciones que con él firmarán los demas electores.

ART. 76. En seguida otorgarán todos los electores sin escusa alguna á todos y á cada uno de los diputados poderes amplíos, segun la fórmula siguiente entregandose á cada diputado su correspondiente poder para presentarse en el congreso,

ART. 77. Los poderes estarán concebidos en estos términos: En la ciudad, ó Villa de ..... á ..... dias del mes de ..... del año de ..... en las hallándose congregados los cuidadanos (se pondrán los nombres de los electores secundarios que forman la junta electoral de departamento) dijeron ante mi el infrascripto escribano, y testigos al efecto convocados, que habiendose procedido con arreglo á la constitucion politica de este Estado al nombramiento de los electores primarios y secundarios con todas las formalidades prescritas por la misma constitucion, como constaba de las certificaciones que originales obraban en el espediente, reunidos los espresados electores secundarios de los partidos de este departamento en el día de ..... del mes de ..... del presente año habian hecho el nombramiento de los diputados que en nombre y representacion de este departamento hande concurrir al Congreso, y que fueron electos por diputados para él por este departamento los cuidadanos, F. F. F., como résulta del acta estendida, y firmada por todos los electores: que en su consecuencia les otorgan poderes amplios á todos juntos, y á cada uno de por si para cumplir y desempeñar las augustas funciones de su encargo, y para que con los demas diputaos al Congreso como representantes del pueblo yucateco puedan acordar y resolver cuanto consideren conducente al bien general del Estado en uso de las facultades que la constitucion determina, y dentro de los limites que la misma prescribe, sin poder derogar alterar, ó variar en manera alguna ninguno de sus articulos bajo de ningun pretesto, y que los otorgantes, se obligan por si mismos y á nombre de todos los vecinos de este departamento en virtud de las facultades que les son concedidas como electores nombrados para este acto á tener por válido y obedecer y cumplir cuanto como tales diputados del Congreso hicieren, y se resolviere por este con arreglo á la constitucion politica del Estado. Asi lo espresaron, y otorgaron hallandose presentes como testigos F. y F. que con los ciudadanos otorgantes lo firmaron: doy fé.

ART. 78. El presidente, escrutadores y secretario remitiran inmediatamente copia firmada por los mismos del acta de las elecciones á la diputacion permanente del Congreso que hará publicar las elecciones por medio de la imprenta enviando un ejemplar á cada pueblo del Estado.

ART. 79. Para la indemnizacion de los diputados se les asistirá con las dietas que el Congreso señalare cada año para el siguiente.

ART. 80. Se observará en las juntas electorales de departamento cuanto se previene en los articulos 45, 46 y 47.

ART. 81. Concluidas las elecciones los electores y diputados pasarán a la iglesia principal, donde se cantará solemne *Te Deum* en accion de gracias al todo poderoso.

Capitulo 6.°

De la celebracion del congreso

ART. 82. Se reunirá todos los años el Congreso en la capital del Estado en edificio destinado á este solo objeto.

ART. 83. Cuando tuviere por conveniente trasladarse á otro lugar, podra hacerlo conviniendo en la traslacion las dos terceras partes de los diputados presentes.

ART. 84. Las sesiones del Congreso en cada año durarán dos meses consecutivos, dando principio el dia primero de octubre.

ART. 85. El Congreso podrá prorogar sus sesiones cuando mas por treinta dias en solo dos casos, primero á peticion del Gobierno; segundo si el Congreso lo creyere necesario por una resolucion de las dos terceras partes de los diputados.

ART. 86. Los diputados se renovarán por mitad cada año, debiendo salir en el primero los que hayan reunido menor número de votos y en el subsecuente los del año anterior.

ART. 87. Los diputados no podrán volver á ser elegidos sino mediando otra diputacion.

ART. 88. Al llegar los diputados á la capital, se presentarán á la diputacion permanente del Congreso, la que hará sentar sus nombres en un registro en la secretaria del mismo Congreso.

ART. 89. Cada año se celebrará el dia 20 de setiembre, á puerta abierta la primera junta preparatoria, haciendo de presidente el que lo sea de la Diputacion permanente, y de secretaria, y escrutadores los que nombre la misma Diputacion de entre los individuos que la componen.

ART. 90. En este primera junta presentarán los nuevos diputados sus poderes, y se nombrará á pluralidad de votos una comision compuesta de cinco diputados antiguos para ecsaminar los poderes de los entrantes.

ART. 91. El dia 24 de setiembre se celebrará tambien á puerta abierta la segunda junta preparatoria en la que las dos comisiones informarán sobre la legitimidad de los poderes habiendo tenido presentes las copias de las actas de las elecciones de los departamentos.

ART. 92. En esta junta, y en las demas que sean necesarias hasta el dia 28 de setiembre se resolveran definitibamente y á pluralidad absoluta de votes las dudas que se susciten sobre la legitimidad de los poderes y calidad de los diputados.

ART. 93. En todos los años el dia 30 de setiembre se celebrará la última junta preparatoria en la que se hará por todos los diputados, poniendo la mano sobre los santos evangelios, el juramento siguiente. ¿Jurais guardar y hacer guardar religiosamente la constitucion general de los estados-unidos de la nacion Mejicana promulgada en ... y la particular del Estado Yuca teco, sancionada por su Congreso constituyente: haberos bien, y fielmente en el encargo que el Estados os ha encomendado, mirando en todo por su bien, y prosperidad R. Si juro – Si asi lo hiciereis, Dios os lo premie, y si no os lo demanda.

ART. 94. En seguida se procederá á elegir, de entre los mismos diputados por escrutinio secreto, y á pluralidad de votos un presidente, vice-presidente, y dos secretarios con lo que se tendrá por constituido, y formado el Congreso, y la Diputación permanente cesará en sus funciones.

ART. 95. En el mismo dia se dará parte por los secretarios al Gobierno de hallarse constituido el Congreso, y del presidente que ha elegido. La misma formalidad, se observará para el acto de cerarse el Congreso.

ART. 96. En los casos en que el Gobierno por medio de su secretario haga al Congreso algunas propuestas, asistira el secretario a las discusiones, cuando y del modo que el Congreso determine, y hablará en ellas; pero no podrá estar presente á la votacion.

ART. 97. Las sesiones del Congreso serán públicas solo en los casos que escijan reserva podrá celebrarse sesion secreta.

ART. 98. En las discusiones del Congreso, y en todo lo demas que pertenezca á su gobierno y órden interior, se observara el reglamento que se forme sin perjuicio de las reformas que en lo sucesivo tuviere por conveniente hacer en él el Congreso.

ART. 99. Los diputados serán inviolables por sus opiniones, y en ningun tiempo ni caso, ni por ninguna autoridad podrán ser reconvenidos por ellas. En las causas criminales que contra ellos se intentaren, no podran ser juzgados sino por el tribunal del Congreso en el modo, y forma que se prescriba en el reglamento de su gobierno interior. Durante las sesiones del Congreso, y un mes despues los diputados no podrán ser demandados civilmente, ni ejecutados por deuda.

ART. 100. Durante el tiempo de su diputacion contado para este efecto desde que el nombramiento, conste en la permanente del Congreso, no podrán los diputados admitir para si, ni solicitar para otro empleo alguno de provision del gobierno ni aun ascenso como no sea de escala en su respectiva carrera.

ART. 101. Del mismo modo no podrán durante el tiempo de su diputacion y un año despues del últitimo acto de sus funciones obtener para si, ni solicitar para otro pension ni condecoracion alguna que sea tambien de provision del gobierno.

Capitulo 7.°

De las facultades del congreso

ART. 102. Las facultades del Congreso son.

1.ª Proponer y decretar las leyes, interpetarlas, y derogarlas en caso necesario.

2.ª Recibir el juramento al gobernador, y a los consejeros de Estado en su entrada en sus respectivos encargos.

3.ª Decretar la creacion, y supresion de plazas en los tribunales que establece la constitucion, é igualmente la creacion y supresion de los oficios públicos.

4.ª Fijar todos los años á propuesta del gobernador la fuerza necesaria para la seguridad interior del Estado.

5.ª Dar ordenanzas á la milicia del Estado en todos los ramos, que la constituyan.

6.ª Fijar los gastos de la administracion publica.

7.ª Establecer anualmente las contribuciones, é impuestos.

8.ª Aprobar el repartimiento de las contribuciones entre los departamentos.

9.ª Ecsaminar y aprobar las cuentas de la ínversion de los caudales públicos.

10. Disponer lo conveniente para la administracion, conservacion y enagenacion de los bienes del Estado.

11. Promover y fomentar toda especie de industria y remover los obstaculos que la entorpezcan.

12. Promover la enseñanza pública en todo el Estado con arreglo al plan general aprobado por el mismo Congreso.

13. Aprobar los reglamentos generales para la policia el y sanidad del Estado.

14. Protejer la libertad de imprenta.

15. Hacer efectiva la responsabilidad del Gobernador y demas empleados pública.

16. Por último pertenece al Congreso dar, ó negar su consentimiento en todos aquellos casos y actos para los que se previene en la constitucion ser necesario.

Capitulo 8.°

De la formacion de las leyes y de su sancion

ART. 103. Todo diputado tiene la facultad de proponer al Congreso los proyectos de ley haciendolo por escrito, y esponiendo las razones en que se funda.

ART. 104. Dos dias á lo menos despues de presentado y leido el proyecto de ley se leerá por segunda yez, y el Congreso deliberara si se admite, ó no á discusion.

ART. 105. Admitido á discusion, si la gravedad del asunto requiriese a juicio del Congreso que pase previamente a una comision, se ejecutará así.

ART. 106. Cuatro dias á lo menos despues de admitido á discusion el proyecto, si no ha pasado á alguna comision, se leerá tercera vez, y se podrá señalar dia para abrir la discusion.

ART. 107. Llegado el dia señalado para la discusion, abrazara esta el proyecto en su totalidad, y en cada uno de sus artículos.

ART. 108. El Congreso decidirá cuando la materia está suficientemente discutida y decidido que lo está se resolverá si ha ó no lugar á la votacion.

ART. 109. Decidido que ha lugar á la votacion se procederá á ella inmediatamente, admitiendo, ó deshechando en todo, ó en parte el proyecto ó variandole, y modificandole segun las observaciones que se hayan hecho en la discusion.

ART. 110. La votacion se hará á pluralidad absoluta de votos, y para proceder á ella será necesario que se hayen presentes, á lo menos la mitad y uno mas de la totalidad de los diputados que deben componer el Congreso.

ART. 111. Si el Congreso desechare un proyecto de ley en cualquier estado de su ecsamen, ó resolviere que no debe procederse á la votacion no podrá volver á proponerse en el mismo año.

ART. 112. Si hubiere sido adoptado, se estenderá por duplicado en forma de ley, y se leerá en el Congreso, hecho lo cual, y firmados ambos originales por el presidente, y secretarios serán dirigidos inmediatamente al Gobernador.

ART. 113. El Gobernador, oido el consejo, dará dentro de diez dias la sancion por esta fórmula firmada de su mano: *Publiquese como ley*, ó la negará dentro el mismo término por la siguiente igualmente firmada: *Vuelva al Congreso*, acompañando en este caso una esposicion de las razones que ha tenido, para negarla.

ART. 114. Dada cuenta al Congreso con el ejemplar original de la ley en ambos casos se mandará archivar, quedando el duplicado en poder del Gobernador.

ART. 115. Si pasados los diez dias no hubiese dado, ó negado la sancion, por el mismo hecho se entenderá dada, y la dará en efecto.

ART. 116. Si el Gobernador devolviese el ejemplar negando la sancion, y con la esposicion referida no se volverá á tratar del mismo asunto en el Congreso de aquel año, pero podrá hacerse en el siguiente.

ART. 117. Si en el Congreso del siguiente año fuere de nuevo propuesto, admitido y aprobado por las dos terceras partes de votos el mismo proyecto, se presentera al Gobernador y este deberá sancionarlo, y publicar la ley.

ART. 118. Si antes de espirar el término de los diez dias en que el Gobernador debe devolver el proyecto de ley, llegare el dia en que el Congreso ha de terminar sus sesiones, el Gobernador dará ó negará la sancion en los cuatro primeros de las sesiones del siguiente Congreso; y pasado este término sin haberla dado, por esto mismo se entenderá dada, y la dará en efecto; pero si el Gobernador la negare, podrá el mismo Congreso discutir de nuevo el proyecto, observandose lo dispuesto en el articulo anterior.

ART. 119. Si despues de haber negado el Gobernador la sancion en un proyecto de ley, y pasadas dos legislaturas se reprodujere el mismo proyecto en los mismos términos, se tendrá por proyecto nuevo para los efectos indicados.

ART. 120. Si propuesto el proyecto dentro el término fijado en el articulo precedente fuere desechado por el Congreso, en cualquiera tiempo que se reproduzca despúes, se tendrá por un nuevo proyecto.

ART. 121. Las leyes se derogan con las mismas formalidades con que se establecen.

Capitulo 9.°

De la promulgacion de las leyes

ART. 122. Publicada la ley en el Congreso, se dará de ello aviso al gobernador para que se proceda inmediatamente á su promulgacion solemne.

ART. 123. El Gobernador para publicar las leyes usará de la formula siguiente: ciudadano N. Gobernador, á los habitantes del Estado, sabed: que el Congreso, observando los tramites prescriptos por la Constitucion, há decretado y el Poder ejecutivo sancionado lo siguiente – aqui el texto literal de la ley. – Por tanto mando á todos los habitantes del Estado que cumplan, y las autoridades hagan cumplir la presente ley en todas sus partes; y para que llegue á noticia de todos publiquese y circúlesel á quienes corresponda.

ART. 124. Todas las leyes, se circularán por el Gobernador á todos y cada uno de los tribunales, gefes y autoridades superiores que la circularán á los subalternos.

Capitulo 10

De la diputacion permanente del congreso

ART. 125. Antes de separarse el Congreso nombrará de su seno una diputacion que se llamará diputacion permanente del Congreso, compuesta de cinco individuos, ademas dos suplentes. Esta diputacion durará de una legislatura á otra.

ART. 126. Las facultades de esta diputacion son.

1.ª Velar sobre la observancia de la Constitucion y de las leyes para dar cuenta al inmediato Congreso de las infracciones que ha haya notado.

2.ª Convocar á Congreso estraordinario en los casos prescriptos por la Constitucion.

3.ª Desempeñar las funciones que se señalan en los articulos 88 y 89.

4.ª Pasar aviso á los diputados suplentes para que concurran en lugar de los propietarios, y si ocurriere el fallecimiento ó imposibilidad absoluta de propietarios y suplentes de un departmento comunicar las correspondientes órdenes al mismo para que proceda á nueva eleccion.

ART. 127. El Congreso estraordinario se compondrá de los mismos diputados que forman el ordinario durante los dos años de su diputacion.

ART. 128. La diputacion permanente del Congreso lo convocará con señalamiento de dia en los dos casos siguientos: 1.° cuando el Gobernador se imposibilitare de cualquier modo, en cayo caso esta autorizada la diputacion para tomar todas las medidas que estime convenientes á fin de asegurarse de la inhabilidad del Gobernador: 2.° cuando en circunstancias criticas, y por negocios arduos tuviere el Gobernador por conveniente que se congregue, y lo participare así á la diputacion permanente del Congreso.

ART. 129. El Congreso estraordinario no entenderá sino en el objeto para que ha sido convocado; y sus sesiones comenzarán y se termiarán con las mismas formalidades que las del ordinario.

ART. 130. La celebracion del Congreso estraordinario no estorbará la eleccion de los nuevos diputados en el tiempo prescrito.

ART. 131. Si el Congreso estraordinario no hubiere concluido sus sesiones en el dia señalado para la reunion del ordinario, cesará el primero en sus funciones, y el ordinario continuará el negocio para que aquel fué convocado.

ART. 132. La diputacion permanente del Congreso continará en las funciones que le estan señaladas en los articulos 88 y 89 en el caso comprendio en el articulo precedente.

TITULO IV

Del gobernador. De la responsabilidad del gobernador y de su autoridad

Capitulo 1.°

ART. 133. El Gobernador será responsable al Congreso de las órdenes que espida contra la Constitucion ó las leyes.

ART. 134. La potestad de hacer ejecutar las leyes reside esclusivamente en el Gobernador, y su autoridad se estiende á todo cuanto conduce á la conservacion del órden público en lo interior conforme a la Constitucion y a las leyes.

ART. 135. Ademas de la facultad de sancionar y promulgar las leyes corresponden al Gobernador como principales las siguientes:

1.ª Espedir los decretos, reglamentos é instrucciones que crea conducentes para la ejecucion de las leyes.

2.ª Cuidar de que en todo el Estado se administre pronta y cumplidamente la justicia.

3.ª Nombrar los magistrados de todos los tribunales á propuesta del consejo de Estado, y los jueces de primera instancia á propuesta de la junta electoral del departamento respectivo.

4.ª Proveer todos los empleos civiles y militares hasta coronel inclusive.

5.ª Presentar para el obispado á propuesta del consejo de Estado, y presentar para los curatos libremente á uno de los tres que le proponga el diocesano.

6.ª Disponer de la fuerza armada distribuyendola dentro del Estado como tuviere por mas conveniente con acuerdo del consejo de Estado á escepcion de que la necesidad sea tan urgente que no admita demora; en cuyo caso despues de tomada dará cuenta al consejo.

7.ª Decretar la inversion de los fondos destinados a cada uno de los ramos de la administracion pública.

8.ª Hacer al Congreso las propuestas de leyes ó de reformas que con acuerdo del consejo de Estado crea conducentes al bien público para que delibere en la forma prescrita.

9.ª Conceder el pase, ó retener los decretos conciliares y bulas pontificias con el consentimiento del Congreso, si contienen disposiciones generales, oyendo al consejo de Estado, si versan sobre negocios particulares ó gubernativos y st contienes puntos contenciosos pasando su conocimiento y decision al supremo tribunal de justicia, para que resuelva con arreglo a las leyes.

10. Nombrar y separar libremente los secretarios del despacho.

ART. 136. Las restricciones de la autoridad del Gobernador son las siguientes.

1.ª No puede el Gobernador impedir bajo de ningun pretesto la celebracion del Congreso en las epocas y casos señalados por la Constitucion, ni suspenderlo, ni disolverlo, ni en manera algun embarasar sus sesiones y deliberaciones. El Gobernador y los que le aconsejasen ó ausiliasen en cualquiera tentativa para estos actos son declarados traidores, y seran perseguidos como tales.

2.ª No puede el gobernador ausentarse del Estado sin consentimiento del Congreso, y si lo hiciere, se le tendrá por separado del mando.

3.ª No puede el Gobernador enagenar, ceder, renunciar ó en cualquiera manera traspasar á otro la autoridad que por la constitucion se le concede.

4.ª No puede el Gobernador ceder ni enagenar los bienes del Estado sin Consentimiento del Congreso.

5.ª No puede el Gobernador imponer por sí directa ni indirectamente contribuciones, ni hacer pedidos bajo cualquiera nombre ó para cualquier objeto que sea, sino que siempre los ha de decretar el Congreso.

6.ª No puede el Gobernador conceder privilegio esclusivo á persona ni corporacion alguna.

7.ª No puede el Gobernador tomar la propiedad de ningun particular ni corporacion ni turbarle en la posesion uso y aprovechamiento de ella; y si en algun caso fuere necesario para algun objeto de conocida utilidad comun tomar la propiedad de un particular, no lo podrá hacer sin que al mismo tiempo se indemnizado y se le dé el buen cambio á bien vista de hombres buenos, oyendo al consejo.

8.ª No puede el Gobernador privar á ningun individuo de su libertad, ni imponerle por si pena alguna. El Gobernador que diere la órden, el secretario que la firme, y cualquiera que la ejecute, serán responsables al Estado y castigados como reos de atentado contra la libertad individual.

Solo en el caso de que el bien y seguridad del Estado escijan el arresto de alguna persona podrá el Gobernador espedir órdenes al efecto; pero con la condicion de que dentro de cuarenta y ocho horas deberá hacerla entregar á disposicion del tribunal ó juez competente.

Art. 137. El Gobernador para tomar posesion del mando, se presentara en el Congreso y prestará juramento en las manos del presidente en la forma siguiente que leerá uno de los secretarios: ¿Jurais por Dios y por los santos Evangelios guardar, y hacer guardar la Constitucion general de los Estados, y la partícular de esto, y las leyes, no mirando en cuanto hiciereis sino al bien y provecho del Estado: que no, escijireis jamas cantidad alguna de frutos, dinero ni otra cosa, sino las que hubiere decretado el Congreso: que no tomareis jamas á nadie su propiedad, y que respetareis sobre todo la libertad politica del Estado y la personal de cada individuo? Si asi lo hiciereis, Dios os lo premie, y si no os lo demande, siendo ademas responsable al Estado.

Capitulo 2.°

De la eleccion del gobernador y del vice-gobernador, y de la duracion de su encargo

Art. 138. Cada dos años se nombrará un Gobernador y un Vice Gobernador que estando legitimamente impedido el primero á juicio del Congreso ó de la Diputacion permanente haga sus veces.

Art. 139. Las juntas electorales de departamento que se celebraren al cumplirse el bienio, ó antes en caso de vacante, despues de elegir los diputados al Congreso, al dia siguinte formarán una terna de los tres individuos que á pluralidad absoluta de votos consideren mas idoneos para desempeñar el alto encargo de Gobernador del Estado.

Art. 140. Acto continuo procederá la junta electoral á formar la terna Vice-Gobernador.

Art. 141. Concluidas las dos elecciones se sacará inmediatamente copia del acta que subscribiran todos los electores, y la enviárá su presidente por estraordinario al de la Diputacion permanente del Congreso, espresandose en el sobre, ser la eleccion de Gobernador, y Vice-Gobernador.

ART. 142. El Presidente de la Diputacion permanente, sin abrir estos pliegos, reunirá inmediatamente y sin perdida de momento á los diputados del Congreso que deben continuar el año siguiente, los que en caso de vacante del gobierno deberán estar reunidos en la capital un mes antes del dia señalado para la instalacion del Congreso.

ART. 143. El presidente de la Diputacion permanente citará igualmente á los consejeros de Estado, señalando a unos y otros el dia, hora y lugar de su reunion, que deberá ser en la sala del Congreso.

ART. 144. Reunidos los individuos de la Diputacion permanente, los diputados que deben continuar el año siguiente, los consejeros de Estado, haciendo de presidente y secretarios los de la Diputacion, se procederá al nombramiento de cuatro escrutadores de entre los concurrentes á pluralidad absoluta de votos.

ART. 145. Nombrados los escrutadores se preseatarán serrados los pliegos que contengan las actas de las ternas, y asegura los los que compongan la junta de estar intactos, se abrirán y leerán por uno de los secretarios en voz alta.

ART. 146. Leidas las actas, se entregarán para su ecsamen al presidente y escrutadores, y una copia de las ternas á cada uno de los que componen la junta, firmada por el presidente y secretarios.

ART. 147. Reunida la junta al tercer dia se leerá el informe de la indicada comision, y si hubiere hablado reparo que oponer á alguna de las actas, ó á los propuestos en las ternas por defecto de alguna de las calidades requeridas, la junta resolverá definitivamente continuo lo que le paresca, y lo que se resolviere se ejecutará sin recurso.

ART. 148. En seguida se procederá á la eleccion de entre los propuestos en las ternas, y quedará electo el que reuniese la pluralidad absoluta de votos; en caso de empate se tendrá por electo el propuesto por el mayor número de departamento; y si ambos hubieren sido propuestos por igual número de departamentos, decidirá la suerte.

ART. 149. Con las mismas formalidades y al mismo tiempo se hará la eleccion del Vice-Gobernador.

ART. 150. Concluido este acto pasarán con la debida solemnidad á la catedral á asistir al *Te Deum.*

ART. 151. Verificada la eleccion, el presidente enviará cópia del acta firmada por el y los secretarios al Gobernador y Vice-Gobernador nombrados, previniendoles se presenten al dia siguiente de la instalacion del Congreso á prestar el correspondiente juramento, desde cuyo acto empezará á fungir el Gobernador.

ART. 152. Al principio de cada gobierno señalará el Congreso la dotacion que deba gozar el Gobernador: la misma disfrutara el Vice Gobernador, el tiempo en que fungiere.

ART. 153. Para ser Gobernador ó Vice Gobernador se requiere ser ciudadano en el ejercicio de sus derechos, mayor de treinta años, quedando escluidos los estrangeros aunque tengan carta de ciudadano.

ART. 154. Para hacer efectiva la responsabilidad del Gobernador, decretará ante todas cosas el Congreso que ha lugar á la formacion de causa.

ART. 155. Dado este decreto, quedará suspenso el Gobernador, y el Congreso remitirá al tribunal supremo de justicia todos los documentos concernientes á la causa que haya de formarse por el mismo tribunal, quien la sentenciará y decidirá con arreglo á las leyes.

Capitulo 3.°

De los secretarios del gobernador

ART. 156. El Congreso determinará el número de secretarios del Gobernador, los que deberán ser ciudadanos en el ejercicio de sus derechos y haber nacido en el Estado: aprobará los reglamentos que deban regir las secretarias, y asignará los negocios de sus atribuciones respectivas.

ART. 157. Todas las órdenes del Gobernador deberán ir firmadas por el secretario del ramo á que el asunto corresponda. Ningun tribunal ni persona pública dara cumplimiento á la órden que caresca de este requisito.

ART. 158. Los secretarios serán responsables al Congreso de las órdenes que autoricen contra la Constitucion ó las leyes, y esta responsabilidad se hara efectiva en los términos prevenidos en los articulos 154 y 155.

ART. 159. Los secretarios formarán los presupuestos anuales de los gastos de la administracion pública que se estime deban hacerse por su respectivo ramo, incluyendo el de lo politico el cupo del Estado para los gastos generales de la nacion, y rendiran cuentas de los que se hubieren hecho en el Estado en el modo que se espresara.

ART. 160. El Congreso señalará el sueldo que deban gozar los secretarios del despacho durante su encargo.

Capitulo 4.°

Del consejo de estado

ART. 161. Habrá un consejo de Estado compuesto de seis individuos que sean ciudadanos en el ejercicio de sus derechos y mayores de cincuenta años, ciudando esciuidos los estrangeros, aunque tengan carta de ciudadano.

ART. 162. Todos los consejeros de Estado serán nombrados por el Gobernador á propuesta del Congreso.

ART. 163. Para esta propuesta enviará cada junta electoral de departamento una terna proponiendo para cada plaza del consejero tres individuos de cualquier parte del Estado, los que le parezcan mas aproposito: reunidas las ternas en el Congreso, formará este una para cada consejero, la que pasará al Gobernador para que de los tres elija con libertad.

ART. 164. El Gobernador oirá el dictamen del consejo de Estado en los asuntos graves gubernativas, y señaladamente para dar ó negar la sanción á las leyes.

ART. 165. El Gobernador formará un reglamento para el gobierno del consejo de Estado; oyendo previamente al mismo y se presentara al Congreso para su aprobación.

ART. 166. Los consejeros de Estado no podrán ser removido sin causa justificada ante el tribunal supremo de justicia.

ART. 167. El Congreso señalará el sueldo que deban gozar los consejeros de Estado.

ART. 168. Los consejeros de Estado al tomar posesion de sus plazas harán en manos del Gobernador el juramento de guardar la Constitucion general de la confederacion y la particular del Estado, y aconsejarle lo que entendieren ser conducente al bien público sin miras particulares ni intereses privados.

TITULO V

De los tribunales, y de la administracion de justicia en lo civil y criminal

Capitulo 1.°

De los tribunales

ART. 169. La potestad de aplicar las leyes en las causas civiles y criminales pertenece esclusivamente a los tribunales.

ART. 170. Ni el Congreso ni el Gobernador podrán ejercer en ningun caso las funciones judiciales, avocar causas pendientes, ni mandar abrir los juicios fenecidos.

ART. 171. Las leyes señalarán el órden y las formalidades del proceso, que séran uniformes en todos los tribunales, y ni el Congreso ni el Gobernador podrán dispensarlas.

ART. 172. Los tribunales no podrán ejercer otras funciones que las de juzgar y hacer que se ejecute lo juzgado.

ART. 173. Tampoco podrán suspender la ejecucion de las leyes ni hacer reglamento alguno para la administracion de justicia.

ART. 174. Ningun yucateco podrá ser juzgado en causas civiles ni criminales por ninguna comision; sino por el tribunal competente, determinado anteriormente por la ley.

ART. 175. En los negocies comunes, civiles y criminales no habrá mas que un solo fuero para toda clase de personas.

ART. 176. Para ser nombrado magistrado ó juez se requiere haber nacido en el territorio de alguno de los estados de la federacion y ser mayor de veinte y cinco años. Las demas calidades que respectivamente deban estos tener serán determinadas por las leyes.

ART. 177. Los magistrados y jueces no podrán ser depuestos de sus destinos, sean temporales ó perpetuos, si no por causa legalmente probada y sentenciada, ni suspendidos sino por acusacion legalmente intentada.

ART. 178. Si al Gobernador llegaren quejas contra algun magistrado, y formado espediente parecieren fundadas. podrá, oido el consejo de Estado suspenderlo haciendo pasar inmediatamente el espediente al supremo tribunal de justicia para que juzgue con arreglo a las leyes.

ART. 179. Toda falta de observancia de las leyes que arreglan el proceso en lo civil y en lo criminal hace responsables personalmente á los jueces que cometieren.

ART. 180. El soborno el coecho y la prevaricacion de los magistrados y jueces producen accion popular contra los que os cometan.

ART. 181. La sentencia en toda causa civil ó criminal deberá contener la espresion del hecho segun resulte del proceso, el testo de la ley en que se funde y á que se arreglara literalmente.

ART. 182. El código civil y criminal y el del comercio interior serán unos mismos para todo el Estado.

ART. 183. Habrá en la capital un tribunal que llamará supremo tribunal de justicia. El Congreso determinara el numero de magistrados qué han de componerle, y señalar su dotacion.

ART. 184. Toca á este supremo tribunal.

1.° Juzgar al Gobernador y secretarios del despacho cuando el congreso decretare que ha lugar á la formacion de causa.

2.° Conocer de todas las causas de separacion y suspension de los consejeros de Estado y de los magistrados de segunda y tercera instancia.

3.° Conocer de las causas criminales que se promuevan contra los individuos de este supremo tribunal. Si llegare el caso en que sea necesario hacer efectiva la responsabilidad de este supremo tríbunal, el Congreso previa la formalidad establecida en el artículo ciento cincuenta y cuatro, procedera á nombrar para este fin un tribunal compuesto de nueve jueces que seran elegidos por suerte de entre todos los diputados del Congreso.

4.° Conocer de la residencia de todo empleado público que esté sujeto á ella por disposicion de las leyes.

5.° Conocer los recursos de nulidad que se interpongan contra las sentencias dadas en última instancia para el preciso efecto de reponer el proceso devolviendolo, y hacer efectiva la responsabilidad de que trata el articulo ciento setenta y nueve.

6.° Oir las dudas de los demas tribunales sobre la inteligencia de alguna ley, y consultar sobre ellas al Gobernador con los fundamentos, que hubiere para que promueva la conveniente deliberacion en el Congreso.

7.° Ecsaminar las listas de las causas civiles y criminales que debe remitirle el tribunal de tercera instancia para promover la recta administracion de justicia, pasar cópias de ellas para el mismo efecto al Gobernador, y disponer su publicacion por medio de la imprenta.

ART. 185. Pertenecerá á los tribunales de segunda, y tercera instancia conocer en su respectivo grado todas las causas civiles de los juzgados inferiores del Estado, y lo mismo las criminales segun lo determinen las leyes, y tambien de las causas de suspension y separacion de los jueces inferiores en el modo que prevengan las leyes, dando cuenta al gobierno.

ART. 186. Pertenecerá tambien á los mismos tribunales conocer de las competencias entre todos los jueces subalternos.

ART. 187. Les pertenecerá asi mismo conocer en su respectivo grado de los recursos de fuerza que se introduzcan de los tribunales y autoridades ecleciasticas.

ART. 188. Corresponderá tambien al tribunal de segunda instancia recibir de todos los jueces subalternos avisos puntuales de las causas que se formen por delitos, y listas de las causas civiles y criminales pendientes en su juzgado con espresion del Estado de unas y otras á fin de promover la mas pronta administracion de justicia, las que con el mismo objeto trasladará con otra de las pendientes en su tribunal al de tercera instancia.

ART. 189. El tribunal de tercera instancia remitirá al fin de cada año al supremo tribunal de justicia listas esactas de las causas civiles, y cada seis meses de las criminales asi fenecidas como pendientes en su tribunal con espresion del Estado que estas tengan incluyendo las que haya recibido del tribunal de segunda instancia.

ART. 190. Se establecerán partidos proporcionalmente iguales, y en cada cabeza de partido habra un juez de primera instancia cuya dotacion señalara el Congreso.

ART. 191. Las facultades de estos jueces se limitarán precisamente á lo contencioso, y las leyes determinarán las que han de pertenecerles en la capital y pueblos de su partido, como tambien hasta de qué cantidad podran conocer en los negocios civiles sin apelacion.

ART. 192. En todos los pueblos se establecerán alcaldes y las leyes determinaran la estencion de sus facultades asi en lo contencioso como en lo economico.

ART. 193. Todos los jueces de los tribunales inferiores deberán dar cuenta al de segunda instancia, á mas tardar dentro de tercero dia, de las causas que se formen por delitos cometidos en su territorio, y despues continuarán dando cuenta de su estado mensualmente, ó antes si asi lo previene el mismo tribunal superior.

ART. 194. Deberán asi mismo remitir al tribunal de segunda instancia lista generales cada seis meses de las causas civiles, y cada tres de las criminales que pendieren en sus juzgados con espresion de su estado.

ART. 195. Los magistrados, y jueces, al tomar posesion de sus plazas juraran guardar la Constitucion, observar las leyes y administrar imparcialmente la justicia.

Capitulo 2.°

De la administracion de justicia en lo civil

ART. 196. No se podrá privar á ningun yucateco del derecho de terminar sus diferencias, por medio de jueces árbitros elegidos por ambas partes.

ART. 197. La sentencia que dieren los árbitros se ejecutará si las partes al hacer el compromiso no se hubieren reservado el derecho de apelar.

ART. 198. El alcalde de cada pueblo ejercerá en él el oficio de conciliador, y el que tenga que demandar por negocios civiles ó por injurias deberá presentarse á él con este objeto.

ART. 199. El alcalde con dos hombres buenos nombra dos uno por cada parte oirá al demandante y al demandado, se enterara de las razones en que respectivamente apoyen su intencion, y tomara, oido el dictamen de los dos asociados, la providencia que le parezca propia para el fin de terminar el litigio sin mas progreso, como se terminará en efecto si las partes se àquietan con esta desision estrajudicial.

ART. 200. Sin hacer constar que se ha intentado el medio de la conciliacion no se entablara pleito ninguno.

ART. 201. En todo negocio, cualquiera que sea su cuantía. habrá lo mas tres instancias y tres sentencias difinitivas pronunciadas en ella. La ley determinará, atendida la entidad de los negocios y la naturaleza y calidad de los diferentes juicios, que sentencía ha de serla que en cada uno deba causar ejecutoria.

Capitulo 3.°

De la administracion de justicia en lo criminal

ART. 202. Las leyes arreglarán la administracion de justicia en lo criminal, de manera que el proceso sea formado con brevedad y sin vicios á fin de que los delitos sean prontamente castigados.

ART. 203. Ningun yucateco podrá ser preso sin que preceda informacion sumaria del hecho por el que merezca segun la ley ser castigado con pena corporal, y asi mismo un mandamiento del juez por escrito, que se le notificara en el acto mismo de la prision.

ART. 204. Toda persona deberá obedecer estos mandamientos y cualquiera resistencia sera reputada delito grave.

ART. 205. Cuando hubiere resistencia, ó se temiere la fuga se podrá uzar de la fuerza para asegurar la persona.

ART. 206. El arrestado antes de ser puesto en prision sera presentado al juez siempre que no haya cosa que lo estorbe para que le reciba declaracion: mas si esto no pudiere verificarse, se le conducerá, la carcel en calidad de detenido, y el juez le recibirá la declaracion dentro de las veinte y cuatro horas.

ART. 207. La declaracion del arrestado será sin juramento, que a nadie ha de tomarse en materias criminales sobre hecho propio.

ART. 208. En fraganti todo delincuente puede ser arrestado, y todos pueden arrestarle, y conducirle á la presencia del juez: presentado ó puesto en custodìa se procedera en todo como se previene en los dos articulos precedentes.

ART. 209. Si se resolviere que el arrestado se le ponga en la carcel, ó que permanezca en ella en calidad de preso, se proveerá auto en que se refiera con claridad el hecho que motiva su prision, y se copie el festo la ley que por él impone pena corporal: de este autò se entregará copia al alcalde, para que la insete en el libro de presos, sin cuyo requisito no admitira el alcalde ningun preso en calidad de tal, bajo la mas estrecha responsabilidad.

ART. 210. Solo se hará embargo de bienes, cuando se proceda por delitos que lleven consigo responsabilidad pecuniaria y en proporcion á la cantidad á que esta pueda estenderse.

ART. 211. No será llevado á la carcel el que dé fiador en los casos en que la ley no prohiba espresamente que se admita la fianza.

ART. 212. En cualquier estado de la causa que aparesca que no puede imponerse al preso pena corporal, sé le pondrá en libertad dando fianza.

ART. 213. Se dispondrán las carceles de manera que sirvan para asegurar, y no para molestar á los presos. Asi el alcaide tendrá á estos en buena custodia, y separados los que el juez mande tener sin comunicacion, pero nunca en calabozos subterraneos y mal sanos.

ART. 214. La ley determinará la frecuencia con que ha de hacerse la visita de carceles, y no habrá preso alguno que deje de presentarse á ella bajo de ningun pretesto.

ART. 215. El juez y el alcaide que faltaron á lo dispuesto en los articulos precedentes, serán castigados como reos de detencion arbitraria, la que sera comprendida como delito en el código crimínal.

ART. 216. Dentro de las veinte y cuatro horas se manifestará al tratado como reo la causa de su prision el nombre de su acusador si lo hubiere.

ART. 217. Al tomar la confesion al tratado como reo, solo leeran integramente todos los documentos y las declaraciones de los testigos con los nombres de estos, y si por ellos no los conociere se le darán cuantas noticias pida para venir en conocimiento de quienes son.

ART. 218. El proceso de alli en adelante será público en el modo y forma que determinen las leyes.

ART. 219. No se usará nunca del tormento ni de los apremios, ni se impondrá la pena de confiscacion de bienes.

ART. 220. Ninguna pena que se imponga por cualquiera delito que sea ha de ser trascendental por termino ninguno á la familia del qué la sufre, sino que tendrá todo su efecto precisamente sobre el que la mereció.

ART. 221. No podrá ser allanada la casa de ningun yucateco sino en los casos que determine la ley para, el buen, órden y seguridad del Estado.

ART. 222. Publicado el código penal, se establecerá la distincion entre los jueces del hecho, y del derecho en la forma que el Congreso juzgare conducente.

TITULO VI

Del gobierno interior de los departamentos y de los pueblos

Capitulo 1.°

De los ayuntamientos

ART. 223. Para el gobierno interior de los pueblos habrá ayuntamientos compuestos del alcalde ó alcaldes: egidors y procurador sindicos presididos por el Gefe politico donde los hubieren y en su defecto por el alcalde ó el primer nombrado entre estos si hubiere dos.

ART. 224. Se pondrá ayuntamiento en los pueblos que no le tengan y en que convenga le haya, no podiendo dejar de haberle en los que por sí y con su comarca lleguen á dos mil almas, y tambien se les señalará termino correspondiente.

ART. 225. En los pueblos de menor poblacion cualquiera que se esta habrá por lo menos un alcalde un regidor y un procurador.

ART. 226. Las leyes determinarán el numero de individuos de cada clase de que han de componerse los ayuntamientos de los pueblos con respecto á su vecindario.

ART. 227. Todos los años en el mes de diciembre se reunirán los ciudadanos de cada pueblo para elegir á pluridad de votos con proporsion á su vecindario determinado número de electores que residan en el mismo pueblo y esten en el ejercicio de los derechos de ciudadano.

ART. 228. Los electores nombrarán en el mismo mes á pluralidad absoluta de votos el alcalde, ó alcalde, regidores y procurador, ó procuradores sindicos para que entren á ejercer sus cargos el primero de enero del siguiente año.

ART. 229. Cada año se mudarán los alcaldes, los regidores por mitad, y lo mismo los procuradores sindicos donde haya dos: si hubiere solo uno se mudará todos los años.

ART. 230. El alcalde, regidor y procurador sindico de los pueblos menores de que trata el articulo 225, se renovará todos los años del mismo modo que los ayuntamientos.

ART. 231. El que hubiere ejercido cualquiera de estos cargos no podrá volver á ser elegido para ninguno de ellos sin que pasen por lo menos dos años, donde el vecindario lo permita.

ART. 232. Para ser alcalde, regidor, ó procurador sindico ademas de ser ciudadano en el ejercicio de sus derechos, se requiere ser mayor de veinte y cinco años con cinco á lo menos de vecindad. y residencia en el pueblo, y saber leer y escribir. Las leyes determinaran las demas calidades que han de tener estos empleados.

ART. 233. No podrá ser alcalde, regidor ni procurador sindico ningun empleado público de nombramiento del gobierno que esté en ejercicio, no entendiendose comprendidos en esta regla los que sirvan en las milicias nacionales

ART. 234. Todo los emleos municipales referidos serán carga consejil de que nadie podrá escusarse sin causa legal.

ART. 235. Habrá un secretario en todo ayuntamiento elegido por este á pluralidad absoluta de votos y dotado de los fondos del comun.

ART. 236. Estará á cargo de los ayuntamientos.

1.° La policia de salubridad y comodidad.

2.° Ausiliar al alcalde en todo lo que pertenzca á la seguridad de las personas y biennes de los vecinos, y á la conservacion del orden público.

3.° La administracion é inversion de los caudales de propios y arbitrios conforme á las leyes y reglamentos con el cargo de nombrar depositario bajo responsabilidad de los que los nombren.

4.° Hacer el repartimiento, y recaudacion de las contribuciones y remitirlas á la tesoreria respectiva.

5.° Cuidar de todas las escuelas de primeras letras, y de los demas establecimientos de educacion que se paguen de los fondos del comun.

6.° Cuidar de los hospitales, hospicios, casas de espositos, y demas establecimientos de beneficencia bajo las reglas que se prescriban.

7.° Cuidar de la construccion y reparacion de los caminos, calzadas, puentes y carceles de los montes y plantios del comun, de todas las obras públicas de necesidad, utilidad y ornato.

8.° Formar las ordenanzas municipales del pueblo, y presentarlas al Congreso para su aprobacion por medio de la diputacion departamental, que las acompañará con su informe.

9.° Promover la agricultura, la industria y el com ercio segun la localidad y circunstancias de los pueblos y cuanto les sea util y beneficioso.

ART. 237. Si se ofrecieren obras ú otros objetos de utilidad comun, y por no ser suficientes los caudales de propios fuere necesario recurrir á arbitrios, no podrán imponerse estos sino obteniendo por medio de la diputacion departamental la aprobacion del Congreso. Estos arbitrios se administrarán en todo como los caudales de propios.

ART. 238. Los ayuntamientos desempeñarán todos estos encargos bajo la inspeccion de la diputacion departamental, á quien rendirán cuenta documentada cada año de los caudales públicos que haya recaudado, é invertido.

Capitulo 2.°

Del gobierno politico de los departamentos

ART. 239. El gobierno político de los departamentos residirá en el gefe nombrado por el Poder ejecutivo en cada uno de ellos.

ART. 240. En cada departamento habrá una diputacion llamada departamental, para promover su prosperidad, presidida por el Gefe politico.

ART. 241. Se compondrá esta diputacion del presidente y de cuatro individuos elegidos en la forma que se dirá los que se renovarán cada año por mitad.

ART. 242. La eleccion de estos individuos se hará por los electores de partido al tercer dia de haber nombrado los diputados al Congreso, por el mismo orden con que estos se nombran.

ART. 243. Al mismo tiempo, y en la misma forma se nombrarán dos suplentes para cada diputacion.

ART. 244. Para ser individuos de la diputacion departamental se requiere ser cuidadano en el ejercicio de sus derechos, mayor de veinte y cinco. años, casado, natural, ó vecino del departamento con residencia á lo menos de siete años, y que tenga lo suficiente para mantenerse con decencia, y no podrá serlo ninguno de los empleados de nombramiento del gobierno de que trata el articulo 233.

ART. 245. Para que una misma persona pueda ser elegida segunda vez, deberá haber pasado á lo menos el tiempo de dos años despues de haber cesado en sus funciones.

ART. 246. Cuando el Gefe politico del departamento no pudiere presidir la diputacion la presidirá el vocal primer nombrado.

ART. 247. La diputacion nombrará un secretario dotado de los fondos publicos del departamento.

ART. 248. Tendrá la diputacion en cada año á lo menos sesenta dias de sesiones distribuidas en las épocas que mas convenga, debiendo estar reunida para primero de octubre.

ART. 249. Tocará estas diputaciones.

1.° Intervenir y aprobar el repartimiento hecho a los pueblos de las contribuciones que hubieren cabido al departamento.

2.° Velar sobre la buena inversion de los fondos públicos de los pueblos, y ecsaminar sus cuentas para que con su visto bueno recaiga la aprobacion superior, cuidando de que en todo e observen esactamente las leyes, y reglamentos.

3.° Cuidar de que se establezcan ayuntamientos donde corresponda los haya conforme a lo prevenido en los articulos 223 y 225.

4.° Si se ofrecieren obras nuevas de utilidad comun del departamento, ó la reparacion de las antiguas, proponer al Gobierno los arbitrios que crea [?] mas convenientes para su ejecucion á fin de obtener el correspondiente permiso del Congreso.

5.° Para la recaudacion de los arbitrios de la diputacion nombrará bajo su responsabilidad depositario; y las cuentas de la inversion ecsaminadas por la diputacion se remitiran al Gobierno para que las haga reconocer y glosar, y finalmente las pase al Congreso para su aprobacion.

6.° Promover la educacion de la juventud conforme a los planes aprobados, y fomentar la agricultura, la industria y el comercio protejiendo a los inventores de nuevos descubrimientos en cualquiera de estos ramos.

7.° Dar parte al Gobierno de los abusos que nacen en la administracion de las rentas públicas.

8.° Formar el censo y la estadistica del departamento.

9.° Cuidar de que los establecimientos piadosos y de beneficencia llenen su respectivo objeto, proponiendo al Gobierno las reglas que estimen conducentes para la reforma.

10.° Dar parte al Congreso de las infracciones de Constitucion que se noten en el departamento.

ART. 250. Si alguna diputacion abusare de sus facultades, podrá el Gobernador suspender a los vocales que la componen dando parte al Congreso de esta disposicion y de los motivos de ella para la determinacion que corresponda: durante la suspension entrarán en funciones los suplentes.

ART. 251. Todos los individuos de los ayuntamientos y de las diputaciones de departamento al entrar en el ejercicio de sus funciones prestaran aquellos en manos del Gefe politico donde lo hubiere, ó en su defecto del alcalde que fuere primer nombrado, y estos en la del mismo gefe, de guardar la Constitucion politica del Estado, observar las leyes y cumplir religiosamente las obligaciones de su cargo.

TITULO VII

De las contribuciones

Capitulo Unico

ART. 252.[2] El Congreso establecerá ó confirmará anualmente las contribuciones, sean directas ó indirectas, generales, departamentales ó municipales, subsistiéndo las antiguas hasta que se publique su derogacion.

ART. 253. Las contribuciones se repartirán entre todos los yucatecos con proporcion á sus facultades, sin escepcion ni privilegio alguno.

ART. 254. Las contribuciones serán proporcionales á los gastos que se descreten por el Congreso para el servicio público en todos los ramos.

ART. 255. Para que el Congreso pueda fijar los gastos en todos los ramos del servicio público y las contribuciones que deban cubrirlos, el secretario de hacienda le presentará, luego que esté reunido, el presupuesto general de los que se estimen precisos, recogiendo de cada una de las demas secretarias del despacho el respectivo á su ramo.

ART. 256. El mismo secretario de hacienda presentará con el presupuesto de gastos el plan de las contribuciones que deban imponerse para llenar los.

ART. 257. Si el gobernador pareciere gravos ó perjudicial alguna contribucion, lo manifestará al Congreso por su secretario presentando al mismo tiempo la que crea mas conveniente sustituir.

ART. 258. Fijada la cuota de la contribucion directa, el Congreso aprobará el repartimeinto de ella entre los departamentos, á cada uno de los cuales asignará el cupo correspondiente á su riqueza, para lo que el secretario del Gobierno presentará tambien los presupuestos necesarios.

ART. 259. Habrá una tesoreria general para todo el Estado á la que tocará disponer de todos los productos de cualquiera renta destinada al servicio público.

ART. 260. Habrá en cada departamento una tesoreria á cargo del Gefe politico en la que entrarán todos los caudales que en él se recauden para el erario público. Estas tesorerias estarán en correspondencia con la general, á cuya disposicion tendran todos sus fondos.

ART. 261. Ningun pago se admitirá en cuenta al tesorero general, sino se hiciere en virtud de decreto del Gobernador refrendado por su secretario en el que se espresen el gasto que se destino su importe, y el decreto del Congreso con que este se autorice.

ART. 262. La cuenta de la tesoreria general que comprenderá el rendimiento anual de todas las contribuciones y rentas, y su inversion luego que reciba la aprobacion final del Congreso se imprimirá, publicara y circulará á las diputaciones de departamento y á los ayuntamientos. Lo mismo se hará con la que rinda el secretario del Gobierno de los gastos hechos en cada ramo.

ART. 263. El manejo de la hacienda pública será siempre independiente de toda otra autoridad que aquella á la que está encomendada.

DE LA FUERZA MILITAR DEL ESTADO

TITULO VIII

De las milicias nacionales

Capitulo Unico

ART. 264. Habrá cuerpos de milicia activa para la conservacion del órden interior, cuyo servicio no será continuo, y solo tendrá lugar cuando lo ecsijan las circunstancias.

ART. 265. En caso necesario podrá el Gobernador disponer de esta fuerza distribuyendola como mas convenga con dictamen del consejo de Estado.

TITULO IX

De la instruccion publica

Capitulo Unico

ART. 266. En todos los pueblos del Estado se establecen escuelas de primeras letras, en las que se enseñará á los niños á leer, escribir y contar, y el catecismo de la religion catolica, que comprederá tambien una breve esposicion de las obligaciones civiles.

ART. 267. Asi mismo se arreglarán y crearán los establecimientos de instruccion que se juzgaren convenientes para la enseñanza de todas las ciencias, literatura y bellas artes.

ART. 268. En todos los establecimientos donde se enseñen las ciencias eclesiasticas, y politicas, deberá esplicarse la Constitucion politica del Estado y la general de la nacion.

ART. 269. El Congreso por medio de planes y estatutos especiales arreglará cuanto pertenezca al importante objeto de la instruccion pública.

ART. 270. Todos los yucatecos tienen libertad de esribir, imprimir y publicar sus ideas, sin necesidad de licencia revision ó aprobacion alguna, anterior á la publicacion bajo las responsabilidades que establezcan las leyes.

TITULO X

De la observancia de la constitucion y modo de proceder para hacer variaciones en ella

Capitulo Unico

ART. 271. El Congreso en sus primeras sesiones tomará en consideracion las infracciones de la Constitucion que se le hubieren hecho presentes para poner el conveniente remedio, y hacer efectiva la responsabilidad de los que hubieren contravenido á ella.

ART. 272. Todo yucateco tiene derecho de representar al Congreso ó al Gobernador para esclamar la observancia de la Constitucion.

ART. 273. Toda persona que ejerza cargo público civil, militar ó eclesiastico prestará juramento al tomar posesion de su destino de guardar la Constitucion y desempeñar debidamente su encargo.

ART. 274. Hasta pasados cinco años despues de hallarse puesta en practica la Constitucion en todas sus partes, no se podrá proponer alteracion, dicion ni reforma en ninguno de sus articulos.

ART. 275. En los demas casos para hacer cualquiera alteracion, adicion ó reforma en la Constitucion será necesario que la diputacion que haya de decretarla definitivamente venga autorizada con poderes especiales hara este objeto.

ART. 276. Cualquiera proposicion de reforma en algun articulo de la Constitucion deberá hacerse por escrito, y ser apoyada, y firmada por ocho diputados, entre los que habrá á los menos uno de cada departamento.

ART. 277. La proposicion de reforma se leerá por tres veces, con el intervalo de seis dias de una á otra lectura, y despues de la tercera se deliberará si ha lugar á admitirla á discusion.

ART. 278. Admitida á discusion, se procederá en ella bajo las mismas formalidades y tramites que se prescriben para la formacion de las leyes, despues de los cuales se propondrá á la votacion si ha lugar a tratarse de nuevo en el siguiente Congreso: y para que asi quede declarado deberan convneir las dos terceras partes de los votos.

ART. 279. El Congreso siguiente previas las mismas formalidades en todas sus partes podrá declarar conviníendo en ello las dos terceras partes de votos que ha lugar al otorgamiento de poderes especiales para hacer la reforma.

ART. 280. Hecha esta declaracion se publicará y comunicará á los departamentos, y no podrá volver á tratarse del punto hasta que todos los diputados del Congreso tengan los poderes especiales.

ART. 281. Estos serán otorgados por las juntas electorales de departamento al tiempo de las elecciones añadiendo á los poderes ordinarios la clausula siguiente.

A si mismo les otorgarán poder especial para hacer en la Constitucion la reforma de que trata el decreto del Congreso cuyo tenores el siguiente (aquí el decreto literal). Todo con arreglo á lo, prevenido por la misma Constitucion. Y se obligan á conocer y tener por constitucional lo que en su virtud estblecieren.

ART. 282. La reforma propuesta se discutirá de nuevo, y si fuere aprobada por las dos terceras partes de diputados, pasará á ser ley constitucional, como tal se publicará en el Congreso, y se presentará al Gobernador para que le haga públicar, y circular á todas las autoridades y pueblos del Estado. Merida 15 de noviembre de 1823. 1.° de la Republica federativa. – Moreno. – Souza. – Estrada. – Almerda. – Me subscribo a la mayor parte; mas no al todo del proyecto. – Francisco Genaro Cicero. – En los mismos terminos que el antecede. – José Tiburcio Lopez.

---

[1] Editado según *Proyecto de constitucion politica de la Republica de Yucatan. Presentado a su Congreso constituyente en 15 de noviembre de 1823. Mandado imprimir con el Objeto de que se hagan sobre el las observaciones convenientes.* San Juan: Oficina imparcial en servicio del Estado, á cargo del ciudadano Juan Rivera, 1823, 80p.

Para un manifiesto preliminar (p. I–VII) véase la página de internet: www.modern-constitutions.de.

Este proyecto sirvió como basis para la constitución del estado de 1825.

[2] Erróneamente 152 en el impreso original.

Constitución del estado de Yucatán (1825)

Constitucion Politica del Estado Libre de Yucatan[1]

SANCIONADA por su Congreso constituyente en 6 de abril de 1825.

EL GOBENADOR DEL ESTADO libre de Yucatán á todos sus habitantes, SABED: Que el Congreso constituyente del mismo Estado ha decretado y sancionado la siguiente Constitucion política para su gobierno interior.

EN el nombre de Dios todopoderoso, autor y supremo legislador de la sociedad. El Congreso constituyente del Estado de Yucatan, en desempeño de los deberes que le han impuesto sus comitentes y con el fin de establecer conforme á la voluntad general una forma de gobierno que promueva y asegure su felicidad, acuerda, decreta y sanciona la presente Constitucion.

CAPITULO I

Del Estado Yucateco

ART. 1. El Estado de Yucatan es la reunion de todos los habitantes de esta península y de sus islas adyacentes.

ART. 2. El Estado yucateco es soberano, libre é independiente de cualquiera otro.

ART. 3. La soberanía del Estado reside esencialmente en los individuos que le componen, y por tanto á ellos pertenece esclusivamente el derecho de formar, reformar y variar por medio de sus representantes su Constitucion particular, y el de acordar y establecer con arreglo á ella las leyes que peculiarmente requiera su conservacion, régimen, seguridad y prosperidad interior.

ART. 4. El Estado está obligado á conservar y proteger por leyes sábias y justas la igualdad, libertad, propiedad y seguridad de todos los individuos que le componen. Por tanto prohibe la introduccion de esclavos en su territorio, y declara libres á los hijos que nacieren de los que actualmente existen en él.

CAPITULO II

Del territorio de Yucatan

ART. 5. El territorio de 1a República de Yucatan es actualmente el mismo á que sé estendia la antigua intendencia de este nombre con exclusion de la provincia de Tabascó.

ART. 6. Se fijarán con exactitud los términos de este territorio y donde fuere posible con límites naturales.

ART. 7. De este territorio se hará oportunamente una division mas igual y mas favorable á sus pueblos respectivos que la de los actuales partidos, que son los siguientes: Bacalar, Campeche, Ichmul, Izamal, Isla del Cármen, Jequelchacan, Junucmá, Lerma, Mama, Mérida, Oxcuscab, Seiba-playa; Sotuta, Tizimin y Valladolid.

CAPITULO III

De los Yucatecos

ART. 8. Son Yucatecos

1.° Todos los hombres nacidos y avecindados en el territorio de Yucatan y los hijos de estos.

2.° Los estrangeros que hayan obtenido del Congreso carta de naturaleza, ó tengan las circunstancias que determinen las leyes.

3.° Los esclavos actualmente existentes en el Estado desde que adquieran en él su libertad.

CAPITULO IV

Derechos de los Yucatecos

ART. 9.

1.° Todos los yucatecos son iguales ante la ley, ya premie ó ya castigue.

2.° Todos tienen un mismo derecho para conservar su vida, para defender su libertad, para ejercer todo género de industria y cultivo y para gozar de sus legítimas propiedades. La ley solo puede prohibirles ó limitarles el uso de estos derechos, cuando sea ofensivo á los de otro individuo su ejercicio ó perjudicial á la sociedad.

3.° Todos tienen un mismo derecho para que la autoridad pública les administre pronta, cumplida y gratuita justicia.

4.° Todos tienen derecho para oponerse al pago de contribuciones que no hayan sido impuestas constitucionalmente.

5.° Todos tienen un mismo derecho para que su casa no sea allanada sino en los casos determinados por la ley en la parte que baste á conseguir su objeto, y siempre bajo la responsabilidad del juez que espedirá la órden por escrito, que original, entregará al que la facilite el allanamiento.

6.° Los libros, papeles y correspondencia epistolar de los yucatecos son un depósito inviolable; solo podrá procederse á su secuestro, exámen ó interceptacion en los precisos y raros casos espresamente determinados por la ley.

7.° Todos tienen un mismo derecho á que su persona no sea detenida ni aprisionada sino en los casos y por los motivos que se determinarán en esta Constitucion y en las leyes.

8.° Todos tienen un mismo derecho para que si en alguna necesidad publica legalmente probada, ó para algun objeto de conocida utilidad comun que se les haya manifestado, la autoridad constituida les tomare alguna parte de su propiedad, se les dé justa indemnizacion á bien vista de hombres buenos.

9.° Los yucatecos solo podrán obtener y gozar privilegios esclusivos en obras de su propia invencion ó produccion.

10. Todos tienen un mismo derecho para escribir, imprimir y publicar libremente sus pensamientos y opiniones sin necesidad de previa revision ó censura respondiendo ante la ley de los abusos de esta libertad. Los escritos que versan directamente sobre la sagrada escritura ó sobre los dogmas de. la religion, quedan no obstante sujetos á previa censura.

11. Todos tienen un mismo derecho para pedir libre y moderadamente ante los depositarios de la autoridad pública la observancia de esta Constitucion y el cumplimiento de las leyes.

CAPITULO V

Obligaciones de los Yucatecos

ART. 10. Todo yucateco sin distincion alguna está obligado

1.° A ser justo y benéfico.

2.° A ser fiel á la Constitucion general de la nacion y á la particular del Estado.

3.° A obedecer las leyes.

4.° A respetar las autoridades establecidas.

5.° A contribuir en proporcion de sus haberes para los gastos del Estado.

6.° A defender la patria con las armas cuando fuere llamado por la ley.

CAPITULO VI

De la Religion

ART. 11. La religion del Estado es la católica, apostólica romana: este la protege con leyes sabias y justas, y prohibe el ejercicio de cualquiera otra.

ART. 12. Ningun estrangero será perseguido ni molestado por su creencia religiosa, siempre que respete la del Estado.

CAPITULO VII

Del Gobierno

ART. 13. El gobierno del Estado de Yucatan es republicano, popular, representativo federal.

ART. 14. El objeto del gobierno es la felicidad del Estado, puesto que el fin de toda sociedad política no es otro que el bienestar de los individuos que la componen.

ART. 15. El ejercicio del poder supremo del Estado se conservará dividido, para jamas reunirse, en legislativo, ejecutivo y judicial.

ART. 16. La potestad de hacer las leyes reside en el Congreso: la de hacerlas ejecutar en el Gobierno: la de aplicarlas en los tribunales establecidos por la ley.

CAPITULO VIII

De los Ciudadanos

ART. 17. Es ciudadano en ejercicio de sus derechos:

1.° El yucateco que estando avecindado en algun pueblo del Estado, tenga cumplidos veinte y un años de edad ó diez y ocho siendo casado.

2.° El que gozando ya de este derecho en otro Estado de la confederacion, se establezca despues en este.

3.° El que estando avecindado y teniendo algun empleo, profesion ó industria productiva en el territorio de la confederacion cuando se pronunció su emancipacion política, cointinúe viviendo en este Estado y permanezca fiel á la causa de la independencia nacional.

4.° El natural de alguno de los otros estados emancipados de la dominacion española en América, que con alguna industria productiva ó con un capital conocido fijare por tres años su residencia en este Estado.

5.° El estrangero que gozando ya de los derechos de yucateco, obtuviere del Congreso carta especial de ciudadano.

6.° Para que el estrangero pueda obtener dicha carta, deberá tener alguna profesion ó ejercicio productivo, ó haber adquirido bienes raices, ó haber hecho servicios señalados y estar avecindado en algun pueblo del Estado con residencia de seis años; bastando solo tres al que se radicare en el Estado con su familia ó estuviere casado con yucateca.

ART. 18. Solo los que sean ciudadanos podrán obtener empleos municipales y elegir para ellos en los casos señalados por la ley.

ART. 19. Se pierde el ejercicio de estos derechos

1.° Por adquirir naturaleza en país estrangero.

2.° Por salir y establecerse fuera del Estado sin licencia del Gobierno.

3.° Por admitir empleo, condecoracion ó pension de gobierno estrangero.

4.° Por sentencia que imponga pena aflictiva ó infamante, si no se obtiene rehabilitacion.

5.° Por vender su voto ó comprar el ageno en las juntas electorales, ya sea á su favor ó al de tercera persona, si ha precedido prueba y no se obtiene rehabilitacion.

6.° Por quiebra fraudulenta calificada como tal.

ART. 20. Se suspende el ejercicio de estos derechos:

1.° Por incapacidad física ó moral previa declaracion judicial en casos dudosos.

2.° Por deuda á los fondos públicos después de plazo cumplido.

3.° Por no tener domicilio, empleo, oficio ó modo de vivir conocido.

4.° Por estar procesado criminalmente.

5.° Por sirviente doméstico dedicado inmediatamente á la persona.

6.° Desde el año de 1835 deberán saber leer y escribir los que de nuevo entren en el ejercicio de los derechos de ciudadano.

7.° Por no estar alistado en la milicia local sin causa legítima que lo escuse.

CAPITULO IX

Del Poder legislatívo

ART. 21. El poder legislativo reside en el Congreso que se compone de todos los diputados elegidos por los ciudadanos residentes en los partidos del Estado.

ART. 22. Para la eleccion que se hará mediante juntas de parroquia y de partido servirá de base la poblacion de cada uno.

Juntas de parroquia

ART. 23. Las juntas de parroquia que se celebrarán públicamente el primer domingo del mes de junio, previa convocatoria que con anterioridad de ocho días espedirá la autoridad local, se compondrán de todos los ciudadanos que estén en el ejercicio de sus derechos, avecindados y residentes en el territorio de cada pueblo.

ART. 24. Reunidos los ciudadanos en el dia y lugar precisamente designado bajo la presidencia de la primera autoridad local ó de las otras respectivas del ayuntamiento si hubiere diferentes juntas electorales, nombrarán de entre los presentes cuatro escrutadores y un secretario.

ART. 25. Seguidamente los ciudadanos de uno en uno procederán al nombramiento de un elector por cada mil almas, pronunciando en voz alta el nombre del elegido que escribirá el secretario á su presencia en un registro destinado á este efecto. Si escediere ó llegare la poblacion á mil y quinientas almas, nombrarán dos, si á dos mil y quinientas, tres, y así progresivamente.

ART. 26. En las poblaciones que tengan ménos de mil almas, si tuvieren quinientas se nombrará un elector, y si fueren menos se agregarán á las de otra y nombrarán los que correspondan.

ART. 27. El presidente y los escrutadores decidirán en el acto por solo aquella vez, para aquel solo efecto y sin recurso, las tachas que se pongan en la junta á votantes y votados, dejando á salvo su respectivo derecho.

ART. 28. Los militares que se hallen de servicio solo podrán nombrar y ser nombrados electores en el lugar de su vecindad y residencia con tal que reunan las demas cualidades que prescriben los artículos 23 y 37.

ART. 29. Los militares que se hallen en el caso de que habla el artículo precedente, siempre que su totalidad no baje del número de cincuenta, formarán en el pueblo de su vecindad y residencia una sola junta electoral presidida por la autoridad política local, y nombrarán en ella un elector. Si su número llegare ó escediere de mil y quinientos nombraran dos electores, si á dos mil y quinientos tres, y así progresivamente.

ART. 30. En caso que no lleguen al número de cincuenta, concurrirán á votar á las juntas electorales de sus respectivas parroquias.

ART. 31. Los individuos de la milicia activa que se hallen fuera de servicio, podrán igualmente nombrar y ser nombrados electores, y concurrirán á votar á las juntas electorales de sus respectivas parroquias, siempre que ademas de la vecindad y residencia reunan las otras cualidades que prescriben los artículos 23 y 37.

ART. 32. Al cohecho, al soborno y á la calumnia en toda eleccion es inherente la pérdida de sufragio, y nadie podrá votarse á sí mismo.

ART. 33. En las juntas electorales ningun ciudadano se presentará con armas, ni habrá guardia.

ART. 34. Acabada la votacion, que durará abierta cuatro dias á lo menos y seis cuando mas, el presidente, escrutadores y secretario harán regulacion pública de votos, el primero publicará los nombres de los que hubieren reunido mayor número que se habrán por electores, y el último les librará certificacion que lo acredite.

ART. 35. Estos electores tienen por objeto votar en la junta electoral del partido para diputado del Congreso y demas funcionarios del Estado que determine esta Constitucion.

ART. 36. Publicada la eleccion y estendida el acta que firmarán presidente, escrutadores y secretario, la junta quedará en el acto disuelta.

ART. 37. Para ser elector parroquial se requiere:

1.° Ser ciudadano en el ejercicio de sus derechos.

2.° Ser mayor de veinte y cinco años.

3.° Ser vecino del pueblo con residencia á lo menos de un año.

4.° Saber leer y escribir.

5.° Tener una propiedad territorial, ó una renta permanente, ó un ejercicio, profesion ó industria productiva que por notoriedad no baje de doscientos pesos.

ART. 38. Estas mismas cualidades se requieren en los electores parroquiales y de partido que deben nombrar los diputados al Congreso nacional.

ART. 39. Nadie puede excusarse de este encargo por motivo alguno.

ART. 40. Los electores desde su nombramiento hasta cuatro dias despues de concluido su encargo no podrán ser demandados, detenidos ni presos sino por causa criminal que merezca pena corporal aflictiva.

Juntas de partido

ART. 41. Las juntas electorales de partido, que se formarán anualmente en el pueblo cabecera de cada uno el primer domingo del mes de julio, se compondrán de todos los electores parroquiales de su comprehension, y serán presididas por la autoridad política local, á quien se presentarán los electores con la certificación de su nombramiento para sentar en el libro de actas sus nombres.

ART. 42. Tres dias ántes del asignado se reunirán en la casa consistorial los electores parroquiales, y presididos por la primera autoridad política elegirán cuatro escrutadores y un secretario de entre ellos mismos para que examinando las certificaciones de su nombramiento informen al siguiente dia si están arregladas. Las de los escrutadores y secretario serán examinadas por una comision de tres individuos que al efecto nombrará la junta.

ART. 43. En el siguiente dia se leerán los informes respectivos, y si se hallare defecto en las certificaciones ó en las calidades de los electores, la junta decidirá en el acto, y su resolución se ejecutará sin recurso.

ART. 44. En el dia señalado para la eleccion, estando presentes á lo ménos las dos terceras partes de todos los electores, se procederá á la de un diputado por cada veinte y cinco electores. Si los de un partido llegaren á treinta y siete, elegirán dos, si á sesenta y dos, tres, y así progresivamente; pero si los de un partido solo llegaren al número de doce, nombrarán no obstante un diputado, y si bajaren de este número, se reunirán á los del mas inmediato y nombrarán los que correspondan á la poblacion de ambos. El nombramiento puede recaer igualmente en individuo del partido ó de fuera de él.

ART. 45. Concluida la votacion, el presidente, escrutadores y secretario contarán los votos, y se habrá ser elegido el que haya reunido á lo menos la mitad y uno mas, y publicará la eleccion el presidente. Si ninguno hubiere reunido la pluralidad absoluta, los dos que hubieren tenido mayor número, entrarán en segundo escrutinio, quedando electo el que esta vez obtuviere la mayoría. En caso de empate decidirá la suerte.

ART. 46. Despues de la eleccion de diputados propietarios cada junta electoral nombrará un suplente en la misma forma, que sea vecino del partido con residencia de un año á lo ménos.

ART. 47. Si una misma persona fuere elegida por dos ó mas partidos, prevalecerá la eleccion en favor de aquel que le hubiere dado mayor número de votos, y por el otro representará el suplente. Si este suplente resultare nombrado propietario de otro, se reunirá la junta electoral para elegir quien le sustituya.

ART. 48. Concluidos todos los actos de eleccion, el secretario hará referencia de ellos en el acta, que firmarán el presidente y electores. De esta acta el presidente remitirá una copia á la diputacion permanente, y participará á cada uno de los elegidos su nombramiento por medio de oficio que les servirá de credencial: aquella copia y estos oficios serán firmados por el presidente, escrutadores y secretario.

ART. 49. Los diputados desde su nombramiento hasta un mes después de concluida su diputacion no pueden ser demandados, detenidos ni presos, sino por causa criminal que merezca pena corporal aflictiva.

ART. 50. Para ser diputado se requiere:

1.° Ser ciudadano en el ejercicio de sus derechos.

2.° Estar avecindado en el territorio del Estado con residencia de cinco años.

3.° Tener veinte y cinco años cumplidos de edad.

4.° Poseer una propiedad territorial de dos mil pesos, ó una renta permanente, ó un ejercicio, profesion ó industria productiva equivalente á cuatrocientos pesos anuales.

ART. 51. El Gobernador, el vice-Gobernador, el secretario general, los senadores, el obispo y su provisor, los diputados y senadores del Congreso general, los jueces de primera instancia, los magistrados y ministros de los tribunales de segunda y tercera, el tesorero general, los administradores de rentas, y los empleados y dependientes del Gobierno de la federacion, no pueden ser diputados á la legislatura del Estado.

ART. 52. Los demas empleados públicos del Estado podrán serlo, quedando suspensos del ejercicio de sus funciones durante el tiempo de su diputacion.

ART. 53. Concluidas las elecciones los electores y diputados pasarán á la iglesia principal donde se cantará un solemne *Te-Deum* en accion de gracias al Todopoderoso.

CAPITULO X

De la celebracion del Congreso

ART. 54. El Congreso se reunirá todos los años en la capital del Estado y en edificio destinado á este solo efecto.

ART. 55. Cuando tuviere por conveniente trasladarse á otro lugar, podrá hacerlo conviniendo en ello las dos terceras partes de los diputados presentes.

ART. 56. Las sesiones del Congreso en cada año durarán consecutivamente desde 21 de agosto hasta 31 de octubre. A la primera asistirá el Gobernador y en ella hará una sencilla esposicion del estado de la República.

ART. 57. El Congreso podrá prorogar sus sesiones cuando mas por treinta dias en solo dos casos: 1.° á peticion del Gobierno: 2.° si el Congreso lo creyere necesario por una resolucion de las dos terceras partes de los diputados.

ART. 58. Los diputados no podrán volver á ser elegidos sino mediando otra diputacion.

ART. 59. Los diputados se renovarán por mitad cada año, debiendo salir en el primero los nombrados por las juntas electorales de los partidos que solos ó agregados las hayan celebrado y representen menor población. En el subsecuente saldrán los demas.

ART. 60. Al llegar los diputados á la capital se presentarán á la diputacion permanente, la cual hará sentar sus nombres y el de los partidos que los hubieren elegido en un registro que habrá al efecto en la secretaría del Congreso.

ART. 61. Cada año se celebrará el dia diez de agosto á puerta abierta la primera junta preparatoria, haciendo de presidente y secretario los que lo fueren de la diputacion permanente, y de escrutadores los dos que se nombraren entre los diputados antiguos.

ART. 62. En esta primera junta presentará la diputacion permanente las actas de eleccion de los partidos, y los nuevos diputados las credenciales de su nombramiento, que serán examinadas por una comision de tres diputados antiguos.

ART. 63. El dia 14 del mismo mes se celebrará también á puerta abierta la segunda junta preparatoria, en la cual informará la comisión sobre la legitimidad de las credenciales habiendo tenido presentes las copias de las actas de eleccion de los partidos.

ART. 64. En esta junta y en las demas que sean necesarias hasta el dia 19 de agosto, se resolverán definitivamente á pluralidad absoluta de votos las dudas que se susciten sobre la eleccion y calidad de los diputados.

ART. 65. Todos los años el dia 20 de agosto se celebrará la última junta preparatoria en la que los nuevos diputados, interrogados por el presidente y puestas las manos sobre los santos evangelios, prestarán juramento bajo la fórmula siguiente: *¿Juráis guardar y hacer guardar religiosamente la Constitucion general de la República de los Estados-Unidos mejicanos, y la particular del Estado yucateco sancionada por su Congreso constituyente: haberos bien y fielmente en el encargo que el Estado os ha encomendado, mirando en todo por su bien y prosperidad?* R.. *Sí juro.— Si así lo hiciereis, Dios os lo premie, y si no, os lo demande.*

ART. 66. En seguida se procederá á elegir de entre los mismos diputados por escrutinio secreto y á pluralidad absoluta de votos un presidente, vice-presidente y dos secretarios con lo que se tendrá por constituido y formado el Congreso.

ART. 67. En el mismo dia se dará parte al Gobierno de hallarse constituido el Congreso, y del presidente y secretarios que ha elegido. La misma formalidad se observará para el acto de cerrarse sus sesiones.

ART. 68. En los casos en que el Gobierno haga al Congreso algunos propuestas, asistirá su secretario á las discusiones, cuando y del modo que el Congreso determine, y hablará en ellas; pero no podrá estar presente á la votacion.

ART. 69. Las sesiones del Congreso serán públicas, y solo en los casos que exijan reserva podrá celebrarse sesion secreta.

ART. 70. En las discusiones del Congreso y en todo lo demás que pertenezca á su gobierno y órden interior, se observará su reglamento, sin perjuicio de las reformas que el Congreso tuviere por conveniente hacer en él.

ART. 71. Si se reuniere estraordinariamente el Congreso, no entenderá sino en el objeto para que hubiere sido convocado, y sus sesiones comenzarán y se terminarán con las mismas formalidades que las del ordinario.

ART. 72. La celebracion del Congreso estraordinario no estorbará la eleccion de los nuevos diputados en el tiempo prescrito.

ART. 73. Si el Congreso estraordinario no hubiere concluido sus sesiones en el dia señalado para la reunion del ordinario, cesará el primero en sus funciones, y el ordinario continuará el negocio para que aquel fué convocado.

ART. 74. Los diputados serán inviolables por sus opiniones manifestadas en el desempeño de su encargo, y en ningun tiempo ni caso ni por ninguna autoridad podrán ser reconvenidos por ellas. En las causas criminales que contra ellos se intentaren, durante su diputacion y un mes despues, no podrán ser juzgados sino por el tribunal del Congreso en el modo y forma que se prescribe en el reglamento de su gobierno interior.

ART. 75. Durante el tiempo de su diputacion, contado para este efecto desde qué el nombramiento conste en la secretaría del Congreso, no podrán los diputados admitir para sí, ni solicitar para otro empleo alguno de provision del Gobierno, ni aun ascenso como no sea de escala en su respectiva carrera.

CAPITULO XI

De las facultades del Congreso

ART. 76. Las facultades del Congreso son:

1.ª Decretar, interpretar y derogar las leyes relativas al régimen interior del Estado.

2.ª Pedir motivadamente al Congreso general la derogacion, suspension ó modificacion de las leyes generales de la union, que por circunstancias peculiares ofendan los derechos inmanentes del Estado.

3.ª Nombrar al secretario y tesorero general del Estado los magistrados y fiscal de los tribunales de 2.ª y. 3ª instancia, y resolver en último recurso las dudas que se susciten en la eleccion y calidades del Gobernador, vice-Gobernador y senadores del Estado, y recibirles el juramento cuando entren á desempeñar su respectivo encargo.

4.ª Decretar la creacion y supresion de plazas en los tribunales que establece la Constitucion ó se establecieren en adelante con arreglo á ella, la de empleos y oficios públicos y el aumento y diminucion de sus dotaciones.

5.ª Declarar que ha lugar á la formacion de causa contra el Gobernador, vice-Gobernador, senadores y demas funcionarios públicos del Estado, cuando fueren acusados legalmente de que no cumplen con sus obligaciones.

6.ª Acordar con los Estados confinantes y con arreglo á lo dispuesto en el artícuío 7.° y en la Constitucion federal la demarcacion de sus límites respectivos.

7.ª Fijar con vista de los presupuestos del Gobierno los gastos anuales de la administracion pública del Estado, agregando la parte que á este quepa en los generales de la nacion.

8.ª Establecer ó continuar anualmente las contribuciones públicas é impuestos municipales, velar sobre su recaudacion, aprobar su repartimiento, disponer la aplicacion de sus productos y examinar su inversion.

9.ª Disponer lo conveniente para la administracion, conservacion y enagenacion de los bienes del Estado.

10.ª Promover y fomentar en todas sus partes la agricultura, la industria y el comercio.

11.ª Introducir y establecer en el Estado la enseñanza de las ciencias y de las artes útiles.

12.ª Disponer y aprobar los reglamentos generales de polícia y salubridad del Estado.

13.ª Proteger á los individuos del Estado en el uso de la libertad de escribir, imprimir y publicar libremente sus pensamientos y opiniones políticas, sin necesidad de previa revision ó censura.

14.ª Dar carta de naturaleza y ciudadanía á los estrangeros con arreglo á la Constitucion.

15.ª Conceder recompensas personales á los que hicieren servicios estraordinarias al Estado.

16.ª Conceder indulto, remision ó conmutacion de pena legal, solo cuando lo requiera así el mayor bien y conveniencia del Estado.

CAPITULO XII

De la formacion de las leyes y de su sancion

ART. 77. Todo diputado tiene facultad de proponer al Congreso proyectos de ley, haciendolo por escrito y esponiendo las razones en que se funde.

ART. 78. Tambien puede hacerlo el Gobernador por medio de esposicion que dirigirá al Congreso.

ART. 79. Dos dias á lo menos despues de presentado y leido cualquier proyecto de ley, se leerá por segunda vez, y el Congreso deliberará si se admite ó no á discusion.

ART. 80. Admitido á discusion, si la gravedad del asunto requiriese á juicio del Congreso que pase previamente á una comision, se ejecutará así.

ART. 81. Cuatro dias á lo ménos despues de admitido á discusion el proyecto, si no ha pasado á alguna comision, se leerá tercera vez, y se podrá señalar dia para abrir la discusion.

ART. 82. Llegado el dia señalado para la discusion, abrazará esta el proyecto en su totalidad y en cada una de sus artículos.

ART. 83. El Congreso decidirá cuándo la materia está suficientemente discutida, y decidido que lo está, se resolverá si há ó no lugar á la votacion.

ART. 84. Decidido que ha lugar á la votacion, se procederá á ella inmediatamente, admitiendo ó desechando en todo ó en parte el proyecto, ó variándole y modificándole segun las observaciones qué se hayan hecho en la discusion.

ART. 85. La votacion se hará á pluralidad absoluta de votos, y para proceder á ella será necesario que se hallen presentes á lo ménos las dos terceras partes de la totalidad de los diputados que deben componer el Congreso.

ART. 86. Si la ley fuere relativa á imponer alguna contribucion, no podrá discutirse ni aprobarse sin la concurrencia de las tres cuartas partes de la totalidad de los diputados: la misma formalidad se observará para decretar cualquier gasto, aumento, ó diminucion de sueldo á los empleados del Estado.

ART. 87. Si el Congreso desechare un proyecto de ley en cualquier estado de su exámen, ó resolviere que no debe prócederse á la votacion, no podrá volver á proponerse en el mismo año.

ART. 88. Si hubiere sido adoptado, discutido y aprobado, se estenderá por duplicado en forma de ley y se leerá en el Congreso; hecho lo cual y firmados ambos originales por el presidente y secretarios, serán dirigidos inmediatamente al Gobernador, sin cuya firma no se tendrá cómo ley del Estado.

ART. 89. El Gobernador, oido previamente el Senado, dará dentro de diez dias la sancion por esta fórmula firmada de su mano: *Publíquese como ley*: ó la negará dentro del mismo término por la siguiente, igualmente firmada: *Vuelva al Congreso*, acompañando en este caso una exposicion de las razones que ha tenido para negarla. Esta esposicion y el dictámen del Senado se insertarán íntegramente en las actas.

ART. 90. Si el Congreso, despues de haber tómado en consideracion en dos distintas sesiones la esposicion de Gobernador y el dictámen del Senado, aprobare en nueva discusion por dos terceras partes de votos el mismo proyecto, quedará sancionado como ley, y se comunicará al Gobernador para que la publique y ponga en observancia.

ART. 91. Si pasados los diez dias el Gobernador no hubiere dado ó negado la sancion, por el mismo hecho se entenderá dada y la dará en efecto.

ART. 92. Si negada la sancion de una ley, el Congreso conviniere en desecharla, no volverá á tratarse de ella en la legislatura de aquel año.

ART. 93. En cualquiera otra legislatura en que volviere á presentarse el mismo proyecto de ley, se tendrá como enteramente nuevo para su discusion.

ART. 94. Si antes de espirar el término de los diez dias en que el Gobernador debe devolver el proyecto de ley, llegare el dia en que el Congreso ha de terminar sus sesiones, el Gobernador dará ó negará la sancion en los cuatro primeros de las sesiones del siguiente Congreso.

ART. 95. Si pasado este término no hubiere dado el Gobernador la sancion, por esto mismo se entenderá dada y la dará en efecto; pero si la negare, podrá el mismo Congreso discutir de nuevo el proyecto observando lo dispuesto en el artículo 90.

ART. 96. Las leyes se derogan con las mismas formalidades con que se establecen.

CAPITULO XIII

De la promulgacion de las leyes

ART. 97. Publicada la ley en el Congreso, se dará de ello aviso al Gobernador para que proceda inmediatamente á su promulgacion solemne, y remita copia autorizada á las dos cámaras, y en en receso al Consejo de gobierno y tambien al Presidente de la República.

ART. 98. El Gobernador para publicar las leyes usará de la fórmula siguiente: *El Gobernador del Estado de Yucatan á sus habitantes, sabed: que el Congreso ha decretado lo siguiente:* aquí el testo de la ley. *Por tanto mando se imprima, publique y circule para su debido cumplimiento.*

CAPITULO XIV

De la Diputacion permanente

ART. 99. El Congreso ántes de cerrar sus sesiones nombrará una diputacion permanente compuesta de cinco individuos de su seño, que durará de una a otra legislatura ordinaria. Su presidente será el primer nombrado, y su secretario el último.

ART. 100. Al mismo tiempo nombrará dos suplentes que deberán concurrir á esta diputacion en caso de imposibilidad fisica ó moral de los propietarios.

ART. 101. Las facultades de la diputacion permanente son:

1.ª Velar sobre la observancia de la Constitucion y de las leyes, y dar cuenta al Congreso de sus infracciones con los espedientes que hubiere instruido.

2.ª Dar parte al Congreso de los abusos que note en cualquier ramo de administracion pública.

3.ª Convocar á congreso estraordinario en los casos que previenen el artículo 104 y cláusulas 5.ª y. 14.ª del artículo 117 de esta Constitucion.

4.ª Desempeñar las funciones que le señalan los artículos 60, 61, 62 y 127.

5.ª Dar aviso á los diputados suplentes para que en su caso concurran por los propietarios que se hubieren imposibilitado fisica ó moralmente.

CAPITULO XV

Poder ejecutivo

ART. 102. La suprema potestad ejecutiva del Estado reside en un Gobernador, y su autoridad se estiende á cuanto conduce á conservar el órden público y á promover la prosperidad interior. En las materias de oficio tendrá el tratamiento de escelencia.

ART. 103. Habrá un vice-Gobernador en quien por fallecimiento ó por imposibilidad fisica ó moral del Gobernador recaerán sus facultades.

ART. 104. Hallándose igualmente imposibilitado el vice-Gobernador, recaerán estas facultades en el presidente interino del Senado miéntras resuelve el Congreso, que se reunirá estraordinariamente estando en receso.

ART. 105. El Gobernador y vice-Gobernador durarán cuatro años en el ejercicio de sus empleos, y solo una vez podrán ser reelegidos para los mismos sin aquel intervalo.

De la eleccion del Gobernador y vice-Gobernador

ART. 106. Cada cuatro años se celebrarán juntas electorales de todos los partidos, las que, estando presentes á lo menos las dos terceras partes de sus electores, nombrarán á pluralidad absoluta de votos el mártes próximo siguiente al primer domingo del mes de julio un individuo para Gobernador, y otro para vice-Gobernador.

ART. 107. Estendida el acta y firmada por el presidente y electores, el primero enviará en pliego cerrado copia de ella firmada por los mismos á la diputacion permanente, la cual en la misma forma las presentará en la primera junta preparatoria del Congreso.

ART. 108. El Congreso en su primera sesion abrirá los pliegos, y hecha regulacion de los votos, quedará elegido Gobernador el que reuniere la pluralidad absoluta de las juntas electorales.

ART. 109. Si ninguno hubiere reunido la pluralidad absoluta, el Congreso procederá á la eleccion entre los dos que tengan mas votos.

ART. 110. Si uno solo tuviere la pluralidad respectiva, y dos ó mas igual número de votos, el Congreso verificará la eleccion entre el primero y el que para este efecto elija entre los segundos.

ART. 111. Si mas de dos individuos resultaren con pluralidad respectiva é igual número de votos, el Congreso elegirá entre ellos al Gobernador. En caso de empate en su eleccion decidirá la suerte.

ART. 112. Las mismas reglas que se han determinado para la eleccion del Gobernador, se observarán en su caso para la del vice-Gobernador.

ART. 113. Verificadas ambas elecciones, se comunicarán al Gobernador para que las publique y prevenga á los electos que el primer domingo del próximo octubre se presenten á prestar ante el Congreso el juramento prescrito en el artículo 231, y entren al correspondiente desempeño de sus respectivas funciones.

ART. 114. Si por cualquiera causa no se hubieren presentado los electos en dicho dia, cesarán precisamente los antiguos, y desempeñarán interinamente sus respectivas funciones las personas que eligiere el Congreso de las ternas que al efecto le propondrá el Senado.

ART. 115. El Gobernador, vice-Gobernador, senadores, diputados, tesorero y secretario general serán responsables del cumplimiento de sus obligaciones al Congreso, y tendrán por su servicio una justa compensacion que el actual determinará por esta vez, y despues los sucesivos para las siguientes legislaturas en el último dia de sus sesiones.

ART. 116. Las consignaciones del Gobernador, vice-Gobernador, senadores y diputados no se alterarán durante el tiempo de sus funciones.

ART. 117. Las facultades del Gobernador son:

1.ª Sancionar y promulgar las leyes y decretos del Congrego con arreglo á la Constitucion, y espedir los decretos, reglamentos é instrucciones que juzgue conducentes á su cumplimiento.

2.ª Pasar inmediatamente al Congreso, y en su receso á la diputacion permanente dos ejemplares de todas las leyes y decretos que le comunique el Presidente de la República.

3.ª Dirigir al Congreso las mejoras que sobre la Constitucion y las leyes proponga en dictámen especial el Senado, ó que él juzgue convenientes.

4.ª Cuidar de que en todo el Estado se administre pronta y cumplidamente la justicia.

5.ª Pedir á la diputacion permanente convoque á congreso estraordinario en los casos graves y urgentes en que oirá precisamente al Senado, pasando á la misma diputacion el espediente original que hubiere instruido sobre la materia.

6.ª Librar las órdenes é instrucciones necesarias para que en las épocas señaladas se faciliten y lleven á puntual efecto las elecciones constitucionales.

7.ª Esponer al empezar las sesiones anuales del Congreso, y despues todas las veces que este lo requiera ó él lo juzgue conveniente, el estado de la República en sus relaciones federativas, políticas, militares y económicas.

8.ª Decretar la inversion de los fondos aplicados por el Congreso á cada uno de los ramos de la administración pública.

9.ª Llevar la correspondencia oficial con el presidente y secretarios de Estado de la federacion sobre negocios de interes nacional, y con los Gobiernos, de los demas Estados sobre asuntos de recíproca conveniencia y utilidad.

10.ª Nombrar los jueces letrados de los tribunales inferiores, y proveer todos los empleos civiles á propuesta en terna del Senado.

11.ª Ejercer el patronato en todo el Estado con arreglo á las leyes.

12.ª Suspender de sus destinos en los recesos del Congreso, previa formacion de espediente y consulta del Senado, á todos los empleados del Estado. Concluido el espediente le pasará á la diputacion permanente, la cual le presentará al Congreso en su primera sesion para que en su vista declare si ha ó no lugar á la formacion de causa. En el primer caso pasará el espediente al conocimiento del Senado, y en el segundo el suspenso quedará repuesto y á salvo su derecho.

13.ª Cuidar del orden, tranquilidad y seguridad pública en lo interior del Estado, pudiendo requerir para este efecto, si lo juzgare necesario, el auxilio de la fuerza pública, que en tales casos obrará á sus órdenes.

14.ª Resistir, oyendo previamente al Congreso y en su receso, al Senado, á cualquiera potencia en caso de actual invasion, ó en tan inminente peligro que no admita demora: en uno ú otro caso dará cuenta inmediatamente al Presidente de la República, é instruirá á la diputacion permanente, hallándose el Congreso en receso, para que sin dilacion le convoque estraordinariamente.

15.ª Solo en el caso de que el bien y seguridad del Estado exijan el arresto de alguna persona, podrá el Gobernador espedir órden al efecto; pero con la precisa condicion de que dentro de cuarenta y ocho horas deberá hacerla entregar á disposicion del juez ó tribunal competente.

ART. 118. El Gobernador durante el tiempo de su encargo y un año despues podrá ser acusado ante el Congreso por falta de cumplimiento de sus obligaciones. Pasado aquel término no tendrá lugar esta acusacion.

ART. 119. Habrá un secretario general de gobierno que nombrará el Congreso á pluralidad absoluta de votos, estando presentes las dos terceras partes de la totalidad de los diputados: su duracion en este destino será, por todo el tiempo que desempeñe con exactitud y fidelidad sus respectivas funciones.

ART. 120. Las obligaciones del secretario general son:

1.ª Autorizar bajo su responsabilidad todas las resoluciones del Gobierno con su firma, sin la cual no serán obedecidas.

2.ª Llevar un registro puntual y exacto de estas resoluciones y de los votos consultivos del Senado.

3.ª Conservar. este registro y presentarlo al Congreso, cuando este lo requiera.

4.ª Dar al Congreso, á la diputacion permanente, al Senado y al Gobernador copias autorizadas de dichas resoluciones y votos, los informes por escrito que pidieren sobre su tenor, y hacer lo demas, que le ordenaren y sea conforme á la Constitucion y á las leyes.

ART. 121. Para ser Gobernador ó vice-Gobernador; se requiere:

1.° Ser ciudadano en el ejercicio de sus derechos.

2.° Ser nacido en el territorio de la confederacion, con vecindad y residencia de nueve años en el del Estado.

3.° Ser mayor de treinta años. Que no sea diputado ni senador del Congreso nacional: empleado ni dependiente del Gobierno de la federacion: diputado, senador ó magistrado del Estado, ni eclesiástico.

4.° Poseer una propiedad territorial de cuatro mil pesos, ó una renta permanente, ó un ejercicio, profesion ó industria productiva, equivalente á ochocientos anuales.

ART. 122. Para que el estrangero pueda ser Gobernador ó vice-Gobenvidor, se requiere:

1.° Que haya obtenido del Congreso carta especial de ciudadano.

2.° Que sea mayor de treinta años con residencia de doce en territorio del Estado.

3.° Que esté casado con yucateca.

4.° Que posea una propiedad territorial cuyo valor no baje de doce mil pesos.

ART. 123. Para ser secretario general, se requiere:

1.° Ser ciudadano en el ejercicio de sus derechos.

2.° Ser nacido en el territorio de la federacion con residencia de siete años en el Estado.

3.° Ser mayor de treinta años.

ART. 124. Para que el estrangero sea secretario, se requiere:

1.° Que haya obtenido del Congreso carta especial de ciudadano.

2.° Que sea mayor de treinta años con residencia de doce en el Estado.

3.° Que esté casado con yucateca.

ART. 125. Si estando suspensas las sesiones del Congreso, muriere el secretario ó por incapacidad fisica ó moral se imposibilitaré para continuar sus funciones, el Gobernador, á propuesta en terna del Senado, proveerá interinamente la vacante.

CAPITULO XVI

Del Senado

ART. 126. Habrá un Senado compuesto del vice-Gobernador que presidirá con voto, de cuatro individuos elegidos popularmente, del tesorero general del Estado y del secretario de Gobierno. Un solo eclesiástico podrá ser senador.

ART. 127. Las juntas electorales de partido al siguiente dia del nombramiento de diputados elegirán á pluralidad absoluta de votos cuatro individuos para senadores y dos para suplentes, y asentada la correspondiente acta que firmarán el presidente y electores, el primero enviará en pliego cerrado copia de ella firmada por los mismos á la diputacion permanente, la cual en la misma forma las presentará al Congreso el dia de su instalacion.

ART. 128. El Congreso en su primera sesion hará regulacion de los votos de las juntas electorales de partido, y quedarán electos senadores propietarios los cuatro individuos que reunan la pluralidad absoluta, prefiriendo los que tengan mas votos. Si esta pluralidad resultare del todo igual en mas número de individuos, el Congreso elegirá entre ellos los cuatro senadores propietarios, ó los que falten para llenar este número.

ART. 129. Si de los individuos electos por las juntas de partido no resultare en todo ó en parte la eleccion de los cuatro senadores propietarios por no llegar á la pluralidad absoluta, el Congreso, designando por su órden entre los que hubieren obtenido mas votos duplicado número al de los senadores que falten, procederá á su respectiva eleccion.

ART. 130. Para la eleccion de los suplentes se observará lo que previenen los dos artículos anteriores.

ART. 131. Concluida la eleccion de senadores, se comunicará al Gobierno para que prevenga á los electos se presenten á tomar posesion de su destino el primer domingo de octubre.

ART. 132. La eleccion de Gobernador y vice-Gobernador prefiere á la de diputado, y la de este y la de aquellos á la de senador.

ART. 133. Los cuatro senadores propietarios y los dos suplentes se renovarán por mitad cada año, saliendo en el primero los que hayan resultado electos con menor número de votos, y por suerte, si lo hubieren sido con número igual. Para lo sucesivo saldrán los mas antiguos, y las respectivas juntas electorales de partido nombrarán los dos propietarios y el suplente en la forma espresada.

ART. 134. En toda regulacion de votos en caso de empate decidirá la suerte, y no se ocurrirá á ella ántes de haber hecho segunda votacion.

ART. 135. El Senado á pluralidad absoluta de votos nombrará para su secretario á uno de los cuatro senadores, y si la eleccion recayere en el de mayor edad, cuando este deba presidir á falta del vice-Gobernador, se nombrará á otro de los tres restantes. Se renovará cada tres meses pudiendo ser reelegido.

ART. 136. La presidencia del Senado, en caso de impedimento fisico ó moral del vice-Gobernador, recaerá en el senador de mayor edad.

ART. 137. Las facultades del Senado son:

1.ª Proponer al Congreso por conducto del Gobernador y en dictámen especial, las mejoras que juzgue necesarias en la Constitution y en las leyes.

2.ª Presentar al Gobernador dictámen motivado, que debe siempre preceder y constar, para dar ó negar la sancion á las leyes.

3.ª Dar su voto consultivo en todos los negocios árduos, en los cuales debe requerirle el Gobernador ántes de su resolucion, sin obligacion, no obstante, de sujetarla á él.

4.ª Proponer en terna sugetos aptos para los juzgados de primera instancia y demas empleados públicos de nombramiento del Gobierno, y nombrar interinamente en los recesos del Congreso los magistrados y fiscal de los tribunales de segunda y tercer instancia en los casos de vacante.

5.ª Proponer asimismo al Gobernador las reformas y establecimientos que juzgue conveninetes en todos los ramos de la administracion pública.

6.ª Formar causa, cuando así lo decretare el Congreso, al Gobernador y demas empleados civiles del Estado para el solo efecto de declararlos por mayoría absoluta de votos, habiendo mérito para ello, depuestos de sus empleos ó inhábiles para otros; quedando sin embargo sujetos en el tribunal ordinario al juicio demas penas de ley. Cuando haya de formarse causa al Gobernador, asistirá con voto el magistrado de tercera instancia, ó el de segunda por impedimento de aquel.

7.ª Conocer de los recursos de nulidad que se interpongan contra sentencias dadas en tercera instancia, con asistencia y voto de un magistrado ó juez espedito, para el preciso efecto de reponer el proceso y hacer efectiva la responsabilidad.

8.ª Examinar las listas de las causas civiles y criminales que debe remitirle el magistrado de tercera instancia para promover la recta administracion de justicia, pasar copias de ellas con su informe y para el mismo efecto al Gobernador y disponer su publicacion por medio de la imprenta.

ART. 138. Para ser Senador, se requiere:

1.° Ser ciudadano en el ejercicio de sus derechos.

2.° Ser mayor de treinta años.

3.° Ser nacido en el territorio de la confederacion con residencia de siete años en el del Estado.

4.° Que no sea empleado, ni dependiente del Gobierno de la federacion.

5.° Tener una propiedad territorial de tres mil pesos, ó una renta permanente, ó un ejercicio, profesion ó industria productiva equivalente á seiscientos anuales.

6.° Para que el estrangero pueda ser senador ha de ser ciudadano en el ejercicio de sus derechos, y tener diez años de vecindad en el Estado, una propiedad territorial de cinco mil pesos, ó una renta permanente, ó un ejercicio, profesion ó industria productiva equivalente á mil anuales.

CAPITULO XVII
De los Tribunales

ART. 139. La potestad de aplicar las leyes en las causas civiles y criminales pertenece esclusivamente á los tribunales.

ART. 140. Ni el Congreso ni el Gobernador podrán ejercer en ningun caso las funciones judiciales, avocar causas pendientes, ni mandar abrir los juicios fenecidos.

ART. 141. Las leyes señalarán el órden y las formalidades del proceso, que serán uniformes en todos los tribunales, y ni el Congreso ni el Gobernador podrán dispensarlas.

ART. 142. Los tribunales no podrán ejercer otras funciones que las de juzgar y hacer que se ejecute lo juzgado.

ART. 143. Tampoco podrán suspender la ejecucion de las leyes ni hacer reglamento alguno para la administracion de justicia.

ART. 144. Ninguno podrá ser juzgado en causas civiles ni criminales por ninguna comision, sino por el tribunal competente determinado anteriormente por la ley.

ART. 145. En los negocios comunes, civiles y criminales no habrá mas que un solo fuero para toda clase de personas.

ART. 146. En cuanto á los militares y eclesiásticos se observará lo dispuesto por el artículo 154 de la Constitucion general.

ART. 147. Para ser nombrado magistrado ó juez, se requiere:

1.° Ser ciudadano en el ejercicio de sus derechos.

2.° Haber nacido en el territorio de alguno de los Estados de la federacion.

3.° Ser mayor de veinte y cinco años.

4.° Siendo estrangero, tener á lo menos cinco años de residencia continua en el Estado.

Las demás calidades que respectivamente deban estos tener, serán determinadas por las leyes.

ART. 148. Toda falta de observancia de las leyes que arreglan el proceso en lo civil y en lo criminal, hace responsables personalmente á los jueces que la cometieren.

ART. 149. El soborno, el cohecho y la prevarícacion de los magistrados y jueces producen accion popular.

ART. 150. La sentencia en toda causa civil ó criminal deberá contener la espresion del hecho, segun resulte del proceso, el testo de la ley en que se funde y á que se arreglará literalmente.

ART. 151. Los códigos civil y criminal serán unos mismos para todo el Estado.

ART. 152. Habrá en la capital del Estado magistrados de 2.ª y 3.ª instancia que en el modo que determina ó en adelante determinare la ley, conozcan en su respectivo grado de todas las causas civiles y criminales que se sentencien en los juzgados inferiores. Estos magistrados y el fiscal serán nombrados por el Congreso en la forma prescrita para la eleccion del secretario de Gobierno.

ART. 153. Pertenecerá tambien á estos magistrados conocer de las competencias entre todos los jueces inferiores.

ART. 154. Les pertenecerá asimismo conocer en su respectivo grado de los recursos de fuerza que se introduzcan de los tribunales y autoridades eclesiásticas.

ART. 155. Si se suscitaren ante estos magistrados dudas sobre la inteligencia de alguna ley, el de tercera instancia las propondrá con los fundamentos que tuviere al Gobernador para que, oído el Senado, promueva la conveniente deliberacion en el Congreso.

ART. 156. De los recursos de nulidad que se interpongan contra sentencias dadas en tercera instancia conocerá el Senado, con asistencia y voto de un magistrado ó juez espedito, para el preciso efecto de reponer el proceso y hacer efectiva la responsabilidad.

ART. 157. Corresponderá tambien al tribunal de segunda instancia recibir de todos los jueces subalternos avisos puntuales de las causas que se formen por delitos, y listas de las causas civiles y criminales pendientes en sus juzgados, con espresion del estado de unas y otras, á fin de promover la mas pronta administracion de justicia, las que con el mismo objeto trasladará con otra de las pendientes en su tribunal al de tercera instancia.

ART. 158. El tribunal de tercera instancia remitirá al fin de cada año al Senado listas exactas de las causas civiles, y cada seis meses de las criminales, asi fenecidas como pendientes en su tribunal, con espresion del Estado que estas tengan, incluyendo las que haya recibido del tribunal de segunda instancia.

ART. 159. En cada cabecera de partido habrá á lo ménos un juez de primera instancia cuya dotacion señalará el Congreso.

ART. 160. Las facultades de estos jueces se limitarán precisamente á lo contencioso, y las leyes determinarán las que han de pertenecerles en la capital y pueblos de su partido, como también hasta de qué cantidad podrán conocer en los negocios civiles sin apelacion.

ART. 161. Todos los jueces de los tribunales inferiores deberán dar cuenta al de segunda instancia, á mas tardar dentro de tercero dia, de las causas que se formen por delitos cometidos en su territorio, y despues continuarán dando cuenta de su estado mensualmente, ó antes si así lo previniere el tribunal superior.

ART. 162. Deberán asimismo remitir al tribunal de segunda instancia listas generales cada seis meses de las causas civiles, y cada tres de las criminales que pendieren en sus juzgados, con espresion de su estado.

CAPITULO XVIII

De la administracion de justicia en lo civil

ART. 163. No se podrá privar á ningun yucateco del derecho de terminar sus diferencias por medio de jueces arbitros, elegidos por ambas partes.

ART. 164. La sentencia que dieren los árbitros, se ejecutará, si las partes al hacer el compromiso no se hubieren reservado el derecho de apelar.

ART. 165. El que tenga que demandar por negocios, civiles ó por injurias, deberá presentarse en cada pueblo á su alcalde conciliador.

ART. 166. El alcalde con dos hombres buenos, nombrados uno por cada parte, oirá al demandante y al demandado, se enterará de las razones en que respectivamente apóyen su intención, y tomará, oido el dictámen de los dos asociados, la providencia que le parezca propia para el fin de terminar el litigio sin mas progreso, como se terminará en efecto, si las partes se aquietan con esta decision estrajudicial.

ART. 167. Sin hacer constar que se ha intentado el medio de la conciliacion, no se entablará pleito alguno.

ART. 168. En todo negocio, cualquiera que sea su cuantía, habrá á lo mas tres instancias y tres sentencias definitivas pronunciadas en ellas. La ley determinará, atendida la entidad de los negocios, y la naturaleza y calidad de los diferentes juicios, qué sentencia ha de ser la que en cada uno deba causar ejecutoria.

CAPITULO XIX

De la administracion de justicia en lo criminal

ART. 169. Las leyes arreglarán la administracion de justicia en lo criminal, de manera que el proceso sea formado con brevedad y sin vicios, á fin de que los delitos sean prontamente castigados.

ART. 170. Ninguno podrá ser preso sin que preceda informacion sumaria del hecho, por el que merezca segun la ley ser castigado con pena corporal, y asimismo un mandamiento del juez por escrito, que se le notificará en el acto mismo de la prision.

ART. 171. Toda persona deberá obedecer estos mandamientos; cualquiera resistencia será reputada delito grave.

ART. 172. Cuando hubiere resistencia ó se temiere la fuga, se podrá usar de la fuerza para asegurar la persona, sin mas rigor que el necesario para este efecto, pues se presume inocente al que la ley no declara culpado.

ART. 173. El arrestado, ántes de ser puesto en prision, será presentado al juez, siempre que no haya causa que lo estorbe para que le reciba declaracion, mas si esto no pudiere verificarse, se le conducirá á la cárcel en calidad de detenido, y el juez le recibirá la declaracion dentro de las veinte y cuatro horas.

ART. 174. La declaracion del arrestado será sin juramento, que á nadie ha de tomarse en materias criminales sobre hecho propio.

ART. 175. En fraganti todo delincuente puede ser arrestado, y todos pueden arrestarle y conducirle á la presencia del juez: presentado ó puesto en custodia, se procederá en todo, como se previene en los dos articulos precedentes.

ART. 176. Si se resolviere que al arrestado se le ponga en la carcel, ó que permanezca en otra calidad de preso, se proveerá auto en que se refiera con claridad el hecho que motiva su prision: se entregará copia al alcalde, para que la inserte en el libro de presos, sin cuyo requisito no admitira á ninguno en calidad de tal, bajo la mas estrecha responsabilidad.

ART. 177. Solo se hará embargo de bienes cuando se proceda por delitos que lleven consigo responsabilidad pecuniaria, y en proporcion á la cantidad á que esta pueda estenderse.

ART. 178. No será llevado á la cárcel el que dé fiador en los casos en que la ley no prohiba espresamente que se admita la fianza.

ART. 179. En cualquier estado de la causa que aparezca que no puede imponerse al preso pena corporal, se le pondrá en libertad, dando fianza.

ART. 180. Se dispondrán las cárceles de manera que nunca tengan calabozos subterráneos ni mal sanos, y de modo que solo sirvan para asegurar y no para molestar á los presos: así el alcaide tendrá á estos en buena custodia, y separados los que el juez mande tener sin comunicacion.

ART. 181. La incomunicacion de los reos podrá cuando mas, y solo por necesidad constante en autos, estenderse á seis dias, durante los cuales no se les privará de los medios de escribir ni de libros para leer.

ART. 182. La ley determinará la frecuencia con que ha de hacerse la visita de cárceles, y no habrá preso alguno que deje de presentarse á ella bajo de ningun pretesto.

ART. 183. El juez y el alcaide que faltaren á lo dispuesto en los artículos precedentes, serán castigados como reos de detencion arbitraria, la que será comprendida como delito en el código penal.

ART. 184. Dentro de las veinte y cuatro horas se manifestará al tratado como reo la causa de su prision, y el nombre de su acusador, si le hubiere.

ART. 185. Al tomar la confesion al tratado como reo, se le leerán íntegramente todos los documentos y las declaraciones de los testigos, con los nombres de estos; y si por ellos no los conociere, se le darán cuantas noticias pida para venir en conocimiento de quienes son.

ART. 186. El proceso de allí en adelante será público en el modo y forma que determinen las leyes.

ART. 187. No se usará nunca del tormento ni de los apremios, ni se impondrá la pena de confiscacion de bienes.

ART. 188. Ninguna pena que se imponga por cualquiera delito que sea, ha de ser trascendental por término ninguno á la familia del que la sufre, sino que tendrá todo su efecto precisamente sobre el que la mereció.

ART. 189. Publicado el código penal, se establecerá la distincion entre los jueces de hecho y de derecho en la forma y tiempo que el Congreso juzgare conveniente.

ART. 190. La ley determinará los delitos leves y penas correccionales que deben aplicarse sin forma de juicio, y por medio de providencias gobernativas ó de polícia.

CAPITULO XX

Del Gobierno interior de los pueblos

ART. 191. Para el gobierno interior de los pueblos habrá ayuntamientos, donde convenga los haya, no pudiendo dejar de haberlos en las ciudades, villas y cabeceras de partido, y se compondrán de alcalde ó alcaldes, regidores y procurador ó procuradores síndicos.

ART. 192. Los pueblos, cuya poblacion llegue á tres mil almas, con esclusion de las de su comarca, siempre que haya en sus vecinos capacidad actual para desempeñar los oficios concegiles, podrán representarlo documentadamente al Gobierno, para que tomando este los conociementos necesarios, forme el correspondiente juicio sobre la materia, é informe al Congreso para su resolucion.

ART. 193. Los pueblos que, aunque no lleguen á tres mil almas, consideren que por su ilustracion, agricultura, industria y comercio merecen tener ayuntamiento, lo representarán así al Gobierno, para que con su informe delibere y resuelva el Congreso.

ART. 194. En los demas pueblos en que no tenga lugar el establecimiento de ayuntamientos, habrá una junta municipal compuesta de tres individuos anualmente elegibles por el mismo pueblo, y un alcalde conciliador de nombramiento del Gobierno á propuesta en terna de la misma junta.

ART. 195. Las leyes determinarán el número de individuos de cada clase de que han de componerse los ayuntamientos de los pueblos con respecto á su vecindario.

ART. 196. Todos los años en el primer domingo del mes de diciembre, se celebrarán juntas electorales de parroquia compuestas de ciudadanos que estén en el ejercicio de sus derechos, avecindados y residentes en el territorio de cada pueblo, para elegir á pluralidad de votos, en la forma que prescribe el artículo 25, determinado número de electores que residan en el mismo pueblo ó su comarca.

ART. 197. Para ser elector se requiere, ademas de ser ciudadano en ejercicio de sus derechos:

1.° Tener en el pueblo ó su comarca residencia continua de tres años, y cinco á lo ménos en el Estado.

2.° Tener oficio, industria ó propiedad conocida.

3.° Tener veinte y cinco años de edad.

4.° Saber leer y escribir.

ART. 198. Los electores nombrarán en el domingo siguiente, á pluralidad absoluta de votes, el alcalde ó alcaldes, regidores y procurador ó procuradores síndicos de los ayuntamientos, para que entren á ejercer sus cargos el primero de enero del siguiente año.

ART. 199. Todos los años en el primer domingo del mes de diciembre, previa convocatoria que hará con anterioridad de ocho dias el alcalde conciliador, se reunirán bajo su presidencia los vecinos del pueblo en que no haya ayuntamiento, y elegidos dos escrutadores y un secretario, nombrará directamente cada uno tres individuos, y los tres que reunieren la mayoría de votos compondrán la junta municipal que ha de servir en el siguiente año. En los mismos términos se nombrará un suplente.

ART. 200. Cada año se mudarán los alcaldes, los regidores por mitad, y lo mismo los procuradores síndicos donde haya dos: si hubiere solo uno, se mudará todos los años.

ART. 201. El que hubiere ejercido cualquiera cargo concegil no podrá volver á ser elégido para ninguno de ellos sin qué pasen por lo ménos dos años.

ART. 202. Para ser individuo de ayuntamiento se requieren las mismas cualidades que el artículo 197 exije para ser elector, y ademas residencia en el pueblo.

ART. 203. No podrá ser individuo de ayuntamiento ningun empleado público de nombramiento del Gobierno que esté en ejercicio.

ART. 204. Los militares que se hallen de servicio, solo podrán nombrar y ser nombrados electores en el lugar de su vecindad y residencia, con tal que reunan las demas cualidades que determinan los artículos 196 y 197, verificándolo precisamente en el órden y forma que prescriben los artículos 29 y 30.

ART. 205. Los retirados del ejército y de la armada nacional y los individuos de la milicia activa, cuando no estén de servicio, podrán elegir en sus respectivas parroquias y ser elegidos para empleos concegiles, siempre que ademas de la vecindad y residencia reunan las cualidades que prescriben los artículos 196 y 197.

ART. 206. Todos los empleos municipales serán carga concegil de que nadie podrá escusarse sin causa legal.

ART. 207. Habrá un secretario en todo ayuntamiento elegido por este á pluralidad absoluta de votos, y dotado de los fondos del comun.

ART. 208. Estará á cargo de los ayuntamientos:

1.° La polícia de salubridad y comodidad.

2.° Dar al alcalde el auxilio que le pida para todo lo que pertenezca á la seguridad de las personas y bienes de los vecinos, y para la conservacion del órden público.

3.° La recaudacion, administracion é inversion de los caudales de propios y arbitrios conforme á las leyes y reglamentos con el cargo de nombrar depositario bajo responsabilidad de los que le nombren.

4.° Promover y cuidar de todas las escuelas de primeras letras y de los demas establecimientos de educacion que se paguen de los fondos del comun.

5.° Cuidar de los hospitales, hospicios, casas de espósitos y demas establecimientos de beneficencia bajo las reglas que se prescriban.

6.° Cuidar de la construccion, reparacion y limpieza de los caminos, calzadas, puentes y cárceles, de los montes y plantíos del comun, y de todas las obras públicas de necesidad, utilidad y ornato.

7.° Formar las ordenanzas municipales del pueblo y presentarlas al Congreso para su aprobacion por conducto del Gobierno, quien las acompañará con su informe.

8.° Promover la agricultura, la industria y el comercio, segun la localidad y circunstancias de los pueblos, y cuanto les sea útil y beneficioso.

ART. 209. Si se ofrecieren obras ú otros objetos de utilidad comun, y por no ser suficientes los caudales de propios fuere necesario recurrir á arbitrios, no podrán imponerse estos, sino obteniendo por medio del Gobierno la aprobacion del Congreso. Estos arbitrios se administrarán en todo como los caudales de propios.

ART. 210. Los ayuntamientos desempeñarán todos estos encargos bajo la inspeccion del Gobierno, á quien rendirán cuenta documentada cada año de los caudales públicos que hayan recaudado é invertido. El Gobierno despues de glosada esta, la pasará al Congreso para su aprobacion.

ART. 211. Estará á cargo de las juntas municipales:

1.° Cuidar de la polícia de salubridad y comodidad del pueblo.

2.° Dar al alcalde conciliador el auxilio que pida para todo lo que pertenezca á la seguridad de las personas y bienes de los vecinos.

3.° Promover el establecimiento y cuidar de todas las escuelas de primeras letras.

4.° Cuidar de la conservacion y aumento de los pósitos del comun, bajo la inspeccion del alcalde conciliador, con sujecion al reglamento de este ramo y a las órdenes del Gobierno.

5.° Cuidar de la construccion, reparacion y limpieza de los caminos calzadas, puentes y cárceles, de los montes y plantíos del comun y de todas sus obras públicas.

6.° Representar al Gobierno ó al Congreso cuanto escamen conducente á promover la agricultura, la industria y el comercio, según la localidad y circunstancias de los pueblos, y cuanto les sea útil y beneficioso.

ART. 212. Cuando para el logro ó conservacion de estos objetos necesitaren de alguna cantidad las juntas municipales, formarán espediente y lo representarán al Gobierno, para que este con su informe promueva la aprobacion del Congreso.

CAPITULO XXI

De las contribuciones

ART. 213. El Congreso establecerá ó confirmará anualmente para los gastos comunes del Estado las contribuciones, sean directas ó indirectas, generales ó municipales, subsistiendo las antiguas hasta que se publique su derogacion.

ART. 214. Las contribuciones se repartirán entre los yucatecos con proporcion á sus facultades sin escepcion ni privilegio alguno.

ART. 215. Las contribuciones serán proporcionales á los gastos comunes del Estado que se decreten por el Congreso.

ART. 216. Para que el Congreso pueda fijar los gastos comunes del Estado y las contribuciones que deben cubrirlos el Gobernador le presentará, luego que esté reunido, el presupuesto general de lo que en uno y otro respeto estime necesario.

ART. 217. Si al Gobernador pareciere gravosa ó perjudicial alguna contribucion, lo manifestará al Congreso preservando al mismo tiempo la que crea mas conveniente sustituir.

ART. 218. Fijada la cuota de la contribucion personal ó directa, el Congreso aprobará el repartimiento de ella entre los pueblos, á cada uno de los cuales asignará el cupo correspondiente á su poblacion ó riqueza, para lo que el Gobernador presentará tambien los presupuestos necesarios.

ART. 219. Habrá una tesorería general para todo el Estado: su administracion estará á cargo de un tesorero que tendrá las mismas cualidades que el secretario del Gobierno, y será elegido como este por el Congreso.

ART. 220. Las demas tesorerías del Estado serán subalternas y estarán en correspondencia con la general, á cuya disposocion tendrán todos sus fondos.

ART. 221. Ningun pago se admitirá en cuenta al tesoro general, sí no se hiciere en virtud de reglamento ó de órden especial del Gobernador refrendada por su secretario. El Gobernador bajo su responsabilidad, justificará oportunamente la necesidad del gasto y su precisa aplicacion.

ART. 222. La cuenta de la tesoreria general, que comprenderá el rendimiento anual de todas las rentas del Estado y su inversion, luego que sea aprobada por el Congreso, se imprimirá, publicará y circulará.

ART. 223. La administracion de la hacienda pública sera siempre independiente de toda otra autoridad que no sea aquella á quien está encomendada.

CAPITULO XXII

De la milicia del Estado

ART. 224. Habrá en el Estado cuerpos de milicia local para la conservacion del órden interior, y para la defensa esterior en caso necesario.

ART. 225. Esta milicia estará siempre á las órdenes del Gobernador, sujetándose para su gobierno local al reglamento que formará el Congreso con arreglo á lo dispuesto en la Constitucion general.

CAPITULO XIII

De la instruccion pública

ART. 226. En todos los pueblos del Estado se establecerán escuelas de primeras letras en las que se enseñará á leer, escribir y contar, y el catecismo de la religion católica que comprenderá también una breve esposicion de las obligaciones civiles.

ART. 227. Asimismo se arreglarán y crearán los establecimientos de instruccion pública que se juzgaren convenientes para la enseñanza de todas las ciencias, literatura y bellas artes.

ART. 228. En todos los establecimientos donde se enseñen las ciencias políticas y eclesiásticas, debería esplicarse la Constitucion política del Estado y la general de la nacion.

ART. 229. El Congreso por medio de planes y estatutos arreglará cuanto pertenezca al importante objeto de la instruccion pública.

CAPITULO XXIV

De la observancia de la Constitucion, y modo de proceder para hacer variaciones en ella

ART. 230. El Congreso en sus primeras sesiones tomará en consideracion las infracciones de la Constitucion que se le hubieren hecho presentes, para poner el convienente remedio, y hacer efectiva la responsabilidad de los que hubieren contravenido á ella.

ART. 231. Ningun empleado público entrará en el ejercicio de sus funciones, sin haber prestado sobre los santos evangelios el juramento de defender, guardar y hacer cumplir la Constitucion general de los Estados Unidos mejicanos, la particular de este Estado, sus leyes respectivas y las obligaciones especiales de su cargo.

ART. 232. Ni el Congreso ni otra alguna autoridad puede dispensar la observancia de la Constitucion en ninguno de sus artículos.

ART. 233. Hasta pasados cinco años despues de hallarse puesta en practica la Constitucion en todas sus partes, no se podrá proponer alteracion, adicion ni reforma en ninguno de sus artículos.

ART. 234. Para hacer cualquiera alteracion, adicion ó reforma en la Constitucion, pasados los cinco años, ha de preceder proposicion formal por escrito apoyada y firmada por ocho diputados á lo ménos.

ART. 235. Esta proposicion se leerá por tres veces con el intervalo de seis dias de una a otra lectura, y despues de la tercera se deliberá si ha ó no lugar á admitirla á discusion.

ART. 236. Admitida á discusion, se procederá en ella bajo las formalidades y trámites que se prescriben para la formacion de las leyes: y conviniendo en ello las dos terceras partes de la totalidad de diputados, el Congreso declarará que ha lugar ó que el próximo siguiente trate de la alteracion, reforma ó edicion propuesta.

ART. 237. El siguiente Congreso, previas las mismas formalidades, tratará en efecto de dicha alteracion, reforma ó adicion; y si fuere aprobada por las dos terceras partes de la totalidad de diputados pasará á ser ley constitucional, y se publicará como tal, presentándola para este fin al Gobernador del Estado.

Dada en Mérida de Yucatan en el palacio del Congreso á 6 de abril de 1825. 5.° de la independencia, 4.° de la libertad y 3.° de la federacion. – *José María Quinoes*, presidente. – *Pedro Almeida*. – *Francisco Genaro de Cicero*. – *Manuel José Milanés*. – *Pedro de Suoza*. – *Joaquin Garcia Rejon*. – *Juan Evangelista de Echánove*. – *Pablo Oreza*. – *Pablo Moreno*. – *Miguel de Errazquin*. – *Manuel de Leon*. – *José Ignacio Cervera*. – *José Felipe de Estrada*. – *Eusevio Antonio Villamil*. – *José Francisco de Cicero*. – *José Tiburcio López*. – *Juan de Dios Cosgoya*. – *Augustin López de Llergo*. – *José Antonio García*. – *Perfecto Sainz de Baranda*. – *Pedro José Gúzman*, diputado secretario. – *Manuel Jimenez*, diputado secretario.

Por tanto, ordeno se cumpla puntualmente y que todas las autoridades la hagan cumplir; a cuyo fin mando se imprima, publique y circule á quienes corresponda. Dado en Mérida en la casa de gobierno del Estado á 6 de abril de 1825, 3.° dé la República federada.

Antonio López dé Santa-Anna.
Por mandado de S.E.

Joaquin Castellanos,
Srio. general.

[1] Editado según *Constitucion Politica del Estado Libre de Yucatan, sancionada por su congreso constituyente en 6 de abril de 1825*, Merida de Yucatan: Oficina del Sol, 1825, 75p.

En los años hasta 1824, cuando fueron proclamados los Estados Unidos Mexicanos por el Acta constitucional, en Yucatán existían tendencias muy fuertes a favor del establecimiento de una república federal. El 15 de septiembre de 1821, Yucatán – la cuál formó una Capitanía general separada en la época colonial – declaró su independencia de España y poco después adhirió a México independiente. En 29 de mayo de 1823 la Diputación provincial proclamó la unión de la "república federada" (la dominada "Primera Republica") de Yucatán con la Federación Mexicana.

La constitución de 1825 quedó – con un intervalo en 1830 y 1831 – en vigor hasta el fin de la primera república federal de México en 1835/36. En 1832 el intento de una reforma fue imposibilitada por un pronunciamiento. En 1840, con otro pronunciamiento en favor del federalismo mexicano fue proclamado la separación de México y la re-introducción de la constitución de 1825. Un año después el congreso promulgó una nueva constitución. Con la re-incorporación a México la denominada "Segunda república de Yucatán" – en 1843 – cesó. Ya en 1846 – y otra vez en protesta contra el centralismo mexicano – Yucatán se declaró nuevamente independiente y promulgó una *Ley orgánica,* la cual fue substituida al final del año por la constitución de 1825 y al final de 1847 por la de 1841. Después de la nueva re-incorporación a México en 1848 la constitución de 1825 vivía una nueva fase de existencia. Una constitución reformada fue publicada en 1850.

Acta instituyente de la provincia de Yucatán (1830)

Acta Instituyente de la Augusta Asamblea de Yucatan[1]

JOSE SEGUNDO CARVAJAL

Gefe Superior de Yucatan

Hallándose reunida en el pueblo de Bécal la Respetable Asamblea general de esta provincia para ocuparse de las tareas consiguientes á la convocatoria del 25 de Febrero último, se ha servido resolver lo siguiente:

La Asamblea general de provincia reunida en el pueblo de Bécal en la península de Yucatan, con el obgeto de dar un testimonio auténtico á los Estados federados de la República megicana de los sentimientos que animan á esta Junta, y de las últimas resoluciones que ha tomado con el fin de asegurar de un modo estable la felicidad de esta península y el bienstar de la gran Nacion á que pertenece, solemnemente declara:

1.° Que el pronunciamiento del egército de esta provincia por el sistema de República Central, representativa popular bajo la base de la division de poderes, se considera justo y patriótico, y es en el todo conforme á la voluntad general, y conveniente á los intereses de la nacion; en cuyo concepto los yucatecos por medio de sus representantes lo ratifican solemnemente.

2.° Que en su consecuencia Yucatan es parte inegrante de la Nacion megicana, y que concurrirá al sostenimiento de la Independencia nacional.

3.° Que tambien protesta reconocer el Gobierno de la Nacion, tan luego como penetrada de sus verdaderos intereses se decida por el espresado pronunciamiento.

4.° Que á este reconocimiento ha de preceder la ratificacion que deben hacer los Supremos Poderes de todos los actos egecutados por el Gobierno de esta provincia desde el pronunciamiento del 5 de Noviembre del año anterior, que no se hallen en contradiccion con el régimen que se dé al de República Central.

5.° Que se desconoce en el actual Congreso general otro carácter que el de convocante, quedando por consiguiente limitadas á este solo obgeto las funciones de los representantes de esta provincia en ambas cámaras.

6.° Que miéntras no se publique la Constitucion central, no tendrán efectivo cumplimiento en esta península las disposiciones de los Supremos Poderes, á ménos que sean ratificadas por el gobierno de ella.

7.° Que habiéndose esplicado la voluntad general de Yucatan en este pronunciamento, se dé cuenta al Supremo Gobierno con la presente acta y un Manifiesto que la motive, en contestacion respetuosa á las medias conciliatorias á que se contrae el soberano decretado de 14 de Enero último.

8.° Que interin llega el caso del art. 6°, se organice un gobierno provisional que provea á las necesidades de esta provincia.

9.° Que el egercicio de su administracion será desempeñado por el Gefe superior que mande las armas, un Consejo provincial y los tribunales de jucticia.

10. Que el Consejo se compondrá de siete individuos propietarios á igual número

de suplentes de ilustracion, y que posean un capital ó industria que les produzca setecientos pesos anuales, quienes servirán sus destinos como carga consegil, alternándose anualmente en su totalidad.

11. Que el nombramiento de los miembros del Consejo lo hará la Asamblea general en el último dia de sus funciones.

12. Que si al renovarse el Consejo hubiese algunas vacantes entre los suplentes, continuarán los propietarios por el mismo órden de su nombramiento.

13. Que el cargo de presidente y secretario turnará entre los individuos de su seno.

14. Que los miembros del Consejo al tomar posesion de sus destinos, jurarán por esta vez ante el Gefe superior el buen uso de su encargo, la observancia de las leyes y el cumplimiento de esta acta, y en lo sucesivo ante el presidente de su seno.

15. Que el Gefe superior de esta península dirigirá todos los ramos de la administracion pública conforme á las disposiciones vigentes; no pudiendo hacer en ellas las variaciones que escija una absoluta necesitad, sino con el indispensable acuerdo del Consejo provincial.

16. Que en virtud del artículo anterior, el Gefe superior queda facultado para proveer los empleos civiles, militares y de hacienda que sean de urgente necesidad.

17. Que es ademas á cargo del Consejo dar su dictámen en todos los casos y negocios en que sea consultado por el Gefe superior.

18. Que se establecerá en la provincia un supremo tribunal de justicia, compuesto de tres miembros propietarios que servirán sus destinos como carga consegil, para conocer con arreglo á las leyes de los recursos de nulidad en las causas comunes, y en las del Gefe superior.

19. Que su nombramiento y el de otros tantos suplentes para los casos de vacantes ó impedimento legal, lo verificará el gefe superior á propuesta que le haga el Consejo de nueve individuos de conocida ilustracion y bienes, segun lo prevenido en el art. 10.

20. Que el Consejo y el supremo tribunal de justicia, así como el Gefe superior, tendrán el tratamiento de escelencia.

21. Que para hacer efectiva con arreglo á las leyes la responsibilidad del Gefe superior, deberán preceder las calificaciones conformes del Consejo provincial, y de un gran jurado compuesto de veinte y cinco individuos previamente insaculados.

22. Que de cien individuos que hubiesen sido previamente elegidos por el Consejo entre la totalidad que resulte de las propuestas de veinte personas que le dirigirá inmediatamente cada Ayuntamiento, el Gefe superior ó su poder, sea quien haga aquella insaculacion ante el mismo Consejo.

23. Que de los setenta y cinco individuos restantes por la disposicion anterior, se sortearán en su caso y del mismo modo quince mas, que compongan tres salas, cada una de igual número, para conocer en primera, segunda y tercera instancia de las causas del Gefe superior.

24. Que caso de no comparecer el Gefe á usar del derecho de insaculacion que se le concede por el art. 22. se verifique aquel acto por el alcalde primero del lugar donde estuviere residiendo el Consejo.

25. Que verificadas las calificaciones, y resultando conformes en la declaratoria de haber lugar á formacion de causa, se remita el espediente á la primera sala para que conozca de él con arreglo á derecho, y á las demas en su caso.

Prevenciones Generales

26. Que quedan en su fuerza y vigor todas las leyes vigentes que no se opongan al pronunciamiento del sistema adoptado, á las disposiciones posteriores, y á la presente acta.

27. Que se adopte un sistema de elecciones populares, que al mismo tiempo que asegure el libre egercicio de este derecho, remueva los funestos efectos que su abuso ha producido.

28. Que el reglamento de libertad de imprenta se reforme de manera, que al proteger un derecho tan util y necesario á la sociedad, se remedien los abusos que se han introducido haciendo ilusoria la responsabilidad de los escritores.

29. Que se autorice al Gobierno para indultar por esta vez, aun de la pena capital, á aquellos reos que segun la naturaleza de su delito, puedan ser comprendidos en esta gracia, conforme la práctica en semejantes casos.

30. Que el Consejo provincial dirija un Manifesto á la Nacion, espresando las razones de conveniencia pública que tuco la provincia en el pronunciamiento de República Central, recomendando en su remision al supremo Gobierno la reunion del mando político y militar, como voluntad general de Yucatan.

31. Que a pesar de las repetidas y vigorosas instancias del actual Comandante general para separarse del Gobierno, no se admite su solicitud, por convenir así á los intereses de la provincia.

32. Que cualquiera persona de cualquier clase y condicion que sea, que conspire de hecho de palabra ó por escrito contra la independencia nacional ó contra el sistema de República Central, será juzgado con arreglo á las leyes.

33. Que se escija el juramento de observar la presente acta á todas las autoridades y empleados militares, civiles y eclesiásticos, haciéndolo previamente el Gefe superior en manos de los secretarios, y éstos como los demas miembros de la Asamblea, en las de su escelencia.

Sala de sesiones de la Asambela provincial de Yucatan en Bécal, á 4 de Abril de 1830. – Como presidente, José Segundo Carvajal. – *Por el partido de Izamal.* – Manuel Ponce. – Pedro de Souza. – Pedro Ruiz. – Silvestre Antonio Dondé. – *Por el partido de Jequelchakan.* – Pedro José de la Peña. – Luciano Dorántes. – Julian Molina. – *Por el partido de Campeche.* – Pedro Mariano de Cicero. – Pedro Méndez de Ibarra. – Pedro Marcial Guerra – *Por Mérida.* – José Encarnacion Cámara – Pedro Casáres y Armas. – *Por Bacalar.* José Luis de Meléndez. – Manuel Arcadio Quijano. – *Por Tekax*, Lorenzo Peon – Manuel Castellanos y Delgado. – *Por Valladolid*, Roberto Ildefonso Rivas. – Jacobo Machado. – *Por Teabo*, Francisco Julian Coello. – Andres Maria Maldonado. – José Cosgaya. – Por Tizimin, José Antonio Garcia. – José de la Cruz Villamil. – *Por Socata*, Manuel José Pardio – Policarpo de Echanove. – José Manuel Bersunza. – *Por Hunuemá*, Antonio Morales. – Miguel Camara. – *Por el Cármen*, Sebastian Peon. – Juan Bautista Requena. – *Por Peto*, Félis Antonio Fajardo. – Pedro de Flizalde. – Wenceslao Alpuche. – Vicente Yearo. – *Por Seiba-Playa*, J. Eulogio Rosado. – Igancio Maria Barreta. – José Ordaz. – *Estado mayor.* – El Comandante de las armas de Campeche, Francisco Toro. – Como teniente coronel por el estado mayor, Ignacio de la Roca. – El Asesor general militar, José de Ayala. – El comandante de Ingenieros, Manuel Duque de Estrada. – El cirujano mayor del egército, Dr. Alejo Dancourt. – *Por el batallon 6° permanente.* – Comandante, José Ignacio de Castro. – Primer ayudante, José Maria Villalvaso. – Por su oficialidad,

Luis Gutierrez. *Por el cuerpo nacional de artillería.* – El Comandante principal de la provincia, Francisco Javier Verna. – Como Comandante de la tropa, Leandro de Poblaciones. – Por su oficialidad, Victor Rendon. – *El Comandante de marina*, Manuel de Lara Bonifaz. – *Batallon* 13 *permanente.* – El Comandante, Bartolomé Arzamendi. – Primer ayudante funcionario, Eduardo Badillo. – Por su oficialidad, Manuel Contréras – *Primer batallon activo.* – El Comandante, Juan Manuel Calderon. – El primer ayudante, Gerónimo López de Llergo. – Por su oficialidad, Domingo Maria Serrano. – *Segundo battalon activo.* – El primer ayudante funcionario, Rafael de Traba. – Por su oficialidad, Sebastian López de Llergo. – *Tercer batallon activo.* – El Comandante, Joaquin Rívas. – El primer ayudante funcionario, Alonso Aznar. – Por su oficialidad, Laureano Manzanilla. – *Batallon guardacosta del Cármen* – Como encargado del detall, Lazaro Mantilla. – *Compañias permanentes de Bacalar.* – Florencio Zintra. – *Escuadron de caballería permanente.* – El Comandante, Joaquin Muñoz. – El primer ayudante funcionario, Néstor Escudero. – Pr su oficialidad, José Maria Garcia. – *Como secretarios de la augusta Asamblea.* – El Comandante del secundo activo, Luis F. del Campo, secretario. – Representante por Mérida, Pedro Escudero, secretario. – Ignacio Manzanilla, secretario, representante por Hunucmá. – Por Valladolid, Gregorio Canton, secretario.

Por tanto, mando se imrima, piblique y circule á quienes corresponda, espidiéndose las órdenes conducentes para su mejor y mas cumplida observancia. En Bécal á 5 de Abril de 1830.

José Segundo Carvajal.
Sebastian Peon.
Srio. Gl. Interino.

[1] Editado según *Acta instituyente de la Augusta Asamblea general de Yucatan reunida en el pueblo de Becal el 28 de Marzo de 1830, con insercion de todos sus incidentes*, Merida: Imprenta de Lorenzo Segui, 1830, p. 3–9. Agradezco al Centro de Apoyo a la Investigación Histórica de Yucatán del Instituto de Cultura, en persona de su director Faulo M. Sánchez Novelo; véase: http://www.bibliotecavirtualdeyucatan.com.mx.

Con esta *Acta instituyente* la "Respetable Asamblea general de esta provincia", reunida en Bécal, se declaró en favor de una "República central" (p. 3), desconociendo "en el actual Congreso general otro carácter que el de convocante" hasta la publicación de una "Constitucion central" (p. 4). También fueron declaradas vigentes las bases de gobierno provincial en esta *Acta.* Al final de 1831 fue substituida por la constitución de 1825.

Proyecto de constitución del estado de Yucatán (1840)

Proyecto de Constitucion (1840)[1]

Nos el pueblo de Yucatan, reconocidos á la bondad divina por habernos permitido organizar un gobierno cual demandan nuestras particulares necesidades, hemos decretado la siguiente Constitucion, usando del derecho que á todas las sociedades humanas ha concedido el Soberano Legislador del universo.

ART. 1.° El poder público del Estado se dividirá para su ejercicio en legislativo, ejecutivo y judicial, y jamas podrán reunirse dos ó tres de ellos en una corporacion ó persona.

Poder Legislativo

ART. 2.° El poder legislativo se depositará en dos Cámaras, que se denominarán de Dipitados y Senadores.

Camara de Diputados

ART. 3.° La Cámara de Diputados se compondrá de los ciudadanos nombrados para este encargo por los partidos del Estado, eligiendose uno por cada treinta y cinco mil almas, ó por una fraccion que exceda de la mitad.

Sin embargo, Bacalar y el Cármen se unirán con los partidos mas inmediatos para nombrar con ellos á sus respectivos Diputados.

ART. 4.° La eleccion de los Diputados será popular directa, y para facilitarla se dividirán las parroquias en secciones, que consten de mil á dos mil almas.

ART. 5.° En las Juntas electorales de las secciones, elegirán los ciudadanos avecindados en ellas, el primer domingo de Junio de cada bienio, un escrutador y los Diputados que correspondan á su respectivo partido, haciéndolo precisamente por medio de papeletas.

ART. 6.° Concluida la votacion, será declarado escrutador el ciudadano que hubiese r[e]unido el mayor número de sufragios emitidos para este encargo en su respectiva seccion; se computarán en seguida los votos dados en ella para Diputados, y de su resultado se hará una relacion circunstanciada en el acta, que deberá remitirse desde luego á la cabecera del partido.

ART. 7.° El primer domingo de Julio próximo siguiente, se reunirán los escrutadores en la cabecera de su partido, harán el escrutinio de todos los sufragios dados en las secciones parroquiales de éste para Diputados, y declararán electos á los que hubiesen reunido números mas altos de votos, debiendo proclamar primer Diputado al que tenga mas, segundo al que le siga en mayoría, y así de los otros.

ART. 8.° Para ser Diputados se requiere ser ciudadano en el ejercicio de sus derechos y del Estado seglar, haber nacido en el territorio del Estado, y tener veinte y cinco años ya cumplidos al tiempo de la eleccion, con un capital ó industria que produzca una renta de cuatrocientos pesos anuales.

El que no fuese natural del Estado, deberá tener, ademas de los requisitos indicados, un bienio de vecindad en el pais, si hubiese nacido en lo restante de la República; y un quinquenio el oriundo de cualquiera nacíon extrangera, con mas la circunstancia de ser propietario, en este último caso, de bienes raices importantes dos mil pesos libres de toda responsabilidad pecuniaria.

ART. 9.° No puede ser Diputado el que disfrute de algun sueldo ó pension vitalicia sobre el erario de la Federacion ó del Estado.

ART. 10. Una ley particular determinará las cualidades de los votantes de Diputados.

Camara de Senadores

ART. 11. Esta Cámara se compondrá de dos Senadores por cada Departamento, y su eleccion será tambien popular directa.

ART. 12. En las mismas juntas electorales, en el mismo dia y en la misma forma que se elija á los Diputados, se elegirá tambien á los Senadores por los ciudadanos avecindados en las secciones parroquiales; pero esta eleccion se hará por papeleta separada, y por separado se extenderá el acta del resultado de ella, para remitirla inmediatamente á la cabecera del Departamento.

ART. 13. Los escrutadores nombrados por las secciones parroquiales, despues de haber declarado á los Diputados elegidos por su partido, elegirán el mismo dia de entre sí diez individuos, que vayan á la cabecera de su Departamento á hacer el escrutinio de los votos emitidos para Senadores en todas las secciones de éste.

ART. 14. Los escrutadores departamentales se reunirán el último domingo de Julio de cada bienio, en la cabecera de su Departamento, y previo el escrutinio competente hecho con presencia de las actas de elecciones de las secciones parroquiales, declararán Senadores electos á los dos que para esto hubiesen reunido pluralidad de votos.

ART. 15. Para ser Senador se requiere ser ciudadano en el ejercicio de sus derechos, haber nacido en el territorio del Estado, ser mayor de treinta y cinco años de edad, y propietario de bienes raices de seis mil pesos de valor libres de toda responsabilidad pecunaria. El que no sea natural del Estado, deberá tener ademas de lo dicho dos años de vecindad en él, si hubiese nacido en lo restante de la República; y un quinquenio, siendo oriundo de cualquiera otro lugar.

ART. 16. Respecto de los Senadores, regirá lo establecido en los artículos 9 y 10 de la presente Constitucion.

Instalacion de las Cámaras y duracion de sus sesiones.

ART. 17. Desde el 20 de Agosto de cada bienio hasta el 31 del mismo mes, los Diputados y Senadores nuevamente elegidos, tendrán en la capital las juntas que consideren necesarias para el exámen de sus respectivas elecciones, debiendo cada Cámara exclusivamente calificar la legalidad de las de los miembros que la compongan.

ART. 18. Reprobada la eleccion de un Diputado ó Senador, la Cámara respectiva llamará á ocupar el lugar del no admitido, al que en las últimas elecciones de su partido ó Departamento hubiese reunido la pluralidad de votos para los encargos referidos, de entre los que no hubiesen sido declarados electos para ellos. Lo mismo se practicará cuando haya vacante por cualquiera otro motivo.

ART. 19. El 1.° de Septiembre de cada año se empezarán las sesiones ordinarias del cuerpo legislativo, que durarán hasta el

16 de Noviembre, y para los actos de apertura y clausura se reunirán las dos Cámaras, debiendo concurrir á ellos el encargado del Gobierno del Estado.

ART. 20. El reglamento que se dé para el gobierno interior de las Cámaras, determinará los dias y horas de sus sesiones, y el modo y forma con que deberán tratar, así de los asuntos que sean de la competencia de las dos, como de los económicos que á cada una de ellas correspondan.

Juicio político.

ART. 21. El Gobernador, cónsules, secretarios del despacho y ministros de la Corte Suprema de Justicia, podrán ser enjuiciados por las faltas graves que cometan en el egercicio de sus respectivas funciones, aunque no estén reprobadas por las leyes; pero para ello deberá acusárseles ante la Cámara de Diputados, y si ésta declarase haber lugar á la formacion de causa contra ellos, remitará al Senado el expediente respectivo, para que acabando de instruirle en la forma competente y con audiencia del acusado y acusador ó acusadores si los hubiere, falle absolviendo ó condenando; sin que en estos juicios pueda imponer otra pena que la de privacion de oficio ó empleo, y la inhabilitacion temporal ó perpetua para obtener otro alguno. Pero cuando á juicio de la referida Cámara de Senadores resultarse el acusado ser acreedor á mayores penas, pasara el proceso al juez de primera instancia respectivo, para que proceda segun las leyes.

ART. 22. De los abusos de la Corte en sus juicios de amparo contra las leyes ó decretos del Congreso del Estado, solo podrán conocer las Cámaras en las sesiones ordinarias del año siguiente, á aquel en que hubiese dado los fallos porque se le trate de enjuiciar, necesitándose de que la condenen ámbas por el voto de las dos terceras partes de sus miembros presentes, para poderla sentenciar á las penas indicadas, cuando el Congreso que la juzgue hubiese sido el autor de las providencias legislativas, contra las cuales hubiese fallado.

Cámaras erigidas en jurados de acusacion.

ART. 23. Los funcionarios de que habla el artículo anterior, solo podrán ser juzgados por los delitos comunes que cometan, precediendo la declaracion que haga cualquiera de las Cámaras, de haber lugar á la formacion de causa. Mas para poderse juzgar á los Diputados y Senadores por los referidos delitos, la indicada declaracion se hará por el Senado, si se tratase de proceder criminalmente contra aquellos, y si contra éstos por la Cámara de Diputados.

ART. 24. Si la Cámara respectiva declarase haber lugar á proceder criminalmente contra los funcionarios públicos señalados en el artículo precedente, hará que el expediente de la materia se pase á la Corte suprema de justicia, para que los juzgue segun las leyes.

ART. 25. Para conocer de estas causas, supliendo en los casos de imposibilidad física ó legal de los Magistrados de la Corte, se elegirán por las Cámaras reunidas, el 2 de Septiembre de cada de bienio, doce individuos que tengan instruccion en el derecho patrio, y reunan ademas las circunstancias exigidas para poder obtener las magistraturas superiores del Estado. De éstos se sacarán por suerte ante la Cámara de diputados, y en los recesos del Congreso, ante el Gobernador y cónsules, los que se fuesen necesitando para los casos indicados.

Formacion de las leyes.

ART. 26. La facultad de iniciar las leyes y decretos para toda clase de negocios residirá en cada Cámara, y en el encargado del

Gobierno del Estado; y solo para corregir los vicios de la legislacion civil y penal, ó mejorar la de los procedimientos judiciales, en la Corte suprema de justicia.

ART. 27. Tambien tendrán derecho los Diputados y Senadores para proponer á sus Cámaras los proyectos de ley ó decreto que les parezcan convenientes, y ni por ellos, ni por las opiniones que emitan en el ejercicio de sus respectivos encargos, podrá jamas reconvenirles ningun funcionario público.

ART. 28. Para la votacion de cualquiera ley ó decreto, deberán estar presentes las dos terceras partes del número total de los individuos que compongan cada Cámara, y toda votacion se hará por la mayoría absoluta de sufragios de los que estuviesen presentes.

Lo mismo se observará para las resoluciones peculiares de cada Cámara, y para las de las dos reunidas sobre elecciones de individuos del Poder ejecutivo, y de los doce de que habla el art. 25.

ART. 29. Los proyectos de ley ó decreto aprobados por ámbas Cámaras, se remitirán al Gobierno del estado; y si fuesen sancionados por éste, los hará publicar y circular para su debido cumplimiento. Pero si dentro de diez dias útiles de haberlos recibido, los devolviese con observaciones á la Cámara de su procedencia, se examinarán de nuevo por las dos corporaciones colegisladores, y no se entenderá que insisten en ellos, si no los reproducen por el voto de las dos terceras partes de sus miembros presentes. Reproducidos en la forma indicada, el Gobierno no tendra otro arbitrario que el de hacerlos publicar como leyes ó decretos. A lo mismo quedará obligado, si dejase pasar el tiempo referido de diez dias, sin devolverlos á la Cámara de su orígen.

Facultades del poder legislativo.

ART. 30. Compete al poder legislativo: 1.° dictar las leyes á que debe arreglarse la administracion pública en todos y cada uno de sus ramos, y las relativas á los derechos civiles y políticos de los habitantes del Estado: 2.° imponer contribuciones y decretar su inversion: 3.° conceder amnistías generales en los casos en que lo exija la pública conveniencia: 4.° decretar la intervencion que deba ejercer el Estado en materia de culto religioso y nombramiento de sus ministros: 5.° reconocer la deuda pública y decretar el modo y medio de amortizarla: 6.° autorizar al Gobierno para contraer deudas sobre el crédito del Estado, y designar garantías para cubrirlas: 7.° decretar la fuerza que deba haber de mar y tierra, y arreglarla de la manera conveniente al servicio que haya de prestar: 8.° dar al Gobierno bases para la formacion de coaliciones con los otros Estados de la República, designar su objeto y ratificar lo que en ellas se convenga: 9.° prorogar sus sesiones ordinarias, sin que pueda el Ejecutivo devolverle con observaciones, los decretos que sobre el particular expida.

Del Poder ejecutivo.

ART. 31. El Poder ejecutivo del Estado se depositará en un Gobernador, y la persona encargada de este destino se renovará el 1.° de Noviembre de cada bienio.

ART. 32. Para la renovación periódica de Gobernador habrá dos cónsules, de los cuales el primero relevará á aquel en el tiempo indicado en el artículo anterior; el segundo subirá a ser primero, y se elegirá al que deba ser segundo.

ART. 33. La eleccion de Gobernador, cónsules y sus suplentes será popular directa, y para obtener cualquiera de estos destinos, se requiere ser ciudadano yucateco por nacimiento, avecindado en el Estado, mayor de treinta y cinco años de edad, y tener un capital de seis mil pesos libres de toda responsabilidad.

ART. 34. Sin embargo de lo prevenido en el artículo anterior, el Gobernador actual continuará en su encargo y el vice-Gobernador en calidad de primer cónsul, hasta 1.° de Noviembre de 1843. Solo pues se nombrará desde luego, al que deba servir el segundo consulado.

ART. 35. Tanto en este año como en los bienios sucesivos, al votar á los Diputados y Senadores, votarán tambien los ciudadanos de las secciones parroquiales, por papeleta separada, al que deba servir de segundo cónsul, y á tres suplentes que cubran las faltas temporales ó perpétuas de los miembros del Poder ejecutivo en los dos años inmediatos; y concluidas que sean las votaciones, las juntas electorales formarán del resultado de ellas las actas respectivas tambien por separado, y las remitirán desde luego al primer cónsul.

ART. 36. El 1.° de Septiembre próximo posterior á la celebracion de las indicadas elecciones, se entregarán las actas de que habla el artículo precedente á las Cámaras reunidas, y éstas desde aquel dia hasta el 15 del mismo mes, las examinarán, resolviendo lo que les parezca mas conforme con esta Constitucion en órden á las ilegalidades que se objeten á los votantes y votados, y sobre lo demas relativo á las referidas elecciones. Harán dentro del mismo término el escrutinio de los sufragios emitidos para los encargos de que se trata, y declararán electos á los que hubiesen reunido para ellos la pluralidad de los votos.

ART. 37. Cuando fuere perpetua la falta del primer cónsul, en las próximas elecciones de Diputados y Senadores elegirán las secciones parroquiales dos ciudadanos, uno para Gobernador y otro para segundo cónsul. Mas ocurriendo la de éste, los dos que se elijan, serán para el primero y segundo consulado.

ART. 38. En las elecciones de Gobernador se observarán las mismas formalidades y requesitos establecidos para las de cualquiera de los cónsules, pero nunca se computarán los votos dados para aquel destino, con los que se den para el consulado ó los encargos de suplentes, al hacerse el escrutinio respectivo.

Con la misma distincion se procederá en las elecciones y declaraciones que se hagan de primero, segundo cónsul y suplentes del Poder ejecutivo.

ART. 39. En todo lo relativo á las elecciones de Gobernador, cónsules y suplentes, las Cámaras obrarán reunidas, decidiendo á pluralidad absoluta de votos todas las cuestiones que sobre ellas se susciten, y acudiendo á las suerte para obtener la respectiva decision en los empates de sufragios dados por los pueblos, para el Gobierno ó cualquiera consulado, ó encargo de suplente.

ART. 40. Los electos para los encargos de que se trata, tomarán posesion de ellos el 1.° de Noviembre próximo posterior á su eleccion, y desde entónces empezará á correr el bienio de los suplentes cesando desde luego los anteriores.

Suplente *ad ínterin* de los del Poder ejecutivo.

ART. 41. En las faltas temporales ó perpétuas del Gobernador ó de alguno de los cónsules, servirá desde luego el destino del que falte, el Magistrado mas antiguo de la Suprema Corte de justicia, continuando en él, hasta que acuda á desempeñar sus atribuciones alguno de los suplentes. Pero el que de éstos se encargue primero de servirlo, preferirá á los demas en el puesto que ocupe, y solo podrá ser relevado por el propietario en cuyo lugar se halle sirviendo.

ART. 42. El Magistrado mas antiguo de la corte servirá de preferencia la plaza del Gobernador del Estado, en las faltas simultáneas de éste y de cualquiera de los cónsules, pero deberá entregarla al suplente que se presente primero á desempeñar su encargo.

Facultades del Gobernador.

ART. 43. Compete al Gobernador: 1.° publicar, circular y hacer guardar las leyes y decretos del Congreso del Estado: 2.° pedir á todas las oficinas y empleados las noticias é informes que necesite para el desempeño de sus deberes: 3.° promover en los Estados de la República la formacion de coaliciones, para el sostenimiento y consolidacion de la causa proclamada en éste, y nombrar los agentes que deban en ellas representarlo, dando cuenta al poder legislativo de lo que acuerden, para su final resolucion: 4.° nombrar y remover libremente á los secretarios del despacho, y dependientes de las oficinas de éstos: 5.° disponer de la fuerza de mar y tierra para la seguridad interior y exterior del Estado: 6.° Convocar las cámaras á sesiones extraordinarias, y pedirles la prorogacion de las ordinarias: 7.° exigir de los cónsules se reunan con él á deliberar, y á que le den consejo de palabra ó por escrito, sobre los asuntos de administracion que les proponga, para asegurar el acierto en sus determinaciones: 8.° dar reglamentos para el mejor cumplimiento de la Constitucion y las leyes: 9.° dirigir las contestaciones que ocurran sobre asuntos de derecho internacional, arreglándose al de gentes, y al marítimo segun las circunstancias en que se encuentre el Estado, y observando de preferencia los tratados que tenga celebrados la República con los gobiernos extrangeros: 10. arrestar a los que le fuesen sospechosos, cuando lo exija el bien ó la seguridad del Estado, debiendo ponerlos á disposicion del tribunal ó juez competente á los tres dias á mas tardar: 11. iniciar las leyes y decretos que juzgue convenientes para el bien y prosperidad del Estado.

Facultades del Gobernador y cónsules reunidos.

ART. 44. Toca al Gobernador y cónsules reunidos, decretando á pluralidad absoluta de votos: 1.° dar los empleos temporales ó perpetuos en todos los ramos de la administracion pública, arreglándose á lo que dispongan las leyes: 2.° ocupar la propiedad agena, cuando sea para algun objeto de general y pública utilidad, indemnizando previamente á su dueño á tasacion de peritos, nombrado el uno de ellos por éste, y segun las leyes el tercero en discordia, caso de haberla: 3.° conceder jubilaciones á los empleados, dar retiros y licencias á los militares, y decretar pensiones á los que las merezcan, todo conforme á lo que dispongan lay leyes: 4.° intervenir en la provision de los beneficios ó ministerios eclesiásticos de la manera y en la forma que las leyes establezcan: 5.° indultar solamente de la pena capital, conmutándola en la de 10 años de presidio.

Del despacho de los negocios del Gobierno del Estado.

ART. 45. Habrá para el despacho de los negocios que corran á cargo del ejecutivo, los secretarios que decrete el Congreso del Estado. Estos serán responsables de las disposiciones que autoricen con infraccion de la Constitucion y las leyes, y de la falta de cumplimiento de las que deban tenerlo por su respectivo ministerio.

ART. 46. No serán obedecidas las disposiciones que el Gobernador ó los tres miembres del Ejecutivo del Estado dicten en uso de sus respectivas atribuciones, á ménos de que estén autorizadas por el secretario del ramo respectivo.

ART. 47. Para ser secretario del despacho, se requiere ser ciudadano de la República Mejicana y mayor de treinta y cinco años de edad.

De los cónsules

ART. 48. Los cónsules deberán visitar todos los años dos departamentos del Estado por lo ménos, con objeto de observar la polícia de los caminos y los pueblos, examinar los archivos de las autoridades políticas y municipales, ver el estado de la industria, de la educacion primaria y científica, y encargase de las necesidades y exigencias de los pueblos, para informar de todo al Gobernador del Estado, por memorias que se darán á la prensa.

ART. 49. Los departamentos que no hubiesen sido visitados en un año, lo serán necesariamente al siguiente, y las visitas se harán saliendo á un tiempo los cónsules á recorrer los departamentos que el Gobernador les designe.

Del poder judicial

ART. 50. El Poder judicial residirá en una Corte suprema de justicia, y en los juzgados inferiores de hecho y de derecho que se establezcan por las leyes.

De la Corte suprema de justicia y de sus atribuciones.

ART. 51. La Corte suprema de justicia se compondrá de tres ministros y un fiscal, letrados todos, ciudadanos de la República Mejicana por nacimiento, y mayores de treinta años de edad. Continuarán en ella los que actualmente la componen, y cualquiera vacante que ocurra, se llenará proponiendo la Cámara de diputados tres individuos que reunan las circunstancias indicadas, y eligiendo el Senado de los tres uno, para la plaza de fiscal.

ART. 52. Cuando vaque alguno de los ministerios de este cuerpo, pasará desde luego á servirlo en propiedad el fiscal del mismo.

ART. 53. Corresponde á este tribunal reunido: 1.° amparar en el goce de sus derechos á los que le pidan su proteccion, contra las leyes y decretos de la Legislatura que sean contrarios á la Constitucion; ó contra las providencias del Gobernador ó Ejecutivo reunido, cuando en ellas se hubiese infringido el Código fundamental ó las leyes, limitándose en ambos casos á reparar el agravio en la parte en que éstas ó la Constitucion hubiesen sido violadas: 2.° ini[ci]ciar leyes y decretos para la mejora de la legíslacion civil y penal y de los procedimientos judiciales: 3.° nombrar sus subalternos y dependientes respectivos, y á los jueces letrados y asesores, arreglándose á lo que dispongan las leyes.

ART. 54. Toca asimismo á este tribunal, juzgando cada uno de sus miembros en particular, y repartiéndose en turno los asuntos que ocurran, conocer en la 1a., 2a. y 3a. instancia y de los recursos de nulidad, cuando no haya lugar á la última: 1.° de los negocios civiles que tuvieren como actores ó como reos el Gobernador, los cónsules y los secretarios del despacho, y en los que fuese demandados los Diputados y Senadores: 2.° de las disputas judiciales que se muevan sobre contratos y negociaciones celebrados por el Gobernador, ó por órden expresa suya: 3.° de las causas criminales que por delitos comunes se intenten contra los funcionarios públicos, de que habla la parte primera de este artículo, prévios los requisitos establecidos en el 23 y 24: 4.° de las competencias que se susciten entre los juzgados del Estado, de cualquiera clase que sean: 5.° de los recursos de proteccion y de fuerza: 6.° de las causas de responsabilidad de los juzgados inferiores de la instancia: 7.° de las causas criminales que deban formarse contra los subalternos inmediatos de la misma corte, por abusos cometidos en el servicio de sus destinos.

ART. 55. En todos estos casos, y cuando hubiese habido lugar á las tres instancias, conocerá de los recursos de nulidad uno de los jueces insaculados, de que habla el art. 25 de esta Constitucion, sacándosele al efecto por suerte segun en él se previene.

ART. 56. De los insaculados que indica el artículo precedente, se sacarán tambien por suerte los jueces que deben conocer desde la 1a. instancia en los asuntos civiles, en que sean demandantes ó demandados los ministros y fiscal de la Corte suprema de justicia, ó en sus causas criminales intentadas por los delitos comunes que cometan.

ART. 57. Corresponde asimismo á este tribunal, juzgado cada uno de sus miembros en lo particular, y repartiéndose tambien por turno entre sí los asuntos que acurran, conocer en 2a. y 3a. instancia de los demas negocios no designados en el art. 53, y de los recursos de nulidad respectivos, arreglandose á lo que disponen ó en adelante dispongan las leyes.

Juzgados de primera instancia en lo comun, y de los de guerra en lo particular.

ART. 58. Habrá jueces de 1a. instancia para los asuntos comunes civiles y criminales, y continuarán conociendo en ella de los negocios que hasta aquí han sido de su competencia, arreglandose en lo sucesivo á lo que las leyes establezcan.

ART. 59. La ley determinará las circunstancias personales que deban tener aquellos jueces, y el número de los que deban nombrarse para cada partido.

ART. 60. Los delitos meramente militares, y los que por éstos se comentan en campaña, serán juzgados en consejos de guerra con arreglo á lo que las leyes previenen, ó en lo sucesivo prevengan.

Jueces de hecho

ART. 61. Las leyes determinarán el modo y forma en que deba establecerse el juicio por jurados, ensayándose primero en el conocimiento de determinados delitos y extendiéndole despues á otros, y aun á los asuntos civiles segun las circunstancias lo permitan.

Entre tanto, la calificacion de los delitos de imprenta corresponde exclusivamente á un jurado popular.

Garantías individuales.

ART. 62. Son derechos de todo habitante del Estado, sea nacional ó extrangero:

1.° No poder ser preso ni arrestado sino por decreto de juez competente, dado por escrito, y firmado, ni aprehendido por disposicion del Gobernador sino en los términos indicados en las facultades de éste. Exceptúase el caso de delito infraganti, en el cual puede cualquiera prenderle, presentándole desde luego á su juez respectivo.

2.° No poder ser detenido por mas de cuarenta y ocho horas, cuando le aprehenda su juez competente, sin proveer éste el auto motivado de prision, y recibirle su declaracion preparatoria.

3.° No poder tampoco permanecer preso ni incomunicado por mas de seis dias, sin que se le reciba su confesion con cargos, ni podérsele volver á incomunicar despues de practicada esta última diligencia.

4.° No poder ser juzgado ni sentenciado por jueces establecidos, ni por leyes dictadas despues del hecho que haya motivado el litigo ó la formacion de su causa.

5.° No poder ser obligado á hacer lo que no le mande la ley, ni á practicar lo prevenido en ésta, sino del modo y en la forma que ella determine, ni á pagar contribucion no decretada por el Congreso del Estado.

6.° No podérsele impedir hacer lo que las leyes no le prohiban.

7.° Poder imprimir y circular sus ideas, sin necesidad de previa censura, sujetándose por los abusos que cometa, á las penas de la ley, que no podrán exceder de seis años de reclusion, ni ser de otra especie que la indicada, salvas únicamente las costas del proceso, que deberá pagar caso de ser condenado.

8.° Poder adquirir bienes raices rústicos ó urbanos, y dedicarse á cualquier ramo de industria, en los mismos términos en que puedan hacerlo los naturales del estado.

9.° No poderse catear la casa de su habitacion, su correspondencia ni papeles, sino por disposicion de juez competente, dada con los requisitos que las leyes establezcan.

ART. 63. Los jueces de 1a. instancia ampararán en el goce de los derechos garantidos por el artículo anterior, á los que les pidan su proteccion contra cualquiera funcionarios que no correrspondan al órden judicial, decidiendo breve y sumariamente las cuestiones que se susciten sobre los asuntos indicados.

ART. 64. De los atentados cometidos por los jueces contra los citados derechos, conocerán sus respectivos superiores con la misma preferencia de que se ha hablado en el artículo precedente, remediando desde luego el mal que se les reclame, y enjuiciando inmediatamente al conculcador de las mencionadas garantías.

Administracion departamental.

ART. 65. Habrá en cada departamento un gefe superior político, y un subalterno en cada partido. La ley determinará las cualidades de aquellos funcionarios y sus respectivas atribuciones.

ART. 66. Habrá asimismo Ayuntamientos en las grandes poblaciones, y en las demas las autoridaded que se consideren necesarias para conservar el órden en ellas, y atender á su respectiva polícia. Por leyes secundarias se arreglará lo relativo al poder municipal, debiendo ser popular directa la eleccion de los que se encarguen de administrarlo.

Prevenciones generales

ART. 67. La responsabilidad del Gobernador, cónsules, secretarios del despacho y demas superiores de la administracion pública, no escusa la de los subalternos que obedezcan las órdenes de aquellos, que no se hallen en la esfera de su autoridad legal. Sin embargo, esta disposicion no comprende á la milicia de mar ó tierra, cuando sirva en las guerras interiores ó exteriores.

ART. 68. No habrá mas que un solo fuero para los asuntos comunes, civiles, ó criminales, y no se podrá usar de medios coactivos temporales, ni aplicar penas de este género por las autoridades eclesiásticas.

ART. 69. Al dia siguiente de aquel en que se hubiesen concluido las elecciones de Diputados, Senadores, Gobernador, Cónsul ó Cónsules en las secciones parroquiales, deberá fijarse en los parages mas públicos del lugar, y remitirse á la prensa la lista de todos los que hubiesen obtenido votos para aquellos encargos, con expresion nominal de las personas que hubiesen sufragado por cada uno de los votados.

ART. 70. En la administracion de justicia arreglarán los jueces sus fallos á lo prevenido en esta Constitucion, prescindiendo de lo dispuesto contra ella en las leyes ó decretos del Congreso del Estado.

ART. 71. Las providencias de los jueces serán puntualmente obedecidas y ejecutadas por todos los funcionarios de cualquiera clase y condicion que sean, sopena de privacion de empleo y sin perjuicio de las otras que demande el caso de la desobediencia, segun la ley lo dispongan.

ART. 72. Autoridad no conferida por esta Costitucion al Congreso del Estado, ni por las leyes á los demas funcionarios públicos, se entiende que les está denegada.

ART. 73. Todo habitante del Estado queda obligado á guardar lay leyes bajo las penas establecidas en ellas, desde el dia de su publicacion, en el paraje en que se encuentre, á ménos de que prefijen plazo ulterior para la obligacion que impongan.

ART. 74. A ninguno podrá molestarse por sus opiniones religiones, y los que vengan á establecerse en el pais, tendrán garantido en él ejercicio público y privado de sus respectivas religiones.

Códigos

ART. 75. Se procederá desde luego á la formacion del civil, penal, mercantil y de procedimientos judiciales, del de polícial y el militar en los ramos de mar y tierra, nombrando al efecto el Gobernador y los cónsules reunidos comisiones expensadas para redactarlos, y haciéndolos publicar para su debida observancia, sin esperar para ello la aprobacion del Congreso.

ART. 76. Solo se podrá publicar cada uno de los códigos indicados y exigir su cumplimiento, despues de estar enteramente concluido, y cuando á juicio de la comision respectiva no merezca ya que se le haga ninguna variacion. Publicado de este modo, al Congreso del Estado tocará exclusivamente adicionarlo ó reformarlo.

Reformas constitucionales.

ART. 77. Publicada que sea la Constitucion general, y adoptada por el Congreso del Estado, se procederá desde luego á ponder ésta en armanía con aquella, pudiendo entónces reformarse lo demas, cuya modificacion exija la experiencia de sus efectos.

ART. 78. Antes de la época de que trata el articulo anterior, ó despues de reformada la Constitucion actual segun lo que se previene en él, no podrá modificársele ni hacérsele adicion alguna sin los requisitos que siguen: 1.° que sea uno el Congreso que decrete la necesidad de la reforma de determinados artículos por el voto de las dos terceras partes de los miembros presentes de ámbas Cámaras, segun deben componerse para la formacion de las leyes; y 2.°, que variado aquel Congreso, el otro que le siga en el próximo inmediato bienio, haga las reformas limitándose á los artículos que el anterior hubiese declarado dignos de modificarse ó derogarse.

Mérida 23 de Diciembre de 1840.

Manuel C. Rejon.

Pedro G. Pérez.

Darío Escalante.

---

[1] Editado según *Proyecto de Constitucion presentado a la Legislatura de Yucatan por su Comision de Reformas para la Administracion Interior del Estado*, Merida de Yucatan: Imprenta de Lorenzo Saguí, 1841, p. 2–22. Para un discurso preliminar (p. [3]–[26]) véase la página: www.modern-constitutions.de.

Este proyecto fue la basis para discutir la constitución de la denominada "Segunda república de Yucatán", proclamada finalmente en marzo de 1841.

Constitución del estado de Yucatán (1841)

Constitucion Política del Estado de Yucatan[1]

SANTIAGO MENDEZ, GOBERNADOR DEL ESTADO LIBRE Y SOBERANO DE YUCATAN, A TODOS SUS HABITANTES, SABED: QUE EL CONGRESO DEL MISMO ESTADO HA DECRETADO Y SANCIONADO LA SIGUIENTE CONSTITUCION POLÍTICA.

Nos el pueblo de Yucatan, reconocidos á la bondad divina por habernos permitido organizar un Gobierno cual demandan nuestras particulares necesidades, usando del derecho que á todas las sociedades humanas ha concedido el Soberano Legislador del Universo, hemos decretado la siguiente

CONSTITUCION

De los yucatecos

ART. 1.° Son yucatecos:

1.° Los nacidos y avecindados en el territorio del Estado.

2.° Los nacidos en país extranjero de padre yucateco por nacimiento ó naturalizacion, si al entrar en el derecho de disponer de sí estuvieren ya radicados en el Estado, ó avisaren que resuelven hacerlo y lo verificaren dentro del año despues de haber dado el aviso.

3.° Los extranjeros que con arreglo á las leyes obtengan carta de naturaleza.

De los ciudadanos

ART. 2.° Son ciudadanos en el ejercicio de sus derechos:

1.° Los yucatecos que estando avecindados en algun pueblo del Estado, tengan cumplidos veintiun años de edad, ó diez y ocho siendo casados.

2.° Los naturales ó naturalizados del resto de la República que adquieran vecindad en el Estado.

3.° Los extranjeros que con arreglo á las leyes obtuvieren carta especial de ciudadano.

ART. 3.° Se pierde el ejercicio de estos derechos:

1.° Por adquirir naturaleza en país extranjero.

2.° Por establecerse fuera del Estado sin licencia del Gobierno.

3.° Por admitir empleo, condecoracion ó pension de gobierno extranjero sin licencia del Ejecutivo del Estado.

4.° Por sentencia que imponga pena aflictiva ó infamante, si no se obtiene rehabilitacion.

5.° Por quiebra fraudulenta calificada como tal.

ART. 4.° Se suspende el ejercicio de los mismos derechos:

1.° Por no tener domicilio, oficio ó modo de vivir conocido.

2.° Por estar procesado criminalmente.

3.° Por no estar alistado en la milicia local sin causa legítima que lo excuse.

ART. 5.° La vecindad se adquiere por residencia continua de un año en el Estado, ejerciendo en él algun arte, profesion ó industria.

ART. 6.° La vecindad se pierde por trasladarse á otro punto fuera del Estado, levantando la casa, trato ó giro en él establecido.

Garantías individuales

ART. 7.° Son derechos de todo habitante del Estado, sea nacional ó extranjero:

1.° No poder ser preso sino por decreto ó mandamiento de juez competente dado por escrito y firmado, ni aprehendido por disposicion del Gobernador sino en los términos indicados en las facultades de éste. Exceptúase el caso de delito infraganti, en el cual puede cualquiera prenderle, presentándole desde luego á su juez respectivo.

2.° No poder ser detenido sin expresa órden dada y firmada por el juez competente que le aprehenda, ni pasar la detencion de veinticuatro horas sin recibirle su declaracion preparatoria, ni de cuarenta y ocho sin proveer el auto motivado de su prision.

3.° No poder tampoco permanecer preso ni incomunicado por mas de seis dias sin que se le reciba su confesion con cargos, ni podérsele volver á incomunicar despues de practicada esta última diligencia.

4.° No poder ser juzgado por comision sino por el tribunal competente que establece la ley.

5.° No poder ser juzgado ni sentenciado por jueces establecidos, ni por leyes dictadas despues del hecho que haya motivado el litigio ó la formacion de su causa.

6.° Poder terminar sus diferencias por medio de jueces árbitros.

7.° No poder ser obligado á hacer lo que no le manda la ley, ni á practicar lo prevenido en ésta sino del modo y en la forma que ella determine, ni á pagar contribucion no decretada por el Congreso del Estado.

8.° No podérsele impedir hacer lo que las leyes no le prohiban.

9.° Poder imprimir y circular sus ideas sin necesidad de previa censura; sujetándose por los abusos que cometa á las penas de la ley.

10. Poder adquirir bienes raices, rústicos ó urbanos, y dedicarse á cualquier ramo de industria.

11. No poderse catear la casa de su habitacion, su correspondencia ni papeles sino por disposicion de juez competente, y con los requisitos que las leyes establezcan.

12. Pedir libre y moderadamente la observancia de la Constitucion y leyes.

ART. 8.° Los jueces de primera instancia ampararán en el goce de los derechos, garantidos por el artículo anterior, á los que les pidan su proteccion contra cualesquiera funcionarios que no correspondan al órden judicial decidiendo breve y sumariamente las cuestiones que se susciten sobre los asuntos indicados.

ART. 9.° De los atentados cometidos por los jueces contra los citados derechos conocerán sus respectivos superiores con la misma preferencia de que se ha hablado en el artículo precedente; remediando desde luego el mal que se les reclame, y enjuiciando inmediatamente al conculcador de las mencionadas garantías.

DEL PODER PUBLICO DEL ESTADO

ART. 10. El poder público del Estado se divide para su ejercicio en Legislativo, Ejecutivo y Judicial, y jamas podrán reunirse los tres, ni dos de ellos en una sola corporacion ó persona.

Poder Legislativo

ART. 11. El poder Legislativo se deposita en dos Cámaras, una de Diputados y otra de Senadores.

Cámara de Diputados

ART. 12. La Cámara de Diputados se compondrá de los ciudadanos nombrados para este encargo por los partidos del Estado, eligiéndose uno por cada treinta y cinco mil almas, ó por una fraccion que exceda de la mitad.

Los partidos que no tengan el censo anterior se unirán á los mas inmediatos, para nombrar con ellos á sus respectivos Diputados.

ART. 13. La eleccion de los Diputados será popular directa, y para facilitarla se dividirán las parroquias en secciones que consten de mil á dos mil almas.

ART. 14. En las juntas electorales de las secciones elegirán los ciudadanos avecindados en ellas, el primer domingo de junio de cada bienio, un escrutador y los Diputados que correspondan á su respectivo partido, haciéndolo precisamente por medio de papeletas.

ART. 15. Concluida la votacion, será declarado escrutador el ciudadano que hubiese reunido el mayor número de sufragios emitidos para este encargo en su respectiva seccion; se computarán en seguida los votos dados en ella para Diputados, y de su resultado se hará una relacion circunstanciada en el acta, que deberá remitirse desde luego á la cabecera del partido.

ART. 16. El primer domingo de julio próximo siguiente se reunirán los escrutadores en la cabecera de su partido, harán el escrutinio de todos los sufragios dados en las secciones parroquiales de éste para Diputados, y declararán electos á los que hubiesen reunido número mas alto de votos; debiendo proclamar primer Diputado al que tenga mas, segundo al que le siga en mayoría, y así de los otros.

ART. 17. Para ser Diputado se requiere ser ciudadano en el ejercicio de sus derechos, del estado seglar y nacido en el territorio del Estado: tener un año de vecindad, veinticinco cumplidos al tiempo de la eleccion y un capital ó industria que produzca una renta de cuatrocientos pesos anuales.

El que fuere natural de lo restante de la República deberá tener, ademas de los requisitos indicados, tres años de vecindad y residencia continua en el Estado: un quinquenio el extranjero siendo casado con yucateca y propietario de bienes raices, que importen dos mil pesos libres de toda responsabilidad pecuniaria; y el no casado, cuatro mil pesos y ocho años de vecindad y residencia continua.

ART. 18. No pueden ser diputados los funcionarios que ejerzan autoridad política ó judicial, los secretarios del despacho, el fiscal de la Suprema Corte de justicia, los empleados de hacienda, guerra y demas de nombramiento del Gobierno.

ART. 19. Una ley particular determinará las cualidades de los votantes y escrutadores y todo lo demas relativo á la eleccion de Diputados.

Cámara de Senadores

ART. 20. Esta Cámara se compondrá de dos Senadores por cada Departamento, y su eleccion será tambien popular directa.

ART. 21. En las mismas juntas electorales, en el mismo dia y en la misma forma que se elija á los Diputados, se elegirá tambien á los Senadores por los ciudadanos avecindados en las secciones parroquiales; pero esta eleccion se hará por papeleta separada, y por separado se extenderá el acta del resultado de ella, para remitirla inmediatamente á la cabecera del Departamento.

ART. 22. Los escrutadores nombrados por las secciones parroquiales, despues de haber declarado á los Diputados elegidos por su partido, elegirán el mismo dia, de entre sí, cinco individuos que vayan á la cabecera de su Departamento á hacer el escrutinio de los votos emitidos para Senadores en todas las secciones de éste.

ART. 23. Los escrutadores departamentales se reunirán el último domingo de julio de cada bienio en la cabecera de su Departamento, y previo el escrutinio competente, hecho con presencia de las actas de elecciones de las secciones parroquiales, declararán Senadores electos á los dos que para esto hubiesen reunido mayor número de votos.

ART. 24. Para ser Senador se requiere ser ciudadano en el ejercicio de sus derechos y nacido en el territorio del Estado: tener un año de vecindad, treinta cumplidos al tiempo de la eleccion y un capital, profesion ó industria que produzca una renta de seiscientos pesos anuales.

El natural de los otros Estados deberá tener, ademas de los requisitos indicados, tres años de vecindad y residencia continua: el extranjero un quinquenio siendo casado con yucateca y propietario de bienes raices, que importen tres mil pesos libres de toda responsabilidad pecuniaria; y el no casado, seis mil, y ocho años de vecindad y residencia continua.

ART. 25. No pueden ser Senadores todos los comprendidos en el artículo 18: el Obispo, su provisor, curas párrocos y prebendados.

ART. 26. Respecto de los Senadores regirá lo establecido en el artículo 19 de la presente Constitucion.

Instalacion de las Cámaras y duracion de sus sesiones

ART. 27. Desde el veinte de agosto de cada bienio hasta el treinta y uno del mismo mes, los Diputados y Senadores nuevamente elegidos tendrán en la capital las juntas que consideren necesarias para el exámen de sus respectivas elecciones; debiendo cada Cámara exclusivamente calificar la legalidad de las de los miembros que la compongan.

ART. 28. Reprobada la eleccion de un Diputado ó Senador, la Cámara respectiva llamará en su lugar al que en las últimas elecciones de su partido ó Departamento hubiese reunido la pluralidad de votos de entre los que no hubiesen sido declarados electos. Lo mismo se practicará cuando haya vacante por cualquier otro motivo.

ART. 29. El primero de setiembre de cada año se empezarán las sesiones ordinarias del cuerpo Legislativo, que durarán hasta el diez y seis de noviembre; y para los actos de apertura y clausura se reunirán las dos Cámaras, debiendo concurrir á ellos el encargado del Gobierno del Estado.

ART. 30. El reglamento que se dé para el gobierno interior de las Cámaras determinará los dias y horas de sus sesiones, y el modo y forma con que deberán tratar así de los asuntos que sean de la competencia de las dos, como de los economicos que a cada una de ellas correspondan.

Formacion de las leyes

ART. 31. La iniciativa de las leyes y decretos para toda clase de negocios corresponde á cada uno de los Diputados y Senadores en su respectiva Cámara: al encargado del Gobierno del Estado en cualquiera de ellas; y á la Corte Suprema de justicia solo para corregir los vicios de la legislacion civil y penal, ó mejorar la de los procedimientos judiciales.

ART. 32. Los Diputados y Senadores, en ningun tiempo ni caso, podrán ser reconvenidos por sus opiniones manifestadas en el ejercicio de su encargo.

ART. 33. Para la votacion de cualquiera ley ó decreto deberán estar presentes las dos terceras partes del número total de los individuos que compongan cada Cámara: la mitad y uno mas para las resoluciones peculiares de cada una de ellas, y de las dos reunidas sobre elecciones de los individuos del Poder Ejecutivo, de los del Consejo de Estado y de los doce de que habla el artículo 41.

Por regla general toda votacion quedará decidida por la mayoría absoluta de votos

ART. 34. Los proyectos de ley ó decreto aprobados por ambas Cámaras se remitirán al Gobierno del Estado; y si fuesen sancionados por éste, los hará publicar y circular para su debido cumplimiento. Pero si dentro de diez dias útiles de haberlos recibido, los devolviese con observaciones á la Cámara de su procedencia, se examinarán de nuevo por las dos corporaciones colegisladoras, y no se entenderá que insisten en ellos, si no los reproducen por el voto de las dos terceras partes de sus miembros presentes. Reproducidos en la forma indicada, el Gobierno los mandará publicar como leyes ó decretos. A lo mismo quedará obligado, si dejase pasar el tiempo referido de diez dias sin devolverlos á la Cámara de su orígen.

ART. 35. Si el Gobierno propusiese en las observaciones de que trata el artículo anterior alguna reforma, y el Congreso la adoptase por el voto de los dos tercios de los miembros presentes de cada Cámara, podrá reproducir la ley ó decreto sin mas variacion que la expresada, y en los mismos términos que la propuso el Gobierno, quien no podrá entónces negarle la sancion.

Facultades del Poder Legislativo

ART. 36. Compete al Poder Legislativo:

1.° Dictar las leyes á que debe arreglarse la administracion pública en todos y cada uno de sus ramos, y las relativas á los derechos civiles y políticos de los habitantes del Estado.

2.° Imponer contribuciones y decretar su inversion.

3.° Conceder amnistías generales en los casos en que lo exija la pública conveniencia.

4.° Conceder indultos, remision ó conmutacion de pena legal, cuando lo requiera así el mejor bien y conveniencia del Estado.

5.° Decretar la proteccion que el Gobierno deba dispensar al culto de la religion del Estado, y la intervencion que haya de ejercer en el nombramiento de sus ministros.

6.° Reconocer la deuda pública y decretar el modo y medio de amortizarla.

7.° Autorizar al Gobierno para contraer deudas sobre el crédito del Estado, y designar garantías para cubrirlas.

8.° Decretar la fuerza que deba haber de mar y tierra, y arreglarla de la manera conveniente al servicio que haya de prestar.

9.° Habilitar puertos y cerrarlos.

10. Conceder privilegios exclusivos.

11. Dar al Gobierno bases para la formacion de coaliciones con los otros Estados de la República, designar su objeto y ratificar lo que en ellas se convenga.

12. Prorogar sus sesiones ordinarias por treinta dias útiles á lo mas, sin que pueda el Ejecutivo devolverle con observaciones los decretos que sobre el particular expida.

JUICIO POLITICO

ART. 37. El Gobernador, Consejeros, Secretarios del despacho y Ministros de la Corte Suprema de justicia podrán ser enjuiciados por las infracciones de ley que cometan en el ejercicio de sus respectivas funciones; pero para ello deberá acusárseles ante la Cámara de Diputados, y si ésta declarase haber lugar á la formacion de causa contra ellos, remitirá al Senado el expediente respectivo, para que, acabando de instruirle en la forma competente y con audiencia del acusado y acusador, ó acusadores si los hubiere, falle absolviendo ó condenando; sin que en estos juicios pueda imponer otra pena que la de privacion de oficio ó empleo, y la inhabilitacion temporal ó perpetua para obtener otro alguno. Pero cuando á juicio de la referida Cámara de Senadores resultase el acusado ser acreedor á mayores penas, pasará el proceso al juez de primera instancia respectivo, para que proceda segun las leyes.

ART. 38. De los abusos de la Corte en sus juicios de amparo contra las leyes ó decretos del Congreso del Estado, solo podrán conocer las Cámaras en las sesiones ordinarias del año siguiente á aquel en que hubiese dado los fallos porque se le trate de enjuiciar; necesitándose que la condenen ambas por el voto de las dos terceras partes de sus miembros presentes, para poderla sentenciar á las penas indicadas, cuando el Congreso que la juzgue hubiese sido el autor de las providencias legislativas contra las cuales hubiese fallado.

Cámaras erigidas en jurados de acusacion

ART. 39. Los funcionarios de que habla el art. 37 solo podrán ser juzgados por los delitos comunes que cometan, precediendo la declaracion que haga cualquiera de las Cámaras de haber lugar á la formacion de causa. Mas para poderse juzgar á los Diputados y Senadores por los referidos delitos, la indicada declaracion se hará por el Senado si se tratase de proceder criminalmente contra aquellos, y si contra éstos por la Cámara de Diputados.

ART. 40. Declarado que ha lugar á proceder criminalmente contra los funcionarios públicos señalados en el artículo anterior, el expediente de la materia se pasará á la Corte Suprema de justicia, para que los juzgue segun las leyes.

ART. 41. Para conocer de estas causas, supliendo en los casos de imposibilidad fisica ó legal de los Magistrados de la Corte, se elegirán por las Cámaras reunidas, el dos de setiembre de cada bienio, doce individuos que, aunque no sean letrados, tengan conocimiento del derecho patrio, y reunan ademas las otras circunstancias exigidas para poder obtener las Magistraturas superiores del Estado. – De éstos se sacarán por suerte ante la Cámara de Diputados, y, en los recesos del Congreso, ante el Gobernador y Consejeros los que se fuesen necesitando para los casos indicados.

DEL PODER EJECUTIVO

ART. 42. El Poder Ejecutivo del Estado se depositará en un Gobernador: la persona encargada de este destino se renovará el primero de octubre de cada cuatrienio, y su eleccion será popular directa.

ART. 43. Para ser Gobernador se requiere: ser ciudadano yucateco por nacimiento, avecindado en el Estado, mayor de treinta años de edad y tener un capital de seis mil pesos libres de toda responsabilidad.

ART. 44. Cada cuatrienio los ciudadanos de las secciones parroquiales, al votar á los Diputados y Senadores, votarán tambien en una sola papeleta al que deba servir de Gobernador y á un individuo que deba suplir sus faltas. Cada junta electoral extenderá el acta del resultado de esta eleccion, y la remitirá desde luego al Consejo de Estado.

ART. 45. Desde el primero de setiembre próximo posterior á la celebracion de las indicadas elecciones hasta el 15 del mismo mes, las Cámaras reunidas procederán al exámen de las actas expresadas en el artículo precedente, resolviendo lo que sea arreglado en órden á las ilegalidades que se objeten á los votados y sobre lo demas relativo á las referidas elecciones. Harán dentro del mismo término el escrutinio, y declararán electo Gobernador y suplente al que para cada encargo hubiese reunido mayor número de votos.

ART. 46. En todo lo relativo á la eleccion de Gobernador y suplente las Cámaras obrarán reunidas, decidiendo á pluralidad absoluta de votos todas las cuestiones que sobre ellas se susciten, y acudiendo á la suerte para obtener la decision en los empates de sufragios dados por los pueblos.

ART. 47. El Gobernador electo y Consejeros tomarán posesion de sus respectivos destinos el primero de octubre, jurando ante las Cámaras reunidas.

ART. 48. Toda falta temporal ó perpetua del Gobernador la llenará el suplente: la temporal de éste, cuando coincida con la del primero, el Consejo reunido; y la perpetua de ambos el mismo Consejo reunido.

En el último caso, si la falta hubiere de pasar de seis meses, el Consejo expedirá inmediatamente convocatoria, para que á la mayor posible brevedad procedan los pueblos á la eleccion de nuevo Gobernador y suplente, reuniendo á las Cámaras para solo el objeto del escrutinio y declaracion de las personas electas. Estas ocuparán sin demora sus respectivos destinos, y los desempeñarán en todo el resto del periodo constitucional.

Facultades del Gobernador

ART. 49. Compete al Gobernador:

1.° Sancionar, publicar, circular y hacer guardar las leyes y decretos del Congreso del Estado.

2.° Pedir á todas las oficinas y empleados las noticias é informes que necesite para el desempeño de sus deberes.

3.° Dar las órdenes convenientes para que en las épocas determinadas por la ley, se lleven á efecto las elecciones constitucionales.

4.° Nombrar los Gefes políticos así superiores como subalternos.

5.° Nombrar y remover libremente á los Secretarios del despacho y dependientes de las oficinas de éstos.

6.° Nombrar los oficiales del ejército permanente y armada hasta capitan inclusive; y con aprobacion del Senado, y en sus recesos, del Consejo de Estado los Gefes de ambas fuerzas.

7.° Dar reglamentos y órdenes para el mejor cumplimiento de la Constitucion y las leyes.

8.° Cuidar de la salud pública, dictando las medidas oportunas para su conservacion.

9.° Excitar eficazmente el celo de los tribunales para la mas pronta administracion de justicia, informando á la Corte Suprema de las faltas que cometan los inferiores.

10. Pedir al Consejo de Estado convoque las Cámaras á sesiones extraordinarias, y á las mismas la prorogacion de las ordinarias.

11. Exigir del Consejo de Estado le dé su dictámen por escrito sobre los asuntos de administracion que le proponga, para asegurar el acierto en sus determinaciones.

12. Presidir sin voto al mismo Consejo, cuando concurra á él con motivo de alguna consulta; pero no se hallará presente al tiempo de las resoluciones que deba tomar sobre el negocio que provoque su asistencia.

13. Conceder cartas de naturalizacion conforme á las formalidades que se establezcan por una ley particular.

14. Disponer de la fuerza de mar y tierra para la seguridad interior y exterior.

15. Promover en los Estados de la República la formacion de coaliciones para el sostenimiento y consolidacion de la causa proclamada en éste, y nombrar los agentes que deban en ellos representarlo; dando cuenta al Poder Legislativo de lo que acuerden para su final resolucion.

16. Dirigir las contestaciones que ocurran sobre asuntos de derecho internacional, arreglándose al de gentes y al marítimo segun las circunstancias en que se encuentre el Estado, y observando de preferencia los tratados que tenga celebrados la República con los Gobiernos extranjeros hasta el 18 de febrero de 1840.

17. Arrestar á los que le fueren sospechosos, cuando lo exija el bien ó la seguridad del Estado; debiendo ponerlos á disposicion del tribunal competente á los tres dias á mas tardar.

18. Iniciar las leyes y decretos que juzgue convenientes para el bien ó prosperidad del Estado.

19. Ejercer la exclusiva en el nombramiento de jueces de primera instancia con arreglo á las leyes.

20. Dar retiros, conceder licencias y pensiones á los militares conforme á las leyes.

21. Intervenir en la provision de los beneficios ó ministerios eclesiásticos de la manera y en la forma que las leyes establezcan.

Restriccion de facultades del Gobernador

ART. 50. No podrá:

1.° Imponer contribucion de ninguna especie.

2.° Impedir ni retardar las elecciones populares.

3.° Impedir asimismo la instalacion del Congreso.

4.° Mezclarse en el exámen de las causas judiciales pendientes, ni disponer durante el juicio de las personas de los reos.

5.° Salir del territorio del Estado, ni de la capital sin licencia del Congreso, y en su receso, del Consejo, solo por motivo grave justificado.

DEL CONSEJO DE ESTADO

ART. 51. Habrá un Consejo de Estado compuesto de tres vocales propietarios, que lo serán, el Gobernador suplente y dos individuos mas que nombrarán, uno á uno, cada cuatrienio las Cámaras reunidas.

Estas nombrarán tambien tres suplentes del mismo modo y en el mismo dia.

Será presidente del Consejo el Gobernador suplente: en su defecto presidirá el Consejero primer nombrado por las Cámaras, ocupando su lugar el segundo y llamándose al suplente para completar el número: por falta de ambos presidirá el segundo nombrado, llamándose al segundo suplente para que ocupe el tercer lugar. Si todos los propietarios faltasen, fungirán por ellos los tres suplentes.

ART. 52. Para ser Consejero se requieren las mismas cualidades que debe tener el Gobernador.

ART. 53. El tercer Consejero desempeñará las funciones de Secretario.

Facultades del Consejo

ART. 54. Compete al Consejo:

1.° Lo que en el artículo 55 se determina, siendo responsable de sus consultas contrarias á la Constitucion y leyes.

2.° Formar reglamentos para mejorar la instruccion pública en todos sus ramos, elevándolos por conducto del Gobierno al Congreso para su aprobacion.

3.° Glozar las cuentas del producto anual de las rentas del Estado y las de su inversion, para presentarlas por conducto del Gobierno al Congreso en los primeros quince dias de sus sesiones, acompañándolas con el presupuesto de los gastos del año siguiente, y de los medios necesarios para cubrirlos.

Glozar igualmente todas las cuentas de propios y arbitrios para la aprobacion del Gobierno.

4.° Asentar los nombres de los Diputados y Senadores electos en un registro que llevará al efecto.

5.° Convocar al Congreso á peticion del Gobierno, ó cuando á su juicio así lo exija el bien y seguridad del Estado.

Facultades del gobernador con Intervencion del Consejo de Estado

ART. 55. Toca al Gobernador:

1.° Proveer á propuesta en terna del Consejo los empleos temporales ó perpetuos en todos los ramos de la administracion pública; exceptuándose los que competan al Congreso y á la Corte Suprema de justicia, y los comprendidos en las claúsulas 4a. y 5a. y en la parte primera de la 6a. del artículo 49.

2.° Suspender hasta por tres meses, oido el dictámen del Consejo, á los empleados de su nombramiento que infrinjan sus disposiciones, excepto los comprendidos en la claúsula 5a. del artículo 49, y pasar el expediente motivado al tribunal respectivo siempre que á su juicio se les deba formar causa.

3.° Resolver, oyendo al Consejo, las dudas que se susciten sobre elecciones de Ayuntamientos y alcaldes con arreglo á las leyes.

4.° Ocupar, de acuerdo con el Consejo, la propiedad agena cuando sea para algun objeto de general y pública utilidad, indemnizando previamente á su dueño á tazacion de peritos, nombrado el uno de ellos por éste, y segun las leyes el tercero en discordia, en caso de haberla.

5.° Conceder jubilaciones á los empleados, de acuerdo con el Consejo, conforme á lo que dispongan las leyes.

6.° Indultar de acuerdo con el Consejo, cuando se halle en receso el Congreso, solamente de la pena capital, conmutándola con la de diez años de presidio.

Del Despacho de los Negocios del Gobierno del Estado

ART. 56. Habrá para el despacho de los negocios que corran á cargo del Ejecutivo, los Secretarios que decrete el Congreso del Estado. Estos serán responsables de las disposiciones que autoricen con infraccion de la Constitucion y las leyes, y de la falta de cumplimiento de las que deban tenerlo por su respectivo ministerio.

ART. 57. No serán obedecidas las disposiciones que el Gobernador dicte en uso de sus atribuciones, á ménos de que estén autorizadas por el Secretario del ramo respectivo.

ART. 58. Para ser Secretario del despacho se requiere ser ciudadano yucateco en el ejercicio de sus derechos y mayor de treinta y cinco años de edad.

DEL PODER JUDICIAL

ART. 59. El Poder Judicial residirá en una Corte Suprema de justicia, y en los juzgados inferiores de hecho y de derecho que se establezcan por las leyes.

De la Corte Suprema de justicia y de sus atribuciones

ART. 60. La Corte Suprema de justicia se compondrá de tres Ministros y un Fiscal; necesitándose para obtener este ministerio ser ciudadano yucateco en el ejercicio de sus derechos, avecindado en el Estado con residencia continua de cinco años, tener treinta y cinco cumplidos de edad, ser letrado y haber ejercido esta profesion ocho años á lo menos. Cualquiera vacante que ocurra se llenará proponiendo la Cámara de Diputados tres individuos que reunan las circunstancias indicadas, y eligiendo el Senado de los tres uno para la plaza de Fiscal.

ART. 61. Cuando vaque alguno de los ministerios de este cuerpo pasará desde luego á servirlo en propiedad el Fiscal del mísmo.

ART. 62. Corresponde á este tribunal reunido:

1.° Amparar en el goce de sus derechos á los que le pidan su proteccion contra las leyes y decretos de la Legislatura que sean contrarios al texto literal de la Constitucion, ó contra las providencias del Gobernador, cuando en ellas se hubiese infringido el código fundamental en los términos expresados; limitándose en ambos casos á reparar el agravio en la parte en que la Constitucion hubiese sido violada.

2.° Iniciar leyes y decretos para la mejora de la legislacion civil y penal, y de los procedimientos judiciales.

3.° Nombrar sus subalternos y dependientes respectivos, y á los jueces letrados y asesores, arreglándose á lo que dispongan las leyes.

ART. 63. Toca asimismo á este tribunal, juzgando cada uno de sus miembros en particular y repartiéndose los asuntos que ocurran, conocer en primera, segunda y tercera instancia y de los recursos de nulidad cuando no haya lugar á la última: 1.° De los negocios civiles que tuvieren como actores ó como reos al Gobernador, los Consejeros y los Secretarios del despacho y en los que fuesen demandados los Diputados y Senadores: 2.° De las disputas judiciales que se muevan sobre contratos y negociaciones celebradas por el Gobernador, ó por órden expresa suya: 3.° De las causas criminales que por delitos comunes se intenten contra los funcionarios públicos de que habla la parte primera de este artículo, previos los requisitos establecidos en el 39 y 40: 4.° De las competencias que se susciten entre los juzgados del Estado de cualquiera clase que sean: 5.° De los recursos de proteccion y de fuerza: 6.° De las causas de responsabilidad de los juzgados inferiores de primera instancia: 7.° De las causas críminales que deban formarse contra los subalternos inmediatos de la misma Corte por abusos cometidos en el servicio de sus destinos.

ART. 64. En todos estos casos, y cuando hubiese habido lugar á las tres instancias, conocerá de los recursos de nulidad uno de los jueces insaculados de que habla el artículo 41 de esta Constitucion, sacandósele al efecto por suerte segun en él se previene.

ART. 65. De los insaculados que indica el artículo precedente se sacarán tambien por suerte los jueces que deben conocer desde la primera instancia en los asuntos civiles, en que sean demandantes ó demandados los Ministros y Fiscal de la Corte Suprema de justicia, ó en sus causas criminales intentadas por los delitos comunes que cometan.

ART. 66. Corresponde asimismo á este tribunal, juzgando cada uno de sus miembros en lo particular y repartiéndose entre sí los asuntos que ocurran, conocer en segunda y tercera instancia de los demas negocios no designados en el artículo 62, y de los recursos de nulidad respectivos, arreglándose á lo que disponen, ó en adelante dispongan las leyes.

Juzgados de 1.a instancia en lo comun, y de los de guerra en lo particular

ART. 67. Habrá jueces letrados de primera instancia para los asuntos comunes, civiles y criminales. La ley determinará las circunstancias personales que hayan de tener y el número de los que deban nombrarse.

ART. 68. Los delitos meramente militares y los que se cometan en campaña serán juzgados en consejos de guerra con arreglo á lo que las leyes previenen, ó en lo sucesivo prevengan.

Jueces de hecho

ART. 69. Las leyes determinarán el modo y forma en que deba establecerse el juicio por jurados, ensayándose primero en el conocimiento de determinados delitos, y extendiéndole despues á otros, y aun á los asuntos civiles segun las circunstancias lo permitan.

Entre tanto, la calificacion de los delitos de imprenta corresponde exclusivamente á un jurado popular.

Administracion departamental

ART. 70. Habrá en cada Departamento un gefe superior político, y un subalterno en cada partido. La ley determinará las cualidades de aquellos funcionarios y sus respectivas atribuciones.

ART. 71. Habrá asimismo Ayuntamientos en las ciudades y villas, y en los lugares que determine la ley secundaria. Donde no deba haberlos se establecerán dos ó mas alcaldes, y en las poblaciones pequeñas un juez de paz para conservar el órden y atender á la polícia. La eleccion será popular directa.

Prevenciones generales

ART. 72. La responsabilidad del Gobernador, Consejeros, Secretarios del despacho y demas Superiores de la administracion pública no excusa la de los subalternos, que obedezcan órdenes de aquellos dirigidas á impedir, suspender ó retardar las elecciones populares ó la instalacion del Congreso.

ART. 73. No habrá mas que un solo fuero para los asuntos comunes, civiles ó criminales, y no se podrá usar de medios coactivos temporales, ni aplicar penas de este género por las autoridades eclesiásticas.

ART. 74. Al dia siguiente de aquel en que se hubiesen concluido las elecciones de Diputados, Senadores, Gobernador y suplente en las secciones parroquiales deberá fijarse en los parajes mas públicos del lugar, y remitirse á la prensa la lista de todos los que hubiesen obtenido votos para aquellos encargos, con expresion nominal de las personas que hubiesen sufragado por cada uno de los votados.

ART. 75. En la administracion de justicia arreglarán los jueces sus fallos á lo prevenido en esta Constitucion, prescindiendo de lo dispuesto contra el texto literal de ella en las leyes ó decretos del Congreso del Estado.

ART. 76. Las providencias de los jueces serán puntualmente obedecidas y ejecutadas bajo la responsabilidad y penas que establecen las leyes.

ART. 77. Autoridad no conferida por esta Constitucion al Congreso del Estado, ni por las leyes á los demas funcionarios públicos, se entiende que les está denegada.

ART. 78. Todo habitante del Estado queda obligado á guardar y cumplir las leyes bajo las penas establecidas en ellas.

ART. 79. A ninguno podrá molestarse por sus opiniones religiosas, y tanto los que vengan á establecerse en el país, como sus descendientes, tendrán garantido en él el ejercicio público y privado de sus respectivas religiones.

Reforma constitucional

ART. 80. Pasados cinco años de publicada la actual Constitucion se podrá reformar, modificar ó adicionar, observándose los requisitos que siguen: 1.° que sea uno el Congreso que decrete la necesidad de la reforma de determinados artículos por el voto de las dos terceras partes de los miembros presentes de ambas Cámaras segun deben componerse para la formacion de las leyes; y 2.° que, variado aquel Congreso, el otro que le siga en el próximo inmediato bienio haga las reformas, limitándose á los artículos que el anterior hubiese declarado dignos de modificarse ó derogarse.

Artículos transitorios

ART. 1.° El Gobernador actual continuará en su encargo hasta el primero de octubre de mil ochocientos cuarenta y cinco en que terminará el cuatrienio constitucional.

ART. 2.° El Congreso actual, cuatro dias ántes de cerrar sus sesiones, nombrará dos Consejeros propietarios que, presididos por el actual Vice-gobernador, formarán provisionalmente el Consejo de Estado hasta 1.° de octubre inmediato en que deberá posesionarse el primer Consejo constitucional.

Nombrará tambien en el mismo dia los tres suplentes.

ART. 3.° Los Magistrados actuales del Tribunal Superior compondrán por esta vez la Corte Suprema de justicia.

Dada en Mérida de Yucatan en el palacio del Congreso á 31 de Marzo de mil ochocientos cuarenta y uno. – *Andres Ibarra de Leon*, Diputado por Campeche, presidente. – *José Nazario Dondé*, Diputado por Hequelchacan. – *Isidro Rejon*, Diputado por Izamal. – *Agustin Vadillo*, Diputado por Izamal. – *Pedro Rivero*, Diputado por Izamal. – *Crescensio José Pinelo*, Diputado por Izamal. – *José Antonio García*, Diputado por Valladolid. – *Valerio Rosado*, Diputado por Valladolid. – *Pedro de Regil y Estrada*, Diputado por Valladolid. – *Darío Escalante*, Diputado por Tecax. – *Tomas Ruiz*, Diputado por Tecax. – *Antonio García Rejon*, Diputado por Ichmul. – *Simon Peon*, Diputado por Ichmul. – *Wenceslao Alpuche*, Diputado por Hunucmá. – *Andres Meneses*, Diputado por Teabo. – *Bernardo Peon*, Diputado por Sotuta. – *José Maria Celarain*, Diputado por Seiba, secretario. – *Andres María Sauri*, Diputado por Hequelchacan, secretario.

Por tanto, mando se imprima, publique y circule, y se le dé el debido cumplimiento. Dado en Merida en el palacio del Gobierno del Estado á 31 de Marzo de 1841.

Santiago Méndez.
Por mandado de S. E.

Joaquin G. Rejon,
Srio. gral.

---

[1] Editado según *Constitucion Política del Estado de Yucatan, sancionada en 31 de Marzo de 1841*, Merida de Yucatan: Imprenta de José Dolores Espinosa, 1841, 38p.

Otra edición se encuentra en *Colección de leyes, decretos y ordenes o acuerdos de tendencia general del poder legislativo del estado libre y soberano de Yucatan*, 1832-[1850], formada por Alonso Aznar Perez, y publicada por Rafael Pedrera, t. II, Merida: Imprenta del Editor 1850, p. 34–52.

Después de que en 1840 Yucatán había proclamado con un pronunciamiento en favor del federalismo mexicano la separación de México y la re-introducción de la constitución de 1825, el congreso yucateco promulgó en 1841 esta constitución. La nueva ley fundamental de la denominada "Segunda república de Yucatán" fue preparada por un proyecto del año de 1840 y quedó en vigor hasta la re-incorporación a México en 1843. Ya en 1846 Yucatán se declaró nuevamente independiente y promulgó una *Ley orgánica*, la cual fue substituida al final del año por la constitución de 1825 y al final de 1847 por la de 1841. Esta tuvo vigencia hasta la nueva re-incorporación a México en 1848 cuando fue substituida por la de 1825. Agradezco a Ulrike Bock por su valiosa información.

Ley orgánica del estado de Yucatán (1846)

Ley de 28 de Setiembre de 1846. Ley orgánica del estado[1]

El congreso extraordinario de Yucatan, con el fin de proveer á su seguridad interior y exterior, y garantizar como es debido los derechos de sus habitantes, declara, decreta y sanciona la siguiente

LEY ORGÁNICA FUNDAMENTAL PARA EL ARREGLO DE SU REGIMEN POLÍTICO Y ADMINISTRATIVO, PROVISIONAL, EN TODOS SUS RAMOS.

Del pueblo yucateco, su territorio y habitantes

ART. 1.° El pueblo yucateco es la reunion de los habitantes de esta península y sus islas adyacentes, y su territorio el mismo que actualmente posee.

ART. 2.° Son yucatecos:

1.° Los nacidos y avecindados en el territorio.

2.° Los nacidos en país extranjero de padre yucateco por nacimiento ó naturalizacion, si al entrar en el derecho de disponer de sí estuvieren ya radicados en el territorio, ó avisaren que resuelven hacerlo y lo verificaren.

3.° Los extranjeros que con arreglo á las leyes obtengan carta de naturaleza.

De la ciudadanía

ART. 3.° Son ciudadanos en el ejercicio de sus derechos:

1.° Los yucatecos que estando avecinados en algun pueblo del territorio tengan cumplidos veintiun años de edad, ó diez y ocho siendo casados.

2.° Los naturales ó naturalizados de cualquier punto de la república mejicana, que adquieran vecindad en Yucatan.

3.° Los extranjeros que con arreglo á las leyes obtuvieren carta especial de ciudadano.

ART. 4.° Se pierde el ejercicio de estos derechos:

1.° Por adquirir naturaleza en país extranjero.

2.° Por establecerse fuera del territorio sin licencia del gobierno.

3.° Por admitir empleo, condecoracion ó pension de gobierno extranjero sin licencia del ejecutivo del país.

4.° Por sentencia que imponga pena aflictiva é infamante, miéntras no se obtenga rehabilitacion.

5.° Por quiebra fraudulenta, calificada como tal.

ART. 5.° Se suspende el ejercicio de los mismos derechos:

1.° Por no tener domicilio, oficio ó modo de vivir conocido.

2.° Por estar procesado criminalmente.

3.° Por no estar alistado en la milicia local sin causa legítima que lo excuse.

ART. 6.° La vecindad se adquiere por residencia contínua de un año en el país, ejerciendo en él algun arte, profesion ó industria útil.

ART. 7.° La vecindad se pierde por trasladarse á otro punto fuera del territorio, levantando la casa, trato ó giro en él establecido.

Garantias individuales

ART. 8.° Son derechos de todo habitante de Yucatan, sea nacional ó extranjero:

1.° No poder ser preso sino por delito ó mandato de juez competente dado por escrito y firmado, ni aprehendido por disposicion del gobernador, sino en los términos que se indicarán en las facultades de este. Exceptuase el caso de delito infraganti, en el cual puede cualquiera prenderle, presentándole desde luego á su juez respectivo.

2.° No poder ser detenido sin expresa órden dada y firmada por el juez competente que le aprehenda, ni pasar la detencion de veinticuatro horas sin recibirse su declaracion prepatoria, ni de cuarenta y ocho sin proveer el auto motivado de su prision.

3.° No poder tampoco permanecer preso ni incomunicado por mas de seis dias, sin que se le reciba su confesion con cargos, ni podérsele volver á incomunicar despues de practicada esta ultima diligencia.

4.° No poder ser juzgado por comicion, sino por el tribunal competente que establezca la ley.

5.° No poder ser enjuiciado ni sentenciado, sino con arreglo á leyes dictadas ántes del hecho que haya motivado el litigo ó la formacion de su causa.

6.° Poder terminar sus diferencias por medio de jueces árbitros.

7.° No pódersele impedir hacer lo que las leyes no le prohiban.

8.° Poder escribir, imprimir y publicar libremente sus pensamientos y opiniones, sin prévia censura, sujetándose por los abusos que cometa, á la pena de la ley.

9.° Poder adquirir bienes raíces, rústicos ó urbanos, y dedicarse á cualquier ramo de industria útil.

10. Poder obtener y gozar privilegios exclusivos solo en obras de su propia invencion ó produccion.

11. No poderse catear la casa de su habitacion, su correspondencia nu papeles, sino por disposicion de juez competente y con los requisitos que las leyes establecen ó establezcan.

12. No poder ser obligado á pagar contribucion no decretada por el congreso.

13. Pedir libre y moderadamente, ante la autoridad competente, la observancia de esta ley fundamental y demas políticas, y las civiles que arreglen los derechos y conducta de los particulares entre sí.

ART. 9.° Los jueces de primera instancia ampararán en el goce de los derechos garantidos por el anterior artículo, á los que les pidan su proteccion contra cualesquier funcionarios que no correspondan al órden judicial, decidiendo breve y sumariamente las cuestiones que se susciten sobre los asuntos indicados.

ART. 10. De los atentados cometidos por los jueces contra los citados derechos, conocerán sus respectivos superiores, con la misma preferencia de que se ha hablado en el artículo precedente, remediando desde luego el mal que se les reclama, y enjuiciando inmediatamente al conculdador de las mencionadas garantías.

Obligaciones de los yucatecos

ART. 11. Son obligaciones de los yucatecos:

1.ª Ser fiel á esta ley orgánica.

2.ª Obedecer las leyes secundarias vigentes.

3.ª Respetar las autoridades establecidas.

4.ª Contribuir para los gastos públicos. Los extranjeros con residencia contínua en el país, ó en la mayor parte del año, están comprendidos en esta obligacion.

5.ª Defender la patria con las armas cuando fueren llamados por la ley.

Del poder público

ART. 12. Cimentado, como se reconoce, el gobierno de Yucatan en los principios que constituyen el republicano, representativo popular, el poder público estará siempre dividido para su ejercicio, en legislativo, ejecutivo y judicial, y jamas podrán reunirse los tres ni dos de ellos en una sola corporacion ó persona.

Poder legislativo

ART. 13. El poder legislativo existirá en el actual congreso extraordinario, para ejercerlo segun los diversos objetos á que se extiende, y principalmente para deliberar sobre la nueva posicion política del país y resolver definitivamente acerca de su futura suerte.

De la formacion y promulgacion de las leyes

ART. 14. La iniciativa de leyes y decretos para toda clase de negocios, corresponde á cada uno de los diputados y al encargado del gobierno. La suprema corte la tendrá únicamente en los asuntos de administracion de justicia.

ART. 15. Los diputados en ningun tiempo ni caso, podrán ser reconvenidos por sus opiniones manifestadas en el ejercicio de su encargo.

ART. 16. Los proyectos de ley ó decreto, aprobados por el congreso, se remitarán al gobierno para si cancion, quien los hará publicar y circular para su debido cumplimiento. Pero si dentro de diez dias de haberlos recibido los devolviese con observaciones al congreso, se examinarán de nuevo, y no se entenderá que insiste en ellos, si no los reproduce por el voto de las dos terceras partes de sus miembros presentes.

Reproducidos en la forma indicada, el gobierno los mandará publicar como leyes ó decretos. A lo mismo quedará obligado si dejase pasar el tiempo referido de diez dias sin devolverlos.

ART. 17. Si el gobierno propusiese en las observaciones de que trata el artículo anterior, alguna reforma, y el congreso la adoptase por el voto de las dos terceras partes de los miembros presentes, podrá reproducir la ley ó decreto sin mas variacion que la expresada y en los mismos términos que la propuso el gobierno, quien no podrá entónces negarle la sancion.

Poder ejecutivo

ART. 18. Se deposita el poder ejecutivo en el gobernador provisional, que por decreto de 23 de abril del presente año ha nombrado el congreso.

ART. 19. Habrá tambien un vicegobernador provisional que nombrará el mismo congreso, en quien recaerán, en caso de imposibilidad fisica ó moral del gobernador, todas las facultades y prerogativas de éste.

ART. 20. Cuando se dé el caso de que el gobernador y vicegobernador estén impedidos temporalmente, el poder ejecutivo de depositará interinamente en el presidente de la corte suprema de justicia.

ART. 21. En caso de imposibilidad perpétua del gobernador y vicegobernador, el congreso, hallándose en receso, se reunirá elegir las personas que deben desempeñar estos destinos.

ART. 22. Aquellos altos funcionarios tomarán posesion de sus destinos, jurando ante el congreso, y en sus recesos ante el senado.

ART. 23. La duracion de dichos funcionarios será miéntras existen las actuales circu[n]stancias, siempre que este tiempo no pase de dos años, contados desde la publicacion de la presente ley, pues cumplidos éstos, y no habiéndose conseguido el reconocimiento por el gobierno de Méjico de nuestros convenios, el congreso si se hallase en receso, se reunirá para acordar lo conveniente.

Facultades del gobernador

ART. 24. Compete al gobernador:

1.° Sancionar, publicar y hacer guardar las leyes y decretos del congreso.

2.° Pedir á todas las oficinas y empleados las noticias é informes que necesite para el desempeño de sus deberes.

3.° Expedir las órdenes convenientes para que en sus respectivas épocas se lleven á efecto las elecciones municipales.

4.° Dar reglamentos y órdenes para el mejor cumplimiento de esta ley fundamental y demas políticas y civiles.

5.° Cuidar de la salud pública, dictando las medidas oportunas para su conservacion.

6.° Excitar eficazmente el celo de los tribunales para la mas pronta administracion de justicia, avisando á la corte suprema de las faltas que cometan los inferiores.

7.° Pedir al senado convoque á sesiones al congreso extraordinario.

8.° Requerir el dictámen del senado sobre los asuntos de administracion que le proponga para asegurar el acierto en sus determinaciones.

9.° Disponer de la fuerza de mar y tierra para la seguridad interior y exterior.

10. Arrestar los que le fueren sospechosos, cuando lo exija el órden y la seguridad pública, debiendo ponerlos á disposicion del tribunal competente á los tres dias á mas tardar.

11. Nombrar al tesorero general, con aprobacion del congreso, y en sus recesos con la del senado.

12. Proveer por sí los empleos temporales ó perpétuos en todos los ramos de la administracion pública, exceptuándose los que competan al congreso ó á la corte suprema de justicia.

13. Nombrar y remover libremente al secretario del gobierno.

14. Ejercer la exclusiva en el nombramiento de jueces de primera instancia, con arreglo á las leyes.

15. Intervenir en la provision de los beneficios eclesíasticos, de la manera y en la forma que las leyes establecen.

16. Dar retiros, conceder licencias y pensiones á los militares, conforme á las leyes.

17. Conceder jubilaciones á los empleados, conforme á lo que dispongan las leyes.

18. Indultar, de acuerdo con el senado, cuando se halle en receso el congreso, solamente de la pena capital, conmutándola con la de diez años de presidio.

19. Resolver, con acuerdo del senado, las dudas que se susciten y reclamos que se hagan sobre elecciones de ayuntamiento y alcaldes, con arreglo á las leyes.

20. Ademas de las facultades designadas al gobernador, se le autoriza para conservar á todo trance y defender la integridad del territorio yucateco, en caso de invasion.

21. Continuar, de acuerdo con el congreso extraordinario, y en sus recesos con el del senado, la correspondencia con el supremo gobierno nacional, respecto del reconocimiento de la inviolabilidad de los convenios de 14 de diciembre de 1843.

Restricciones de las facultades del gobernador

ART. 25. No podrá:

1.° Imponer contribucion de ninguna especie.

2.° Impedir ni retardar las elecciones populares.

3.° Impedir asimismo la reunion del congreso.

4.° Mezclarse en el exámen de las causas judiciales pendientes, ni disponder durante el juicio, de las personas de los reos.

5.° Ocupar propiedad ajena, sino para algun objeto de general utilidad, con aprobacion del congreso, y en sus recesos, del senado, indemnizándose préviamente á su dueño, á tazacion de peritos nombrados, el uno de ellos por éste, y segun las leyes el tercero en discordia, en caso de haberla.

6.° Salir el territorio de Yucatan ni de la capital, sin licencia del congreso, y en su receso del senado, solo por motivo grave.

Del senado

ART. 26. Un dia ántes de cerrar sus sesiones el congreso extraordinario, nombrará nueve individuos de su seno que son el vicegobernador que presidirá con voto, durante los recesos del congreso, ejerzan las funciones de senado consultivo, segun y en los términos que por esta ley se ordena. El vicegobernador será nombrado el mismo dia.

ART. 27. Tambien se nombrarán por el congreso el mismo dia, nueve individuos de su seno, para que, segun el órden de sus nombramientos, funjan de suplentes en los casos de impedimento fisico ó moral de los propietarios.

ART. 28. La presidencia del senado, en caso de impedimento fisico ó moral del vicegobernador, recaerá en el senador primer nombrado.

ART. 29. Las facultades del senado son:

1.ª Velar sobre la observancia de esta ley orgánica y las que deben regir la administracion en todos sus ramos, formando expediente sobre cualquier insidente relativo á estos objetos.

2.ª Dar su dictámen en los negocios que le consulte el gobernador á virtud de la facultad 8.ª del art. 24.

3.ª Convocar al congreso extraordinario, á peticion del gobernador, segun se indica en la cláusula 7.ª del art. 24, ó cuado á juicio del mismo senado así lo exija el bien y la seguridad del pais.

4.ª Aprobar el nombramiento del tesorero general, que designa la cláusula 11 del art. 24.

5.ª Dar asimismo su aprobacion en el caso del art. 25, restriccion 5.ª

6.ª Hacer al gobernador las observaciones que juzgue mas oportunas y conducentes para que se verifique el reconocimiento solemne de la inviolabilidad de los tratados de 14 de diciembre de 1843, y consiguiente reincorporacion de Yucatan á la república mejicana.

7.ª En los casos de vacante de alguno de los ministerios de que se compone la suprema corte de justicia, estando el congreso en receso, nombrará la persona que deba reemplazar al fiscal.

8.ª Llenar la vacante que ocurra en la contaduría mayor, estando en receso el congreso.

9.ª Acordar asimismo con el gobernador, en los recesos del congreso, el indulto de que trata el art. 24, cláusula 18, cuando lo requiera así el mayor bien y conveniencia del pueblo yucateco.

10. Instruir, en los recesos del congreso, los trámites del juicio político que haya de seguirse contra los funcionarios públicos, segun y en los términos que se prescribe por los artículos siguientes.

Juicio político

ART. 30. El gobernador, vicegobernador, ministros y fiscal de la corte suprema de justicia, contador mayor, tesorero y secretario general, podrán ser enjuiciados por las infracciones de ley que cometan en el ejercicio de sus respectivas funciones. Pero para ello se requiere que preceda acusacion por escrito, legalmente intentada ante el congreso, y en sus recesos ante el senado, y declaracion prévia de haber lugar á la formacion de causa.

ART. 31. Esta declaracion se verificará por medio de un jurado compuesto de once individuos, que el mismo acusado por sí ó su poder, sacará en suerte ante el congreso, ó senado en su caso, de veinte que el actual congreso nombrará de fuera de su seno, dos dias ántes de cerrar sus sesiones. Y al efecto se pasará al jurado el expediente relativo á dicha acusacion.

ART. 32. Declarado haber lugar á la formacion de causa contra alguno de los funcionarios de que trata el art. 30 de esta ley, serán nombrados por el congreso tres individuos de su seno, para que acabando de instruir el expediente en la forma competente, y con audiencia del acusado, acusador ó acusadores si los hubiere, dé cuenta al congreso en estado. Este los tomará en consideracion en sesion pública, que aplazará con anterioridad, y fallará absolviendo ó condenando. La votacion se hará por escrutinio secreto, y en las cédulas se asentarán una de estas tres calificaciones: *Absuelto. Privado de su oficio ó empleo. Inhabilitado perpétuamente para obtener otro alguno.* Si la votacion resultase por la primera calificacion, será el funcionario restituido á su empleo y goces consiguientes: si por la segunda, quedará privado de su empleo; y si por la tercera, no volverá á obtener ningun destino público. Cuando en el segundo y tercero caso, a juicio del congreso, fuese el condenado acreedor á mayor pena, lo cual deberá resolverse á mocion de cualquier diputado, acordará se pase el proceso al juez de primera instancia respectivo.

ART. 33. Toda la vez que el congreso se halle en receso, el jurado remitirá con su calificacion el expediente al senado; y éste dará los trámites prevenidos en el artículo anterior para instruir el expediente; y puesto en estado, se reservará á la resolucion del congreso, que se reunirá al efecto sí el senado lo juzgase necesario.

Congreso erigido en jurado de acusacion

ART. 34. Los funcionarios de que trata el art. 30, y los diputados, solo podrán ser juzgados por los delitos comunes que cometan, precediendo la declaracion que haga el congreso de haber lugar á la formacion de causa.

ART. 35. Para que esta declaracion se verifique, el presidente son los secretarios, haciendo de gran comicion, nombrará doce individuos del seno del congreso y presentará á éste la lista de todos ellos, para que de uno en uni sean aprobados. Este nombramiento se hará cuatro dias ántes de que el congreso cierre sus sesiones.

ART. 36. Aprobada la lista por el congreso, se sacarán por suerte de entre los doce, tres individuos que compondrán una seccion y otro mas que, sin voto, le servirá de secretario. Y los ocho restantes permanecerán insaculados para reemplazar al individuo ó individuos de la seccion á quienes el congreso dispensare de este encargo por algun justo motivo. El reemplazo se verificará tambien por suerte.

ART. 37. A esta seccion se pasará la acusacion sobre delitos cometidos por las personas de que trata el art. 30.

ART. 38. Un reglamento provisional dictará los trámites que debe dar la seccion para instruir el expediente hasta ponerlo en estado de poder el congreso en su vista, hacer la declaracion de si ha lugar ó no á la formacion de causa.

ART. 39. Declarado por el congreso que ha lugar á proceder criminalmente contra los funcionarios públicos expresados, el expediente de la materia de pasará á la corte suprema de justicia, para que juzgue segun las leyes.

ART. 40. Para conocer en estas causas, supliendo en los casos de imposibilidad física ó legal de los magistrados de la corte, el congreso elegirá tres dias ántes de cerrar sus sesiones doce individuos, que aunque no sean letrados, tengan conocimiento del derecho patrio y las demas circunstancias que se exigen para ser magistrados. De estos se sacarán por suerte ante la misma suprema corte de justicia, los que se fueren necesitando para los casos indicados.

Del despacho de los negocios del gobierno

ART. 41. Habrá un secretario general del gobierno. Este será responsable de las disposiciones en que autorice con su firma la del gobernador, cuando haya infraccion en aquellas de esta ley y de las demas secundarias, y de la falte de cumplimiento de las que deban tenerlo por razon de si cargo.

ART. 42. Para ser secretario del gobierno se require ser ciudadano yucateco en el ejercicio de sus derechos, mayor de veinticinco años.

Del poder judicial

ART. 43. El poder judicial residirá, como ántes lo estuvo, en una corte suprema de justicia y en los juzgados inferiores establecidos á que se establezcan.

ART. 44. La corte suprema se mantendrá compuesta de tres ministros y un fiscal; necesitándose para obtener este ministerio, ser ciudadano yucateco en el ejercicio de sus derechos, avecindado en el país, son residencia contínua de cinco años, tener treinta y cinco cumplidos de edad, ser letrado y haber ejercido esta profesion ocho años á lo menos. Cualquiera vacante que ocurra se llenará eligiendo el congreso, y en su receso el senado, un individuo en quien concurran las circunstancias indicadas.

ART. 45. Cuando vaque alguno de los ministerios de este cuerpo, pasará desde luego á servirlo en propiedad el fiscal del mismo.

ART. 46. Corresponde á esta corte suprema de justicia reunida, nombrar sus subalternos y dependientes respectivos, y los jueces letrados de primera instancia que deben conocer de los asuntos comunes, civiles y criminales.

ART. 47. La administracion de justicia en todos sus grados y ramos, se regirá por el reglamento de 31 de marzo de 1841 y leyes que posteriormente lo han reformado ó reformen.

Del gobierno interior de los pueblos

ART. 48. Habrá en cada distrito de los en que se halla actualmente dividido, ó en adelante se divida, el territorio yucateco, un jefe político superior y un subalterno en cada partido.

ART. 49. Permanecerán los ayuntamientos en las ciudades, villas y lugares en que de presente se hallen establecidos, renovándose anualmente y rigiéndose, así como las jefaturas su periores y subalternas, por es decreto de 31 de marzo de 1841, que reglamentó el gobierno interior de los pueblos, y los que posteriormente lo han reformado ó reformen.

Hacienda pública

ART. 50. Continuará sistemada la administracion de la hacienda pública en los mismos términos que actualmente se halla.

ART. 51. El nombramiento de los empleados en la contaduría mayor, en caso de vacante, corresponde al congreso, y en sus recesos al senado.

Instruccion pública

ART. 52. Todos los establecimientos de instruccion pública, con inclusion de las escuelas de primeras letras, subsistirán en los mismos términos y sujetos á las leyes y decretos de su creacion, y los que los reglamentan ó reglamenten, dispensándoles el gobierno toda la proteccion y fomento que le son debidos, y cual corresponde á la importancia de su objeto.

Milicia local

ART. 53. Los cuerpos de milicia local que se hallan establecido para la conservacion del órden público en lo interior y la defensa exterior, en caso necesario, estarán siempre á las órdenes del gobernador y se regirán por los reglamentos actualmente existentes ó que en adelante existieren.

Prevenciones generales y especiales

ART. 54. Se declararán con fuerza y vigor todas las leyes y decretos de las anteriores legislaturas y demas que se hallen vigentes en la práctica, en cuanto no se oponga á la presente ley.

ART. 55. Todos los empelados del país continuarán en sus respectivos destinos, conforme á las leyes vigentes, sujetándose en su desempeño á esta ley fundamental y á las secundarias, que se declaran subsistentes en cuanto no se oponga á ella.

ART. 56. Todo funcionario público, sin excepcion de clase alguna, deberá prestar juramento de guardar la presente ley orgánica fundamental; y al entrar de nuevo en el destino que se le confiera, ántes de tomar posesion de él, deberá hacerlo tambien de la declaracion hecha por el congreso extraordinario y publicada por el gobierno en 2 de julio de año que rige.

Dado en el palacio del congreso. Mérida, setiembre 24 de 1846. – *José E. Cámara*, diputado presidente. – *Crecensio José Pinelo. – Juan de la Cruz Sosa. – Francisco Remirez. – Pedro de Souza. – José Jesus Castro. – Miguel Cámara. – Manuel Cecilio Villamor. – JoséPérez. – Gerónimo Castillo. – Juan José Hernández. – Martin F. Peraza. – Pablo Castellanos. – Joaquin Castellanos. – Francisco Barbachano. – José R. Bátes. – Manuel Barbachano. – Francisco Martínez de Arredondo. – José Maria Delgado*, diputado secretario. – *Nicolas Dorantes y Avila*, diputado secretario.

Por tanto &c. En Mérida, á 28 de setiembre de 1846. – *Miguel Barbachano. – Joaquin G. Rejon.*

---

[1] Editado según "Ley de 28 de setiembre de 1846. Ley Orgánica del Estado", in: *Colección de leyes, decretos y ordenes de la Asamblea departamental. Año de 1846* (*Colección de leyes, decretos y ordenes o acuerdos de tendencia general del poder legislativo del estado libre y soberano de Yucatan*, ed. Rafael Pedrera, t. III), Merida: Imprenta del Editor 1851, p. 55–67.

Esta *Ley orgánica fundamental* sirvió como constitución provisoria para Yucatán, poco después de su nueva declaración de separación de México. Después de una rebelión de Campeche contra el gobierno en Mérida fue substituida al final del año por la constitución de 1825.

Proyecto de constitución del estado de Yucatán (1849)

Proyecto de la Constitucion Politica del estado de Yucatán[1]

LOS representantes del pueblo yucateco, reunidos en congreso para reformar la constitucion del año de 1825, despues de implorar los auxilios del Supremo Legislador del universo con el objeto de desempeñar su importante encargo conforme á la voluntad de sus comitentes, han venido en decretar y sancionar la siguiente

CONSTITUCION POLITICA DEL ESTADO DE YUCATAN

SECCION PRIMERA

Nacionalidad y Religion

ART. 1.° Yucatan es parte integrante de la Nacion Mejicana, conforme al acta constitutiva y á la constitucion federal.

ART. 2.° La religion del Estado es la Católica, Apostólica Romana.

Del Territorio y de los Yucatecos

ART. 3.° El territorio de Yucatan es el mismo á que se extendia la antigua intendencia de este nombre, con exclusion del Estado de Tabasco.

ART. 4.° Son yucatecos:

Los nacidos y avecindados en el territorio del Estado;

Los mejicanos por nacimiento ó naturalizacion, avecindados ó que en adelante se avecinden en el mismo territorio;

Los nacidos en país extranjero de padre yucateco por nacimiento ó naturalizacion, siempre que al entrar en el derecho de disponer de sí, estuviesen ya radicados en el territorio, ó participen que se resuelven á hacerlo, y lo verificaren.

De los ciudadanos y de sus derechos

ART. 5.° Son ciudadanos:

Los yucatecos avecindados en el territorio, que tengan veinte años de edad;

Los naturales ó naturalizados del resto de la República, que adquieran vecindad en Yucatan.

Y sus derechos regulados por las leyes, son:

Votar y ser electo en las elecciones populares;

Ejercer el de peticion;

Reunirse para discutir los negocios públicos;

Pertenecer á la Guardia Nacional.

ART. 6.° Se suspende el ejercicio de estos derechos:

Por ser ebrio consuetudinario, tahur de profesion ó no tener domicilio y oficio, ó modo honesto de vivir;

Por el estado religioso;

Por ser deudor quebrado á fondos públicos;

Por estar procesado criminalmente;

Por rehusarse, sin excusa legítima, á servir los cargos públicos de nombramiento popular;

Por hallarse en estado de minoría, en virtud de leyes excepcionales.

ART. 7.° Se pierde el ejercicio de los mismos derechos:

Por adquirir naturaleza en país extranjero;

Por establecerse fuera del territorio sin licencia del gobierno;

Por admitir empleo, condecoracion ó pension de gobierno extranjero, sin licencia del gobierno;

Por sentencia que imponga pena corporal, miéntras no se obtenga rehabilitacion;

Por quiebra fraudulenta declarada.

ART. 8.° La vecindad se adquiere:

Por residencia continúa de dos años en el Estado, ejerciendo en él algun arte, profesion ó industria.

Y se pierde:

Por trasladarse á otro punto fuera del territorio, levantando la casa, trato ó giro en él establacido.

Derechos Individuales

ART. 9.° Son derechos de todo habitante del Estado:

Imprimir y publicar sus opiniones sin prévia censura, sujetándose por los abusos que cometa á las penas de la ley;

Poder terminar sus diferencias por medio de jueces árbitros;

Poder adquirir bienes raices, rústicos y urbanos, y dedicarse á cualquier ramo de industria.

Pedir libre y moderadamente la observancia de la constitucion y las leyes;

No poder ser obligado á hacer lo que no le manda la ley, ni á practicar lo prevenido en esta, sino del modo y en la forma que ella determine;

No podérsele impedir hacer lo que las leyes no le prohiben;

No poder ser obligado á pagar contribucion no decretada por el congreso;

No poder ser preso sino por decreto ó mandamiento de juez competente, dado por escrito y firmado; ni aprehendido por disposicion del gobernador, sino en los términos que se expresarán en las facultades de este, exceptuándose el caso de delito *infraganti*, en el cual puede cualquiera prenderle, presentándolo desde luego á su juez competente;

No poder ser detenido sin expresa órden dada y firmada por el juez competente, ni pasar la detencion de veinticuatro horas sin recibirle su declaracion preparatoria, ni de cuarenta y ocho sin proveer el auto motivado de su prision;

No poder tampoco permanecer incomunicado por mas de seis dias;

No podérsele volver á incomunicar por el mismo delito, despues de habérsele recibido su confesion con cargos;

No poder ser juzgado por comision sino por el tribunal competente establecido por la ley;

No poder ser juzgado sino con arreglo á las leyes dictadas ántes del hecho que haya motivado el litigio ó la formacion de su causa;

No poderse catear la casa de su habitacion, ni registrarse su correspondencia y papeles, sino por disposicion de juez competente, y en los casos y con los requisitos que las leyes establecen.

Obligaciones de los Yucatecos

ART. 10. Todo yucateco tiene obligacion de cumplir las leyes, defender la patria cuando sea requerido por la ley, y pagar los impuestos decretados por el congreso.

SECCION SEGUNDA

Poder Publico del estado y su Organizacion

ART. 11. El ejercicio del poder público del Estado se divide en legislativo, ejecutivo y judicial, y nunca podrán reunirse dos ó mas de ellos en una corporacion ó persona, ni el legislativo depositarse en un solo individuo.

Poder Legislativo

ART. 12. Se deposita este poder en un congreso compuesto de dos cámaras co[...]legisladoras, la una de diputados y la otra de senadores. Su eleccion será popular indirecta.

Camara de Diputados

ART. 13. Para constituirla elegirán los partidos un diputado propietario y otro suplente por cada treinta mil almas, ó por una fraccion que exceda de la mitad. Los partidos que no tengan este censo, nombrarán sin embargo un diputado. Su encargo durará dos años y podrán ser reelectos indefinidamente.

La ley electoral determinará el tiempo y forma de la eleccion, y las cualidades de los electores.

ART. 14. Para ser diputado se requiere ser ciudadano en el ejercicio de sus derechos, tener veinticinco años cumplidos de edad al tiempo de la eleccion, dos de vecindad contínua en el Estado, y un capital de dos mil pesos, ó ejercicio, profesion ó industria que produzca una renta de cuatrocientos pesos anuales.

ART. 15. No pueden ser diputados:

Los consejeros de gobierno;

Los funcionarios que ejerzan autoridad política ó judicial contenciosa;

El R. obispo y su provisor;

El secretario general de gobierno;

El tesorero general del Estado;

Los administradores de rentas;

Los empleados y dependientes de la federacion.

Los demas empleados públicos del Estado pueden ser diputados, pero quedarán suspensos de sus funciones durante las sesiones del congreso. Los diputados, durante el tiempo de su encargo y dos meses despues, no podrán obtener empleo alguno que no sea de rigorosa escala en su carrera.

Camara de Senadores

ART. 16. Esta cámara se compondrá de diez senadores; su encargo durará el mismo tiempo que el de los diputados, y podrán ser tambien reelectos indefinidamente.

Se elegirá igual número de suplentes para las vacantes que puedan ocurrir.

La ley electoral determinará del mismo modo que para la de diputados, el tiempo y forma de la eleccion, y las cualidades de los electores.

ART. 17. Para ser senador se requiere tener treinta y cinco años cumplidos al tiempo dé la eleccion, con vecindad contínua de dos años en el Estado; un capital de seis mil pesos, ó profesion ó industria que le produzca seiscientos pesos anuales, y haber sido gobernador, ó vicegobernador, ó secretario de gobierno, ó consejero, ó senador, ó diputado, ó jefe de hacienda ó político de algun partido.

ART. 18. No pueden ser senadores los comprendidos en el art. 15.

Prerogativas de los Diputados y Senadores

ART. 19. Los diputados y senadores serán inviolables por sus opiniones manifestadas en el desempeño de su encargo, sin contraer por ellas ninguna responsabilidad.

ART. 20. En los delitos comunes no podrán ser detenidos ni presos sino *infraganti* delito, ó con semiprueba del hecho; en cuyo caso se dará cuenta á la cámara que deba constituirse en calidad de gran jurado, y en su receso al consejo de gobierno, que hará la declaracion de si ha ó no lugar á la formacion de causa. Si hubiese lugar á ella, se pasará el expediente al jurado de sentencia.

Instalacion de las Camaras

ART. 21. Los diputados y senadores elegidos, tendrán en la capital las juntas preparatorias necesarias, desde el 20 de diciembre de cada bienio, hasta el 31 del mismo mes, para el exámen de sus respectivas elecciones; debiendo cada cámara calificar exclusivamente la legalidad de las de los miembros que la compongan.

ART. 22. Reprobada la eleccion de un diputado ó senador, la cámara respectiva llamará al suplente. Lo mismo se observará cuando haya vacante por cualquier motivo.

Apertura y Duracion de las Sesiones

ART. 23. El 1.° de enero de cada año abrirá sus sesiones el congreso, á cuya solemnidad, reunidas ámbas cámaras, asistirá el gobernador á dar cuenta de sus actos administrativos.

Las sesiones ordinarias del congreso durarán hasta el 31 de marzo, y para el acto de clausura se reunirán igualmente ámbas cámaras.

ART. 24. El reglamento que se dé para el gobierno interior del congreso, determinará los dias y horas de sus sesiones, y el modo y forma con que deberán tratar, así de los asuntos que sean de la competencia de las dos cámaras, como de los económicos que á cada una de ellas corresponda.

Facultades del Congreso

ART. 25. Compete al poder legislativo:

1.° Dictar las leyes y decretos á que debe arreglarse la administracion interior del Estado, en todos y cada uno de sus ramos.

2.° Pedir motivadamente al congreso general la derogacion, suspension ó modificacion de las leyes contrarias á los derechos inmanentes del Estado.

3.° Examinar y aprobar el presupuesto anual, que debe presentar el gobierno de los gastos de la administracion pública, agregando la parte que al Estado quepa en los gastos generales de la Nacion.

4.° Establecer ó continuar las contribuciones y los impuestos municipales, y examinar su inversion, prévia la glosa que hará el cuerpo ó tribunal que designe una ley.

5.° Nombrar á los magistrados y fiscal del tribunal superior de justicia y al tesorero general del Estado, conforme á la ley.

6.° Disponer lo conveniente para la administracion, conservacion y enajenacion de los bienes del Estado.

7.° Crear ó suprimir empleos públicos.

8.° Promover y fomentar la agricultura, la industria y el comercio.

9.° Crear y proteger la enseñanza de las ciencias y de las artes.

10. Conceder recompensas personales á los que hicieren servicios extraordinarios al Estado.

11. Reconocer la deuda del Estado, y decretar el modo y medio de amortizarla.

12. Dictar reglas para la concesion de retiros, jubilaciones y pensiones á los servidores del Estado.

13. Conceder amnistías en los casos que lo exija la conveniencia pública.

14. Conceder indultos, remision ó conmutacion de pena legal, cuando lo requiera así el mayor bien y conveniencia del Estado.

15. Arreglar la legislacion civil y criminal para la expedita administracion de justicia en el Estado.

16. Prorogar sus sesiones ordinarias hasta por treinta dias útiles, sin que pueda el ejecutivo volver con observaciones el decreto que sobre el particular expida.

Art. 26. Todas las resoluciones del congreso no tendrán otro carácter que el de ley ó decreto.

Formacion de las Leyes y Decretos

Art. 27. La iniciativa de las leyes y decretos para toda clase de negocios, corresponde á cada uno de los diputados y senadores, y al encargado del gobierno. El tribunal superior de justicia la tendrá únicamente para los asuntos de su ramo. Vendrán formuladas las iniciativas que presenten, tanto el gobierno como el tribunal superior.

Art. 28. Para la votacion de cualquiera ley ó decreto, deberán estar presentes las dos terceras partes del número total de los individuos que compongan cada cámara: la mitad y uno mas para las resoluciones peculiares de cada una de ellas.

Por regla general, toda votacion quedará decidida por la mayoría absoluta de votos.

Art. 29. Todo proyecto de ley ó decreto aprobado en su totalidad y en cada uno de sus artículos en la cámara de su origen, pasará á la revision de la otra cámara.

Art. 30. Los proyectos de ley ó decreto, aprobados por el congreso, se remitirán al gobierno del Estado; y si fuesen sancionados por éste, los hará publicar y circular para su debido cumplimiento. Pero si dentro de diez dias útiles de haberlos recibido, los devolviese con observaciones á la cámara de su procedencia, seguirán el curso de las demas iniciativas, y no se entenderá que insiste en ellos el congreso, si no los reproduce por el voto de las dos terceras partes de sus miembros presentes. Reproducidos en esta forma, el gobierno los sancionará: á lo mismo quedará obligado si dejase pasar el tiempo referido sin devolverlos á la cámara de su orígen.

Art. 31. Si el gobierno propusiese en las observaciones de que trata el artículo anterior, alguna reforma, y el congreso la adoptase por el voto de los dos tercios de los miembros presentes de cada cámara, podrá reproducir la ley ó decreto, sin mas variacion que la expresada, y en los términos que la propuso el gobierno, que no podrá entónces negarle su sancion.

Art. 32. De los proyectos desechados por alguna cámara, no podrá volverse á ocupar la misma, sino pasada una legislatura, á no ser que vengan en revision de la otra cámara.

SECCION TERCERA

Del Poder Ejecutivo

Art. 33. El poder ejecutivo del Estado se deposita en un gobernador: su eleccion será popular indirecta, y se renovará cada cuatrienio: entrará á fungir el 1.° de febrero, jurando ante las cámaras reunidas.

Habrá tambien un vicegobernador elegido en la misma forma y por igual tiempo, pudiendo ser reelectos por una sola vez.

Art. 34. Para ser gobernador se requiere:

Ser ciudadano en el ejercicio de sus derechos;

Del estado seglar y nacido en la confederacion;

Ser mayor de treinta y cinco años, con vecindad contínua de seis años en el Estado;

Tener un capital de seis mil pesos libres de toda responsabilidad.

Las mismas cualidades se requieren para ser vicegobernador.

Art. 35. Cada cuatro años, en el primer domingo del mes de noviembre, habrá juntas electorales de partido para elegir á pluralidad absoluta de votos, un gobernador y un vicegobernador.

ART. 36. El congreso, en sus cinco primeras sesiones, procederá al escrutinio y calificacion de la eleccion de gobernador y vice, y declarará electos á los que reunan la mayoría absoluta de votos de las juntas electorales.

Si dos ó mas obtuvieren mayoría respectiva ó empate, el congreso elegirá entre los que la hubiesen obtenido.

ART. 37. En las faltas temporales del gobernador fungirá el vice, y en los casos de fallecimiento, dimision ú otro impedimento perpétuo, fungirá tambien el vice, siempre que estén vencidas las dos terceras partes del periodo constitucional; y de no, se procederá á nueva eleccion, y entónces se reunirá el congreso á fin de llenar lo prevenido en el art. 33.

ART. 38. En las faltas temporales del vicegobernador en ejercicio del poder ejecutivo, entrará á fungir el consejero mas antiguo del estado seglar; pero en las perpétuas se procederá conforme al artículo anterior.

Facultades del Gobernador

ART. 39. Corresponde al gobernador:

1.° Conservar la tranquilidad y el órden público, y promover la prosperidad del Estado.

2.° Sancionar, publicar, circular, y hacer guardar las leyes del Estado.

3.° Hacer observaciones sobre su tenor, con arreglo al art. 30.

4.° Iniciar las leyes y decretos que juzgue convenientes para el bienestar del país.

5.° Cuidar de que se administre pronta y cumplidamente la justicia.

6.° Dar las órdenes convenientes para que en los términos designados por las leyes, se verifiquen las elecciones constitucionales.

7.° Nombrar y separar libremente al secretario general de gobierno y dependientes de su secretaría.

8.° Nombrar y remover á los jefes políticos.

9.° Dar reglamentos y disposiciones para el mejor cumplimiento de la constitucion y leyes.

10. Pedir al congreso prorogue sus sesiones ordinarias, y al consejo de gobierno lo convoque á las extraordinarias.

11. Cuidar de la inversion de los fondos aplicados, segun el presupuesto, á cada uno de los ramos de la administracion.

12. Cuidar de la salud pública, dictando las medidas oportunas para su conservacion.

13. Dar cuenta al congreso al dia siguiente de su instalacion, del estado que guarda la administracion pública en todos sus ramos.

14. Pedir al consejo le dé su dictámen por escrito sobre los asuntos de la administracion que le proponga.

15. Presidir sin voto al mismo consejo, cuando concurra á él.

16. Ejercer la exclusiva en el nombramiento de jueces de primera instancia, con arreglo á las leyes.

17. Ejercer tambien la exclusiva en la provision de los beneficios eclesiásticos, conforme á las leyes.

18. Disponer de la guardia nacional para conservar la tranquilidad y órden público.

19. Arrestar á los que fuesen sospechosos, cuando lo exige el bien ó la seguridad del Estado, debiendo ponerlos á disposicion del tribunal competente á los tres dias á lo mas.

Restrictiones a las Facultades del Gobernador

ART. 40. No puede el gobernador:

Imponer contribucion de ninguna clase;

Impedir ni retardar las elecciones populares;

Impedir ni retardar la instalacion del congreso;

Mezclarse en el examen de las causas pendientes, ni disponer durante el juicio de las personas de los reos;

Salir del territorio del Estado, ni de la capital, sin motivo grave justificado, y esto con licencia del congreso, y en su receso del consejo de gobierno.

Del Consejo de Gobierno

ART. 41. Habrá un consejo de gobierno presidido por el vicegobernador, y compuesto de cuatro individuos propietarios y cuatro suplentes, que serán electos por las cámaras reunidas en sus primeras sesiones. Su duracion será la de cuatro años, renovándose por mitad cada bienio.

ART. 42. Para ser consejero se requieren las mismas cualidades que para ser senador.

Facultades del Consejo

ART. 43. Son facultades del consejo:

1.ª Emitir las consultas que el gobierno le pida para la sancion de las leyes y decretos, y en todos los ramos de la administracion pública.

2.ª Convocar al congreso á peticion del gobierno, ó cuando á su juicio lo exija así el bien ó la seguridad del Estado.

3.ª Declarar en los recesos del congreso, si ha ó no lugar á la formacion de causa en los casos que previene el art. 20.

4.ª Ejercer las demas funciones que la constitucion y las leyes le cometan.

Facultades del Gobernador con Intervencion del Consejo

ART. 44. Corresponde al gobernador con intervencion del consejo:

1.° Proveer á propuesta en terna de este cuerpo, los empleos temporales ó perpétuos de la administracion pública; exceptuándose los que competan al congreso y al tribunal superior de justicia, y los comprendidos en las cláusulas 7.ª y 8.ª del art. 39.

2.° Suspender por tres meses, oido el dictámen del consejo, á los empleados de su nombramiento que infrinjan sus disposiciones ú omitan cumplirlas, excepto los comprendidos en la cláusula 7.ª del art. 39, y pasar el expediente motivado al tribunal respectivo, siempre que á su juicio se les deba formar causa.

3.° Suspender, oido el dictámen del consejo, á los ayuntamientos cuando lo exija la tranquilidad y órden público, sustituyéndolos en tal caso los del año último.

4.° Ocupar, de acuerdo con el consejo, la propiedad ajena, cuando sea para algun objeto de general y pública utilidad, indemnizando préviamente á su dueño conforme á las leyes.

5.° Conceder jubilaciones á los empleados del Estado, de acuerdo con el consejo, conforme á lo que dispongan las leyes.

6.° Dar retiros, conceder licencias y pensiones, tambien de acuerdo con el consejo, á los oficiales é individuos de tropa de la guardia nacional.

7.° Resolver, de acuerdo con el consejo, las dudas que se susciten sobre las elecciones de ayuntamientos y alcaldes, con arreglo á las leyes.

8.° Indultar, de acuerdo con el consejo, cuando se halle en receso el congreso, solamente de la pena capital, conmutándola en la de diez años de presidio.

Del Despacho de los Negocios del Gobierno

ART. 45. Para este despacho habrá un secretario que será responsable de las disposiciones que autorice con infraccion de la constitucion y las leyes, y de la falta de cumplimiento de las que deban tenerlo en el ejercicio de su encargo.

ART. 46. Para ser secretario de gobierno se requiere:

Ser ciudadano en el ejercicio de sus derechos;

Tener treinta años cumplidos de edad.

ART. 47. No serán obedecidas las disposiciones que el gobernador dicte en uso de sus atribuciones, siempre que no estén autorizadas por el secreterio de gobierno.

SECCION CUARTA

Camaras Erigidas en Jurado por Delitos Ministeriales

ART. 48. El gobernador, consejeros, secretario de gobierno y ministros del tribunal superior de justicia, están sujetos á responsabilidad por las infracciones de ley ú omisiones que cometan en el ejercicio de sus respectivos encargos.

Para exigirla deberá acusárseles ante la cámara de diputados; y si ésta declarase haber lugar á la formacion de causa, remitirá el expediente respectivo al senado.

La cámara del senado acabará de intruirle en la forma competente, y con audiencia del acusado y del acusador, fallará, sin que en estos juicios pueda imponerse otra pena que la de privacion de oficio ó empleo, y la inhabilitacion temporal ó perpétua para obtener otro alguno.

Por Delitos Comunes

ART. 49. Los mismos funcionarios podrán ser juzgados por delitos comunes, precediendo la declaracion que haga cualquiera de las cámaras, de haber lugar á la formacion de causa.

Mas para juzgar por aquellos delitos á los diputados y senadores, se hará la declaracion por el senado si se tratase de proceder criminalmente contra aquellos, y si contra éstos, por la cámara de diputados.

ART. 50. Declarado que ha lugar á proceder contra los funcionarios públicos señalados en el artículo anterior, el expediente se pasará al jurado de sentencia, que se establece en la forma siguiente.

Jurado de Sentencia

ART. 51. Para formar el jurado de sentencia, elegirán las cámaras reunidas el 20 de enero de cada bienio, ocho individuos que aunque no sean letrados, tengan conocimiento del derecho pátrio y reunan ademas las otras circunstancias exigidas para obtener las magistraturas del tribunal superior del Estado.

De los ocho individuos se sacarán cinco por suerte para componer el jurado. Este conocerá de las causas en todas instancias, conforme á las leyes, alternando sus individuos, y el quinto ejercerá el ministerio fiscal.

Tambien conocerá de las demandas civiles de los mismos funcionarios, sin la prévia declaracion del congreso. En este caso es renunciable el fuero constitucional.

ART. 52. En los casos de imposibilidad física ó legal de alguno de los cinco individuos, se sacará por suerte de los insaculados ante la cámara de diputados, y en los recesos del congreso ante el consejo, el que se necesite para sustituirlo.

SECCION QUINTA

Del Poder Judicial

ART. 53. El ejercicio del poder judicial se comete á un tribunal superior y á los juzgados inferiores establecidos ó que se establezcan por las leyes.

Tribunal Superior

ART. 54. Este tribunal se compondrá de cuatro magistrados y un fiscal, y para optar á estos puestos se requiere:

Ser ciudadano en el ejercicio de sus derechos;

Tener vecindad contínua de dos años en el Estado;

Tener treinta y cinco años cumplidos de edad;

Ser letrado y haber ejercido la judicatura seis años;

No haber sido condenado en proceso legal.

ART. 55. Las facultades y obligaciones de este tribunal, y el modo de suplir las faltas de los ministros, se determinarán en la ley orgánica del ramo.

Juzgados de Primera Instancia

ART. 56. Habrá jueces letrados de primera instancia para las causas civiles y criminales. La ley señalará las demas cualidades que hayan de tener, y el número de los que deban nombrarse.

SECCION SEXTA

Regimen Interior de los Pueblos

ART. 57. En cada partido habrá un jefe político, y la ley secundaria determinará las cualidades y atribuciones de estos funcionarios.

ART. 58. Habrá asimismo ayuntamientos en las ciudades, villas y cabe[ce]ras de partido. Su eleccion será popular indirecta.

Donde no deba haber ayuntamiento se establecerán jueces de paz. El número de éstos en cada pueblo, sus circunstancias y el modo de nombrarlos, se fijará en la misma ley secundaria.

SECCION SETIMA

Reforma Constitucional

ART. 59. Pasado un año de haberse puesto en observancia esta constitucion, se podrá reformar, adicionar ó modificar, siempre que los dos tercios de los miembros presentes de ámbas cámaras convengan en la necesidad de la reforma, adicion ó modificacion de artículos determinados, y que la apruebe por igual número de sufragios la siguiente legislatura.

Prevenciones Generales

1.ª La responsabilidad de los funcionarios superiores no excusa la de los subalternos que obedezcan órdenes dirigidas á impedir, suspender ó retardar las elecciones populares.

2.ª En la administracion de justicia arreglarán los jueces sus fallos á lo prevenido en esta constitucion, prescindiendo de lo dispuesto contra el texto literal de ella en las leyes ó decretos del congreso del Estado.

3.ª Las providencias de los jueces serán puntualmente obedecidas y ejecutadas, bajo la responsabilidad y penas que establecen las leyes.

Sala de comisiones. Mérida, diciembre 27 de 1849.

– Gonzalez. – Lanz. – Peon. – Solis Rosales. – Vargas.

---

[1] Editado según *Proyecto de la Constitucion Política del Estado de Yucatan, presentado a la Legislatura por su Comision Especial de Reformas en 27 de diciembre de 1849*, Mérida: Imprenta de Rafael Pedrera, 1850, p. 1–18.

Para un discurso preliminar (p. III–X) véase la página: www.modern-constitutions.de.

Agradezco también para este texto al Centro de Apoyo a la Investigación Histórica de Yucatán del Instituto de Cultura, en persona de su director Faulo M. Sánchez Novelo; véase: http://www.bibliotecavirtualdeyucatan.com.mx.

Con este proyecto de constitución fue preparada una reforma de la constitución del año de 1825, incluyendo "algunos elementos interesantes de la constitución de 1841, compatibles con la situación política del país" (p. IV). Se publicó esta constitución en septiembre de 1850.

Proyecto de constitución del estado de Zacatecas (1824)

Proyecto de Constitucion política del Estado de Zacatecas[1]

En el nombre de Dios Trino y Uno, Supremo Legislador de la sociedad, y de Jesucristo, autor y consumador de nuestra fe.

El congreso constituyente del estado libre, independiente y soberano de los Zacatecas, conforme à la ley de su institucion y con el fin de cumplir lo que en ella se le encarga, decreta para su gobierno la siguiente Constitucion polìtica.

DISPOSICIONES PRELIMINARES

ART. 1.° El estado de Zacatecas es libre è independiente de los demas Estados-Unidos de la nacion mexicana, con los cuales conservarà las relaciones que establezca la confederacion general de todos ellos.

ART. 2.° En todo lo que toca à su gobierno y administracion interior es igualmente libre y soberano, sin mas limitacion en esta parte que la necesaria para sostener las relaciones generales de que se habla en el artìculo anterior.

ART. 3.° Para establecer y mantener sus relaciones con la union federada, el estado de Zacatecas delega sus facultades y derechos al congreso general de todos los estados de la federacion.

ART. 4.° El territorio del estado serà por ahora el mismo de la intendencia y gobierno polìtico, en el que se comprenden los partidos de Zacatecas, Fresnillo, Sombrerete, Aguascalientes, Juchipila, Nieves, Mazapil, Pinos, Xerez y Tlaltenango. Y en el caso de que el gobierno de Colotlan y corregimiento de Bolaños cuando se haga el arreglo definitivo de los lìmites de este estado y sus confinantes se declare pertenecerle, formaràn una parte integrante de su territorio.

ART. 5.° La anterior disposicion es sin perjuicio del mejor arreglo y distribucion que puede y debe hacerse de todos los partidos del estado, segun su situacion particular, poblacion y demas conveniencias locales; y lo que entonces se determinare en esta parte, se tendrà por constitucional.

ART. 6.° La religion del estado de Zacatecas es y serà perpetuamente la Catôlica Apostôlica Romana sin tolerancia de otra alguna. En lo que concierna à los gastos del culto, el estado respetarà las leyes establecidas, mientras que la nacion por los medios convenientes no determinare otra cosa; debiendo el mismo estado en todos casos conservarlo y protegerlo por leyes justas y prudentes.

ART. 7.° Todos los habitantes del estado tienen derechos y obligaciones civiles. Sus derechos son:

1.° El de libertad para pensar, hablar, escribir, imprimir sus ideas y hacer cuanto quisieren, con tal que no ofendan los derechos de otro.

2.° El de igualdad para ser regidos, gobernados y juzgados por una misma ley, sin otra distincion que la que ella misma establezca; no teniendo por ley sino la que fuere acordada por el congreso de sus representantes.

3.° El de propiedad para hacer de su persona y bienes adquiridos con su talento, trabajo è industria el uso que mejor les parezca, sin que ninguna autoridad pueda embarazàrselo. Se prohibe para siempre el comercio de esclavos.

4.° El de seguridad, por el que la sociedad los protege y ampara para gozar de ellos. Su libertad civil se les afianza igualmente, no pudiendo ser ninguno perseguido ni arrestado sino en los casos previstos por la ley y en la manera que ella disponga.

ART. 8.° Sus obligaciones son:

1.ª Respetar à las autoridades legìtimamente constituidas.

2.ª Guardar sus respectivos derechos à sus semejantes.

3.ª Contribuir en proporcion à sus haberes para los gastos del estado.

4.ª Y defenderlo con las armas cuando sea llamado por la ley.

ART. 9.° Estos derechos y obligaciones asi esplicados forman los elementos del derecho pùblico de los zacatecanos.

ART. 10. Se dividen en dos clases generales y ùnicas, à saber: zacatecanos y ciudadanos zacatecanos. A la primera clase pertenecen todos los hombres nacidos en el territorio del estado. Los que habiendo nacido en cualquiera otra parte del territorio mexicano se avecinden en el estado. Los estrangeros, ya por naturalizacion, ya por vecindad adquirida segun la ley: esta fijarà el tiempo y demas que es necesario para ganarla, asi como para adquirir la naturalizacion.

A la segunda clase pertenecen, es decir, son ciudadanos, todos los hombres nacidos en el estado y avecindados en èl. Los ciudadanos de los demas estados de la confederacion luego que sean vecinos. Los nacidos en paises estrangeros avecindados en el estado, siendo sus padres mexicanos, y que no hayan perdido el derecho de ciudadanos. Los estrangeros actualmente vecinos del estado, sea cual fuere su nacion, y en lo sucesivo los que adquieran carta de ciudadanía: la ley determinarà el modo y circunstancias que se requieren para adquirirla.

ART. 11. Fundàndose el derecho de ciudadano en la consideracion que dispensa la sociedad à los individuos de ella, que cumplen con los deberes y obligaciones que les impone, tambien se pierde faltando à ellas

1.° Por adquirir naturaleza en cualquiera pais estrangero.

2.° Por admitir empleo ô condecoracion de gobierno estrangero.

3.° Por sentencia ejecutoriada en que se impongan penas *corporis* aflictivas ó infamantes.

ART. 12. Solo el congreso del estado puede dispensar la rehabilitacion, y solo por este medio se recobraràn los derechos de ciudadano.

ART. 13. Su ejercicio se suspende–

1.° Por incapacidad fisica ò moral, previa la correspondiente calificacion judicial.

2.° Por el estado de deudor quebrado ò deudor à los caudales públicos.

3.° Por no tener empleo, oficio ò modo de vivir conocido.

4.° Por hallarse procesado criminalmente, entendiéndose esto desde el momento en que el juez decrete la prision con las formalidades de la ley.

5.° Por no haber cumplido veinte y un años de edad.

6.° Y del año de 40 en adelante por no saber leer ni escribir.

ART. 14. Solamente los que sean ciudadanos y estèn en el ejercicio de sus derechos podrán elegir y ser elegidos para los empleos del estado.

TITULO I
Del Gobierno del Estado

Capitulo I
De la Forma del Gobierno

ART. 15. El gobierno del estado es republicano representativo popular federado.

ART. 16. El estado ejerce sus derechos en la forma de gobierno adoptada

1.° Por medio de los ciudadanos que eligen à los miembros de que se compone el cuerpo legislativo,

2.° Por medio del cuerpo legislativo que forma y decreta las leyes conforme à la constitucion.

3.° Por medio del poder ejecutivo que las hace cumplir à todos los habitantes del estado.

4.° Por medio de los ministros de justicia que las aplican en las causas civiles y criminales.

5.° Por medio de los funcionarios que cuidan y administran sus intereses en lo econòmico y polìtico.

ART. 17. En consecuencia por la ley fundamental se divide el supremo poder del estado en tres, que son el legislativo, el ejecutivo y el judicial, sin que puedan reunirse dos ô mas de ellos en una corporacion ò persona, ni el legislativo depositarse en un solo individuo.

TITULO II
Del Poder Legislativo

Capitulo I
Del Congreso del Estado

ART. 18. El congreso ò cuerpo legislativo del estado se compone de las diputados nombrados popularmente por los ciudadanos. El nùmero de ellos, asi como el de sus suplentes debe ser igual al de los partidos.

ART. 19. Para ser diputado propietario ò suplente solo se necesita ser ciudadano en el ejercicio de sus derechos, de veinte y cinco años de edad à lo menos, natural ô vecino del partido que lo nombra, en el que deberà gozar el concepto de probidad è instruccion: su vecindad ò residencia debe ser de cinco años antes de su eleccion, y si fuere estrangero deberàn ser diez años de vecindad en los mismos términos.

ART. 20. Si un mismo individuo fuese nombrado diputado propietario por el partido de su naturaleza y el de su residencia, subsistirà este nombramiento, y por el partido de su naturaleza concurrirà el suplente, quedando este reemplazado por aquel otro que en la eleccion hubiere reunido mayor número de votos despues de ellos. Los suplentes deberan concurrir al congreso cuando fallezcan los propietarios ô estèn imposibilitados de ejercer sus funciones à juicio del mismo congreso.

ART. 21. El congreso se renovarà en su totalidad cada dos años el dia 1.° de enero.

ART. 22. Durante el tiempo de su comision serán asistidos los diputados con las dietas que les señale el congreso anterior, y tambien se les abonaràn los gastos del viage en ida y vuelta: estos pagos se haràn por la tesorería del congreso.

ART. 23. Los diputados son inviolables è irreclamables por las opiniones que manifiesten en el ejercicio de sus funciones. Si se intentare contra ellos causa criminal, los juzgarà el tribunal que se designe. Durante el tiempo de su diputacion y seis meses despues no podràn ser demandados civilmente, ni ejecutados por deuda alguna. Tampoco podràn obtener del gobierno empleo alguno mientras fueren diputados, à menos que les corresponda por escala en su respectiva carrera.

ART. 24. Dos meses despues de renovado el congreso permaneceràn en èl todavia dos diputados del congreso que acabò, elegidos por este à pluralidad de votos antes de disolverse, con el fin de que instruyan al nuevo congreso en el estado de todos los negocios que corrieron à cargo del anterior. Concurrirà esta diputacion à las sesiones y discusiones; pero no tendrà voto deliberativo. Mientras dure su comision seràn asistidos igualmente que los otros con sus correspondientes dietas.

Capitulo II

De la Eleccion de los Diputados

ART. 25. Se elegiràn los diputados al congreso popularmente por todos los ciudadanos del estado; pero la eleccion no serà directa, sino por medio de juntas primarias ó municipales, y secundarias ò de partido.

ART. 26. El modo y tiempo periòdico de celebrar unas y otras juntas, la forma con que à ellas deben concurrir à la eleccion los individuos de todos los lugares del distrito de cada partido, se determinaràn por una ley especial, que se denominarà ley general de elecciones, y cuyo objeto serà hacer que estas sean siempre verdaderamente populares sin degeneracion alguna.

Capitulo III

De la Celebracion del Congreso

ART. 27. El congreso se reunirá todos los años comenzando sus sesiones el dia 1.° de enero. El lugar de las sesiones serà en la capital del estado en el edificio destinado al efecto.

ART. 28. En el año que correspondiere la renovacion, deberàn estar todos los nuevos diputados en la capital el dia 15 de diciembre anterior, presentàndose en el mismo à la secretaria del congreso con sus respectivos poderes para que se examine por el propio congreso la legitimidad de dichos poderes, y la calidad de los diputados, debiendo estar concluida esta operacion el dia 31 del propio mes de diciembre. La fòrmula en que deberán estar concebidos los poderes estendidos por la junta electoral secundaria ò de partido, serà la siguiente:

"En la ciudad, pueblo ò villa de.... cabecera del partido de su nombre, en tantos dias del mes de... del año de... Los ciudadanos congregados en èl dijeron: que como electores de partido por los pueblos de N. N. N procedieron en este dia conforme à la ley general de elecciones a celebrar la junta electoral para el nombramiento de los diputados que por este partido deben concurrir al congreso del estado: que para el efecto fueron nombrados el ciudadano N. en clase de propietario, y el ciudadano N. en la de suplente, segun que todo consta en el espediente de la materia: y que en consecuencia otorgan à dichos individuos en nombre de su partido las facultades necesarias y amplios poderes para que cada uno de ellos, en su caso, puede promover con los demas diputados del estado su mayor bien y felicidad, con arreglo à su constitucion politica y à las instituciones y encargos que les hagan los ayuntamientos del distrito del partido, de cuyo resultado les daràn aviso los mismos diputados. Y por este documento asi lo otorgaron los espresados ciudadanos electores por ante mi el infrascrito escribano y los testigos N. N."

Las instrucciones y encargos de que se habla en la fòrmula antecedente, las estenderan todos los ayuntamientos del distrito de cada partido, y las remitiràn al de la cabecera, quien en un cuerpo las communicarà à los diputados, y por su medio estaràn en correspondencia con todos los ayuntamientos.

ART. 29. Para instalarse el congreso, concurriràn à la sesion el dia 1.° de enero el presidente y secretarios que acaban. Los nuevos diputados prestaràn ante aquellos el juramento de observar la constitucion del estado, la general de la union confederada, y de desempeñar religiosamente su encargo. Inmediatamente se procederà à elegir de entre los mismos nuevos diputados un presidente, un vicepresidente y dos secretarios, con lo que se declarará el congreso legìtimamente constituido. Se avisarà al gobierno para que lo haga publicar y circular por todo el estado.

ART. 30. En el siguiente dia 2 de enero se presentarà al nuevo congreso por el individuo que fue ùltimo presidente del que acabò, una nota breve y bien formada de los trabajos en que se ocupò la legislatura en los dos años que durò de las leyes, decretos ù òrdenes que se espidieron en todos los ramos de la administracion pùblica, del resultado que hayan tenido, y de todos los negocias que quedan pendientes, sobre cuyos particulares instruiràn detalladamente los dos diputados del anterior congreso que quedan en el nuevo por dos meses.

ART. 31. En seguida se presentarà el gobernador del estado, quien informarà por escrito el estado de toda su administracion.

ART. 32. Si se hubiere pedido residencia al congreso que acaba, ô à algunos de sus miembros en la forma que previene la constitucion, el presidente del nuevo congreso les prevendrà no se retiren de la capital del estado, hasta que el juicio de residencia y responsabilidad estè concluido.

ART. 33. Las sesiones del congreso duraràn todo el año, debiendo ser dos cada semana en los dias que se señalaren, sin perjuicio de las mas que ocurrieren en la clase de estraordinarias. Unas y otras seràn pùblicas, à menos que los asuntos que deban tratarse exijan reserva.

ART. 34. Asi como ningun ciudadano podrà escusarse por motivo ni pretesto alguno de desempeñar el encargo de diputado, tampoco podrà nombrarse para el mismo hasta pasados dos años de haber concluido sus funciones.

Capitulo IV

De las Facultades y Atribuciones del Congreso

ART. 35. Las facultades y atribuciones del congreso son las siguientes:

1.ª Decretar las leyes concernientes à la administracion y gobierno interior del estado en todos sus ramos, interpretarlas, declararlas y derogarlas.

2.ª Velar incesantemente sobre la conservacion de los derechos civiles y naturales de los ciudadanos, y promover p[o]r cuantos medios estén à su alcance su prosperidad general.

3.ª Formar los còdigos de la legislacion particular del estado bajo un plan sencillo y bien combinado sobre los intereses del mismo estado.

4.ª Nombrar al gobernador del estado de entre los individuos que se le propondràn en la forma, y por quien se dirà despues.

5.ª Determinar lo que juzgue mas conveniente en las escusas que aleguen los individuos para no admitir aquellos destinos.

6.ª Declarar si ha ò no lugar à la formacion de causa à los diputados del congreso, al gobernador, al secretario del despacho del estado y á los individuos del supremo tribunal de justicia, haciendo tambien efectiva la responsabilidad de estos funcionarios públicos y la de los demas empleados.

7.ª Fijar anualmente los gastos de la administracion pùblica del estado à propuesta del gobernador.

8.ª Imponer contribuciones para cubrirlos, y aprobar el repartimiento que se haga de ellas entre los partidos del estado.

9.ª Establecer, variar ò reformar el método para la recaudacion y administracion de las rentas particulares del estado.

10.ª Examinar y aprobar las cuentas de todos los caudales pùblicos del estado.

11.ª Representar al congreso general de la union sobre las leyes, decretos ù òrdenes generales, que se opongan ò perjudiquen à los intereses del estado, una vez sancionada su constitucion particular, pudiendo suspender el efecto de ellas.

12.ª Aprobar los reglamentos que formare el gobierno para el mejor despacho de los negocios de su encargo, y los generales que se formen para la policìa y salubridad de todo el estado

13.ª Promover y fomentar toda especie de industria, removiendo cuantos obstàculos la entorpezcan.

14.ª Cuidar de la enseñanza, educacion é ilustracion general del estado, conforme à los planes que se formaren.

15.ª Proteger la libertad politica de la imprenta.

16.ª Espedir cartas de naturaleza à los estrangeros que se avecinden en el estado en los terminos que prevenga la ley, y conforme à ella los tìtulos de rehabilitacion para recobrar los derechos de ciudadania cuando estén perdidos ò suspensos.

17.ª Crear nuevos tribunales en el estado, suprimir los establecidos y variar su forma segun convenga para la mejor administracion.

18.ª Finalmente, ejercer todas las facultades que le concede espresamente esta constitucion, intervenir y prestar su consentimiento en todos los casos que ella misma le previene.

Capitulo V

De la Formacion de las Leyes y de su Sancion

ART. 36. Todo diputado tiene por razon de su oficio la facultad de proponer al congreso los proyectos de ley, haciéndolo por escrito y esponiendo las razones en que lo funde.

ART. 37. Esta facultad no serà solo privativa de los diputados, sino tambien del gobierno, ayuntamientos, empleados, y de todo ciudadano, sea de la clase y condicion que fuere.

ART. 38. Los proyectos no se limitaràn únicamente à la propuesta de nuevas leyes, sino tambien à la reforma de las antiguas, à su derogacion en el todo ò en parte, y aun à su abolicion, siempre que en concepto de los proponentes sea ùtil la medida para asegurar los derechos de los ciudadanos y su prosperidad general.

ART. 39. Cuando un proyecto de ley ô de su reforma fuere presentado al congreso, el presidente mandarà imprimirlo y repartirlo à los diputados. En la siguiente sesion ordinaria se preguntarà por el mismo presidente si se admite ó no à discusion, bastando para que se admita el que lo declaren tres diputados.

ART. 40. Admitido à discusion, se mandaràn repartir ejemplares al gobernador y à todos los ayuntamientos del estado por medio de los de la cabecera de su respectivo partido.

ART. 41. En el tèrmino que señalare el congreso, atendidas las distancias en que se hallen los ayuntamientos, ya de la capital del estado, ya de sus respectivas cabeceras de partido, deberàn todos los ayuntamientos por conducto del de la misma cabecera haber dirigido al congreso sus observaciones y manifestado su opinion sobre el proyecto que va à discutirse y que se remitiò á su exàmen.

ART. 42. Presentadas estas y reducidas à un solo cuerpo, operacion que practicarà cada diputado con las de su partido, se leeràn por tres veces consecutivas, y comenzarà la discusion en los tèrminos que prevenga el reglamento para el gobierno interior del congreso.

ART. 43. En el mismo tèrmino que se fija para que los ayuntamientos presenten sus observaciones y manifiesten su opinion sobre el proyecto que va á discutirse, deberà haberlo hecho el gobierno con las suyas.

ART. 44. Ninguna ley se decretarà por el congreso sin haber oido previamente los informes, é impuèstose de la opinion del gobierno y de los ayuntamientos, en los tèrminos que se previene en los artìculos anteriores.

ART. 45. Pero esto no impide el que si un proyecto de ley ò de su reforma, aprobado por los diputados, fuese de tanto interes para el bien general del estado, y que de dilatar su publicacion se siga algun perjuicio notable, pueda el congreso mandarlo publicar y observar en calidad de órden ò decreto provisional.

ART. 46. Para que un proyecto de ley ò de su reforma se tenga por aprobado y sancionado, es necesario que voten por él la mitad y uno mas de los diputados, y que la opinion del gobierno y de la tercera parte de los ayuntamientos del estado sea conforme con èl.

ART. 47. Los proyectos de ley ó de su reforma que no fueren aprobados, no se volveràn à tomar en consideracion hasta pasados ocho meses, en cuyo tèrmino si votaren por èl en nueva discusion la mitad y uno mas de los diputados, se tendrà por aprobado.

ART. 48. Aprobado el proyecto se estenderà en forma de ley, y se pasarà al gobierno para su publicacion solemne y que se circule por todo el estado.

ART. 49. Por los tràmites detallados en los anteriores artìculos se forman y sancionan las leyes, y por los mismos se hace su derogacion.

Capitulo VI

De la Publicacion y de los Efectos de la Aplicacion de las Leyes

ART. 50. Las leyes son ejecutorias en todo el territorio del estado, en virtud de la promulgacion que haga el gobernador en la capital.

ART. 51. Se ejecutaràn en cada partido del estado desde el momento en que pueda saberse en ellos la promulgacion hecha por el gobierno.

ART. 52. Esta puede reputarse por conocida en el lugar en que resida el gobierno, un dia despues de su solemne publicacion ó promulgacion; y en los demas partidos pasados ocho dias despues de que se haya publicado en cada uno de los lugares de su comprension que tengan ayuntamiento.

ART. 53. Estas condiciones son necesarias previamente para que los tribunales puedan aplicar las leyes: en consecuencia, sus disposiciones son ùnicamente para lo futuro, y de ninguna suerte tendràn efecto retroactivo.

TITULO III

Del Poder Ejecutivo

Capitulo I

Del Gobernador del Estado

ART. 54. El ejercicio del poder ejecutivo residirà en un individuo con la denominacion de Gobernador del estado. Deberà ser ciudadano en el ejercicio de sus derechos, de treinta años de edad à lo menos, natural de alguno de los estados del territorio de la union, y vecino de este con residencia à lo menos de cinco años, quedando ùnicamente escluidos los eclesiàsticos.

ART. 55. Se le asignarà para todo el tiempo que sirva su oficio de gobernador un sueldo regular y decente por el congreso antes de que tome posesion del empleo, y durarà en el ejercicio de él cuatro años, pudiendo reelegirse por otros dos, y concluidos estos no podrà volverse à nombrar hasta pasados otros cuatro.

ART. 56. El nombramiento del gobernador se harà por el congreso en la forma siguiente. Cada cuatro años en el primer dia de noviembre se reunirán todos los ayuntamientos del estado, y en cabildo pleno despues de conferenciar lo conveniente por escrutinio secreto, y à pluralidad absoluta de votos nombraràn tres individuos, que tengan las cualidades y circunstancias que requiere el artìculo 54, è inmediatamente remitiràn la nota de los elegidos al presidente del congreso, autorizada con la firma del presidente, dos regidores y el secretario.

ART. 57. El presidente del congreso recibirà las notas ó ternas que se le remitan por los ayuntamientos, y cuando estèn ya todas, las presentarà al congreso en sesion secreta, debiendo verificarse esto el dia 20 del mismo mes de noviembre.

ART. 58. Reconocidas las notas, se procederà por el congreso á la eleccion del individuo que debe ser gobernador de entre los que vengan nombrados por los ayuntamientos, y resultarà elegido el que reuna la pluralidad absoluta de votos en el congreso; y solo podrà reelegirse el gobernador siempre que reuna en propuesta la mitad de los votos de los ayuntamientos del estado.

ART. 59. El nombramiento del nuevo gobernador se publicarà inmediatamente: se le harà pasar à la capital si no residiere en ella, y al mismo tiempo y en lo que falte del año se acercará al gobierno para instruirse de los negocios, y quedar espedito para poder comenzar à gobernar el dia 1.° de enero siguiente. En este dia el gobernador que acabe presentarà una sencilla memoria al congreso, en que dè cuenta de toda su administracion mientras estuvo al frente del gobierno, quedando sujeto à la residencia y responsabilidad en los tèrminos que se dirá despues.

Capitulo II

Atribuciones del Gobernador del Estado

ART. 60. Cuidar de hacer cumplir y ejecutar los decretos, òrdenes y resoluciones que acordare el congreso.

Velar sobre la conservacion del ôrden pùblico en el interior y de su seguridad esterior.

Publicar los decretos del congreso bajo la fórmula prevenida por la ley.

Formar instrucciones y reglamentos para la mas fàcil y pronta ejecucion de las determinaciones del congreso, oyendo en los asuntos gubernativos à su consejo, y en los de hacienda à la direccion general.

Cuidar que en todo el estado se administre la justicia, à cuyo fin harà que los tribunales superiores le pasen una noticia constante y periódica de la conducta que observen los jueces subalternos, para auxiliar à dichos tribunales gubernativamente y puedan exijir la responsabilidad, siempre que incurrieren en ella.

Por los medios de la mas prudente y circunspecta polìtica, mantendrà comunicacion con los gobiernos de los estados limìtrofes, por lo que importa à la seguridad del de Zacatecas.

Dirigirá sus relaciones polìticas y comerciales con los demas estados, observando en esto las disposiciones que dictare el congreso general, para mantener el equilibrio de la confederacion, y las particulares que acordare el congreso del estado.

Nombrar todos los magistrados de los tribunales, à propuesta en terna del congreso, y en los empleos civiles del ramo de hacienda à la de la direccion general.

Presentarà para los beneficios eclesiasticos del estado à propuesta de su consejo.

Cuidarà de la fabricacion de la moneda conforme à la ordenanza particular de su ramo, y con arreglo à ella proveerá los empleos.

Decretarà la inversion de los caudales pùblicos del estado en los distintos ramos de su administracion, sin que pueda hacerlo mas de en los gastos que tengan, previa autorizacion de la ley; y sin estos requisitos no se pagarà en la tesoreria ninguna cantidad.

Cuidarà de la administracion y recaudacion de todas las rentas del estado, sin alterar los mètodos con que se administran y recaudan.

Tendrà á sus órdenes como primer gefe del estado toda la milicia cìvica; pero no podrà usar de la de un partido en otro sin el consentimiento del congreso.

Podrà suspender con causa justificada à los empleados del estado de cualquiera clase que sean, y aun privarlos de sus sueldos por dos meses; y si hubiere de formarseles causa, la remitirà oportunamente con lo instruido al tribunal que correspondiere.

Separarà libremente al secretario del despacho del gobierno del estado.

Indultarà à los delincuentes con arreglo à las leyes.

Podrà y deberà nombrar uno ô mas visitadores que en los tiempos que el les señalare, ô el consejo le consulte, recorran los partidos del estado con el fin de esplorar la conducta de los ayuntamientos y demas empleados pùblicos, dictando en consecuencia de lo que le informen, las providencias necesarias que esten en sus atribuciones. Ningun año se pasarà sin que se determinen estas visitas por todos los partidos del estado.

ART. 61. Es responsable de todos sus procedimientos en el desempeño de su encargo: queda da sujeto à la residencia en los tèrminos que se dirà despues; y cualquiera podrà acusarlo ante el congreso, ante quien jurarà el cumplimiento de sus obligaciones al tomar posesion de su empleo.

Capitulo III

Del Secretario del Despacho del Gobierno

ART. 62. El gobierno para todo el despacho y giro de los negocios de su inspeccion, tendrà un secretario, que se denominarà Secretario del despacho de la gobernacion de Zacatecas.

ART. 63. Serà el gefe de la secretaria, y su nombramiento se harà por el gobernador, à propuesta en terna del Congreso: correràn à su cargo todos los negocios del estado, sean cuales fueren.

ART. 64. Debe ser ciudadano en el ejercicio pleno de sus derechos, y de veinte y cinco años de edad á lo menos, nacido en cualquiera estado de los de la union y vecino de este cinco años antes de su eleccion.

ART. 65. Serâ vocal del consejo del gobierno, de que se hablarà despues.

ART. 66. Es responsable el secretario de todos sus procedimientos, y puede ser acusado ante el congreso por cualquiera individuo del pueblo.

ART. 67. El gobernador del estado formarà un reglamento para la secretaria y espedicion de los asuntos que corran à su cargo.

Capitulo IV

Del Consejo del Gobierno y de sus Atribuciones

ART. 68. El gobernador del estado tendrà un cuerpo auxiliar consultivo, que se denominarà Consejo del gobierno.

ART. 69. Se compondrâ esta corporacion de cuatro vocales natos, à saber: el intendente de hacienda pùblica, el secretario del gobierno, el eclesiàstico de mas dignidad de la capital, el fiscal del supremo tribunal de justicia: estos individuos no percibiràn otro sueldo que el que les corresponda por su respectivo empleo.

ART. 70. Cuando el gobernador asistiere al consejo lo presidirà sin voto, y en su defecto uno de sus cuatro vocales, turnando cada tres meses. Harà funciones de secretario uno de los mismos individuos que lo componen, en los tèrminos que disponga su reglan ento interior.

ART. 71. Se reunirà el consejo cuantas veces el gobernador lo convoque, y ademas cuando el presidente en turno lo estime conveniente.

ART. 72. Las atribuciones del consejo son

Consultar al gobernador en los asuntos de gravedad en que pida consejo.

Velar sobre el cumplimiento de la constitucion, avisando al gobierno las infracciones que notare, para que este lo ponga en noticia del congreso.

El gobernador del estado deberà precisa è indispensablemente oir el dictàmen del consejo en los casos que tenga que hacer observaciones ù objeciones à los proyectos de ley, en virtud de la facultad que le concede la constitucion.

El consejo propondrá ternas al gobierno para la presentacion de los beneficios eclesiàsticos; lo escitarà en los tiempos del año que crea conveniente à nombrar el visitador ó visitadores que deben recorrer los partidos del estado.

El consejo promoverà el establecimiento de todos los ramos de prosperidad general, y señaladamente el de una sociedad econòmica, de que serà protector nato.

ART. 73. Es responsable el consejo por sus procedimientos, y sus individuos pueden ser acusados por cualquiera ciudadano.

Capitulo V

Del Modo de Suplir las Faltas del Gobernador

ART. 74. Si el gobernador falleciere, ó por algun otro impedimento fisico ò moral se hallare embarazado para gobernar, su teniente gobernador serà el individuo que para este caso hubiese sido nombrado en la forma y al tiempo que se eligiere el gobernador: serà llamado à gobernar por el congreso en los casos que aqui se previenen. Una disposicion particular determinarà cuando deba percibir sueldos el teniente gobernador. Faltando uno y otro, se proveerá por el congreso mientras que se hace nueva eleccion.

Capitulo VI

Del Gobierno Politico Interior de los Partidos

ART. 75. Habrà ayuntamientos en los pueblos del estado para su gobierno interior ò règimen municipal, subsistiendo todos los que actualmente estàn establecidos, y se pondràn tambien en los pueblos donde convenga los haya, no pudiendo dejar de haberlos en los que por sí y su comarca tengan dos mil almas.

ART. 76. Se compondràn los ayuntamientos de un presidente, del alcalde ô alcaldes, regidores, y sìndico ò sìndicos procuradores. El nùmero que corresponda à cada ayuntamiento con respecto à la poblacion de su distrito municipal, se designarà por la ley general de elecciones: aunque el alcalde ò alcaldes concurriràn con voto à los ayuntamientos, el gobierno econômico-polìtico de cada pueblo reside en el presidente con el ayuntamiento, para que los alcaldes entiendan esclusivamente en la administracion de justicia.

ART. 77. El presidente serà nombrado por el gobernador del estado à propuesta de la junta electoral municipal, y se mudarà cada dos años.

ART. 78. Se requiere para ser presidente del ayuntamiento, alcalde, regidor ô sìndico procurador, ser ciudadano en el ejercicio de sus derechos, mayor de veinte y cinco años y con vecindad à lo menos de tres años antes de su eleccion, que disfrute en el pueblo de su residencia opinion, que sea de probidad y juicio.

ART. 79. Ningun ayuntamiento podrà componerse de menos de un presidente, un alcalde, dos regidores y un procurador sìndico; ni de mas de un presidente, tres alcaldes, ocho regidores y dos sìndicos procuradores.

ART. 80. Los alcaldes se mudaràn todos los años los regidores por mitad, saliendo los mas antiguos, y lo mismo los procuradores sìndicos.

ART. 81. Se elegiràn anualmente por las juntas primarias municipales, que se celebraràn el mes de diciembre, en la misma forma que se nombran los diputados del congreso. No podrán volverse à nombrar para los cargos de ayuntamiento los que los hubieren servido, hasta pasados dos años. à menos que la cortedad del vecindario no lo permita.

ART. 82. Son cargas concegiles los empleos de los ayuntamientos, y nadie podrà escusarse de ellas sin causa legìtima.

ART. 83. Las atribuciones de los ayuntamientos son

1.ª Informar al congreso ò manifestar su opinion en todos los proyectos de ley, de su reforma ò derogacion, que se les remitiràn, sin que puedan sancionarse sin oirlos en los tèrminos que previene la constitucion.

2.ª Para usar de esta prerrogativa los ayuntamientos luego que reciban el proyecto, lo harán publicar en el distrito de su municipalidad, haciendo que todas las personas residentes en el y que gocen alguna reputacion en algun ramo de instruccion, les manifiesten su opinion antes que los mismos ayuntamientos sienten la suya en su acuerdo capitular, el que deberàn remitir en el tiempo que les señalare el gobierno.

3.ª Formar sus ordenanzas municipales, ò arreglar las ya formadas al presente sistema, remitiéndolas en uno y otro caso al congreso para su aprobacion.

4.ª Nombrar su secretario, cuyo sueldo se espensará por el fondo comun, con aprobacion del congreso.

5.ª La policìa de órden, por la que estàn obligados à auxiliar à los alcaldes: de instruccion primaria: de beneficencia: de salubridad: de seguridad: de comodidad, ornato y recreo.

6.ª Repartir las contribuciones ò emprèstitos que se señalaren à sus territorios.

7.ª Promover la agricultura é industria, minerìa y cuanto conduzca al bien general de sus pueblos en razon de su localidad y demas circunstancias.

8.ª La administracion è inversion de los caudales de propios y arbitrios conforme à sus reglamentos, con el cargo de nombrar mayordomo bajo su responsabilidad.

9.ª Formar el censo estadístico de su municipalidad, del que mandarán una copia anualmente al gobierno, con las adiciones à que diere lugar el aumento ó decadencia de su poblacion, de su industria y demas.

10.ª Dar cuenta indispensablemente cada tres meses al gobierno del estado en que se hallen los distintos objetos puestos à su cuidado, obstàculos que se presenten para llevarlos à su perfeccion, y medios que crean propios para superarlos.

11.ª Si los caudales de propios y arbitrios no fueren suficientes para los gastos de utilidad comun à que deben destinarse, podràn establecer arbitrios temporales con aprobacion del congreso y su administracion sera en todo como la de los propios.

Capitulo VII

De las Juntas Censorias en Todos los Pueblos

ART. 84. En todas las cabeceras de los partidos y en cada uno de los pueblos de su comprension donde hubiere ayuntamiento, se establecerà una junta censoria compuesta de un regidor, un vecino nombrado à pluralidad de votos por el ayuntamiento, y del eclesiàstico de mas probidad, que nombrarà el cura pàrroco.

Se renovarà todos los años, pudiendo reelegirse por otro, siempre que à juicio del gobierno hubiesen desempeñado las obligaciones de su cargo.

ART. 85. En los pueblos donde no hubiere ni suficiente nùmero de regidores ni de eclesiàsticos, compondrán la junta tres vecinos de los de mas juicio y probidad.

ART. 86. Se estableceràn estas juntas para que incesantemente vigilen del cumplimiento de las obligaciones pùblicas de las autoridades municipales: à este efecto informaràn cada mes al gobierno de la conducta que observen en los alcaldes y ayuntamientos: si atienden estas autoridades con vigilancia y esmero al puntual desempeño de las obligaciones de su ministerio, y principalmente si cuidan de proporcionar escuelas donde la juventud aprenda la moralidad, y desterrar con actividad los desòrdenes que ofendan la modestia y buenas costumbres.

ART. 87. Ningun mes dejarà la junta censoria de informar al gobierno sobre estos particulares, y si tres veces consecutivas diese parte del descuido del ayuntamiento ò alcaldes, el gobierno sin otro requisito deberà mandar suspenderlos y que se proceda à nueva eleccion, sin perjuicio de responder por los cargos que se les hagan.

Capitulo VIII

De la Instruccion Publica

ART. 88. En todos los pueblos del estado se estableceràn escuelas de primeras letras, en las que se enseñarà à leer, escribir y contar, el catecismo de la doctrina cristiana y una breve esplicacion de los derechos civiles del hombre y del ciudadano.

ART. 89. Los ayuntamientos en los pueblos de su distrito cuidarán especialmente de las escuelas primarias, visitàndolas semanariamente para que informen de su estado, auxilios que necesitan para su progreso y modo de remediar los males que estén à su alcance.

ART. 90. Se pondràn tambien en la capital del estado y en los demas lugares que conviniere, establecimientos de instruccion para facilitar y arreglar la enseñanza de las ciencias fisicas, exactas, morales y polìticas. Inmediatamente se procederà al establecimiento de una sociedad econòmica de amigos del pais en la propia capital, cuyos estatutos y reglamentos se formaràn por una ley especial.

ART. 91. El congreso formarà el plan general de enseñanza é instruccion pública para todo el estado, bajo un mètodo sencillo y uniforme.

TITULO IV

Del Poder Judicial

Capitulo I

De la Administracion de Justicia en General

ART. 92. La justicia se administrarà aplicando las leyes en las causas civiles y criminales. Su aplicacion corresponde esclusivamente à los tribunales, y estas funciones no podràn ejercerlas en ningun caso, ni el congreso, ni el gobernador avocarse causas pendientes, ni mandar abrir juicios fenecidos.

ART. 93. Ningun hombre puede ser juzgado en el estado sino por leyes dadas y tribunales establecidos con anterioridad al acto por que se juzgue, y en ningun caso por comision especial.

ART. 94. Todo habitante del estado deberà ser juzgado por unos mismos tribunales en los negocios comunes, civiles y criminales, y por unas mismas leyes que determinaràn la forma de los procesos, sin que autoridad alguna pueda dispensarlas.

ART. 95. Sin embargo, el venerable clero continuarà gozando su fuero particular, mientras que por las leyes respectivas no se determine ò prescriba alguna otra cosa en este punto.

ART. 96. Igualmente los militares gozaràn de su fuero particular, à no ser que la constitucion general de la union determine otra cosa.

ART. 97. Los tribunales no pueden interpretar las leyes ni suspender su ejecucion.

ART. 98. Todos los asuntos judiciales del estado se terminaran hasta su ùltimo recurso dentro de su territorio, sin perjuicio del que corresponda à la suprema corte de justicia, en quien la federacion ha depositado el ejercicio del poder judicial.

ART. 99. Ningun negocio podrà tener mas de tres instancias, y otras tantas sentencias definitivas: segun la naturaleza de los asuntos, se determinará por la ley la que cause ejecutoria.

ART. 100. Ejecutoriada la sentencia solo queda el recurso de nulidad: la forma y efectos de su interposicion se determinarán por las leyes.

ART. 101. Ningun juez que haya sentenciado en alguna instancia, sentenciarà en otra: ni determinará en la interposicion de recursos de nulidad, si se hiciere en el propio negocio.

ART. 102. La justicia se administrarà en nombre del estado, y bajo la fòrmula que prescribiere la ley.

ART. 103. Todo hombre tiene derecho para recusar à los jueces sospechosos: lo tiene para pedir la responsabilidad à los que demoren el despacho de sus causas, ò no las sustancien con arreglo à las leyes.

ART. 104. El soborno, el cohecho, y la prevaricacion producen accion popular contra los jueces que lo cometieren.

Capitulo II

De la Administracion de Justicia en lo Civil

ART. 105. Los asuntos civiles que versen sobre interes de corta cantidad, se determinaràn definitivamente por providencias gubernativas, sin otro recurso: la ley designarà esta cantidad.

ART. 106. En los demas negocios no se instruirà demanda judicial sin que se haga constar haberse intentado el medio de conciliacion: la forma en que esta deba practicarse y asuntos en que no deba preceder, tambien se designarà por la ley.

ART. 107. Las diferencias civiles podrán terminarse por medio de jueces àrbitros, si quisieren las partes; estos jueces seràn nombrados por ellas mismas, y la sentencia que dieren se ejecutarà sin recurso, si al hacer el compromiso no se reservaron derecho de apelar.

ART. 108. Los tribunales observaràn religiosamente estos convenios.

Capitulo III

De la Administracion de Justicia en lo Criminal

ART. 109. Los delitos ligeros que solo merezcan penas correccionales se castigaràn por providencias de policìa gubernativa; pero las clasificaciones de estos delitos, y sus penas correccionales se designaràn por ley, y nò por el arbitrio absoluto del juez.

ART. 110. Si el delito fuere de injurias no se admitirà demanda judicial, sin que se haya intentado el medio de la conciliacion.

ART. 111. Nadie podrà ser preso sino por delito que merezca pena corporal, previa la informacion sumaria del hecho y decreto motivado del juez, que se notificará en el acto de la prision, pasàndose copia al alcaide.

ART. 112. Las declaraciones en causa propia seran sin juramento.

ART. 113. En fraganti delito todos pueden arrestar al delincuente, y conducirlo à la presencia del juez, para que se proceda luego à la informacion sumaria que motive la prision.

ART. 114. Ningun individuo que se halle en la carcel, se considerarà como preso, sino como detenido, siempre que no se le haya notificado al alcaide y á èl el decreto de prision; pero no se confundirà con la detencion de esta naturaleza el arresto correccional.

ART. 115. Al detenido que en el término de veinte y cuatro horas no se le hubiere notificado el decreto de su prision, y pasàdose copia al alcaide, se pondrà luego en libertad.

ART. 116. La fianza para no ser preso se admitirà en los delitos que no merezcan pena corporal.

ART. 117. Al procesado jamas se le embargaràn sus bienes, sino en los delitos de responsabilidad pecuniaria, y solo en la proporcion à que se estienda. Tampoco se usarà de los tormentos ò apremios, ni se impondrà la pena de confiscacion de bienes; pero se usará de la fuerza si se teme la fuga.

ART. 118. La causa criminal serà publica desde que se trate de recibir al reo su confesion con cargos.

ART. 119. Ninguna pena serà trascendental à la familia del que la sufre, ò mereciò su efecto.

ART. 120. Simplificados que sean los còdigos civil y criminal, adelantada la civilizacion, y mejorada la moralidad de los pueblos, se establecieran jurados en lo civil y en lo criminal.

Capitulo IV

De los Tribunales

ART. 121. Habrà tribunales de primera instancia en todes los lugares del estado donde haya ayuntamiento: estos los componràn los alcaldes, y en dichos tribunales daràn principio precisamente todos los negocios judiciales, a escepcion de los relativos à los funcionarios públicos de que se hablarà despues.

ART. 122. En la capital del estado habrà un tribunal supremo de justicia divido en tres salas, y compuesta cada una de ellas del magistrado, ò magistrados que designarà el reglamento especìal de tribunales.

Asimismo tendrà un fiscal que desparacha indistintamente todos los asuntos de las tres salas.

ART. 123. El mismo reglamente determinarà en el caso de que las salas primera y segunda se compongan de un solo magistrado: si deben nombrarsele colegas, y recolegas, y la forma en que esto deba ser.

ART. 124. La primera sala conocerà de los negocios en segunda instancia, y la segunda de los mismos en tercera instancia.

ART. 125. La tercera sala decidirà todas las competencias de los tribunales de primera instancia entre sì, determinarà los recursos de nulidad que se interpongan de las sentencias ejecutoriadas en primera, segunda y tercera instancia. Conocerà de los recursos de fuerza de los tribunales eclesiàsticos del estado: examinará las listas que deben, remitìrsele mensalmente de todas las causas pendientes en primera, segunda y tercera instancia, y pasarlas al gobernador para que se publiquen: oirà las dudas que ocurran à las dos primeras salas ò à los tribunales de primera instancia, pasàndolas al congreso por medio del gobierno con el informe correspondiente.

ART. 126. Tambien se determinarà en el reglamento de tribunales si deben ò no nombrarse asesores en cada uno de los partidos para que consulten los tribunales de primera instancia.

ART. 127. El supremo tribunal de justicia conocerà en primera, segunda y tercera instancia de las causas que se formen, previa declaracion del congreso, à los diputados, al gobernador, à los consejeros, intendente y directores de hacienda pùblica, y à los individuos del mismo tribunal.

ART. 128. Si à todo el supremo tribunal de justicia llegase el caso de formarle causa, esta se sustanciarà y determinarà en su primera, segunda y tercera instancia por un tribunal especial que se nombrarà por el congreso, compuesto de tres salas, y del nùmero de magistrados que se creyere conveniente. Si se interpusiere el recurso de nulidad, tanto en las causas del supremo tribunal de justicia, como de las de los individuos de que se habla en el artìculo anterior, el congreso determinará para estos casos el tribunal especial que debe conocer en èl.

ART. 129. Cada dos años nombrarà el congreso un tribunal temporal, que se denominarà Tribunal de inspeccion: su objeto serà visitar todos los negocios despachados y pendientes que se hallen en todos los tribunales del estado: su comision no podrà pasar de tres meses de duracion: darà cuenta al congreso del resultado de su comision, y se disolverà.

ART. 130. Para ser individuo del supremo tribunal de justicia se requiere ser ciudadano en el ejercicio de sus derechos, mayor de treinta años de edad, con cinco à lo menos de residencia en el estado antes de su eleccion, en el que deberàn gozar ademas concepto de buena opinion, literatura y honradez.

ART. 131. Seràn nombrados por el gobernador del estado en la forma que previene la constitucion, y amovibles cada cuatro años, sin que puedan reelegirse mas de por otros dos años, y concluidos hasta pasado otro bienio. Son responsables de sus procedimientos en el desempeño de su oficio, y quedan sujetos à la residencia de que se dirá despues.

ART. 132. Su sueldo lo señalarà, el congreso antes de que tomen posesion de su empleo, y para verificarse esta, prestaràn juramento de observar la constitucion polìtica del estado, y desempeñar religiosamente las obligaciones de su encargo.

TITULO V
De la Hacienda Publica del Estado

Capitulo Unico

ART. 133. Las contribuciones de los habitantes del estado exijidas conforme á la ley, forman los elementos de que se compone la hacienda pùblica. Y no podràn establecerse ningunas contribuciones sino para cubrir los gastos generales de la confederacion, y los particulares del mismo estado.

ART. 134. Para cubrir estos se formarà anualmente por el gobernador el presupuesto general, y aprobado por el congreso, se fijaràn ó se determinaràn las contribuciones con que debe verificarse. Solo el congreso podrà establecer contribuciones.

ART. 135. Se cumplirán las determinaciones de la constitucion general de la union, en òrden à las contribuciones que establezca para cubrir los gastos generales de la nacion.

ART. 136. Subsistiràn las contribuciones establecidas hasta aqui, y no podrà derogarse ni alterarse el mètodo de su recaudacion y administracion sino por el congreso del estado. Este determinarà lo conveniente sobre si las contribuciones deban recaudarse è imponerse directa ô indirectamente.

ART. 137. La administracion general de la hacienda pùblica corresponde à la direccion general de ella.

ART. 138. La direccion se compondrà del intendente de hacienda y dos vocales directores.

ART. 139. Una ley particular reglamentaria fijarà las atribuciones de esta direccion, tanto en la parte económica como en la directiva y administrativa, sin que en ningun caso pueda tener conocimiento en asuntos contenciosos.

ART. 140. El intendente como primer gefe de hacienda pùblica, continuarà con las facultades económicas y gubernativas que le concede la ordenanza de su ramo, menos en lo que se oponga à la constitucion del estado y à las disposiciones que le sean consiguientes.

ART. 141. Ninguna cuenta, sea la general de la tesorerìa principal del estado, sea de las administraciones particulares de los distintos ramos de las contribuciones, dejarà de concluirse, fenecerse y glosarse anualmente, sin que permita la direccion jamas el que ningun crèdito activo del estado quede pendiente de un año para otro.

ART. 142. Estas cuentas generales de los caudales pùblicos aprobadas que sean por el congreso, se publicara el estado general de ellas; se circularà á los ayuntamientos para que hagan lo mismo en el distrito de su municipalidad. Todos los años el ùltimo de abril deberàn estar concluidas todas las cuentas presentadas al gobierno, y aprobadas por el congreso.

ART. 143. En la tesorerìa del estado entraràn todos los caudales que produzcan las contribuciones, y no se pasarà en data à esta oficina de hacienda gasto alguno, si no tiene previa autorizacion de la ley.

ART. 144. El manejo de la hacienda pùblica del estado serà independiente de toda otra autoridad, que à la que està encomendado por la constitucion, asi como la direccion de un banco que deberà establecerse en la capital del estado, cuyo objeto entre otros serà para el arreglado fomento de la minerìa, rescate de platas, habilitacion y demas.

TITULO VI

De la Milicia del Estado

Capitulo Unico

ART. 145. En el estado habrà una fuerza militar compuesta de los cuerpos de milicia cìvica, en los términos que designare la ley. El congreso determinarà anualmente la parte de esta milicia que debe prestar continuo servicio, y el mismo formarà el reglamento para su gobierno y administracion, con presencia de las circunstancias locales de cada partido, y las disposiciones que acordare la constitucion general de la union sobre este particular.

TITULO VII

Del Tribunal de Residencia

Capitulo Unico

ART. 146. Para tomar à los diputados del congreso, al gobernador, consejeros, individuos del tribunal de justicia la residencia á que se hagan acreedores, se erigirà un tribunal temporal para este efecto.

ART. 147. Para que se decrete por el congreso que ha lugar a la creacion del tribunal de residencia, es necesario que asi lo pida la mitad de los ayuntamientos del estado seis meses antes de concluirse una legislatura, ò las juntas electorales de partido al tiempo de hacer los nombramientos de diputados.

ART. 148. En el caso de establecerse el tribunal, el congreso nombrarà los jueces que deban componerlo, eligièndolos de entre los que le propongan las juntas electorales de partido. Uno solo propondrà cada junta.

ART. 149. Establecido el tribunal, solo un mes despues de erigido admitirà acusaciones contra los funcionarios que quieran residenciarse; y si concluido este término no hubiere acusacion, se disolverà. En el caso de abrirse el juicio, deberà concluirse este en el término de tres meses; de lo contrario, se daràn por absueltos los acusados.

TITULO VIII

De la Sancion de la Constitución

Capitulo Unico

ART. 150. Para sancionar la constitucion politica del estado, precederà una discusion en los términos que sigue. – –

Admitida en general por el congreso, se mandarà imprimir, se repartiràn ejemplares de ella al gobernador, tribunal de justicia, y à todos los ayuntamientos del estado, curas pàrrocos y demas corporaciones civiles y eclesiàsticas.

ART. 151. A los cincuenta dias contados desde la fecha en que se les remita por el gobierno, la devolveràn acompañada de las observaciones y objeciones que quisieren hacer, ya sobre el todo de ella, ya sobre algunos de sus artìculos. Las notas, reflexiones, reclamos ù observaciones que hicieren, vendràn escritas con limpieza y aseo, de moda que los números con que se señalen correspondan à los de los artìculos à que se refieren.

ART. 152. Los ayuntamientos para proceder al exàmen de la constitucion, señalaràn, de acuerdo con los pàrrocos, un dia festivo en que con asistencia de todas las corporaciones se lea pùblicamente desde el principio hasta el fin. Tanto los ayuntamientos como los curas pàrrocos deberàn escitar à todos los vecinos de instruccion de su respectivo pueblo à que presenten sus observaciones. Los ayuntamientos destinaràn dos sesiones semanarias esclusivamente para conferenciar en este punto durante el término de los cincuenta dias.

ART. 153. Llegadas que sean las notas, reclamos ù observaciones hechas à la constitucion, y calificadas como corresponde, se mandaràn imprimir para tenerlas presentes en la discusion que comenzarà en seguida.

ART. 154. A esta concurrirà un orador nombrado por el gobierno, otro por el tribunal de justicia y otro en representacion de todos los ayuntamientos. El presidente del congreso señalará con anterioridad los puntos que deben discutirse de la constitucion, determinando á este objeto dos sesiones semanarias y esclusivas. Concluida la discusion, hechas las variaciones à que dieren lugar las observaciones y reclamos, y publicada la general de la union, se aprobarà, espidièndose à continuacion el decreto por el que se mande su observancia puntual y cumplida.

TITULO ULTIMO

De la Observancia de la Constitucion, Modo y Tiempo de hacer Variacion en Ella

Capitulo Unico

ART. 155. Sancionada la constitucion por el congreso, su observancia es de obligacion à todos los habitantes del estado, sin que el congreso ni autoridad alguna pueda dispensarla.

ART. 156. Las infracciones de la constitucion hacen responsable personalmente al que las comete, y el congreso dispondrà el modo de exigir la responsabilidad.

ART. 157. Por dos años despues de sancionada y publicada la constitucion podràn admitirse por el congreso proposiciones de variacion ó reforma de alguno de sus artìculos, con tal de que lo pidan dos terceras partes de los diputados.

ART. 158. Admitida la proposicion de reforma ò variacion, se imprimirà y publicarà, remitièndose à todos los ayuntamientos del estado para que manifiesten su opinion por los términos prescritos en la misma constitucion.

ART. 159. Solo se admitirà la proposicion intentada de reforma ó variacion en el caso de que sea conforme con la opinion de la mitad de los ayuntamientos del estado, del gobierno y tribunal de justicia.

ART. 160. Discutida la alteracion ò reforma propuesta, y aprobada en los términos señalados en los artìculos anteriores, se pondrá como artículo constitucional, mandàndose observar como todos los demas.

ART. 161. Pasados los dos años, si se volviesen à proponer reformas, la legislatura de ese tiempo no dispondrà otra cosa en el primer año de sus sesiones, sino el que se lea y publique por la imprenta: en el segundo año la admitirà ò desecharà.

ART. 162. La legislatura siguiente en el caso de que su anterior haya admitido la propuesta de reforma à discusion, decretarà los tramites señalados en este capìtulo para aprobarla y mandarla tener como artìculo constitucional.

ART. 163. Al tiempo de publicarse la constitucion polìtica del estado, se publicarà tambien la ley general de elecciones, el reglamento de tribunales y la instruccion para el gobierno polìtico interior de los partidos, todo conforme à los principios sentados en la constitucion.

Sala de comisiones en la casa del estado libre de Zacatecas, marzo 19 de 1824, 4.° 3.° y 2° – SEÑOR. – *Pedro Ramírez.* – *Dr. Juan Roman.* – *Ignacio Gutierrez de*

Velasco. – Domingo Velazquez. – Juan Bautista de la Torre.

Los diputados que suscriben separàndose en esta parte del sentir de los demas individuos que componen la comision de constitucion, son de opinion, que el artìculo 6.° debe esponerse en los términos siguientes. – "La religion del estado de Zacatecas es y serà perpetuamente la católica apostólica romana. En lo que concierna à los gastos de su culto, el estado solo intervendrà en el supuesto que la nacion celebre un concordato con la santa sede, arreglado à las circunstancias del presente siglo; mientras tanto, solo deberà concurrir à su conservacion y proteccion por leyes justas y prudentes." Que cuando en el articulo 72 se dice que el consejo propondrà ternas para la presentacion de los beneficios eclesiàsticos, se le agregue *previo el concordato con la santa sede*. Y por último, que cuando en el artìculo 95 se dice que el venerable clero seguirà gozando su fuero particular, mientras que por las leyes respectivas no se determina otra cosa, se le substituya esta espresion: *mientras que por los concordatos con la santa sede, ect.* – Zacatecas marzo 19 de 1824. – *Dr. Roman. – Velazquez.*

[1] Editado según *Proyecto de Constitcion Politica del Estado de Zacatecas, formado y presentado al Congreso Constituyente del mismo Estado por su comision de constitucion*, Mèxico: Imprenta a cargo de Rivera, 1824, 46p.

En el congreso constituyente este proyecto de constitución, incluso un voto particular en la última página, sirvió como base para discutir la primera constitución, sancionada en enero del año siguiente.

Constitución del estado de Zacatecas (1825)

Constitucion Política del Estado libre de Zacatecas[1]

PEDRO JOSE LOPEZ DE NAVA gobernador del Estado libre federado de los Zacatecas, á todos sus habitantes SABED: que el congreso constituyente del propio Estado ha decretado y sancionado la siguiente Constitucion política para el gobierno interior del mismo Estado:

CONSTITUCION DEL ESTADO LIBRE FEDERADO DE ZACATECAS

INVOCACIÓN

En el nombre de Dios Trino y Uno, supremo legislador de la sociedad, y de Jesucristo autor y consumador de nuestra fé.

El congreso constituyente del Estado libre, independiente y soberano de los Zacatecas, conforme á la ley de su institucion, y con el fin de cumplir lo que en ella se le previene, decreta para su gobierno la siguiente Constitucion política.

TÍTULO I
Disposiciones Preliminares

Capitulo I
Del Estado de Zacatecas

ART. 1. El Estado de Zacatecas es libre ó independiente de los demas estados unidos de la nacion Mexicana, con los cuales conservará las relaciones que establece la confederacion general de todos ellos.

ART. 2. En todo lo que toca esclusivamente á su gobierno y administracion interior, es igualmente libre y soberano.

ART. 3. Para mantener sus relaciones con la union federada, el Estado de Zacatecas delega sus facultades y derechos al Congreso general de todos los Estados de la federacion.

Capitulo II
Del territorio del Estado

ART. 4. El territorio del Estado será por ahora el mismo de la Intendencia y Gobierno político, en el que se comprenden los partidos de Zacatecas, Fresnillo, Sombrerete, Aguascalientes, Juchipila, Nieves, Mazapil, Pinos, Jerez, Tlaltenango y Villanueva.

ART. 5. La anterior disposicion es sin perjuicio del mejor arreglo y distribucion que puede y debe hacerse de todos los partidos del Estado, segun su situacion particular, poblacion y demás conveniencias locales; y lo que entonces se determinare en esta parto se tendrá por constitucional, asi como lo que se resolviere definitivamente sobre los partidos de Colótlan y Bolaños.

Capítulo III
De la religion del Estado

ART. 6. La religion del Estado de Zacatecas es y será perpetuamente la católica, apostólica, romana, sin tolerancia de otra alguna. En lo que concierna á los gastos del culto, el Estado observará las leyes establecidas, mientras que la nación por los medios convenientes y conforme á lo que dispone la Constitucion general, no determine otra cosa; debiendo el mismo Estado en todos casos conservarlo y protegerlo por leyes justas y prudentes.

Capitulo IV

De los derechos y obligaciones de los habitantes del Estado

ART. 7. Todos los habitantes del Estado tienen derechos y obligaciones civiles. Sus derechos son:

Primero: El de libertad para hablar, escribir, imprimir sus ideas, y hacer cuanto quisieren, con tal que no ofendan los derechos de otro.

Segundo: El de igualdad para ser regidos, gobernados y juzgados por una misma ley, sin otra distincion que la que ella misma establezca: no teniendo por ley sino la que fuere acordada por el congreso de sus representantes.

Tercero: El de propiedad para hacer de su persona y bienes adquiridos con su talento, trabajo é industria el uso que mejor les parezca, sin que ninguna autoridad pueda embarazarselos mas de en los casos prohibidos por la ley. Se prohibe para siempre el comercio de esclavos.

Cuarto: El de seguridad por el que la sociedad los protege y ampara para gozar de ellos. Su libertad civil se les afianza igualmente, no pudiendo ser ninguno perseguido ni arrestado sino en los casos previstos por la ley, y en la manera que ella disponga.

ART. 8. Sus obligaciones son:

Primera: Ser fieles á la Constitucion, obedecer las leyes, y respetar á las autoridades legitimamente constituidas.

Segunda: Guardar sus respectivos derechos á sus semejantes.

Tercera: Contribuir en los términos que la ley disponga para los gastos del Estaco.

Cuarta: Y defenderlo con las armas cuando sean llamados por la misma ley.

ART. 9. Estos derechos y obligaciones así explicados forman los elementos del derecho público de los Zacatecanos.

ART. 10. Se dividen en dos clases generales y únicas. A saber: Zacatecanos y Ciudadanos Zacatecanos. A la primera clase pertenecen:

Primero: Todos los hombres nacidos en el territorio del Estado.

Segundo: Los que habiendo nacido en cualquiera otra parte del territorio Mexicano, se avecinden en el Estado.

Tercero: Los extrangeros, ya por naturalizacion, ya por vecindad adquirida segun la ley: esta fijará el tiempo y demás que es necesario para ganarla, y el modo para adquirir la naturalizacion.

ART. 11. A la segunda clase pertenecen, es decir, son Ciudadanos:

Primero: Todos los hombres nacidos en el Estado y avecindados en él.

Segundo: Los Ciudadanos de los demás Estados y territorios de la federacion, luego que sean vecinos.

Tercero: Los nacidos en paises extrangeros avecindados en el Estado, siendo sus padres mexicanos, y que no hayan perdido estos el derecho de ciudadanos de la federacion.

Cuarto: Los que hallándose radicados, y avecindados en el territorio de la confederacion con algun empleo, profesion, ó industria productiva cuando se pronunció su emancipacion política continúen viviendo en el Estado y permanezcan fieles á la independencia de la Nacion, y á su forma de gobierno.

Quinto: Los extrangeros actualmente vecinos del Estado, sea cual fuere su nacion, y en lo succesivo los que adquieran carta de ciudadanía: la ley determinará el modo y circunstancias que se requieren para adquirirla.

ART. 12. Fundándose el derecho de Ciudadano en la consideracion que dispensa la sociedad á los individuos de ella, que cumplen con los deberes y obligaciones que les impone, tambien se pierde faltando á ellas:

Primero: Por adquirir naturaleza en cualquiera pais extrangero.

Segundo: Por admitir empleo ó condecoracion de gobierno extrangero.

Tercero: Por sentencia ejecutoriada en que se impongan penas *corporis* aflictivas ó infamantes.

ART. 13. Solo el congreso del Estado puede dispensar la rehabilitacion, y solo por este medio se recobrarán los derechos de Ciudadano.

ART. 14. Su ejercicio se suspende:

Primero: Por incapacidad fisica ó moral, previa la correspondiente calificacion judicial.

Segundo: Por el estado de deudor quebrado, ó deudor á los caudales públicos por fraude, ó mala versacion.

Tercero: Por no tener empleo, oficio, ó modo de vivir conocido, y por presentarse, por costumbre, vergonzosamente desnudos.

Cuarto: Por hallarse procesado criminalmente, entendiendose esto desde el momento en que el juez decrete la prision con las formalidades de la ley.

Quinto: Por no haber cumplido veinte y un años de edad.

Sexto: Y del año de cuarenta en adelante por no saber leer y escribir, entendiendose esto con los nacidos desde el año de 1810.

ART. 15. Solamente los que sean Ciudadanos, y estén en el ejercicio de sus derechos podrán elegir y ser elegidos para los empleos del Estado.

TÍTULO II
Del Gobierno del Estado

Capítulo I
De la forma del gobierno

ART. 16. El gobierno del Estado es Republicano, representativo popular federado.

ART. 17. En consecuencia por la ley fundamental se divide el supremo poder del Estado en tres, que son el legislativo, el ejecutivo y el judicial: sin que puedan reunirse dos ó mas de ellos en una corporacion ó persona, ni el legislativo depositarse en un solo individuo.

ART. 18. El Estado ejerce sus derechos en la forma adoptada de gobierno:

Primero: Por medio de los ciudadanos que eligen á los miembros de que se compone el cuerpo legislativo.

Segundo: Por medio del cuerpo legislativo que forma y decreta las leyes conforme á la Constitucion.

Tercero: Por medio del poder ejecutivo que las hace cumplir á todos los habitantes del Estado.

Cuarto: Por medio de los ministros de justicia que las aplican en las causas civiles y criminales.

Quinto: Por medio de los funcionarios que cuidan y administran sus intereses en lo político-económico.

TITULO III
Del Poder Legislativo

Capítulo I
Del congreso ó cuerpo legislativo del Estado

ART. 19. El congreso ó cuerpo legislativo del Estado se compone de los diputados nombrados popularmente por los ciudadanos. El número de ellos asi como el de sus suplentes, debe ser igual al de los partidos.

ART. 20. Para ser diputado propietario ó suplente, se necesita ser ciudadano en el ejercicio de sus derechos, de veinte y cinco años de edad, á lo menos, natural ó vecino del partido que los nombra, en el que deberán gozar el concepto de probidad é instruccion.

ART. 21. La vecindad ó residencia debe ser de des años antes de la eleccion, y si fueren extrangeros deberán ser diez años de vecindad en los mismos términos. En el caso que en el partido no haya sugetos que nombrarse, podrán elegirse de cualquiera otro de los partidos del Estado, y si por esta ú otra causa algun partido quedase sin representacion, la junta electoral respectiva se reunirá, y hará nueva eleccion.

ART. 22. No pueden ser diputados:

Primero: Los empleados civiles ó militares de la federacion.

Segundo: Los funcionarios civiles del Estado que tengan nombramiento del gobierno.

Tercero: Los gobernadores y vicarios eclesiásticos.

Cuarto: los eclesiásticos regulares.

ART. 23. Si un mismo individuo fuese nombrado diputado propietario por el partido de su naturaleza, y el de su residencia, subsistirá este nombramiento, y por el partido de su naturaleza concurrirá el suplente quedando este remplazado por aquel otro que en la eleccion hubiere reunido mayor número de votos despues de ellos. Los suplentes deberán concurrir al congreso cuando fallezcan los propietarios, ó estén imposibilitados de ejercer sus funciones á juicio del mismo congreso.

ART. 24. El congreso se renovará en su totalidad cada dos años el dia 1.° de Enero.

ART. 25. Durante el tiempo de su comision serán asistidos los diputados con las dietas que les señale el congreso anterior; y tambien se les abonarán los gastos del viage en ida y vuelta. Estos pagos se harán por la tesorería del congreso.

ART. 26. Los diputados son inviolables ó irreclamables por las opiniones que manifiesten en el ejercicio de sus funciones. Si se intentase contra ellos causa criminal, los juzgará el tribunal que se designe. Durante el tiempo de su diputacion, y seis meses despues, no podrán ser demandados civilmente, ni ejecutados por deuda alguna. Tampoco podrán obtener del gobierno empleo alguno mientras fueren diputados, á menos que les corresponda por escala en su respectiva carrera.

Capítulo II

De la eleccion de diputados

ART. 27. Se elegirán los diputados al congreso popularmente por todos los ciudadanos del Estado; pero la eleccion no será directa, sino por medio de juntas primarias ó municipales y secundarias ó de partido.

§ 1.°

De las juntas primarias

ART. 28. En todas las poblaciones del Estado que tengan ayuntamiento se celebrarán juntas primarias municipales el primer domingo, y los dos dias siguientes del mes de Agosto del año, anterior al de la renovacion del congreso para nombrar á los electores de partido, que deben elegir á los diputados.

ART. 29. Se dividirán en secciones para mayor comodidad de su celebracion, y estas serán presididas por los alcaldes y regidores en el órden de su nombramiento; y quedando á cargo de los ayuntamientos, con presencia de la localidad y poblacion, determinar el número de secciones que convengan y los parages en que deban fijarse, para que los habitantes de las rancherias y haciendas que haya en su distrito puedan concurrir tambien á la eleccion.

ART. 30. El presidente de cada ayuntamiento publicará el domingo anterior al primero de Agosto el correspondiente bando, para que concurran á la celebracion de la juntas todos los individuos que deben componerlas, que son únicamente los ciudadanos en el ejercicio de sus derechos, vecinos y residentes en el territorio del ayuntamiento.

ART. 31. Para cada seccion nombrarán los ayuntamientos cuatro testigos, ó dos por lo menos de buen crédito y opinion, que sean ciudadanos en el ejercicio de sus derechos: estos acompañarán al presidente de la misma seccion en todas las funciones que tiene que practicar. Se nombrará tambien otra vecino de las mismas cualidades, que haga de secretario. En lo posible se procurará que tanto este como los testigos sean vecinos de la seccion á que su destinan.

ART. 32. En cada una de las secciones estarán abiertas las elecciones los tres dias señalados en el artículo 28 por espacio de cuatro horas diarias, repartidas en mañana y tarde. Habrá allí un registro en el que indispensablemente se asentará en la primera columna el nombre del sufragante municipal, y en la segúnda el de los ciudadanos que nombra para electores del partido.

ART. 33. Para ser elector de partido, nombrado por ja junta municipal, se requiere ser, ciudadano en el ejercicio de sus derechos, vecino y residente en cualquiera lugar del mismo partido un año antes de su eleccion.

ART. 34. Cada uno de los ciudadanos que componen las secciones de las juntas municipales, elegirá de palabra ó por escrito diez individuos, cuyos nombres se escribirán precisamente en su presencia en el registro.

ART. 35. Las juntas primarias, ó sus secciones serán publicas, y ningun individuo sea de la clase que fuere se presentará en ellas con armas.

ART. 36. Si se suscitasen dudas en las secciones sobre si en alguno de los sufragantes concurren las circunstancias requeridas para votar, el presidente anotará la persona ó personas en quien recayere la duda para que el ayuntamiento al hacer el reconocimiento de todos los sufragios declare lo conveniente, y su resolución se ejecutará sin recurso.

ART. 37. Concluido el término de las elecciones los presidentes, testigos y secretarios de seccion harán la computacion de los sufragios que haya reunido cada ciudadano: hecha la suma se pondrá en el registro, se cerrará este firmando el mismo presidente, testigos y secretario, y se remitirá en pliego cerrado al ayuntamiento.

ART. 38. En el segundo domingo del mes de Agosto se reunirá cada ayuntamiento en sesion pública, á la que concurrirán los testigos y secretarios de todas las secciones, se abriràn los registros y con presencia de las listas formadas por los presidentes de seccion, se formará una general por órden alfabético, en la que se comprenderán todos los individuos sufragados, y el número de votos que hayan sacado; debiendo preceder á esta operacion la resolucion de las dudas que hubieren ocurrido en las secciones.

ART. 39. Acto continuo se nombrarán por el ayuntamiento á pluralidad absoluta de votos, dos individuos de su mismo seno, quienes en clase de comisionados pasarán á la cabecera del partido para los efectos que se espresarán despues.

ART. 40. La lista general y la acta capitular que se formaren, la firmarán el presidente del ayuntamiento, su secretario y los secretarios de las secciones.

ART. 41. Se sacarán tres copias de la lista general, una se fijará inmediatamente en el paraje mas público: otra se entregará con el oficio correspondiente á los comisionados nombrados en el seno del ayuntamiento, que deben pasar á la cabecera del partido, y la tercera se remitirá al gobierno del Estado, quien la pasará al congreso para su conocimiento.

ART. 42. El primer domingo del mes de Septiembre siguiente se reunirán en la cabecera del partido todos los comisionados de los ayuntamientos del distrito del mismo partido; serán presididos por el presidente del ayuntamiento de la cabecera, en su defecto, por el alcalde, regidor &c.

ART. 43. Inmediatamente los comisionados de los ayuntamientos procederán á hacer la regulacion general de votos por las listas de las juntas municipales: á esta regulacion concurrirán por lo menos cuatro comisionados; y si no pudieren reunirse, el ayuntamiento de la cabecera nombrará al individuo ó individuos que falten.

ART. 44. Serán electores de partido los individuos que hayan reunido mayor número de votos en la lista general, que deben formar los comisionados. En caso de empate entre dos ó mas individuos decidirá la suerte.

ART. 45. La lista de los diez individuos que resultaren electos por este escrutinio general, y la acta que debe formar la junta se firmarán por el presidente del ayuntamiento de la cabecera del partido, por el secretario de allí mismo y los comisionados de los otros ayuntamientos, se remitirán copias autorizadas al gobierno del Estado para conocimiento del congreso, y á los ayuntamientos del mismo partido.

ART. 46. El presidente de la junta pasará el oficio correspondiente á los diez individuos que hayan sido nombrados, para que concurran á las juntas electorales secundarias, ó de partido.

§. 2.°
De las juntas secundarias

ART. 47. Las juntas secundarias se celebrarán en la cabecera de cada partido el segundo domingo del mes de Septiembre despues de hecha la regulacion general de los votos de que habla el artículo 43, en las casas consistoriales ó en el edificio que se crea mas á propósito.

ART. 48. A estas juntas concurrirán los diez electores nombrados en las primarias ó municipales. Serán presididas por el presidente de la cabecera del partido, á no ser que sea elector, en cuyo caso las presidirá el individuo del ayuntamento que siga en el órden y no tenga aquel embarazo.

ART. 49. Inmediatamente se procederá á nombrar un secretario y dos escrutadores de entre los individuos de la misma junta; en seguida se leerán las credenciales de los electores, que serán los oficios en que se les participó su nombramiento por las juntas primarias.

ART. 50. Acto continuo preguntará el presídente ¿si alguno tiene que exponer queja sobre cohecho ó soborno para que la eleccion recaiga en determinada persona? ¿ó si en alguno de los electores hay nulidad legal para hacerlo? y habiendo una ú otra cosa, se hará publica justificacion verbal en el acto; resultando cierta la acusacion, serán privados los reos de voto activo ó pasivo: los calumniadores sufrirán la misma pena. Las dudas que se ofrezcan en ambos casos las decidirá la junta sin otro recurso: no podrá componerse esta junta sin la concurrencia de siete vocales á lo menos.

ART. 51. Luego el presidente puesto en pie junto á la mesa en que estará la imagen de Cristo crucificado y el libro de los santos evangelios dirá en alta voz "¿Jurais por Dios nuestro Señor y los santos evangelios nombrar para diputados por este partido al congreso particular del Estado, aqellos ciudadanos que en vuestro concepto y en el del público sean hombres de instruccion, de juicio y de probidad, adictos á la independencia de la Nacion y á su forma de gobierno?" y respondiendo sí juramos, el presidente contestará: si así lo hiciereis, Dios os ayude, y si no, os lo demande.

ART. 52. A continuacion comenzará la eleccion del diputado propietario por escrutinio secreto, mediante cédulas, haciendo el presidente se estraigan de una en una por un individuo de fuera de la junta, y reconocidas por él, los escrutadores y secretario, de las manos de este pasarán á las de los demas electores para que se satisfagan de la realidad del nombramiento contenido en ellas.

ART. 53. El presidente, escrutadores y secretario harán la regulacion de todós los votos, y será nombrado diputado el que reuniere la pluralidad absoluta de ellos; si ninguno la reuniere entrarán á segundo escrutinio los que tengan mayor número, y el que reuniere la mayoría en segundo lance, quedará nombrado: en caso de empate que decida la suerte, y en el de que siendo mas de dos los que tengan igualdad de votos, para decidir cual de estos debe entrar al segundo escrutinio con el que haya obtenido la mayoria. respectiva, se hará escrutinio entre aquellos, y el que resultare con mas votos competirá con el que tenia dicha mayoría.

ART. 54. En la misma forma se hará el nombramiento del diputado suplente. La acta de las elecciones se estenderá por el secretario, y la firmarán el presidente y todos los electores; se remitirán copias autorizadas de ella á la secretaría del congreso, al gobierno y á los ayuntamientos del partido. En el mismo dia se otorgará el poder á los diputados en la forma que adelante se previene, firmándolo los mismos electores: de él se dará una copia á los diputados para que les sirva de credencial.

ART. 55. Concluida la eleccion de los diputados propietario y suplente, y antes de disolverse la junta, se escribirán los nombres de los electores que la componen en otras tantas cédulas y se depositarán en una urna ó cántaro que estará sobre la mesa: el presidente hará que un individuo de fuera de la junta extraiga tres cédulas una por una, y concluida esta operacion se sentarán los nombres de los tres electores que salieron en ellas, para los efectos que se dirán despues.

§. 3.°
De la eleccion de diputados al Congreso general

ART. 56. La eleccion de diputados al Congreso de la federacion que corresponden á este Estado, se verificará en su capital el primer domingo de Octubre proximo anterior á la renovacion del congreso, segun el artículo 16 de la Constitucion general.

ART. 57. El nombramiento se hará por la junta electoral compuesta de los individuos que por cada partido se sortearon en su respectiva cabecera, conforme al artículo 55.

ART. 58. Para hacer constar su nombramiento en la junta cada uno de los individuos que la componen presentará copia autorizada de la acta celebrada en la cabecera del partido, en la que constara, que en él recayó el sorteo.

ART. 59. Los electores nombrados por el sorteo concurrirán á la capital del Estado, se presentarán al gobierno para que su nombre y el del partido á que corresponden se escriba en el libro de las actas de la junta.

ART. 60. Será presidida la junta por el gobernador del Estado, en su defecto por el teniente gobernador.

ART. 61. Tres dias antes del primer domingo de Octubre se reunirán los electores en el paraje mas público y decente, á juicio del gobierno. Seguidamente se nombrarán un secretario y dos escrutadores de entre los individuos de la misma junta á pluralidad absoluta y á puerta abierta: presentarán luego sus credenciales.

ART. 62. El secretario y escrutadores las examinarán é informarán al siguiente dia: las credenciales de estos serán vistas por tres individuos de la misma junta, señalados por ella, é informarán en el propio dia.

ART. 63. En este se reunirá la junta, se leerán los informes de las comisiones nombradas en el artículo anterior; todas las dudas que se ofrezcan sobre la legitimidad de las credenciales y calidades de los electores se resolverán definitivamente por la junta á pluralidad absoluta de votos, sin que lo tenga para ningun caso el que la presidiere.

ART. 64. En el dia señalado para la eleccion de los diputados se volverá á reunir la junta, y procederá á su nombramiento en los mismos términos y con las propias formalidades que dispone esta Constitucion para el de los diputados al congreso particular del Estado.

ART. 65. El número de diputados al congreso general y sus suplentes, será el que previene el artículo 11 de la Constitucion federal.

ART. 66. Concluida la eleccion, la junta practicará con puntualidad lo que dispone el artículo 17 de la misma Constitucion, y no podrá disolverse sin estar hecho el nombramiento de los diputados.

ART. 67. La junta concluido este acto, pasará á la iglesia donde, se cantará un solemne *Te Deum* en accion de gracias.

Capitulo III

De la celebracion del congreso

ART. 68. El congreso comenzará sus sesiones el dia 1.° de Enero. El lugar de las sesiones será en la capital del Estado en el edificio destinado al efecto.

ART. 69. En él año que correspondiere la renovacion deberán estar todos los nuevos diputados en la capital el dia 15 de Diciembre anterior, presentándose en el mismo á la secretaría del congreso con sus respectivos poderes, para que se examine por el propio congreso su legitimidad, y la calidad de los diputados; debiendo estar concluida esta operacion el dia 31 del propio mes de Diciembre. La formula en que deberán estar concebidos los poderes estendidos por la junta electoral secundaria ó de partido será la siguiente:

En la ciudad, pueblo ó villa de ..... cabecera del partido de su nombre, en tantos dias del mes de ..... del año de ..... Los ciudadanos congregados en él dijeron: que como electores del partido procedieron en este dia conforme á la Constitucion á celebrar la junta electoral para el nombramiento de los diputados, que por este partido deben concurrir al congreso del Estado: que para el efecto fueron nombrados el ciudadano N. N. en clase de propietario, y el ciudadano N. N. en la de suplente, segun que todo consta en el expediente de la materia: y que en consecuencia otorgan á dichos individuos, en nombre de su partido las facultades necesarias y amplios poderes para que cada uno de ellos en su caso pueda promover con los demás diputados del Estado su mayor bien y felicidad, con arreglo á su Constitucion política, y á las instrucciones y encargos que les hagan los ayuntamientos del distrito del partido, de cuyo resultado les darán aviso los mismos diputados. Y por este documento así lo otorgaron los espresados ciudadanos electores por ante mí el infrascripto escribano y los testigos N. N.

ART. 70. Las instrucciones y encargos de que se habla en la fórmula antecedente, las estenderán todos los ayuntamientos del distrito de cada partido, y las remitirán al de la cabecera, quien en un cuerpo las comunicará á los diputados.

ART. 71. Para instalarse el congreso concurrirán á la sesion del dia 1.° de Enero el presidente y secretarios que acaban. Los nuevos diputados prestarán ante aquellos el juramento de observar la Constitucion del Estado, la general de la union confederada, y de desempeñar religiosamente su encargo.

ART. 72. Inmediatamente se procederá á elegir de los nuevos diputados, por ellos mismos, un presidente, un vice-presidente y dos secretarios, con lo que se declarará el congreso legítimamente constituido. Se avisará al gobierno para que lo haga publicar y circular por todo el Estado.

ART. 73. En el siguiente dia 2 de Enero se presentará al nuevo congreso por el individuo que fue último presidente del que acabó, una nota breve y bien formada de los trabajos en que se ocupó la legislatura en los dos años que duró, de las leyes, decretos ú órdenes que se espidieron en todos los ramos de la administracion pública, del resultado que hayan tenido y de todos los negocios que quedan pendientes.

ART. 74. En seguida se presentará; el gobernador, quien felicitará al congreso por su instalacion, y por su secretaría dará cuenta por escrito del estado de toda su administracion.

ART. 75. Las sesiones del congreso durarán todo el año, debiendo ser dos cada semana en los dias que se señalaren, sin perjuicio de las mas que ocurrieren en la clase de extraordinarias. Unas y otras serán públicas, á menos que los asuntos que deban tratarse exijan reserva.

ART. 76. Ningun ciudadano podrá excúsarse par motivo ni pretexto alguno de desempeñar el encargo de diputado.

Capítulo IV
De las facultades y atribuciones del congreso

ART. 77. Estas son:

Primera: Decretar las leyes concernientes á la administracion y gobierno interior del Estado en todos sus ramos, interpretarlas, aclararlas ó derogarlas.

Segunda: Velar incesantemente sobre la conservacion de los derechos civiles y naturales de los ciudadanos, y habitantes del Estado, y promover por cuantos medios estén á su alcance su prosperidad general.

Tercera: Formar los códigos de la legislacion particular del Estado bajo un plan sencillo y bien combinado sobre los intereses del mismo Estado.

Cuarta: Nombrar al gobernador y teniente gobernador del Estado de entre los individuos que se le propondrán en la forma y por quien se dirá después.

Quinta: Determinar lo que juzgue mas conveniente en las escusas que aleguen estos para no admitir aquellos destinos.

Sexta: Declarar si ha ó no lugar á la formacion de causa á los diputados del congreso, al gobernador á los consejeros, al secretario del despacho del Estado, y á los individuos del supremo tribunal de justicia; decretando tambien se haga efectiva la responsabilidad de estos funcionarios públicos y la de los demás empleados.

Séptima: Fijar anualmente los gastos la administracion pública del Estado á propuesta del gobernador.

Octava: Imponer contribuciones para cubrirlos y aprobar el repartimiento que se haga de ellas entre los partidos del Estado.

Novena: Establecer, variar ó reformar el método para la recaudacion y administracion de las rentas particulares del Estado.

Décima: Examinar y aprobar las cuentas de todos los caudales públicos del Estado.

Undécima: Representar al Congreso general de la unión sobre las leyes, decretos ú órdenes generales que se opongan ó perjudiquen á los intereses del Estado.

Duodécima: Aprobar ó no los reglamentos que formare el gobierno para el mejor despacho de los negocios de su encargo, y los generales que se formen para la policia y salubridad de todo el Estado.

Decimatercia: promover y fomentar toda especie de industria, removiendo cuantos obstáculos la entorpezcan.

Decimacuarta: Cuidar de la enseñanza, educacion é ilustracion general del Estado, conforme á los planes que se formaren.

Decimaquinta: Protejer la libertad política de la imprenta.

Decimasexta: Expedir cartas de naturaleza á los extrangeros que se avecinden en el Estado en los terminos que prevenga la ley, y conforme á ella los títulos de rehabilitacion para recobrar los derechos de ciudadanía, cuando estén perdidos ó suspensos.

Decimaséptima: Crear nuevos tribunales en el Estado, suprimir los establecidos y variar su forma segun convenga para la mejor administracion.

Decimaoctava: Finalmente, ejercer todas las facultades que le concede esta Constitucion, intervenir y prestar su consentimiento en todos los casos que ella previene.

Capítulo V

De la formacion de las leyes y su sancion

ART. 78. Todo diputado tiene por razon de su oficio la facultad de proponer al congreso proyectos de ley, haciendolo por escrito y esponiendo las razones en que lo funde.

ART. 79. Esta facultad no será solo privativa de los diputados, sino tambien del gobierno, ayuntamientos, corporaciones, empleados, y de todo ciudadano de la clase y condicion que fuere.

ART. 80. Los proyectos no se limitarán unicamente á la propuesta de nuevas leyes, sino tambien á la reforma de las antiguas, y a su derogacion en el todo ó en parte, siempre que en concepto de los proponentes sea útil la medida para asegurar los derechos de los ciudadanos y su prosperidad general.

ART. 81. Cuando un proyecto de ley ó de su reforma se presentare al congreso para declarar si se admite á discusion, bastará que asi lo pidan tres diputados.

ART. 82. Admitido á discusion se mandará imprimir, se repartirán ejemplares de él al gobernador, y á todos los ayuntamientos del Estado, por medio de los de la cabecera de su respectivo partido.

ART. 83. En el término que señalare el congreso, atendidas las distancias en que se hallen los ayuntamientos ya de la capital del Estado, ya de sus respectivas cabeceras de partido, deberán todos los ayuntamientos por conducto del de la misma cabecera haber dirigido al congreso sus observaciones, y manifestado su opinion sobre el proyecto que va á discutirse, y que se remitió á su examen.

ART. 84. Presentadas estas y reducidas á un solo cuerpo, operacion que practicará cada diputado con las de su partido, se leerán por tres veces consecutivas, y comenzará la discusion en los términos que prevenga el reglamento para el gobierno interior del congreso.

ART. 85. En el mismo termino, que se fija para que los ayuntamientos presenten sus observaciones, y manifiesten su opinion sobre el proyecto que va á discutirse, deberá haberlo hecho el gobierno con las suyas.

ART. 86. Ninguna ley se decretará por el congreso, sin haber oido previamente los informes é impuestose de la opinion del gobierno, y de los ayuntamientos en los términos que se previene en los artículos anteriores; y si ni uno ni otros lo verificaren en el tiempo señalado, usará el congreso de la facultad que se le concede en el artículo siguiente.

ART. 87. Si un proyecto de ley ó de su reforma, aprobado por los diputados, fuese de tanto interes para el bien general del Estado, que de dilatar su publicacion se siga algun perjuicio notable, puede el congreso mandarlo publicar y observar en calidad de orden ó decreto provisional, no obstante lo que se dispone en la primera parte del artículo anterior.

ART. 88. Para que un proyecto de ley se tenga por aprobado en el congreso, previas las formalidades prescritas, es necesario que voten por él la mitad y uno mas de los diputados que lo componen. Aprobado que sea, se estenderá en forma de ley, y se pasará de nuevo al gobierno, quien dentro de diez dias podra hacer las observaciones que le parezcan, oyendo á su consejo.

ART. 89. Si no tuviere observaciones ó reparos que hacer á la nueva ley, la promulgará y circulará con la solemnidad correspondiente. Mas en el caso que tenga objeciones que hacerle, volverá al congreso, se abrirá nueva discusion con presencia de ellas; pudiendo asistir un orador en su nombre.

ART. 90. Concluida esta discusion, se tendrá por aprobado el proyecto de la nueva ley, si votan á su favor las dos terceras partes y uno mas de los diputados. La votacion será secreta; y entonces se pasará al gobernador para que luego proceda á su publicacion, sin otro recurso.

ART. 91. Si se desechase el proyecto en esta segunda discusion, no se volverá á proponer, ni á tomar en consideracion, hasta pasados ocho meses, en cuyo caso se practicarán de nuevo las formalidades que se han mencionado.

ART. 92. Unicamente por los trámites dotallados en los anteriores artículos se forman y sancionan las leyes, y por los mismos se hace su derogacion.

Capítulo VI

De la publicacion y de los efectos de la aplicacion de las leyes

ART. 93. Las leyes son ejecutorias en todo el territorio del Estado, en virtud de la promulgacion que haga el gobernador en la capital.

ART. 94. Se ejecutarán en cada partido del Estado desde el momento en que pueda saberse en ellos la promulgacion hecha por el gobierno.

ART. 95. Esta se reputará por conocida en el lugar en que resida el gobierno, veinte y cuatro horas despues de su solemne publicacion ó promulgacion; y en los demás lugares del Estado en el mismo término despues de publicada en el que residiere su ayuntamiento.

ART. 96. Estas condiciones son necesarias previamente para que los tribunales puedan aplicar las leyes: en consecuencia sus disposiciones son unicamente para lo futuro, y de ninguna suerte tendrán efecto retroactivo.

TÍTULO IV
Del Poder Ejecutivo

Capítulo I
Del gobernador del Estado

ART. 97. El ejercicio del poder ejecutivo residirá en un individuo con la denominacion de gobernador del Estado. Deberá ser ciudadano en el ejercicio de sus derechos, de treinta anos de edad, á lo menos, natural de alguno de los Estados de la union, y vecino de este á lo menos con residencia de cinco años; quedando escluidos los eclesiasticos, los militares del ejército permanente, y los empleados generales de la federacion.

ART. 98. Se le asignará para todo el tiempo que sirva su oficio de gobernador, un sueldo regular y decente por el congreso antes de que tome posesion del empleo, y durará en el ejercicio de el cuatro años, pudiendo reelegirse por otros dos, y concluidos estos no podrá volverse á nombrar hasta pasados otros cuatro.

ART. 99. El nombramiento del gobernador se hará por el congreso en la forma siguiente. Cada cuatro años en el primer dia de Noviembre se reunirán todos los ayuntamientos del Estado, y en cabildo pleno, despues de conferenciar lo conveniente, por escrutinio secreto, y á pluralidad absoluta de votos, nombrarán tres individuos, que tengan las calidades y circunstancias que requiere el artículo 97, é inmediatamente remitirán la nota de los elegidos al presidente del congreso, autorizada con la firma del presidente, dos regidores y el secretario.

ART. 100. El presidente del congreso recibirá las notas ó ternas que se le remitan por los ayuntamientos, y cuando estén ya todas, las presentará al congreso en sesion secreta, debiendo verificarse esto el dia 20 del mismo noviembre.

ART. 101. Reconocidas las notas se procederá por el congreso á la eleccion del individuo que debe ser gobernador de entre los que vengan nombrados por los ayuntamientos, y resultará elegido el que reuna la pluralidad absoluta de votos en el congreso: solo podrá reelegirse el gobernador siempre que reuna en propuesta la mitad de los votos de los ayuntamientos del Estado.

ART. 102. En el mismo dia concluida la eleccion del gobernador se procederá por el congreso á la del teniente gobernador en los propios términos, y nombrándolo de entre los individuos restantes propuestos por los ayuntamientos.

ART. 103. El nombramiento del nuevo gobernador se publicará inmediatamente: se le hará pasar á la capital si no residiere en ella, y al mismo tiempo y en lo que falte del año se acercará al gobierno para instruirse de los negocios y estar expedito para comenzar á gobernar el dia 1.° de Enero siguiente.

ART. 104. En este dia el gobernador que acaba presentará una sencilla memoria al congreso en que dé cuenta de toda su administracion mientras estubo al frente del gobierno, quedando sujeto á la responsabilidad en los términos que se dirá despues.

Capítulo II
De las atribuciones del gobernador del Estado

ART. 105. Estas son:

Primera: Cuidar de hacer cumplir y ejecutar las leyes, decretos, órdenes y resoluciones que acordare el congreso, dandole cuenta con los del general de la federacion.

Segunda: Velar sobra la conservacion del órden público en el interior y de su seguridad exterior.

Tercera: Publicar los decretos del congreso bajo la fórmula prevenida por la ley.

Cuarta: formar instrucciones y reglamentos para la mas facil y pronta ejecucion de las determinaciones del congreso, oyendo en los asuntos gubernativos á su consejo, y en los de hacienda á la direccion general.

Quinta: Cuidar que en todo el Estado se administre la justicia, á cuyo fin hará que los tribunales superiores le pasen una noticia constante y periódica de la conducta que observen los jueces subalternos, para auxiliar á dichos tribunales gubernativamente, y que estos puedan exigir la responsabilidad, siempre que aquellos incurrieren en ella.

Sexta: por los medios de la mas. prudente y circunspecta política, mantendrá comunicacion con los gobiernos de los Estados limítrofes, por lo que importa á la seguridad del de Zacatecas.

Séptima: Dirigirá sus relaciones políticas y comerciales con los demás Estados, observando en esto las disposiciones que dictare el congreso general para mantenér el equilibrio de la confederacion, y las particulares que acordare el congreso del Estado.

Octava: Nombrará todos los magistrados de los tribunales á propuesta en terna del congreso, y en los empleos civiles del ramo de hacienda, á la de la direccion general.

Novena: Presentará para los beneficios eclesiasticos del Estado á propuesta de su consejo, conforme al arreglo que se haga del ejercicio del patronato en toda la federacion.

Décima: Cuidará de la fabricacion de la moneda conforme á la ordenanza y leyes particulares de su ramo, y con arreglo á ellas proveerá los empleos.

Undécima: Decretará la inversion de los caudales, públicos del Estado en los distintos ramos de su administracion, sin que pueda hacerlo mas de en los gastos que tengan previa autorizacion de la ley; y sin estos requisitos, no se pagará en la tesoreria ninguna cantidad.

Duodécima: Cuidará de la administracion y recaudacion de todas las rentas del Estado sin alterar los métodos con que se administran y recaudan.

Decimatercia: Tendrá á sus órdenes como primer gefe del Estado toda la milicia cívica; pero no podrá usar de ella sin el consentimiento del congreso, mas de en los casos que prevenga su particular reglamento.

Decimacuarta: Podrá suspender, con motivo justificado, á los empleados del Estado de cualquiera clase que sean, y aun privarlos de sus sueldos por dos meses, por infractores de las leyes, decretos ú órdenes del congreso; y si hubiere de formárseles causa, los remitirá oportunamente con lo instruido, al tribunal que correspondiere.

Decimaquinta: Separará por sí mismo al secretario del despacho del gobierno del Estado; pero con previa justificacion de causa.

Decimasexta: Indultará á los delíncuentes con arreglo á las leyes.

ART. 106. Todas las órdenes y decretos del gobernador deberán firmarse por el secretario, sin este requisito no se obedecerán.

ART. 107. Es responsable el gobernador de todos sus procedimientos en el desempeño de su encargo, y cualquiera podrá acusarlo ante el congreso, ante quien jurará el cumplimiento de sus obligaciones al tomar posesion de su empleo.

Capítulo III

Del secretario del despacho del gobierno

Art. 108. El gobierno para todo el despacho y giro de los negocios de su inspeccion, tendrá un secretario que se denominará secretario del despacho de la gobernacion de Zacatecas.

ART. 109. Será el gefe de la secretaría, y su nombramiento se hará por el gobernador, á propuesta en terna del congreso: correrán á su cargo todos los negocios del gobierno del Estado, sean cuales fueren.

ART. 110. Debe ser ciudadano en el ejercicio de sus derechos, y de veinte y cinco años de edad, á lo menos, nacido en cualquiera Estado de los de la union, y vecino de este cinco años antes de su eleccion.

ART. 111. Es responsable el secretario de todos sus procedimientos, y puede ser acusado ante el congreso por cualquier individuo del pueblo.

ART. 112. El gobernador del Estado formaná un reglamento para el gobierno de su secretaria, y despacho de los asuntos que corren á su cargo.

Capítulo IV

Del gobierno político, y de sus atribuciones

ART. 113. El gobernador del Estado tendrá un cuerpo auxiliar consultivo, que se denominará consejo del gobierno.

ART. 114. Se compondrá esta corporacion:

Primero: Del teniente gobernador del Estado.

Segundo: De un magistrado de la tercera sala del supremo tribunal de justicia elegido por el congreso.

Tercero: Del primer gefe ó ministro de hacienda pública del Estado. El secretario del gobierno concurrirá para instruir del estado de los negocios que necesite tener á la vista el consejo.

ART. 115. Cuando el gobernador asista al consejo lo presidirá sin voto: en los demás casos será su presidente el teniente gobernador, en su defecto se proveerá en los términos que designe su reglamento particular.

ART. 116. Se reunirá el consejo cuantas veces el gobernador lo convoque, y ademas cuando su presidente lo estime conveniente.

ART. 117. Las atribuciones del consejo son:

Primera: Consultar al gobernador en los asuntos de gravedad en que pida consejo.

Segunda: Velar sobre el cumplimiento de la Constitucion, avisando al gobierno las infracciones que notare, para que este lo ponga en noticia del congreso.

Tercera: El gobérnador del Estada deberá precisa é indispensablemente oir el dictamen del consejo en los casos que tenga que hacer observaciones ú objeciones á los proyectos de ley, en virtud de la facultad que le concede la Constitucion.

Cuarta: El consejo propondrá ternas al gobierno para la presentacion de los beneficios eclesiasticos.

Quinta: El consejo promoverá el establecimiento de todos los ramos de prosperidad general, y señaladamente el de las sociedades económicas de amigos del pais, de que será protector nato.

ART. 118. Es responsable el consejo por sus procedimientos, y sus individuos pueden ser acusados por cualquiera ciudadano.

Capítulo V

Del modo de suplir las faltas del gobernador

ART. 119. Si el gobernador falleciere, ó por algun otro impedimento fisico ó moral se hallare embarazado para gobernar, á juicio del congreso, desempeñará sus funciones el teniente gobernador.

ART. 120. Una disposicion particular determinará el sueldo que debe percibir el teniente gobernador: faltando uno y otro, se proveerá por el congreso mientras que se hace nueva eleccion.

Capítulo VI
Del gobierna político interior de los partidos

ART. 121. Habrá ayuntamientos en los pueblos del Estado para su gobierno interior y régimen municipal, con tal de que por sí y su comarca tengan tres mil almas.

ART. 122. Se compondrán los ayuntamientos de un presidente, del alcalde ó alcaldes, regidores, y síndico ó síndicos procuradores. El número que corresponda á cada ayuntamiento con respecto a la poblacion de su distrito municipal, se designará por la ley: aunque el alcalde ó alcaldes concurrirán con voto á los ayuntamientos, el gobierno economico-politico de cada pueblo reside en el presidente con el ayuntamiento, para que los alcaldes entiendan exclusivamente en la administracion de justicia.

ART. 123. El presidente será nombrado por la junta electoral municipal, y se mudará cada dos años.

ART. 124. Se requiere para ser presidente del ayuntamiento, alcalde, regidor ó sindico procurador ser ciudadano en el ejercicio de sus derechos, mayor de veinte y cinco años, y con vecindad á lo menos, de dos años antes de su elección, y que disfrute en el pueblo de su residencia opinion de probidad y de juicio.

ART. 125. Ningun ayuntamiento podrá componerse de menos de un presidente, un alcalde, dos regidores y un procurador síndico; ni de mas de un presidente, tres alcaldes, ocho regidores y dos síndicos procuradores.

Art. 126. Los acaldes se mudarán todos, los años, los regidores por mitad, saliendo los mas antiguos, y lo mismo los procuradores síndicos donde hubiere dos.

ART. 127. Se elegirán anualmente por juntas municipales, que se celebrarán en el mes de Diciembre, en la forma que se dispone en el reglamento para el gobierno político de los partidos.

ART. 128. No podrán volverse á nombrar para los cargos del ayuntamiento los que los hubieren servido hasta pasados dos años, á menos que la cortedad del vecindario no lo permita.

ART. 129. Son cargas concejiles los empleos de los ayuntamientos, y nadie podrá escusarse de ellas sin causa legitima.

ART. 130. Las atribuciones de los ayuntamientos son:

Primera: Informar al congreso ó manifestar su opinion en todos los proyectos de ley, de su reforma ó derogacion que se les remitan sin que puedan sancionarse sin oirlos en los términos que previene la Constitucion.

Segunda: Para usar de esta prerogativa los ayuntamientos, luego que reciban el proyecto, lo harán publicar en el distrito de su municipalidad, habiendo que todas las personas residentes en el, y que gocen reputacion en cualquiera ramo de instruccion, les manifesten su opinion, antes que los mismos ayuntamientos sienten la suya en su acuerdo capitular, el que deberán remitir en el tiempo que les señalare el gobierno.

Tercera: Formar sus ordenanzas municipales, ó arreglar las ya formadas al presente sistema, remitiendolas en uno y otro caso al congreso, para su aprobacion.

Cuarta: Nombrar su secretario, cuyo sueldo se expensará por el fondo municipal con aprobacion del congreso.

Quinta: La polícia de orden: la de instruccion primaria: la de beneficencia: la de salubridad: la de seguridad: la de comodidad, ornato y recreo.

Sexta: Repartir las contribuciones ó empréstitos que se señalaren á sus territorios.

Séptima: Promover la agricultura, comercio, industria y minería, y cuanto conduzca al bien general de los pueblos, en razon de su localidad y demás circunstancias.

Octava: La administracion é inversion de los caudales de propíos y arbitrios, conforme á sus reglamentos, con el cargo de nombrar mayordomo ó depositario bajo su responsabilidad.

Novena: Formar el censo estadístico de su municipalidad, del que mandarán una copia anualmente al gobierno con las adiciones á que diere lugar el aumento ó decadencia de su poblacion, de su industria y demás.

Décima: Dar cuenta indispensablemente cada tres meses al gobierno del estado en que se hallen los distintos objetos puestos á su cuidado, obstáculos que se presenten para llevarlos á su perfeccion, y medios que crean propios para superarlos.

Undécima: Si los caudales de propios y arbitrios no fueren suficientes para los gastos de utilidad comun á que deben destinarse, podrán establecer arbitrios temporales, con aprobacion del congreso, y su administracion será en todo como la de los propios.

ART. 131. En aquellas poblaciones que ni tengan menos de mil almas, ni lleguen: á tres mil, se pondrá en lugar del ayuntamiento una junta municipal compuesta de un alcalde conciliador, y de uno ó dos vocales á lo mas, elegidos popularmente.

ART. 132. Los pueblos en que se establezca la junta municipal, y que antes tenian ayuntamiento, se agregarán á las ciudades ó villas á que primero pertenecian. Para la celebracion de las juntas primarias, que nombren á los electores secundarios ó de partido, se considerará la poblacion de estas juntas municipales como una seccion del distrito del ayuntamiento á que pertenecen, y será presidida por su alcalde conciliador.

ART. 133. Las juntas municipales se renovarán cada dos años en la misma forma que los ayuntamientos. Las funciones economico-políticas que les correspondan por sí, y con dependendencia del ayuntamiento de su respectiva cabecera, se les demarcarán en el reglamento para el gobierno interior de los partidos.

Capítulo VII
De las juntas censorias

ART. 134. En todas las cabeceras de partido se establecerá una junta censoria ó de vigilancia compuesta de tres vocales, que sean ciudadanos en el ejercicio de sus derechos, nombrados por la junta electoral municipal, despues de hecho el nombramiento de los individuos del ayuntamiento.

ART. 135. En las demás poblaciones que tengan ayuntamiento, habrá una seccion ó junta subalterna, compuesta de dos vocales nombrados en los mismos términos.

ART. 136. Se renovarán tanto las juntas como sus secciones cada dos años, pudiendo reelegirse por otros dos, y concluidos, hasta pasado otro bienio.

ART. 137. Se establecen estas juntas y sus secciones, para que incesantemente vigilen del cumplimiento de las obligaciones públicas de las autoridades municipales: a este efecto informarán al gobierno de la conducta que observen los alcaldes y ayuntamientos, si atienden estas autoridades con vigilancia y esmero al puntual desempeño de las obligaciones de su ministerio, y principalmente si cuidan de proporcionar escuelas donde la juventud aprenda la morandad, y de desterrar con actividad los desordenes que ofendan la modestia y buenas costumbres.

ART. 138. Las secciones darán parte á la junta de la cabecera del partido, y esta informara mensalmente al gobierno sobre todos los particulares de que habla el artículo anterior, para que en consecuencia el mismo gobierno dicte las providencias oportunas. Si las juntas se excedieren en el desempeño de sus obligaciones, estendiendo informes siniestros ó calumniosos se les exigirá la responsabilidad como conviene.

Capítulo VIII

De la instruccion pública

ART. 139. En todos los pueblos del Estado se establecerán escuelas de primeras letras, en las que se enseñará á leer, escribir y contar, el catecismo de la doctrina cristiana y una breve esplicacion de los derechos civiles del hombre y del ciudadano,

ART. 140. Los ayuntamientos en los pueblos de su distrito cuidarán especialmente de las escuelas primarias, visitándolas semanariamente para que informen de su estado, auxilios que necesitan para su progreso, y modo de remediar los males que estén á su al cance.

ART. 141. Se pondrán tambien en la capital del Estado, y en los demás lugares que conviniere, establecimientos de instruccion, para facilitar y arreglar la enseñanza de las ciencias fisicas, exactas, mórales y políticas. Inmediatamente se procederá al establecimiento de una sociedad económica de amigos del pais en la propia capital, cuyos restatutos y reglamentos se formarán por una ley especial.

ART. 142. El congreso formará el plan general de enseñanza é instruccion pública para todo el Estado bajo un metodo sencillo y uniforme.

TITULO V

Del poder judicial

Capítulo I

De la administracion de justicia en general

ART. 143. La justicia se administrará aplicando las leyes en las causas civiles y criminales. Su aplicacion corresponde esclusivamente á los tribunales, y estas funciones no podrán ejercerlas en ningun caso ni el congreso ni el gobernador; ni tampoco podrán abocarse causas pendientes, ni mandar abrir juicios fenecidos.

ART. 144. Ningun hombre puede ser juzgado en el Estado sino por leyes dadas y tribunales establecidos con anterioridad al acto porque se juzgue, y en ningun caso por comision especial.

ART. 145. Todo habitante del Estado deberá ser juzgado por unos mismos tribunales en los negocios comunes, civiles y criminales, y por unas mismas leyes, que determinarán la forma de los procesos, sin que autoridad alguna pueda dispensarlas.

ART. 146. Los eclesiásticos y militares continuarán sujetos á las autoridades á que lo están en la actualidad, segun las leyes vigentes.

ART. 147. Los tribunales no pueden interpretar las leyes, ni suspender su ejecucion.

ART. 148. Todos los asuntos judiciales del Estado se terminarán hasta su último recurso dentro de su territorio.

ART. 149. Ningun negocio podrá tener mas de tres instancias, y otras tantas sentencias definitivas: segun la naturaleza de los asuntos se determinará por la ley la que cause ejecutoria.

ART. 150. Ejecutoriada la sentencia solo queda el recurso de nulidad: la forma y efectos de su interposicion se determinarán por las leyes.

ART. 151. Ningun juez que haya sentenciado en alguna instancia sentenciará en otra; ni determinará en la interposicion de los recursos de nulidad, si se hiciere en el propio negocio.

ART. 152. La justicia se administrará en nombre del Estado, y bajo la fórmula que proscribiere la ley.

ART. 153. Todo hombre tiene derecho para recusar á los jueces sospechosos: lo tiene para pedir la responsabilidad á los que demoren el despacho de sus causas, ó no las sustancíen con arreglo á las leyes.

ART. 154. El soborno, el coecho, y la prevaricacion producen accion popular contra los jueces que lo cometieren.

Capítulo II
De la administracion de justicia en lo civil

ART. 155. Los asuntos civiles que versen sobre intereses de corta cantidad, se determinarán definitivamente por juicios verbales sin otro recurso: la ley designará esta cantidad y la forma de estos juicios.

ART. 156. En los demás negocios no se instruirá demanda judicial sin que se haga constar haberse intentado el medio de conciliacion: la forma en que esta deba practicarse, y asuntos en que no deba preceder, tambien se designarán por la ley.

ART. 157. Las diferencias civiles podrán terminarse por medio de jueces arbitros, si quisieren las partes; estos jueces serán nombrados por ellas mismas, y las sentencias que dieren se ejecutarán sin recurso, si al hacer el compromiso no se reservaron derecho de apelar.

ART. 158. Los tribunales observarán religiosamente estos convenios.

Capítulo III
De la administracion de justicia en lo criminal

ART. 159. Los delitos ligeros que solo merezcan penas correccionales, se castigarán por providencias de policia gubernativa; pero la clasificacion de estos delitos y sus penas correccionales, se designaran por la ley, y no por el arbitrio absoluto del juez.

ART. 160. Si el delito fuere de injurias no se admitirá demanda judicial sin que se haya intentado el medio de la conciliacion, en los términos que prevenga la ley.

ART. 161. Nadie podrà ser preso sino por delito que merezca pena corporal, previa la ínformacion sumaria del hecho, y decreto motivado del juez, que se le notificará en el acto de la prision, pasandose copia al alcaide.

ART. 162. Las declaraciones en causa propia seràn sin juramento.

ART. 163. En *fraganti* todo delincuente puede ser arrestado, y todos puedan arrestarle y conducirle à la presencia del juez; presentado ó puesto en custodia, procederà luego el mismo juez á la informacion sumaria que motive la prision.

ART. 164. Ningun individuo que se halle en la carcel se considerarà como preso, sino como detenido, siempre que no se le haya notificado al alcaide y à él el decreto de prision; pero no se confundirá con la detencion de esta naturaleza el arresto correccional.

ART. 165. Al detenido que en el término de sesenta horas no se le hubiere notificado el decreto de su prision, y pasadose copia al alcaide, se pondrá luego en libertad; exigiendose irremisiblemente la responsabilidad al juez.

ART. 166. Al procesado jamás se le embargarán sus bienes, sino en los delitos de responsabilidad pecuniaria y solo en la proporcion á que se estienda. Tampoco se usará de los tormentos o apremios, ni se impondrá la pena de confiscacion de bienes; pero se usará de la fuerza, si se teme la fuga.

ART. 167. Al tomar la confesion al tratado como reo, se le leerán integramente todos los documentos, y las declaraciones de los testigos, con los nombres de estos, y si por ellos no los conociere, se le darán cuantas noticias pida para venir en conocimiento de quienes son. El proceso de alli en adelante será público en el modo y forma que determinen las leyes.

ART. 168. Ninguna pena sera trascendental á la familia del que la sufre ó mereció su efecto.

ART. 169. Simplificados que sean los códigos civil y criminal, adelantada la civilizacion y mejorada la moralidad de los pueblos, á juicio de las legislaturas, se establecerán jurados en lo civil y en lo criminal.

Capítulo IV

De los tribunales

ART. 170. Habrá tribunales de primera instancia en todos los lugares del Estado en donde haya ayuntamientos, los compondrán los alcaldes, mientras no se establecen jueces de letras en las cabeceras de los partidos; y en dichos tribunales darán precisamente principio todo los negocios judiciales en los términos que prevenga la ley, á escepcion de los relativos á los funcionarios públicos de que se hablará despues.

ART. 171. En la capital del Estado habrá un tribunal supremo de justicia dividido en tres salas, y compuesta cada una de ellas del magistrado ó magistrados que designará el reglamento especial de tribunales. Asi mismo tendrá un fiscal que despachará indistintamente todos los asuntos de las tres salas.

ART. 172. El mismo reglamento determinará en el caso de que las salas primera y segunda se compongan de un solo magistrado, sí deben nombrársele colegas y recolegas, y la forma en que esto deba ser.

ART. 173. La primera sala conocerá dé los negocios en segunda instancia, y la segunda de los mismos en tercera instancia.

ART. 174. La tercera sala decidirá todas las competencias de los tribunales de primera instancia entre sí: determinará los recursos de nulidad, que se interpongan de las sentencias ejecutoriadas en primera, segunda y tercera instáncia: conocerá de los recursos de fuerza de los tribunales eclesiásticos del Estado, conforme á las leyes vigentes: examinará las listas que deben remitirsele mensalmente de todas las causas peridientes en primera, segunda y tercera instancia, y las pasara al gobernador para que se publiquen: oira las dudas que sobre la inteligencia de alguna ley ocurran á las dos primeras salas, ó á los tribunales de primera instancia, pasandolas al congreso por medio del gobierno, con el informe correspondiente.

ART. 175. Tambien se determinará en el reglamento de tribunales si deben ó no nombrarse asesores en cada partido, para que consulten los tribunales de primera instancia, cuando no los formen jaeces letrados.

ART. 176. El supremo tribunal de justicia conocerá en primera, segunda y tejera instancia de las causas que se formen, previa declaracion del congreso, á los diputados, al gobernador, á los individuos del mismo tribunal, á los consejeros, y al secretario del despacho.

ART. 177. Si á todo el supremo tribunal, de justicia llegase el caso de formarle causa, esta se sustanciará y determinará en primera, segunda y tercera instancia por un tribunal especial que se nombrará por el congreso, compuesto de tres salas, y del número de magistrados que se creyere conveniente. Si se interpusiese el recurso de nulidad tanto en las causas del supremo tribunal de justicia, como en las de los individuos de que se habla en el artículo anterior, el congreso determinará para estos casos el tribunal especial que debe conocer en él.

ART. 178. Para ser individuo del supremo tribunal de justicia se requiere ser ciudadano en el ejercicio de sus derechos, natural de cualquiera de los Estados de federacion, mayor de treinta años de edad, con dos á lo menos de residencia en el Estado antes de su eleccion, en el que deberán gozar ademas concepto y opinion de literatura y honradez.

ART. 179. Pero se suspende la disposicion del artículo anterior en cuanto á que la residencia en el Estado sea de dos años antes de la eleccion, hasta que á juicio del congreso haya en el misino Estado suficiente número de letrados, pudiendo mientras tanto elegirse de fuera de él, teniendo las demás circunstancias.

ART. 180. Serán nombrados por el gobernador del Estado en la forma que previene la Constitucion, y amovibles cada seis años, pudiendo ser reelegidos sin intervalo alguno. Son responsables de sus procedimientos en el desempeño de su oficio.

ART. 181. Su sueldo lo señalará el, congreso antes de que tomen posesion de su empleo, y para verificarse esta prestarán juramento de observar la Constitucion política del Estado, y desempeñar religiosamente las obligaciones de su encargo.

TÍTULO VI
De la Hacienda Publica del Estado

Capítulo Único

ART. 182. Las contribuciones de los habitantes del Estado, exigidas conforme á la ley, forman los elementos de que se compone la hacienda pública. Y no podrán establecerse ningunas contribuciones sino para cubrir los gastos generales de la confederacion, y los particulares del mismo Estado.

ART. 183. Para cubrir estos se formará anualmente por el gobernador el presupuesto general, y aprobado por el congreso se fijarán, ó se determinarán las contribuciones con que debe verificarse. Solo el congreso podrá establecer contribuciones.

ART. 184. Subsistirán las contribuciones establecidas hasta aqui, y no podrá derogarse ni alterarse el método de su recaudacion y administracion, sino por el congreso del Estado. Este determinará lo conveniente sobre si las contribuciones deban recaudarse é imponerse directa ó indirectamente.

ART. 185. La administracion general de la hacienda pública corresponde á la direccion general de ella.

ART. 186. La direccion se compondrá del individuo ó individuos que fijará su ley particular reglamentaria; ella determinará sus atribuciones, tanto en la parte económica, como en la directiva y administrativa, sin que en ningun caso pueda tener conocimiento en asuntos contenciosos.

ART. 187. Ninguna cuenta, sea la general de la tesoreria principal del Estado, sea de las administraciones particulares de los distintos ramos de las contribuciones, dejará de concluirse, glosarse y fenecerse anualmente; sin que permita la direccion jamás el que ningun crédito activo del Estado quede pendiente de un año para otro.

ART. 188. Estas cuentas generales de los caudales públicos aprobadas que sean por el congreso, se publicará el estado general de ellas, se circulará á los ayuntamientos para que hagan lo mismo en el distrito de su municipalidad. Todos los años el último de Noviembre deberán estar concluidas todas las cuentas, presentadas al gobierno y aprobadas por el congreso.

ART. 189. En la tesorería del Estado entrarán todos los caudales que produzcan las contribuciones, y no se pasará en data á esta oficina de hacienda gasto alguno si no tiene previa autorizacion de la ley.

ART. 190. El manejo de la hacienda pública del Estado será independiente de toda otra autoridad, que á la que está encomendado por la Constitucion, asi como la direccion de un banco que deberá establecerse en la capital del Estado, cuyo objeto entre otros, será para el arreglado fomento de la minería, rescate de platas, habilitacion y demás.

TITULO VII

De la Milicia del Estado

Capítulo Único

ART. 191. En el Estado habrá una fuerza militar compuesta de los cuerpos de milicia local, en los términos que designare la ley. El congreso determinará anualmente la parte de esta milicia que debe prestar continuo servicio, y el mismo formará el reglamento para su gobierno y administracion, con presencia de las circunstancias locales de cada partido, y las disposiciones que acordare la Constitucion general de la union.

TÍTULO VIII

De la Observancia de la Constitucion, Modo y Tiempo de hacer Variacion en ella

Capítulo Unico

ART. 192. Sancionada la Constitucion por el congreso, su observancia es de obligacion á todos los habitantes del Estado, sin que el congreso ni autoridad alguna pueda dispensarla. En consecuencia, todo funcionario público, sin escepcion de clase alguna, antes de tomar posesion de su destino, prestará juramento de observarla y cumplirla.

ART. 193. Las infracciones de la Constitucion hacen responsable al que las comete, y el congreso dispondrá el modo de exigir la responsabilidad.

ART. 194. Hasta pasados dos años despues de sancionada y publicada la Constitucion no podrán admitirse en el congreso proposiciones de variacion ó reforma, y concluido este término, para que se admitan, es preciso que lo pidan asi las dos terceras partes de los diputados.

ART. 195. Admitida la proposicion de reforma ó variacion, se imprimirá y publicará, remitiendose ejemplares de ella al gobierno, supremo tribunal de justicia, y á todos los ayuntamientos del Estado, para que manifiesten su opinion en los términos prescritos por la Constitucion. No se hará otra cosa por el congreso en el año en que se declare admitida la proposicion.

ART. 196. En el siguiente se discutirá la alteracion ó reforma propuesta, y aprobada que fuere, se pondrá por artículo constitucional, mandandose observar como todos los demás.

ART. 197. El mismo método se observará en lo succesivo, sin que los congresos, en cuyo tiempo se hicieren nuevas proposiciones, puedan hacer otra cosa en el primer año de sus sesiones, que lo que dispone el artículo 195, y en el segundo lo que previene el 196. Si la proposicion se hiciere en el segundo año de las sesiones, no se tomará entonces en consideracion, sino que se reservará para la legislatura siguiente.

ART. 198. Al tiempo de publicarse la Constitucion política del Estado se publicará tambien el reglamento de tribunales, y la instrucción para el gobierno político interior de los partidos, todo conforme á los principios sentados en la Constitucion.

Dada en Zacatecas á 17 de Enero del año del Señor de 1825. – 3.° &c. – *Juan Roman*, presidente. – *Mariano Fuertes de Sierra.* – *Eusebio Gutierrez de Velasco.* – *José Francisco de Arrieta.* – *Ignacio Gutierrez de Velasco.* – *Pedro Ramirez.* – *Juan Bautista Martinez.* – *Domingo Velazquez.* – *Juan Bautista de la Torre.* – *José Miguel Diaz Leon*, diputado secretario. – *Domingo del Castilla* diputado secretario.

Por tanto, mando se imprima, publique y circule, y se le dé su debido cumplimiento. Dado en Zacatecas en la casa del Estado á 17 de Enero del año del Señor de 1825. – 3.° &c.

Pedro José Lopez de Nava.

Por mandado de S. E.
Marcos de Esparza.

[1] Editado según *Constitucion Política del Estado libre de Zacatecas. Sancionada por su Congreso Constituyente en 17 de enero de 1825*, Guadalajara: Imprenta de la viuda de Romero, 1825, 95p.

Reformada en 1832 esta constitución quedó en vigor hasta el fin de la primera república federal en 1836. Después de la era de las repúblicas centralistas fue declarada vigente de nuevo en 1847 por el Acta constitutiva y de reformas (artículo 30), sancionada por el congreso extraordinario constituyente de los Estados-Unidos Mexicanos. Al fin de 1846 el departamento de Aguascalientes se declaró estado independiente asumiendo la constitución de Zacatecas con pocas reformas. De esta constitución existe según Jesús Gómez Serrano un ejemplar manuscrito en el Archivo Histórico del Estado de Zacatecas (FJDA, exp. Sin classificación) que no se encontró. Ya con el Acta constitutiva y de reformas, Aguascalientes fue reintegrado en el estado de Zacatecas (hasta 1853 y 1857, respectivamente, cuando Aguascalientes obtuvo su primera constitución reconocida). La segunda constitución de Zacatecas fue publicada en 1850.

Véase sobre la historia constitucional de Zacatecas y Aguascalientes: Hurtado Trejo, Guillermo (ed.): *Zacatecas y sus constituciones (1825–1996)*, Zacatecas: Gobierno del Estado de Zacatecas / Universidad Autónoma de Zacatecas, 1997; nuevamente: Rodríguez Valadéz, Juan Manuel: *Zacatecas. Historia de las instituciones jurídicas (Serié Historia de las instituciones jurídicas de los estados de la República mexicana)*, México, D.F.: Universidad Nacional Autónoma de México / Senado de la República, 2010; Gómez Serrano, Jesús: *La creación del estado de Aguascalientes (1786–1857)*, México, D.F.: Consejo Nacional para la Cultura y las Artes, 1994; Rojas, Beatriz: *Breve historia de Aguascalientes*, 1. Reimpr., México, D.F.: El Colegio de México / Fideicomiso Historia de las Américas, 1995, esp. p. 95–96.

Reforma de la Constitución del estado de Zacatecas (1832)

Constitucion politica del Estado Libre y Federado de los Zacatecas[1]

INVOCACION

En el nombre de Dios Todopoderoso, autor y supremo legislador de las sociedades.

El cuarto congreso constitucional del estado libre y soberano de Zacatecas, usando de las facultades que le concede el tit. 8.° de la ley fundamental del mismo estado, ha sancionado para su gobierno la siguiente constitucion política.

TITULO I

Disposiciones preliminares

Capitulo I

Del estado de Zacatecas

ART. 1.° El estado de Zacatecas es libre é independiente de los demás estados unidos de la nacion mejicana, con los cuales conservará las relaciones que establece la confederacion general de todos ellos.

ART. 2.° En todo lo que toca esclusivamente á su gobierno y administracion interior, es igualmente libre y soberano.

ART. 3.° Para mantener sus relaciones con la union federada, el estado de Zacatecas, delega sus facultades y derechos al congreso general de todos los estados de la federacion mejicana.

Capitulo II

Del territorio del estado

ART. 4.° El territorio del estado será el de los partidos de Zacatecas Fresnillo, Aguascalientes, Sombierete, Nieves, Juchipila, Mazapil, Pinos, Jerez, Tlaltenango y Viilanueva.

ART. 5.° La anterior disposicion es sin perjuicio del mejor arreglo y distribucion que puede y debe hacerse de todos los partidos del estado, segun su situacion particular, poblacion y demás conveniencias locales; y lo que entonces se determinare en esta parte se tendra por constitucional, asi como lo que se resolviere sobre los partidos de Colotlán y Bolaños.

Capitulo III

De la religion del estado

ART. 6.° La religion del estado de Zacatecas es y será perpetuamente la católica, apostólica romana, sin tolerancia de otra alguna. En lo que concierna á los gastos del culto, el estado observará las leyes establecidas, mientras que la nacion por los medios convenientes y conforme á lo que dispone la constitucion general, no determine otra cosa, debiendo el mismo estado en todos los casos conservarlo y protejerlo por leyes justas y prudentes.

Capitulo IV

De los derechos y obligaciones de los habitantes del estado

ART. 7.° Todos los habitantes del estado tienen derechos y obligaciones civiles. Sus derechos son:

Primero: El de libertad para hablar, escribir, imprimir sus ideas, y hacer cuanto quisieren, con tal que no ofendan los derechos de otro.

Segundo: El de igualdad para ser regidos, gobernados y juzgados por una misma ley, sin otra distincion que la que ella establezca: no teniendo por ley sino la que fuere acordada por el congrego de sus representantes.

Tercero: El de propiedad para hacer de su persona y bienes adquiridos con su talento, trabajo é industria el uso que mejor les parezca, sin que ninguna autoridad pueda embarazárse los mas de en los casos prohibidos por la ley. Se prohibe para siempre el comercio de esclavos.

Cuarto: El de seguridad por el que la sociedad les protege y ampara para gozar de ellos. Su libertad civíl se les afianza igualmente, no pudiendo ser ninguno perseguido ni arrestado sino en los casos previstos por la ley, y en la manera que ella disponga.

ART. 8.° Sus obligaciones son:

Primera: Ser fieles á la constitucion, obedecer las leyes y respetar á las autoridades legitimamente constituidas.

Segunda: Guardar sus respectivos derechos á sus semejantes.

Tercera: Contribuir en los términos que la ley disponga para los gastos del estado.

Cuarta: Defenderlo con las armas cuando sean llamados, por la misma ley.

ART. 9.° Estos derechos y obligaciones asi esplicados, forman los elementos del derecho público de los zacatecanos.

ART. 10. Se dividen en dos clases generales y únicas. A saber: zacatecanos y ciudadanos zacatecanos. A la primera clase pertenecen:

Primero. Todos los hombres nacidos en el territorio del estado.

Segundo: Los que habiendo nacido en cualquiera otra parte del territorio mejicano, se avecinden en el estado.

Tercero: Los estrangeros, y a por naturalizacion, ya por vecindad adquirida segun la ley: ésta fijará el tiempo y demás que es necesario para ganarla, y el modo para adquirir la naturalizacion.

ART. 11. A la segunda clase, pertenecen, es decir, son ciudadanos:

Primero: Todos los hombres nacidos en el estado y avecindados en él.

Segundo: Los ciudadanos de los demás estados y territorios de la federacion, luego que sean vecinos.

Tercero: Los nacidos en paises estrangeros avecindados en el estado, siendo sus padres mejicanos, y que no hayan perdido estos el derecho de ciudadanos de la federacion.

Cuarto: Los que hallándose radicados y avecindados en el territorio de la confederacion con algun empleo, profesion, ó industria productiva cuando se pronunció su emancipacion política, continúen viviendo en el estado y permanezcan fieles á la independencia de la nacion y á su forma de gobierno.

Quinto: Los estrangeros actualmente vecinos del estado, sea cual fuere su nacion, y en lo sucesivo los que adquieran carta de ciudadanía: la ley determinará el modo y circunstancias que se requieren para adquirirla.

ART. 12. Fundándose el derecho de ciudadano en la consideracion que dispensa la sociedad á los individuos de ella, que cumplen con los deberes y obligaciones que les impone, tambien se pierde faltando á ellas:

Primero: Por adquirir naturaleza en cualquiera pais estrangero.

Secundo: Por admitir empleo ó condecoracion de gobierno estrangero.

Tercero: Por sentencia ejecutoriada en que se impongan penas *córporis aflictivas* ó infamantes.

ART. 13. Solo el congreso del estado puede dispensar la rehabilitacion, y solo por este medio, se recobrarán los derechos de ciudadano.

ART. 14. Su ejercicio se suspende:

Primero: Por incapacidad física judicialmente calificada.

Segundo: Por el estado de deudor quebrado, ó deudor á los caudales públicos por fraude ó mala versacion.

Tercero: Por la condicion de vago, prévia la correspondiente calificacion judicial.

Cuarto: Por hallarse procesado criminalmente, entendiendose esto desde el momento en que el juez decrete la prision con las formalidades de la ley.

Quinto: Por no haber cumplido veintiun años de edad.

Sesto: Y del año de cuarenta en adelante, por no saber leer y escribir, entendiendose esto con los nacidos desde el año de 1810.

ART. 15. Solamente los que sean ciudadanos y estén en el ejercicio de sus derechos, podrán elegir y ser elegidos para los empleos del estado.

TITULO II

Del gobierno del estado

Capitulo I

De la forma de gobierno

ART. 16. El gobierno del estado es republicano representativo popular federado.

ART. 17. En consecuencia, por la ley fundamental se divide el supremo poder del estado en tres, que son: el legislativo, ejecutivo y judicial, sin que puedan reunirse dos ó mas de ellos en una corporacion ó persona, ni el legislativo depositarse en un solo individuo.

ART. 18. El estado ejerce sus derechos en la forma adoptada de gobierno:

Primero: Por medio de los ciudadanos que eligen á los miembros de que se compone el cuerpo legislativo.

Segundo: Por medio del cuerpo legislativo, que forma y decreta las leyes conforme á la constitucion.

Tercero: Por medio del poder ejecutivo, que las hace cumplir á todos los habitantes del estado.

Cuarto: Por medio de los ministros de justicia que las aplican en las causas civiles y criminales.

Quinto: Por medio de los funcionarios, que cuidan y administran sus intereses en lo político económico.

TITULO III

Del poder legislativo

Capitulo I

Del congreso ó cuerpo legislativo del estado

ART. 19. El congreso ó cuerpo legislativo del estado, se compone de los diputados nombrados popularmente por los ciudadanos. El número de ellos asi como el de sus suplentes, debe ser igual al de los partidos.

ART. 20. Para ser diputado propietario ó suplente, se requiere ser ciudadano en el ejercicio de sus derechos, de veinte y cinco años de edad á lo menos, y natural ó vecino del estado.

ART. 21. La vecindad ó residencia debe ser de dos años antes de la elección, y si fueren estrangeros deberán ser diez años de vecindad en los mismos términos.

ART. 22. No pueden ser diputados:

Primero: Los empleados civiles ó militares de la federacion.

Segundo: Los funcionarios civiles del estado que tengan nombramiento del gobierno.

Tercero: Los aforados.

ART. 23. Si un mismo individuo fuere nombrado diputado por dos ó mas partidos, siendo vecino de alguno de ellos representará al de su vecindad; si no fuere vecino de ninguno, al de su nacimiento, y en el caso de no ser ni natural ni vecino, decidira la suerte á cual de ellos debe representar. El sorteo se hará por el congreso y en seguida se mandará que se haga la eleccion en el partido ó partidos que quedaren sin representación por este motivo.

ART. 24. Los diputados suplentes concurrirán al congreso cuando fallezcan los propietarios, ó estén imposibilitados de ejercer sus funciones á juicio del mismo congreso.

ART. 25. El congreso se renovará en su totalidad cada dos años el dia primero de enero.

ART. 26. Durante el tiempo de su mision serán asistidos los diputados con las dietas.que les señale el congreso anterior; y tambien se les abonarán los gastos del viage en ida y vuelta. Estos pagos se haran por la tesorería del congreso.

ART. 27. Los diputados son inviolables é irreclamables por las opiniones que manifiesten en el ejercicio de sus funciones. Si se intentase contra ellos causa criminal, los juzgará el tribunal que se designe. Durante el tiempo de su diputacion y seis meses despues, no podrán ser demandados civilmente ni ejecutados por deuda alguna. Tampoco podrán obtener del gobierno ningun empleo, mientras fueren diputados, á menos que les corresponda por escala en su respectiva carrera.

Capitulo II

De la eleccion de diputados

ART. 28. Se elegirán los diputados al congreso popularmente por todos los ciudadanos del estado; pero la eleccion no será directa, sino por medio de juntas primarias ó municipales, y secundarias ó de partido.

§ 1.°

De las juntas primarias

ART. 29. En todas las poblaciones del estado que tengan ayuntamiento, se celebrarán juntas primarias municipales el primer domingo y los dos dias siguientes del mes de agosto del año anterior al de la renovacion del congreso, para nombrar á los electores de partido que deben elegir á los diputados.

ART. 30. Se dividirán en secciones para mayor comodidad de su celebracion, y éstas serán presididas por los alcaldes y regidores en el órden de su nombramiento; quedando á cargo de los ayuntamientos, con presencia de la localidad y poblacion, determinár el número de secciones que convengan y los parages en que deban fijarse para que los habitantes de las rancherías y haciendas que haya en el distrito puedan concurrir también á la eleccion.

ART. 31. El gefe político de cada partido, mandará publicár en todas las municipalidades de su comprension el domingo anterior al primero de agosto, el correspondiente bando, para que concurran á la celebración de las juntas todos los individuos que deben componerlas, que son unicamente los individuos en el ejercicio de sus derechos, vecinos y residentes en el territorio de cada ayuntamiento.

ART. 32. Para cada seccion nombrarán los ayuntamientos cuatro testigos, ó dos por lo menos, de buen crédito y opinion, que sean ciudadanos en el ejercicio de sus derechos: éstos acompañarán al presidente de la misma seccion en todas las funciones que tiene que practicár. Se nombrará tambien; otro vecino de las mismas cualidades que haga de secretario. En lo posible se procurará due tanto éste como los testigos sean vecinos de la seccion á que se destinan.

ART. 33. En cada una de las secciones estarán abiertas las eleciciones los tres dias señalados en el art. 29 por espacio de cuatro horas diarias, repartidas en manana y tarde. Habrá allí un registro, en el que indispensablemente se asentarán en la primera columna el, nombre del sufragante municipal, y en la segunda el de los ciudadanos que nombra para electores del partido.

ART. 34. Para ser elector de partido, nombrado por la junta municipal, se requiere ser ciudadano en el ejercicio de sus derechos, vecino y residente en cualquiera lugar del mismo partido, un año antes de su eleccion. No pueden serlo los aforados.

ART. 35. Cada uno de los ciudadanos que componen las secciones de las juntas municipales, elegirá de palabra ó por escrito diez individuos, cuyos nombres se escribirán precisamente en su presencia en el registro.

ART. 36. Las juntas primarias ó sus secciones serán públicas, y ningun individuo, sea de la clase que fuere, se presentará en ellas con armas.

ART. 37. Si se suscitasen dudas en las secciones sobre si en alguno de los sufragantes concurren las circunstancias requeridas para votar, el presidente anotará la persona ó personas en quien recayere la duda, para que el ayuntamiento al hacer el reconocimiento de todos los sufragios declare lo conveniente, y su resolucion se ejecutará sin recurso.

ART. 38. Concluido el término de las elecciones, los presidentes, testigos y secretarios de seccion harán la computacion de los sufragios que haya reunido cada ciudadano: hecha la suma, se pondrá en el registro, se cerrará éste firmando el mismo presidente, testigos y secretario, y se remitirá en pliego cerrado al ayuntamiento.

ART. 39. En el segundo domingo del mes de agosto se reunirá cada ayuntamiento en sesion pública, á la que concurrirán los testigos y secretarios de todas las secciones; se abrirás los registros y con presencia de las listas formadas por los presidentes de seccion, se formará una general por órden alfabético, en la que se comprenderán todos los individuos sufragados, y el número de votos que hayan sacado, debiendo preceder á esta operacion la resolucion de las dudas que hubieren ocurrido en las secciones.

ART. 40. Acto continuo se nombrarán por el ayuntamiento, á pluralidad absoluto de votos dos individuos de su mismo seno, quienes en clase de comisionados pasarán á la cabecera del partido para los efectos que se espresarán despues.

ART. 41. La lista general y la acta capitular que se formáren la firmarán el presidente del ayuntamiento, su secretario y los secretarios de las secciones.

ART. 42. Se sacarán tres copias de la lista general, una se fijará inmediatamente en el parage mas público, otra se entregará con el oficio correspondiente á los comisionados nombradas en el seno del ayuntamiento, que deben pasar á la cabecera de partido, y la tercera pasará al congreso para su conocimiento.

ART. 43. El primer domingo del mes de setiembre siguiente se reunirán en la cabecera de partido todos los comisionados de los ayuntamientos del distrito del mismo partido; serán presididas por el gefe político, y en su defecto por el presidente del ayuntamiento de la cabecera.

ART. 44. Inmediatamente los comisionados de los ayuntamientos procederán á hacer la regulacion general de votos por las listas de las juntas municipales: á ésta regulacion concurrirán por lo menos cuatro comisionados, y si no pudieren unirse, el presidente de la junta nombrará al individuo ó individuos que falten.

ART. 45. Serán electores de partido los individuos que hayan reunido mayor número de votos en la lista general que deben formar los comisionados. En caso de empate entre dos ó mas indivíduos decidirá la suerte.

ART. 46. La lista de los diez individuos que resultaren electos por éste escrutinio general y la acta que debe formar la junta, se firmarán por su presidente, secretario y los comisionados de los otros ayuntamientos, se remitirán copias autorizadas al gobierno del estado para conocimiento del congreso y á los ayuntamientos del mismo partido.

ART. 47. El presidente de la junta pasará el oficio correspondiente á los diez individuos que hayan sido nombrados para que concurran á las juntas electorales se secundarias de partido.

§ 2.°

De las juntas secundarias

ART. 48. Las juntas secundarias se celebrarán en la cabecera de cada partido el segundo domingo del mes de setiembre despues de hecha la regulacion general de los votos de que habla el art. 44, en las casas consistoriales ó en el edificio que se crea mas á propósito.

ART. 49. A estas juntas concurrirán los diez electores nombrados en las primarias ó municipales: serán presididas por el gefe político del, partido á no ser que sea elector, en cuyo caso las presidirá el presidente del ayuntamiento de la cabecera.

ART. 50. Inmediatamente se procederá á nombrár un secretario y dos escrutadores de entre los individuos de la misma junta; en seguida se leerán las credenciales de los electores, que serán los oficios en que se les participó su nombramiento por las juntas primarias.

ART. 51. Acto continuo preguntará el presidente ¿si alguno tiene que esponer queja sobre cobecho ó soborno para que la eleccion recaiga en determinada persona? ¿ó si en alguno de los electores hay nulidad legal para serlo? y habiendo una ú otra cosa se hará pública justificacion verbal, serán privados los reos de voto activo y pasivo: los calumniadores sufrirán la misma pena. Las dudas que se ofrezcan en ambos casos las decidirá la junta sin otro recurso, no podrá componerse ésta junta sin la concurrencia de siete vocales á lo menos.

ART. 52. Luego el presidente puesto en pie junto á la mesa en que estará la imágen de Cristo crucificado y el libro de los santos evangelios, dirá en alta voz: "¿Juráis por Dios nuestro señor y los santos evangelios, nombrár para diputados por éste partido al congreso particular del estado, aquellos ciudadanos que en vuestro concepto y en el del público sean hombres de instruccion, de juicio y de probidad, adictos á la indenpendencia de la nacion y su forma de gobierno?" y respondiendo si jurados, el presidente contestará: "Si así lo hiciereis, Dios os ayude, y si no, os lo demande."

ART. 53. A continuacion comenzará la eleccion del diputado propietario por escrutinio secreto, mediante cédulas, haciendo el presidente se estraigan de una en una por un individuo de fuera de la junta; y reconocidas por él, los escrutadores y secretario, de las manos de éste pasarán á las de los demás electores para que se satisfagan de la realidad del nombramiento contenido en ellas.

ART. 54. El presidente, escrutadores y secretario harán la regulacion de todos los votos, y será nombrado diputado el que reuniere la pluralidad absoluta de ellos; si ninguno la reuniere, entrarán á segundo escrutinio los que tengan mayor número, y el que reuniere la mayoría en segundo lance quedará nombrado; en caso de empate que decida la suerte, y en el de que siendo mas de dos los que tengan igualdad de votos, para decidir cual de estos debe entrár al segundo escrutinio con el que haya obtenido la mayoría respectiva, se hará escrutinio entre aquellos, y el que resultáre con mas votos competirá con el que tenia dicha mayoría.

ART. 55. En la misma forma se hará el nombramiento de diputado suplente. La acta de las elecciones se estenderá por el secretario y la firmarán el presidente y todos los electores; se remitirán copias autorizadas de ella á la secretaría del congreso, al gobierno y á los ayuntamientos del partido. En el mismo dia se otorgará el poder á los diputados en la forma que adelante se previene, firmándolo los mismos electores: de él se dará una copia á los diputados para que les sirva de credencial.

ART. 56. Concluida la eleccion de los diputados propietario y suplente, y antes de disolverse la junta, se escribirán los nombres de los electores que la componen en otras tantas cédulas y se depositarán en una úrna que estará sobre la mesa: el presidente hará que un individuo de fuera de la junta estraiga tres cédulas una por una, y concluida ésta operación se sentarán los nombres de los tres electores que salieron en ellas para los efectos que se dirán despues.

§ 3.°

De la eleccion de diputados al congreso general

ART. 57. La eleccion de diputados al congreso de la federacion que corresponden á éste estado, se verificará en su capital el primer domingo de octubre prócsimo anterior á la renovacion del congreso, segun el art. 16 de la constitucion general.

ART. 58. El nombramiento se hará por la junta electoral, compuesta de los individuos que por cada partido se sortearon en su respectiva cabecera, conforme al art. 56.

ART. 59. Para hacer constar su nombramiento en la junta, cada uno de los individuos que la componen, presentará cópia autorizada de la acta celebrada en la cabecera de partido, en la que constará que en él recayó el sorteo.

ART. 60. Los electores nombrados por el sorteo, concurrirán á la capital del estado, se presentarán al gobierno para que su nombre y el del partido á que corresponden se escriba en el libro de las actas de la junta.

ART. 61. Será presidida la junta por el gobernador del estado, y en su defecto por el teniente gobernador.

ART. 62. Tres dias antes del primer domingo de octubre se reunirán los electores en el parage mas público y decente, á juicio del gobierno. En seguida se nombrarán un secretario y dos escrutadores de entre los individuos de la misma junta á pluralidad absoluta y á puerta abierta: presentarán luego sus credenciales.

ART. 63. El secretario y escrutadores las ecsaiminarán é informarán al siguiente dia: las credenciales de estos serán vistas por tres individuos de la misma junta, señalados por ella, é informarán en el propio dia.

ART. 64. En este se reunirá la junta, se leerán las informes de las comisiones nombrados en el artículo anterior; todas las dudas que se ofrezcan sobre la legitimidad de las credenciales y calidades de los electoras, se resolverán definitivamente por la junta á pluralidad absoluta de votos, sin que lo tenga para ningun caso el que la presidiere.

ART. 65. En el día señalado para la eleccion de los diputados se volverá á reunir la junta, y procederá á su nombramiento en los mismos términos y con las propias formalidades que dispone esta constitucion, para el de los diputados al congreso particular del estado.

ART. 66. El número de diputados al congreso general y sus suplentes, será el que previene el art. 11 de la constitucion federal.

ART. 67. Concluida la eleccion, la junta practicará con puntualidad lo que dispone el art. 17 de la misma constitucion, y no podrá disolverse sin estar hecho el nombramiento de los diputados.

ART. 68. La junta, concluido este acto, pasará á la iglesia donde se cantará un solemne *Te Deum* en accion de gracias.

Capitulo III

De la celebracion del congreso

ART. 69. El congreso comenzará sus sesiones el dia primero de enero. El lugar de las sesiones será en la capital del estado en el edificio destinado al efecto.

ART. 70. En el año que correspondiere la renovacion deberán estar todos los nuevos diputados en la capital el dia quince de diciembre anterior, presentándose en él mismo á la secretaría del congreso con sus respectivos poderes, para que se ecsamine por el propio congreso su legitimidad; debiendo estar concluida esta operacion el dia treinta y uno del propio mes de diciembre. La fórmula en que deberán estar concebidos los poderes estendidos por la junta electoral, secundaria ó de partido, será la siguiente.

"En la ciudad, pueblo ó villa de ..... cabecera del partido (de su nombre) en tantos dias del mes de .... del año de .... Los ciudadanos N. N. congregados en él, dijeron; que como electores del partido, procedieron en este dia conforme á la constitucion á celebrar la junta electoral para el nombramiento de los diputados que por este partido deben concurrir al congreso del estado: que para el efecto fueron nombrados el ciudadano N. N. en clase de propietario y el ciudadano N. N. en la de suplente, segun que todo consta en el espediente de la materia, y que en consecuencia otorgan á dichos individuos, en nombre de su partido, las facultades necesarias y amplios poderes, para que cada uno de ellos en su caso pueda promover con los demas diputados del estado su mayor bien y prosperidad, con arreglo á su constitucion política y á las instrucciones y encargos que les hagan los ayuntamientos del partido, de cuyos resultados les darán aviso los mismos diputados. Y por este documento asi lo otorgaron los espresados ciudadanos electores por ante mí el infrascripto escribano y los testigos N. N."

ART. 71. Las instrucciones y encargos de que se habla en la fórmula antecedente, las estenderán todos los ayuntamientos del distrito de cada partido, y las remitirán al de la cabecera, quien en un cuerpo las comunicará á los diputados.

ART. 72. Para instalarse el congreso concurrirán á la sesion del dia primero de enero el presidente y secretarios que acaban. Los nuevos diputados prestarán ante aquellos el juramento de observar la constitucion del estado, la general de la Union confederada y de desempañar religiosamente su encargo.

ART. 73. Inmediatamente se procederá á elegir de los nuevos diputados por ellos mismos, un presidente, un vice-presidente y dos secretarios, con lo que se declarará el congreso legitimamente constituido. Se avisará al gobierno para que lo haga publicar y circular por todo el estado.

ART. 74. En el siguiente dia dos de enero se presentará al nuevo congreso, por el individuo que fue último presidente del que acabó, una nota breve y bien formada de los trabajos en que se ocupó la legislatura en los dos años que duró: de las leyes, decretos ú órdenes que se espidieron en todos los ramos de la administracion pública; del resultado que hayan tenido, y de todos los negocios que quedan, pendientes.

ART. 75. En seguida se presentarán el gobernador, quien felicitará al congreso por su instalacion, y por su secretaría dará cuenta por escrito del estado de toda su administracion.

ART. 76. Las sesiones del congreso durarán todo el año, debiendo ser dos cada semana en los dias que señalaren, sin perjuicio de las mas que ocurrieren en la clase de estraordinarias: unas y otras serán públicas, á menos que los asuntos que deban tratarse ecsijan reserva.

ART. 77. Ningun ciudadano podrá escusarse por motivo ni pretesto alguno de desempeñar el encargo de diputado.

Capitulo IV

De las facultades y atribuciones del congreso

ART. 78. Estas son:

Primera: Decretar las leyes concernientes á la administración y gobierno interior del estado en todos sus ramos, interpretarlas, aclaralas ó derogarlas.

Segunda: Velar incesantemente sobre la conversacion de los derechos civiles y naturales de los ciudadanos y habitantes del estado, y promover; por cuantos medios estén a su alcance su prosperidad general.

Tercera: Formar los códigos de la legislacion particular del estado, bajo un plan sencillo y bien combinado sobre los intereses del mismo estado.

Cuarta: Nombrár al gobernador y teniente gobernador del estado, de entre los individuos que se le propondrán, en la forma y por quien se dirá despues.

Quinta: Determinar lo que juzgue mas conveniente en las escusas que aleguen estos para no admitir aquellos destinos.

Sesta: Declarar si ha ó no lugar á la formacion de causa á los diputados del congreso, al gobernador, á los consejeros, al secretario del despacho del estado y á los individuos del supremo tribunal de justicia, decretando tambien se haga efectiva la responsabilidad de estós funcionarios públicos y la de los demás empleados.

Sétima: Fijár anualmente los gastos de la administracion pública del estado á propuesta del gobernador.

Octava; Imponer contribuciones para cubrirlos y aprobar el repartimiento que se haga de ellas entre los partidos del estado.

Novena. Establecer, variár ó reformar el método para la recaudacion y administracion de las rentas particulares del estado.

Decima. Ecsaminár y aprobar las cuentas de todos los caudales públicos del estado.

Undecima. Representár al congreso general de la Union sobre las leyes, decretos ú órdenes generales que se opongan ó perjudiquen á los intereses del estado.

Duodecima. Aprobar ó no los reglamentos que formáre el gobierno para el mejor despacho de los negocios de su encargo y los generales que se formen para la polícia y salubridad de todo el estado.

Decimatercia. Promover y fomentar toda especie de industria, removiendo cuantos obstáculos la entorpezcan.

Decimacuarta. Cuidar de la enseñanza, educacion é ilustracion general del estado, conforme á los planes que se formaren.

Decimaquinta. Proteger la libertad política de la imprenta.

Decimasesta. Espedir cartas de naturaleza á los estratngeros que se avecinden en el estado, en los términos que prevenga la ley; y conforme á ella los títulos de rehabilitacion para recobrár los derechos de ciudadanía, cuando estén perdidos ó suspensos.

Decimasetima. Crear nuevos tribunales en el estado, suprimir los establecidos y variar su forma segun convenga para la mejor administracion.

Decimaoctava. Finalmente, ejercér todas las facultades que le conoede ésta constitucion, intervenir y prestar su consentimiento en todos los casos que ella previene.

Capitulo V

De la formacion de las leyes y su sancion

ART. 79. Todo diputado tiene por razon de su oficio la facultad de proponer al congreso projectos de ley, haciéndolo por escrito y esponiendo las razones en que lo funde.

ART. 80. Esta facultad no será solo privativa de los diputados, sino tambien del gobierno, ayuntamientos, corporaciones, empleados y de todo ciudadano sea de la clase y condicion que fuere.

ART. 81. Los proyectos no se limitarán unicamente á la propuesta de nuevas leyes, sino tambien á la reforma de las antiguas, y á su derogacion en el todo ó en parte; siempre que en concepto de los proponentes sea útil la medida para asegurar los derechos de los ciudadanos y su prosperidad general.

ART. 82. Cuando un proyecto de ley, ó de su reforma, se presentáre al congreso para declarar si se admite á discusion, bastará que asi lo pidan tres diputados.

ART. 83. Los proyectos de ley ó decreto que se admitan á discusion se imprimirán, y por la secretaria del congreso se pasarán ejemplares de ellos al gobierno, al supremo tribunal de justicia, á los jueces de letras, á los gefes politicos, á los ayuntamientos y juntas municipales del estado, para que hagan sobre ellos las observaciones que estimen justas.

ART. 84. El congreso fijará el término en que deben remitirsele las observaciones, pasado el cual podrá discutirse y sancionarse sin mas demora el proyecto de ley ó de decreto.

ART. 85. En el término que señalare el congreso, atendidas las distancias en que se hallen los ayuntamientos, ya de la capital del estado, ya de sus respectivas cabeceras de partido, deberán todos los ayuntamientos por conducto del de la misma cabecera, haber dirigidor al congreso sus obervaciones y manifestado su opinion sobre el proyecto que va á discutirse y que se remitió á su ecsamen.

ART. 86. Presentadas éstas y reducidas á un solo cuerpo, operacion que practicará cada diputado con las de su partido, se leerén por tres veces consecutivas, y comenzará la discusion en los términos que prevenga el reglamento para el gobierno interior del congreso.

ART. 87. En el mismo término que se fija para que los ayuntamientos presenten sus observaciones y manifiesten su opinion sobre el proyecto que va á discutirse, deberá haberlo hecho el gobierno con las suyas.

ART. 88. Cuando algun proyecto de ley fuere por su naturaleza ejecutivo, y siete diputados pidan que se le dispensen los trámites referidos y se tome luego en consideracion, el congreso procederá á su discusion inmediatamente sin otro requisito.

ART. 89. Para que un proyecto de ley se tenga por aprobado en el congreso, prévias las formalidades prescritas, es necesario que voten por él la mitad y uno mas de los diputados que lo componen. Aprobado que sea, se estenderá en forma de ley y se pasará de nuevo al gobierno, quien dentro de diez dias podrá hacer las observaciones que le parezcan, oyendo á su consejo.

ART. 90. Si no tuviere observaciones ó reparos que hacer á la nueva ley, la promulgará y circulará con la solemnidad correspondiente. Mas en el caso que tenga objeciones que hacerle, volverá al congreso, se abrirá nueva discusion con presencia de ellas, pudiendo asistir un orador en su nombre.

ART. 91. Concluida ésta discusion se tendrá por aprobado el proyecto de la nueva ley, si votan á su favor las dos terceras partes y uno mas de los diputados. La votacion será secreta y entonces se pasará al gobernador para que luego proceda á su publicacion sin otro recurso.

ART. 92. Si se desechase el proyecto en esta segunda discusion, no se volverá á proponer ni á tomar en consideracion hasta pasados ocho meses, en cuyo caso se practicarán de nuevo las formalidades que se han mencionado.

ART. 93. Ninguna ley ó decreto podrá derogarse sino por los mismos trámites que se han observado para su sancion.

Capitulo VI

De la publicacion y de los efectos de la aplicacion de las leyes

ART. 94. Las leyes son ejecutorias en todo el territorio del estado, en virtud de la promulgacion que haga el gobernador en la capital.

ART. 95. Se ejecutaran en cada partido del estado desde el momento en que pueda saberse en ellos la promulgacion hecha por el gobierno.

ART. 96. Esta se reputará por conocida, en el lugar en que resida el gobierno, veinte y cuatro horas despues de su solemne publicacion ó promulgacion; y en los demás lugares del estado en el mismo término, despues de publicada en el que residiere su ayuntamiento.

ART. 97. Estas condiciones son necesarias préviamente para que los tribunales puedan aplicar las leyes: en consecuencia sus disposiciones son unicamente para lo futuro, y de ninguna suerte tendrán efecto retroactivo.

TITULO IV

Del poder ejecutivo

Capitulo I

Del gobernador del estado

ART. 98. El ejercicio del poder ejecutiva residirá en un individuo con la denominacion de gobernador del estado. Deberá ser ciudadano en el ejercicio de sus derechos, de treinta años de edad á lo menos, natural de alguno de los estados de la Union y vecino de éste á lo menos con residencia de cinco años, quedando escluidos los eclesiásticos, los militares del ejército permanente y los empleados generales de la federacion.

ART. 99. Se le asignará para todo el tiempo que sirva su oficio de gobernador, un sueldo regular y decente por el congreso, antes de que tome posesion del empleo, y durará en el ejercicio de él cuatro años, pudiendo reelegirse por otros dos, y concluidos estos no podrá volverse á nombrar hasta pasados otros cuatro.

ART. 100. El nombramiento del gobernador se harà por el congreso en la forma siguiente: – Cada cuatro años en el primer dia de noviembre se reunirán todos los ayuntamientos del estado, y en cabildo pleno, despues de conferenciar lo conveniente, por escrutinio secreto, y á pluralidad absoluta de votos, nombrarán tres individuos que tengan las calidades y circunstancias que requiere el art 98. é inmediatamente remitirán la nota de los elegidos al presidente del congreso, autorizada con la firma del presidente, dos regidores y el secretario.

ART. 101. El presidente del congreso recibirá las notas ó ternas que se le remitan por los ayuntamientos, y cuando estén ya todas las presentará al congreso, en sesion secreta, debiendo verificase esto el dia veinte del mismo noviembre.

ART. 102. Reconocidas las notas se procederá por el congreso á la eleccion del individuo que debe ser gobernador, de entre los que vengan nombrados por los ayuntamientos, y resultará elegido el que reuna la pluralidad absoluta de votos en el congreso. Solo podrá reelegirse el gobernador siempre que reuna en propuesta la mitad de los votos de los ayuntamientos del estado.

ART. 103. En el mismo dia concluida la eleccion del gobernador se procederá acto continuo por el congreso á la del teniente gobernador, en los propios términos, y nombrándolo de entre los individuos restantes propuestos por los ayuntamientos.

ART. 104. El nombramiento del nuevo gobernador se publicará inmediatamente: se le hará pasar á la capital si no residiere en ella, y al mismo tiempo y en lo que falte del año se acercará al gobierno para instruirse de los negocios y estar espedito para comenzar á gobernar el dia primero de enero siguiente.

ART. 105. En este dia el gobernador que acaba presentará una sencilla memoria al congreso en que dé cuenta de toda su administracion mientras estuvo al frente del gobierno, quedando sujeto á la responsabilidad en los términos que se dirá despues.

Capitulo II

De las atribuciones del gobernador del estado

ART. 106. Estas son:

Primera: Cuidar de hacer cumplir y ejecutar las leyes, decretos, órdenes y resoluciones que acordare el congrego, dándole cuenta con los del general de la federacion.

Segunda. Velar sobre la conservacion del órden público en el interior y de su seguridad esterior.

Tercera. Publicár los decretos del congreso bajo la fórmula prevenida por la ley.

Cuarta. Formar instrucciones y reglamentos para la mas facil y pronta ejecucion de las determinaciones del congreso, oyendo en los asuntos gubernativos á su consejo, y en los de hacienda á la direccion general.

Quinta: Cuidar que en todo el estado se administre la justicia, á cuyo fin hará que los tribunales superiores le pasen una noticia constante y periódica de la conducta que observen los jueces subalternos para ausiliar á dichos tribunales gubernativamente, y que estos puedan ecsigir la responsabilidad siempre que aquellos incurran en ella.

Sesta. Por los medios de la mas prudente y circunspecta política, mantendrá comunicacion con los gobiernos de los estados limítrofes, por lo que importa á la seguridad del de Zacatecas.

Sétima: Dirigirá sus relaciones políticas y comerciales con los demás estados, observando en esto las disposiciones que dictare el congreso general para mantener el equilibrio de la confederacion y las particulares que acordare el congreso del estado.

Octava: Nombrará todos los magistrados de los tribunales á propuesta en terna del congreso, y en los empleos civiles del ramo de hacienda á la de la direccion general

Novena: Presentará para los beneficios eclesiásticos del estado á propuesta de su consejo, conforme al arreglo que se haga del ejercicio del patronato en toda la federacion.

Décima: Cuidará de la fabricacion de la moneda, conforme á la ordenanza y leyes particulares de su ramo y con arreglo á ellas proveerá los empleos.

Undecima: Decretará la inversión de los caudales públicos del estado en los distintos ramos de su administracion, sin que pueda hacerlo mas de en los gastos que tengan prévia autorizacion de la ley; y sin estos requisitos no se pagará en la tesorería ninguna cantidad.

Duodecima: Cuidará de la administracion y recaudacion de todas las rentas del estado, sin alterar los métodos con que se administran y recaudan.

Decimatercia: Tendrá á sus órdenes como primer gefe del estado toda la milicia cívica; pero no podía usar de ella sin el consentimiento del congreso, mas de en los casos que prevenga su particular reglamento.

Decimacuarta: Podrá suspender, con motivo justificado á los empleados del estado, de cualquiera clase que sean, y aun privarlos de sus sueldos por dos meses, por infractores de las leyes, decretos ú órdenes del congreso; y si hubiere de formárseles causa, los remitirá oportunamente con lo instruido al tribunal que correspondiere.

Decimaquinta: Podrá nombrar y remover libremente al secretario de su despacho.

Decimasesta: Indultará á los delincuentes con arreglo á las leyes.

ART. 107. Todas las órdenes y decretos del gobernador deberán firmarse por el secretario, y sin este requisito no se obedecerán.

ART. 108. El gobernador del estado durante el tiempo de su empleo solo será responsable por delitos de traicion contra la independencia nacional ó la forma establecida de gobierno: por coecho ó soborno, por actos dirigidos á impedir las elecciones de diputados, su reunion ó el ejercicio de las atribuciones del congreso: por usurpacion del poder judicial y por delitos contra la libertad de imprenta. Dentro del año despues de haber cesado en sus funciones, podrá ser acusado ante el congreso, por toda clase de delitos que haya cometido en el ejercicio de su empleo; no pudiendose hacer tales acusaciones pasado el referido término.

Capitulo III

Del secretario del despacho del gobierno

ART. 109. El gobierno para todo el despacho y giro de los negocios de su inspeccion, tendrá un secretario, que se denominará secretario del despacho de la gobernacion de Zacatecas.

ART. 110. Será el gefe de la secretaría y correrán á su cargo todos los negocios del gobierno del estado, sean cuales fueren.

ART. 111. Debe ser ciudadano en el ejercicio de sus derechos, de veinte y cinco años de edad á lo menos, nacido en cualquiera estado de los de la Union y vecino de éste cinco años antes de su nombramiento.

ART. 112. Es responsable el secretario de todos sus procedimientos, y puede ser acusado ante el congreso por cualquiera individuo del pueblo.

ART. 113. El gobernador del estado formará, un reglamento para el gobierno de su secretaría y despacho de los asuntos que corren á su cargo.

Capitulo IV

Del consejo de gobierno

ART. 114. Habrá un consejo de gobierno.

ART. 115. Una ley particular designara el número de individuos que han de componerlo, la antoridad que ha de nombrarlos, sus atribuciones é indemnizacion.

Capitulo V

Del modo de suplir las faltas del gobernador

ART. 116. Si el gobernador falleciere ó por algún impedimento fisico ó moral se hallare embarazado para gobernar, á juicio del congreso, desempeñará sus funciones el teniente gobernador.

ART. 117. Una disposicion particular determinará el sueldo que debe percibir el teniente gobernador: faltando uno y otro, se proveerá por el congreso minetras que se hace nueva eleccion.

Capitulo VI

Del gobierno político interior de los partidos

ART. 118. Habrá ayuntamientos y juntas municipales elegidos popularmente en los pueblos del estado para su gobierno interior y régimen municipal: sus atribuciones, el número de individuos de que deben componerse y la base de poblacion que sea necesaria para establecerlos se fijará en el reglamento económico político.

ART. 119. En cada cabecera de partido habrá un gefe político que nombrará el gobierno de entre los individuos que en las diferentes ternas le propongan los respectivos ayuntamientos y juntas municipales, y su duracion será de cuatro años, pudiendo ser reelecto indefinidamente.

ART. 120. En el mismo reglamento se detallarán las atribuciones de estos funcionarios, y el sueldo que deben disfrutar.

ART. 121. Para ser gefe político se requiere ser ciudadano en el ejercicio de sus derechos, mayor de veinte y cinco años de edad, natural ó vecino del estado.

ART. 122. Las atribuciones de los ayuntamientos y juntas municipales son:

Primera. Informar al congreso ó manifestar su opinion en todos los proyectos de ley, de su reforma ó derogacion, que se les remitan, sin que puedan sancionarse sin oirlos en los términos que previene la constitucion.

Segunda. La polícia de órden, la de instruccion primaria: la de beneficencia: la de salubridad: la de seguridad: la de comodidad, ornato y recreo.

Tercera. Repartir las contribuciones ó empréstitos que se señalaren á sus territoros.

TITULO V

Del poder judicial

Capitulo I

De la administracion de justicia en general

ART. 123. La justicia se administrará aplicando las leyes en las causas civiles y criminales. Su aplicacion corresponde esclusivamente á los tribunales, y éstas funciones no podrán ejercerlas en ningun caso, ní el congreso ni el gobernador; ni tampoco podrán avocarse causas pendientes ni mandar abrir juicios fenecidos.

ART. 124. Ningun hombre puede ser juzgado en el estado sino por leyes dadas y tribunales establecidos con anterioridad al acto porque se juzgue, y en ningun caso por comision especial.

ART. 125. Todo habitante del estado deberá ser juzgado por unos mismos tribunales en los negocios comunes, civiles y criminales, y por unas mismas leyes que determinarán la forma de los procesos, sin que autoridad alguna pueda dispensarlas.

ART. 126. Los eclesiásticos y militares continuarán sujetos á las autoridades á que lo están en la actualiad, segun las leyes vigentes.

ART. 127. Los tribunales no pueden interpretár las leyes ni suspender su ejecucion.

ART. 128. Todos los asuntos judiciales del estado se terminarán hasta su último recurso dentro de su territorio.

ART. 129. Ningun negocio tendrá mas de tres instancias y otras tantas sentencias definitivas: segun la naturaleza de los asuntos, se determinará por la ley la que cause ejecutoria.

ART. 130. Ejecutoriada la sentencia, solo queda el recurso de nulidad: la forma y efectos de su interposicion se determinarán por las leyes.

ART. 131. Ningun juez que halla sentenciado en alguna instancia, sentenciará en otra, ni determinará en la interposicion de los recursos de nulidad, si se hiciere en el propio negocio.

ART. 132. La justicia se administrará en nombre del estado, y bajo la forma que prescribiere la ley.

ART. 133. Todo hombre tiene derecho para recusar á los jueces sospechosos: lo tiene para pedir la responsabilidad á los que demoren el despacho de sus causas, ó no las sustancien con arreglo á las leyes.

ART. 134. El soborno, el cohecho y la prevaricacion producen accion popular contra los jueces que lo cometieren.

Capitulo II

De la administracion de justicia en lo civíl

ART. 135. Los asuntos civiles que versen sobre intereses de corta cantidad, se determinarán definitivamente por juicios verbales sin otro recurso: la ley designará ésta cantidad y la forma de estos juicios.

ART. 136. En los demás negocios no se instruirá demanda judicial sin que se haga constar haberse intentado el medio de la conciliacion: la forma en que ésta deba practicarse y asuntos en que no deba preceder, tambien se designarán por la ley.

ART. 137. Las diferencias civiles podrán terminarse por medio de jueces árbitros, si quisieren las partes; estos jueces serán nombrados por ellas mismas, y las sentencias que dieren se ejecutarán sin recurso, si al hacer el compromiso no se reservaron derecho de apelar.

ART. 138. Los tribunales observarán religiosamente estos convenios.

Capitulo III

De la administracion de justicia en lo criminal

ART. 139. Los delitos ligeros que solo merezcan penas correccionales, se castigarán por providencias de polícia gubernativa; pero la clasificacion de estos delitos y sus penas correccionales se designarán por la ley, y no por el arbitrio absoluto del juez.

ART. 140. Si el delito fuere de injurias no se admitirá demanda judicial sin que se haya intentado el medio de la conciliacion en los términos que prevenga la ley.

ART. 141. Nadie podrá ser preso sino por delito que merezca pena corporal, prévia la informacion sumaria del hecho y decreto motivado del juez, que se le notificará en el acto de la prision, pasándose cópia de él al alcayde.

ART. 142. Las declaraciones en causa propia serán sin juramento.

ART. 143. En fraganti todo delincuente puede ser arrestado, y todos pueden arrestarle y conducirle á la presencia del juez; presentado ó puesto en custodia, procederá luego el mismo juez á la informacion sumaria que motive la prision.

ART. 144. Ningun individuo que se halle en la cárcel se considerará como preso, sino como detenido, siempre que no se le haya notificado al alcayde y á él, el decreto de prision; pero no se confundirá con la detencion de ésta naturaleza el arresto correccional.

ART. 145. Al detenido que en el término de sesenta horas, no se le hubiere notificado el decreto de su prision y pasadose copia al alcayde, se pondrá luego en libertad, ecsigiéndose irremisiblemente la responsabilidad al juez.

ART. 146. Al procesado jamás se le embargarán sus bienes, sino en los delitos de responsabilidad pecuniaria, y solo en la proporcion á que se estienda. Tampoco se usará de los tormentos ó apremios, ni se impondrá la pena de confiscacion de bienes; pero se usará de la fuerza si se teme la fuga.

ART. 147. Al tomar la confesion al tratado como reo, se le leerán integramente todos los documentos y las declaraciones de los testigos, con los nombres de estos, y si por ellos no los conociere, se le darán cuantas noticias pida para venir en conocimiento de quienes son. El proceso de allí en adelante será público, en el modo y forma que determinen las leyes.

ART. 148. Ninguna pena será trascendental á la familia del que la sufre ó mereció su efecto.

ART. 149. Simplificados que sean los códigos civil y criminal; adelantada la civilizacion y mejorada la moralidad de los pueblos, á juicio de a legislatura, se establecerán jurados en lo civil y en lo criminal.

Capitulo IV
De los tribunales

ART. 150. Habrá tribunales de primera instancia en todos los lugares del estado en donde haya ayuntamientos, los compondrán los alcaldes, mientras no se establecen jueces de letras en las cabeceras de los partidos: en dichos tribunales darán precisamente principio todos los negocios judiciales, en los términos que previene la ley, á escepcion de los relativos á los funcionarios públicos, de que se hablará despues.

ART. 151. En la capital del estado habrá un tribunal supremo de justicia, dividido en tres salas y compuesta cada una de ellas del magistrado ó magistrados que designará el reglamento especial de tribunales. Asi mismo tendrá un fiscal que despachará indistintamente todos los asuntos de las tres salas.

ART. 152. La primera sala conocerá de los negocios en segunda instancia, y la segunda de los mismos en tercera instancia.

ART. 153. La tercera sala decidirá todas las competencias de los tribunales de primera instancia entre sí: determinará los recursos de nulidad, que se interpongan de las sentencias ejecutoriadas, en primera, segunda y tercera instancia: conocerá de los recursos de fuerza de los tribunales eclesiásticos del estado, conforme á las leyes vigentes: ecsaminará las listas que deben remitirsele mensualmente de todas las causas pendientes en primera, segunda y tercera instancia, y las pasará al gobernador para que se publiquen: oirá las dudas que sobre la inteligencia, de alguna ley ocurran á las dos primeras salas, ó á los tribunales de primera instancia, pasándolas al congreso por medio del gobierno con el informe correspondiente.

ART. 154. El supremo tribunal de justicia conocerá en primera, segunda y tercera instancia de las causas que se formen, prévia declaracion del congreso, á los diputados, al gobernador, á los individuos del mismo tribunal, á los consejeros y al secretario del despacho.

ART. 155. Si se hubiere de formar causa á todo el supremo tribunal de justicia, ésta se sustanciará en primera, segunda y tercera instancia, por un tribunal que se nombrará por el congreso en el primer mes de su renovacion, compuesto del número de individuos y de las salas que designará una ley particular.

ART. 156. Para ser individuo del supremo tribunal de justicia, se requiere ser ciudadano en el ejercicio de sus derechos, natural de cualquiera de los estados de la federacion, mayor de treinta años de edad, con dos á lo menos de residencia en el estado antes de su eleccion, en el que deberán gozar además concepto y opinion de literatura y honradéz.

ART. 157. Pero se suspende la disposicion del articulo anterior, en cuanto á que la residencia en el estado sea de dos años antes de la eleccion, hasta que á juicio del congreso haya en el mismo estado suficiente número de letrados, pudiendo mientras tanto elegirse de fuera de él, teniendo las demas circunstancias.

ART. 158. Serán nombrados por el gobermador del estado, en la forma que previene la constitucion, y amovibles cada seis años, pudiendo ser reelegidos si sin interválo alguno. Son responsables de sus procedimineto en el desempeño de su oficio.

ART. 159. Su sueldo lo señalará el congreso, antes de que tomen posesion de su empleo, y para verificarse ésta prestarán juramento de observar la constitucion política del estado, y desempeñar religiosamente las obligaciones de su encargo.

TITULO VI

De la hacienda publica

Capitulo Unico

ART. 160. Los contribuciones de los habitantes del estado, ecsigidas conforme á la ley, forman los elementos de que se compone la hacienda pública. Y no podrá establecerse ninguna contribucion sino para cubrir los gastos generales de la federacion y los particulares del mismo estado.

ART. 161. Para cubrir estos se formará anualmente por el gobernador el presupuesto general, y aprobado por el congreso se fijarán ó se determinarán las contribuciones con que debe verificarse. Solo el congreso puede establecer contribuciones.

ART. 162. Subsistirán las contribuciones establecidas hasta aqui y no podrá derogarse ni alterarse el método de su recaudacion y administracion, sino por el congreso del estado. Este determinará lo conveniente sobre si las contribuciones deban recaudarse é imponerse directa ó indirectamente.

ART. 163. La administracion general de la hacienda pública corresponde á la direccion general de ella.

ART. 164. La direccion se compondrá del individuo ó individuos que fijará su ley particular reglamentaria; ella determinará sus atribuciones, tanto en la parte económica, como en la directiva y administrativa sin que en ningun caso pueda tener conocimiento en asuntos contenciosos.

ART. 165. Ecsaminará y aprobará anualmente las cuentas de todos los caudales públicos del estado

ART. 166. Estas cuentas generales de los caudales públicos, aprobadas que sean por el congreso, se publicará el estado general de ellas, se circulará á los ayuntamientos para que hagan lo mismo en el distrito de su municipalidad. Todos los años el último de noviembre deberán estar concluidas todas las cuentas, presentadas al gobierno y aprobadas por el congreso.

ART. 167. En la tesoreria del estado entrarán todos los caudales que produzcan las contribuciones, y no se pásará en data á ésta oficina de hacienda gasto alguno, sino tiene prévia autorizacion de la ley.

TITULO VII

De la milicia del estado

ART. 168. En el estado habrá una fuerza militar, compuesta de los cuerpos de milicia local, en los términos que designare la ley. El congreso determinará anualmente la parte de esta milicia que debe prestar continuo servicio, y él mismo formará el reglamento para su gobierno y organizacion, presencia de las circunstancias locales de cada partido; y las disposiciones que acordare la constitucion general de la Union.

TITULO VIII

De la observancia de la constitucion, modo y tiempo de hacer, variacion de ella

Capitulo Unico

ART. 169. Sancionada esta constitucion por el congreso, su observancia es de obligacion á todos los habitantes del estado, sin que el congreso ni autoridad alguna pueda dispensarla. En consecuencia, todo funcionario público, sin escepcion de clase alguna, antes de tomar posesion de su destino prestará juramento de observarla y cumplirla esactamente.

ART. 170. Las infracciones de la constitucion hacen responsable al que las comete, y el congreso dispondrá el modo de ecsigir la responsabilidad.

ART. 171. Sancionada ésta constitucion no podrá reformarse hasta el año de 1836. Mas esto no impedirá que en los años anteriores al de 36 se propongan las reformas que se creyeren convenientes.

ART. 172. Admitida la proposicion de reforma ó variacion, se imprimirá y publicará, remitiendose ejemplares de ella al gobierno, supremo tribunal de justicia, jueces letrados, gefes políticos, y á todos los ayuntamientos del estado, para que manifiesten su opinion en los términos prescritos por la constitucion. No se hará otra cosa por el congreso en el año en que se declare admitida la proposion.

ART. 173. En el siguiente se discutirá la alteracion ó reforma propuesta, y aprobada que fuere se pondrá por artículo constitucional mandándose observar como todos los demas.

ART. 174. El mismo método se observará en lo sucesivo, sin que los congresos, en cuyo tiempo se hicieren nuevas proposiciones, puedan hacer otrá cosa en el primer año de sus sesiones, que lo que dispone el art. 172 y en el segundo lo que previene el art. 173. Si la proposicion se hiciere en el segundo año de las sesiones, no se tomará entonces en consideracion, sino que se reservsará para la legislatura siguiente.

Dada en el salón de sesiones del honorable congreso de Zacatecas á los catorce dias del mes de diciembre de mil ochocientos treinta y dos – *Luis Gonzaga Márquez*, diputado presidente. – *Jose Luis del Hoya*. – *Valentin Gomez Farias* –

Felipe Prado y Gonzalez – Justo Hermosillo. – Luis de la Rosa. – Miguel Román. – Pedro Ramirez. – Diego Castanedo. – Pedro Sanroman, diputado secretario. – *Antonio Eugenio de Gordoa,* diputado secretario.

Por tanto, mando se imprima, publique, circule y se le dé su, debido cumplimiento. Zacatecas diciembre 14 de 1832.

Francisco Garcia.

Manuel G. Cosio.

[1] Editado según *Constitucion politica del Estado Libre y Federado de los Zacatecas*, Zacatecas: s.n., 1832, 71p.

Realizadas estas reformas, la constitución quedó en vigor hasta el fin de la primera república federal en 1836. Después de la era de las repúblicas centralistas fue declarada vigente de nuevo en 1847 por el Acta constitutiva y de reformas (artículo 30), sancionada por el congreso extraordinario constituyente de los Estados-Unidos Mexicanos. La segunda constitución de Zacatecas fue publicada en 1850.

Proyecto de reforma de la constitución del estado de Zacatecas (1849)

Proyecto de Reformas a la Constitución[1]

Desconfiando como es justo de sus ideas, emitidas en el proyecto que presenta, y fijando su atencion en el modo con que está establecido que se puedan hacer reformas á la constitucion general de los Estados-Unidos Mexicanos, adopta para las reformas de la particular del Estado las mismas ideas que se propusieron sus sabios autores á fin de que nuestra carta pueda tambien ser susceptible de mejoras al momento mismo en que se conozca su utilidad. Ninguno de los graves asuntos de que V. Honorabilidad se ha ocupado, por mucho que hayan sido agitados le parece á la comision mas importante que el proyecto que hoy inicia, sobre el que espera que contribuyan con sus luces no solo las autoridades y funcionarios á quienes debe circularse sino los muchos ciudadanos instruidos que hay en el Estado, á quienes franca y lealmente invita la comision á que cooperen con sus observaciones, por lo que concluye pidiendo que se publique y se circule con profusion en cuaderno separado el siguiente proyecto.

EL ESTADO DE ZACATECAS *deseoso de conservar los goces anexos á su soberanía, legítimamente representada por sus diputados reunidos en congreso declara que reforma su anterior constitucion reduciendola á la presente.*

TITULO I

Capitulo 1.°

Disposiciones preliminares del Estado de Zacaceas, su territorio, forma de gobierno y religion

ART. 1.° El Estado de Zacatecas, es parte integrante de la confederacion Mexicana, y en cuañto á su gobierno y administracion interior, es libre, independiente y soberano.

ART. 2.° Su territorio comprende los partidos de Zacatecas, Fresnillo, Aguascalientes, Sembrerete, Nieves, Juchipila, Mazapil, Pinos, Jeréz, Tlaltenango, Villanueva y Calvillo. Los límites y division de estos partidos son los que señalan los artículos 1.° al 13 inclusive del reglamento de 30 de Diciembre de 833, que en esta parte será constitucional. El de Calvillo lo compone el lugar de éste nombre que será la cabecera, Asientos, Rincon de Romos y San José de Gracia con las haciendas y ranchos que se hallen en su jurisdiccion. La ley secundaria podrá cambiar la cabecera de éste partido teniendo en consideracion la centricidad, la poblacion y demás conveniencias locales, y lo que en ésta parte se disponga se tendrá por constitucional.

ART. 3.° El gobierno del Estado es republicano, representativo popular federal, y su poder suprémo se divide en legislativo, ejecutivo y judicial, sin que puedan reunirse dos ó mas de ellos en una corporacion ó persona, ni el legislativo depositarse en un solo individuo.

ART. 4.° El Estado ejerce sus derechos y soberanía en la forma adoptada de gobierno. – 1.° En el poder electoral por medio de los ciudadanos que elijen á los miembros de que se compone el cuerpo legislativo. – 2.° Por medio del cuerpo legislativo que forma y decreta las leyes conforme á la constitucion. – 3.° Por medio del ejecutivo que las hace cumplir á todos los habitantes del Estado. – 4.° Por medio del poder judicial que las aplica en las causas civiles y criminales. – 5.° Por medio de los funcionarios que cuidan y administran sus intereses en lo político-económico.

ART. 5.° La religion del Estado es la misma de la federacion.

Capitulo 2.°

De los habitantes del Estado, sus derechos y obligaciones

ART. 6.° Son habitantes del Estado todos los que reciden en puntos de su territorio, y tienen derechos y obligaciones civiles.

ART. 7.° Sus derechos son:

1.° No ser molestados por sus opiniones y tener libertad para hablar, escribir é imprimir sus ideas sin necesidad de prévia censura ó calificacion. En ningun caso será permitido escribir sobre la vida privada.

2.° El de igualdad para ser regidos, gobernados y juzgados por una misma ley, sin mas distincion que la que ella establezca.

3.° El de propiedad para hacer de su persona y bienes el uso que mejor les parezca. La propiedad es inviolable, sea que pertenezca á particulares ó á corporaciones, y ninguno puede ser privado ni turbado en el libre uso y aprovechamiento de la que le corresponda, segun las leyes, ya consista en cosas, acciones ó derechos, cuando algun objeto de utilidad pública ecsigiere su ocupacion, se hará prévia la indemnizacion competente en el modo que disponga la ley.

4.° El de seguridad por el que la sociedad los proteje y ampara para gozar de ellos.

ART. 8.° Su libertad civil se les afianza:

1.° En no poder ser aprendidos sino por mandato de algun funcionario que esté autorizado por la ley. Se esceptua el delito infraganti en que puede hacerlo cualquiera persona, poniendo en seguridad al detenido á disposicion de su juez competente.

2.° En no poder ser detenido sino por mandato de autoridad competente dado por escrito y firmado, y solo cuando obren indicios suficientes que lo hagan presumir autor del delito que se persigue. Si los indicios se corroboran legalmente de modo que presten mérito para creer que el detenido cometió el hecho criminal, podrá decretarse la prision.

3.° En no ser detenido mas de sesenta horas por la autoridad política sin ser entregado con los datos correspondientes á su juez, ni por éste por otras sesenta sin declararlo bien preso. Si el mismo juez verificare la a aprehension ó hubiere recibido el reo antes de cumplirse sesenta horas de su detencion, dentro de aquel término se dara el auto de bien preso, de modo que no resulte detenido mas de 120 horas. El simple lapso de estos términos, hace arbitraria la detencion, y responsable a la autoridad que la cometa, y a la superior que deje sin castigo este delito.

4.° En no poder ser juzgados ni sentenciados en sus causas civiles y criminales, sino por sus propios jueces, por leyes y tribunales establecidos con anteriordad al hecho que se juzgue. Las leyes ven para lo futuro, y de ninguna manera tendrán efecto retroactivo.

5.° En no poder ser estrechado por clase alguna de apremio ó coaccion á la confesion del hecho por el que se le juzga, ni obligarsele á que declare con juramento en causa propia. En cualquier estado de la causa, en que aparezca justificado, que no debe imponerse al reo pena corporal, se le pondrá en libertad bajo de fianza.

6.° En no poder ser cateada su casa ni registrados sus papeles, sino en los casos y con los requisitos literalmente prevenidos en las leyes.

7.° En no poder ser gravados por otras contribuciones que las establecidas y autorizadas por el congreso conforme sus facultades.

8.° En que no se le pueda impedir la traslacion de su persona y bienes á donde quiera con tal que no deje en el Estado responsabilidad pendiente de ningun género.

ART. 9.° Sus obligaciones son.

1.ª Ser fieles á la constitucion, obedecer las leyes y respetar las autoridades legítimamente constituidas y guardar sus respectivos derechos á sus semejantes.

2.ª Contribuir para los gastos del Estado en los términos que la ley disponga: no teniendo por ley sino la que fuere acordada por el congreso de sus representantes conforme á la constitucion.

3.ª Adscribirse en el padron de su municipalidad y de 18 años para adelante en el registro que se forme para el establecimiento de la Guardia Nacional y defender al Estado y á la Nacion con las armas cuando sean llamados por la ley.

ART. 10. Estos derechos y obligaciones forman los elementos del derecho público de los zacatecanos y se dividen en zacatecanos y ciudadanos zacatecanos.

ART. 11. A la primera clase pertenecen todos los nacidos en el territorio del Estado, y los que habiendo nacido en cualquiera otra parte de la República se avecinden en el Estado y los extrangeros que se naturalicen conforme á las leyes.

ART. 12. Son ciudadanos.

1.° Todos los hombres nacidos en el Estado y avecindados en él, que hayan cumplido 18 años siendo casados y 20 los que no lo sean.

2.° Los ciudadanos de los demas Estados y territorios de la federacion luego que sean vecinos. La ley reputa por vecino al que se radica en un lugar con casa, giro, negociacion ó modo honesto de vivir.

3.° Los nacidos en paises extrangeros avecindados en el Estado, siendo sus padres mexicanos, que no hayan perdido el derecho de ciudadanos de la federacion.

4.° Los extrangeros que recidian en el Estado antes de 810 y han continuado hasta la fecha: los casados con mexicana ó que en adelante se casaren, avecindandose en el Estado y los que vivan de alguna ocupacion honesta ó útil á la sociedad teniendo dos años de vecindad: los que se hayan distinguido por algun invento científico, profesion artística ó escritos sublimes sobre cualquier ramo. Cualquiera de estas circunstancias habilita al extrangero para merecer la carta de ciudadano zacatecano, debiendo hacer constar ante la autoridad política las circunstancias que lo recomiendan para que se le expida. Los extrangeros con carta de naturaleza tienen los mismos derechos y obligaciones que todos los zacatecanos, y para obtener los cargos públicos concejiles, necesitan dos años de vecindad, cuatro para los poderes supremos legislativo y judicial; y seis para el gobierno del Estado.

ART. 13. Son derechos de los ciudadanos zacatecanos el de votar en las elecciones populares cuando en ellos concurran los requisitos señalados por las leyes, el de ser nombrados para los cargos públicos, y los de eleccion popular.

ART. 14. Son obligaciones de los ciudadanos zacatecanos.

1.ª Adscribirse en el padron de su municipalidad.

2.ª Poner su nombre en el registro para el alistamiento de la Guardia Nacional y para el jurado de imprenta conforme á la ley.

3.ª Votar en las elecciones populares y desempeñar los cargos de eleccion popular cuando no tengan impedimento fisico ó moral ó escepcion legal calificada por quien corresponda.

ART. 15. Fundandose el derecho de ciudadano en la consideracion que dispensa la sociedad á los individuos de ella, que cumplen con los deberes y obligaciones que les impone; tambien se pierde ó se suspende su ejercicio faltando á ellos.

ART. 16. Los derechos de los ciudadanos zacatecanos se pierden.

1.° Por adquirir naturaleza en pais extrangero, ó admitir empleo ó condecoracion de gobierno extrangero.

2.° Por envenenador, incendiario, parricida, falsificador, asesino alevoso, ladron sacrilego, calumniador, traidor al Estado y á las autoridades constituidas.

3.° Por el delito de allanamiento y detencion arbitraria; y en general por cualquier atentado contra las garantías sociales é individuales, suficíentemente acreditado.

4.° Por sentencia judicial que haya causado ejecutoria, por delitos que tengan anecsa pena infamante.

5.° Por quiebra fraudulenta caliñeada. Por mala versacion ó deuda fraudulenta contraida en la administracion de fondos públicos sea cualquiera la caja a que pertenezcan; por cohecho, baratería ó soborno.

6.° Por la profesion del estado monacal.

ART. 17. Su ejercicio se suspende.

1.° Por incapacidad fisica ó moral, judicialmente calificada, entendiendose que la tiene para el desempeño de los cargos públicos.

2.° Por no tener domicilio, empleo, oficio ó modo honesto de vivir conocido.

3.° Por el estado de sirviente doméstico entendiendose por tal el dedicado al servicio inmediato de la persona de quien recibe el salario.

4.° Por causa criminal desde el auto motivado de prision, ó desde la declaracion de haber lugar á formacion de causa á los funcionarios públicos hasta la sentencia si fuere absolutoria.

5.° Por ser ebrio consuetudinario, tahur de profesion ó vagó, ó tener casa de juegos prohibidos.

6.° Por no adscribirse en el padron de su respectiva municipalidad, en el registro de la Guardia Nacional y en el de jurados de imprenta.

7.° Por no haber cumplido 18 años siendo casados y veinte no siendolo; y por no saber leer ni escribir.

8.° Por no desempeñar los cargos de eleccion popular, careciendo de causa justificada, en cuyo caso durará la suspension el tiempo que deberia desempeñar el encargo. Solamente los que sean ciudadanos y estén en el ejercicio de sus derechos podrán elegir y ser electos para los empleos del Estado.

ART. 18. Para que un ciudadano se tenga por privado de los derechos de tal, se requiere declaracion formal de autoridad competente conforme á las leyes.

ART. 19. El ciudadano que haya perdido sus derechos puede ser rehabilitado por el congreso.

TITULO II

Capitulo 1.°

Del Poder Legislativo

ART. 20. El poder legislativo del Estado reside en un congreso compuesto de diputados elegidos popularmente en la forma que determina la ley; y en el gobernador del mismo, unicamente por lo que respecta á la sancion de las leyes. El número de diputados se arreglará á la poblacion y á los partidos: se elegirán en un mismo dia en todas las cabeceras de partido un diputado propietario por cada veinte mil habitantes ó por una fraccion que exceda de doce mil. En caso de que algun partido del Estado tenga una poblacion que no llegue á veinte mil siempre nombrará un dipatado propietario y un suplente. el número de suplentes será igual al de los propietarios.

ART. 21. Para ser diputado propietario ó suplente se requiere.

1.° Ser ciudadano en ejercicio de sus derechos, veinticinco años de edad y natural ó vecino del Estado dos años antes de la eleccion. Siendo extrangeros la vecindad ha de ser de cuatro años.

2.° Tener una propiedad raiz ó ejercer alguna ciencia, arte ó industria, útil.

ART. 22. No pueden ser diputados.

1.° Los ministros del tribunal supremo de justicia, los jueces de letras, gefes políticos y dependientes de cualquiera tribunal.

2.° Los funcionarios civiles ó militares del Estado que tengan nombramiento del gobierno.

3.° Los empleados civiles ó militares de la federacion y los ordenados in sacris y religiosos profesos.

ART. 23. Para que los comprendidos en el artículo anterior puedan ser elegidos diputados, deberán haber cesado absolutamente en sus destinos, seis meses antes de las elecciones primarias.

ART. 24. Si un mismo individuo fuere nombrado diputado por dos ó mas partidos, siendo vecino de alguno de ellos, representará al de su vecindad; si no lo fuere, al de su nacimiento; y no siendo ni natural ni vecino, decidirá la suerte á cual debe representar. El sorteo se hará por el congreso, si estuviere reunido, ó por la diputacion permanente, y en seguida se mandará que la junta electoral haga la eleccion en el partido ó partidos que quedaren sin representacion por este motivo.

ART. 25. Los diputados suplentes concurrirán al congreso cuando fallezcan los propietarios, ó esten imposibilitados de ejercer sus funciones á juicio del mismo congreso.

ART. 26. El congreso se renovará en su totalidad cada dos años.

ART. 27. Durante el tiempo de su mision en los meses que la desempeñen, seran asistidos los diputados con dietas á razon de dos mil pesos anuales, y se les abonarán los gastos del viage a dos pesos por legua en ida y vuelta.

ART. 28. Los diputados son inviolables é irreclamables por las opiniones que manifiesten en el ejercicio de sus funciones. Si se intentase contra ellos causa criminal, los juzgará el tribunal que se designe. Durante el tiempo de su diputacion y seis meses despues, no podrán ser demandados civilmente ni ejecutados por deuda alguna. Tampoco podrán obtener del gobierno ningun empleo, mientras fueren diputados á menos que les corresponda por escala en su respectiva carrera.

ART. 29. En el año que correspondiere la renovacion, deberán estar los nuevos diputados en la capital el dia 15 de Octubre anterior, y en el mismo se presentarán y exhibiran sus credenciales á la diputacion permanente, que existirá conforme á esta constitucion, la que hara escribir sus nombres en un registro que habrá al efecto en la secretaría del congreso. La diputacion examinará las credenciales, y sobre ellas y la legitimidad de los diputados, nuevamente elegidos, abrirá dictámen con el que dará cuenta á los mismos diputados á quienes reunirá bajo su presidencia y secretaría en juntas preparatorias que seran públicas en los dias 30 y 31 de Octubre. Los nuevos diputados en estos dias, oido el dictámen de la diputacion permanente, calincarán la legitimidad de las personas y de los poderes decidiendo definitivamente las dudas que ocurran, a pluralidad absoluta de votos, sin tenerlo los individuos de la diputacion permanente. Si se declarase que algun poder es ilegal ó que algun diputado no tiene las cualidades necesarias para serlo, aquel se mandará reponer y respecto de este se mandará hacer nueva eleccion por la junta electoral del partido á que corresponde.

ART. 30. La fórmula en que deberán estar estendidos los poderes á los diputados, sera la siguiente. —"En la ciudad, pueblo ó villa de .... cabecera del partido (de su nombre) en tantos dias del mes de.... del año de.... Los ciudadanos N.N. congregados en él, dijeron: que como electores del partido, procedieron en éste dia conforme á la constitucion á celebrar la junta electoral para el nombramiento de los diputados que por éste partido deben concurrir al congreso del Estado: que para el efecto fueron nombrados el ciudadano N. N. en clase de propietario y el ciudadano N. N. en la de suplente, segun que todo consta en el expediente de la materia, y que en consecuencia otorgan á dichos individuos, en nombre de su partido, las facultades necesarias y àmplios poderes, para que cada uno de ellos en caso pueda promover con los demás diputados del Estado su mayor bien y prosperidad, con arreglo á su constitucion política y á las instrucciones y encargos que les hagan los Ayuntamientos del partido, de cuyos resultados les daran aviso los mismos diputados. Y por éste documento asi lo otorgaron los expresados ciudadanos electores por ante mí el infrascripto escribano y los testigos N. N."

ART. 31. Las instrucciones y encargos de que se habla en la fórmula antecedente, las estenderan todos los ayuntamientos del distrito de cada partido.

Capitulo 2.°

De la celebracion del Congreso

ART. 32. Para instalarse el congreso en el primer periódo de cada bienio concurrirá a la sesion del dia 1.° de Noviembre el presidente y secretarios de la diputacion permanente que acaba. Los nuevos diputados prestarán ante ellos el juramento de observar la constitucion del Estado, la general de la union confederada, y desempeñar religiosamente su encargo.

ART. 33. Inmediatamente se procederá a elegir de los nuevos diputados por ellos mismos un presidente, un vice presidente y dos secretarios con lo que se declarara el congreso legitimamente constituido. Se avisará al gobierno para que lo haga publicar y circular por todo el Estado.

ART. 34. En el siguiente dia dos de Noviembre se presentará al nuevo congreso por el individuo que fué presidente de la comision ó diputacion permanente, una noticia breve y bien formada de los trabajos en que se ocupó la legislatura anterior; de las leyes, decretos ú órdenes que se expidieron en todos los ramos de la administracion pública; del resultado que hayan tenido, y de todos los negocios que queden pendientes.

ART. 35. En seguida se presentara el gobernador quien felicitará al congreso por su instalacion y contestará el presidente en términos generales.

ART. 36. El mismo dia se presentará indispensablemente el secretario de gobierno á informar al congreso por escrito de toda la administracion pública con la extension que demanda objeto tan importante. Igual presentacion hará el mismo funcionario siempre que el congreso lo acuerde.

ART. 37. Las sesiones del congreso serán en la capital del Estado en el edificio destinado al efecto. Si por causas extraordinarias juzgare necesario el congreso variar de residencia podrá hacerlo, interin subsistan aquellas, acordándolo las dos terceras partes del número de diputados presentes.

ART. 38. Serán públicas y diarias sin otra interrupcion, que la de los dias festivos. religiosos ó de fiesta Nacional solemne: durarán cada año tres meses desde el dia l.° de Noviembre hasta el 30 de Marzo siguientes, pudiendo prorogarse por treinta dias útiles á pedimento del gobierno, ó por resolucion del mismo congreso.

ART. 39. El congreso antes de cerrar sus sesiones ordinarias cada año, nombrará una comision ó diputacion permanente de su seno compuesta de tres individuos propietarios y un suplente. El presidente de ésta comision será el primer nombrado y las atribuciones y facultades de ella, serán las que le demarca ésta constitucion. Subsistirá todo el tiempo del receso de aquel y sus individuos disfrutarán una indemnización á razón de dos mil pesos anuales.

ART. 40. Si algun motivo grave exigiere la reunion extraordinaria del congreso, ó la pidiere el gobierno de acuerdo con su consejo, será convocado por la diputacion permanente, y no podrá ocuparse de otro asunto que de aquel para que hubiese sido convocado.

ART. 41. Ningun ciudadano podrá escusarse por motivo ni pretesto alguno de desempeñar el cargo de diputado.

Capitulo 3.°

De las facultades y atribuciones del congreso y de la comision ó diputacion permanente

ART. 42. Pertenece exclusivamente al congreso.

1.ª Decretar las leyes concernientes á la administracion y gobierno interior del Estado en todos sus ramos, interpretarlas, aclararlas ó derogarlas.

2.ª Volar incesantemente sobre la conservacion de los derechos civiles y naturales de los ciudadanos y habitantes del Estado, y promover por cuantos medios estén á su alcance su prosperidad general.

3.ª Formar los códigos de la legislacion particular del Estado, bajo un plan sencillo y bien combinado sobre los intereses del mismo Estado.

4.ª Intervenir en la eleccion de gobernador y teniente gobernador del Estado, en el modo que previene esta constitucion, declarar los electos, y determinar lo que juzgue mas conveniente en las escusas que aleguen para no servir tales destinos.

5.ª Declarar si ha ó no lugar á la formacion de causa á alguno de los diputados del congreso, al gobernador, á los consejeros, al secretario de gobierno y á los individuos del supremo tribunal de justicia, decretando se haga efectiva la responsabilidad de estos funcionarios y la de los demas empleados del Estado.

6.ª Fijar anualmente en los dos primeros meses de sus sesiones ordinarias los gastos de la administracion pública del Estado á propuesta del gobernador, é imponer contribuciones para cubrirlos, procurando que en lo posible sean directas, y aprobar el repartimiento que se haga de ellas, entre los partidos del Estado.

7.ª Examinar y aprobar en los mismos dos primeros meses de sus sesiones ordinarias las cuentas de todos los caudales públicos del Estado correspondientes al año anterior.

8.ª Representar al congreso general de la Union sobre las leyes, decretos ú ordenes generales que se opongan ó perjudiquen á los intereses del Estado.

9.ª Aprobar ó no los reglamentos que formare el gobierno para el mejor despacho de los negocios de su encargo y los generales que se formen para la polícia y salubridad de todo el Estado.

10.ª Promever y fomentar toda clase de industria, removiendo cuantos obstáculos la entorpezcan.

11.ª Cuidar muy especialmente de la enseñanza primaria, educacion é ilustracion general del Estado conforme á los planes que se formaren.

12.ª Protejer la libertad política de la imprenta.

13.ª Expedir cartas de naturaleza á los extrangeros que se ávecinden en el Estado, en los términos que prevenga la ley; y conforme á ella los títulos de rehabilitacion, para recobrar los derechos de ciudadano cuando estén perdidos ó suspensos.

14.ª Aprobar, prévio informe del gobierno, los reglamentos de tribunales y oficinas de cualquiera clase, los arbitrios para obras públicas de beneficencia, utilidad y ornato, y las ordenanzas municipales que formen los Ayuntamientos.

15.ª Conceder indultos generales por délitos de que deben conocer los tribunales del Estado.

16.ª Conceder al ejecutivo del Estado por tiempo y para objetos limitados facultades extraordinarias, solo cuando lo requieran circunstancias graves de conveniencia pública, calificadas por las dos terceras partes de los diputados que constituyen la legislatura.

17.ª Finalmente está en sus atribuciones todo lo que corresponde al órden legislativo, é intervenir y prestar su consentimiento en todos los casos que previene esta constitucion.

ART. 43. Las atribuciones de la comision ó diputacion permanente son.

1.ª Velar sobre la observancia de las leyes, y dar informe al congreso de las infracciones que haya notado.

2.ª Preparar y adelantar los trabajos pendientes al tiempo del receso del congreso, y presentarlos en las próximas sesiones, con informe de todo cuanto sea debido y conveniente instruirlo.

3.ª Convocar el congreso á sesiones extraordinarias en los casos que dispone la constitucion.

4.ª Cuidar de que en los dias señalados por la ley se hagan las elecciones populares que previene esta constitucion, excitando al gobierno á que con oportunidad libre las órdenes correspondientes.

5.ª Recibir y examinar las credenciales de los diputados que se nombren para la renovacion del congreso, y practicar sobre esto lo prevenido en la constitucion.

6.ª Recibir los testimonios de las actas de elecciones de las juntas secundarias de partido, para gobernador y teniente gobernador, y entregarlas al congreso, luego que esté reunido.

Capitulo 4.°

De la formacion de las leyes y su sancion

ART. 44. Todo diputado tiene por razon de su oficio la facultad de proponer al congreso proyectos de ley, haciendolo por escrito y exponiendo las razones en que los funde.

ART. 45. Esta facultad no será solo privativa de los diputados sino tambien del gobierno, tribunal, Ayuntamientos, corporaciones, empleados y de todo ciudadano sea de la clase y condicion que fuere.

ART. 46. Los proyectos no se limitarán únicamente á la propuesta de nuevas leyes, sino tambien á la reforma de las antiguas y a su derogacion en todo ó en parte, siempre que en concepto de los proponentes sea útil la medida para asegurar los derechos de los ciudadanos y su prosperidad general.

ART. 47. Presentado un proyecto de ley ó de su reforma, se tendrá por admitido á discusion si así lo piden tres diputados.

ART. 48. Los proyectos de ley ó decreto que se admitan á discusion se imprimirán y por la secretaría del congreso se pasarán ejemplares de ellos al gobierno, tribunal, jueces de letras, gefes políticos, ayuntamientos, y juntas municipales del Estado, para que dentro de un mes, hagan sobre ellos las observaciones que estimen justas, pasado el cual podrá discutirse y sancionarse sin mas demora el proyecto de ley ó decreto.

ART. 49. Reducidas á un solo cuerpo las observaciones, se dará cuenta con ellas al congreso y comenzará la discusion en los términos que previene su reglamento interior.

ART. 50. Cuando algun proyecto de ley fuere por su naturaleza ejecutivo y siete diputados pidan que se dispensen los trámites referidos y se tome luego en consideracion, el congreso procoderá á su discusion inmediatamente sin otro requisito.

ART. 51. Para que un proyecto de ley se tenga por aprobado en el congreso prévias las formalidades prescritas, es necesario que voten por él, la mitad y uno mas de los diputados que lo componen. Aprobado que sea se estenderá en forma de ley y se pasará al gobierno quien dentro de diez dias podrá hacer las observaciones que le parezcan oyendo á su consejo.

ART. 52. Si no tuviere observaciones ó reparos que hacer á la nueva ley, la promulgará y circulará con la solemnidad correspondiente. Mas en el caso que tenga objeciones que hacerle, volverá al congreso se abrirá la discusion con presencia de ellas pudiendo asistir un orador en su nombre.

ART. 53. Concluida ésta discusion se tendrá por aprobado el proyecto de la nueva ley, si votan á su favor las dos terceras partes de los diputados presentes. La votacion se hará por escrutinio secreto y concluida se pasará al gobernador que procederá luego á su publicacion sin otro recurso bajo su mas estrecha responsabilidad.

ART. 54. Si se desechare el proyecto en esta segunda discusion, no volverá á proponerse hasta pasados ocho meses en cuyo caso se practicarán de nuevo las formalidades que se han mencionado.

ART. 55. Para derogar una ley ó decreto han de observarse los mismos trámites que para su sancion.

Capitulo 5.°

De la publicacion y de los efectos de la aplicacion de las leyes

ART. 56. Las leyes son ejecutorias en todo el territorio del Estado en virtud de la promulgacion que haga el gobernador en la capital.

ART. 57. Se ejecutarán en cada partido del Estado desde el momento en que pueda saberse en ellos la promulgación hecha por el gobierno, en el lugar donde resida éste se reputará por conocida, veinticuatro horas despues de su solemne promulgacion; y en los demas lugares del Estado, en el mismo término, despues de publicado en el que residiere su Ayuntamiento ó junta municipal.

ART. 58. Estas condiciones son necesarias previamente para que los tribunales puedan aplicar las leyes: en consecuencia sus disposiciones son únicamente para lo futuro y de ninguna suerte tendrán efecto retroactivo.

TITULO III
Del ejecutivo del Estado

Capitulo 1.°
Del gobierno del Estado

ART. 59. El ejercicio del poder ejecutivo residirá en un individuo con la denominacion de gobernador del Estado, y á su vez en otro que se denominará teniente gobernador. Han de ser ciudadanos en ejercicio de sus derechos, de 30 años de edad á lo menos, quedando escluidos los ordenados insacris, los religiosos profesos, los militares del ejército permanente y los empleados generales de la federacion.

ART. 60. El gobernador disfrutará por todo el tiempo que esté en su encargo el sueldo de cuatro mil pesos anuales, y durará en ejercicio cuatro años, no pudiendo ser reelecto hasta pasados otros cuatro.

ART. 61. El nombramiento de gobernador se hará por las juntas secundarias ó de municipalidad al dia siguiente de haberse hecho el de los electores de partido. Cada una de estas juntas elegirá á pluralidad absoluta de votos un individuo para gobernador que tenga los requisitos del art. 59 y concluida esta eleccion procederá á la de teniente gobernador que tendrá las mismas cualidades y remitirán testimonio de la acta de elección á la diputacion permanente del congreso ó á este si estuviere reunido.

ART. 62. El congreso en el dia 1.° de Diciembre del año anterior á la renovacion del ejecutivo abrira los testimonios de que habla el artículo anterior y nombrará una comision especial de su seno para revizarlos y dar cuenta dentro de tercero dia en el que se procederá á calificar las elecciones y á hacer la enumeracion de los votos.

ART. 63. Los individuos que reunieren la mayoría absoluta de votos de las juntas electorales computados por el número de ellas y no por el de sus vocales serán gobernador y teniente gobernador del Estado.

ART. 64. Si ninguno reuniere la mayoría absoluta de votos de las juntas electorales, el congreso elegirá para gobernador uno de los dos individuos que tenga mayor número de sufragios: si fueren mas de dos los que reunieren con igualdad esta mayoría de votos, el congreso elegirá al gobernador de entre todos ellos; lo mismo sucederá cuando ninguno tuviere esta mayoría sino que todos tengan igual número de sufragios.

ART. 65. Si un individuo solo obtuviere la mayoría respectiva de votos y dos ó mas tienen el mismo número de sufragios, mayor que el de todos los otros el congreso elegirá entre aquellos el individuo que ha de competir con el que reunió la mayoría respectiva para nombramiento de gobernador.

ART. 66. Todas estas elecciones del congreso deben ser por escrutinio secreto y á pluralidad absoluta de votos. En caso de empate decidirá la suerte.

ART. 67. La eleccion de teniente gobernador en el caso de los tres artículos anteriores, se hará en el mismo dia y en la propia forma que la del gobernador. Si este falleciere ó por algun impedimento fisico ó moral se hallare impedido el gobernador á juicio del congreso desempeñará sus funciones el teniente gobernador.

ART. 68. El nombramiento del nuevo gobernador y teniente gobernador se publicará inmediatamente y si el primero no residiere en la capital se le hará pasar á ella para que en lo que falte del año se acerque al gobierno y se instruya de los negocios para comenzar á gobernar el dia primero de Enero siguiente.

ART. 69. En este dia presentará al congreso el gobernador que acaba una memoria en que dé cuenta de toda su administracion mientras estuvo al frente del gobierno.

Capitulo 2.°

De las atribuciones y deberes del gobernador del Estado

ART. 70. Son atribuciones y deberes del gobernador del Estado.

1.ª Ejecutar y cumplir y hacer cumplir y ejecutar las leyes, decretos, órdenes y resoluciones que acordare el congreso, dandole cuenta con los del general de la federacion.

2.ª Velan sobre la conservacion del órden público en lo interior del Estado, y de su seguridad en lo exterior.

3.ª Publicar las leyes ó decretos del congreso bajo la fórmula prevenida por la ley.

4.ª Formar instrucciones y reglamentos para la mas facil y pronta ejecucion de las determinaciones del congreso oyendo en los asuntos gubernativos y de hacienda a su consejo.

5.ª Cuidará de que en todo el Estado se administre conforme á las leyes pronto y cumplida justicia, á cuyo fin cuando lo creyere conveniente ó necesario escitará á cualquiera de los tribunales del Estado; y les ministrará ó hará que se les ministre el auxilio que pidieren para hacer cumplir sus providencias.

6.ª Con la mayor prudencia y circunspeccion, mantendrá relaciones políticas con los gobiernos de los Estados límitrofes por lo que importa á la seguridad del de Zacatecas.

7.ª De la misma manera dirigirá sus relaciones tambien políticas y comerciales con los demás Estados observando en esto las disposiciones que dictare el congreso general para mantener el equilibrio de la confederacion y las particulares, que acordare el congreso del Estado.

8.ª A propuesta en terna del congreso nombrará á los gefes y empleados de las oficinas generales de hacienda que tengan responsabilidad, en los demás empleados de este ramo se observará lo que determinen las leyes.

9.ª Presentará para los beneficios eclesiásticos del Estado á propuesta de su consejo conforme al arreglo que se haga.

10.ª Cuidará de la fabricación de la moneda, conforme á la ordenanza y leyes particulares de su ramo y con arreglo á lo que las mismas dispusieren proveerá los empleos.

11.ª Decretará la inversion de los caudales públicos del Estado, en los distintos ramos de su administracion, sin que pueda hacerlo mas de en los gastos que tengan prévia autorizacion de la ley; y sin estos requisitos no se pagara en la tesorería ninguna cantidad.

12.ª Cuidará de la administracion y recaudación de todas las rentas del Estado, sin alterar los métodos con que conforme a las leyes se administren y recauden.

13.ª Tendrá á sus órdenes como gefe del Estado la Guardia Nacional del mismo; pero fuera de los casos prevenidos expresamente en su particular reglamento no podrá usar de ella sino con el consentimiento y en virtud de acuerdo del congreso.

14.ª A los empleados del Estado, pertenecientes al órden político ó administrativo, podra con motivo justificado suspenderlos de empleo y sueldo hasta por dos meses, por infractores de sus órdenes, leyes ó decretos del congreso; y si en su concepto la falta mereciere mayor pena con todos los datos y documentos respectivos, los pondra oportunamente á disposicion del tribunal que corresponda.

15.ª Podrá nombrar y remover libremente al secretario de su despacho.

16.ª En casos particulares y despues de ejecutoriada la sentencia respectiva, podrá con arreglo á las leyes indultar á los delincuentes.

ART. 71. Todas las órdenes y decretos del gobernador, se firmaran por el secretario de su despacho, y sin este requisito no serán obedecidas.

ART. 72. Al gobernador del Estado durante el tiempo de su empleo, se le podrá exijir y hacer efectiva su responsabilidad por delitos de traicion contra la independencia nacional ó forma establecida de gobierno, por cohecho ó soborno: por actos dirigidos á impedir las elecciones de diputados, su reunion ó el ejercicio de las atribuciones del congreso: por usurpacion de las facultades del poder judicial, delitos contra la libertad de imprenta é infracciones de la constitucion siempre que el congreso las reclamare y el gobernador se desentendiere de tales reclamaciones ó expresamente insistiere en sus actos ó conducta anticonstitucional. Tambien es responsable por los delitos comunes que cometa durante el ejercicio de su encargo, y merezcan pena corporal; dentro del año despues de haber cesado en sus funciones podrá ser acusado ante el congreso por toda clase de delitos ó faltas que haya cometido en el ejercicio de su empleo, pasado el referido término no podrán hacerse tales acusaciones.

Capitulo 3.°

Del secretario del despacho

ART. 73. El gobierno para todo el despacho y giro de los negocios de su inspeccion tendrá un secretario, que será el gefe de la secretaría y á su cargo correrán todos los negocios del gobierno del Estado sean cuales fueren.

ART. 74. Debe ser ciudadano en el ejercicio de sus derechos de veinticinco años de edad á lo menos, y vecino del Estado cinco años antes de su nombramiento.

ART. 75. El secretario es responsable de todos sus procedimientos ya consistan en actos de comision ó de pura omision y puede ser acusado ante el congreso por cualquier individuo del pueblo.

Capitulo 4.°

Del teniente gobernador

ART. 76. El teniente gobernador dasempeñará las funciones del gobernador en las faltas temporales y absolutas de éste.

ART. 77. Estará á su cargo la vigilancia inmediata de la instruccion primaria y secundaria del Estado conforme lo establezca una ley particular.

ART. 78. Cuando funcione como gobernador, por falta absoluta de éste, disfrutará el sueldo de cuatro mil pesos anuales; en los demás casos solo percibirá tres mil.

ART. 79. Si faltaren á un mismo tiempo el gobernador y teniente gobernador, entrará á funcionar interinamente el individuo que despues de aquellos, haya obtenido mayoría de votos de las juntas secundarias, haciéndose el computo por la diputacion permanente ó por el congreso si estuviere reunido. Cuando las juntas secundarias se reunan, harán nueva postulacion de gobernador y teniente para el periodo constitucional que vaya corriendo.

Capitulo 5.°

Del consejo de gobierno

ART. 80. Habrá un consejo de gobierno que se formará del teniente gobernador que será su presidente, del director de hacienda y de un comerciante, un agricultor y un minero. Los dos primeros serán consejeros natos, y los tres últimos se denominarán consejeros propietarios los cuales se nombrarán por el gobierno á propuesta en terna del congreso.

ART. 81. El empleo de consejero propietario es un encargo de honor que no disfrutara sueldo alguno: los consejeros natos no percibirán mas retribucion que la asignada á sus respectivos empleos.

ART. 82. Se nombrarán en los mismos términos y con las mismas cualidades tres suplentes que sustituyan á los propietarios en sus faltas perpetuas y temporales que excedan de un mes.

ART. 83. El consejo consultará al gobierno en todos los negocios de gravedad que se pasen á su conocimiento. En las observaciones que el ejecutivo haga a las leyes que acordare el congreso, y en los reglamentos, órdenes ó decretos que dicte con el carácter de ley provisional cuando estuviere legítimamente investido de facultades extraordinarias. El ejecutivo no podrá dictar providencia con el caracter de ley aun cuando esté investido de facultades extraordinarias sin el acuerdo y conformidad de su consejo.

Capitulo 6.°

Del gobierno político de los partidos

ART. 84. Habrá Ayuntamientos y juntas municipales elegidas popularmente en los pueblos del Estado para su gobierno interior y régimen municipal: sus atribuciones, el número de individuos de que deben componerse y la base de poblacion que sea necesaria para establecerlos, se fijara en el reglamento económico político.

ART. 85. En cada cabecera de partido, habrá un gefe político que nombrará el gobierno de entre los individuos que en las diferentes ternas le propongan los Ayuntamientos y juntas municipales del mismo partido: su duracion será de cuatro años pudiendo ser reelectos indefinidamente.

ART. 86. Si alguno de los individuos postulados tuviere mayoría de votos de los Ayuntamientos y juntas municipales, será necesariamente el nombrado; de manera que, en semejantes casos la facultad del gobierno estará reducida á declarar gefe político al que haya obtenido mayor número de postulaciones.

ART. 87. En el mismo reglamento se detallarán las atribuciones y deberes de estos empleados.

ART. 88. Para ser gefe político, se réquiere ser ciudadano en el ejercicio de sus derechos, mayor de veinticinco años de edad, no pertenecer a ningua clase aforada y ser natural ó vecino del Estado.

ART. 89. Las atribuciones de los Ayuntamientos y juntas municipales, son:

1.ª Manifestar al congreso su opinion en todos los proyectos de ley, de su reforma ó derogacion, que se le remitan para este efecto.

2.ª La polícia de órden, la de instruccion primaria, la de beneficencia, salubridad, seguridad, comodidad, ornato y recreo.

3.ª Repartir las contribuciones ó empréstitos que se señalaren á sus territorios.

TITULO IV

Capitulo 1.°

Del poder judicial

ART. 90. El poder judicial se compondrá de un tribunal supremo que se establecera en la capital del Estado, y de los que en cada partido se establezcan para administrar la justicia en primera instancia.

ART. 91. El supremo tribunal se formará de una sala compuesta de cinco ministros y un fiscal que despacharán todos los negocios que ocurran y sean de su competencia, segun lo que se dirá despues y lo que determinaren las leyes secundarias.

ART. 92. En cada cabecera de partido y en los demas lugares que determine la ley habrá jueces de letras abogados de profesion: dichos jueces precisamente conocerán y determinarán en primera instancia todos los negocios civiles y criminales que se ofrecieren en el Estado y les correspondan conforme á la constitucion y las leyes.

Capitulo 2.°

De las cualidades necesarias para ser nombrado ministro del supremo tribunal ó juez de 1.ª instancia; y de la manera en que se han de hacer dichos nombramientos

ART. 93. Para ser individuo del supremo tribunal, se requiere: ser ciudadano en ejercicio de sus derechos, natural de cualquiera de los Estados de la federacion, mayor de treinta años con dos á lo menos de residencia en el Estado antes de su eleccion, abogado con seis años á lo menos de ejercicio.

ART. 94. Para ser juez de 1.ª instancia se requieren las mismas cualidades que para ministro, bastando la edad de veinticinco años, y cuatro años de ejercicio en la profesion de abogado.

ART. 95. Los magistrados serán nombrados por el gobernador á propuesta en terna del congreso y amovibles cada seis años, pudiendo ser reelegidos sin intervalo alguno. Son responsables de sus procedimientos en el desempeño de su oficio.

ART. 96. Al tomar posesion prestarán juramento de observar la constitucion política del Estado y de desempeñar religiosamente las obligaciones de su cargo, su sueldo serán 2500 pesos anuales.

ART. 97. Determinarán en 2.ª instancia todos los negocios judiciales, civiles y criminales que ocurran en todo el territorio del Estado: conocerán de los recursos de fuerza de los tribunales eclesiásticos del Estado conforme las leyes vigentes: examinarán las listas que deben remitirseles mensalmente de todas las causas pendientes en 1.ª instancia y las pasarán al gobierno para que las publique: oirán las dudas que sobre la inteligencia de alguna ley ocurra á los jueces, pasandolas al congreso por medio del gobierno con el informe correspondiente: conocerán en 1.ª instancia de las causas que se forman, prévia declaracion del congreso á los diputados, al gobernador, á los individuos del mismo tribunal, á los consejeros y al secretario del despacho: para formar sentencia es necesario la concurrencia de tres votos conformes.

ART. 98. En los juzgados de 1.ª instancia darán precisamente principio todos los negocios judiciales en los términos que previene la ley, a escepcion de los relativos á los funcionarios públicos.

ART. 99. Ningun negocio tendrá mas de dos instancias y la segunda de las causas instruidas á los funcionarios públicos se sustanciará y determinará por un tribunal que se nombrará por el congreso en el primer mes de su renovacion, compuesto del número de individuos y de las salas que designará una ley particular; no pudiendo formarse la sala de 2.ª instancia de menos de cinco magistrados.

ART. 100. Este tribunal conocerá de las causas que se formen á todo el supremo de justicia.

TITULO V

De la hacienda pública del Estado

ART. 101. Las contribuciones de los habitantes del Estado exigidas conforme á la ley forman los elementos de que se compone la hacienda pública. Y no podra establecerse ninguna contribucion sino para cubrir los gastos generales de la federacion y los particulares del mismo Estado.

ART. 102. Para cubrir estos se formará anualmente por el gobierno el presupuesto general que presentará en los dos primeros meses de cada año, y aprobado por el congreso se fijarán ó se determinarán en seguida las contribuciones con que debe verificarse, solo el congreso puede establecer contribuciones, y derogar ó alterar su método de recaudacion y administracion.

ART. 103. La administracion general de hacienda corresponde a la direccion general de ella.

ART. 104. La direccion se compondra del individuo ó individuos que fijará su ley particular reglamentaria: ella determinará sus atribuciones, tanto en la parte económica como en la directiva y administrativa, sin que en ningun caso pueda tener conocimiento en asuntos contenciosos.

ART. 105. Examinará y aprobara anualmente las cuentas de todos los caudales públicos del Estado en los seis primeros meses del año las que aprobadas por el congreso se publicará el estado general de ellas circulandose a los ayuntamientos para que hagan lo mismo en el distrito de su municipalidad.

ART. 106. En la tesorería del Estado entrarán todos los caudales que produzcan las contribuciones y no se pasará en data á esta oficina de hacienda, gasto alguno si no tiene autorizacion prévia de la ley.

TITULO VI

De la Guardia Nacional del Estado

ART. 107. La guardia nacional del Estado se reglamentará conforme á la ley general.

ART. 108. El congreso determinará anualmente la fuerza de seguridad pública que debe prestar continuo servicio, y formará el reglamento para su gobierno y organizacion con presencia de las circunstancias locales de cada partido.

TITULO VII

De la observancia de la constitucion

ART. 109. Sancionada esta constitucion, su observancia es de obligacion á todos los habitantes del Estado sin que el congreso ni autoridad alguna pueda dispensarla. En consecuencia todo funcionario público, sin escepcion de clase alguna antes de tomar posesion de su destino prestará juramento de observarla y cumplirla esactamente.

ART. 110. Las infracciones de la constitucion hacen responsable al que las cometa, y el congreso dispondrá el modo de exigir la responsabilidad.

ART. 111. Podrá reformarse siempre que se crea conveniente; pero las reformas que se propongan se tomarán en consideracion seis meses despues, de manera que siempre haya ese tiempo de intervalo entre la proposicion y la discusion. Para que una reforma se tenga por aprobada se necesitará la concurrencia de los votos de dos terceras partes y uno mas de los diputados presentes.

Salon de sesiones del H. congreso. Zacatecas Setiembre 6 de 1849. – *Llamas*. – *Rodríguez*.

---

[1] Editado según *Proyecto de Reformas a la Constitución del Estado libre de Zacatecas, presentado al H. congreso por la comision de puntos constitucionales, admitido y mandado circular para los efectos del art. 172 de la misma*. Zacatecas: Imprenta de Gobierno, a cargo de Aniceto Villagrana, 1849, 40p.

En 1850 y como consecuencia de este proyecto fue publicada una constitución reformada, el "Acta de reformas a la constitución del estado". Solo dos años después Zacatecas obtuvo su segunda constitución.

Véase también *Observaciones al proyecto de reforma de la constitución del año de 1832: que la Comisión de Puntos Constitucionales presentó al H. Congreso del estado de Zacatecas el 6 de setiembre de 1849*, Zacatecas: Impr. de Rodriguez, 1850.

Para un discurso preliminar (p. 9–10) véase la página: www.modern-constitutions.de.

Índice para México, tomos I–III

Index for Mexico, part I–III